DAS BREVIER DER PERFEKTEN WEINWAHL

Reinhold Paukner
Gerlinde Paukner-Sailer

DAS BREVIER DER PERFEKTEN WEINWAHL

ODER
DIE
VOLLKOMMENE
HARMONIE
VON ESSEN
UND TRINKEN

VERLAG CHRISTIAN BRANDSTÄTTER

1. Auflage

REDAKTION UND LEKTORAT: CHRISTA HANTEN

Der Entwurf des Umschlags – unter Verwendung eines Photos von Manfred Klimek –
sowie die graphischen Symbole stammen von Norgard Luftensteiner,
die graphische Gestaltung des Buchs von Peter Sachartschenko.
Die technische Betreuung besorgte Franz Hanns.

Das Werk wurde beim Wiener Verlag in Himberg gedruckt und gebunden,
gesetzt wurde in der ITC Century Condensed bei Exakta in Wien.

Alle Rechte vorbehalten. Das Werk einschließlich aller seiner Teile ist
urheberrechtlich geschützt. Jede Verwertung ist ohne Zustimmung des Verlags unzulässig.
Dies gilt insbesondere für Vervielfältigungen, Übersetzungen,
Mikroverfilmungen und die Einspeicherung und Verarbeitung in elektronischen Systemen.
Copyright © 1993 by Christian Brandstätter Verlag, Wien
ISBN 3-85447-471-7

Christian Brandstätter Verlagsgesellschaft m.b.H.
A-1080 Wien, Wickenburggasse 26 · Telephon (0 222) 408 38 14

VORWORT DES AUTORS

Ein entfernter Verwandter meines Großvaters, der um die Jahrhundertwende als Kellner, Maler und Tapezierer in Paris und London tätig war, hatte mich schon in frühester Jugend durch schier endlose spannende Geschichten für die weite Welt und das Gastgewerbe dermaßen begeistert, daß ich wie fasziniert an seinen Lippen hing und immer wieder dieselben Geschichten hören wollte. Er hatte Oscar Wilde den Tee und Nellie Melba das Dessert serviert, hatte Buffalo Bills Wild-West-Show staunend miterlebt, die große Sarah Bernhardt auf der Bühne bewundert, war von Enrico Carusos Zauberstimme noch immer zu Tränen gerührt und schwärmte unaufhörlich vom mondänen Leben in den Grandhotels sowie von den fürstlichen Trinkgeldern und goldenen Uhren, die er angeblich bekommen hatte. Er berichtete mir vom grandiosen Aufstieg des wohl berühmtesten Hoteliers aller Zeiten, Cesar Ritz, der, aus einer armen Schweizer Bauernfamilie stammend, einst Ziegen gehütet hatte.
Als ich einige Jahre später, kaum achtzehnjährig, in Paris ankam, um im Café de la Paix, Taillevent und im Cabaret Lido drei Stages von je sechs Monaten zu absolvieren, war ich felsenfest überzeugt, dort mein Glück zu machen. Im Laufe dieser unerwartet harten Lehr- und Wanderjahre lernte ich zahlreiche illustre Gäste kennen – die allerdings nicht immer großzügig und charmant waren – wie auch einige charismatische, aber oft überstrenge Maîtres, Sommeliers und (Küchen-)Chefs. Die weltmännischen Maîtres und Chefportiers dieser Zeit entlarvten noch Hochstapler und Zechpreller anhand von Sprache, Benehmen, Haltung und Tischsitten. Jene des Claridge's in London behandelten Reklamationen so vollkommen, daß der Gast oft selbst nicht mehr genau wußte, ob er sich nun beschwert hatte oder ob man ihm seine Wünsche von den Lippen abgelesen hatte. Die Sommeliers waren glänzende Zeremonienmeister, deren Wissen nicht immer überragend war, die aber die wichtigen Namen in- und auswendig kannten und diese wirkungsvoll und mit viel Schauspielkunst anpriesen. Das Dekantieren wurde zu einem sakralen Akt hochstilisiert, wodurch der Wein einen derartigen Stellenwert erhielt, daß ihn die Gäste meist mit geradezu bebender Erwartung in Empfang nahmen.
Am meisten profitierte ich aber davon, daß ich einmal wöchentlich mit dem leider so früh verstorbenen Manfred Kellner – nomen est omen – dinieren ging, um solcherart genießend den besten Profis auf Hände und Lippen zu schauen. Glücklicherweise frönte ich schon damals der Leidenschaft des Sammelns, und so schrieb ich alle offiziellen und „geheimen" Empfehlungen der Altmeister in Frankreich, England, Deutschland, Italien und Spanien peinlichst genau auf. Als ich viele Jahre später, 1988, beim seligen Dr. Rudolf Bayr zu Gast war – er hatte mir eben das liebenswerte Vorwort zu meinem Erstlingswerk verfaßt –, bewunderte ich nicht nur seinen Schöngeist, sondern

auch seinen unglaublich sensiblen Gaumen, der jede noch so kleine Geschmacksnuance einer Speise erfassen konnte, und versuchte es ihm gleichzutun. Da ich anscheinend nicht schlecht abschnitt und zusätzlich über die Harmonien von Wein und Essen „dozierte", ermunterte er mich, darüber zu schreiben, da dieses Thema bis dahin – beinahe – noch unberührt geblieben und auch von Koryphäen wie Guy Bonnefoit und Erwein Graf Matuschka-Greiffenclau nur fragmentarisch behandelt worden war.

In der ersten Euphorie stimmte ich begeistert zu und arbeitete schließlich von 1989 an drei Jahre an der anspruchsvollen und schier unerschöpflichen Materie. Begeisterung und Verzweiflung wechselten einander ständig ab; ich investierte ein kleines Vermögen in die edelsten und teuersten Gerichte und Weine, um auch die exquisitesten Kombinationen ausloten zu können, holte mir 1990 in der Türkei eine Fischvergiftung, die meine Leberwerte in bedrohliche Höhen steigen ließ, und kurz vor der vermeintlichen Fertigstellung wurde mir im Herbst 1991 in Griechenland ein Teil des Manuskripts gestohlen. Wäre da nicht meine Gattin Gerlinde (Sommelière des Jahres 1987) gewesen, die mir in mühevoller Kleinstarbeit half, den Text zu rekonstruieren, und bei den meisten Tests mit ihrer sprichwörtlich feinen Nase dabei war, ich hätte wohl das Handtuch – pardon, die Serviette – geworfen und aufgegeben.

Hier nun ist es an der Zeit, den vielen Weinfreunden und Gönnern zu danken, die mir mit Rat und Tat zur Seite standen: meinem Prinzipal Dipl.-Kfm. Günter Müller, einem dynamischen und weitblickenden „Workaholic", und seiner charmanten, stets ausgleichenden Gattin Eva, die mir die zahlreichen Wein- und Gourmetreisen ermöglichten. Komm.-Rat Helmut Touzimsky, Heinz Hanner, Heinz und Elisabeth Grabmer, Arthur Ramsebner, Heinz Reitbauer, Uwe Kohl, Fritz-Peter Just, Maria Klüber, Karl und Rudi Obauer, Walter Präsent, Robert Geidl, Gerlinde und Franz Kögl, Gustav und Andrea Lugerbauer, Klaus Wagner, Günter W. Hager, Franz Schafelner und Johann Neuhofer, Architekt Gottfried Fickl, Frank Bläuel, Raimund Stani, Manfred Pfurtscheller, Balthasar Thaler, Familie Rudi Schneider, Familie Komm.-Rat Ernst Skardarasy, Ferdinand Willibald, Dr. Karl Jurtschitsch, Ing. Georg Wolff, Jürgen Steinbrecher, Peter Haidacher, René Gabriel, Michael Schenkenfelder, Fritz Kremslehner, Heidi Schneider, Jean-Luc Pouteau (Sommelierweltmeister 1983), dem wir einige „Geheimkombinationen" entlockten, und Dr. Michael Pronay („das wandelnde Weinlexikon"), der zu jeder Stunde ein verläßlicher Ratgeber war. Dank schulde ich auch den unzähligen Sommeliers und Restaurantchefs, die mir durch viele richtige (und manche falsche) Empfehlungen den Weg wiesen, und – last not least – den Verlagsdioskuren Dr. Christian Brandstätter und Josef Lukes, die gemeinsam mit der Lektorin Dr. Christa Hanten den Feinschliff besorgten.

DIE KUNST DES GENIESSENS ODER DIE HARMONIE VON SPEIS UND TRANK

Hundertprozentig gültige und immer zutreffende Regeln, was die Wechselbeziehungen von Getränken und Speisen betrifft, gibt es nicht – zu unterschiedlich sind Geschmäcker und Gewohnheiten der Menschen, aber auch Weine und Gerichte präsentieren sich immer wieder anders. Erlaubt ist zwar, was gefällt, doch sollte jeder bestimmte chemisch-physikalische Zusammenhänge kennen, um von vornherein zu verhindern, daß aus Tafelfreuden Tafelleiden werden. Wenn manche auch meinen, daß man einen wirklich großen Wein zu allem trinken könne, so ist es z. B. doch eher fatal, zu schneeweißen, engelszarten Langustenmedaillons einen mächtigen, tanninigen, erdig-würzigen (roten) Château Petrus zu bestellen – damit beraubt man zwei Luxusprodukte mit einem Schlag ihres Charismas. Trotzdem ist kulinarische Abenteuerlust gefordert! Einmal mit den Grundkenntnissen der Harmonielehre ausgestattet, steht immer neuen faszinierenden Entdeckungen nichts im Wege. Heute kann jeder ohne Vorurteile an die oft heikle Paarung von Speisen und Getränken herangehen und den Wein auf die Hauptgeschmacksträger (Saucen, Gewürze ...) abstimmen. Alain Senderens (Lucas-Carton/Paris), ein genialer Tüftler, Neuerer und Kochkünstler, stimmt sogar das Essen auf die Weine ab und nicht umgekehrt.

Unsere Kompositionen sind grundsätzlich auf drei Typen von Wein-Begleitern aufgebaut, wobei Jahrgänge aus verständlichen Gründen weggelassen wurden; es darf aber versichert werden, daß in 99 Prozent der Fälle nur die besten verkostet wurden. Die angegebene ideale Trinkreife wie auch die Temperatur sind immer in ihrer Beziehung zur jeweiligen Speise zu sehen, wobei im Falle der Temperatur auch die Tages- und Jahreszeit (zu Mittag und im Sommer kühler) zu berücksichtigen ist.

Bei dieser Empfehlung handelt es sich um einen dem Gericht nicht ganz gewachsenen „Dienerwein", der – wie leise Musik – Speisen- und Tischgespräche untermalen, aber nicht übertönen oder gar stören soll.

Dieses Symbol steht für einen ebenbürtigen, gleichberechtigten Wein, dessen Düfte und Aromen jene des Gerichts ideal ergänzen und der sozusagen im Dialog das Feuer der Begeisterung weckt, wobei – so wie beim Mischen von Farben – ein ganz neues Aroma entstehen kann. Der Wohlgeschmack in seiner Gesamtheit sollte größer sein als die Summe der einzelnen Bestandteile.

Hier geht es um einen der Speise überlegenen (berühmten) Wein, der meist von Haus aus im Zentrum des Interesses steht und um den sich alles dreht – Speise und Tischgespräche. Manchmal auch ein Gewächs, auf das die Speisen abgestimmt werden, oder aber auch ein dem Gericht nicht nahestehender Tropfen, der einen interessanten aromatischen Kontrast schafft und für wechselseitige Ergänzung sorgt. Voraussetzung für eine gelungene aromatische Paarung bleibt aber immer das Prinzip des Gebens und Nehmens.

Die 16 goldenen Grundregeln der Harmonielehre

1. **Säure und Säure**
   Säuren in Getränken und Speisen summieren sich auf aggressiv-metallisch-bittere Art.

2. **Säure und Fett**
   Weinsäure löst ölig-fettreiche Speisen und Substanzen auf.

3. **Säure und Tannin**
   Säuren (Essig, Zitrussäfte ...) lassen Tannine (Gerbstoffe) noch bitterer erscheinen.

4. **Säure plus Alkohol und Gewürze**
   Beide bewirken eine oft explosionsartige Verschärfung der Gewürze.

5. **Säure und Süße**
   Fruchtsäuren von Obst und Zitrusfrüchten verleihen ausgewogenen Prädikatsweinen mehr Frische und Fruchtigkeit.

6. **Säure und Salz**
   Verhalten sich ähnlich wie Säure und Säure – sie summieren sich.

7. **Salz und Süße**
   Gleichen sich nicht ganz aus, doch verleihen sie einander meist mehr Subtilität.

8. **Bitterstoffe und Süße**
   Bitterstoffe in Speisen und Süße im Wein gleichen sich relativ gut aus.

9. **Bitterstoffe und Säure**
   Verhalten sich ähnlich wie Säure und Tannin.

10. **Bitterstoffe (Tannin) und Fett**
    Bitterstoffe im Wein und Fett neutralisieren einander weitgehend.

11. **Süße und Süße**
    Restsüße des Weins und Süße der Speise gehen harmonische Ehen ein und verringern einander.

12. **Bitterstoffe und Gerbstoffe (Tannine)**
    Bitterstoffe in Speisen (Chicorée, Radicchio ...) werden durch (jugendliche) Tannine höchst unangenehm verstärkt. Ausnahme sind Nüsse (Walnüsse), die die Gerbstoffe minimieren.

13. **Tannine (Gerbstoffe) und Röststoffe**
    Der herb-adstringierende Geschmack junger Rotweine wird durch Röststoffe des Bratens und Grillens ausgeglichen, aber auch von Proteinen des

Fleisches oder Fleischsaftes, der Wildsaucen und deren stickstoffhaltigen Verbindungen gebremst.

14. **Tannine und Süße**
Harmonieren in keiner Weise, erscheinen noch bitterer.

15. **Tannine und Salz**
Auch diese Rechnung geht nicht auf – geschmackliche Verwirrung ist die Folge.

16. **Rauchgeschmack und Säure**
Nur Weine mit reifer Säure können hier reüssieren.

Neben diesen 16 elementaren Regeln gibt es noch eine Fülle von Erfahrungswerten, die ich vor allem den Spezialisten vermitteln möchte:

– Die Harmonie der Farben (Getränk und Essen) bereitet in gewisser Weise auch die Harmonie der Aromen vor.

– Schon Farbe, Duft und Aroma einer Speise können eine Abneigung gegenüber bestimmten Getränken auslösen, aber natürlich auch positiv inspirieren.

– Der intensive Geruch von diversen Fischgerichten verbaut oft den Weg zu herben, tanninreichen Rotweinen. Nur fruchtcharmante, elegante Kreszenzen – etwas kühler serviert – vermögen bereits im Vorfeld sensorisch zu überzeugen.

– Halbtrockene bis lieblich-süße Weine werden derzeit (noch) nicht stark eingesetzt, dienen aber zur Verfeinerung von gekochtem (pochiertem) Fisch, weißem Fleisch (Pastetchen, Bries, Hirn ...) und sämigen, hellen Saucen.

– Die bezaubernde Art modern vinifizierter jugendlicher Weißweine schafft einen erfrischenden Gegenpol zu würzigen Speisen, Wurst, Gemüse sowie Fisch, Weich- und Ziegenkäsen.

– Große, berühmte Weine sollten mit gebührender Aufmerksamkeit kredenzt und genossen werden. Dies erhöht sowohl die Vor- als auch die Genußfreude. Hinweise, warum man einen Wein gerade zu diesem Mahl ausgesucht hat, machen meist Harmonie bzw. Ähnlichkeit oder gar Einheit der aromatischen Eigenschaften erst richtig deutlich.

– Süße (edelsüße) Weißweine und auch würzig-süßliche Malzbiere bilden einen interessanten Kontrast zu würzigem Käse (Blauschimmel, Grünschimmel), mildern dessen Schärfe und gewinnen dabei selbst an Subtilität und Ausdruckskraft.

- Sehr alte, firnige Weine (weiß und rot) profitieren durch das aromatische Wechselbad mit Pilzen, jungem Fleisch, zartem, kleinem Federwild usw. und legen dabei deutlich an Frische und Fruchtintensität zu.

- Die sogenannten Todfeinde des Weins (Alkohol, Eier, Eierschnee, Essig, Sauce Vinaigrette, Salate, Schokolade, Mousse, Schlagrahm, Eis ...) lassen sich bei etwas Fingerspitzengefühl (siehe Stichworte) ohne Schwierigkeiten begleiten.

- Der vielgerühmte „Fisch- und Austernwein" Chablis AC tut sich bei fetten Fischen (Aal, Karpfen, Lachs ...) und üppigen Saucen überraschend schwer. Nur Premier Cru und Grand Cru können hier bestehen.

- Champagne bringt festlich-fröhliche Stimmung ins Haus – die Grundvoraussetzung für einen denkwürdigen Abend – und paßt sich an erstaunlich viele Speisen an (fettes Fleisch und Wildsaucen ausgenommen).

- Einer der verläßlichsten und am meisten unterschätzten Weißweine ist der Gewürztraminer (Traminer), der in allen Qualitätsstufen (Kabinett bis Trockenbeerenauslese) überzeugt und neben den schwierigsten Gerichten (arabische, asiatische und lateinamerikanische Küche, Räucherfische, ölig-fette Fische, Wild- und sogar Schmorbraten ...) überzeugen kann.

- Rustikal-deftige Rotweine (z. B. Bergerac/F, Nebbiolo und Aglianico/I, Tempranillo/E, Zinfandel/KAL ...) arbeiten die Würze scharfer Speisen transparent, aber nicht überzogen heraus.

- Allzu holz- und tanninlastige Rotweine werden nicht nur durch Röststoffe vom Braten und Grillen, sondern auch durch Raucharoma (Räuchern), Wildsaucen und deftig-rustikale Gerichte (Schmorbraten) gemildert.

- Nicht immer sind die teuersten Weine auch die besten Partner. Wenn relativ einfache Gerichte und ebensolche Weine mit Sachkenntnis und Phantasie erfolgreich zusammengeführt werden, ist die Freude – ob des niedrigen Preises – meist doppelt so hoch.

- Der bei Gourmets nicht allzu beliebte Asti Spumante ist mit seiner erquickenden, traubig-frischen Süße ein genialer Begleiter für Biskuits, Eis, Gebäck, Kompott, Obst und Obstdesserts mit Schlagsahne.

- Ähnlich verhält es sich mit den edelsten Chenins Blancs-Weißweinen (Montlouis, Vouvray usw.). Die Côteaux du Layon-Weißweine werden in außergewöhnlichen Jahren sogar vom Botrytispilz befallen (Bonnezeaux, Quarts de Chaume ...) und sind dann saftig-frische, süßlich-fruchtsäuerliche Dessert-, Obst-, Pudding- und (Blauschimmel-)Käse-Begleiter.

- Unser vielgeliebter Riesling ist sogar im Hochprädikatsbereich mit belebend-erfrischender Säure ausgestattet und verleiht den Speisen fast immer auch feine Würze und Finesse. Lediglich cremig-sämige Saucen strafft er mit Verachtung und metallischer Säure.

- Letztere werden allerdings von den samtigen Weißweinen der Thermenregion (Zierfandler, Rotgipfler, Neuburger …) mit Hingabe verwöhnt.

- Der in Österreich nicht allzu beliebte Riesling-Sylvaner (Müller-Thurgau) im Kabinett- oder Spätlese-Bereich ist als Speisenbegleiter von großem Nutzen, da er sich geradezu ideal als Dienerwein einsetzen läßt und sogar mit exotisch-scharfen Gewürzen fertig wird.

- Pinot Blanc, Pinot Gris und Neuburger Spätlesen (trocken bis halbtrocken) sind als Saucenbegleiter nahezu unübertrefflich, tragen allerdings nicht allzuviel zur Verfeinerung und Potenzierung des Geschmacks bei.

- Chenin Blanc, Tocai Friulano und Muscat d'Alsace vermögen sogar Gerichte und Saucen mit deutlichem Säureüberhang (Essig, Vinaigrette, Sauerampfer, Zitrus …) auszubalancieren.

- Geben Sie großen Weinen etwas Zeit, Charakter zu entwickeln, und trinken Sie sie nicht um des Fruchtgeschmacks willen im frühen „Kindesalter". Die geistige und seelische Vorbereitung und Vorfreude auf einen besonderen kulinarischen Genuß – auch Warten steigert diesen bis zu einem gewissen Grad – sind die wichtigsten Tugenden des Gourmets und Gastrosophen. Streß und Rastlosigkeit sind ihm weitgehend fremd. Langsames, bewußtes Kauen, Analysieren der Geschmacksstoffe und richtiges Atmen sind die Quintessenz des Genießens. Versuchen Sie nicht, nach jedem großen Wein noch einen besseren, teureren und berühmteren folgen zu lassen, sondern üben Sie das Auskosten des Augenblicks bis ins kleinste Detail, denn heißt es nicht schon in Goethes Faust: „Verweile doch, du bist so schön." – Bon Appetit!

ABKÜRZUNGEN

Weinbauländer

1. **Argentinien (RA)**

2. **Australien (AUS)**

3. **Bundesrepublik Deutschland (D)**
   QbA   Qualitätswein bestimmter
         Anbaugebiete
   (weitere Abkürzungen siehe
   Österreich)

4. **Chile (RCH)**

5. **England (GB)**

6. **Frankreich (F)**
   Südfrankreich (S-F)
   Südwestfrankreich (SW-F)
   AC   Appellation Contrôlée
   AOC   Appellation
         d'Origine Contrôlée
   CB   Cru Bourgeois (Médoc)
   CBE   Cru Bourgeois Exceptionnel
         (Médoc)
   CBS   Cru Bourgeois Supérieur
         (Médoc)
   CGB   Cru Grand Bourgeois
         (Médoc)
   CGBE Cru Grand Bourgeois
         Exceptionnel
         (Médoc)
   CC   Cru Classé
         (Bordeaux)
   GC   Grand Cru
         (Burgund, Elsaß)
   GCC   Grand Cru Classé
         (Bordeaux)

   VDN   Vin Doux Naturel
         (Midi/Südfrankreich)

7. **Italien (I)**
   DOC   Denominazione di Origine
         Controllata
   DOCG Denominazione di Origine
         Controllata e Garantita
   VDT   Vino da Tavola

8. **Kalifornien (KAL)**

9. **Neuseeland (NZ)**

10. **Österreich (A)**
    QW   Qualitätswein
    KAB   Kabinett
    BA   Beerenauslese
    TBA   Trockenbeerenauslese
    WG   Winzergenossenschaft

    Weinbauregionen
    BGLD Burgenland
    NÖ   Niederösterreich
    STMK Steiermark
    W   Wien

11. **Portugal (P)**

12. **Schweiz (CH)**

13. **Spanien (E)**
    DO   Denominación de Origen

14. **Südafrika (ZA)**

15. **Ungarn (H)**

Rebsorten

ABA   Albana
ALA   Albarola
ALB   Albillo
AG   Agiorgitico
AGL   Aglianico
ALE   Aleatico

ALI   Alicante
AMI   Amigne
ARN   Arneis
ARV   Arvine
ASS   Assyrtico
ATE   Aligoté

Rebsorten

AUX	Auxerrois Blanc	GAL	Gaglioppo
BA	Barroca	GAM	Gamay
BAC	Bacchus	GB	Goldburger
BAR	Barbera	GEW	Gewürztraminer
BAS	Bastardo	GM	Gelber Muskateller (Muskateller)
BB	Bombino Bianco		
BLB	Blauburger	GMA	Gros Manseng
BLC	Bourboulenc	GR	Grenache (Garnacha)
BLF	Blaufränkisch (Blaufränker, Lemberger)	GRA	Graciano
		GRB	Grenache Blanc
BLP	Blauer Portugieser	GRE	Grecchetto
BLW	Blauer Wildbacher	GRI	Grignolino
BN	Bombino Nero	GRO	Groslot (Grolleau)
BOB	Bobal	GS	Grüner Sylvaner (Sylvaner)
BOS	Bosco	GU	Gutedel (Chasselas)
BOU	Bouvier	GV	Grüner Veltliner
BRA	Brachetto	HAR	Harslevelü
BRU	Brunello	HUM	Humagne
BT	Bouchet	HUX	Huxelrebe
CAB	Canaiolo Bianco	INZ	Inzolia
CAN	Canaiolo Nero	IRO	Irsai Olivér
CAR	Carignan	JUB	Jubiläumsrebe
CAT	Catarrato	KER	Kerner
CB	Courbu Blanc	LAG	Lagrein
CF	Cabernet Franc	LEM	Lemberger (Limberger, Blaufränkisch)
CH	Chardonnay (Morillon)		
CHA	Chasselas (Gutedel)	M	Merlot
CHB	Chenin Blanc	MA	Marzemino
CI	Ciliegiolo	MAC	Macabeo
CIN	Cinsaut	MAL	Malvasier (Frühroter Veltliner, Malvasia, Malvoisie)
CL	Clairette		
CN	Courbu Noir	MAM	Mammolo
CO	Codega	MAR	Marsanne
COL	Colombard	MAU	Mauzac
COR	Cortese	MAZ	Mazuelo
COU	Counoise	MC	Malbec
COV	Corvina	MD	Muscadet
CRO	Croatina	MF	Malvasia Fina
DOL	Dolcetto	ML	Muscadelle
ELB	Elbling	MO	Muskat-Ottonel
ER	Emerald Riesling	MOL	Molinara
ERB	Erbaluce	MON	Montepulciano
FB	Fumé Blanc (Sauvignon Blanc)	MOR	Morillon (Chardonnay)
		MOS	Moscato (Moscatel)
FOB	Folle Blanche	MPG	Muscat à Petits Grains
FR	Freisa	MT	Müller-Thurgau (Riesling-Sylvaner)
FRA	Frappato		
FUR	Furmint	MU	Muskateller (Gelber Muskateller, Muscat)
FV	Frühroter Veltliner (Malvasier)		
		MV	Mourvedre
GAG	Garganega	NB	Neuburger

Rebsorten

NEB	Nebbiolo	SAN	Sangiovese
NER	Nerello	SB	Sauvignon blanc
OA	Ortega	SCG	Schwarzriesling
OR	Olaszriesling (Welschriesling)		(Pinot Meunier)
OT	Orangetraube	SCH	Scheurebe (Sämling 88)
PA	Petite Arvine	SCO	Schiopettino
PAL	Palomino	SÉM	Sémillon
PAR	Parellada	SER	Sercial
PB	Pinot Blanc (Weißburgunder)	SHI	Shiraz (Syrah)
PG	Pinot Gris	SIL	Silvaner (Sylvaner)
	(Grauburgunder, Ruländer)	ST	Steen
PI	Picardin	STL	Sankt Laurent
PIC	Picolit	SYR	Syrah (Shiraz)
PM	Pinot Meunier (Schwarzriesling)	TAN	Tannat
PMA	Petit Manseng	TB	Tinta Barroca
PN	Pinot Noir (Blauburgunder)	TC	Tinto Cao
POB	Portugais Bleu	TEM	Tempranillo
PP	Picpoul	TER	Teroldego
PR	Piedirosso	TF	Touriga Francesa
PRG	Prugnolo Gentile	TIB	Tibouren
PRI	Primitivo	TIF	Tinto Fino
PRO	Prosecco	TNA	Touriga Nacional
PS	Petite Sirah	TOF	Tocai Friulano
PT	Pinotage	TRE	Trebbiano
PV	Petit Verdot	UB	Ugni Blanc
PX	Pedro Ximenez	VA	Vernaccia
R	Riesling (Rheinriesling)	VAC	Vaccarèse
RAB	Raboso	VD	Verdicchio
REF	Refosco	VE	Vernatsch (Schiava)
RG	Rotgipfler	VER	Verduzzo
RH	Rheinriesling (Riesling)	VES	Vespaiola
RIG	Ribolla Gialla	VIO	Viognier
RM	Rosenmuskateller	VIU	Viura
RO	Rolle	VM	Vermentino
RON	Rondinella	VO	Verdello (Verdelho)
ROU	Rousanne	VP	Vespaiolo
ROZ	Roriz	WB	Weißburgunder (Pinot Blanc)
RS	Riesling-Sylvaner	WR	Welschriesling
	(Müller-Thurgau)		(Olaszriesling,
RT	Roter Traminer		Riesling Italico)
RU	Ruländer (Grauburgunder,	XAR	Xarel-lo
	Pinot Gris, Pinot Grigio)	ZF	Zierfandler
RV	Roter Veltliner	ZIN	Zinfandel
SA	Savagnin	ZW	Zweigelt
SAL	Salvagnin		(Blauer Zweigelt, Rotburger)

SPEISEN UND GETRÄNKE
VON A – Z

AAL

Schlangenförmiger, fettreicher, etwas schwer verdaulicher Meeres- und Flußfisch, der von Juli bis September in der Mittelgröße von 50 bis 70 cm am schmackhaftesten ist – solcherart hilft er uns, das Fehlen der Austern und des meisten Wildbrets zu vergessen. Von den Ägyptern vergöttert, von den Römern verehrt, von den Rittern hochgelobt und seit der Neuzeit (Brillat-Savarin) gepriesen, ist sein Ruhm in den letzten Jahren – wegen seines fetten Fleisches – ein klein wenig verblaßt.

Bei allen Zubereitungsarten ist vor allem Vorsicht vor Weinen mit grüner, allzu rassiger Säure geboten, die einen störenden metallischen Geschmack erzeugen können. Der vielgerühmte und empfohlene *Chablis/Burgund/F* kommt mit fetten Fischen wie Aal, → Karpfen, → Lachs usw. nicht sehr gut zurecht. Zum Aalragout sollten Sie *Cabernet Franc* oder *Gamay/Loire/F* wagen und zum gegrillten Aal einmal *Merlot/Friaul/I* ins Auge fassen. Zum geräucherten Aal könnten Sie kühlen, frischen *Fino Sherry/E, Bourgogne Aligoté/F* oder kraftvollen *Pinot Gris* wählen. Zu Aal mariniert ist *Chenin Blanc/Loire/F (Quarts de Chaume; Bonnezeaux/F ...)* unbestechlich, zu Aal gebraten sind sowohl *Graves Blanc/Bordeaux* wie auch *Pinot Blanc Kabinett* oder *Spätlese trocken* von bezwingendem Ausdruck. Aal in Aspik wartet auf nicht zu säurigen *Sauvignon Blanc* oder *Tocai/Friulano/I*, und Aal in Cremesauce vertrauen Sie einer *Zierfandler-, Neuburger-* oder *Pinot-Gris-Spätlese* an – selbst *Auslesen* sind möglich.

Aal blau

Aal erst unmittelbar vor dem Kochen töten, sonst wird er nicht schön blau. In Fischsud mit Salz, Zwiebeln, Weißwein, Lorbeerblatt, Lauch, Petersilie, Anis, Pfefferkörnern, Karotte und Petersilienwurzel gar gekocht und mit zerlassener Butter serviert.

Weiß: Malvasier; Riesling-Sylvaner; Tocai Bianco/Oberitalien

Ein *Frühroter Veltliner Kabinett* (MAL; 1 – 2 Jahre; 9° C) von SCHLOSS GRAFENEGG, Krems-Straß, Kamptal-Donauland/NÖ/A (mit intensiver Farbe, aromatischem Duft mit Muskatakzenten, samtig-weichem Körper, reifem Charakter und kraftvollem Ausklang), setzte einen wonnig-milden Gegenpol zum etwas speckig-fetten Aal – eine angenehm verdauliche Melange!

Weiß: Pinot Blanc, Pinot Gris Spätlese trocken

Die *Grauburgunder Spätlese trocken Oberrotweiler Eichberg* (3 – 6 Jahre; 9 – 10° C) von FRANZ KELLER, Vogtsburg-Oberbergen/Kaiserstuhl, Baden/D, brillierte mit 13 % Alkohol und reichem Extrakt bei insgesamt sehr gut ausgewogenen Substanzen – das perfekte Gegengewicht zum fetten Aal und den diversen Aromen.

Weiß: Rotgipfler und Spätrot-Rotgipfler Spätlese/Gumpoldskirchen/Thermenregion/NÖ/A oder Sauvignon Blanc Spätlese

Die *Rotgipfler Spätlese* (2 – 5 Jahre; 11 – 12° C) von MANFRED BIEGLER, Gumpoldskirchen/Thermenregion/NÖ/A, überraschte mit attraktiver Süßholznase, saftig-kraftvollem Geschmack – ein schlafender Riese – und endend mit perfekt ausgewogenem, trockenem Ausklang. Ein Rotgipfler von Weltklasse, dem es gelang, die kraftvoll-fette Aura des Aals zu durchbrechen und den Schlußpunkt zu setzen.

Aal in Dillsauce

Mit Zwiebelscheiben, Dillstielen und Salz weich gekocht, mit Mehlschwitze, Sauerrahm, gehacktem Dill und Butter übergossen.

Als ideale *Rotwein*-Alternative gilt *Pinot Noir* mit nur zarter Holznote.

Weiß: Sauvignon Blanc Kabinett; Grüner Veltliner/NÖ/A

Der junge *burgenländische Sauvignon Blanc Kabinett* (2 Jahre; 9 – 10° C) von ROBERT WENZEL, Rust/Neusiedlersee-Hügelland/BGLD/A, zeigte hellgelbe Farbe, dezent schotenwürzigen Duft, engmaschig-dichten Körper mit angedeuteten Brennessel-Paprikanuancen, die von samtig-ausgereifter Säure abgepuffert wurden und sogleich eine Brücke zur Dillsauce schlugen. Der ideale Mittags- und Sommerwein.

Weiß: Sauvignon Blanc und Riesling Spätlese oder Chardonnay ohne Holzausbau

Eine *Sauvignon Blanc Spätlese* (3 – 6 Jahre; 9 – 10° C) von EDUARD TSCHEPPE, Leutschach/Südsteiermark/A, ohne aggressive Säure – kam am besten mit Dill und Sauerrahm zurecht und machte das etwas behäbig-fette Gericht zu einem prickelnden Gaumenschmaus.

Weiß: Châteauneuf Blanc/südliche Rhône oder nicht zu süßer Sauternes (Château Rieussec)/Bordeaux/F

Der *Châteauneuf-du-Pape Blanc* (CL 90 %, BLC 10 %; 2 – 5 Jahre; 8 – 9° C) AOC von der DOMAINE DE BEAURENARD, südliche Rhône/F, brachte einen Strauß von Aromen (Blumen, Kräuter, Minze, Fenchel, Anis) mit, die sich wechselseitig mit dem Gericht ergänzten, und sorgte für eine Gaumenfreude besonderer Art mit leichten Vorteilen für sich.

Aal grün

Aal gekocht, Fond mit Eigelb gebunden, mit Zitronensaft und Weißwein aromatisiert, dazu Petersilienkartoffeln und Sauce von gehackten frischen Kräutern (Petersilie, Estragon, Kerbel, Pfefferkraut, Salbei, Thymian …).
In *Frankreich* werden gerne *Pinots Noirs (Reuilly AC/Zentralfrankreich* oder *Rully AC/Burgund)* empfohlen, und in *Deutschland* sind kraftvolle *Pinot Blanc Spätlesen trocken* eingespielt.

Weiß: Sauvignon Blanc, Tocai Friulano/I; Riesling-Sylvaner

Der *Sauvignon DOC* (1 – 2 Jahre; 10° C) von F. PIGHIN, Risano/Grave del Friuli/I, zeigte helles Gelbgrün, brennessel-würziges Fruchtbouquet, pikanten, leicht erdig-würzigen Geschmack, runde Säure und einen eleganten Schlußakkord. Die frischen Kräuter des Aals waren auf derselben gustativen Kurve, die der Wein vorgegeben hatte, und führten zu einem Aromaerlebnis südlich-friulanischer Art.

Weiß: Verduzzo/Friaul/I; reifer Pouilly Fumé/Loire/F

Der *Verduzzo „Il Roncat"* (3 – 5 Jahre; 10 – 11° C) von GIOVANNI DRI, Nimis/Colli Orientali del Friuli (mit goldgelber Farbe, nobler Apfelnase, vollmundig-transparenten Birnentönen, saftiger Würze und bestens eingebetteten Barriquetönen), war zwar nicht ganz der gleichwertige Partner, das Holz störte doch ein bißchen, aber sind alle guten Ehen zu 100 % harmonisch?

Weiß: Sauvignon Blanc Spätlese
Rot: Pinot Noir mit viel Frucht

Der *Vintage Tunina* (CH, PB, SB, MAL, RIG, PIC; 3 – 6 Jahre; 10 – 12° C) von SYLVIO JERMANN, Villanova di Farra/Collio/Friaul/I, war von mächtiger Fülle (13 % Vol.), überaus elegantem Fruchtbouquet und hatte die

Geschmacksnuancen und die Rasse eines großen Burgunders (Côte de Beaune). Die etwas unerwartete Rasse war es auch, die ein klein wenig – geschmacklich – im Wege stand.

AÏOLI

Berühmte kalte Knoblauchsauce (Knoblauchmayonnaise) aus der Provence: Knoblauch, Semmelbrösel, Kartoffeln, Eidotter, Olivenöl, Zitronensaft, Salz, Pfeffer und Senf. Vorsicht vor säure- und alkoholreichen Weinen, sie können Aromen und Schärfe der Gewürze multiplizieren.
In *Frankreich* trinkt man gerne *Chardonnays* mit mineralischer Note dazu, da sie den Knoblauchton sehr gut auffangen. Auch *spanische Schaumweine (Cava)* sind gediegene Partner. *Rosé de Provence* ist stets ein idealer Kontrapunkt und Durstlöscher, doch die *Rotweine* aus dem *Languedoc-Roussillon (Fitou, Corbières)* scheinen mir doch ein wenig zu feurig zu sein.

AKAZIE

Gattung der Mimosengewächse, die mit zahlreichen Bäumen und Sträuchern in den wärmeren Klimazonen der Welt verbreitet ist. Die exotisch – nach Jasmin – duftenden Blüten haben eine natürliche Neigung zu folgenden Weinen: jugendliche *Sauternes/Bordeaux/F*, *Pinot Grigio/Friaul/I* und *Riesling Spätlese/Auslese* (vor allem aus dem *Elsaß/F*).

Akazienblüten gebacken

Blüten in Backteig getaucht und in Fett schwimmend herausgebacken, mit Zucker und Zimt gesüßt.

Weiß: Pinot Grigio, Tocai, Verduzzo/Friaul/I; Hermitage Blanc/ nördliche Rhône/F

Der noch nach dem „alten" Weingesetz vinifizierte *Eiswein Ried Silberbichl Spätlese* (GV; 10 – 15 Jahre; 10 – 11° C) von NIKOLAUS SAAHS, Mautern/Wachau/NÖ/A, ist eine interessante Spezies: tiefes Goldgelb, frisches Honigaroma, samtiger Körper. Die nur mäßige Restsüße und das bestrickend erfrischende Finale lassen ihn jugendlich erscheinen.

Weiß: Riesling Auslese; Ramandolo/Friaul/I

Eine *Riesling Auslese Kremser Kögl* (5 – 10 Jahre; 10 – 11° C) vom WEINGUT UNDHOF, Krems/Kamptal-Donauland/NÖ/A (mit blumig-duftiger Pfirsich-Honig-Note, erstaunlich spritzig-lebendiger Art und fein strukturierter Süße), glich sich sehr gut an die mäßig süßen Akazienblüten an und sorgte für erfrischende Gaumenfreuden.

Weiß: nicht zu süße Sauternes/Bordeaux/F; Eiswein

Der *Müller-Thurgau Eiswein* (mindestens 6 Jahre; 10 – 11° C) von FRITZ RIEDER, Kleinhadersdorf/Weinviertel/NÖ/A, überfuhr uns wie ein Nordwind. Die eisige Frische kam doch ein wenig unerwartet. Trotz des hohen Prädikats wirkte der Wein nicht aufdringlich süß, da er von rassiger Säure unterlegt war. Ein respektabler Partner.

ALKOHOL

Alkohol kann in Speisen zu einem unüberwindlichen Hindernis für die meisten Weine werden. Nur wenige Gewächse schaffen es, sich an die verschiedenen Alkohol-Reduktionen anzupassen oder sie gar standesgemäß zu begleiten. Kochweine sollten niemals verdorben, aber auch nicht allzu teuer sein: Gute Mittelklasse ist am besten. Champagne trinkt der Koch meist selbst, guter Schaumwein tut es auch. Weißweine sollten eher würzig und säurereich, Rotweine nicht tannin- und holzlastig sein. Insgesamt sind junge Gewächse vorzuziehen. Zu Fleischspeisen sind trockene bis halbtrockene Exemplare wesentlich effizienter. Dessertweine sollten nur für süße Nachspeisen wirklich süß sein.
Unter den Stichworten → Armagnac, → Cognac, → Madeira, → Portwein, → Rum, → Sake, → Sherry und → Vermouth finden Sie die auffallendsten Ausnahmeerscheinungen.

ALOYAU (→ SIRLOIN OF BEEF, → RINDSRÜCKEN)

Zum geschmorten und gebratenen Aloyau empfiehlt sich ein kraftvoll-herzhafter Rotwein wie *Pomerol, St. Émilion/Bordeaux* oder *Hermitage/nördliche Rhône/F* ...

ALSE (MAIFISCH)

Gehört zur Familie der → Heringe und bevorzugt die atlantischen Küsten. Im Frühjahr wandert er zum Laichen in die Flüsse, ist dann etwa 60 cm lang, 3 kg schwer und von feinem haselnußartigem Wohlgeschmack.
Zur gegrillten Form ist rassiger *Riesling* ein adäquater Begleiter oder allenfalls würziger *Rosé de Provence/F*. Zur Alse mit Croutons von Römischem Salat ist *Sauvignon Blanc (Pouilly Fumé)/Loire/F* unvergleichlich. Alse auf „Bäcker Art" (mit Speck, Zwiebeln, Weißwein und Sauerampfer) erzielte sowohl mit einem *Pinot Blanc sur lie (Heftabzug)/Kamptal-Donautal*, aber auch mit einem *Muscadet sur lie/Loire/F* einen rassig-reintönigen Gleichklang.
Alse mit Crèmesauce kombinieren Sie am besten mit edlem *Graves Blanc* (CHÂTEAU CARBONNIEUX)/*Bordeaux/F*.

ALTWIENER APFELSTRUDEL

Strudelteig, Apfelscheiben, Rosinen, Zucker, Zimt und → Rum. Vorsicht vor Weinen mit Restsüße über ca. 30 g.

Weiß: Grüner Veltliner, Welschriesling Kabinett/Spätlese/A

Der *Grüne Veltliner Smaragd Ried Honivogl* (2 – 5 Jahre; 10 – 11°) von FRANZ HIRTZBERGER, Spitz/Wachau/NÖ/A, leuchtete gelbgrün, verströmte ein üppiges, hochfeines Aroma mit Apfel-, Ananas- und Honignuancen und betörte mit konzentriertem, langanhaltendem Geschmack, feiner Pfefferwürze und nur zarter Süße. Die lebendige Säure schuf einen pikanten Gegenpol zur Süße des Strudels.

Weiß: Muskat-Ottonel und Pinot Blanc Spätlese/A

Die *Muskat-Ottonel Spätlese* (3 – 6 Jahre; 10 – 11° C) von GERALD MALAT, Palt/Kamptal-Donauland/NÖ/A, brillierte mit goldgelber Farbe, reintönigem Muskataroma und feinen Blütenhoniganklängen. Bei mild-fruchtigem Geschmack, zarter Süße und fleischigem Würzeton zeigte er sich als idealer Begleiter auf Aromabasis.

Weiß: Gewürztraminer Spätlese/Auslese/A
Spirituose: Apfelbrand/A
Südwein: siehe unten!

Der *Sherry Sanlucar Cream* (PAL, PX; mindestens 10 Jahre; 11 – 12° C) von ANTONIO BARBADILLO, Sanlucar de Barrameda/E, ist modernst vinifiziert, besitzt einen fruchtig-feinen Duft (Melasse, Orangen, Thymian) von unglaublich reintöniger Art. Der gewaltige Körper, der gleichwohl ideal balanciert ist, mundet in einen feinen Karamelton. Nur tropfenweise nachtrinken.

ANANAS

Die Früchte der Ananasstauden wurden 1493 von Christoph Columbus auf Guadeloupe entdeckt. Der Name „Ananas" stammt aus der Quaranti-Indianersprache (Nana Meant). Die aromatischste aller Tropenfrüchte hat heute in Zentralamerika, Westindien und Brasilien die größte Verbreitung. Ihr mildes Aroma erinnert an eine Mischung aus Honig, Erdbeeren und Melonen und ist vor allem in den kleinen, honiggelben Früchten enthalten. (Die größeren, blasseren kommen oft in unreifem oder gefrorenem Zustand zu uns.)

Faszinierende Partner sind mild-fruchtige *Schaumweine* und ähnlich aromatische *Prädikats-* oder *Dessertweine*, wobei die Kohlensäure der Sekte ein aktiv-lebendiges Element bringt.

Ananas flambiert versuchen Sie mit *Asti Spumante/Piemont (Muskat-Schaumwein)* oder mit dem Alkohol, mit dem flambiert wurde. Ananaskrapfen neigen zu halbtrockenen *Auslesen (Muskateller, Muskat-Ottonel, Riesling-Sylvaner)* oder der ananasfruchtigen *Jurançon Spätlese (Vendange Tardive) Prestige d'Automne* (GMA, PMA, CB; 4 – 6 Jahre; 8 – 9° C) vom CAVE DE PRODUCTEUR in Jurançon/Béarn/SW-F. Ananaskraut ist auf die Perle der Weststeiermark, den zwiebelfarbenen *Schilcher* (MAX LUKAS/Stainz, E. & M. MÜLLER/Groß Sankt Florian, HUBERT STROHMEIER, Sankt Stefan ob Stainz), eingeschworen.

Ananas „Condé"

Warmes Dessert: Ananasscheiben in Vanillezucker gedünstet, Reis, Kirschen, Engelwurz sowie heiße Aprikosen-Rumsauce.

Weiß: Moscato di Asti/Piemont/I

Der *Asti Spumante* (Moscato-Schaumwein; 1 – 3 Jahre; 6 – 7° C) von TOSTI aus dem Piemont/I gilt als einer der besten und brillantesten seiner Art. Mit unvergleichlichem Aromen nach Orangenblüten, reifen Pfirsichen und exotischen Muskattönen wird er nur deshalb an dieser Stelle gereicht, weil nachher zwei extrastarke Produkte folgen. Sein Mousseux war von feinster Art, und sein subtiler Nachgeschmack kam ganz nahe an das Dessert heran.

Weiß: Moscato di Pantelleria/Sizilien/I; Muscat di Beaumes de Venise/S-F

Ein *Muscat de Beaumes de Venise* (3 – 6 Jahre; 8 – 9° C) von der DOMAINE DES BERNARDINS, südliche Rhône/F, überraschte als gespriteter VDN (Vin doux naturel) mit hellerer Farbe, etwas zurückhaltendem Bouquet (Honig, Muskat, Aprikosen, Vanille, Ananas) und totaler Geschmacksharmonie bei minutenlangem Nachhall.

Spirituose: Apricot Brandy (Marillenlikör) oder Jamaica-Rum

Ein *Jamaica Rum* (10 – 12° C) übersprang die Fruchtaromen und liierte sich direkt mit der heißen Aprikosen-Rumsauce. Für Eilige, die sich nicht auf Suche begeben wollen.

ANCHOVIS → SARDELLE, → SPROTTE

ANDALUSISCHE RAHMSUPPE
Zwiebelscheiben, Tomaten, Reis, Salz, Pfeffer, Rahm und rote Paprikaschoten. Ein kühles Gläschen *Fino Sherry light dry* (PAL; 3 Jahre; 8 – 9° C) von den BODEGAS A. DE TERRY in Puerto de Santa Maria/Andalusien/E (mit heller Farbe, feiner Säure, frischer Frucht und salzig-nussiger Würze) ist stets in der Lage, diese Nationalsuppe zu begleiten. Die Gewürze werden im Zaum gehalten, und die erfrischende, appetitanregende Wirkung folgt auf den Fuß.

ANGELS ON HORSEBACK
Spezialität aus Old England: frische Austern – in Speck – gegrillt, mit Cayennepfeffer bestreut und auf gebuttertem Toastbrot angerichtet. (Die Schwierigkeit bereitet hier der Speck, der einen Wein mit Rauchgeschmack verlangt.) Von den verkosteten englischen Weinen können wir Ihnen den rauchig-frischen *English Vineyard* (eine Cuvée aus *Riesling-Sylvaner*, *Huxelrebe* und *Seyval Blanc*) von HIGH WEALD, Lenham/Kent, empfehlen.

Weiß: Sauvignon Blanc/Loire/F oder Südsteiermark/A oder Barton Maror von A. Goddard/England
Ein *südsteirischer Sauvignon Blanc* (1 – 2 Jahre; 9 – 10° C) von der DOMÄNE MÜLLER, Ottenberg/Südsteiermark/A ersetzte den leider korkenden chilenischen Artgenossen mit Bravour und bestrickte vor allem durch seine grandiose Frucht und Würze – animierend, die Angels in Sekundenschnelle zu verspeisen.

Weiß: Chardonnay/AUS/NZ (Cloudy Bay)
Der *südaustralische Chardonnay* (2 – 10 Jahre; 8 – 9° C) von PETALUMA, Piccadilly/Adelaide Hills, stammt vom dortigen „Wunderkind" BRIAN CROSER und gilt als Langstreckenläufer, der erst nach drei bis vier Jahren allmählich auf Touren kommt. Des öfteren schon mit einem Puligny-Montrachet verwechselt, hat er doch exotischere Töne, aber sein Rauchgeschmack ist ähnlich und schlug auch „Engel und Pferderücken" in Bann – sie galoppierten nicht davon!

Weiß: Montilla Moriles und Fino Sherry/E
Ein trockener *Montilla-Moriles* (PX; 1 – 3 Jahre; 10 – 12° C) „Fino Festival" von ALVEAR, Montilla/E, als „Sherry-Ersatz" bekannt, war leichter im Alkohol, kräftiger im Geschmack und insgesamt etwas geschmeidiger und zarter in der Ausdruckskraft als das Original. Sein salziges Floraroma paßte famos zu den „Engeln" und machte Appetit auf neue Happen.

ANIS
Ein Doldenblütler, der in den östlichen Mittelmeerländern vorkommt. Das Aroma der würzig-süßen, hocharomatischen Samen erinnert an Kümmel und Fenchel. Bereits vor 3000 Jahren war Anis in China als Gewürz bekannt. Griechen und Römer benutzten es als Medizin gegen Liebesleid. „Schluckauf" ist durch eine Tasse Anistee sofort zu beseitigen.

Kongeniale Partner des Gewürzes sind *Weiß-* und *Rotweine* aus dem *Languedoc/ S-F, Maconnais/Burgund/F* und *Rioja/Spanien*. Für Süßspeisen mit Anis am besten geeignet sind die *Schweizer* „Faserschmeichler" *Fendant, Petite Arvine, Humagne; Venetiens Recioto di Soave liquoroso* und *roter Recioto della Valpolicella Liquoroso/I* sowie *Sauvignon Blanc Auslesen* und *Sauternes/Bordeaux/F.*

Anisgueteli

Schweizer Gebäck: Teig aus Mehl, Zucker, Anis, Zitronenschale und Eiweiß.

Weiß: Chasselas und Riesling-Sylvaner/CH

Der feinduftig-milde *Fendant „Clos Montibeux"* (CHA; 1 – 3 Jahre; 9° C) von ALPHONSE ORSAT, Martigny/Wallis/CH, begleitete die Gueteli ausgezeichnet und unterstrich die Aromen.

Weiß: Dézaley und Humagne/CH

Der *Dézaley Plan Perdu* (CHA; 3 – 6 Jahre; 9 – 10° C) von JEAN-MICHEL CONNE, Chexbres/Waadtland/CH, beeindruckte mit goldgelbem Funkeln, feinsten Duftnoten (Anis, Zitronenschale, Zimt), mildsamtigem Geschmack und just den gleichen Aromen wie das Dessert. Eine „Liebesheirat"!

Weiß: Recioto di Soave/Venetien/I; Petite Arvine/CH und Sauvignon Blanc Auslese

Ein vollmundig-süßlicher (Zitrus, Aprikosen) *Petite Arvine de Fully* (2 – 6 Jahre; 9° C) von MARIE THÉRÈSE CHAPPAZ, Fully/Wallis/CH, ließ die Gueteli zu einem – vielgeliebten – Accessoire werden.

ANTIPASTI

Italienisch die „Speise vor der Pasta", Einzahl Antipasto: meist kalte italienische Vorspeisen aus Muscheln, Garnelen, Oliven, Artischocken, Pilzen, Salami, Rohschinken usw.; mit Essig, Öl, Kräutern usw. aromatisiert. *Prosecco di Conegliano-Valdobbiadene DOC/Treviso/Venetien Secco* oder *Frizzante* (leicht perlend), nicht allzu rassige, trockene bis halbtrockene *italienische Weißweine*, leichte, helle *Rotweine* vom *Gardasee* bzw. modern-fruchtige *Roséweine* sind hier angebracht.

APFEL

Der zur Gattung der Rosengewächse gehörende Speiseapfel ist aus Arten entwickelt worden, die ihre Heimat in West- und Zentralasien haben. Kaiser Karl der Große ließ bereits im 8. Jahrhundert wilde Äpfel kultivieren, denn schon damals erkannte man den hohen Nährwert (Vitamine, Zucker, Eisen, Natron, Phosphat und Fruchtsäuren) des „Königs der Früchte". Die Engländer sagen nicht zu unrecht: „An apple a day – keeps the doctor away." (Ein Apfel am Tag hält den Doktor fern.)
Mild-fruchtige Weine – ohne aggressive Säure – harmonieren am besten mit dem säurebetonten Obst und profitieren noch dazu vom vitalen Apfelaroma.
Zu gefülltem Bratapfel versuchen Sie *Malvasia Dolce di Bossa/Sardinien/I*; Apfelspalten mit Zimt verlangen nach milden *Gewürztraminer Spätlesen*, und Apfel gedünstet liebt seit Generationen *Grüne Veltliner-* und *Welschriesling-Auslesen*. Zu Äpfeln mit Bananencreme und *Vouvray „Clos du Bourg"* (CHB; 4 – 8 Jahre; 8 – 9° C) von GASTON HUET/Vouvray/Loire/F kündigte sich schon beim Riechen Übereinstimmung an, und Apfelchuechli sind ein Genuß mit apfelig-mildem

Johannisberg de Chamoson von SIMON MAYE/Saint Pierre de Clages/Wallis/CH.
Siehe auch → Apple Pie und → Tarte Tatin.

Äpfel im Schlafrock

Äpfel mit Zucker, Butter, Zimt, Rosinen gefüllt und mit gestiftelten Mandeln herausgebacken.

Weiß: Amigne/CH und Riesling-Sylvaner Spätlese

Der *Amigne* (2 – 4 Jahre; 9° C) von LES FILS D'URBAIN GERMANIER, Vétroz/Wallis/CH, mit bezaubernden Fruchtaromen (Apfel, Quitte, Aprikose), war der feine Startwein.

Weiß: Humagne Blanche/CH oder Recioto di Soave/Venetien/I

Der *Humagne Blanche fût de chêne* (3 – 7 Jahre; 9 – 10° C) von BERNARD ROUVINEZ, Sierre/Wallis/CH (mit goldgelber Farbe, Vanille-, Apfel-, Quitten- und Mandeltönen, fein integrierten Holzakzenten und reichem, mildem Körper), wurde zum Sieger ernannt, da er insbesondere die Apfeltöne brillant zum Tragen brachte.

Spirituose: edler Apfelbrand
Weiß: Malvasia Dolce di Bosa/Sardinien/I

Der edle *Gravensteiner Apfelbrand* (12° C) von FASSBIND, Oberarth/CH, direkt nach dem Dessert getrunken, erhöhte die Freuden des Mahls in Ausdruck und Länge um ein Vielfaches.

Apfelcharlotte → Charlotte

Gedünstete Äpfel in Butter, Zucker, Rosinen, Karamelmilch und Biskuits.

Weiß: Riesling-Sylvaner; Mauzac Blanc/SW-F

Die *Riesling-Sylvaner „Riede Postaller" Steinfeder* (1 Jahr; 8 – 9°C) von KARL HOLZAPFEL, Joching/Wachau/NÖ/A, war von derart beschwingter Leichtigkeit, eleganter Subtilität, zartem Muskat-Rosenton und samtig-weichem Geschmack, daß man ihr das Prädikat „charmantester Rosenkavalier" zuerkennen mußte.

Weiß: exotische Riesling-Auslese oder Malvasia Dolce/Süditalien

Ein blumiger *Riesling „Auslese Style"* (2 – 10 Jahre; 8 – 9° C) von ORLANDO, Coonawarra/South Australia (mit tiefem Goldgelb, herrlicher Botrytisnase, exotischen Aromen nach Ingwer, Zimt, Rosinen und faszinierender Fruchtfülle), ergab das Nonplusultra an Harmonie und Geschmackstiefe.

Spirituose: edler Apfelbrand (Calvados)
Dessertwein Rot: Recioto Della Valpolicella Liquoroso/Venetien/I
Schaumwein: reifer Champagne/F

Ein *Calvados* (10 – 12° C) zum Nachtrinken verlängert nicht nur den Genuß, sondern regt auch zum Nachdenken an.

Apfelkren (Apfelmeerettich)

Geriebener Kren mit geraspeltem süßsaurem Apfel vermischt, mit etwas Schlagrahm → Schlagsahne gebunden und mit Zitronensaft, Salz und Pfeffer aromatisiert.

Vorsicht ist bei säurereichen Weinen geboten, da sich die Schärfe des Krens und die Säure des Weins addieren! Mild-fruchtige, körperreiche und eventuell auch exotische Weine (*Pinot Gris, Verduzzo, Neuburger, Rotgipfler, Zierfandler, Kerner, Riesling-Sylvaner* ...) mindern die Schärfe des Krens und gewinnen selbst an Aromatik und Lebendigkeit dazu.

Apfelstrudel → Altwiener Apfelstrudel

Apple Pie
Englische Apfelpastete, mit Zitronenschalen, Koriander und Zucker aromatisiert.

Weiß: Müller-Thurgau oder Kerner Table Wine/England; Riesling-Spätlese
Der *Riesling Smaragd "Wösendorfer Kirchengärten"* (2 – 5 Jahre; 9 – 10° C) von den FREIEN WEINGÄRTNERN, Wachau, Dürnstein/NÖ/A (grüngold, feinster Aprikosen-Ananas-Duft, samtiger Körper, pikanter Abgang mit zarter Restsüße), setzte mit seiner prickelnden Säure den interessantesten Kontrapunkt des Abends.

Weiß: Wellon Medium Dry Table Wine/England oder Riesling halbtrocken
Ein *australischer Keyneton Riesling* (3 – 10 Jahre; 9 – 10° C) von HENSCHKE, Barossa Valley/S-AUS, zeigte Flagge: strahlendes Grüngold, bezaubernder Süße-Würze-Duft (Honig, Wacholder, Harz), reintönige Fülle und gut verpackte Restsüße. Eine perfekte Harmonie ohne Sprachschwierigkeiten.

Weiß: Sauternes/Bordeaux/F
Dessertwein: reifer Vintage Port/P
Der *Vintage Port* (MF, CO; TNA, TF, TC, BA, Roz ...; 30 – 40 Jahre; 12° C) von TAYLOR'S, Vila Nova de Gaia/P, brillierte mit elitärer Karamelsüße und erstaunte durch eine beinahe pfeffrige Würze – trotzdem eine Geschmacksharmonie!

APPENZELLER KÄSE
Schweizer Halbhartkäse aus Rohmilch, meist von betonter Schärfe. Charakteristisch ist seine Schmiere, die durch Behandlung mit Wein, Hefen, Salz und Gewürzen entsteht. Es gibt auch eine milde Variante.
Der milde Käse ist relativ leicht zu kombinieren und harmoniert mit einigen *Schweizer Weinen*, wie *Malanser Blauburgunder* oder *Salvagnin (Pinot Noir* und *Gamay)* aus dem *Chablais*, sehr gut. Die scharfe Variante benötigt einen charaktervollen, nicht zu säure- oder alkoholbetonten *Weißwein* wie *Pinot Blanc, Kerner* oder einen jugendlich-fruchtigen *roten Dôle de Sierre "Père Mayor"* (PN 80 %, GAM 20 %; 2 – 3 Jahre) von JOSEPH VOCAT, Sierre/Wallis/CH.

APRIKOSEN
Eine orange-gelbe Steinobstart, die von Alexander dem Großen aus Vorderasien nach Europa gebracht wurde. Die aromatisch-saftigen Früchte munden süß-säuerlich und sind von schmelzendem Liebreiz. Die bei uns bekannte → Marille ist eine veredelte Art, die erst im 17. Jahrhundert gezüchtet wurde.
Charmant-fruchtigen Weinen mit subtilem Aprikosenaroma (*Amigne* und *Humagne/CH, Condrieu/nördliche Rhône/F, Sémillon, Riesling, Clairette de Die/*

Languedoc/F) ist hier der Vorzug zu geben, doch durch verschiedene Zubereitungsarten erweitert sich das Feld gewaltig. Zu Aprikosenauflauf begeisterte der aprikosenmarmeladige *Vin Santo* von LA CHIESA DI S. RESTITUTA, Montalcino/Toskana, und zu Aprikosen-Negus (mit Schokolade-Eis, Aprikosensauce und Kirschwasser) konnte neben *Kirschwasser* und dem mit komplementären Aromen ausgestatteten *Vin Doux Naturel Rouge „Rasteau"*, Rasteau/südl. Rhône vor allem der betörende aprikosenfruchtige *Amigne de Vétroz* von JEAN-RENÉ GERMANIER, Vétroz/Wallis/CH, begeistern.

Aprikosen „Mistral"
Rohe Marillen, Puderzucker, Erdbeerpüree, gehobelte Mandeln und Schlagrahm.

Weiß: Condrieu/nördliche Rhône/F oder Riesling Spätlese
Die *Riesling Spätlese „Wachenheimer Gerümpel"* (3 – 6 Jahre; 10 – 11° C) von KARL SCHAEFER, Bad Dürkheim/Rheinpfalz/D (grüngoldene Farbe, fruchtig, lebendig und spritzig, Restsüße perfekt eingebunden, Aprikosen-Pfirsichnote im Ausklang), paßte sich aromatisch gut an und intensivierte den Geschmack mit belebender Säure.

Weiß: Humagne Blanche/CH, Jurançon/SW-F
Dessertwein: Ruby Port/P
Der *Taylor's Superb Ruby Port* (MF, CO, TNA, TF, TC, BA, ROZ ...; ca. 10 Jahre; 12° C) von TAYLOR, FLADGATE & YEATMAN, Vila Nova de Gaia/P, brachte sowohl seinen kräftigen Körper als auch Erdbeer-, Mandel- und Cognacaromen in die Ehe ein und wurde mit größter Freude, Harmonie und Zärtlichkeit aufgenommen.

Weiß: Tokaji Aszu 3 Puttonyos/H; Sauternes/Bordeaus/F
Dessertwein: Pineau de Charente/F
Ein *Pineau de Charente „Antoine"*, (8 – 9° C), von GÉRARD ANTOINE, Saint-Sulpice de Cognac, eigentlich ein starker, süßer Aperitif aus Traubenmost und Cognac mit intensiven Aromen nach Trauben, Honig, Kirschen und Feuer (!), eignet sich viel besser als „Drüberstreuer" nach schwierig zu kombinierenden Früchten bzw. Desserts mit Früchten.

ARAPAIMA GIGAS
Der Kuhfisch aus Südamerika ist ein bis 3 m langer Raubfisch, von forellenähnlichem Geschmack, der in gegrillter Form mit einem würzigen *Rosé Amigo* von VIÑA SAN PEDRO, Santiago/Chile, oder gebraten mit einem *Riesling* von MIGUEL TORRES, Curicó/Chile, bestens harmoniert. Sollte er von einer reichen Sauce begleitet sein, wählen Sie einen *Sauvignon/Sémillon* von VIÑA LOS VASCOS, Santiago (Joint Venture mit CHÂTEAU LAFITE-ROTHSCHILD) ebenfalls aus Chile.

ARMAGNAC
Neben dem → Cognac berühmtester Weinbrand aus dem südwestfranzösischen Departement Gers, der aus den Rebsorten Picpoule, Saint-Émilion (Ugni Blanc), Jurançon und Baco gewonnen und in Fässern aus Limousineiche ausgebaut wird. Im Gegensatz zu den Kreideböden des Cognac sind es hier Sandböden, die die besten Kreszenzen hervorbringen.

Ähnlich wie andere Spirituosen ist auch Armagnac in Speisen eine Herausforderung für den begleitenden Wein. Es haben sich die gleichen Weine, die Sie unter → Cognac finden, profilieren können. Zusätzlich seien noch reife *Pinots Noirs* (insbesondere *Romanée-Conti/Burgund*) erwähnt, die Wild-Armagnac-Saucen geradezu perfekt interpretieren.

ARMER RITTER

Alte Semmeln, Eigelb, Zucker, Salz, abgeriebene Zitrone, Milch und Semmelbrösel. In Frankreich ist *Rosette* (SÉM, SB, ML; 2 – 5 Jahre; 8° C), ein halbsüßer bis süßer *Weißwein* von der *Dordogne* (nördlich von *Bergerac*), zur geliebten Tradition geworden.

Weiß: Bouvier- und Riesling-Sylvaner Spätlese

Die feine *Bouvier Spätlese* (3 – 6 Jahre; 8 – 9° C) von LADISLAUS TÖRÖK, Rust/Neusiedlersee-Hügelland/BGLD/A, glänzte mit sattem Strohgelb, feiner Frucht, geschmeidiger Süße und paßte sich geschickt an das Dessert an.

Weiß: Rotgipfler Auslese/Gumpoldskirchen/Thermenregion/NÖ/A oder Rosette/F

Eine *Rotgipfler Auslese* (4 – 6 Jahre; 9 – 10° C) von MANFRED BIEGLER, Gumpoldskirchen/Thermenregion/NÖ/A (goldgelb, feinduftiges Traubenaroma, kraftvoller Körper, mild-süßer Ausklang), erbarmte sich des „armen Ritters" und nahm ihn liebevoll an die Brust. Motor der Harmonie war die milde, aber gleichwohl pikant-lebendige Säure.

Weiß: Spätrot-Rotgipfler oder Zierfandler BA oder TBA/A

Die *Spätrot-Rotgipfler Trockenbeerenauslese* (8 – 12 Jahre; 10 – 11° C) von ALFRED FREUDORFER, Gumpoldskirchen/Thermenregion/NÖ/A (grüngold, würzig-fruchtig-honigsüß, kraftvoll, voluminös, substanzreich, subtiles Süße-Säurespiel), überrollte zuerst den „armen Ritter", doch über das delikate Gaumenspiel richtete er sich wieder auf und wurde letztlich sogar beflügelt. Eine prachtvolle Paarung, die Körper, Geist und Seele verwöhnte.

ARROZ „VALENCIANA"

Spanisches Reisgericht (Arroz = Reis) mit Huhn, Rohschinken, Erbsen, Pilzen und Tomatensauce.

Rosé: spanische bzw. südeuropäische Kreszenzen

Der *Percebal Rosado* (GT; 1 – 2 Jahre; 9 – 10° C) von der BODEGA COOPERATIVA SAN VALERO, Aragonien/E (ein frischer, spritziger Roséwein mit Veilchenton und mild-würzigen Aromen), traf genau den Ton des Gerichts.

Weiß: Gran Viña Sol/Penedès oder Rioja Blanca ohne Eiche/E

Der *Gran Viña Sol* (CH, PAR; 1 – 3 Jahre; 8 – 9° C) von MIGUEL TORRES, Vilafranca del Penedès/Katalonien/E (blaßgelb, zart-fruchtige, minzige Apfelnase, frisch-fruchtig mit lebendiger Säure und trockener Fülle), paßte sich gut an das Gericht an und harmonierte sogar mit der Tomatensauce.

Rot: samtiger Pinot Noir

Der *Viña Magdala* (PN; 5 – 7 Jahre; 16 – 17° C) von M. TORRES, Vilafranca del Penedès/Katalonien (dunkles Granat, attraktives Pinot-Beerenbouquet,

Frucht in elegante Eichenholzaromen eingebettet, ein Schmeichler mit Tiefgang und Feuer), war zwar von der Struktur her überlegen, gab jedoch seine Feurigkeit an das Essen weiter.

ARTISCHOCKEN

Die aus Nordafrika stammenden faustgroßen Blütenköpfe der distelartigen Artischockenpflanze werden bereits seit dem 16. Jahrhundert in Südeuropa angebaut. Die Feinschmecker genießen den Boden sowie den unteren Teil der Blütenhüllblätter von September bis März und freuen sich über das nahrhafte, magen- und leberstärkende Gemüse.

Würzig-erdige, aromatische Kreszenzen – ohne aggressive Säure und Tannine – harmonieren sehr gut. Zu Artischocken mit Safran wählen Sie *Muscat Grand Cru/Elsaß/F* oder *Graves Blanc/Bordeaux/F* bzw. *Sherry Amontillado dry/E*; zu den kleinen jungen Artischocken „Jüdische Art" genießen Sie am besten einen *Sauvignon Blanc* aus *Israel* (z. B. von YARDEN ...); zu Artischocken mit Gänseleber ist ein *Cru-Beaujolais „Chiroubles"/Burgund/F* einzuplanen. Artischocken „Venezianisch" (mit Zwiebeln gekocht) ergeben zusammen mit hellrotem *Bardolino DOC/Venetien/I* eine köstliche Kombination, und zu Artischockenböden mit Kalbsbries erfreuen Sie sich an *Hermitage Blanc/nördliche Rhône/F*, *Tocai Friulano/Friaul/I* oder *Zierfandler Spätlese/A*. Artischockenböden „Lucullus" (mit Trüffeln und Madeirasauce) versuchen Sie mit einem *Château Haut-Brion 1er Cru Classe Graves/Bordeaux* oder einem nur mäßig süßen *Malmsey* von VINHOS BARBEITO, Funchal/Madeira/P.

Artischocken „Hollandaise"

Mit aufgeschlagener Buttersauce (→ Sauce Hollandaise).
In Frankreich gelten *Muscat GC d'Alsace* oder superber *Pouilly-Fuissé/Mâconnais/Burgund* als Evangelium.

Weiß: Neuburger oder Sylvaner Kabinett/A

Ein *Neuburger Kabinett* (2 – 3 Jahre; 9 – 10° C) vom FREIGUT THALLERN, Gumpoldskirchen/Thermenregion/NÖ/A (feiner Nußduft, mildsamtiger Körper), stellte eine Aromabrücke her und profitierte von der Sauce Hollandaise.

Weiß: Muscat GC/Elsaß, Pouilly Fuissé/Burgund/F; Muskat-Ottonel Spätlese

Eine *Muskat-Ottonel Spätlese* (2 – 6 Jahre; 9 – 10° C) von EMMERICH KNOLL, Loiben/Wachau/NÖ/A, glänzte durch eleganten Muskatduft, fülligsamtigen Körper, mild-trockenen Ausklang und paßte sich noch besser an als der Neuburger. Hollandaise und Muskat-Ottonel als ideale Partner!

Rot: Pinot Noir, Blaufränkisch; Tocai Rosso Bardolino/I

Der *Gevrey-Chambertin* (PN; 4 – 8 Jahre; 16 – 17° C) 1er *Cru „Aux Combottes"* von der DOMAINE DUJAC, Morey-Saint-Denis/Côte de Nuits/Burgund/F, zeigte eine feine Schokobitternote und diverse Gewürzaromen. Sie konnten den Bitterton der Artischocken und die Würze der Hollandaise teilweise ergänzen. Für Rotweinliebhaber!

Artischocken „Vinaigrette"

Kalte Artischocken in Essigkräutersauce (→ Sauce Vinaigrette).

Weiß: Vinho Verde/P; Muscadet und Chenin Blanc sec/Loire/F
Rosé: südländische Gewächse und Weißgepreßte (Clairet, Chiaretto)

> Der *Saint-Chinian Rosé „Berloup"* AOC (CAR, GR, SYR, CIN; 1 – 3 Jahre; 9 – 10° C) von RIEU BERLOU, Languedoc/F, war eine interessante Entdeckung. Mit nervöser Frucht und Frische wich er der Vinaigrette geschickt aus und stand den Artischocken aromatisch zu Diensten.

Weiß: Muscat (Muskateller)-Kreszenzen; Clairette de Bellegarde/Midi/F
Rot: Côteaux d'Ancenis/Loire/F; Primeurweine

> Im *Muscat Grand Cru „Kirchberg"* (5 – 7 Jahre; 9 – 10° C) vom WEINGUT TRIMBACH, Ribeauvillé/Elsaß/F, fanden die Artischocken und vor allem die gefürchtete Vinaigrette endlich einen Partner, der nicht kapitulierte, sondern für neue, bisher unbekannte Gaumenfreuden sorgte.

Rot: Pinot Noir, Blaufränkisch, Zweigelt, St. Laurent

> Der *Gevrey-Chambertin „Clos de Chapitre"* (PN; 6 – 8 Jahre; 16 – 17° C) von HENRI DE VILLAMONT, Savigny lès Beaune/Côte de Nuits/Burgund/F, glänzte mit purpurroter Farbe, feinem Weichselduft und konzentriert-festem Geschmack. Seine Fruchttiefe und sein herbes Weichselaroma gingen eine einigermaßen harmonische Ehe mit dem Artischockenbitterton ein, sie hoben sich gegenseitig fast auf. Mit der Vinaigrette kam der Wein allerdings nicht so gut zurecht.

Artischockenböden „d'Antin"

Mit Champignons à la Crème gefüllt und mit Parmesan gratiniert.

Rot: helle, fruchtbetonte Weine wie Grignolino/Piemont/I
Rosé: Clairet/Chiaretto/I/F/E (Rosado)

> Der *Grignolino del Monferrato Casalese* (GRI 90 %, FR 10 %; 1 – 2 Jahre; 15° C) von LIVIO PAVESE, Piemont/I (mit hellem Rubin und erfrischend fruchtig-säuerlicher Art), war ein unauffälliger Sommerwein.

Weiß: Pinot Gris, Pinot Blanc, Neuburger/A

> Ein *Pinot Gris (Ruländer)* (3 – 5 Jahre; 8 – 9° C) vom SATTLERHOF, Gamlitz/Südsteiermark/A (leuchtendes Goldgelb, delikater Karamelhauch, füllig-fruchtig mit eleganter Säure), spielte hervorragend auf der Klaviatur der Artischocken und erfreute mit belebender Frische und Aromatik.

Rot: Pinot Noir, Zweigelt, Gamay (Julienas) Beaujolais/Burgund/F;
Torgiano Vigna „Monticchio"/Umbrieni/I
Weiß: exotischer Riesling bzw. Riesling Spätlese trocken

> Ein *australischer Riesling* (3 – 5 Jahre; 10° C) CHÂTEAU BARKER, Western Australia (mit strahlend hellem Gelb, feinwürzigem, floralem Aroma, elegantem Körper, reichem Extrakt und mildem Abgang), bildete eine verführerische Geschmackseinheit mit dem Essen und war nur zeitweise dominierend.

ÄSCHE

Bis zu 40 cm langer Süßwasserfisch aus der großen Lachsfamilie, der in den Bächen und Flüssen unserer Gebirge vorkommt und mit hellem, zartem Fleisch gesegnet ist. Zubereitung und auch Kombinationsmöglichkeiten wie → Forelle. Sollte immer frisch sein!

ASIAGO

Harter italienischer Kuh-Vollmilch-Schnittkäse aus der Provinz Vicenza/Venetien: Asiago d'Allevo mit gelbroter Rinde und hellem Teig ist in der Jugend mild-würzig, im Alter mehr und mehr kräftig, pikant-würzig und zum Reiben geeignet. Fettgehalt mindestens 34 % F.i.T.

Zu dem jugendlichen Asiago paßt hervorragend ein heller, leichter *Rotwein* von der Art eines *Bardolino/Venetien/I* oder eines *Weißen Riesling Italico/Lombardei/Venetien/I*. Zum reifen Asiago empfehlen wir einen feinen *Valpolicella/Venetien/I* von GUERRIERI-RIZZARDI, Bardolino, TEDESCHI, Pedemonte, oder FRANCO ALLEGRINI, Fumane di Valpolicella.

ASIATISCHE KÜCHE

Zu süß-sauren Gerichten haben sich halbtrocke *Riesling-Sylvaner, Gewürztraminer, Pinot Gris, Bouvier, Sauvignon Blanc, Muskateller, Riesling; Steen/Südafrika; Graves Blanc/ Bordeaux, Montlouis* und *Vouvray demi-sec/Loire/F* sowie *Condrieu/nördliche Rhône* und junge *Barsac/Sauternes/Bordeaux/F* bewährt. Zu schweren asiatischen Speisen bieten sich *weißer Tokaji/H* (trocken und süß) sowie kraftvoller *Vin Jaune* (z. B. *Château-Chalon/Jura/F*), roter *Recioto Amarone di Valpolicella/Venetien* und *Barolo Chinato/Piemont/I* (mit Chinarinde versetzt und gekühlt serviert) sowie kraftvolle *Malzbiere* (dunkle Vollbiere) an. Nicht zu vergessen → *Sake*, der fast immer paßt, und auch die reifen *Roten von Banyls/Pyrenäen* und *Maury/Roussillon/F*.

ASPIK → SULZ

ATJAR ATJAR

Mehr saures als süß-saures indonesisches Dessert: Piccadilly (Senfgemüse), Cornichons, Ingwer, Gurken, Zwiebeln und geröstete Erdnüsse.

Das sensationelle dunkle *Trappistenbier* aus *Südostbelgien* (10 – 12° C) *Chimay Grande Reserve* hat eine zweite Gärung in der Flasche durchgemacht, ist mit einem Sektverschluß ausgestattet und besitzt eine bernsteinbraune Farbe, malzig-würzigen Duft, feines Perlen bei dichtem, kraftvollem Körper und langem, süßlich-rauchig-würzigem Abgang. Eine wahrlich interessante Kombination. Siehe → Süß-sauer Eingelegtes.

AUBERGINEN (MELANZANE, EIERFRÜCHTE)

Ursprünglich aus Nordafrika stammendes, birnenförmiges, eher geschmacksneutrales Nachtschattengewächs, das heute bevorzugt in den Mittelmeerländern angebaut wird. Roh enthalten die Früchte das Gift Solanin; gekocht, gebacken oder gebraten sind sie jedoch ein treffliches Gemüse, das in der südfranzösischen → Ratatouille Berühmtheit erlangt hat. Beste Genußzeit ist von Mai bis November. Ideale Begleiter sind fruchtig-würzige *Roséweine*, aromatisch-würzige *Weißweine* und manchmal auch *südländische* (Südeuropa) *Rotweine* mit ähnlicher Struktur. Vorsicht vor grasigen Tanninen! Zu Auberginen mit Fleischfülle versuchen Sie *Côteaux d'Aix en Provence* oder *Beaujolais Nouveau/Burgund/F*. Auberginen-Beignets verlangen nach elegantem *Pinot Noir*; zu Auberginencreme genießen Sie *Ischia Bianco/Kampanien* oder *Rosé (Cerasuolo di Vittoria)/Sizilien/I*, und zu Auberginen auf „Piemonteser Art" probieren Sie *weißen Gavi* (im Sommer) und ansonsten *roten Dolcetto d'Alba/Piemont/I*.

Auberginen auf „Bostoner Art"

Mit → Sauce Béchamel sowie geriebenem Emmentaler überbacken und mit heißem Rahm begossen.

Weiß: Vinho Verde/P; Galestro/Toskana/I; Malvasier
Rosé: südländische Gewächse

Ein *portugiesischer Vinho Verde Tojal* (9 Rebsorten; 1 – 2 Jahre; 8 – 9° C), von VINHOS MESSIAS, Mealhada (mit gelb-grüner Farbe, fruchtig-frischem Stachelbeerduft und zart-moussierendem Abgang), schuf den idealen Einstieg zu diesem reichen Mahle.

Weiß: exotischer Chardonnay; halbtrockene Gewächse (Chenin Blanc, Pinot Gris ...)

Der *kalifornische* CHÂTEAU WOLTNER (CH; 3 – 5 Jahre; 8 – 9° C) aus St. Helena/Napa Valley bezauberte mit dichter Struktur, klassischer Eichenwürze und beinahe burgundisch anmutender Finesse. Eine solide Partnerschaft, die aber den Wein nicht daran hinderte, eigentlich eine Kür hinzulegen, doch Extrakt und Béchamel fanden schließlich zueinander.

Weiß: Vouvray demi-sec/Loire; Riesling-Sylvaner Auslese
Rot: exotischer Merlot, Pinot Noir

Der *Bacchus Vineyard Merlot* (3 – 6 Jahre; 16 – 17° C) von ARBOR CREST, Spokane/Washington/USA, überzeugte mit dunkler, tiefer Farbe, intensivem Kaffee-, Schoko-Duft und dichtem, rauchigem Eichenflair. Die Tannine bildeten leider eine unüberwindliche Hürde zum vollen Genuß; trotzdem eine attraktive Paarung.

Auberginen „Niçoise"

Mit einer Fülle von grünem Paprika, Tomates Concassées, Knoblauch und Petersilie.

Weiß: jugendlich-fruchtiger Sauvignon Blanc
Rosé: Südfrankreich (Südeuropa)

Ein *Bellet Rosé* (CAR, CIN, GR, TIB, ...; 1 – 2 Jahre; 8 – 10° C) vom CHÂTEAU DE CRÉMAT, Provence/F, bezauberte mit frischer Frucht und interessanter Würze (Thymian, Rosmarin, Fenchel ...). Der ideale „Muntermacher" und Mittagswein.

Weiß: Malvasier
Rot: Côteaux d'Aix en Provence Rouge
Rosé: Südfrankreich

Der *Rosé „Bandol"* vom CHÂTEAU DE PIBARBON, La Cadière d'Azur/Provence/F, war von nicht erwarteter Komplexität und Aromafeinheit. Ein anhaltendes Geschmackserlebnis, das zusammen mit den Auberginen ein Duo Furioso ergab!

Rot: Côtes-du-Rhône Rouge/F

Ein *„Lirac"* (GR 70 %, CIN 15 %, MV 15 %; 3 – 6 Jahre; 14 – 16° C) DOMAINE DE LA MORDORÉE, Tavel/südliche Rhône/F, mit reichem Körper, Sommerfrüchteduft und tanninbeladenem Abgang erwies sich als „Feuerwerker" ersten Grades und multiplizierte sowohl die Gewürze als auch den Abgang.

AUERHAHN

Der größte aller jagdbaren Wildvögel ist leider von zähem, strohigem Geschmack. Nur die gedünstete Brust ist einigermaßen schmackhaft. In den meisten Ländern ist er geschützt.
Mild-würzige *Weiß-* und *Rotweine* mit samtigem Extrakt *(Pinot Gris, Pinot Noir ...)* sind stets willkommene Begleiter. Auerhahnbrust gedünstet im Speckmantel eskortierten wir erfolgreich mit samtigen *Pinot Gris-Spätlesen.*

AUFLAUF (SOUFFLÉ)

Mit Eigelb gebundene, mit steifgeschlagenem Eierschnee gelockerte, feingewürzte Breimassen, die in der Form gebacken und sofort heiß darin angerichtet werden, da sie schnell wieder zusammenfallen. Man unterscheidet Fleisch-, Fisch-, Gemüse-, Käse- und süße Aufläufe, wobei letztere die berühmtesten sind.
Zu Steinbutt-Auflauf versuchen Sie *Puligny-Montrachet* oder *Meursault/Burgund/F*, zu Erdbeerauflauf mit Cassis-Sauce ist *roter Bourgueuil/Loire/F* eine unerwartete Wohltat. Zu Gemüseauflauf probieren Sie aromatisch-milde *Weiß-* oder *Roséweine.* Käseauflauf verlangt nach *(weißem) Pinot Blanc* oder *Pinot Gris, Ruby Port* oder mildem *(rotem) Cabernet.* Zu Fleisch-Auflauf wählen Sie – je nach Zubereitungsart – zwischen *Pinot Blanc Spätlese* und *Blauem Portugieser.* Zu Senfauflauf sollten Sie einfachen *Chardonnay* oder *Pinot Blanc* goutieren. Karfiolauflauf paaren Sie mit *Traminer* oder *Riesling-Sylvaner*; Erbsenauflauf mit *Riesling Kabinett* oder *Gutedel*; Fenchelauflauf versuchen Sie mit *Côtes de Provence Rosé/F.*
(→ Champignonsoufflé, → Eisauflauf, → Hummerauflauf, → Miroton, → Vanilleauflauf)

Auflauf „Aida" (Soufflé Aida)

Milch, Zucker, Butter, Salz, Vanille, Mehl, Eigelb, Eiklar; hier mit Früchten und Curacao-Likör gefüllt.

Weiß: Graves-de-Vayres/Bordeaux/F
Schaumwein: Accademia Spumante Brut/I oder Blanc Mousseux/Jura/F sowie zart moussierende Sekte

Der *Accademia Spumante Brut* (PB; 1 – 3 Jahre; 7 – 8° C) von FAUSTO MACULAN, Breganze/Venetien/I, leuchtete strohgelb im Glas, zeigte fragile Düfte nach Hefe und frischem Weißbrot bei großer Geschmeidigkeit und pikantem Fruchtaroma.

Weiß: Sauternes, Loupiac/Bordeaux/F; Beerenauslese, Trockenbeerenauslese oder Eiswein (Welschriesling, Pinot blanc, Traminer, Riesling)/A/D

Der vom Sommelier empfohlene *Château de Fargues* (SÉM + SB; 8 – 12 Jahre; 8 – 9° C, FARGUES, Sauternes/Bordeaux/F, spielte gleichzeitig Körperreichtum, Eleganz, Finesse und gewaltige Aromafülle (neues Holz, Honigblüten, Rosen, Vanille und etwas Lakritze) aus, eroberte den Auflauf im Sturm und wirkte noch lange nach.

AUFSCHNITT

Scheiben von meist gekochtem, kaltem Fleisch, Geflügel, Wild, Schinken, Wurst und Pasteten; garniert mit Salat, Kresse, Radieschen, Cornichons sowie Mixed Pickles.

Fruchtig-frische, rassige *Weiß-* und *Roséweine* aus der *Steiermark* (*Welschriesling, Sauvignon Blanc, Schilcher*) und jugendlich-würzige *Rotweine* (*Blaufränkisch, Zweigelt, Sankt Laurent*) eignen sich vorzüglich zu Aufschnitt aller Art. Cornichons und Mixed Pickles sind allerdings kaum kombinierbar, nur die jugendliche rote *Gamay-Rebe* (*Touraine/Loire, Beaujolais/Burgund* ...) scheint dafür eine Affinität zu haben.

AUSTERN

Schalentiere von ungleicher Form, die seit Urzeiten als beste aller eßbaren Muschelarten gelten. Die Römer legten die ersten Austernzuchtbänke an und verspeisten Unmengen der leicht kau- und verdaubaren Weichtiere. Nach drei bis vier Jahren ist die Auster genußfähig und erzeugt bis zu 1,5 Millionen Nachkommen jährlich. Sie mundet in den Monaten mit „r" (September bis April) am besten, und ihr erotisierender Effekt spricht besonders die Männerwelt an. Durch Zuchtmethoden kann man sie heute auch im Sommer genießen. Übrigens, der wahre Gourmet kaut die Auster und schlürft sie nicht! Berühmte Austernarten sind: Belons, Dives, Courseulles, Marennes ... (Frankreich); Colchester, Whitstables ... (England); Blue Point, Limfjord ... (Norwegen).

Will man den Jodgeschmack der Auster betonen, dann darf man auch gekühlte *Rotweine* (*Chinon/Loire, Bandol/Provence, Pinot Noir/Elsaß/F* ...) reichen. Der hochgelobte *Muscadet/Loire/F* ist des öfteren zu herb und meist nur im zarten Alter von maximal einem Jahr attraktiv. *Champagne Blanc de Blancs* und *Vouvray sec/Loire/F* harmonieren besonders mit fleischig-fetten Exemplaren, wie man sie im Dezember bekommt. (Siehe auch → Oysters Manhattan.)

Austern Americaine

Pochierte Austern mit Hummersauce (→ Sauce Newburg).

Weiß: samtig-eleganter Pinot Blanc, Pinot Gris, Chardonnay, Neuburger, Zierfandler/A etc.

Der zartfruchtige, elegante *Kamptaler Weißburgunder* (2 – 4 Jahre; 9 – 10° C) von JOSEF JURTSCHITSCH, Langenlois/Kamptal-Donauland/NÖ/A, verströmte hochfeine Reintönigkeit, geschliffene, dezente Fruchtsäure mit feinem Walnußaroma und paarte sich auf bezaubernde Weise mit dem Gericht. Ein österreichischer Austern(Hummer)-Wein für das Mittagsmahl.

Weiß: Graves Blanc/Bordeaux und Vouvray sec/Loire/F

Ein *Graves Blanc CC* (SB 65 %, SÉM 30 %, ML 5 %; 5 – 9 Jahre; 9° C) CHÂTEAU CARBONNIEUX, Léognan/Graves/Bordeaux/F, bändigte einerseits die hochintensive Hummersauce und besaß andererseits genügend Würze und Biß, um sich mit den Austern auf einer Aromalinie zu treffen.

Prädikatswein weiß: junger Barsac/Bordeaux, Vouvray demi-sec/Loire/F; Pinot Blanc Auslese halbtrocken

Der junge *Château Doisy-Dubroca* (SÉM, SB; 4 – 6 Jahre; 8 – 9° C) 2ᵉ CC von BRIGITTE LURTON, Barsac, ist einer der modernen, leichten, eleganten Sauternes/Bordeaux/F, die man jünger trinken kann und die sich sofort mit den pochierten Austern und der Hummersauce verstehen. Liebe auf den ersten Blick? Es ist Geschmackssache, ob man den Graves oder den Barsac bevorzugt.

Austern auf Kaviarbrot (Huîtres à Cheval)

Schaumwein: trockener Chardonnay-Schaumwein oder Cava/E

Der *italienische Schaumwein Ca' del Bosco* (CH, PN, PB; 3 – 6 Jahre; 6 – 8° C) von MAURIZIO ZANELLA, Franciacorta/Lombardei/I (mit kernig-rassiger Frucht und kapriziösem, heftigem Aroma), spannte sofort einen Aromabogen zum Kaviar und zu den Austern.

Weiß: Sancerre (Sauvignon Blanc) Spätlese/Loire/F etc.
Schaumwein: Champagne Blanc de Blancs/F

Ein *Sancerre Vendange Tardive AOC* (SB; 2 – 4 Jahre; 9 – 10° C) von BERNARD REVERDY, Verdigny/Obere Loire/F, erwies sich als glänzender Vermittler zwischen Austern und Kaviar. Ein „neuzeitlicher" runder, samtiger Wein ohne Aggressivität und mit beeindruckendem Abgang.

Spirituose: Wodka/Rußland

Ein Wodka „*Stolichnaya*" (10° C) stellte sofort einen direkten Draht zum Kaviar her, wollte sich aber nicht an die Austern gewöhnen.

Austern frisch

Mit Zitronenviertel, Butter und Graubrot (Tartine). Weißbrot ist allerdings neutraler.

Weiß: Chardonnay ohne Holzausbau

Ein *Chardonnay „Riede Gebling"* (1 – 2 Jahre; 8 – 9° C) von SEPP MOSER, Rohrendorf-Krems/Kamptal-Donauland/NÖ/A, auf kalkreichen Konglomerat-Verwitterungsböden gewachsen, brillierte mit feinem Nußton, grandioser Frucht, beachtlicher Finesse und einem Hauch von Chablis.

Weiß: Chablis AC/Burgund, Champagne Blanc de Blancs/F

Der *Chablis AC* (CH; 1 – 2 Jahre; 8 – 9° C) von WILLIAM FÈVRE, Chablis/Burgund/F – Salz- und Jodtöne des Meeres gingen eine perfekte Harmonie mit der salzig-mineralischen Würze und Säure des Weins ein. Es gibt keine bessere Kombination!?

Weiß: Chardonnay/KAL, AUS, NZ
Südwein: Sherry Dry oder Montilla-Moriles/Andalusien/E
Schaumwein: Black Velvet
(Mischung aus halb Sekt bzw. Champagne und halb Guinness-Bier)/GB

Der mächtige *kalifornische Chardonnay* (4 – 6 Jahre; 8 – 10° C) von HANZELL VINEYARDS, Sonoma Valley, erreichte nicht ganz die Harmonie des Chablis, dominierte auch zeitweise, konnte sich aber doch über seine Bodenwürze anpassen.

Austern gebacken (Huîtres Frites)

Austern in Salz, Pfeffer, Zitronensaft und Petersilie mariniert und in Ei und Bröseln paniert. Die zarte Süße eines Weißweines (z. B. *Vouvray/Loire/F* oder *Zierfandler/A*) paßt hier sehr gut zur Panier, forciert die Aromen und Gewürze und mindert gleichzeitig die salzige Note der Austern.

Weiß: Grüner Veltliner, Neuburger, Pinot gris/A/D; Aigle/CH

Der *Grüne Veltliner „Poysdorfer Taubenschuß"* (1 – 2 Jahre; 8 – 9° C) von ANTON TAUBENSCHUSS, Poysdorf/Weinviertel/NÖ/A, wies helle Gelbtöne mit Grünreflexen, pfeffrig-würzige Aromen mit feinen Zitrusobertönen und geradezu jugendlich-frechen Charme auf – kein Wunder, daß er sich mit den Grundaromen schnell anfreundete, wenngleich er mit der Panier nicht ganz zurecht kam, da seine rassige Säure etwas störte.

Weiß:Vouvray oder Montlouis demi sec/Loire; Graves Blanc/Bordeaux/F

Ein *Vouvray demi-sec* (CHB; 5 – 9 Jahre; 8 – 9° C) von GILES CHAMPION, Touraine/Loire/F, war auch der Champion im Kampf um den idealen Partner: Delikate Frucht und glockenreine Aromen nach Birnen, Quitten und Zitrus – bei herrlich balancierter Restsüße – verschmolzen innig mit dem Gericht. Sensationell!

Weiß: Meursault/Burgund/F oder Pinot blanc Spätlese trocken; Locorotondo/Apulien/I

Der stupende *Meursault 1er CRU „Les Charmes"* (CH; 4 – 6 Jahre; 9 – 10° C), DOMAINE JOSEPH MATROT, Meursault, Côte de Beaune/Burgund/ F, bewies große Klasse, fülligen Körper mit nussig-würzigen Aromen (Buttermilch, Farn, Mandel) und rauchig-ausklingendem Geschmack. Doch an diesem Mittag war der Vouvray um eine Nasenlänge vorne.

AVOCADO (ALLIGATORBIRNEN)

Die exotische Steinfrucht stammt usprünglich aus Südamerika. Doch auch Israel, Kamerun und Madeira sind wichtige Exportländer geworden. Das Fruchtfleisch der 10 bis 12 cm langen Birne ist weich und nußartig-mild. Bei uns wird sie von September bis April angeboten und sollte nur in vollreifem, butterzartem Zustand verspeist werden.

Ideale Partner sind mild-fruchtige, samtige *Weißweine* mit exotischem Flair oder *Schaumweine* (*Clairette de Die, Muskatellersekte* und *Champagne Blanc de Noir*). Zu Avocadomousse mit Räucherlachs ist auch klarer *Schnaps* (*Aquavit, Wodka*) „erlaubt", doch eine *Pinot Gris Spätlese trocken* ist die harmonischere Lösung.

Avocado à la Gourmet

Gefüllt mit Mayonnaise, Shrimps, Schalotten, Sellerie, Radieschen, Tomaten, Cayennepfeffer und Zitronensaft.

Weiß: Chenin und Arbois Blanc/Loire/F; Riesling-Sylvaner

Ein *Arbois Blanc* (1 – 2 Jahre; 8 – 9° C) von der Loire – nicht zu verwechseln mit dem Gebiet im Jura – ähnelt Chenin Blanc, war aber milder und nicht so säurebetont, was sich sehr gut im Zusammenspiel mit dem vielschichtigen Gericht auswirkte.

Weiß: exotischer Riesling

Der *Rhine Riesling* (1 – 2 Jahre; 8 – 9° C) von WOLF BLASS, Nuriootpa/ Barossa Valley/South Australia (mit faszinierend ätherischem Zitrus-Orangen-Pfirsicharoma, milder Säure und exotischem Finale), entpuppte sich als Idealpartner der Avocados, „entzündete" sich am Zitronensaft und paßte sich geschickt an die Fülle an.

Weiß: Riesling Spätlese halbtrocken/D
Schaumwein: Moscato-Spumante/I; Clairette de Die/Rhône/F

Die halbtrockene *Spätlese Schloß Vollrads* (R; 5 – 8 Jahre; 9 – 10° C) aus Oestrich-Winkel/Rheingau/D beeindruckte mit strahlendem Goldgelb, nuanciertem Rieslingduft (Ananas, Pfirsich), gehaltvollem Körper und fast jugendlichr Frische. Eine europäische Alternative zum Rhine Riesling, die über die zarte Restsüße Zugang zur Mayonnaise fand.

Avocado „San Francisco"

Avocadoscheiben mit Baisermasse, Vanillezucker und Weinbrand überbacken; dazu Vanillereis und Vanilleeis.

Weiß: Pinot Gris halbtrocken
Schaumwein: Moscato/I etc.

Die halbtrockene *Ruländer „Riede Wieden" Spätlese* vom WEINGUT UNDHOF, Krems-Stein/Kamptal-Donauland/NÖ/A, leuchtete goldgelb, duftete sublim-delikat nach Lindenblüten und besaß eine pikant-runde Fülle mit elegant-mildem Karamelaroma. Sie paßte sich beinahe ideal an das Gericht an, lediglich der Weinbrand stand im Wege.

Weiß: Gewürztraminer und Muskateller (Muscat) halbtrocken/halbsüß

Ein *kalifornischer Gewürztraminer* (3 – 6 Jahre, 9 – 10° C) von GRAND CRU VINEYARDS, Alexander Valley, verwöhnte uns mit glitzerndem Goldgelb, exotischen Düften (reife Früchte, Rosen) und nur zarter Süße im konzentriert-reichen Körper. Die elegante Säure belebte den Gaumen und entlockte dem Gericht allerfeinste Nuancen.

Weiß: exotischer Eiswein/international

Der *Late Harvest Vidal „Eiswein"* (3 – 10 Jahre; 8 – 9° C) von KONZELMANN VINEYARDS, Ontario/Kanada, war von gewaltiger Dichte und Süße bei gleichzeitiger „eisiger" Frische und einem Vanille-Aprikosen-Aroma von seltener Intensität. Eine sensationelle Entdeckung, die die Ingredienzien des Desserts zur Vollkommenheit brachte.

BABA → SAVARIN

BACKHENDL → WIENER BACKHENDL

BAECKOFA

Elsäßer Nationalgericht: ein Eintopf aus Kartoffeln, Zwiebeln, Lamm-, Schweine- und Rindfleischwürfeln in Brotteig gehüllt und im Backofen (Baeckofa) fertiggestellt. Korrespondierende Weine sind die einheimischen Trümpfe *Riesling, Sylvaner* und *Pinot Gris*.

BAISER

Französisch: Kuß; ist die „deutsche" Bezeichnung für ein leichtes Zuckergebäck (Windgebäck) aus Eierschnee und Zucker, meist mit Schlagrahm oder Obst gefüllt.

Die Franzosen nennen den „Kuß" Meringue. Fruchtig-milde *Schaumweine* (*Asti Spumante/Piemont/I*, *Crémant*, *Champagne Blanc de Blancs/F*) sind die begehrtesten Begleiter des als schwierig geltenden „Kusses". *Champagne Brut* ist allerdings nicht geeignet.

Baiser Glacé

Mit Eis und Schlagrahm gefüllt.
Eierschnee, Schlagobers und Eis zählen zu den schwer zu kombinierenden Speisen und werden in vielen Fachbüchern sogar als Todfeinde des Weins bezeichnet. Traubig-fruchtiger *Schaumwein* bzw. *Champagne* (*Blanc de Blancs* oder *Rosé*), *Edel-Süßweine* mit lebendiger Säure (*Sauternes/Bordeaux/F*, *Eisweine*, *Beerenauslesen* ...) und alkoholverstärkte Dessertweine (*Pedro Ximenez Sherry/E* und *VDN/S-F* sowie *Muscat de Rivesaltes* ...) sind jedoch stets willkommene Begleiter.

BAMBOLO

Halbfester italienischer Schnittkäse, der aus Kuh- und Schafmilch hergestellt wird. Das mild-säuerliche Aroma läßt sich sehr gut von einem mild-würzigen *Weißwein* à la *Orvieto/Umbrien*, *Frascati/Latium* oder *Vernaccia/Toskana* konterkarieren.

BAMBUSSPROSSEN

Junges, spargelähnliches Gemüse aus China und Hinterindien, das in der fernöstlichen Küche nicht fehlen darf. Die Sprossen sind der innere Teil der Triebe des Bambusbaumes und munden kernig-zart mit einem Hauch von Artischockenaroma. Bei uns werden sie meist in Dosen angeboten und sind natürlich nicht so knackig. Exotischer *Sauvignon Blanc*, *Muscat d'Alsace* und *Graves Blanc/Bordeaux/F* sind die Favoriten unter den Begleitern. Bambussprossen mit Hühnerfleisch (mit → Sojasauce und → Chilisauce) und chinesisches *Tsingtao Beer* bescherten Gaumen und Papillen neue Erkenntnisse.

BANANEN

Die bis zu 10 m hohe, palmenähnliche Bananenstaude stammt aus den Tropen (Westindien, Mittel- und Südamerika, Kanarische Inseln usw.). Ihre Früchte enthalten viel Stärke und Zucker und sind Hauptnahrungsmittel der Einheimischen. Das Fruchtfleisch ist weich und mehlig-süßlich.
Zu den diversen Bananengerichten werden eine Fülle von mehr oder weniger süßen Gewächsen angeboten. Wenn das Gericht nicht zu süß ist, passen auch weiße und rote Primeurweine (1 bis 3 Monate) mit ausgeprägtem Ester(Bananen)ton; zu Bananen püriert mit Trüffeleis ist *Muscat de Rivesaltes VDN Corbières/Midi/F* (beinahe) unschlagbar, und zu Bananen flambiert „Lucullus" (mit Kirschwasser und Grand Marnier) waren *Sekt/Orange*, *Grand Marnier* (Orangenlikör mit Cognac) und eine exotische *Sämling Auslese* von JOSEF LEBERL, Großhöflein/Neusiedlersee/Hügelland/BGLD/A unersetzlich.

Bananen „Cumberland"

Bananen in Scheiben mit → Sauce Cumberland.
Jugendlich-fruchtiger *Rieslingsekt/A/D*, fruchtig-charmanter *Beaujolais Primeur/Burgund/F* und eine exotisch-fruchtig-süße *Huxelrebe Trockenbeerenauslese* vom WEINGUT SCHALES, Flörsheim-Dalsheim/Rheinhessen/D, waren die Sieger in den einzelnen Sparten.

Bananen im Schlafrock

Vanilleläuterzucker, Blätterteig, Aprikosensauce und Kirschwasser.

Weiß: milder Riesling-Sylvaner, Riesling oder Furmint halbtrocken

Der *Müller-Thurgau „Benmorvan"* (2 – 4 Jahre; 8 – 9° C) von MONTANA WINES, Auckland/NZ, mit leuchtendem Gelb, blumiger Nase (Muskat, Aprikosen) und elegant-füllig-frischem Geschmack bei zarter Restsüße war ein angenehmer, jugendlicher Kavalier, der das Gericht in den „kulinarischen" Himmel hob.

Weiß: Spätlese/Auslese (Goldburger, Riesling-Sylvaner)/BGLD/A;
Petite Arvine, Humagne Blanche/CH

Die *Goldburger Spätlese* (WR x OT; 2 – 5 Jahre; 9 – 10° C) von ALOIS KROYER, Donnerskirchen/Neusiedlersee-Hügelland/BGLD/A (volles Gelb, zurückhaltendes Bouquet mit Anklängen von Orangen und Aprikosen, sauber vinifiziert und glockenrein zart-süßlich ausklingend), paßte sich blitzschnell an die Sauce an und erlebte eine Metamorphose der schönsten Art.

Spirituose: Apricot-Brandy (Aprikosenlikör) oder Kirschwasser

Ein Gläschen *Apricot-Brandy* (13° C) ergab einen faszinierenden, verlängerten Aromabogen von schillernder Intensität.

Bananen mit Speck

Mexikanische Spezialität: geschälte Bananen mit Paprika bestäubt und mit Räucherspeckscheiben umwickelt, dazu Tomaten, Zitronensaft, Salz und Petersilie. (Es gilt vor allem, den Räucherspeck einzubinden und nicht zu salzig werden zu lassen.)

Weiß: exotisch-jugendlicher Riesling-Sylvaner, Sauvignon Blanc, Riesling;
Condrieu/nördliche Rhône/F

Der *Müller-Thurgau „Benmorvan"* (siehe → Bananen im Schlafrock) war auch hier ein galanter Kavalier, der gerne einen halben Schritt zurücktrat, um Rauch- und Zitronentöne zum Zug kommen zu lassen.

Weiß: exotisch-würziger Chardonnay

Der *Chardonnay „Canonico di Castellare"* (2 – 5 Jahre; 9 – 10° C) von der AZ. AGR. CASTELLARE (PAOLO PANERAI), Castellina in Chianti/Toskana/I, wurde einstimmig zum Tagessieger gekürt: Seine rauchige, eichenholzgeprägte (Allier + Limousin) Nase und sein edler, vollmundiger Geschmack mit zarten Röstaromen und exotischem Flair (Vanille, Zimt) vereinigte sich auf köstliche Weise mit den diffizilen Aromen.

Weiß: exotischer Sauvignon Blanc mit Eichenausbau

Der *Sauvignon Blanc „Belliaterra"* (2 – 4 Jahre; 8 – 9° C) von MIGUEL TORRES, Lontué/Chile (mit vielschichtigen Holztönen, paprizierter Würze und angenehmer Frische) lag nur ganz knapp hinter dem Chardonnay und ließ ebenfalls die Aromen auf der Zunge tanzen.

BÁRÁNY PAPRIKAS

Ungarisches Lammpaprika mit Zwiebeln, Knoblauch, Tomaten, Sauerrahm. Ein kühles Glas Pils (8 – 9° C), ein *ungarischer Tramini, Furmint* oder *Badacsonyer Szürkebarat* (PG) sind die angenehmsten Begleiter vom Aroma her und lassen die

Gewürze nicht explodieren. In *Ungarn* selbst trinkt man allerdings mit sichtlichem Genuß kraftvoll-würzige *Rotweine* (wie z. B. den mächtigen *Merlot* von der PANNONVIN WINERY, Villany) dazu, die allerdings nur bedingt (Schärfe) anzutraten sind.

BARBARIE-ENTE

Französische Züchtung aus Haus- und Wildente von magerer, besonders wohlschmeckender Art, die meist rosa gebraten angeboten wird. Sie geht wunderbare Harmonien mit großen, reifen *Pinots Noirs*, eleganten *Piemontesern (Barbaresco, Barbera)*, feinen *Toscana-Barrique-Weinen* usw. ein. Wenn mit schwarzen Oliven serviert, sollten Sie einen etwas deftigen *Bordeaux (Canon-Fronsac ...)* versuchen.

Barbarie-Entenbrust auf Reissockel mit Steinpilzen und Roten Rüben

Weiß: sehr reife, große Pinot Blanc Spätlese
Rot: Pinot Noir
Unvergeßlich bleibt uns dieses Gericht in Kombination mit einem *Chambertin GC* (PN; 10 – 12 Jahre; 17 – 18° C) von LEONCE BOQUET, Côte de Nuits/Burgund/F (mit Reiferand, würzigem Waldbodenton, herrlicher Extraktsüße, exquisiten Waldbeerenaromen und einem schier endlosen fleischig-saftigen Abgang mit einer wahrhaften Bitterschokoexplosion). Die Entenbrust verlieh dem Wein zusätzlich Feuer, und Pilze und Rote Rüben gewannen an Würze. Alles wurde intensiver, nachhaltiger, großartiger!

BARBE

Europäische Karpfenart mit vielen Gräten, die bis zu 80 cm lang und 4 1/2 kg schwer werden kann. Im Winter ist sie in Hochform, und ihr weißes Fleisch ist dann sehr schmackhaft und leicht verdaulich. Der Rogen ist giftig!
Zur Barbe gegrillt empfiehlt sich eine reife *Sauvignon Blanc Spätlese* (trocken, ohne aggressive Säure) oder ein edler *Hermitage Blanc/nördliche Rhône/F*, und zur Barbe auf „Burgunder Art" (mit Rotweinsauce) wagen Sie sich an einen nicht allzu kräftigen *Pinot Noir* (4 – 6 Jahre; 13 – 16° C) heran.

Barbe gebacken (paniert)

Weiß: jugendlich-milder Riesling-Sylvaner, Neuburger, Pinot Gris, Fendant/CH
Der *Müller-Thurgau Kabinett* (2 – 4 Jahre; 8 – 9° C) von den METTERNICH'SCHEN WEINGÜTERN, Straß/Kamptal-Donauland/NÖ/A (hellgelb mit traubig-fruchtiger Fülle und samtig-trockenem Abgang), war ein idealer Sommerwein und Liebhaber von molligen Damen(fischen).

Weiß: kraftvoll-würzig-milde Spätlese (Rotgipfler, Spätrot-Rotgipfler, Neuburger) Thermenregion/NÖ/A
Die trockene *Spätrot-Rotgipfler* (ZF, RG; 3 – 6 Jahre; 9 – 10° C) *Spätlese* von ALFRED FREUDORFER, Gumpoldskirchen/Thermenregion/NÖ/A, war von feinem Würzeduft und brillierte mit kraftvollem Körper bei gleichzeitiger Finesse und Milde. Sie paßte zur ebenfalls milden Panier und zum

fetten Fisch wie das Tüpfchen auf das i. Trotzdem wirkte der Wein für einige Tester leicht dominierend.

BÄR

Der europäische Braunbär war bis ins 19. Jahrhundert eine gesuchte Spezialität auf den Tafeln der Potentaten. Besonders die Bärentatzen, das Filet und der Schinken waren beliebt. Heute findet man diese Leckerbissen noch vereinzelt in Nord- und Osteuropa.
Strenger Bärenschinken läßt sich von kraftvoll-würzigen *Rotweinen* (*Vosne-Romanée* von RENÉ ENGEL, Burgund, oder *Pinot Noir Reserve* von ROBERT MONDAVI, Napa Valley) aromatisch in den Griff bekommen.

Bärenfilet „Haack"

Finnisches Gericht: Safran, Schlagrahm, scharfer Senf, Paprika und Preiselbeeren.

Bier: exotisches Dunkelbier

Das elsässische *Dunkelbier Adelscott* (10° C) von der BRAUEREI ADELSHOFFEN, Schiltigheim/F, wird aus Whisky-Malz gebraut und verführte uns mit tiefer Farbe, whiskyartiger Malzsüße, vollmundigem Körper mit exquisiten Ingwertönen und langem würzig-exotischem Abgang. Eine hochinteressante Kombination – fast ohne Konkurrenz!

Weiß: Sauvignon Blanc Spätlese, Gaillac Blanc/SW-F

Der *Sauvignon Blanc* (3 – 5 Jahre; 9 – 10° C) von LONG VINEYARDS, Sonoma County/KAL, war von unglaublicher Dichte, Würze und Kraft bei verblüffender Balance und Finesse, die es ihm ermöglichte, die diffizilen Aromen zu konterkarieren und sich selbst zu profilieren.

Weiß: Gewürztraminer, Spätrot-Rotgipfler,
Sémillon Spätlese/Auslese trocken oder halbtrocken

Ein *Gewürztraminer* (3 – 6 Jahre; 10 – 11° C) von FORIS, Oregon/USA, war eine weitere Alternative zum *Bier* (!) und faszinierte alle Beteiligten mit subtilen Aromen (Rosen, Eisenkraut, Orangen) und rassig-fruchtigem Nachgeschmack, der vor allem zum Safran fand.

BARSCH
(FLUSSBARSCH, MEERBARSCH, → ROTBARSCH)

Bis 1 kg schwerer Süßwasserfisch mit festem Fleisch und wenig Gräten. Besonders schmackhaft ist er in der Schweiz (hier Egli genannt) und in Dänemark. Die Wintermonate sind die ideale Fangzeit für den räuberischen Schwärmer, der schon den Römern viele Tafelfreuden bereitete. Sein Fleisch ist weiß, etwas hart, aber leicht verdaulich, sollte unbedingt frisch sein und harmoniert in fritierter Form ganz besonders mit einem mildfruchtigen *Riesling-Sylvaner* (z. B. von CHARLES STEINER, Schernelz/Bielersee/CH); wenn in Tomatensauce zubereitet, sollten Sie *Marino Superiore/Latium* und *Vermentino/Ligurien/I* eine Chance geben, zu Barsch gefüllt ist *Chevalier-Montrachet Grand Cru/Côte de Beaune/Burgund/F* das Höchste der Gefühle; zu Barsch à la Crème versuchen Sie milden *Crépy AOC* (CHA; 2 – 4 Jahre; 8 – 9° C) aus *Haut-Savoie/F*, zu gebratenem Barsch gilt für viele Sommeliers der *Rotwein Corton Grand Cru/Burgund* als „Kaiserwein"; Barsch „Müllerin" (à la

Meunière: in Mehl gewendet, in Butter gebraten, mit Zitronensaft und gehackter Petersilie) und *Pinot (Blanc)* ist nicht neu, aber gut!

Barsch „Joinville"

Zitronensaft, Salz, Butter, Champignons, Krabben, Petersilie, Weißwein, Pfeffer, Eigelb und Rahm.

Weiß: jugendlicher Riesling, Riesling-Sylvaner

Eine *Riesling „Steinfeder"* (1 Jahr; 8 – 9° C) von den FREIEN WEINGÄRTNERN, Dürnstein/Wachau/NÖ/A, war der Säure der Zitrone bestens gewachsen und harmonierte auf stupende Weise mit den einzelnen Ingredienzien. Lediglich gegenüber der kraftvollen Sauce mußte er ein wenig zurückstecken.

Weiß: Pouilly-Fuissé/Burgund/F; Pinot Blanc Kabinett

Ein *Pouilly Fuissé* (CH; 2 – 3 Jahre; 9 – 10° C) von der DOMAINE CORSIN, Pouilly-Fuissé, Maconnais/Burgund/F, erwies sich als standhafter Partner gegenüber der reichhaltigen Sauce und unterstrich gleichzeitig die diversen Bestandteile auf dezente Weise.

Weiß: großer Chenin Blanc/Loire; Riesling Spätlese halbtrocken

Der *„Clos de la Coulée de Serrant" Grand Cru* (CHB; 10 – 15 Jahre; 9 – 10° C) von DENISE JOLY, Savennières/Loire/F, entzückte mit grüngoldenem Strahl, feiner, reifer Frucht und intensiver Zitrusnote, die dem einstmals süßen Wein einen Hauch von Strenge gab. Der samtig-mächtige Körper schmiegte sich aber letztlich hervorragend an die schwere Sauce an.

Barsch vom Rost

Zitronensaft, Salz, Pfeffer, Öl, Senfbutter und Haselnüsse gebräunt.

Weiß: Räuschling/Schweiz; Riesling-Sylvaner

Ein *Räuschling „Neftenbacher"* (1 Jahr; 8 – 9° C) von JÜRG SAXER, Neftenbach, Zürcher Weinland/Ostschweiz, mit fruchtigem Charme und quirliger Lebendigkeit empfahl sich als bezaubernder Mittags- und Sommerwein.

Weiß: Pinot Blanc oder leichter Chardonnay

Ein *Weißburgunder „Eckberg"* (PB; 2 – 3 Jahre; 9 – 10° C) von E&M MÜLLER, Groß Sankt Florian/Steiermark/A (mit jugendlichen Grünreflexen, feinem Apfel-Nußduft, kräftig-festem Körper, rassiger Säure und klassischem Nußaroma), tastete sich erfolgreich an das Gericht heran und begleitete es hervorragend.

Weiß: Fendant und Yvorne/Schweiz; Meursault/Burgund;
Pinot Blanc Spätlese trocken
Rot: Chinon und Bourgueuil/Loire/F

Ein *Meursault AC* (CH; 3 – 5 Jahre; 9 – 10° C) von CHANTAL MICHELOT, Meursault/Côte de Beaune/Burgund/F, besaß exakt jene Frische und Frucht, vereint mit subtiler Haselnußwürze, die man für dieses Gericht braucht. Ein nobles Paar, das nur sanft vom Meursault gesteuert wurde.

BASILIKUM → KALBSKOTELETT MIT BASILIKUM, → LAMMRÜCKEN IN BASILIKUMSAUCE

BATATEN (SÜSSKARTOFFELN)

Süße, mehlige Knolle der Batatenwinde, die schon 1526 aus Amerika nach Europa gelangte. Sie wird mit der Schale abgekocht und entweder als Dessert oder wie die Kartoffel eingesetzt.
Mild-aromatischen *Weißweinen,* wie *Pinot Gris, Sylvaner, Muskateller* und *Traminer,* gebührt hier der Lorbeer.

BAUERNSCHMAUS

Schweinskarree, Selchkarree (→ Kasseler Rippchen), Frankfurter bzw. Wiener Würstchen, Sauerkraut, Semmelknödel und Bratensaft.

Weiß: jugendlich-fruchtiger Sylvaner, Riesling, Grüner Veltliner

Ein *Sylvaner* (2 – 3 Jahre; 8 – 9° C) von F. E. TRIMBACH, Ribeauvillé/Elsaß/F, machte sich sofort an das Sauerkraut heran und eroberte dann peu à peu das gesamte Gericht. Perfekte Harmonie – ein Erlebnis!

Weiß: Pinot Blanc Kabinett/A/D
Rosé: Schilcher/Weststeiermark/A

Eine *Schilcher Spätlese „Ried Burgegg"* (BLW; 1 – 3 Jahre; 9 – 10° C) von E & M MÜLLER, Groß Sankt Florian, Weststeiermark/A, war an diesem Tag sogar dem Sylvaner überlegen. Mit Zwiebelfarbe, Brennessel-Erdbeertouch, exquisitem Apfelaroma und belebender Säure verführte sie den Bauernschmaus und betonte speziell die Rauchnote des Fleisches.

Weiß: großer, reifer Riesling, Pinot Blanc Spätlese trocken

Der famose *Rheinriesling „Zöbinger Heiligenstein"* (8 – 15 Jahre; 9 – 10° C) von WILLY BRÜNDLMAYER, Langenlois/Kamptal-Donauland/NÖ/A, wirkte elegant und jugendlich und dominierte das Gericht mit Frucht und Säure. Mit etwas Altersfirne (siehe oben) hätte er sicher noch grandioser abgeschnitten.

BAVARIABLU

Ein bayerischer Blauweiß-Schimmelkäse, der außen mit weißem und innen mit blaugrünem Edelschimmel durchsetzt ist und einen cremig-weichen Teig mit mildaromatischem Charakter aufweist.
Als perfekte geschmackliche Ergänzung empfehlen wir eine liebliche *Traminer-* oder *Ruländer Spätlese (Auslese)* mit feinem Duft, dezenter Restsüße und harmonischer Säure. Für Biertrinker stellt (dunkles) *Vollbier* (z. B. vom MÜNCHNER AUGUSTINERBRÄU) eine interessante Abwechslung dar. *Hochprädikatsweine* werden zumeist als zu süß und dominierend empfunden.

BAYERISCHE CREME („CRÈME BAVAROISE")

Milch, Vanille, Eigelb, Zucker, Rahm und Gelatine.
Bavaroise mit Mocca → Kaffeecrème.

Weiß: Riesling, Riesling-Sylvaner Spätlese trocken/halbtrocken

Die *Riesling Spätlese „Dürnsteiner Hollerin"* (3 – 5 Jahre; 9 – 10° C) von HANS KIRCHMAYR, Weistrach/NÖ/A, verführte uns mit elegantem Pfirsich-

Marillenduft sowie mollig-weichem Körper. Das feine Süße-Säure-Spiel belebte die Akzente der Crème immer wieder neu.

Weiß: Riesling Spätlese/Auslese halbtrocken

Die *Riesling Auslese „Wehlener Sonnenuhr"* (10 – 15 Jahre; 10 – 11° C) von JOSEF PRÜM, Bernkastel-Wehlen, Mosel/D (leuchtendes Goldgelb, überreifer Beeren-Ananas-Duft, hochfeine, raffinierte Säure und elegante Restsüße mit schier unendlichem Aromaspiel), war ein kongenialer Partner zur Crème und sorgte mit attraktivem Süße-Säure-Spiel für neue Aromasensationen.

Prädikatswein weiß: Barsac/Sauternes/Bordeaux/F; Ausbruchweine (Neuburger, Riesling); Eiswein mit exotisch-fruchtiger Note

Ein *Barsac* vom Range eines *Château Climens 1er cru Classé* (SÉM 98 %, SB 2 %; 12 – 15 Jahre; 8 – 10° C) aus Barsac/Sauternes/Bordeaux/F mit erlesenen exotischen Aromen (Kokos, Karamel, Honig, Vanille) wurde durch die Crème vom Riesen Goliath zum jugendlich subtil-strahlenden David und ließ den Abend zu einem besonderen Ereignis werden.

BAYERISCHE DAMPFNUDELN

Mehl, Milch, Hefe, Zucker, Eier, Butter und Vanillesauce.
Allzu süße Weine vertragen sich relativ schlecht mit den Nudeln.

Weiß: Riesling-Sylvaner und Muskateller Spätlese trocken/halbtrocken/A/D

Der *Gelbe Muskateller Auslese* (5 – 15 Jahre; 9 – 10° C) vom WEINGUT ROSENHÜGEL, Langenlois/Kamptal-Donauland/NÖ/A (mit leuchtendem Gelb, fein nuancierten Rosen-Zimt-Honig-Muskatnußtönen, kraftvoll-traubiger Frucht, stahliger Säure und vielschichtig-finessenreich-mitreißendem Finale), war wohl der charmanteste Rosenkavalier der letzten Jahre. Störte die Säure zu Beginn, so entlockte sie schließlich dem Gericht unablässig neue Nuancen.

Prädikatswein weiß: delikater Strohwein mit balancierter Säure; Riesling-Sylvaner und Muskateller (Muscat, Moscato) Auslese halbtrocken

Der delikate *Torcolato* (VES, TOC, GAR; 4 – 6 Jahre; 8 – 10° C) von FAUSTO MACULAN, Bregenze/Venetien/I, strahlte goldgelb, duftete subtil nach Vanille, Honig, Rosinen, Blüten, Tabak und begeisterte mit mollig-elegantem Körper sowie herrlich eingebundener Süße und Barriquenote. Süß und doch nicht süß, fand er den schwierigen Weg zu den Dampfnudeln und zur Vanillesauce. Eine Gaumensensation!

Weiß: großer Sauternes/Bordeaux/F mit gut eingebundener Süße/F; Riesling, Welschriesling, Riesling-Sylvaner Beerenauslese

Der fulminante *Château Rayne Vigneau 1er cru Classé* (SÉM 50 %, SB 50 %; 8 – 10 Jahre; 8 – 9° C) aus Bommes/Sauternes/Bordeaux/F war von ölig-harziger Süße und mit Zitrus-Orangenschalentönen im würzigen Finale. Zu den Dampfnudeln wurde er plötzlich aufdringlich süß, doch in Kombination mit der Vanillesauce gewann er an Rasse, Klasse und Subtilität.

BAYONNER SCHINKEN („JAMBON DE BAYONNE")

Mildgeräucherter roher Schinken aus Frankreich (Baskenland), der neben der geräucherten Gänsebrust als Inbegriff des Rauchfleisches gilt.

Rosé-Freunde werden großen Gefallen an einem *Corbières Rosé/Roussillon* finden und auch *roten Côtes du Rhône Villages/F* oder harzig-rauchigen Edel-*Beaujolais „Côtes de Brouilly"* nicht verachten. *Weißwein*-Liebhaber setzen auf die rauchig-rosige Frischenote eines *Pouilly-Fumé/Loire*.

BEAUFORT (GRUYÈRE DE BEAUFORT)

Schnittkäse aus den französischen Alpen: geschmeidig, aromatisch, von speckig-elastischer Konsistenz, der auch als Schmelzkäse → Raclette gesucht ist.
Weißer *Schweizer Chasselas* und *französischer Pinot Blanc d'Alsace* sowie *roter Dôle/Wallis/CH* und *Vin Savoie Rouge (Gamay)/F* gelten als probate Partner des Schnittkäses.

BEEFSTEAK-AND-KIDNEY-PIE

Englische Rindfleisch- und Hammelnierenpastete mit Pilzen, Salz und Cayenne-Pfeffer. Drei Degustationsbeispiele: *Weißer* englischer *Kerner* von LAMBERHURST VINEYARD, Kent, als anpassungsfähiger Mittagswein, samtiger *Claret 2e Cru Classé* (CHÂTEAU PICHON LONGUEVILLE BARON) aus Pauillac/Médoc/Bordeaux als Veredler und mächtiger *Vega Sicilia*, Ribera d'el Duero/E als Dominator.

BEEFSTEAK „TATARE"

Zartes, geschabtes (gehacktes), rohes → Rinderfilet, mit Salz, Pfeffer, Sardellen, Zwiebeln, Kapern, Paprika, Petersilie, Senf, Öl, Eigelb gewürzt und mit Toast und Butter serviert. (Einst ritten die Tatarenhorden ihren rohen Fleischproviant unter dem Sattel weich.)
Kühles *Bier* oder *Rotwein* mit milder Säure und mäßigem Alkohol (z. B. *Vernatsch/ Südtirol, Blauer Portugieser*) sind hier gefragt.

BEENLIGH BLUE

Ein dem → Roquefort ähnlicher Schafmilchkäse aus dem Süden der englischen Grafschaft Devonshire.
Zu alten, rezenten Exemplaren empfiehlt sich exquisiter *Cream Sherry/E*! Dunkle *Malzbiere* (z. B. das von rauchiger Süße geprägte *Double Maxim* von VAUX, England) sind goldrichtig für jüngere bis mittelreife Käse. *Ungarischer Tokaji edes* (süß) paßt eigentlich immer.

BEKASSINE

Eine kleine, seltene Verwandte der Sumpfschnepfe, die alle Schnepfenarten an Wohlgeschmack übertrifft und im Herbst wohlgenährt und saftreich auf den Tisch kommt. Die Jagd auf das edle Federwild erfordert viel Geduld. In Frankreich sagt man in Anspielung auf einen Menschen, der seine Zeit abwarten kann: „Il tire à la bécassine (Er zielt auf die Bekassine)."
Das gleichwohl zarte wie feste Fleisch ist hellrot gefärbt und vermählt sich am liebsten mit zarten, edlen *roten* Kreszenzen ohne rauhe Tannine (*Saint-Émilion 1er Cru Classé/ Bordeaux, Chambolle-Musigny/Burgund/F, Blauer Portugieser/A* und *Merlot del Ticino/ CH*). Es harmoniert aber auch samtiger *Pinot Gris* im trockenen Spätlese-Bereich.

BEL PAESE

Berühmter halbharter Butterkäse aus der Lombardei mit feinem Milchgeschmack (Kuhmilch, 45 % F.i.T.), elastischem, strohfarbenem Teig und leicht säuerlichem Aroma. Der Name („Schönes Land") ist in Italien für den ursprünglichen Hersteller geschützt. *Weißer Lugana/Lombardei* (z. B. von PIETRO DAL CERO, Lugana di Sirmione) als Sommerwein, elegant-samtiger *Chianti Classico Riserva/Toskana* (z. B. *„Vigna del Sorbo"* von FONTODI, Fontodi) für anspruchsvolle Gourmets und reifer, weicher *Barolo Riserva, Piemont* (z. B. der *„Monprivato"* von MAURO MASCARELLO, Monchiero) für kalte Winterabende.

BELUGA-MALOSSOL → KAVIAR

Wenig gesalzener, milder, großkörniger Rogen.

BERLINER SCHNITZEL

→ Kuheuter in Wurzelbrühe, gesalzen und gepfeffert, gekocht, paniert und mit Kartoffelsalat serviert.

Weiß: trockene Spätlese (Pinot gris, Neuburger ...)/D/A

Die trockene *Neuburger Spätlese „Ried Hochluß"* (3 – 5 Jahre; 9 – 10° C) von MELITTA & MATTHIAS LEITNER, Gols/Neusiedlersee/BGLD/A, erfreute durch milde Würze sowie attraktiven Nußhauch und verbrüderte sich sogleich mit dem Gericht.

Weiß: Scheurebe Spätlese/D

Die *Scheurebe Spätlese* (3 – 5 Jahre; 9 – 10° C) *„Wachenheimer Mandelgarten"* vom WEINGUT BÜRKLIN-WOLF, Wachenheim/Rheinpfalz/D (mit feinem Cassisduft, pikantem Frucht- und Säurespiel, bei zurückhaltender Süße), zeigte den idealen Weg als Partner für das Berliner Schnitzel auf.

Bier: siehe unten!

Für Biertrinker besteht die Möglichkeit, auf ein kraftvoll-würzig-medizinales *Malzbier* von Weltrang (*Porter* und *Newcastle Brown Ale/GB* oder *Chimay/B)* auszuweichen.

BERLINER STEAK

Gegrillte Steaks von der Rinderkeule, Rindermark, Salz, Pfeffer, Pfifferlinge, Karotten und → Tomatensauce.

Rosé: international
Rot: fruchtiger Pinot Noir/D/A oder Elsaß/F; eleganter Blauburger/A

Der *Affentaler Spätburgunder Kabinett* (2 – 4 Jahre; 15 – 16° C) von der WINZERGENOSSENSCHAFT BÜHL EG, Baden/D (ein jugendlich-fruchtcharmanter Mittags- bzw. Sommerwein mit attraktiven Beerentönen), paßte sich recht geschickt an die vielschichtigen, divergierenden Aromen an.

Rot: Valpolicella Classico/Venetien, Chianti Classico/Toskana/I; Minervois/Midi/F

Der *Valpolicella „La Grola"* (COV, MOL, RON; 2 – 5 Jahre; 16 – 17° C) von AZ. AGR. ALLEGRINI, Fumane di Valpolicella/Venetien/I, schaffte das

Wunder, dieses schwierige Gericht einigermaßen ideal zu begleiten. Sein zartes, feines Bouquet mit exquisiten Himbeerobertönen und der samtig-würzige Geschmack mit delikatem, zart-bitterem Nußausklang fanden schließlich einen Modus vivendi. Geradezu ideal zur Tomatensauce!

Rot: siehe unten!

Der *Ornellaia* (CS; 6 – 8 Jahre; ca. 17° C) von LODOVICO ANTINORI aus Bolgheri/Toskana/I war von mitreißend beerig-fruchtiger Aomatik, exquisiten Holz-Vanille-Zimt-Tönen und kraftvoll-feuigem Abgang. Er schaffte es sogar, trotz eines brillanten Sololaufes, das Gericht nicht allzu schlecht aussehen zu lassen.

BEUSCHEL

(→ Kalbsbeuschel, → Salonbeuschel, → Rieslingbeuschel)
Österreichisch-bayerische Spezialität aus den eßbaren Innereien von Kalb und Lamm, selten vom Rind. Ein einpägsames, unvergeßliches Erlebnis hatten wir mit einem zarten Kalbsbeuschel, begleitet von einem leichten, trockenen *steirischen Muskateller* (HIRSCHMUGL, St. Andrä im Sausal/A), der für eine reizvolle Explosion der Aromen am Gaumen sorgte und sich majestätisch behauptete. Es muß nicht immer Riesling sein! Wundervoll auch der jugendliche *Welschriesling Kabinett* (1 Jahr; 9 – 10° C) von JOSEF PÖCKL, Mönchhof/Neusiedlersee/BGLD/A, der das Aroma verfeinerte und gleichzeitig den strengen Innereienton milderte.

BIFF „LINDSTRÖM"

Schwedisches Hacksteak mit Zwiebeln, gekochten Kartoffeln, Roten Rüben, rohem Ei, Kapern und Pommes Frites.
Als „Zwiebel"- und „Gemüseweine" bieten sich kräftige *Silvaner/Elsaß/F/A/D* bzw. *Sauvignons Blancs/A* oder *Loire/F* an; Rotweinfreunde sollten es mit einem erdigwürzigen *Bordeaux Superieur* oder *Cru Bourgeois* (CHÂTEAU MEYNEY, CHÂTEAU FOURCAS-HOSTEN)/F versuchen. Zu jeder Jahreszeit ist spritzig-hopfiges *schwedisches Pripps „Royal"-Bier* ein Genuß!

BIGOS

Polnische Spezialität: würfeliges Schweinefleisch und Speck gebraten, mit Zwiebeln, Schweineschmalz, Weißkraut, Sauerkraut, Rauchwurstscheiben, Pilzen, Paprika, Salz, Kümmel, Lorbeer, Majoran Knoblauch und Tomatenmark.
Fränkischer Silvaner/D, kraftvoller *Chardonnay* und fruchtig-pikanter *Sauvignon Blanc/Südsteiermark/A* kamen am besten mit den diversen Aromen zurecht. Das *polnische Pelne-Bier*, ein mittelkräftiges Gebräu nach Pilsner Art mit attraktiver Hopfennote, hilft ihnen in Polen aus der Verlegenheit.

BIRKHUHN

Beliebtes Federwild – früher oft mit zartem Hautgôut (abgehangenes Wild) serviert – aus Europa und Asien; kleiner und feiner als der Auerhahn; ideal von Jänner bis März.
Pinot Gris, Traminer, Sylvaner/Elsaß/F etc. und *Jurançon Vieux/SW/F* sind begehrte *weiße* Begleiter; *Saint Émilion*, Médoc (Saint-Julien, Margaux)/Bordeaux/F und

samtige *Burgunder (Musigny, Romanée Saint-Vivant)/F* zählen zu den *roten* Favoriten, wobei jeweils Gewürze, Saucen und Beilagen ausschlaggebend sind.

Birkhuhn auf „Elsässische Art"
Mit Sauerkraut, geräuchertem Speck, Weißwein, Pfeffersauce und Salzkartoffeln.

Weiß: Silvaner, Riesling Pinot Gris/Elsaß/F bzw. Franken/D
Rot: Pinot Noir/Elsaß

Die *Silvaner Spätlese trocken „Würzburger Stein"* (2 – 4 Jahre; 9 – 10° C) vom JULIUSSPITAL/Würzburg/Franken/D, zeigte alle Vorzüge der Rebsorte: hellgelb mit Grünstich, erdig-würziger Fenchelduft und kraftvoller Geschmack.

Weiß: Riesling, Pinot Gris Grand Cru/Elsaß etc

Ein *Riesling Grand Cru „Brand"* (4 – 8 Jahre; 8 – 9° C) von ZIND HUMBRECHT/Elsaß/F, harmonierte mit der Pfeffersauce am besten (der Riesling liebt Gewürze). Er sorgte für ein nicht unangenehmes Feuerwerk am Gaumen. Sein Zusammenspiel mit dem Sauerkraut war von einem Zauber, dem man sich kaum entziehen konnte.

Weiß: Pinot Gris, Riesling, Silvaner Spätlese/Elsaß etc.

Der *Tokay – Pinot Gris – Vendange Tardive (Spätlese)* (3 – 6 Jahre; 9 – 10° C) von der DOMAINE WEINBACH, Elsaß/F, beeindruckte mit rauchig-würziger Nase, reichem Körper, feiner Honigwürze und rassiger Säure im extraktreichen Abgang. Eine fast perfekte Paarung – wo der Riesling Feuer legte, glich der Pinot Gris elegant aus. Lediglich zum Sauerkraut war der Riesling noch besser, dafür nahm der Tokay dem Räucherspeck die Gefährlichkeit.

BIRNEN

Die zu den Rosengewächsen zählende Kernobstart ist als gemeine Birne oder Holzbirne von Mitteleuropa bis Sibirien verbreitet und gilt als Schwester des Apfels. Die ausschwemmende Wirkung der weich-schmelzenden Frucht wird infolge hoher Kaliumverbindungen schon lange genutzt. Wichtige Sorten sind: Bergamotte, Williams, Gräfin von Paris, Clapp's Liebling, Gute Luise, Madame Verte, Anjou, Packham's Triumph, Ambrette.

Birnen nehmen die Aromen der sie umgebenden Ingredienzien und Weine gerne an und vertragen sich daher besonders gut mit mild-würzigen Kreszenzen von zarter Restsüße, die sich ihrerseits gut mit Saucen und Gewürzen exotischer Herkunft verstehen. Zu Birnenkuchen ist süßer *weißer Sainte-Croix-du-Mont/Bordeaux/F* oder, noch besser, edler *Sauternes/Bordeaux/F* ein unvergeßliches Erlebnis. Birnen auf Biskuit lassen sich gerne von *Asti Spumante/Piemont/I* und *Vouvray Petillant/Loire/F* umschmeicheln, und Birnen auf Gorgonzola waren bei honigsüßem *Caluso Passito* von LUIGI FERRANO, Ivrea/Piemont/I, in besten Händen.

Birnen „Helene" (Poire belle Helene)
Mit Zimtstange, Zucker, Vanilleeis, heißer → Schokoladesauce und Schlagrahm.

Weiß: Malvoisie/CH; Malvasia Dolce (Amabile)/I

Ein *Westschweizer Malvoisie „Crête Ardente"* (PG; 3 – 6 Jahre; 9 – 10° C) von der DOMAINE DU MONT D'OR, Pont de la Morge, Wallis, bezauberte mit feinem Honig-Lindenblüten-Duft, weich-samtigem Körper und zarter Restsüße mit Karamelnuancen – eine hervorragende Vereinigung mit der Schokoladesauce.

**Weiß: Sainte Croix-du-Mont und Sauternes/Bordeaux
sowie Quarts de Chaume/Loire/F
Rot: siehe unten!**

Ein *Banyuls „Rimage"* (GR; 4 – 8 Jahre; 12 – 14° C) von CELLIER DE TEMPLIERS, Banyuls-sur-Mer/Pyrenäen/F (mit dunkler, tiefer Farbe, Düften nach Rancio, getrockneten Früchten, mächtigem Körper (15 %), mit charakteristischen Aromen: süße Gewürze, Weichseln und Schokolade), liierte sich über die Aromen spontan mit der Sauce. Grandios!

**Dessertwein: siehe unten!
Madeira (Malmsey)/P; Recioto di Gambellara/Venetien/I**

Ein *Pineau des Charentes „Antoine"* (3 – 4 Jahre; 8 – 9° C) von GERARD ANTOINE, Saint-Sulpice-de-Cognac/F, erwies sich als Geheimtip des Sommeliers: mittlere Farbe, herrlicher Duft nach reifen Trauben und perfekt balancierte Süße, bei einem Alkohol von 18 %. Zum Nachtrinken ideal, sonst dominierend, veränderte er allerdings das Gesamtaroma des Desserts. (Eigentlich ist der *Pineau des Charentes* ein starker, süßer Aperitif aus Traubenmost und → Cognac.)

BISMARCKHERING

Mit Gewürzen in Essig eingelegte Heringsfilets.
Ein kühles *Bier* (8 – 9° C) oder ein Gläschen *Aquavit* (10° C) sind die zuverlässigsten Begleiter dieser diffizilen Speise. (Der Aquavit ist ein ursprünglich aus Dänemark stammender Korn-Kümmelschnaps.)

BISTECCA ALLA „FIORENTINA"

→ Lendenfilet mit Beiried vom Holzkohlengrill mit Salz, Pfeffer, Olivenöl und Zitronensaft.

Rot: Chianti Putto, Chianti Classico und Carmignano/Toskana/I

Ein *Chianti Classico DOCG* (SAN, CAN, MAL; 3 – 4 Jahre; 16° C) vom CASTELLO DI UZZANO, Greve/Toskana/I, mit traubigem, feinblumigem Duft (Veilchen, Gewürznelken) und elegant-geschmeidiger Struktur im zartherben Abgang lieferte die richtige Begleitmusik.

**Rot: Chianti Classico Riserva, Carmignano Riserva und
Vino Nobile di Montepulciano/Toskana/I**

Ein *Chianti Classico Riserva „Vigna del Sorbo" DOCG* (SAN 90 %; 5 – 8 Jahre; 16 – 17° C) vom WEINGUT FONTODI, Toskana/I, begeisterte mit grandiosem Eichen-Veilchenduft und konzentriertem, dichtem Schlußgeschmack von großer Aromavielfalt. Dieser rare Lagen-Chianti war ein hochadeliger Partner mit viel Raffinement, der Gewürzen und Fleisch auf unnachahmliche Weise begegnete.

Rot: Brunello di Montalcino sowie diverse Luxus-Tafelweine (Sassicaia, Solaia, Grattamacco Rosso, Concerto di Fonterutoli, Niccolò da Uzzano) Toskana/I

Der *Brunello di Montalcino DOCG* (8 – 10 Jahre; 17 – 18° C) von GIANFRANCO SOLDERA, AZ. AGR. CASE BASSE, Montalcino/Toskana/I, sprengte die Vorstellungskraft von Sorte und Gebiet: ein mächtiger Wein mit extrem reichem Körper, exotisch-würzigem Duft- und Aromaspiel sowie faszinierendem, gaumenbeherrschendem „grande finale", welches selbst die würzige Bistecca überfuhr.

BLAUFELCHE (RHEINANKE, RENKE)

Lachsforellenähnlicher Süßwasserfisch, der vorzugsweise im Bodensee vorkommt und als wahrer Leckerbissen gilt. Von Neujahr bis Ostern ist die ideale Fangzeit für den bis zu 75 cm langen und 3 kg schweren Edelfisch, der in gebratener Form zum „Fürsten der Tafel" wird.

Zu Blaufelchen in Weißwein wählen Sie den Kochwein oder verlassen sich auf einen kraftvollen *Weißburgunder*. Zur gegrillten Form empfiehlt sich jugendlicher *Riesling* aus der *Wachau/NÖ/A* oder *Mosel/D* bzw. würziger *Rosé de Provence*. Zu Blaufelchen in Sauerrahm versuchen Sie *Riesling Kabinett (Pfalz, Rheingau/D)* oder *Ostschweizer Räuschling* (z. B. von THEODOR STRASSER, Benken/CH).

Blaufelchenfilets auf „Müllerinart"
Mit gewürzter Milch, Mehl, Butter, Zitronensaft und Petersilie.

Weiß: jugendlicher Chasselas/CH bzw. Gutedel/D; Sylvaner/Bielersee/CH etc.

Ein *Yvorne „Les Serpents"* (CHA; 1 – 2 Jahre; 8 – 9° C) von den CAVES MÖVENPICK, Chablais/Waadtland/CH, erwies sich als fruchtig-rassiger Mittagswein mit dem typischen goût vaudois (Feuerstein) und samtiger Milde im Abgang.

Weiß: Riesling-Sylvaner und Riesling Kabinett

Ein mild-fruchtiger *Riesling-Sylvaner Kabinett* (1 – 2 Jahre; 8 – 9° C) von Altmeister JOSEF JAMEK, Joching,/Wachau/NÖ/A, setzte den idealen Kontrapunkt über seine subtile Säure zu den pikant-würzig-saftigen Felchen und bescherte uns an jenem Sonntagmittag ein kulinarisches Glücksgefühl besonderer Art.

Weiß: Riesling-Sylvaner und Riesling Spätlese trocken/halbtrocken

Die *Riesling Spätlese trocken* (2 – 6 Jahre; 9 – 10° C) *„Winkeler Hasensprung"* vom LANDGRÄFLICH HESSISCHEN WEINGUT, Johannisberg/Rheingau/D, demonstrierte einmal mehr deutsche Rieslingkunst in fast vollendeter Weise. Ihr kräftiger Körper und die stahlige Säure hatte sie von Beginn an an diese Stelle verwiesen.

BLEICHSELLERIE (STANGENSELLERIE)

Ein Staudengemüse, das aus Sellerie gezüchtet wurde, von April bis Juni frisch angeboten wird und sich mit den sogenannten „Gemüseweinen" *Sylvaner, Sauvignon Blanc, Neuburger* und (fallweise) *Muskateller trocken* bestens kombinieren läßt. Bleichsellerie in Blätterteig wurde gleichermaßen von einem *Silvaner „Würzburger Stein-Harfe" Kabinett*, BÜRGERSPITAL Würzburg/Franken/D und einem samtig-nussigen *Weißburgunder Spätlese* von ANTON KOLLWENTZ, Großhöflein/Neusiedlersee-Hügelland/BGLD/A, in Szene gesetzt

BLEU D'AUVERGNE

Renommierter Blauschimmelkäse aus der Auvergne (Massif Central), der aus Kuhmilch mit 50 % F.i.T. hergestellt wird und teilweise noch in Höhlen reift. Seine

Rinde ist gelb-braun mit zartem Flor, der Teig ist intensiv-marmoriert und geschmeidig, die Geschmackspalette reicht von kraftvoll-würzig bis rezent-rustikal. Zum Bleu gibt es fast keine andere Möglichkeit als *weißen Pacherenc-du-Vic-Bilh* aus *Maumusson/Südwestfrankreich*, der sich mit allen Blauschimmelkäsen versteht, oder *Muscat de Beaumes-de-Venise (Vin doux naturel)*, DOMAINE DE BERNARDINS, Beaumes-de-Venise/südliche Rhône/F, im neuen finessenreichen, leichteren Stil (3 – 6 Jahre; 8 – 9° C)! Auch *Côtes de Bergerac Moelleux/Dordogne/F* (lieblich) ist in Erwägung zu ziehen.

BLEU DE BRESSE (BRESSE BLEU)

Wurde erst nach dem Zweiten Weltkrieg als französische Antwort auf den → Gorgonzola aus Kuhmilch kreiert, hat außen einen weißen Florbelag, weist 50 % F.i.T. auf und mundet in der Jugend mild-aromatisch, während er im Alter eine rot-braune Flora und einen strengen Geschmack entwickelt. Auch hier bietet sich *VDN Muscat de Beaumes-de-Venise/südliche Rhône* oder edelsüßer mittelreifer *„Château Coutet"* (SÉM, SB; 5 – 8 Jahre; 7 – 8° C) aus Barsac/Bordeaux/F an, doch am besten verträgt er sich mit einem körperreichen, nicht zu süßen Wein mit markanter Säure, z. B. *Vouvray demi sec/Loire/F*.

BLINIS

Kleine, dünne russische Pfannkuchen (→ Crêpes) aus Buchweizenmehl mit → Kaviar.
Trockene *Schaumweine, Champagne Brut*, rassiger *Sauvignon Blanc* oder *Wodka* sind die trefflichsten Begleiter.

BLU(E) BAYOU

Ein bayerischer Blauschimmelkäse mit 60 % F.i.T. in Rollenform, ohne Florabelag und mit mild-pikantem Geschmack.
Ideale Ergänzung ist eine milde *Traminer Spätlese* mit kraftvollem Körper, dezenter Restsüße und fein strukturierter Säure – veermeiden Sie Süßweine mit wenig Säure und hohem Alkohol! Auch dunkles, mildwürziges *Malzbier* und trockene *Schaumweine* können sich schmecken lassen!

BLUE CHEESE

Eine amerikanische → Roquefort-Variante aus Kuhmilch, mit mindestens 50 % F.i.T., die mindestens zwölf Wochen alt sein muß und über einen halbfesten grün-blauen Teig mit kräftig-salzigem Aroma verfügt. Der *Gewürztraminer* (4 – 8 Jahre; 9 – 10° C) von GRAND CRU VINEYARDS, Alexander Valley/Kal (mit reichem Körper, feiner Frucht und gut balancierter Restsüße), schien wie maßgeschneidert für den Blue Cheese – beide Partner verliehen sich gegenseitig Flügel.

BLUMENKOHL → KARFIOL

BLUNZEN
MIT SAUERKRAUT UND RÖSTKARTOFFELN

Österreichische Bezeichnung für Blutwurst; aus → Innereien, Schweineblut, Speck, Majoran, Piment, Ingwer, Pfeffer und Salz.

Alter *Riesling, Petit Rouge/Aostatal/I* und *Gamay de Touraine/Loire/F* halten die Pole-Position für alle Blutwurst-Kreationen.

Weiß: Welschriesling und Grüner Veltliner/A

Der *steirische Welschriesling* (1 – 2 Jahre; 8 – 9° C) von ERICH JÖBSTL, St. Georgen/Südsteiermark/A, besaß jene jugendliche Frische, die man von einem Mittagswein erwartet. Seine burschikos-rassige Säure fand sofort den Weg zum Sauerkraut und akzentuierte außerdem die diversen Aromen und Gewürze.

Weiß: reifer Riesling und Pinot Blanc

Der *Rheinriesling Kabinett* (10 – 15 Jahre; 9 – 10° C) vom WEINGUT ROSENHÜGEL, Langenlois/Kamptal-Donauland/NÖ/A, wurde zum „Matchwinner" des Tages. Obwohl schon mit deutlicher Altersfirne und einem etwas bitteren Petrolton ausgestattet, erholte, ja verjüngte er sich im Zusammenspiel mit der deftigen Blutwurst und den Gewürzen in kürzester Zeit und bescherte uns ein mehr als gelungenes Mittagsmahl. Ein Prosit an den Produzenten LUDWIG HIEDLER!

Rot: Petit Rouge/Aostatal/I; Gamay/F; Blaufränkisch/Burgenland/A

Der *Blaufränkisch Kabinett* (2 – 5 Jahre; 15 – 16° C) von FRANZ SCHINDLER, Mörbisch/Neusiedlersee-Hügelland/BGLD/A, war sicherlich ein feinsinniger Begleiter, der der Blutwurst auch etwas Finesse verlieh, doch zum Sauerkraut paßte er nicht so gut wie der Riesling.

BLUTWURST → BLUNZEN

BOEUF „BOURGUIGNON" (À LA BOURGUIGNONNE)

Rindfleisch mit Zwiebeln, Karotten und Kräutern mariniert, in (Burgunder)Rotwein mit Zwiebeln, Knoblauch, Speck und Champignons geschmort.

Zur Rotweinsauce drängt sich *roter Burgunder/F* von der Art eines *Monthelie „Château de Monthelie"* (PN; 4 – 8 Jahre; 17 – 18 ° C), Côte de Beaune, geradezu auf. Mit reichem Körper, engmaschiger Frucht und feinen Beerentönen hilft er dem oft etwas matten Boeuf auf die Sprünge. (*Santenay, Savigny les Beaune, Mercurey, Rully* ... sind beglückende Alternativen.)

BOEUF „STROGANOFF"
→ FILETSPITZEN „STROGANOW"

BÖHMISCHE DALKEN

Altösterreichische Mehlspeise aus Germteig, Butter und →Powidl, die sich normalerweise mit *Prädikatsweinen* im niedrigen Bereich (*Spätlese, Auslese* mit maximal 30 bis 35 g Restzucker) ideal vereinen läßt.

Weiß: Spätlese (Sämling, Muskat-Ottonel, Furmint, Pinot Gris, Zierfandler/A

Die brillante *Sämling Auslese* (6 – 10 Jahre; 8 – 10° C) vom WEINLAUBENHOF (FAMILIE KRACHER), Illmitz/Neusiedlersee/BGLD/A, bestätigte einmal mehr den erstklassigen Ruf des Dessertweinspezialisten und wurde nur deshalb an dieser Stelle gereicht, weil hinterher ein an Alkohol übermächtiger „Gegner" kam. Die Auslese verströmte exotische Düfte und begeisterte mit ihrer noch jugendlichen Frische, die im langen Schlußakkord großartig in Mango- und Pflaumentönen gipfelte.

Weiß: Auslese (Welschriesling, Furmint, Sämling)/A; Vouvray demi-sec/Loire/F
Rot: Cannonau Amabile/Sardinien/I; Vintage Port/P

> Der *Cannonau di Sardegna Superiore Amabile DOC* (CAN; 10 – 12 Jahre; 12 – 18° C) von den FRATELLI DEIANA, Sardinien/I, erwies sich als gewaltiger Rotwein (15 %) mit portweinähnlichen Nuancen und zart-süßlichem Pflaumenton, der eine schlechthin perfekte Ergänzung zum Dessert war.

Weiß: Jurançon Moelleux/SW-F; Scheurebe Trockenbeerenauslese
Rot: reifer Syrah/Rhône/F

> Ein pflaumig-minziger *Rotwein* mit dichter Extraktsüße und der abgeklärten Milde eines reifen Philosophen, wie z. B. der *Saint-Joseph* (SYR; 8 – 12 Jahre; 17 – 18° C) von JEAN-LOUIS GRIPPAT, Tournon sur Rhône/südliche Rhône/F, besitzt soviel Charme und Glyzerin, daß er mühelos ein schweres, nicht zu süßes Dessert — wie hier — begleiten kann.

BOHNEN

Ursprünglich aus Süd- und Mittelamerika stammende Hülsenfrüchte („Das Fleisch der Armen"), die nach Farbe, Form und Geschmack unterschieden werden: Buschbohnen (kurz, krumm), Perlbohnen (eingeschnürt), Stangenbohnen (lang, breit), Wachsbohnen (gelb), Zuckerbohnen (süß). Der Größe nach unterscheidet man Prinzeßbohnen (klein, jung), Delikateßbohnen (mittellang) und Schnittbohnen (lang). Zarte grüne Bohnenkerne stammen von halbreifen und weiße, rote sowie braune Bohnenkerne von reifen getrockneten Exemplaren.

Mit fruchtcharmanten *Jungweinen (weiß* und *rot)* und *Sauvignon Blanc* liegen Sie eigentlich nie falsch, auch *südländische Roséweine* sind fast nie verkehrt, doch haben sich zu bestimmten Zubereitungsarten auch spezielle Weine bewährt. Grüne Bohnen mit → Tomatensauce (→ Sauce Tomates) und *Merlot del Piave* sowie *Valpolicella Classico/Venetien/I* sind immer wieder eine attraktive Kombination. Bohnen aller Art mit → Salbei verlangen nach *Frascati DOC/Latium* oder *Chianti Classico/Toskana/I*. Bohnen mit Speck in der Kombination mit *Morgon/Beaujolais/Burgund/F* ist bereits patentiert! Dunkle Bohnen in Fleischsauce ergänzen sich sowohl mit *rotem Minervois/Midi/F* als auch mit *Dry Sherry/E*. → Weiße Bohnen in Sauce rufen nach *rotem Cabernet Franc/international* oder *Madiran/SW-F*. Dillbohnen aller Art und *Chardonnay* – ohne Holzausbau – gehören zu den kulinarischen „Weltwundern".

BOLLITO MISTO

Italienische Spezialität: gemischter Fleischtopf mit → Zampone (= geräucherter Schweinefuß), Poularde, Rindfleisch, Ochsenzunge, Kalbskopf, Salz, Pfeffer, Lorbeerblättern, Nelkenpfeffer, Weißwein, Karotten, Lauch und → Salsa Verde. In *Oberitalien* serviert man mit Erfolg *Trentiner* und *Terplaner Pinot Bianco (Weißburgunder)* dazu. In *Spanien* überraschte man uns zu Cocido Madrileno (einer Abart des Bollito Misto) mit *rotem Rioja Alta*.

Weiß: Gavi/Piemont, Pinot Bianco und Pinot Grigio/I

> Der *Gavi DOC* (COR; 1 – 2 Jahre; 8 – 9° C) vom CASTELLO DI TASSAROLO, Piemont/I, ergötzte Augen und Gaumen mit blaßgelben Lichtern, zartduftiger Würze (Heu, Kirschblüten) sowie elegant-fülligem Körper mit feinen, charaktervollen Zitrustönen, die sofort mit der Salsa Verde fraternisierten. Ein feiner, fast etwas zu eleganter Mittags- und Sommerwein.

Rot: Barbera und Nebbiolo/Piemont/I

🍷 Ein kraftvoller *Nebbiolo* tat sich nicht schwer, er verbündete sich zuerst mit dem deftigen Gericht und arrangierte sich über seine fruchtige Säure mit der Salsa Verde: *Nebbiolo di Castiglione Falletto DOC* (2 – 5 Jahre; 16 – 17° C) von PAOLO SCAVINO, Castiglione Falletto/Piemont/I.

Rot: Barbaresco und Barolo/Piemont/I

🍷 Ein *Barbaresco „Cru Santo Stefano"* DOCG (NEB; 6 – 10 Jahre; 17 – 18° C) von BRUNO GIACOSA, Neive/Piemont/I, mit dunkler Granatfarbe, exquisitem Himbeer- und Laubaroma, vollmundig-elegantem Körper mit finessenreichem Abgang) war einfach zu elegant und vielschichtig für das deftig-rustikale Mahl.

BONBEL

Französischer halbfester Schnittkäse mit 50 % F.i.T. von mildem, zartwürzigem Geschmack.
Ein *Bourgogne Aligoté* oder ein *Macon Blanc/Burgund/F* zeigen die Richtung auf, in der man suchen sollte. In unseren Breiten sind dazu fruchtige *Rieslinge* populär.

BORDEAUXPASTETCHEN

Gekochte Knollensellerie, Rindermark, → Sauce Bordelaise, Blätterteig.
Einfacher *Bordeaux Superieur*, markiger *Cru Bourgeois/Médoc/F* und kraftvollwürziger *4ᵉ* und *5ᵉ Cru Classé/Bordeaux* sind hier die unschlagbaren Begleiter. Meiden Sie allzu elegante, modische Barriqueweine!

BORSCHTSCH (BORCZCZ)

Russische Spezialsuppe aus roten Rüben, Rindfleisch, Schweinefleisch, Rauchfleisch, Zwiebeln, Lorbeerblättern, Knoblauch, Weißkraut, Schweineschmalz, Salz, Pfeffer und Saurerrahm.
Ein *Tokaji szaraz (trocken)/H* ist hier noch am ehesten zu empfehlen. Das aus der Ukraine stammende *Dunkelbier „Ukrainian"* überraschte mit würzigem, beinahe weinigem Geschmack.

BOUILLABAISSE

Marseillaiser Spezialität, gilt als „Königin der Fischsuppen": Zwiebeln, Lauch, Tomaten, Knoblauch, Petersilie, Safran, Fenchel, kleine Seefische aller Art (Drachenkopf, → Goldbrasse, → Heringskönig, → Meeraal, → Meerbarbe, → Seebarsch, Seeschwalbe, → Seeteufel, → Steinbutt ...), Lorbeerblätter, Gewürznelken, Weißwein, Mehlbutter, in Olivenöl gebratene Weißbrotscheiben und eventuell eine kleine → Languste.

Weiß: Côtes de Provence Blanc/F
Rosé: Côtes de Provence Rosé/F

🍷 Ein *Côtes de Provence Blanc* (CL, UB, MAR ...; 2 Jahre; 7 – 8° C) von der DOMAINE OTT, Les Arcs/Provence/F war nicht mehr und nicht weniger als ein würziger Sommerwein, der die Bouillabaisse sehr gut begleitete und der auch von der Würze her stimmig war.

Weiß: Bandol und Cassis/Provence sowie Château de Jau/Roussillon/F

Der *Cassis* (CL, UB; 2 – 3 Jahre; 8 – 9° C) von LA FERME BLANCHE, Cassis/Provence/F, schaffte es als einziger, mit allen schwierigen Aromen (Knoblauch, Safran, Fenchel, Olivenöl) auszukommen und gleichzeitig seinen Charakter (herbes de Provence) und seine Finesse nicht zu verlieren.

Weiß: siehe unten!, Pouilly Fuissé/Burgund/F

Ein *Châteauneuf-du-Pape Blanc AOC* (CL, BLC; 2 – 4 Jahre; 8 – 9° C) von der DOMAINE DE BEAURENARD in Châteauneuf-du-Pape/südliche Rhône/F (mit Frucht, Transparenz und modernen, reintönigen Aromen), erwies sich als fulminanter Einzelgänger, der einfach nicht mit den diversen Gewürzen klarkommen konnte (wollte).

BOUQUET GARNI

Kräuterbündel (Petersilstengel, Thymian, Majoran, Lorbeer, Gewürznelken und eventuell Bohnenkraut, Dill und Estragon) zur Verfeinerung von Suppen und Saucen. (Bereits im 17. Jahrhundert vom französischen Cuisinier Pierre de Lune kreiert.)

BOURRIDE

Provenzalisches Fischgericht: verschiedene Meeresfische, Zwiebelscheiben, Fenchel, → Bouquet garni, Orangenschale und → Aïoli.

Rosé: siehe unten!, Côteaux d'Aix-en-Provence Rosé/F

Ein *Rosé des Côtes de Provence* (CAR?, CIN, GR, TIB; 1 – 2 Jahre; 8 – 9° C) zeigte sich als erstaunlich frischer, fruchtig-würziger Partner, der im Sommer kaum an Unkompliziertheit zu übertreffen ist und sich wunderbar anpaßte. Im speziellen Fall war es ein *Rosé de Saint-Tropez* von den dortigen MAÎTRES VIGNERONS.

Rosé: Château Grand Boise/Provence/F
Rot: siehe unten!

Der *Bellet Rouge* (CAR, GR, CIN; 2 – 3 Jahre; 8 – 9° C) vom CHÂTEAU DE BELLET in Saint-Romain-de-Bellet/Provence/F (mit seinen reichen Aromen nach Orangenblüten, roten Früchten und Kräutern der Provence) entpuppte sich kalt serviert als kraftvoll-robuster Begleiter mit dem nötigen Tiefgang. Die (Un)Sitte des oft zu starken Kühlens von Rotweinen verstärkte allerdings die Tannine um einiges, ließ aber andererseits die Fischaromen gewaltig aufblühen.

Weiß: Châteauneuf-du-Pape Blanc

siehe → Bouillabaisse!

BOURSAULT

Französischer Käse (Mittelding zwischen Frischkäse und Weichkäse), ähnlich dem → Brillat-Savarin von weicher, geschmeidiger Art mit zart-säuerlichem Aroma. *Elsässischer, deutscher oder österreichischer Riesling* sind hier erste Wahl. Wundervoll der *elsässische Parade-Riesling „Kaefferkopf" Cuvée Joseph Dreyer* (6 – 10 Jahre; 9 – 11° C) von SICK DREYER, Ammerschwihr/Elsaß/F.

BOURSIN

Französischer Frischkäse mit Knoblauch oder Pfeffer gewürzt.
Zu dem schwer zu kombinierenden Frischkäse sollten Sie einen *elsässischen Riesling* oder *Pinot Gris* versuchen (z. B. den *Tokay (Pinot Gris) d'Alsace* (3 – 6 Jahre; 8 – 10° C) von ANDRÉ HARTMANN, Herrlisheim/Elsaß/F).

BRACHSE (BRASSE)

Grätenreiche Karpfenart der europäischen Flüsse und Seen mit wohlschmeckendem, fest-fettem Fleisch, sofern sie sich in reinen Gewässern aufhält (kein Schlamm). Sie wird bis 1 m lang, bis zu 8 kg (!) schwer und in den Wintermonaten an die Angel genommen.
Ihre beliebtesten Partner sind mittelreife bis reife, rund-samtige *Weißweine* (ohne Barriqueausbau und aggressive Säure) oder – bei dunkler Sauce – elegante, säurearme Rotweine.

Brachse paniert

Weiß: Neuburger, Pinot Blanc und Pinot Gris Kabinett/A etc.,
Torbato d'Alghero/Sardinien/I

Der *Neuburger Kabinett „Gut am Steg"* (3 – 6 Jahre; 9 – 10° C) von den FREIEN WEINGÄRTNERN DER WACHAU, Dürnstein/NÖ/A, leuchtete goldgelb und begeisterte durch seine zarte Nußwürze, die sich im fruchtcharmanten mittelkräftigen Abgang fortsetzte. Ein Begleiter mit Charme, der vor allem im Sommer sehr gut paßt.

Weiß: Neuburger; Pinot Blanc und Pinot Gris Spätlese trocken/A etc.;
Chardonnay/Wallis/CH

Der *Neuburger Smaragd* (3 – 6 Jahre; 9 – 10° C) von F.X. PICHLER, Loiben/Wachau/NÖ/A, glitzerte grüngold, duftete rauchig-nussig-würzig, mundete samtig-vollmundig mit viel Schmelz und einem Hauch von Honigsüße, was ihn letztlich zum Idealpartner prädestinierte.

Weiß: Neuburger; Pinot Blanc und Pinot Gris Spätlese/Auslese
trocken/halbtrocken/A etc.

Die *Neuburger Spätlese „Falkensteiner Berggericht"* (2 – 6 Jahre; 9 – 10° C) von HEINRICH SALOMON, Falkenstein/Weinviertel/NÖ/A, verführte mit klassischem Duft (Walnuß, Honigwürze) und schmeichelte mit kraftvoll-schmalzigem Körper im mild-würzigem Ausklang. Eine feine Kombination, die auch an Winterabenden ihre Trümpfe ausspielen kann und mit der Panier eine delikate Allianz einging!

BRANDADE

Provenzialisches Fischgericht: gedünsteter → Stockfisch, Knoblauch, Olivenöl, Milch, Salz und Pfeffer.
Standardpartner sind *Rosés* aus der *Provence*.

Weiß: Muscadet/Loire/F
Rosé: Bandol Rosé/Provence; Corbières Rosé/Midi/F

🍷 Ein jugendlich-frischer *Muscadet de Sèvre et Maine* (1 Jahr; 8 – 9° C) von MARQUIS DE GOULAINE in Basse-Goulaine/Loire/F (mit fruchtig-hefiger Note und belebender, zitrusartiger Säure) war als Mittagswein durchaus akzeptabel – mehr aber nicht.

Weiß: Cassis Blanc/Provence/F und siehe unten!

🍷 Olivenöl und Knoblauch riefen mit Erfolg nach einem kräuterwürzigen, kraftvollen *Châteauneuf-du-Pape Blanc* (CL, BLC; 3 – 5 Jahre; 8 – 9° C) vom CHÂTEAU DE BEAUCASTEL, Courthézon/südliche Rhône/F. Gleich und gleich gesellt sich gern!

Rot: Faugéres/Languedoc, Bellet/Provence/F

🍷 Der *Faugères Rouge AC* (GR 60 %, SYR, MV; 2 – 4 Jahre; 14° C) vom CHÂTEAU GREZAN in Magalas/Côteaux du Languedoc/S-F wurde in Barriques ausgebaut und zeigte beachtliche Vanille-, Veilchen-, Muskatnuß- und Tabaktöne, die dem Stockfisch gewaltig einheizten, aber doch zu keiner absoluten Einheit führten. Trotzdem eine interessante Empfehlung des Sommeliers!

BRASSE → BRACHSE

BRATWURST

Gebratene Rohwurst aus rohem Schweinefleisch, Speck, Salz, Pfeffer und Muskatblüte. Als unkomplizierter Begleiter empfiehlt sich kühles *Bier* oder rassigwürziger *Weißwein (Grüner Veltliner)*, stahlig-säuriger *Schilcher (Rosé)* oder rustikal-herber *Rotwein (Blauburger, Zweigelt, St. Laurent ...)*. Zu grillter Bratwurst war *südsteirischer Sauvignon Blanc* eine kleine Sensation (!), und auch *chilenischer (roter) Cabernet Sauvignon* inspirierte zu kulinarischen Höhenflügen.

BRAUNE GRUNDSAUCE → SAUCE ESPAGNOLE

BREBIS DES PYRÉNÉES

Aus 100 % Schafmilch hergestellter Käse aus den Pyrenäen mit meist mehr als 45 % F.i.T. (→ Pyrénées).
Seit Generationen empfiehlt man in Frankreich zum Brebis einen mild-süßen *Jurançon Moelleux* (aus der Gegend), der in dieser Kombination einfach nicht zu überbieten ist. In anderen Ländern werden leider immer wieder (zu) gerbstoffreiche Rotweine angeboten.

BRIE

Vollfetter, französischer Weichkäse aus roher Kuhmilch (45 % F.i.T.) mit Weißschimmelbildung; der Edelkäse soll beim Anschneiden leicht fließen. Seinen Namen hat er von der gleichnamigen Landschaft östlich von Paris. Früher oft als „Juwel der Ile-de-France" betitelt, gibt es ihn heute in vielen internationalen Variationen.
Als passende Begleiter empfehlen wir fruchtig-frischen *Pouilly-Fumé* von der *Loire* sowie *Champagne/F* von trocken-jugendlich-leichter Art (Kohlensäure und Restzucker konterkarieren sogar den Reifegeschmack rezenter Käse) oder als Krönung eines großen Dîners einen 1er *Cru Chassagne-Montrachet Blanc „Les Cailleret"/Côte de Beaune/Burgund/F* (z. B. von MARC COLIN, Saint-Aubin/F).

BRIES → KALBSBRIES

BRILLAT-SAVARIN
Französischer Kuhmilch-Weichkäse aus der Normandie mit 75 % F.i.T., leichter Weißschimmelflora und frischkäseartigem, säuerlichem Geschmack. Der vom Sommelier empfohlene *Meursault „Genevrières"* von CHANSON PÈRE ET FILS, Beaune Cedex/Côte de Beaune/Burgund/F, fühlte sich sichtlich nicht wohl in dieser Gesellschaft und kehrte zu sehr seine Milchsäure hervor; ein *deutscher Riesling „Schloß Vollrads"* (3 – 6 Jahre; 9 – 10° C) von GRAF MATUSCHKA-GREIFFENCLAU, Oestrich-Winkel/Rheingau/D, brillierte mit leichtem Körper, fruchtiger Säure und feiner Frucht – die Harmonie war erstaunlich!

BRIMSEN → LIPTAUER

BROCCIO
Korsischer Ziegenkäse (mit Schafmilchanteil), der gerne in Ravioli gefüllt wird und sich blendend mit den würzigen *Roséweinen* seiner Heimat (*Calvi, Patrimonio*) versteht. (Ideal der *Patrimonio* von ANTOINE ARÉNA.)

BROCCOLI (SPARGELKOHL)
Einzahl: Broccolo. Gehört zur selben Familie wie → Karfiol (Blumenkohl), ist grün, mineralstoffreich und kalorienarm. Der Name Spargelkohl rührt vom spargelähnlichen Aroma der oberen Blattstiele her. Das südeuropäische Gemüse wird in den Wintermonaten frisch angeboten. Die klassischen „Gemüseweine" (*Sylvaner, Sauvignon Blanc, Malvasier* und *Neuburger*) sind hier richtig am Platz, aber *Rieslinge* und zart-fruchtige *Rotweine* können auch bestehen.

Broccoli alla „Romana"
In Weißwein, Öl, Salz Pfeffer und Knoblauch gedünstet. Hier kommen die römischen „Hausweine" *Frascati* und *Marino* erfolgreich zum Zug. Besonders beeindruckt waren wir von einem *Frascati Superiore Santa Teresa* (MAL, TRE; 1 – 3 Jahre; 8 – 9° C) von FONTANA CANDIDA, Frascati/Latium/I, der die Mär vom Massenwein auf glorreiche Weise widerlegte.

Broccoli mit Sauce Hollandaise
Gekochter Broccoli mit → Sauce Hollandaise.
Portugiesischer Vinho Verde als Sommerwein und *Montlouis/Loire/F*, der auch die Hollandaise nicht fürchtet, empfehlen sich als interessante Schrittmacher. Im Zweifelsfalle wählen Sie *südländische Roséweine*.

BROTPUDDING (BREAD AND BUTTER-PUDDING)
Gebutterte Weißbrotscheiben, Rosinen, Milch, Zucker, Eier, Vanille, Zimt und Himbeersaft.

Weiß: Auslese (Riesling-Sylvaner, Muskat-Ottonel, Riesling)

Die rare *englische Müller-Thurgau Auslese* (3 – 7 Jahre; 9 – 10° C) von BRUISYARD, St. Peter/Suffolk, überraschte mit distinguiertem Muskatduft, ölig-dickflüssigem Körper (Rosinen, Honig) und konterkarierte damit den Pudding perfekt. Nur angesichts des folgenden *Sauternes* wurde sie eher zurückgestuft.

Weiß: Sauternes (Barsac)/Bordeaux; Monbazillac/Bergerac und Côteaux du Layon/Loire/F; Gewürztraminer Ausbruch oder Eiswein

Ein junger *Sauternes* (SÉM 80 %, SB 20 %; 6 – 10 Jahre; 8 – 9° C) vom CHÂTEAU SUIDUIRAUT *1er Cru Classé*, Preignac/Bordeaux/F (mit blaßgoldener Farbe, exquisitem Honig-Lindenblüten-Zitrusduft, ausgeprägter Honigsüße, Finesse, jugendlicher Frische und Rasse im unendlichen Abgang), war nicht zu schlagen!

Dessertwein: siehe unten!, Bual Madeira/P; Tokaji „5 Puttonyos"/H

Der *australische Liqueur Muscat* (10 – 15 Jahre; 8 – 9° C) von MORRIS WINES in Rutherglen/Victoria (goldgelb, reich duftend nach Honig, Muskat und Rosen, mit gewaltiger honig-rosinen-süßer Dichte und Fülle), war, tropfenweise getrunken, ein himmlischer Kontrapunkt, der den irdischen Pudding in höhere (Geschmacks)Regionen katapultierte.

BRUCKFLEISCH

Wiener Spezialität: Wurzelwerk, Essig, Rinderhals, Leber, Herz, Nieren, Milz, Kalbsbries, Zwiebeln, Salz, Pfeffer, Majoran, Kräuter, Rotwein, Mehl, Bouillon und Rinderblut
Trotz des *Rotweins* in der Sauce können Sie zum Gabelfrühstück würzig-pfeffrigen *Grünen Veltliner*, rassigen *Gelben Muskateller* bzw. kraftvollen *Pinot Blanc/A* oder trocken-würzigen *Rosé* (*Schilcher*) inkludiert) versuchen; als dunkelfarbige Begleiter bieten sich duftiger *Blauer Portugieser*, herb-erdiger *Zweigelt/A* (ohne Barriqueausbau) oder auch (dunkles) *Malzbier* an. Als „Ausländer" konnte ein herb-deftiger *Cabernet del Piave* des Schweizers FEDERICO RECHSTEINER, Piavon di Oderzo/Venetien/I, gefallen.

BUCHTELN (WUCHTELN)

Österreichische Mehlspeise, ähnlich den →Bayerischen Dampfnudeln:
Hefeteig, Marillenmarmelade bzw. → Powidl (Pflaumenmus), Salz, Zucker, Milch und abgeriebene Zitrone.
Allzu üppig-süße Weine werden im Zusammenspiel mit den Buchteln aufdringlich bis klebrig süß. Feine *Rieslinge* oder *Riesling-Sylvaner/A* mit Rasse und zarter Süße sind hier gefragt. Wundervoll die Kombination mit einer subtilen *Riesling-Sylvaner Auslese* von ROBERT WENZEL, Rust/Neusiedlersee-Hügelland/BGLD/A.

BÜCKLING

Frischer, grüner, geräucherter Hering.
Der Rauchton des Herings verlangt nach einem Wein mit niedrigem Säuregehalt bzw. mit bereits reifer Säure, wobei ein Rauchton im Wein (z. B. reifer *Pouilly Fumé*, *Grüner Veltliner/NÖ/A*, *Silvaner/Franken/D*) durchaus erwünscht ist und dabei wechselseitig Aromen ausgetauscht werden.

BULETTE (FRIKADELLE)

Berliner Hackfleisch gebraten: eingeweichtes Weißbrot, Rind- und Schweinefleisch, Zwiebeln, Salz, Pfeffer, Eier und Öl.
Ein kühles *Bier*, mild-würzige *Weißweine (Silvaner/D, Neuburger/A)*, würzige *Rosé-Weine* oder frisch-fruchtige *Rotweine (Lemberger, Spätburgunder/D; Zweigelt, Blauburger/A)* sind beliebte, unkomplizierte Begleiter.

BÜNDNER FLEISCH

Gepökeltes, luftgetrocknetes Rindfleisch aus Graubünden/Schweiz: Salz, Pfeffer, Wacholderbeeren und Kräuter.

**Weiß: Chasselas und Bündner Herrschaftswein
(Pinot Blanc und Pinot Gris, Riesling-Sylvaner)/Graubünden/CH**

Ein *Maienfelder Pinot Blanc* (1 – 2 Jahre; 8 – 9° C) von GIAN-BATTISTA VON TSCHARNER, Reichenau/Bündner Herrschaft/CH, bewies Typizität, Frucht, Frische und Lebendigkeit im zart-erdigen Abgang, die dem etwas faden Fleisch neues Leben einhauchte.

**Rot: Merlot del Ticino/Tessin/I und Bündner Herrschaftswein
(Pinot Noir)/Graubünden/CH**

Der *Malanser Blauburgunder* (2 – 3 Jahre; 15 – 16° C) von ADOLF BONER, Malans/Bündner Herrschaft/CH (mit herrlichem Rubin, etwas zurückhaltendem Beerenduft, samtigem Körper mit Tanninreserven und bestechend-pfeffriger Würze im mittleren Abgang), entlockte dem Bündner Fleisch die etwas versteckte Würze.

Rot: siehe unten!, Vino Nobile di Montepulciano/Toskana/I

Der *Malanser Barrique* (PN; 3 – 6 Jahre; 16 – 17° C) von GEORG FROMM, Malans/Bündner Herrschaft/CH begeisterte mit tiefer Purpurfarbe, Cassis-Kirschenbouquet, kräftigem, tanningestütztem Körper mit subtiler Würze (Pfeffer, Wacholder), was ihn schließlich zum feurigen Beherrscher des Gerichts werden ließ.

BURGOS

Berühmter spanischer Labfrischkäse aus Schafmilch mit 50 % F.i.T., der als Laib mit ca. 2 kg Gewicht in den Handel kommt. Er besitzt einen weißen, geleeartigen Teig, ein charakteristisches salzig-rustikales Aroma und muß unbedingt frisch sein! Der schwierig zu kombinierende Käse harmoniert noch am trefflichsten mit *spanischem (!) Riesling* oder auch mit *Chardonnay*. (Der mit pikanter Säure und Aromatik ausgestattete *Riesling „Waltraud"* von MIGUEL TORRES, Vilafranca del Penedès, erfreute genauso wie der salzig-würzige *Balada Chardonnay* von CELLER RAMÓN BALADA, Sant Marti/Sarroca/Katalonien/E.)

BURRIDA

Adriatische Abart der provenzalischen → Bourride: kleine Mittelmeerfische (Brandbrasse, Drachenkopf, Glatthai, Meeraal ...), → Tintenfische, → Krustentiere, Fischfond, Olivenöl, Weinessig, Zitronensaft, Sellerie, Zwiebeln, Knoblauch, Steinpilze und Petersilie.

**Weiß: siehe unten!, Grecchetto/Toskana/I
Rosé: südländische Kreszenzen**

Der *toskanische Galestro "Griffe"* (TRE, CH; 1 Jahr; 7 – 8° C) von RUFFINO PONTASSIEVE/I war zwar in Duktus und Aroma sehr anschmiegsam, doch insgesamt etwas zu leicht (10,3 %). Nur an sehr heißen Tagen im Freien ein interessanter Begleiter.

Weiß: Chardonnay/Toskana bzw. Piemont/I, Pinot Bianco/Oberitalien

Der *Chardonnay "Gaia & Rey"* (2 – 5 Jahre; 9 – 10° C) von ANGELO GAJA, Barbaresco, Piemont/I, glänzte grüngold, duftete nach Äpfeln, Zimt und Zitrusfrüchten und schmeckte vollmundig-würzig mit feinen Haselnußakzenten. Er wurde am leichtesten mit den reichen Aromen fertig und nahm selbst neue Aromen an. Ein faszinierendes Wechselspiel der Parfums.

**Weiß: siehe unten! bzw. süditalienischer Weißwein
(Nuragus di Cagliari secco/Sardinien/I**

Der *sizilianische Terre di Ginestra Bianco* (CAT; 1 – 3 Jahre; 8 – 10° C) von TERRE DI GINESTRA, Sancipirello/I, war blaßgelb, frisch-fruchtig, am Gaumen mit pikanten Grapefruit-Zitrustönen, kräftigem Abgang und mit jener Würze ausgestattet, die ihn befähigte, hier problemlos mitzuhalten. Eine preiswerte Alternative zum *Chardonnay!*

BUSECCA

Kuttel- bzw. Kaldaunensuppe aus der Lombardei: Weißkraut, Karotten, Knollensellerie, Porree, Zwiebeln, Öl, Mehl, Bohnen, Kutteln, Räucherspeck, Safran oder Salbei, Petersilie, Knoblauch, Tomatenmark und geriebener Parmesan.
Franciacorta Rosso und *Oltrepò Pavese Rosso/Lombardei/I* bzw. trockener *Sherry (Fino, Manzanilla)/E* sowie *Sauvignon Blanc, Riesling* oder *Chardonnay* sind die verläßlichsten Begleiter dieser fast zu vielschichtigen Suppe. (Beispielhaft die Verbindung mit dem würzig-fruchtigen *Franciacorta Bianco Saline* (CH, PB; 1 – 3 Jahre; 8 – 9° C) von CORNALETO, Adro/Lombardei/I.)

BUTTERKÄSE

Flacher Weichkäse von butterähnlicher, cremig-schmelzender Konsistenz und mildem Aroma, der sich am ehesten mit *Rotem Veltliner/NÖ/A, Riesling (Mosel/D, Wachau/NÖ/A ...), Pinot Blanc (Baden)* oder *Pinot Gris (Baden, Rheinpfalz/D)*, kombinieren läßt.

CABÉCOU DE ROCAMADOUR (ROCAMADOUR)

Cabécou = frz. kleine Ziege. Kleiner runder Ziegenkäse aus Frankreich mit weicher, hellgelber Haut, zartem weißem Schimmel und mild-aromatischem, im Alter salzigwürzigem Aroma.
Ein *Tavel Rosé* (z. B. DOMAINE DE LA MORDORLÉE, Tavel/südl. Rhône; 2 – 3 Jahre für den jugendlichen; 4 – 7 Jahre für den reifen Käse) ist der Partner für jede Jahreszeit. Als *Weißweine* bieten sich *Bourgogne Aligoté/Burgund* und *Gaillac Blanc/S-F* an.

CABRI DOUX

Frischer französischer Ziegenkäse aus Burgund mit cremig-geschmeidigem Teig und mild-aromatischem Geschmack, der in Schnittlauch gehüllt ist, Frische, nicht zu säurebetonte *Weißweine (Chenin Blanc/Loire, Bourgogne Aligoté)* oder fruchtige *Roséweine*, wie hell gekelterter *Dôle/CH* oder *Rosé d'Anjou/Loire/F*, passen am trefflichsten.

CACCIUCCO (CACIUCCO)

Traditionelle italienische Fischsuppe: Drachenkopf, Hai, → Knurrhahn, Meeraal, Krebse, Tintenfische, Zwiebeln, Knoblauch, Sellerie, Petersilie, Thymian, Olivenöl, Muscheln, Tomatenmark, Peperoni, Salz, Pfeffer, Gewürznelken, Lorbeerblatt. Traditioneller Begleiter ist der *toskanische Montescudaio Rosso* (SAN, TRE, MAL; 2 – 5 Jahre; 14 – 16° C)! Wir probierten diesmal aber auch Weißweine.

Weiß: Bianco di San Torpe/Toskana oder Regaliali/Sizilien/I

Der *sizilianische Regaleali Bianco* (CAT, INZ, SB; 1 – 2 Jahre; 8 – 9° C) von CONTE TASCA D'ALMERITA, Vallelunga di Pratameno/I, hatte genau die Aromatik, die die Suppe vorgab, um sich als adäquater Mittags- und Sommerwein zu empfehlen.

Weiß: Traminer Aromatico/Südtirol/I
Rot: Montescudaio Rosso/Toskana/I

Ein *Südtiroler Traminer Aromatico* (GEW; 2 – 5 Jahre; 9 – 10° C) von der KELLEREIGENOSSENSCHAFT GIRLAN/I mit goldener Farbe, feinwürzigem Duft (Rosen, Muskat, Nelken) und samtig-rund-würzig-mildem Geschmack ergänzte die Suppe perfekt, dämpfte die Aromen etwas und ließ sie nicht explodieren.

Rot: Aleatico/Latium oder Rosso delle Colline Lucchesi/Toskana/I

Der *rote Aleatico di Gradoli* (3 – 10 Jahre; 14 – 18° C) von der CANTINA SOCIALE DI GRADOLI, Latium/I, duftete verführerisch nach Muskat, Melone und Nelken und protzte ein wenig mit seinem muskulösen Körper. Doch mit den Gewürzen hatte er seine „liebe Not", da er sie multiplizierte.

CACIOCAVALLO

Süditalienischer, geräucherter delikater Hartkäse (Knetkäse) aus Schafmilch, der mit der bekannten Einschnürung zu Paaren aufgehängt wird und 44 % F.i.T. aufweist. Nach 3 bis 5 Monaten mild und zart, nach 8 bis 12 Monaten pikant-säuerlich und als Reibkäse verwendet.
Der vom italienischen Sommelier empfohlene *Ciró Rosso Classico* (GAL 90 %; 5 – 8 Jahre; 17 – 18° C) von VINCENZO IPPOLITO, Cirò Marina/Kalabrien/I, trumpfte mit reichem Körper (13,5 %), samtig-aromatischem Bouquet und würzig-intensivem Abgang auf. Es schien, als würde er einen Alleingang antreten, doch mehr und mehr rauften sich die Kontrahenten zusammen. Ein kulinarisches Erlebnis, das die Geduld etwas auf die Probe stellte.

CACIOTTA

Bezeichnet etwa 30 verschiedene halbfeste Schnittkäse aus der Toskana, Umbrien, Latium, den Marchen und Sardinien, die meist aus Kuhmilch, manchmal auch aus Kuh- und Schafmilch bzw. Ziegenmilch hergestellt werden, einen meist buttrigweichen Teig, mildes, leicht süßliches Aroma und 45 % F.i.T. aufweisen. Bisweilen werden die Käse auch gegrillt oder gebraten angeboten. Runde, milde *Weißweine* aus den jeweiligen Regionen sind die idealen Begleiter auf dem Weg zu geschmacklichen Höhepunkten und Erlebnissen.

CALAMARI → TINTENFISCH, → KALMAR

CAMEMBERT

Französischer (Normandie) vollfetter Edelweichkäse aus roher Kuhmilch mit 45 % F.i.T., dessen Weißschimmelbelag eine zarte Reifenote aufweisen darf. Bereits um 1790 hochgelobt, wird er seit 1890 in Spanholzschachteln verpackt und trat damit seine Siegesfahrt um die Welt an.
Der Camembert verträgt sich am besten mit modern vinifizierten, transparenten *Weißweinen* mit harmonischer Säure und nicht zu hohem Alkoholgehalt *(Sylvaner, Riesling-Sylvaner, Riesling, Pinot Gris, Chardonnay)*. Kulminationspunkt war die Begegnung mit dem nußwürzigen *Chardonnay* (ohne Barriqueausbau) der DOMAINE LAROCHE, Chablis/Burgund/F. Unter den immer wieder empfohlenen *Rotweinen* konnten nur samtige Tropfen (hohe Säure und Tannine stören die Harmonie) wie *Bandol Rouge Provence* und *Beaujolais Villages/Burgund/F* Anklang finden.
Sehr reife, rezente Exemplare lassen sich auch von extraktreichen, schweren Rotweinen *(Barolo/Piemont, Grange Hermitage/S-AUS, Châteauneuf-du-Pape/südliche Rhône)* ausbalancieren.

CANNELONI

Gefüllte italienische Nudelteigrollen: Salz, Olivenöl, Knoblauch, Zwiebeln, Rinderhackfleisch, Schweinefett, Tomatenmark, Rotwein, Petersilie, Pfeffer, Oregano und Thymian; Sauce: Olivenöl, Speck, Zwiebeln, Salz Knoblauch, Tomaten, Champignons, Rotwein, Pfeffer und Parmesan
Zu Canneloni alla Partenopea (gefüllt mit → Ricotta, → Mozzarella, Schinken, bedeckt mit Sauce aus Tomaten und Basilikum, mit Parmesan gratiniert) versuchen Sie *Pinot Grigio/Friaul/I*.

Weiß: Verduzzo/Friaul und Vermentino/Ligurien/I
Rot: junger Chianti Putto und Carmignano/Toskana, Valpolicella/Venetien/I

Ein frischer *Chianti* unbekannter Herkunft, aus der verschmähten Bastflasche (Fiasco) ausgeschenkt und kellerkühl (12 – 14° C) serviert, war an diesem heißen Mittag (37° C) ein Labsal und löste helle Begeisterung aus.

Rosé: süditalienischer Rosato
Rot: junger Chianti Classico/Toskana bzw.
Valpolicella Classico Superiore/Venetien/I

Ein jugendlicher *Chianti Classico DOC* (fast 100 % SAN; 3 – 5 Jahre; 16° C) von der formidablen FATTORIA MONSANTO, Barberino Val d'Elsa/ Toskana/I, strahlte rubinrot, duftete nach Weichseln, Kirschen, Veilchen, Zimt und zeigte noch jugendliche Strenge im imposanten Abgang, die er allerdings im idealen Zusammenspiel mit den Canneloni verlor. Bravissimo!

Rot: siehe unten!, Regaleali Rosso/Sizilien oder Barbera/Piemont/I

Der *Gravello* (CS, Gaglioppo; 4 – 6 Jahre; 16 – 17° C) von LIBRANDI, Cirò Marina/Kampanien/I, betörte mit exotisch-würzigem Duft nach Kirschen,

Veilchen, Gewürzen und Waldboden, was sich auch im kraftvoll-herben Abgang fortsetzte. Den kleinen Wettkampf mit den Aromen des Gerichts gewann der Wein nach Punkten.

CANTAL

Hellgelber, halbharter, mild-fruchtiger französischer Vollmilchkäse aus der Auvergne, der als wahrscheinlich ältester Käse als „Doyen de fromage" geehrt wird und mit dem → Chester verwandt ist.
Roter Beaujolais Primeur/Burgund sowie *(weißer) Graves Blanc sec/Bordeaux* und *Hermitage* bzw. *Lirac Blanc* (Reihenfolge absichtlich)/*Rhône/F* waren die erfolgreichsten Weine im Partnerschaftstest. Vermeiden Sie Rotweine mit adstringierenden Tanninen!

CAPRICE DE DIEUX

Französischer Weichkäse aus den Vogesen, mit zarter Weißschimmelflora, durchgereiftem Teig und mildem Aroma (65 % F.i.T.), der sich hervorragend mit leichten, spritzigen *Champagnes* und zart-harmonischen *Weißweinen (Sylvaner, Chardonnay, Pinot Blanc, Riesling)* verträgt. (Superb die Aromaergänzung durch den finessereichen *Boizel Blanc de Blancs* von BOIZEL, Epernay Cedex/Champagne/F.)

CARPACCIO

Sehr dünne, rohe, magere Rind-, Lamm-, Lachsfleischscheiben usw., mit Olivenöl und Zitronensaft, Senfsauce und/oder fein gehobeltem Parmesan bestreut und mit rosa → Mayonnaise angerichtet.
Dazu bieten sich ausgewogene Weine mit balancierter Säure von der Art eines *Vespaiolo di Breganze/Venetien/I*, eines samtigen *Sauvignon Blanc, Cabernet Rosé* oder *Chianti Putto/Toskana/I* an; wird es mit weißen Trüffeln garniert, so darf man sich auch an einen *roten Barbera oder Barbaresco/Piemont/I* heranwagen. Zu einem Carpaccio bzw. Tartar aus rohen Seefischen eignen sich liebliche, zartduftige Weine mit milder Säure, die sich mit dem beigegebenen Zitronensaft bestens liieren und an Frische gewinnen (z. B. *Pinot Gris, Malvoisie* ...). Zu Carpaccio vom Milchkalb versuchen Sie *Bianco di Custoza/Venetien* oder *Pinot Grigio/Friaul/I*. Carpaccio vom Rind ist mit jungem *Médoc/Bordeaux/F* oder *Zweigelt/A* zu empfehlen.

CARRÉ DE L'EST

Viereckiger Weichkäse aus der Champagne, nach Art des Brie mit Weißschimmel bedeckt und von milder, säuerlicher Art. Mit zunehmendem Alter wird er pikant-würzig. In *Deutschland* kombiniert man den Weichkäse gerne mit feinen *Rieslingen* oder milden *Scheureben;* im Mutterland sind natürlich feinste Still- und Schaumweine aus der *Champagne* begehrt (z. B. *Côteau Champenois Blanc de Blancs* von LAURENT-PERRIER, Tours-sur-Marne oder *Champagne Blanc de Blancs* von JACQUES SELOSSE, Avize).

CASHEL IRISH BLUE

Ein neuirischer, graugrüner Schimmelkäse mit großen Bruchlöchern, 45 % F.i.T. und würzig-edelbitterem Aroma, der sich mit einigen Edelauslesen sehr gut verstand, aber mit einem *elsässischen Gewürztraminer Vendange Tardive* von HUGEL, Riquewihr/F, seine schönsten Momente hatte. In *Irland* selbst erfuhren wir die unvergeßliche Begegnung mit dem sahnig-cremig-schokoladigen *Beamish Stout-Bier*.

CASSATA

Italienische Eisbombenart: ursprünglich ein Biskuitboden mit gesüßter → Ricotta; Vanille-, Himbeer- und Schokoladeneis, Läuterzucker, Schlagrahm, Konfitfrüchte, Rum, kandierte Früchte.

Ein bezaubernder *Moscato d'Asti* (MOS; 1 – 2 Jahre, 7 – 8° C) von ANGELO ARIONE, Asti/Piemont/I, mit nur 5 % Alkohol, feinem Mousseux, subtilem Muskatduft und hinreißend frischem Traubengeschmack erwies sich als Idealwein schlechthin, und nur pro forma erwähnen wir noch den schwerblütigen *Vin Santo „San Niccolò"* (MAL, TRE ...; 7 – 12 Jahre; 8 – 10° C) vom WEINGUT CASTELLARE, Castellina/Toskana/I. Er betäubte uns beinahe mit seinem exotischen Duft (Honig, Veilchen, Datteln, Feigen) und seinem Aroma; seine klare goldbraune Farbe erfreute das Auge, und sein endloser, vollaromatisch-süßer Abgang ließ auch die Cassata dahinschmelzen.

CASSOLETTES
(RAGOUTNÄPFCHEN, KASSERÖLLCHEN)

Exquisite Ragouts in kleinen Porzellanformen. Der erlesene Inhalt: Hühnerbrustwürfel mit Spargelspitzen in Geflügelrahmsauce verlangen nach milden *Weißweinen* mit zarter Restsüße (*Riesling-Sylvaner, Muskateller*); Ragout von Gänseleber, Pökelzunge und Champignons in → Sauce Madère paaren Sie mit reifem *roten Saint-Émilion/Bordeaux/F,* und Rehragout mit Pfifferlingen in → Sauce Mornay ist eine Sache für würzigen *Pinot Noir*.

CASSOULET

Französisches Eintopfgericht aus dem Languedoc: weiße Bohnen, Knoblauch, Pfeffer, Rotwein, Gänseschmalz, Speckschwarten, Wurst, Hammelfleisch, Karotten, Thymian, Lorbeerblätter, Zwiebeln, Tomatenpüree, mit Semmelbröseln gratiniert.

Rot: Fitou und Corbières/Languedoc/F
Rosé: Schilcher/Weststeiermark/A

Ein *Fitou* (CAR 90 %, GR 10 %; 1 – 3 Jahre; 16 – 17° C von den PRODUCTEURS DU MONT-TAUCH, Tuchan/Languedoc/F (mit dunklem Rot, würzigen Röstnoten (Rosmarin), kräftig-kompaktem Körper, lebendiger Säure und rustikal derbem Geschmack), fand im Cassoulet seinen Meister, büßte seine Herbe ein, paßte aromatisch gut und wirkte über die Säure verdauungsfördernd.

Rot: Madiran und Cahors/SW-F, Bergerac Rouge/Dordogne/F

Ein *Madiran* (TAN 60 % CF 20 %, CS 20 %; 4 – 6 Jahre; 17 – 18° C) vom CHÂTEAU D'AYDIE in Aydie/Madiran/SW-F (mit tiefdunkler Farbe, gehaltvoll-duftiger Nase und kraftvoll-würzigem Geschmack) brachte das Wunder zustande, eine dauerhafte Partnerschaft mit dem Cassoulet einzugehen.

Rot: Pinot Noir Spätlese
Schaumwein: aus dem Languedoc/F, siehe unten!

Der exquisite *Blanquette de Limoux „Carte Noire"* (MAU 80 %, CHB, CH; 3 – 5 Jahre; 7 – 8° C) von der DOMAINE DE FOURN, Limoux/Languedoc-

Roussilon/S-F, ein Schaumwein-Cru mit grüngoldenem Kleid, fruchtig-blumigem Duft und vollmundig-würzigem Geschmack (Röstbrot), wurde uns als Geheimtip empfohlen und entpuppte sich auch als interessanter Partner, allerdings erst nach vollendetem Mahle.

CASTELMAGNO

Halbweicher, italienischer (Piemont) Blauschimmelkäse mit 34 % F.i.T. nach Art des → Gorgonzola.
Der *weiße Arneis dei Roeri* von BRUNO GIACOSA, Neive/Piemont/I, oder, noch besser, der honigsüße *Caluso Passito* aus halbgetrockneten *Erbaluce*-Trauben von VITTORIO BORATTO, Piverone/Piemont/I, ließen Gourmetfreuden und Glücksgefühle aufkommen.

CEVAPCICI

Serbische Hackfleischwürstchen: Rindlfeisch, Kalbfleisch, Salz, Pfeffer, Majoran, Knoblauch, Zwiebeln, Peperoni, Oliven, Gewürzgurken. Ein kühles *Bier* und für *Weißwein*freunde ein jugendlicher *Welschriesling/Italianski Rizling* aus *Knjasevac/Serbien* boten sich als alternative Feuerlöscher an. Falls Sie Schärfe einigermaßen gewöhnt sind, so versuchen Sie den samtig-reichen *Merlot* von VINAKOPER, Koper/Slowenien, mit verblüffendem Preis-Leistungsverhältnis!

CHABICHOU (CHABI)

Französischer Ziegenkäse in Zylinderform, der in mehreren Departements hergestellt wird, bei Molkereikäsen mit weißlichem, sonst rot-bräunlichem Schimmelbelag. Manchmal haben die Käse auch eine Holzkohleschicht, und allesamt entwickeln sie im Alter ein charakteristisch-strenges Aroma. Ein interessantes Gegengewicht zum etwas strengen Alterston bieten *Haut-Poitou Blanc VDQS bzw. Vouvray demi-sec/Loire* oder ein einfacher *roter Vin de Pays/F*. (Herrlich das Zusammenspiel mit dem knackig-frischen, zart-süßen *Vouvray demi-sec* von CHRISTOPHE PICHOT, Vouvray/Touraine/Loire.)

CHAMPIGNONS (EGERLINGE)

Beliebteste Pilzart, die ab Juni als Feld- und Wiesenchampignon vorkommt. Apicius erwähnte schon vor 2000 Jahren herrliche Pilzrezepte, und Ludwig XIV. (1643-1715) ließ in den Katakomben von Paris Champignonkulturen anlegen, damit sie das ganze Jahr zur kulinarischen Verwendung zur Verfügung standen.
Sie sollen weißköpfig, völlig geschlossen, von kräftigem Aroma und festem Fleisch sein und lassen sich dann mit subtilen, zart-fruchtig-würzigen *Weißweinen (Sauvignon Blanc, Sylvaner, Riesling, Tocai Friulano, Chardonnay, Pinot Blanc, Chasselas)* oder elegant-fruchtigen *Rotweinen (Blauer Portugieser, Zweigelt, Merlot, Pinot Noir...)* sehr gut kombinieren. Wilde Champignons verlangen nach reifem *Jahrgangs-Champagne* oder firnigem, altem *Rotwein*. Zu Champignonpastete haben wir reifen *Meursault AOC/Burgund/F* in guter Erinnerung. Champignons gebacken und fein-fruchtig-samtiger *Zierfandler Kabinett* (z. B. von JOHANN STADLMANN, Traiskirchen/Thermenregion/NÖ/A) sind ein oft unterschätztes Kunstwerk der Harmonielehre, und Champignonsalat paarten wir gleichermaßen erfolgreich mit schotenwürzigem *friulianischem Sauvignon* von VENICA & VENICA, Dolegna/Collio/I, sowie mollig-weichem, ausgleichendem *Pinot Gris* von ANTON MEIER, Würenlingen/Ostschweiz. (→ Schweinsnüßchen mit Champignonsauce)

Champignons à la Crème

Champignonscheiben in Butter gedünstet, mit Süßrahm, Salz, Pfeffer, Petersilie. Vermeiden Sie hier einen Wein mit rassiger Säure *(Sauvignon Blanc, Riesling ...)*, sie wird metallisch-hart und stört die Harmonie. Reife *Weißweine* gewinnen indessen an Frische und Jugendlichkeit. Milde, säurearme bis zart-restsüße Sorten *(Chasselas/CH, Gutedel/D, Tocai/Friaul/I, Riesling-Sylvaner, Pinot Gris, Sémillon)* gehen mit den Pilzen und dem Süßrahm eine überzeugende Partnerschaft ein.

Champignons auf „Griechische Art"

In Weißwein, Wasser, Olivenöl, Zitronensaft, Pfeffer, Salz, Lorbeerblatt aufgekocht. Eine faszinierende Aromakombination ergab der in nur geringen Mengen produzierte *zypriotische Riesling* von LOEL, der die Champignons auf der Zunge Sirtaki tanzen ließ; der weiße *Robola* von CALLIGA, Kephalonien/Griechenland, gilt ohnehin als Ideal-Partner

Champignonsouffle

Gehackte Champignons, Eigelb, Rahm, Butter, Salz, Pfeffer, Muskatnuß und Eiweiß.

Weiß: Sylvaner, Neuburger Kabinett oder Asprino di Ruoti/Basilikata

Der *Sylvaner* (2 – 3 Jahre; 9° C) von GÜNTER UND RENATE NASTL, Langenlois/Kamptal-Donauland/NÖ/A (mit strahlendem Hellgelb, erdigwürzigem Duft, weich-samtiger Fruchtnote und mild-würzigem Ausklang), war ein eindrucksvoller Partner mit einer gewissen Aromaähnlichkeit.

Weiß: Pinot Blanc und Pinot Gris, Grüner Veltliner Spätlese/A etc.

Die halbtrockene *Pinot Blanc Spätlese* (3 – 6 Jahre; 10 – 11° C) von JOHANN ZWICKELSTORFER, Höflein/Donauland-Carnuntum/NÖ/A (mit üppigfülligem Duft nach Wahl- und Muskatnuß, mild-geschmeidigem Geschmack, Saft, Kraft und einem Hauch von Zitrus im geschliffenen Abgang), wurde eindeutig zum Favoriten gewählt, da sie den Pilzgeschmack am schönsten interpretierte.

Weiß: Auslese halbtrocken (Rieslaner, Pinot Blanc, Sauvignon Blanc)/D/A

Die *Würzburger Stein Rieslaner Auslese* (3 – 8 Jahre; 10 – 11° C), WEINGUT JULIUSSPITAL, Würzburg/Franken/D (mit feinem, subtilem Aprikosenduft, Kraft und Konzentration im substanzreichen, zart-süßen Nachklang), war nur zart dominierend, wobei die Süße des Weines die Würze des Soufflés minderte.

CHAOURCE

Französischer Kuhmilch-Weißschimmelkäse aus der Champagne mit 50 % F.i.T., frischkäseartigem Teig und milchsäuerlichem Aroma.

Ein *Chablis 1er Cru/Burgund* mit dezentem Holzton stellte eine Aromabrücke zum Chaource her, aber ein *Meursault Charmes 1er Cru* (CH; 5 – 6 Jahre; 8 – 9° C) von JEAN MONNIER, Meursault/Côte de Beaune/Burgund/F, stellte einen Aufbruch zu neuen Ufern dar. Traditionellerweise serviert man auch die Weine der Region (still und schäumend) dazu, obwohl sie nicht immer passen.

CHARLOTTE

Aus Old England stammendes berühmtes Dessert seit dem 18. Jahrhundert, das seinen Namen von Queen Charlotte, Gemahlin Georgs III., erhielt. Es wird in glattwandiger, zylindrischer Form bereitet, mit Löffelbiskuits (Biskotten) ausgekleidet,

mit Cremes, Fruchtpürees, Gelee, Schlagrahm oder Speiseeis gefüllt, nach dem Erkalten gestürzt und garniert. (→ Apfelcharlotte)
Zu Erdbeercharlotte ist *roter Bourgueuil/Loire/F* (von AUDEBERT, COGNARD oder JAMET) ein Luxus der besonderen Art.

Charlotte Russe

Berühmte Nachspeise nach Marie-Antoine Carême: Milch, Vanillezucker, Eigelb, Konfitfrüchte, Gelatine, Rahm, Zucker, Löffelbiskuits.
Alte *Sauternes/Bordeaux/F* halten die diversen Aromen meisterhaft in Schach, doch auch ein *Asti Spumante „Tenimenti"* von FONTANAFREDDA, Serralunga d'Alba/ Piemont/I, und der faszinierend sinnlich-exotisch-süße *Malvasia delle Lipari DOC „Capo Salina"* von CARLO HAUNER, Salina/Sizilien/I, wußten zu begeistern.

CHÂTEAUBRIAND

→ Filetbeefsteak für 2 Personen: Salz, Pfeffer, Brunnenkresse, Kräuterbutter und Kartoffeln.
Hier können Sie alle Register in Sachen *Rotwein* ziehen: *Côtes du Rhône Villages* und einfache *Bordeaux (Côtes-du-Bourg* und *Côtes-de-Blaye)/F* sind zur Grundrezeptur passend.

Châteaubriand „Eugen"

Salz, Pfeffersauce (→ Sauce Poivrade) mit Senffrüchten, Paprikaschoten und Kartoffelkroketten in Mandelhülle.

Weiß: Riesling Kabinett trocken/Franken etc.
Rot: Saint-Julien Cru Classé/Bordeaux/F, Dôle/CH, Pinot Noir

Der würzig-samtige *Château Talbot 4ème Cru Classé* (CS 71 %, M 20 %, CF 5 %, PV 4 %; 8 – 12 Jahre; 16 – 17° C), Saint-Julien/Haut-Médoc/ Bordeaux/F (tiefes Cassisbouquet mit subtiler, charmanter Fruchtigkeit und fleischig-engmaschigem, zedernwürzigem Abgang), tastete sich mit viel Feingefühl an das Gericht heran, hielt die Gewürze in Schach und hofierte sogar die Kroketten in Mandelhülle.

Rot: Margaux Cru Classé oder Saint-Émilion/Bordeaux/F, Cabernet-Merlot

Ein reifer, samtig-weicher *Château Margaux 1er Cru Classé* (CS 75 %, M 20 %, PV 5 %; 10 – 15 Jahre; 17 – 18° C), Margaux/Haut-Médoc/Bordeaux/F (mit unübertroffener Eleganz, einem Duftstrauß von Rosen, Veilchen und Beeren, aristokratisch-tiefem Geschmack und nie enden wollenden Reflexionen) harmonierte einfach perfekt mit dem schwierigen Partner.

Rot: großer Syrah/Rhône/F oder AUS, Cabernet Sauvignon/KAL;

Der *Hermitage* (SYR; 3 – 6 Jahre, 16 – 18° C) von WYNNS, Coonawarra/ South Australia (mit Leder-Tabak-Medizinalnote, feinen Fruchtaromen – Maulbeeren, Heidelbeeren – und Schokoflair) explodierte förmlich am Gaumen und machte das Châteaubriand zu einem Festessen – nur die Pfeffersauce wurde um Nuancen schärfer.

CHAUDEAU (→ SABAYON, ZABAIONE)

Französische Weinschaumsauce: Eier, Zucker, Weißwein und Zitronensaft im Wasserbad schön schaumig geschlagen.

Schaumwein: lieblicher Riesling- oder Muskatellersekt

Die *Rieslingsektcuvée „Nocture"* (Jahrgänge 67, 76, 83; 7 – 8° C) vom WEINGUT MENGER-KRUG, Deidesheim/Rheinpfalz/D, bezauberte mit feinem Mousseux, cremigem Körper und mild-lieblichem Rieslingaroma, was dem luftig-schaumigen Chaudeau die ideale Aromaunterstützung gab.

Weiß: Quarts de Chaume und Bonnezeaux/Loire/F

Ein jugendlicher *Quarts de Chaume* (CHB; 6 – 8 Jahre; 8° C) von der DOMAINE DE BAUMARD, Rochefort-sur-Loire/Anjou-Saumur/Loire/F, besaß noch jene Frische und elegant-füllige Zartheit, die an einen Barsac erinnerte und ihn eindeutig gegenüber dem Loupiac hervorhob. Total sein Dialog mit der süßsäuerlichen Note des Desserts.

Weiß: Cerons und Loupiac/Bordeaux/F
Dessertwein: Moscatel de Setubal/P, Cream Sherry/E

Ein *Loupiac Château de Ricaud* (SÉM; 3 – 7 Jahre; 7 – 8° C) aus Loupiac/Bordeaux/F (volles, helles Goldgelb, harzig-öliger Honigduft, etwas aufdringlicher süßer Geschmack mit interessanten Zitrustönen) war zu schwer, süß und üppig, er deckte das Chaudeau regelrecht zu und wurde selbst plump und breit.

CHAUDFROID

Fleisch-, Geflügel- und Wildspeisen in pikanter Chaudfroidsauce (Sulzsauce), kalt serviert, die sich gut mit mild-aromatischen *Weiß-* und elegant-samtigen *Rotweinen* paaren lassen. Chaudfroid von der Ente bleibt großem *Pinot Noir/Côte de Nuits* (z. B. *La Tache Grand Cru*) oder feurigem *Côte Rôtie* (z. B. *„Les Jumelles"* von PAUL JABOULETAINÉ in Tain l'Hermitage/nördl. Rhône) versprochen.

Chaudfroid vom Huhn

Gedünstete Hühnerbrust und weiße Chaudfroidsauce: Mehl, Butter, Salz, Pfeffer, Bouillon, Zucker, Muskat und Rahm.

Weiß: Riesling-Sylvaner, Muskateller (Muscat, Moscato) trocken/halbtrocken
Rosé: Oeil de Perdrix/CH; Chiaretto/Venetien/I

Ein duftig-milder, traubenfruchtiger *Riesling-Sylvaner* (1 – 2 Jahre; 9 – 10° C) von JOSEF JURTSCHITSCH, Langenlois/Kamptal-Donauland/ NÖ/A, erzielte jene zarte, belebende Aromastruktur, die das Gericht als Sommer- und Mittagspartner benötigt.

Weiß: exotischer Chardonnay oder Riesling, klassischer Fendant/CH, Tocai/Friaul/I

Der *Chardonnay* (1 – 4 Jahre; 8 – 9° C) von ROSEMOUNT ESTATES, Deman/Upper Hunter District/New South Wales/AUS, beeindruckte durch wunderbare Reintönigkeit von Birnen- und Bananenaromen, feinen Holznuancen und vollendeter Samtigkeit und Eleganz. Zum Gericht wurde er exotisch-würzig (Vanille, Muskat, Ingwer) und zeigte zitrusartige Säure – eine wundersame Wandlung, danach wurde er wieder milder.

Weiß: siehe unten!, Riesling Spätlese halbtrocken
Rot: Aigle Rouge/CH; Fleurie/Beaujolais/Burgund/F

Eine halbsüße *Ruländer Spätlese* (2 – 5 Jahre; 8 – 10° C) von STEFAN SCHNEIDER, Illmitz/Neusiedlersee/BGLD/A (mit mildem, reichem Körper und feinem Honig-Lindenblütenaroma) erwies sich als sachte dominierender Begleiter mit viel Gefühl und interessantem Schlußgesang.

CHAUMES

Französischer Kuhmilch-Weichkäse aus dem Bordelais in flacher Laibform, mit zarter Rotflora und 50 % F.i.T., der einen geschmeidigen Teig und ein dezentwürziges Aroma aufweist und sich interessanterweise nicht sehr glücklich mit den Weinen seiner Region vermählt.
Attraktive „Heiratskandidaten" sind *Riesling, Pinot Blanc (Elsaß)* und einige jugendliche *Gamays (Beaujolais, Loire)* bzw. junger *St. Laurent* oder *Blaufränkisch*.

CHEDDAR

Zylindrischer, fetter Hartkäse (rohe Kuhmilch, 45 % F.i.T.) aus der Grafschaft Sommersetshire/England mit orange-gelber Farbe und nußartigem Geschmack. Bei uns bezeichnen die Namen Cheddar und → Chester meist den gleichen Käse.
Zum jugendlich-frischen Cheddar ist es in *England* Tradition, einen jungen *roten Claret (Bordeaux)* zu trinken, doch ist Vorsicht geboten vor zu jugendlichen, gerbstoffreichen Exemplaren. Zum reifen Käse mit salzig-rezenter Note sollten Sie einen edlen *Côte Rôtie/nördliche Rhône/F* (z. B. von der DOMAINE JAMET, Ampuis/nördl. Rhône/F) oder *Vintage Port/P* aus dem Keller holen.

CHEESEBURGER

Nordamerikanische Weiterentwicklung des berühmten →Hamburgers: Hackfleisch vom Rind, Zwiebeln, Semmelbrösel, Milch, Salz, Pfeffer, Paprika, Senf, Öl, Tomaten, → Chester oder → Cheddarkäse und Milchbrötchen (Buns).
Jugendlich-fruchtiger *Sauvignon Blanc* und mittelkräftiger *Merlot* oder *Zinfandel* aus *Kalifornien* sind zu allen Zeiten verläßliche Begleiter – sofern man nicht zu „klassischen Partnern" wie z. B. Cola greift!

CHERBAH

Arabische → Zwiebelsuppe: Zwiebeln, Öl, Pfefferminze, Tomaten, Paprikaschoten, Knoblauch, Pfeffer, Salz, Eigelb und Zitronensaft.
Ein *Muscat Vendange Tardive d'Alsace* (4 – 6 Jahre; 9 – 10° C) von JOSEPH CATTIN, Herrlisheim/F, setzte sich gegen alle nordafrikanischen Konkurrenten durch und bewies einmal mehr, daß Minze, Paprika, Knoblauch und Zitronensaft für ihn kein Problem darstellen.

CHESTER (CHESHIRE CHEESE)

Traditionsreichster englischer Süßmilchhartkäse von orange-gelber Farbe und etwas salzigem Aroma, der als hervorragende Grundlage für Schmelzkäse-Erzeugnisse gilt und sich sehr gut mit elegant-samtigen *Rotweinen* – ohne aggressive Tannine – verträgt; als *Weißwein*-Alternative gelten mild-samtiger *Gutedel* oder *Riesling-Sylvaner* (z. B. der aromatisch-fruchtige *Müller-Thurgau* von LAMBERHURST, Kent/England).

CHÈVRE

Pikant-aromatischer französischer → Ziegenkäse in mehr als 60 Arten produziert; die Rinde ist weiß, gelb, braun, blau und sehr oft mit Kümmel aromatisiert oder in Weinblätter gehüllt.
Vouvray sec (CHB; 4 – 8 Jahre; 7 – 8° C) z. B. von PH. FOREAU, Vouvray/Touraine/ Loire/F, ist ein sicherer Tip, wenn es um die Vermählung von Chevre und Wein geht, aber auch *Sancerre/Loire/F* oder *Tavel Rosé/Rhône/F* sind nicht zu verachten. *Rotweine* harmonieren mit einigen festeren, kräuterwürzig-reifen Ziegenkäsen – insgesamt aber sind frische, nicht allzu säurebetonte *Weiß*- und *Roséweine* vorzuziehen. Zu ganz frischen Käsen trinkt sich auch ein Gläschen *Schaumwein (Champagne Blanc de Noir, Cremant d'Alsace)* auf höchst angenehme Weise!

CHICKEN „MARYLAND"
→ HÜHNERBRÜSTCHEN „MARYLAND"

Chicken-Pot-Pie

Englische Hühnerpastete: gedünstetes Suppenhuhn, Zwiebeln, Kartoffeln, Karotten, Knollensellerie, Porree, Petersilie, Thymian, Lorbeerblatt und Hühnerbouillon.
Ein *südsteirischer Grüner Sylvaner* vom SATTLERHOF, Gamlitz/A, brachte jene erdige Würze, feine Herbe und fenchelartige Note ins Spiel, die haargenau zur Pie paßte. Der *Magdalen Fine English Wine* (AUX; 1 – 2 Jahre; 9 – 10° C) von PULHAM, Magdalen/Norfolk/England, mit interessantem Duft und erstaunlicher Fülle erinnerte durch seine frische, rauchige Art an einen *Chardonnay* und lehnte sich geschickt an die Pie an. Ein englisches Heimspiel.

CHICOREE

Brüsseler Endivie: ein ideales, vitaminreiches Wintergemüse mit zartbitterem, knackigem Aroma, das sich sehr gut mit mild-würzigen *Weißweinen (Neuburger, Pinot Blanc, Sylvaner* usw.) zusammenspannen läßt. Vorsicht vor tanninreichen Rotweinen! Zu gefülltem Chicoree empfehlen wir *Soave DOC/Venetien* und *Pinot Grigio/Friaul/I*, und zu Chicoree auf „Indische Art" (mit Gewürznelken, Zimt, Lorbeerblatt, Speck, Zwiebeln und Karotten) waren ein *Saar-Riesling* und ein zimtigwürziger *Chardonnay „Ried Hagelsberg"*, FAMILIE PITNAUER, Göttlesbrunn/Donauland-Carnuntum/A, auf den ersten Plätzen.

CHILI CON CARNE

Feurige, mexikanische Spezialität: rote Bohnen, Olivenöl, Rindfleischwürfel, Zwiebeln, Salz, Pfeffer, Chilipulver, Paprika, gehäutete Tomaten.
Bei dieser geballten Ladung an Gewürzen ist kühles *Weizenbier* der richtige Durstlöscher, und es sorgt auch dafür, daß die Aromen nicht explodieren! Milder *Rosé* oder *Rotwein* mit wenig Säure und Alkohol (biologischer Säureabbau) können als Ersatzlösung gelten. Eine erfreuliche *Weißwein*-Alternative stellt der mit erfrischendem Zitruston ausgestattete *Blanc de Blancs* (CHB; 1 – 2 Jahre; 7 – 8° C) der CASA PEDRO DOMECQ, Coyoaca/Mexiko, dar.

Chilipulver (Chilipfeffer)

Brennend-scharfe, pulverisierte Gewürzmischung aus kleinen paprikaähnlichen Pfefferschoten und diversen Gewürzen, deren Heimat Zentral- und Südamerika ist.
(→ Tabascosauce, Sambal)

CHOP SUEY

Chinesisches Nationalgericht: Schweinefleisch in Streifen, gedünstet mit Sake (Reiswein), → Sojasauce, Pfeffer, Ingwer, Glasnudeln, Stangensellerie, Pilzen, Zwiebeln, Bambussprossen und Zucker. Erste Wahl ist natürlich → *Sake*!

Bier: siehe unten! bzw. Tsing Tao Beer/China
Weiß: Condrieu/nördliche Rhône/F,
Muskateller (Moscato, Muscat) trocken/halbtrocken

> *Englisches Ingwer-Bier (Ginger Beer)* oder *Ginger Ale* sind für den eiligen Luncher die richtigen, unkomplizierten Begleiter.

Weiß: exotischer Weißwein mit Holzausbau
(Sauvignon Blanc, Chardonnay, Gewürztraminer, Sémillon

> Der in neuen Barriques ausgebaute *Meriggio Bianco* (SB, CH, GEW; 3 – 6 Jahre; 8 – 9° C) vom WEINGUT FONTODI, Panzano in Chianti/Toskana/I, schlug derartig sensationelle Kapriolen in Gaumen und Rachen, daß man ihn in China einbürgern sollte!

Weiß: exotisch-kraftvoller Chardonnay/AUS/KAL
Rot: Amarone/Venetien, Barolo Chinato/Piemont/I;
Châteauneuf-du-Pape/südliche Rhône/F

> Der *Chardonnay* (1 – 3 Jahre; 8 – 9° C) *Milawa Vineyard* von den BROWN BROTHERS, Milawa/Northern Victoria/AUS (mit 14 % Alkohol und neuer Eichenwürze nach Zimt, Ingwer, Vanille), war dezent fruchtig und exotisch-kraftvoll im Abgang, was genau zu dem Gericht paßte; doch bei etwas höherer Temperatur wurde er alkohollastig, plump und breit und zeigte einen eklatanten Säuremangel. (Höhere Temperaturen vermindern die Wahrnehmung von Frische, Frucht und Säure.)

CHORIZOS

Spanische Würstchen aus geräuchertem → Schweinefleisch mit intensiver Würze. Modern vinifizierter, erfrischender *weißer Rioja* (z. B. *Marqués de Murrieta/Ygay, Marqués de Cáceres/Cenicero* oder *Faustino VII* von den BODEGAS FAUSTINO MARTINEZ, Oyon), ein kühles Glas *Cerveza (Bier)* oder mild-würziger *Rosé* (z. B. der *Rosada seco* von OLLARA BODEGAS, Logroño/Rioja Alta/E, sind die beliebtesten Partner für dieses oft extrem scharfe Gericht.

CHOW SUB GUM MEIN

Chinesische Spezialität: Schweinefleischscheiben in Erdnußöl gar gebraten, Pilze, Kastanien, grüne Paprika, Stangensellerie, Bouillon, Salz, Pfeffer, → Sojasauce und Nudeln Erste Wahl ist natürlich → *Sake*!
Unter den von uns getesteten Weinen zeigte besonders der mit überreifem Honig-Rosenduft ausgestattete *Riesling Smaragd „Ried Steinriegl"* vom WEINGUT PRAGER, Weißenkirchen/Wachau/NÖ/A, seine Vorliebe für die → asiatische Küche.

CHRUTWÄHE

Schweizer Spinatkuchen: Zwiebeln, Speckwürfel, Spinat gehackt, Eigelb, Rahm, Salz, Pfeffer, Muskatnuß, Majoran und Mürbteig ungezuckert.

Der *Fendant „Le Fauconnier"* (CHA; 1 – 2 Jahre; 8 – 9° C) von SIMON MAYE, Saint-Pierre-de-Clages/Wallis/CH (ein fruchtig-eleganter Wein mit feiner Struktur, unerwartet frischer Säure und zarter Würze im schlanken Körper), war der gesuchte Mittags- und Sommerwein, während der mineralisch-würzig-nussige *Chardonnay Domaine la Grillette* von THIERRY LUTHI, Cressier/Neuenburgersee, auch für kühlere Tage geeignet ist.

CHRYSANTHEMEN-FEUERTOPF

Chinesische Spezialität im Fonduetopf aus Schweinsfilet, Rindsfilet, Kalbsleber, Seezungenfilet, Hühnerbrust, Glasnudeln, geschälten Krabben, Stangensellerie, Spinat, → Sojasauce, Sesamöl, Reiswein, Eiern und Hühnerbouillon, die im eigenen Land gerne mit → Sake kombiniert wird.
Unter den von uns getesteten Weinen für → asiatische Küche ragte diesmal der sherryartige *Château-Chalon „Reserve Catherine de Rye"* (SAV; 10 – 15 Jahre; 12 – 15° C) von HENRI MAIRE, Arbois/Jura/F, geradezu leuchtturmartig heraus.

CLUB SANDWICH

Doppelstöckige nordamerikanische Spezialität: getoastetes Weißbrot, Kopfsalatblätter, gebratener Speck, Hühnerbrust und → Mayonnaise.
Leichter *roter kalifornischer Zinfandel*, mild-würziger *Barbera/Piemont/I* oder KAL sowie fruchtiger *Sauvignon Blanc/KAL* (z. B. von RAYMOND VINEYARD, St. Helena/Napa), sind die Favoriten für den „Doppeldecker".

COGNAC

Weinbrand aus dem Département Charente im SW Frankreichs, der seit 1909 gesetzlich geschützt ist. Der berühmteste aller Brände wird aus den Rebsorten Ugni Blanc (auch Saint-Émilion genannt) und Colombard gewonnen und jahrelang in Eichenfässern ausgebaut. Wichtigstes Qualitätsmerkmal ist jedoch der kreidereiche Boden seiner Herkunft. Wie bei allen Spirituosen sind auch Cognac-Reduktionen in Saucen eine oft unnehmbare Hürde für die meisten Weine. Reifer *Hermitage Blanc/nördliche Rhône, Pouilly-Fuissé* und *Corton-Charlemagne/Burgund/F* sowie kraftvolle *Pinot Blanc Spätlesen (Burgenland/A, Baden/D ...)* können eine rühmliche Ausnahme sein.
Unter den Rotweinen ist reifer *Saint-Estèphe/Haut-Médoc/Bordeaux/F* (CHÂTEAU COS D'ESTOURNEL ...) hervorzuheben, und zu Cognac in Desserts sind alte *Sauternes/Bordeaux/F, Tokaji Aszu/H* und *australische Liqueurweine* (z. B. der komplexe *Old Premium Liqueur Muscat* von MORRIS, Rutherglen/Victoria) ideal.

CÖLESTINEN (CELESTINES) VOM HUHN

Kleine Leckerbissen paniert: gebratenes Huhn, Pökelzunge, Champignons, getrüffelte Hühnerfarce mit Ei und Bröseln paniert.
Milde *Weißweine* von großem Aromareichtum *(Gavi, Arneis/Piemont/I; Pinot Gris A/D, Zierfandler/A, Gutedel/D ...)* schneiden hier am besten ab.

COMTÉ (GRUYÈRE DE COMTÉ)

Französischer Hartkäse aus der Franche-Comté (Ostfrankreich/Jura) in Laib- oder Mühlsteinform, der aus Rohmilch hergestellt wird, einen Fettgehalt von über 45 %

F.i.T. und einen würzig-aromatischen Geschmack aufweist. Wie der → Gruyère wird er gerne als Reibkäse und für → Fondues verwendet.
Als schlechthin ideale Begleiter empfehlen wir sehr reife *weiße Burgunderweine/F*, wie *Meursaults, Auxey-Duresses* oder *Monthélies*. Als „Überdrüber"-Wein nach einem großen Diner sollten Sie einmal einen *Vin Jaune du Jura* (8 – 10 Jahre; 11 – 12° C) von A & M. TISSOT, Arbois/Jura, versuchen. Ein Erlebnis – die Bittertöne heben sich auf, und das Salz des Käses verleiht dem Wein mehr Rasse.

CONFIT

Üppige französische Spezialität: Eingemachtes aus Enten-, Gans-, Schweine- oder Truthahnfleisch, mit dem eigenen Fett zugedeckt konserviert.
Enten-Confit und *(roter) Madiran/Armagnac/SW-F* ist gleichwohl üppig wie köstlich; Gänse-Confit und *weißer Jurançon/Pyrenäen* ist nicht minder üppig, aber genauso köstlich; Schweine-Confit und *roter (schwarzer) Cahors/SW-F* ist ein Erlebnis, und Truthahn-Confit sollten sie mit einem *Corbières Rouge „Château des Ollieux"/Roussillon/S-F* zusammenspannen.

COQ AU VIN (BURGUNDER HÄHNCHEN)

Klassisches französisches Geflügelgericht: gewürztes Hähnchen in Butter gebraten, Speck, Zwiebeln, roter Burgunder, Salz, Knoblauch, Lorbeerblatt, Mehl, Wasser, Cayennepfeffer, → Cognac, Champignons, Toast und Petersilie.

Rot: Pinot Noir oder Gamay/Burgund/F etc.

Der *Blauburgunder Kabinett* (2 – 4 Jahre; 15 – 17° C) von E & CH. FISCHER, Sooß/Thermenregion/NÖ/A, ein feingliedrig-eleganter Tropfen mit dezenter Pflaumennote, subtil-harmonischem Geschmack und finessereichem Finale, war ein überaus angenehmer Mittagswein, der die Winzerkunst seines „Herrn" einmal mehr bestätigte.

Rot: siehe unten! bzw. Pinot Noir/Côte de Nuits/Burgund

Ein *Moulin-à-Vent* (GAM; 4 – 6 Jahre; 16 – 17° C), CHÂTEAU DE JACQUES, Romanèche-Thorins/Beaujolais/Burgund/F, bestätigte seinen Ruf als „König des Beaujolais" erfolgreich und überzeugte mit delikatem Bouquet (rote Früchte, Kräuter) und kraftvollem Körper im eichengeprägten Finish. Eine superbe Kombination, die über Rotweinsauce und Cognac zustande kam.

Rot: siehe unten! bzw. Châteauneuf-du-Pape/südliche Rhône/F

Der *Chambertin „Clos de Bèze"* (PN; 6 – 12 Jahre; 17 – 18° C) von der DOMAINE MARION, Côte de Nuits/Burgund/F, überrumpelte uns mit vielschichtigem Duft (Himbeer, Cassis), tapezierte den Gaumen mit üppig-opulentem Aroma und begeisterte durch sein langes Finale.

COQUILLES SAINT-JACQUES (JAKOBSMUSCHELN)

Gehören zur Familie der Kammuscheln und zeichnen sich durch festes, wohlschmeckendes Fleisch und rote Rogen ohne kulinarischen Wert aus. Sie haben wenig Kalorien, kommen geschmacklich nahe an die → Auster heran und enthalten viel Eiweiß und Vitamine. Die großen Muscheln fängt man im Winter (Oktober bis Mitte Mai), vor allem an den Küsten des Atlantik und im Mittelmeer. Der Name Jakobsmuschel oder Pilgermuschel rührt daher, daß die gewölbten Schalen den Kreuzzugpilgern als Trinkschale dienten.

Zu Coquilles mit Curry-Lauchcrème empfehlen wir einen exotischen *Chardonnay* mit Barriqueausbau. Wenn Knoblauch im Spiel ist, hat sich *Chablis Gand Cru „Valmur"/Burgund/F* als edelster und dankbarster aller Partner erwiesen, und zur *Terrine von Jakobsmuscheln* ist *Chassagne-Montrachet Blanc/Burgund/F* der ideale „Prinzgemahl". Die gegrillten Muscheln sehnen sich nach einem *Hermitage Blanc/ nördliche Rhône/F;* in Backteig vereinigen sie sich auf grandiose Weise mit einem mittelreifen *Meursault/Burgund*, und auf „Provenzalische Art" (mit Tomaten, Zwiebeln, Knoblauch, Brotkrumen, Petersilie, Olivenöl) ist *Cassis Blanc/Provence* erste Wahl! Gekühlte *Rotweine* betonen ihrerseits den Meeres-Jodton am intensivsten, doch Harmonie kann man selten erzielen! Ragout von Coquilles Saint-Jaques war mittelreifem *Sauternes* (CHÂTEAU RIEUSSEC), *Bordeaux* ein schillernder Gegenspieler, und zur Brochette (Spieß) von Jakobsmuscheln versuchen Sie *Sylvaner/Elsaß/F.*

Coquilles Saint-Jacques auf „Pariser Art"

Jakobsmuscheln mit Schalotten, Salz und Pfeffer in Weißwein gedünstet, mit Champignons und → Sauce Mornay gefüllt und mit Käse garniert.

Weiß: Chardonnay, Sémillon/Bordeaux/F etc.

Der *Chardonnay „Löwengang"* (2 – 4 Jahre; 8 – 10° C) von ALOIS LAGEDER, Bozen/Südtirol/I, war mit reichem Bouquet (Butter, Zimt, Pfirsich) ausgestattet und verfügte über einen engmaschigen Körper mit individuellen Biskuittönen, die sich in den Dienst des Gerichts stellten.

Weiß: siehe unten! bzw. Graves Blanc/Bordeaux/F oder Pinot Gris und Pinot Blanc

Ein *Chablis Pic Premier* (CH; 3 – 5 Jahre; 9 – 9° C) von A. RÉGNARD & FILS, Chablis/Burgund/F, erwies sich als ausgeglichener Partner, der sich sowohl mit den Muscheln als auch mit der Sauce recht gut verstand. Wenn er auch etwas an Frische einbüßte, so war er doch ein beinahe gleichwertiger Partner

Weiß: siehe unten! bzw. Sémillon-Chardonnay/AUS
Dessertwein: Sherry Amontillado seco/E

Der *Meursault* (CH; 5 – 6 Jahre; 9 – 10° C) von den DOMAINES DES COMTES LAFON, Meursault/Côte de Beaune/Burgund/F, bestätigte sich als „Macho" par excellence, nahm weder auf die Sauce noch auf die Muscheln Rücksicht und zeigte sich ansonsten in blendender Form. Das Gericht wurde zur Nebensache, der Wein trat in den Mittelpunkt und wurde zum Star. Auch das kann interessant sein.

Coquilles Saint-Jacques gebacken mit Sauce Béarnaise

Jakobsmuscheln, Bouillon, Mehl, Butter, Petersilie und Sauce → Béarnaise.

Weiß: Pinot Blanc oder Tocai Friulano/Friaul/I
Rot: Chinon (kühl)/Loire/F

Die *Pinot Blanc-Morillon Cuvée „Ried Zieregg"* (2 – 4 Jahre; 9 – 10° C) von MANFRED TEMENT, Berghausen/Südsteiermark/A, präsentierte sich mit kraftvollem Duft (Schoko, Karamel, Zimt), geschliffenem Fruchtgeschmack mit attraktiver Rauchnote und rassigen Beerentönen im extraktreich-fülligen Abgang. Zu unserer Überraschung hielt der Wein mit den beiden berühmten Weinen sehr gut mit und etablierte sich als charaktervoller Partner.

Weiß: siehe unten! bzw. Graves Blanc/Bordeaux/F
Schaumwein: Champagne Blanc de Blancs/F

Ein *Vouvray sec „Grande Année"* (CHB; 6 – 8 Jahre; 9 – 10° C) von BERNARD FOUQUET, Vouvray/Loire/F, war von gleichzeitig gaumenschmeichelnder und rassiger Art, schmiegte sich ideal an und war besonders im Finale mit dem Gericht auf einer höheren Ebene.

Weiß: siehe unten! großer Chardonnay/AUS bzw. NZ

Der *Montrachet Grand Cru* (CH; 4 – 8 Jahre; 9 – 10° C) von der DOMAINE DE LA ROMANÉE-CONTI, Vosne-Romanée/Côte de Nuits/Burgund/F (mit grüngoldener Robe, noblem, holzgeprägtem Zimt-Honigbouquet, konzentrierter Fülle und Tiefe, mit Nerven und Rückgrat im imposanten Finale), zeigte sich den Coquilles etwas überlegen, kam aber dafür mit der Béarnaise gut zurecht.

CORDON BLEU

Französisch „blaues Ordensband"; auch Bezeichnung für eine(n) exzellente(n) Köchin (Koch). Kalbsschnitzel Cordon Bleu: zwei Tranchen vom → Kalbsschlögel, Emmentaler und Schinken, mit Ei und Bröseln paniert.

Weiß: Chasselas/CH, Gutedel, Côtes du Jura Blanc/F

Ein *Dezaley „Testuz"* (CHA; 1 – 2 Jahre; 9 – 10° C) vom WEINGUT DER STADT LAUSANNE, Lavaux/Waadtland/CH (mit unvergleichlicher Konzentration und bemerkenswertem Nuancenreichtum im samtig-milden Endgeschmack), eröffnete den Reigen.

Weiß: Neuburger, Rotgipfler, Zierfandler Kabinett/Thermenregion/NÖ/A

Ein *Neuburger Kabinett* (2 – 3 Jahre; 9 – 10° C) von ANDREAS SCHAFLER, Traiskirchen/Thermenregion/NÖ/A (mit gediegenem Apfel-Nußaroma, dichter Textur, hohem Extrakt, guter Balance und trocken-würzigem Ausklang), paßte am besten zur Füllung und Panier.

Weiß: Zierfandler oder Rotgipfler Spätlese/Thermenregion/NÖ/A oder White Zinfandel (hellgepreßter Zinfandel bzw. Rosé)/KAL
Rot: Côtes du Ventoux/Provence/F, Dôle/CH

Eine *Gumpoldskirchner Zierfandler Spätlese* (2 – 4 Jahre; 10 – 11° C) von FRANZ KURZ, Gumpoldskirchen/Thermenregion/NÖ/A (mit feinem Mandel-Honigduft, attraktiver Sortenwürze, mächtigem Körper mit Schmelz und subtiler Bitternote), paßte sich ähnlich gut an wie der Neuburger, war aber durch sein höheres Prädikat eindeutig an dieser Stelle einzustufen.

CORSICA

Ein traditionsreicher korsischer → Schafkäse mit 50 % F.i.T., einer mit Weißschimmel versehenen Rinde, kleiner Bruchlochung und jugendlich-mildem bis rustikal-kräftigem Geschmack, der sich in der Jugend mit einem erfrischend exquisiten *Calvi Rosé* von CULOMBU, Korsika, und im Alter mit einem würzig-teerigen roten *Sartène* von der DOMAINE DE SAN MICHELE, Korsika, glücklich vermählt. Auch der ausdrucksstarke *Zweigelt Rosé* von EMMERICH KNOLL, Loiben/Wachau/NÖ/A, vermochte zu gefallen.

COTTAGE CHEESE

Ein körniger Frischkäse, der aus den USA stammt und dort in drei Arten vorkommt. Der „creamed cottage cheese" wird mit einem Rahmdressing vermischt und ist besonders populär. So interessant es auch sein mag, jeden Käse mit einem Wein zu vermählen, so desillusionierend gehen meist die Experimente mit Frisch- und Sauermilchkäsen aus. Am ehesten empfehlen wir zum „creamed cottage cheese" eine milde, zart süßliche Kreszenz, wie den *Johannisberg Riesling* von CHAPPELLET VINEYARD, Rutherford/Napa Valley/KAL.

COULOMMIERS

Französischer Kuhmilchkäse von der Ile de France mit langer Tradition. 50 % F.i.T., von unvergleichlichem Geschmack, edler Reife und Brie-ähnlichem Aroma. *Elsässischer Silvaner*, leichter *Champagne Blanc de Blancs* und der superbe *Pouilly-Fumé „Baron de L"*, CHATEAU DU NOZET, Pouilly-sur-Loire/Loire/F, erwiesen sich als verläßliche Gefährten auf dem Weg zu kulinarischen Hochgenüssen.

COUSCOUS

Arabisches Nationalgericht: Weizengrieß, Salz, Wasser, Öl, Pfeffer, gewürfelte Hammelkeule, Knoblauch, Paprika, Bouillon, Kerbel, Petersilie und Butter.
Südländische bzw. *nordafrikanische Roséweine* sind im Zweifelsfalle vielleicht nie ganz richtig, aber auch nie ganz falsch. Extraktreicher *Gewürztraminer* als Idealpartner und würziger *roter Fitou/Corbières/Roussillon/F* (für Chili-Liebhaber) beziehen da schon eindeutiger Stellung.
Zum Couscous (Cuscùsu) aus Fischen versuchen Sie einen *sizilianischen Rapitalà Bianco*, und zum Couscous aus rotem Gemüse kommen Sie an einem *Beaujolais Primeur/Burgund/F* kaum vorbei; zum Couscous süß wählen Sie exotisch-milden *Malvasia delle Lipari/Sizilien/I*, zum Couscous mit Granatäpfeln vollmundig-traubigen *Bonnezeaux/Loire* und schließlich zu (Gersten)Couscous *Graves Blanc /Bordeaux/F*!

CRÈME BRULÉE (BURNT CREAM)

Old Englands beste → Vanillecreme, mit einer Schicht aus karamelisiertem Zucker bedeckt.
Idealpartner sind die gespriteten *Vins Doux Naturels (VDN)* „*Muscat de Beaumes de Venise"/südliche Rhône* und „*Muscat de Rivesaltes"/östliche Pyrenäen/F* sowie reifer *Cream Sherry/E*. Nicht uninteressant die im Stil einer Beerenauslese ausgebaute *Botrytis Clocktower-Selection* aus *Scheurebe, Siegerrebe/Ehrenfelser* und *Kerner* von THAMES VALLEY VINEYARD, Berkshire/England.

CRÈME CARAMEL

Butter, Zucker karamelisiert, Eier, Milch, Vanilleschote und Salz.

Weiß: Malvasia Dolce/S-I, Côteaux du Layon Villages/Loire/F

Der *Malvasia di Planargia* (4 – 8 Jahre; 10 – 11° C) von JOSTO PUDDU, San Vero Millis/Sardinien/I (ein dunkelfarbiger, mild-aromatischer, kraftvoller Wein mit einer gewissen Eleganz und prägnantem Mandel-Karamelaroma), verband sich nahtlos mit der Crème und verfeinerte ob seiner Würze die Süße der Speise auf neuartig-attraktive Art.

Weiß: Auslese/Beerenauslese (Muskat-Ottonel, Riesling-Sylvaner, Pinot Gris)
Schaumwein: Moscato/I

Der *Moscato d'Asti* (2 – 4 Jahre; 7 – 8° C) vom Weingut GIOVANNI SARACCO, Castiglione Tinella/Piemont/I, wurde aus den edelsten Muskattrauben gewonnen und betörte denn auch mit elitärem Muskat-Orangen-Vanilleparfum, zartem Perlen und angenehm traubiger Süße. Süße und Süße hoben sich auf, und übrig blieb eine mäßig süße Symbiose aus Muskat- und Caramel-Vanillearoma.

Weiß: siehe unten!
Schaumwein: reifer Champagne/F

Ein mittelreifer *1er Cru Classé* (SÉM, SB; 6 – 8 Jahre; 7 – 8° C), CHÂTEAU DE RAYNE VIGNEAU, Bommes/Sauternes/Bordeaux/F, ist sicherlich ein Erlebnis sondergleichen, doch ist es natürlich auch eine Frage des Budgets, welchen Wein man hier bevorzugt. Der *katalonische Gran Reserva „Extrisimo Dulce"* (üppig-süß) von MASIA BACH, Sant Esteve Sesrovires/E, wäre eine verlockende Alternative mit prächtigem Preis-Genuß-Verhältnis

CRÈME DOUBLE

Französische, ungesäuerte Rahm(Sahne)-Spezialität mit 40 bis 45 % Fett, die sich ideal zum Binden von Saucen und Suppen eignet, da sie auch bei hohen Temperaturen nicht ausflockt.
Samtig-milde *Weißweine* mit hohen Extraktwerten *(Graves Blanc/Bordeaux*, reifer *Chenin Blanc/Loire)* und halbtrockene *Riesling-Sylvaner* sowie *Pinot Gris* kann man als Ausgangspunkt für Crème double-Verbindungen nehmen.

CRÈME FRAICHE

Fein-säuerlicher Rahm mit 30 bis 35 % Fettgehalt, der in Frankreich ungemeine Popularität erreicht hat und sich ausgezeichnet zum Binden von Saucen, Suppen und Schmorgerichten eignet. Durch die Nouvelle Cuisine kam er auch nach Österreich/Deutschland.
Empfehlungen analog zu → Crème double.

CRÈME-SCHNITTE

Blätterteig mit Vanillecrème.

Weiß: Traminer, Riesling, Riesling-Sylvaner mit Restsüße/A etc.
Schaumwein: Muskateller-Sekt, Blanc Mousseux Jura/F

Ein *Traminer Kabinett* (1 – 5 Jahre; 10 – 11° C) von WINKLER-HERMADEN, Schloß Kapfenstein/Südoststeiermark/A (mit zartem Hellgelb, dezentem Rosen-Honig-Harzton, mildem, frisch-fruchtigem Geschmack und jugendlich-rassigem Ausklang, kurz ein modern vinifizierter Traminer), setzte mit seiner aromatisch-milden Würze einen interessanten Kontrapunkt zum Dessert.

Weiß: Côteaux du Layon, Bonnezeaux, Quarts de Chaume/Loire/F
Schaumwein: Riesling-Sekt mit Restsüße und Moscato-Sekt

Ein *Coteaux du Layon „Crème de Tête"* (CHB; 5 – 10 Jahre; 9 – 10° C) von der DOMAINE DES HAUTS-PERRAYS, Anjou-Saumur/Loire/F, war von honigwürziger Edelfäule geprägt und bezauberte mit reifen Fruchtaromen (Quitte, Birne), die sich im Schlußakkord sowohl mit feiner Süße als auch mit rassiger Säure paarten und der Crème-Schnitte zusätzliche Aromen zuführten.

**Weiß: siehe unten! bzw. Moscatel de Setúbal/P; Eiswein
(Riesling-Sylvaner, Welschriesling, Pinot Blanc)**

Ein *Muscat de Frontignan VON (Vin doux naturel)* (3 – 8 Jahre; 8 – 9° C) vom CHÂTEAU DE LA PEYRADE, Frontignan/Languedoc/S-F (mit gewaltigem Restzucker und 17 % Alkohol, die sich beide in einem fulminanten Finish mit Honig- und Passionsfruchttönen vereinten), beherrschte zwar die Cremeschnitte, löste aber auch ein Wechselspiel der Aromen aus.

CREMINI DELLE LANGHE

Italienisches (Piemont) Dessert: Milch, Zucker, Zitronenschale, Eigelb, Aprikosenlikör, Gelatine aufgekochte und mit Schlagrahm und Erdbeeren garniert.

Weiß: siehe unten! bzw. Humagne und Amigne/Wallis/CH

Der unvermeidliche *Moscato d'Asti* (1 – 3 Jahre; 7 – 8° C), hier von GIORGIO CARNEVALE, Asti/Piemont/I, war wiederum ein traubig-frischer, mildsüßlicher Begleiter von hohem Niveau.

**Weiß: Malvasia Dolce/S-I; Beerenauslese/Trockenbeerenauslese
(Riesling, Riesling-Sylvaner)
Schaumwein: siehe unten!**

Der *Moscato d'Asti Spumante DOC* (1 – 3 Jahre; 7 – 8° C) von der TENUTA BERTULOT, Asti/Piemont/I, stellte die Schaumweinversion des oben genannten Weins dar und verlieh dem Gericht über die Kohlensäure noch ein paar Nuancen mehr. Er maskierte sowohl die eigene Restsüße als auch die Süße des Desserts.

Weiß: siehe unten! Vin Santo/Toskana/I

Ein *Südtiroler Rosenmuskateller (Moscato Rosa)* (3 – 7 Jahre; 8 – 9° C) vom SCHLOSS SCHWANBURG, Nals/I (mit rosiger Farbe, blumigem Süßeduft nach Rosen und Muskat, elegant-süßem Aroma und ölig-mildem Finale), ist – tropfenweise nachgetrunken – ein wahrer Hochgenuß.

CRÊPES

Hauchdünne, kleine Pfannkuchen (→ Palatschinken) aus Mehl, Milch und Ei, gefüllt mit verschiedenen Leckerbissen. Die untertassengroßen Crêpes waren bereits im 13. Jahrhundert eine Spezialität der Bretagne.

Zu Crêpes mit Calvadosäpfeln genießen Sie ein Gläschen *Calvados (Apfelbrand)*, und zu Crêpes mit Zungenragout ist *roter (schwarzer) Cahors/SW-F* (CHÂTEAU DE CAIX, CHÂTEAU DE CHAMBERT, CHÂTEAU DE LAGREZETTE) von unnachahmlicher Aromafeinheit und Delikatesse.

Crêpes „Georgina"

Hauchdünne kleine Pfannkuchen (Palatschinken), gefüllt mit in Maraschino (Likör aus der Maraskakirsche mit Vanille und Gewürzen) aromatisierten Ananaswürfeln.

**Weiß: exotischer Riesling und Riesling-Sylvaner halbtrocken
Schaumwein: Cremant de Bourgogne (Cave de Viré)Burgund/F**

Der *australische Noble Riesling „Milawa Vineyard"* (3 – 6 Jahre; 9 – 11° C) von den BROWN BROTHERS, Milawa/Victoria (mit goldenem Strahl, reichem Botrytis-Ananasbouquet, eleganter Frucht und konzentrierter, exotischer Süße), war eine harmonische Ergänzung.

Weiß: siehe unten! bzw. Muskateller (Muscat, Moscato) Beerenauslese/Trockenbeerenauslese; Malvasia Dolce/S-I

Der *australische „Liqueur Muscat"* (8 – 15 Jahre; 8 – 9° C) von GEORGE MORRIS, Rutherglen/Victoria, betäubte unsere Sinne mit wahrhaft paradiesischen Düften und betörte Gaumen und Crêpes mit reichem öligem Körper, exotischen Aromen und unendlichem, rosinenartigem Abgang. Eine Sensation!

Schaumwein: siehe unten!

Ein Glas *Champagne* mit einem Dash Maraschino und etwas (frischem) Ananassaft ist vom Aroma her nicht mehr zu überbieten. Eine interessante Kombination, die diesem Dessert neue Perspektiven eröffnet.

Crêpes „Suzettes"

Kleine Palatschinken mit Grand Marnier (Orangenlikör und Cognac) flambiert. Ein Glas *Champagne,* mit etwas *Grand Marnier* aromatisiert, ergab eine faszinierende Kombination mit den Crêpes und steht hier stellvertretend für alle guten *Schaumweine,* die man einsetzen könnte. Auch *Ratafià* (Fruchtsaftlikör, der durch Vermischen von Zucker, Fruchtsaft und Alkohol entstanden ist und mit Muskat, Pfeffer, Zimt usw. gewürzt wurde) ist eine abwechslungsreiche Möglichkeit.

CRIMLIN

Frischer halbfester Schnittkäse mit 45 % F.i.T., der dem → Port Salut nachempfunden wurde, einen ähnlich kräftigen Geschmack aufweist und sich sehr gut mit mittelschweren, trockenen und würzigen *Weißweinen* (z. B. *Féchy/La Côte/Waadtland/CH)* oder fruchtig-samtigen *Rotweinen* (z. B. *Malanser Blauburgunder/ Bündner Herrschaft/CH*, oder *Blaufränkisch/Neckenmarkt/Mittelburgenland/A)* paaren läßt.

CROTTIN DE CHAVIGNOL

Kleiner, runder, fester Käse aus roher Ziegenmilch mit 45 % F.i.T., der aus Berry – westlich der Loire – kommt und in Öl und Kräutern gelagert wird. In der Jugend cremig-mild und im Alter (ausgereift) von ausgeprägt kräftig-strengem Aroma. Die *Loire*-Pretiosen *Sancerre* (SB) und *Montlouis Brut* (CHB) sowie *Rosé d'Anjou* (GRO) sind als Partner des Crottin kaum zu überbieten, wobei sich der *Montlouis* besonders für die jugendliche Version empfahl.

CURRY-PULVER (CURRY POWDER)

Indische Gewürzmischung aus schwarzem Pfeffer, Gewürznelken, Ingwer, Kardamom, Koriander, Kurkuma, Kreuzkümmel, Macis (Muskatblüte), Muskatnuß, Paprika, Zimt, Bockshornklee usw., deren Zusammensetzung lange Zeit geheim war und die von den Briten in etwas milderer Form nach Europa gebracht wurde.

Das heute weltweit beliebte Mischgewürz läßt sich mit einigen Weinen hervorragend kombinieren. Vorsicht ist jedoch vor allzu hohen Säurewerten geboten: *Hermitage Blanc/nördliche Rhône, Corton-Charlemagne/Burgund,* reifer *Château-Chalon/Jura,* junger *Barsac/Sauternes/Bordeaux, Champagne Rosé/F, Gewürztraminer, südliche Roséweine, Blanc de Noir* (zu Fisch), *Bier* usw. Zu asiatischen Curry-

gerichten hat sich das exotisch-malzig-schokoladige *Sando Stout*, ein dunkles, naturgäriges *Bier* aus *Sri Lanka*, einen Namen gemacht.
(→ Hühnercurry, → Lammcurry, → Rindergaumen in Curry)

DALMATINISCHE CRÈME

Wie → Bayerische Crème, die Milch ist aber mit Vanilleschote aromatisiert und mit in Maraschino eingelegten Kompottkirschen garniert.
Auch hier bieten sich feine *Edelauslesen*, exotische *Sauternes/Bordeaux/F* (vor allem *Barsac*) und *Italiens Dessertweinspezialitäten* mit ausgeprägter Süße *(Moscato Rosa/Südtirol, Malvasia di Bosa Dolce/Sardinen, Caluso Passito/Piemont* usw.) an.

DANA BLU (DANISH BLUE)

Dänischer Blauschimmelkäse aus Kuhmilch von internationalem Ansehen, der ohne Rinde angeboten wird. Mit 50 % F.i.T. ist er kräftig-scharf und mit 60 % F.i.T. von angenehm mild-würzigem Aroma.
Ideal für beide Arten ist ein *Prädikatswein (Dessertwein)* mit Restsüße und gleichzeitig potenter Säure wie z. B. eine superbe *deutsche Riesling Beerenauslese „Erbacher Marcobrunn"* (5 – 10 Jahre; 9 – 10° C) von SCHLOSS REINHARTSHAUSEN, Eltville-Erbach/Rheingau. Die malzig-milden *dänischen Lagerbiere* trinken sich recht angenehm dazu, doch die zweifellos grandioseste Ergänzung bildete das *schwedische Met „Röde Orm"* der BRAUEREI TILL, das mit verführerischer Honigwürze Käse und Koster ebenso verwirrte wie begeisterte.

DANBOE (DANBO)

Halbfester, viereckiger dänischer Steppenkäse mit Rundlochung und mildem, leicht säuerlichem Aroma.
Ein Glas *Weizenbier, dänisches Weißbier (Hvidtol)* oder das *norwegische Aass Export*, ein weichsamtiges Bier mit ausgeprägtem Hopfenaroma, bieten sich als ausgleichende Partner an.

DATTELN

Die pflaumenartigen Beerenfrüchte der Dattelpalme, die schon vor 8000 Jahren in Mesopotamien kultiviert wurde, sind in arabischen Ländern ein Hauptnahrungsmittel, das wahre „Brot der Wüste". Sie sollen dick, prall und weich sein und schmecken dann honigartig-mild.
Zu Datteln mit Reis versuchen Sie zart-süßen und leicht perlenden *roten Freisa d'Asti Frizzante DOC/Piemont/I*, und zu Dattel-Feigen-Konfekt bietet sich edler *Strohwein (Vin Santo, Vin de Paille)* an.

Datteln gefüllt
Mit Marzipanfüllung.

Weiß: Moscato (still oder schäumend)/I
Der *Moscato d'Asti* (1 – 3 Jahre; 8 – 9° C) von GIOVANNI SARACCO, Piemont/I (mit intensiv-reifem Muskatduft, delikater Frische und üppignachhaltigem Geschmack), war ein delikater Begleiter, der selbst am meisten von dem Dessert profitierte.

Weiß: Ausbruch (Neuburger, Pinot Blanc, Pinot Gris, Grüner Veltliner)

Der *Neuburger Ausbruch* (15 Jahre; 8 – 9° C) vom WEINGUT SONNLEITNER, Gumpoldskirchen/Thermenregion/NÖ/A, zeigte bereits unübersehbare Alterserscheinungen, besaß einen muffigen Kellergeruch und wirkte firnigbitter. Zu den Datteln genossen bzw. direkt danach getrunken, paßte er sich phantastisch an, wurde milder und übernahm auch den Marzipangeschmack.

Dessertwein: Trockenbeerenauslese, Strohwein oder Eiswein;
Monbazillac/Dordogne/F

Der *Grüne Veltliner Strohwein* (7 – 15 Jahre; 8 – 9° C) vom WEINGUT JURTSCHITSCH, Langenlois/Kamptal-Donauland/NÖ/A, leuchtete goldgelb, verströmte „arabische Wohlgerüche" (Datteln, Feigen, Marzipan), betörte mit exotisch-fülligem Geschmack und schier endlosem Abgang. Er traf sich bald mit dem Dessert auf einer Geschmackslinie und lizitierte es gleichzeitig zu einem Furioso an Aromen und Geschmacksfülle hoch.

DAUPHIN

Frz.: Kronprinz; Weichkäse aus der Thiérache im Norden Frankreichs, der nach dem Sohn und Kronprinzen von Louis XIV. benannt wurde. Der Dauphin wird zumeist in Stangenform angeboten, doch gibt es auch andere niedliche Formen (Herz, Fisch, Sichel). Eigentlich ist es ein → Maroilles Blanc, der mit Estragon, Pfeffer und Schnittlauch vermischt wird und ca. drei Monate weiterreift.
Attraktive Begleiter des Kronprinzen können edle *Elsässer* sein, z. B. trockene *Spätlesen (Vendanges Tardives)* von *Gewürztraminern*, *Riesling* und *Pinot Gris*.

DEBRECZINER → GULYAS (GULASCH)

Zwiebeln, Schweinefleisch, Paprika, Rindfleisch gewürfelt, Salz, Knoblauch, Kümmel und Gewürzgurke.
Kühles, erfrischendes *Pils* oder mild-würziger *Rosé* lassen die Gewürze nicht eskalieren und sind erfreuliche Durstlöscher. Vorsicht vor alkohol- und säurereichen *Weinen*, sie lösen geradezu einen „Flächenbrand" am Gaumen aus, was aber die Ungarn nicht zu stören scheint, denn unsere Gastgeber genossen dazu mit Seelenruhe einen kraftvoll-würzigen „feuerspeienden" *Cabernet Sauvignon* von PANNONVIN WINERY, Villany!

DJELOU KHABAB

Persische Spezialität: Hammelsteaks mit Salz, Pfeffer und Kurkuma (Gelbwurz bzw. Ingwerart) gewürzt, in Stärkemehl gewendet, am Holzkohlengrill gebraten und mit Reis garniert (→ Kebap).

DOLCE BIANCA

Österreichischer Doppelschimmelkäse (weiß und blau) von beachtlichem Renommée, dessen vollmundiger, mild-cremiger Geschmack in Vollreife kräftig-pikant wird.
Riesling, Riesling-Sylvaner, Welschriesling, Bouvier, Muskat-Ottonel im *Auslese*-Bereich bilden eine schier perfekte Harmonie mit dem Käse, aber auch dunkle, malzig-karamelig-süße *Biere* tragen zur Entfaltung des Aromas bei. Zu vollreifen, pikanten Exemplaren brillierten vor allem finessenreiche, rassige *Rieslinge* im *Spätlese*-Stil.

DOLCELATTE

Eine besonders zarte und mild-cremige Variante des → Gorgonzola, die sich mit milden, zart-süßlichen „hellhäutigen" Partnern ideal versteht. Versuchen Sie milden *Moscato d'Asti/Piemont*, superben *Torcolato/Venetien* von MACULAN, Breganze, oder raffiniert-süßen *Picolit/Friaul/I* von ABBAZIA DI ROSAZZO, Manzano, oder ATTIMIS-MANIAGO, Buttrio.

DOLMAS → YALANCI DOLMASI

DORNHAI (STEINAAL ODER DORNFISCH)

1 m langer und bis 10 kg schwerer Raubfisch der nordeuropäischen Meere. Die enthäuteten, ausgeschnittenen Bauchlappen werden geräuchert als Schillerlocken angeboten und lassen sich von rauchig-würzigen, extraktreichen *Weißweinen* geschmacklich hervorragend unterstützen *(Pouilly-Fumé/Loire/F, Grüner Veltliner Smaragd/Wachau/NÖ/A, Silvaner Spätlese/Franken/D)*.

DORSCH

Junger → Kabeljau aus der Ostsee, der besonders von Juli bis September von großer Zartheit und feinem Wohlgeschmack ist. Die fette Leber ist eine besondere Spezialität und kommt in Dosen auf den Markt. Dorschrogen ist ein wichtiger Bestandteil des dänischen → Smorrebrod.

Dorschleber-Cocktail

Gewürfelte Dorschleber mit Bananenscheiben, Tomatenstücken, Rahm, Salz, Zucker und gehackter Petersilie gewürzt.
Rotweine sind hier weniger geeignet, da die meisten sowohl mit der Leber als auch mit dem Dressing kollidieren und eine unangenehme Bitternote auf den Teller bringen.

Weiß: Riesling und Riesling-Sylvaner halbtrocken; Gros Plant/Loire/F, Malvasier

Eine halbtrockene *Riesling Spätlese „Monzinger Halenberg"* (2 – 4 Jahre; 10 – 11° C) vom WEINGUT EMRICH-SCHÖNLEBER, Monzingen/Nahe/D, erwies sich als elegant-reizvoller Tropfen mit feinen Pfirsich-Johannisbeer-Tönen und dezenter Süße und war dem würzig-süßlichen Cocktail ein beinahe ebenbürtiger Partner.

Weiß: exotischer Sauvignon Blanc und Chardonnay
Rosé: Bandol und Côteau d'Aix/Provence/F

Der kraftvoll-exotische *Sauvignon Blanc „Monte Xanik"* (2 – 4 Jahre; 9 – 10° C), Valle de Guadalupe/Mexico, zeigte gut eingebundene Barriquetöne (Varille, Zimt), aromatische Frucht (Aprikosen, Paprikaschoten) sowie belebende Frische und Säure und konterkarierte den Cocktail perfekt.

Weiß: Gewürztraminer und Pinot Gris Spätlese trocken/halbtrocken

Der *Traminer Aromatico DOC* (1 – 4 Jahre, 10 – 11° C) von der CANTINA SOCIALE Lavis-Sorni-Salorno/Trentino/I, betörte mit aromatisch-süßem Bouquet (Honig, Zitrus, Rosen), gehaltvollem Körper, nachhaltig trocken-würzigem Ausklang, schaffte zwar nicht ganz die Harmonie des Sauvignon, war aber dafür dem Fettgeschmack besser gewachsen.

DOUGHNUTS

Amerikanisches Schmalzgebäck (→ Krapfen) in Ringform aus Hefe, Zucker, Milch, Mehl, Salz, Eigelb und Butter.

Schaumwein: Rosé-Sekt halbtrocken oder Riesling-Sekt

Der angenehm fruchtige, nur zart süße *Cook's American Champagne (Rosé) „Blush"*, San Joaquin Valley/KAL, war ein dezenter Begleiter, der die süße Seite der Krapfen betonte und selbst in den Hintergrund trat.

Weiß: Welschriesling, Riesling, Muskateller (Muscat, Moscato), Malvasier mit Restsüße

Die *Riesling Spätlese (Late Harvest Johannisberg Riesling)* (2 – 6 Jahre, 9 – 10° C) vom CHÂTEAU SAINT-JEAN, Sonoma/KAL, seit 1984 im Besitz des japanischen Giganten Suntory, erwies sich als kraftvoll-nobler Partner mit zarter Restsüße, die mit dem Schmalzgebäck zu einer lieblichen Einheit verschmolz. Ein „dream-team" in Olympiaform!

Weiß: Prädikatswein (Beerenauslese, Ausbruch, Trockenbeerenauslese, Stroh- und Eiswein) Dessertwein: Sherry Amontillado Sweet/E; Samos/Griechenland

Der exzellente *Muscat Canelli* (2 – 5 Jahre; 9 – 10° C) von ESTRELLA RIVER, San Luis Obispo/Kalifornien, entzückte durch seine exotische Note (Orangenblüten, Pfirsich, Muskat) und seine perfekte Balance zwischen Süße und Säure. In diesem speziellen Fall wollte sich aber keine richtige Harmonie zwischen Speise und Wein einstellen, trotzdem war es ein – unorthodoxes – Erlebnis

DRESDENER CHRISTSTOLLEN

Sächsischer Weihnachtsstriezel aus Mehl, Hefe, Zucker, Butter, Milch, Rum, Rosinen, Korinthen, Zitronat, Orangeat, Mandeln, Vanilleextrakt und Muskatblüte. Honigsüßer *ungarischer Tokaji Aszu „5 Puttonyos"*, dezent-süßer, rassiger *Château Climens 1er Cru*, Barsac/Sauternes/Bordeaux/F, und eine unvergleichliche rare *Trockenbeerenauslese* vom SCHLOSS JOHANNISBERG, Geisenheim-Johannisberg/Rheingau/D, setzten sich einstimmig gegen gespritete und ungespritete internationale Konkurrenz durch, und es gab tatsächlich drei ex aequo-Sieger.

DRESSING
→ SALAT, → THOUSAND ISLAND DRESSING

DUNKLES FLEISCH

→ Auerhahn, → Bär, → Birkhun, → Gemse, → Hase, → Hirsch, → Reh, → Rentier, → Rind, → Schnepfe, → Wildente, → Wildschwein

War es früher selbstverständlich, einen *Rotwein* als Partner anzubieten, so differenziert man heute vor allem aufgrund der Sauce, der Gewürze, der Art der Zubereitung, des Wildgeschmacks usw., und es ist durchaus akzeptabel, auch einmal einen vollmundig-samtig-würzigen *Weißwein* zu offerieren.

DÜSSELDORFER RIPPCHEN

Gehacktes Kalbfleisch mit Speckwürfeln, Champignons, Schalotten, Petersilie, mit Eigelb gebunden, gewürzt, zu Koteletts geformt und paniert. Hier haben die ultra-klassischen Begleiter *Silvaner, Pinot Gris* und *Gutedel/D* kaum Konkurrenz zu fürchten.

DUXELLES

Braune Deck- oder Füllsauce zum Gratinieren von Fleisch- und Geflügelgerichten sowie zum Füllen von → Pasteten, benannt nach dem Marquis d'Uxelles, dessen Küchenchef François-Pierre de la Varenne ihn auf diese Weise unsterblich machte: feingehackte Zwiebeln in Butter angeschwitzt, mit gehacktem Rauchfleisch und Champignons gedünstet und mit etwas → Madeira gelöscht; mit Tomatenmark und Kraftsauce gebunden und mit Salz, Pfeffer, Paprika und Zitronensaft aromatisiert. Prinzipiell bieten sich aufgrund der Ingredienzien *Pouilly Fumé/Loire, Pinot Blanc Spätlese trocken* sowie *Chablis AC/Burgund* – ohne Barriqueausbau – für helles Fleisch an, doch elegante *Pinots Noirs* und samtige *Pomerols* bzw. *Saint-Émilions/Bordeaux/F* sind interessante Alternativen, die vor allem mit dem Madeira glänzend eingespielt sind.

ECHOURGNAC

Französischer Trappistenkäse aus dem Trüffelgebiet Périgord. Ein Käse von halbfester Art und kräftig-würzigem Aroma, der Milchsäuregärung und Eiweißabbau vollzogen hat und sich mit einem eleganten *„Château la Lagune" 3ᵉ Cru Classé* (CS, CF, M; 6 – 9 Jahre; 16 – 17° C), Saint-Julien/Médoc/Bordeaux, hervorragend verstand und auch einem *Nuits-Saint-Georges* (PN; 4 – 8 Jahre; 17° C) von HENRI GOUGES, Nuits-Saint-Georges/Côte de Nuits/Burgund/F, durchaus etwas abzugewinnen hatte.

ECLAIR (LIEBESKNOCHEN, BLITZKUCHEN)

Gefüllte Brandteigstangen aus Wasser, Butter, Mehl, Eiern, Milch, Vanillezucker, Zucker, Zitronensaft und Rahm.
Eclair mit Chesterkäsefüllung (→ Chester) und Eclair „Rossini" (mit getrüffeltem Gänseleberpüree) versuchen Sie mit *Champagne Blanc de Blancs* (z. B. von FRANCK BONVILLE, Avize), oder delektieren Sie sich an fruchtig-süßem *Sauternes* (z. B. CHÂTEAU GUIRAUD).

Eclair mit Maraschino-Vanillecreme

Gefüllte Brandteigstangen mit Vanillecreme und Maraschino-Zuckerguß.

Weiß: Chenin Blanc/Loire/F, Graves-de-Vayres/Bordeaux/F
Schaumwein: Saumur Petillant/Loire/F

Ein *Côteaux du Layon AOC* (CHB; 6 – 9 Jahre; 8 – 9° C) von der DOMAINE BANCHERAU, Chaume/Anjou-Saumur/Loire/F (mit ausladendem Bouquet nach reifen, exotischen Früchten, samtiger Süffigkeit und langem Nachspiel), war von abgerundeter Feinheit und zarter Süße, der die Vanillecrème hervorragend unterstützte.

Weiß: Auslese/Beerenauslese/Eiswein
(Traminer, Pinot Gris, Muskat-Ottonel)/BGLD/A

Eine *Gewürztraminer Auslese* (5 – 8 Jahre, 10 – 11° C) von SEPP MOSER, Apetlon/Neusiedlersee/BGLD/A (mit kräftigem Stroh-Honiggelb, honigwürzigem Rosenduft, kraftvoll-substanzreichem Körper und perfekt ausbalancierter

Restsüße), führte uns zu gesteigerter Eß- und Sinneslust und schmiegte sich wonnig an die Brandteigstangen an.

Weiß: Sauternes/Bordeaux/F, Trockenbeerenauslese (Welschriesling, Pinot Blanc)/BGLD/A

🍷 Der *1er Cru Classé Château Rieussec* (SÉM, SB; mindestens 8 Jahre; 8 – 10° C), Bordeaux/F (mit feinem, delikatem Bouquet nach Honig, Weihrauch, Akazie, kraftvoller Eleganz und Komplexität in minutenlangem honigwürzigem, von superbem Glyzerinschmelz getragenem Nachhall), sprengte fast die Grenzen subjektiven Wohlempfindens und beendete ein grandioses Dîner als wahrhaft imposante letzte Impression.

EDAMER KÄSE (EDAMER KAAS)

Fester, holländischer Vollmilch-Schnittkäse (Kuhmilch, 40 % F.i.T.) aus dem Städtchen Edam/Nordholland, mit dünner, roter Wachshaut und mildwürzigem Geschmack, Der Milchsäuregärung und Eiweißabbau vollzogen hat und sich nicht mit jungen, gerbstoffbetonten *Rotweinen* verträgt, da er deren Tannine potenziert. *Blauer Portugieser „Ried Altenberg"*, WEINBAUSCHULE RETZ, Weinviertel/NÖ/A, und samtiger *Blaufränkisch Kabinett* von JOSEF LEBERL, Großhöflein/Neusiedlersee-Hügelland/BGLD/A, erfüllten diese Bedingungen ideal. Auch das *holländische Kult-Bier „Grolsch"* (mit frischem zartherbem Geschmack und blumigem Duft) kann jederzeit als Partner in Erwägung gezogen werden.

EIER (HÜHNEREIER)

Unter Eiern versteht man im allgemeinen die im Handel erhältlichen Hühnereier. Andere Geflügeleier wie Enten-, Gänse-, Puten-, Straußen- und Wachteleier werden immer unter ihrem Namen angeboten. Eier enthalten hochwertiges Eiweiß, Fett, Vitamine und Mineralstoffe. Sie bestehen aus der flüssigkeitsdichten, aber luftdurchlässigen Schale, dem Eiweiß (Eiklar) und dem Eigelb (Eidotter). Das berühmte, vielseitig verwendbare Volksnahrungsmittel (→ Omelett, → Rührei, → Spiegelei) ist Sinnbild der Fruchtbarkeit (Osterei) und der Ewigkeit (Weltei). Seit Urzeiten werden Eier wegen ihres natürlichen Schwefelgehaltes und, weil sie angeblich den Gaumen mit einem dünnen Film überziehen, als unglückliche Partner des Weins bezeichnet, doch gibt es eine Reihe von Kreszenzen, die diese Behauptungen Lügen strafen: → Verlorene (pochierte) Eier reizen besonders zu wagemutigen Kombinationen. Tatsächlich bieten viele Sommeliers in *Frankreich Mineralwasser* (ohne Kohlensäure) zu Eiern an, doch immer mehr setzen sich von *Italien* aus kommend sowohl *Rot- (Pinot Nero, Dolcetto, Grignolino, Tocai Rosso)* als auch *Weißweine (Pinot Grigio, Tocai Bianco, Orvieto Secco, Traminer, Frascati* und sogar *Picolit ...)* durch. Eher zu vermeiden sind Weißweine mit hohem Säureanteil.

EIERSCHWAMMERL → PFIFFERLINGE

EINETALER ZIEGENKÄSE

Traditionsreicher deutscher Ziegenkäse aus dem Unterharz, der neben dem Altenburger Ziegenkäse (Thüringen) zu den berühmtesten seiner Art zählt und ein charakteristisch pikantes Aroma aufweist.

Junger *Sauvignon Blanc* und ebensolcher frischer *Rosé* sind die aussichtsreichen Kandidaten für eine harmonische, lebhafte Ehe.

EIS (SPEISEEIS, GEFRORENES)

In vielen Varianten und Geschmacksrichtungen vorkommende, cremige (Crèmeeis, Sahneeis) bis feste Eismasse (Fruchteis), die bereits 1239 durch Marco Polo aus China nach Italien kam. (→ Eisauflauf, → Eisbombe, → Eisparfait, → Himbeereis, → Kaffe-Eis, → Schokoladeeis, → Sorbet, → Vanilleeis, → Zitroneneis)

Eisauflauf (Soufflé glacé)

Eisdessert aus Schaumeis oder Fruchtauflaufmasse.
Zu Eisauflauf „Stephanie" (Vanilleeis mit Cognac und in Maraschino getränkten Pfirsichen) sind *Muskateller-Schaumweine, Riesling-, Bouvier-* und *Pinot Blanc-Auslesen* sowie die *Schweizer Amigne*-Pretiosen (z. B. von URBAIN GERMANIER, Vétroz/Wallis/CH) Anlaß zu einem hochinteressanten Wechselbad der Aromen.

Eisauflauf „Miracle" (Soufflé glacé „Miracle")

Mandarinenauflaufmasse, zerbröselte Makronen, gewürfelte kandierte Ananas, Grand Marnier und Waldbeeren.

Schaumwein: Muskateller (Moscto, Moscatel)-Sekt

Ein *Asti Spumante Brut* (MOS; 1 – 2 Jahre; 6 – 7° C) von MICHELE CHIARLO, Calamandrana/Piemont/I, war ein herrlich duftender, aromatisch-fruchtig-trockener Sekt, der sich auf wundersame Weise mit dem Dessert vereinte und nach und nach dessen Fruchtaromen annahm; allerdings trat auch die Säure bzw. Kohlensäure noch stärker hervor.

Weiß: Jurançon/SW-F; Riesling-Sylvaner Beerenauslese/A/D
Schaumwein: siehe unten!

Der *Luxus-Champagne Rosé „Grande Année"* (PN; 10 – 12 Jahre; 7 – 8° C) von BOLLINGER/F war von erstaunlich rassig-frischer Art und wies gleichzeitig den so bekannten weinig-fleischigen Körper auf, mit einem Hauch von Weichseln im mild ausklingenden Finale. Der edle Schaumwein paßte sich relativ schnell an, setzte belebende Akzente und profitierte selbst vom Fruchtaroma des Soufflés.

Weiß: siehe unten! bzw. Late Harvest Muscat/S-AUS

Der eigentliche Gewinner des Dreikampfes war aber ein *Champagne Cup* (Zitrone, Orange, Zucker, Maraschino, → Cognac, Curacao, → Sherry, Maraschinokirschen, Trauben, Pfirsiche, Banane, Champagne und Mineralwasser), der zwar unnachgiebig dominierte, aber auf so angenehme Weise, daß es nicht bei einem Becher blieb.

EISBEIN MIT SAUERKRAUT

Berliner Spezialität: gepökelte Schweinshaxe mit Salz, Zwiebeln, Lorbeerblättern, Pfefferkörnern, Piment und Zucker in Wasser weichgekocht und mit Schweineschmalz, Wacholderbeeren und Sauerkraut serviert.
Frisches *Berliner Weißbier*, würzig-kraftvoller *Riesling/D* bzw. *Edelzwicker/Elsaß* oder *Silvaner/Franken* sind die beliebtesten und verläßlichsten Begleiter für das deftig-rustikale Gericht. *Rotwein*freunde haben die Möglichkeit, fruchtcharmante – kellerkühle – *Pinots Noirs* zu ordern.

EISBOMBE (BOMBE GLACÉE)

Halbkugelförmiges Eisgericht in schier unendlichen Variationen. (Eisbombenmasse: Eigelb, Läuterzucker, Vanille, Fruchtsaft, gestoßener Krokant, Likör, Weinbrand (→ Cognac), Kaffeepulver, zerlassene Schokolade, Schlagrahm, das sich hervorragend mit *österreichischen* oder *deutschen Auslesen, Sauternes/ Bordeaux/F* und fruchtig-milden *Schaumweinen* zusammenspannen läßt.

Eisbombe „Aiglon"

Hülle aus Erdbeereis, gefüllt mit Eisbombenmasse und Chartreuse (französischer Kräuterlikör).
Trockene Schaumweine unterstützen das Erdbeeraroma und verleihen sich selbst das Kräuterlikörflair. *Muskat-Schaumweine* passen sich sehr gut an und verfeinern die Frucht- und Kräuternote. *Dessertweine* (z. B. der *Cinque Terre Sciacchetrà* von ALBERTO E GERMANIA CAPPELINI, Manarola/Ligurien/I) bekamen über Eis und Chartreuse neue Impulse.

Eisbombe „Savoy"

Gefüllte Haselnuß-Eisbombe: Hülle aus Haselnußeis, gefüllt mit gezuckertem Schlagrahm, Makronen und Pralinen.
Aus der Fülle der verkosteten Weine ragten zwei besonders heraus: Der *Moscato Naturale d'Asti* (1 – 3 Jahre; 9 – 10° C) von den FRATELLI BERA, Neviglie/Piemont/I, mit seinem klassischen Duft nach Muskatblüten und Blumen und seiner traubigen Frische konnte das Dessert aromatisch zwar nicht finden, doch ordnete er sich derart aufopfernd und gleichzeitig belebend unter, daß jeder Schluck zu neuen Gaumenfreuden führte. Der *Vin Santo* (GRE, MAL, TRE; 5 – 10 Jahre; 9 – 10° C) von DR. GIORGIO LUNGAROTTI, Torgiano/Umbrien/I (mit attraktivem Goldschimmer, exotisch-würzigem Duft – Rauch, Feigen, Datteln –, milder Süße und kraftvollem Ausklang), schaffte auch die Annäherung auf Aromabasis und verschmolz mit dem Dessert zu einem noch schöneren Ganzen.

EISPARFAIT

In rechteckiger Form gefrorene Speiseeismasse; Eigelb mit Läuterzucker vermischt, aufgeschlagen und mit Kaffeepulver, gestoßenem Krokant, zerlassener Schokolade, zerkleinerten Konfitfrüchten, Likör, Weinbrand usw. aromatisiert und mit Schlagrahm vermischt.
Zu Eisparfait mit Ingwer weisen uns *Gewürztraminer Spätlesen* und trockene *Graves Blancs/Bordeaux/F* den schwierigen Weg; ansonsten kann man die gleichen Kreszenzen wie zu den Eisbomben einsetzen: *österreichische* oder *deutsche Auslesen, Sauternes/Bordeaux/F* und *Strohweine (Riesling-Sylvaner, PinotBlanc)*.

EL RISQUILLO

Spanischer Ziegen-Schnittkäse mit Rotflora, geschmeidigem Teig und salzig-rustikalem Aroma.
Frische, nicht zu rassige *Weißweine*, wie der *"Viña Sol"* (PAR; 1 – 2 Jahre; 8 – 9° C) von MIGUEL TORRES, Vilafranca del Penedès/Katalanien/E, oder ein *Sherry Manzanilla/Andalusien/E* (mit feinem Salzhauch), ergeben eine geschmackliche Symbiose auf höchster Ebene.

EMINCÉ

Gedünstetes Gericht: Kalb, Rind, Wild, Geflügel in dünne Tranchen geschnitten, in adäquater Sauce erhitzt und mit Gemüse garniert.

Emincé vom → Reh

Dünne Scheiben vom Rehrücken, → Sauce Madère mit Morcheln und Kartoffelkroketten.

Weiß: Fendant/CH, Pinot Gris
Rot: Pinot Noir, Blaufränkisch, Zweigelt/A/D, Beaujolais Villages/Burgund/F, Sangiovese/Toskana/I, Dôle und Humagne Rouge/CH

Der *Blaue Burgunder Kabinett „Ried Antlasberg"* (3 – 5 Jahre; 16 – 17° C) vom MALTESER RITTERORDEN, Kommende Mailberg/Weinviertel/NÖ/A (leuchtendes Rubin, eleganter Eichen-Waldbeerenduft, samtig-weicher Körper mit Finesse und subtilem Abgang), war ein überaus feinsinniger Stichwortgeber und Mittagswein, der der Madeirasauce einen geglückten Alleingang erlaubte.

Rot: Pinot Noir/Côte de Nuits/Burgund/F, reifer Saint-Emilion/Bordeaux, Cru Beaujolais Moulin à Vent/Burgund/F

Der *Vosne-Romanée „La Grande Rue" 1er Cru* (PN; 5 – 7 Jahre; 17 – 18° C) von HENRI LAMARCHE, Côte de Nuits/Burgund/F, bewährte sich einmal mehr als superber Begleiter von Wildspezialitäten und verströmte sein berauschendes Bouquet (Pflaumen, Beeren, Unterholz, Moschus) auf geradezu loderndfeurige Art.

Weiß: Château-Chalon/Jura/F, Pinot Blanc Spätlese trocken
Rot: siehe unten! bzw. Cabernet Sauvignon/AUS/KAL

Der atemberaubende *Romanée-Conti Grand Cru* (PN; 8 – 12 Jahre; 18 – 19° C) von der DOMAINE DE LA ROMANÉE CONTI, Vosne-Romanée/Côte de Nuits/Burgund/F, glänzte mit tiefem Rot, üppigem Bouquet (Pflaumen, Cassis, süßliche Früchte, Waldboden und ein Hauch von Wildbret), explodierte regelrecht am Gaumen, entfaltete eine wundermilde Extraktsüße und setzte sowohl dem Reh als auch der Sauce ständig neue Glanzlichter auf. Vor allem in der Sauce fand er einen kongenialen Partner.

EMMENTALER

Der feinste und berühmteste Schweizer Käse kommt ursprünglich aus dem Kanton Bern und wird aus roher Kuhmilch in Mühlsteinform mit großen runden Löchern hergestellt. Der Hartkäse mit einem Fettgehalt von mindestens 45 % F.i.T. schmeckt mild-nussig, mit fortgeschrittener Reife aromatisch-würzig-pikant.
Für den jugendlichen Käse sind die würzigsten *Schweizer Chasselas-Weine* sowie *Pinot Gris, Pinot Blanc, Chardonnay, Kerner, Morio-Muskat* und der *österreichische Neuburger* ausersehen. Für reifere Exemplare sind *Dôle/Wallis, Merlot del Ticino/Tessin* sowie erdig-würzige *Pinots Noirs* (z. B. von JEAN-DANIEL GIAUQUE, La Neuveville/Neuenburgersee/CH, oder PHILIPPE GEX, Yvorne/Genfersee/CH) attraktive Gegenspieler. Nicht zu vergessen *internationale Pils-Biere!*

EMPANADAS CRIOLLAS

Argentinische Spezialität: Pastetenteig mit Hackfleischmasse, gehackten Zwiebeln, Oliven, Eiern, Rosinen, Knoblauch, Paprika und Rosmarin gefüllt und als Pastetenhalbmonde in heißem Fett herausgebacken. (Empanadas de Raxo – galicische Pastete mit Schweinefleisch und Wurst – servierte man uns in *Spanien* mit charaktervoll-fruchtigem *roten Ribera del Duero*.)

Weiß: Sauvignon Blanc/Südamerika oder E; Viña Sol/E

Argentinischer Sauvignon Blanc (1 – 3 Jahre; 9° C) von den BODEGAS LUIGI BOSCA, Mendoza (mit strohgelber Farbe, cassisfruchtigem Duft, fast übertönt von seiner paprikaschotigen, rauchig-pfeffrigen Note, schlankem Körper und elegantem Endgeschmack), war der ideale Dienerwein für dieses Aromafestival.

Weiß: Rioja mit zarter Eichennote und Fino Sherry/Andalusien/E
Rot: Malbec/RA oder Rioja Reserva/E

Ein samtiger *argentinischer „Pedriel"* (CS, M, MC; 6 Jahre; 16 – 17° C) von den BODEGAS Y VINEDOS NORTON, Mendoza/RA (mit tiefdunkler Farbe, beerigem Duft, exquisiten Lakritzenuancen im trocken-würzigen Ausklang), stellte ob seiner Ausgewogenheit eine beinahe perfekte Harmonie her.

Rot: Cabernet Sauvignon/E und Südamerika

Ein *Cabernet Sauvignon* (6 – 8 Jahre; 17° C) von JEAN LEÓN, Plá del Penedès/Katalonien/E (mit schwarzem Kern, exotischem Duft – Zimt, Vanille, Cassis, kalifornischer Wucht und Dichte mit 13 %), überrannte zuerst die Empanadas und reizte die diversen Gewürze, um schließlich doch eine – etwas einseitige – Harmonie herzustellen, die vor allem *Rotwein-Freunde* zufriedenstellen wird.

ENDIVIE → CHICOREE

ENTE

Obwohl vom eigenen Vater oft verstoßen, ist die Ente ein Wesen von anmutiger Erscheinung, das seit Generationen das Auge des Betrachters erfreut. Die Feinschmecker hingegen sind entzückt, wenn das Tier im jugendlichen Alter von zwei bis vier Monaten (September bis Januar) geschlachtet wird. In gedämpfter Form darf die Ente auch etwas älter sein. Die bekanntesten Arten sind: Aylesbury-, Hamburger-, Nantaiser-, Peking- und Rouener-Ente.
Geräucherter Entenschinken ist ein Fall für mittelreife *Sauvignon Blanc Spätlesen;* zur Ente mit Majoran beglückte uns *roter kalifornischer Zinfandel* von JERRY SEPS, Storybook/Mountain Vineyards/Napa; zu Ente à l'Orange ist *Hermitage Blanc/nördliche Rhône* eine Gaumenfreude sondergleichen (auch *Gewürztraminer* und *Spätrot-Rotgipfler Spätlesen* sind superb). Ein Enten- → Confit sollten sie einmal mit einem *roten Mandarin* aus dem *Armagnac/SW-F* versuchen und den *weißen Jurançon* aus den *Pyrenäen* für das Gänse-Confit aufheben. Zur Entenleber fassen Sie in *Frankreich* unbedingt einen jugendlichen, edelsüßen (ca 6 – 8 Jahre; 8 – 9° C) *weißen Monbazillac/Bergerac* ins Auge, es lohnt sich, besonders, wenn er vom CHÂTEAU DU TREUIL DE NAILHAC kommt. In unseren Breiten sind trockene *Spätlesen* (*Traminer, Spätrot-Rotgipfler*) äußerst beliebt. Zur Ente mit Oliven raten wir kraftvollen *roten Gigondas/Rhône* an. Zur Ente „provenzalisch" (mit Tomaten, Zwiebeln, Knoblauch, Brotkrumen, Petersilie, Olivenöl) versuchen Sie einen *Rotwein* aus dem *Süden Frankreichs (Cahors, Béarn)*; zur Ente mit Ananas und grünem Pfeffer bewährte sich duftiger *Fleurie/Beaujo-*

lais/Burgund/F; zu Entenherzenspießchen sollte es *roter Chinon/Loire* sein (sensationell der *Chinon „Clos de la Dioterie"* von CHARLES JOGUET, Sazilly), und zu einer Ente mit Knoblauch, Speck und Fenchel ordern Sie *roten Rosso de Piceno* aus den *Marken/I*. Außerdem ist noch zu sagen, daß ein Entenhaxl sehr wohl mit einem klassischen, tanninreichen *Rotwein* in Einklang zu bringen ist, aber rosa gebratene Entenbrust denselben Wein verschmähen würde und nach eleganteren, samtigeren „Säften" Ausschau hält. (→ Magret) Zu Ente mit Pfirsichen „dürfen" Sie auch einen mittelreifen, edelsüßen *(weißen) Sauternes* (z. B. *Château de Malle 2ᵉ Cru Classé*, Preignac/Bordeaux/F) probieren, und zu Ente mit Feigen konnte eine *Viña Ardanza Reserva*, BODEGAS LA RIOJA ALTA, Haro/E, mit viel Vanilleflair gefallen.

Ente auf „Badische Art"

Angebratene Ente, in gehackten Zwiebeln, Wurzelwerk, magerem Speck, Thymian und Lorbeer angeröstet und in Weißwein gedünstet; Sauerkraut, Räucherspeckscheiben und Knödel; Jus mit Trüffelstreifen verfeinert.

Weiß: Pinot Blanc, Pinot Gris und Riesling Kabinett/Baden/D etc.
Rot: siehe unten!

Der *badische Spätburgunder* (2 – 3 Jahre; 15 – 17° C) *Affentaler Kabinett* von der WINZERGENOSSENSCHAFT BÜHL EG/D (fruchtig-frisch mit etwas marmeladigem Duft und unbeschwerter, leichter Art, dessen Charme bei etwas niedrigeren Temperaturen so richtig zur Geltung kommt) erwies sich als Prachtexemplar eines Mittags- und Sommerweins, der die Aromalinie genau traf. Lediglich mit dem Sauerkraut kollidierte er ein wenig.

Weiß: siehe unten! bzw. Pinot Blanc und Pinot Gris Spätlese trocken/halbtrocken

Die perfekt harmonische *badische Grauburgunder Spätlese „Bötzinger Lasenberg"* (2 – 5 Jahre; 9 – 10° C) von der WINZERGENOSSENSCHAFT BÖTZINGEN/D belohnte unser Suchen nach einem regionalen Pendant zur lokalen Spezialität: feinnervig, mit reichem Körper und eleganter Säure, fand sie für alle Ingredienzien die richtige Ansprache.

Weiß: siehe unten! bzw. Sylvaner Spätlese trocken/halbtrocken

Eine *badische Gewürztraminer Spätlese „Schliengener Sonnenstück"* (3 – 6 Jahre; 9 – 10° C) vom WEINGUT FRITZ BLANKENHORN, Schliengen/D (mit eleganter Würznote – Honig, Rosinen –, füllig-ausladendem Körper, dezentem Bodenton im halbtrockenen Ausklang), wollte sich nicht so recht mit den diversen Aromen mischen, doch wer die Ente langsam genug aß, konnte sich doch an einer gewissen Annäherung erfreuen.

Ente gefüllt

Füllung aus gewürzter Farce, gehacktem Speck, zerdrückter Entenleber, eingeweichtem Weißbrot, gehacktem Rohschinken und Champignons; Bratenjus mit *Rotwein (Burgunder)* durchgekocht, mit Eigelb gebunden und mit Salzkartoffeln garniert.

Rot: Pinot Noir; St. Laurent, Blaufränkisch und Zweigelt Kabinett/A

Ein einfacher *Pinot Noir de Bourgogne* (2 – 4 Jahre; 15 – 16° C) von JOSEPH THORIN, Pontanevaux/Côte de Beaune/Burgund/F (mit kirschroter Farbe, fein-fruchtigem Pinotduft – Himbeeren, Erdbeeren –, zart-erdiger Würze), ergab einen unkomplizierten Mittags- und Sommerwein, der sich den diversen Aromen geschickt unterordnete.

Weiß: Pinot Gris Spätlese trocken
Rot: siehe unten! bzw. Brunello di Montalcino/Toskana/I

Der hochgelobte *Richebourg Grand Cru* (PN; 6 – 8 Jahre; 18 – 19° C) von JEAN GROS, Vosne-Romanée/Côte de Nuits/Burgund/F, wurde seinem Ruhm durchaus gerecht: kräftiges Rubin, männlich-aromatische Nase (beerig, fruchtig, mit Pistazienakzenten), opulent, perfekt ausgewogen – wenngleich noch ein wenig unnahbar und geheimnisvoll wie eine verschleierte Schönheit – öffnete er sich im Verein mit der Ente und wurde zu einem kernig-saftigen Begleiter von prachtvoller Art, der alle vier Grundgeschmacksrichtungen gleichermaßen stimulierte.

Weiß: Monbazillac/Bergerac/F, Gewürztraminer Spätlese halbtrocken
Rot: Chinon und Bourgueuil/Loire/F, Cahors/SW-F

Der superbe *Chinon* (CF; 3 – 5 Jahre; 15 – 16° C) von LE LOGIS DE LA BOUCHARDERIE, Chinon/Touraine/Loire/F, hätte auch François Rabelais in euphorische Stimmung versetzt: exquisiter Veilchenduft, feine, pfeffrige Würze, gleichwohl komplex und elegant, mit beeindruckendem Finish (gekochte Früchte und Tannin); doch konnte er die Sauce nicht so elegant einbinden wie der extraktreichere, arttypische Burgunder.

Ente auf „Rouener Art"

Im Gegensatz zur Hausente wird die Ente erdrosselt, damit das Fleisch nicht ausblutet und dunkelrot bleibt. Die Entenbrust wird blutig gebraten und in lange Streifen geschnitten, mit → Cognac flambiert und mit Salz, Pfeffer und Schalotten gewürzt; die Keulen werden gegrillt, Karkasse und Leber in der Geflügelpresse ausgedrückt, mit Burgunder-Rotwein vermischt und als Jus über die Brust gegossen.
Trotz des roten Burgunders in der Sauce kann man auch einen würzig-kraftvollen *australischen Shiraz (Hermitage)* einsetzen, der den animalisch-blutigen Geschmack nahezu perfekt ausgleicht. Wird die Ente mit Cidre (Apfelwein) zubereitet, können Sie auch *weiße Spätlesen* versuchen.

ENTRECÔTE

Saftiges Zwischenrippenstück des Rindes aus der Mitte des flachen Roastbeefs bzw. vom Contrefilet geschnitten. Vor dem Braten wird die Sehne an der Oberseite eingeschnitten, damit sich das Fleisch nicht krümmt, gewürzt wird erst anschließend. Als stimmungsvolle Partner bieten sich herb-kraftvolle *Rotweine* aus den klassischen Rotweingebieten der Welt an. Im Sommer dürfen die Weine fruchtcharmanter sein.

Entrecôte „Béarnaise" (auf Béarner Art)

Gegrillte Entrecôtes mit Fleischextrakt glaciert und mit Brunnenkresse, Schloßkartoffeln und → Sauce Béarnaise garniert.
Elegante Barrique-*Rotweine* aus der *Toskana* schnitten hier schlecht ab ab, wurden säuriger und verloren an Charme und Durchschlagskraft.

Rot: siehe unten! bzw. Haut-Médoc/Bordeaux, Bouchy/Béarn oder Saint-Aubin Rouge/Burgund/F

🍷 Ein *Cru Grand Bourgeois Château Sociando-Mallet* (CS 60 %, M 30 %, CF 10 %; 5 – 8 Jahre; 16 – 17° C) aus Saint-Seurin-de-Cadourne/ Haut-Médoc/Bordeaux/F (mit dunklem Rot, kräftig-würziger Cassisnase, saftigherbem Geschmack im relativ langen Finale) hatte keinerlei Probleme, sich an das Entrecôte und die Sauce anzupassen und sorgte für eine ausgesprochene Hochstimmung.

Rot: Madiran und Irouléguy/Béarn, Listrac-Médoc/Bordeaux/F

🍷 Ein *Rotwein* aus dem Béarn, der hochgeachtete *Madiran* (TAN, CS, CF; 4 – 8 Jahre; 16 – 17° C) von der DOMAINE MOURÉOU, Maumusson-Laguian, wurde aus Rücksicht der Sauce gegenüber gewählt, war aber auch dem Entrecôte ein kraftvoller Begleiter von dunkler Farbe, Cassis-Röstnote und fleischig-würzigem Endgeschmack. Die totale Harmonie war sogleich hergestellt!

Rot: siehe unten! bzw. Cabernet Sauvignon/KAL und Chile, Syrah/Rhône/F

🍷 Der würzig-animalische *Cabernet-Shiraz* (3 – 6 Jahre; 16 – 18° C) BIN 289 von PENFOLDS, Nuriootpa/Barossa Valley/S-AUS zeigte zuerst ledrigen Geschmack mit tanninigem Rückhalt, wurde jedoch durch die Röststoffe des Bratens und die Béarnaise zusehends milder und trumpfte schließlich mit weicher Schoko- und Pflaumennote auf. Nach dem Essen wurde er wieder zum „Macho".

Entrecôte „Bordelaise"

Mit → Sauce Bordelaise und Rindermark. Elegante Barriqueweine (→ Entrecôte „Béarnaise") wie *Tignanello* und *Solaia* aus der *Toskana* oder ebensolche aus *Österreich (Blaufränkisch, Zweigelt)* kommen mit der deftigen Sauce schlecht zurecht und gehen meist unter (werden säurig-spitz).

Rot: Saint-Estèphe/siehe unten! bzw. Côtes du Roussilon Villages/Pyrénées-Orientales/S-F

🍷 Der *Cru Grand Bourgeois Exceptionnel Château Meyney* (CS 70 %, M 24 %, CF 4 %, PV 2 %; 4 – 7 Jahre; 16 – 17° C) aus Saint-Estèphe/Haut Médoc/ Bordeux/F, war von beeriger Würze, mittelkräftigem Körper und tanningestütztem Abgang, was sich in der Kombination als Vorteil erwies.

Rot: Pauillac und Saint-Julien/Haut-Médoc/Bordeaux und Saint-Joseph/nördliche Rhône/F

🍷 Ein *Château Croizet-Bages 5ᵉ Cru Classé* (CS 47 %, CF 25 %, M 25 %, MC 3 %; 4 – 8 Jahre; 16 – 17° C) aus Pauillac/Haut-Médoc/Bordeaux/F war seinem Ruf gemäß von robuster, gerbstoffbetonter Art, mit Cassis-Nase und kraftvoll-würzigem, holzbetontem Ausklang. Der Gleichklang war ähnlich wie beim Meyney, vielleicht noch eine Spur länger anhaltend.

Rot: Cabernet und Cabernet-Shiraz/AUS, Herimitage/nördliche Rhône/F, Zinfandel/KAL und Cabernet Sauvignon

🍷 Der *„Cyril Henschke" Cabernet Sauvignon* (5 – 10 Jahre; 16 – 18° C) von HENSCHKE, Keyneton/Adelaide Hills/S-AUS, wirkte zuerst teerig-streng mit intensivem Eukalyptusaroma und erdiger Eichenwürze, wurde aber von der Sauce Bordelaise und den Röststoffen des Bratens in ein zahmes, zartes Kätzchen verwandelt und begeisterte schließlich mit samtig-milden Aromen.

EPOISSES

Französischer Weichkäse, der dem → Maroilles ähnelt, mit Rotflora ausgestattet ist, einen weichen, zerfließenden Teig und ein kräftig-würziges Aroma aufweist. Idealer Partner nach einem festlichen Dîner wäre ein mittelreifer, edelsüßer *Barsac (Sauternes)* vom Schlage eines *Château Climens* (SÉM + SB; 8 — 12 Jahre; 8 – 9° C), der dem Käse in jeder Hinsicht schmeichelt, sein etwas kräftiges Aroma ideal abrundet, dabei selbst schlanker und weniger süß wirkt.

ERBSEN → GEMÜSE

ERDBEEREN

Die vitaminreichen, hocharomatischen und saftigen Scheinbeeren des über ganz Europa, Nordamerika und Westasien verbreiteten Erdbeerstrauchs sind ein köstliches Dessert, das den griechischen Feinschmeckern leider entgangen ist. Je kleiner die Beeren, desto aromatischer (Mai bis Juli) das Fruchtfleisch.
Am intensivsten munden die wildwachsenden (Juli bis September) Walderdbeeren, die sich blendend mit extraktsüßen, aromareichen und samtigen *Rotweinen* vertragen und auch neben aromatisch-fruchtigen *Weißweinen* eine gute Figur machen. Erdbeeren mit Schlagrahm und süßer *weißer Vouvray/Loire/F* ist allerdings eine hinreißende Köstlichkeit, und Erdbeer-Joghurt mit *Champagne Rosé/F* ist kaum weniger attraktiv.

Erdbeer-Rosette auf Rhabarberschaum
Rhabarber, Zitronen, Zucker, Eigelb, Obers, Zimt, Erdbeeren, Pfefferminzblätter, Puderzucker und eine Kugel Grand-Marnier-Eis.

Schaumwein: Riesling- und Riesling-Sylvaner-Sekt

Der *Riesling-Sekt* (1 – 3 Jahre; 7 – 8° C) von der SEKTKELLEREI RITTER-HOF, Bad Dürkheim/Rheinpfalz/D, ohne Dosage ausgebaut, glänzte mit rassig-nerviger Frucht, feinem Mousseux, prägnantem Pfirsich-Zitrusaroma und akzentuierte die einzelnen Ingredienzien auf köstliche Weise.

Weiß: siehe unten! bzw. Caluso Passito/Piemont/I
Schaumwein: Cava/E, Muskateller (Moscato, Moscatel)-Sekt

Der *Grüne Veltliner Eiswein* (7 – 12 Jahre; 8 – 9° C) von FRANZ HIRTZ-BERGER, Spitz/Wachau/NÖ/A, ergötzte mit eisig-jugendlicher Frische und milder Süße (Datteln, Feigen, Karamel), die im Zusammenspiel etwas intensiviert wurde. Langer, exotischer Abgang mit vielschichtigen Reflexionen.

Schaumwein: siehe unten! bzw. Caluso Passito Liquoroso/Piemont/I

Ein *Asti Spumante/Piemont/I* mit *Galliano* (italienischer Kräuterlikör mit Vanillearoma) ergab eine köstliche Mischung der vielschichtigen Aromen und animierte uns zu einigen Gläsern.

ESEL

Der klassische „Dickkopf" hat es kulinarisch nur in Südeuropa und Ungarn zu einigem Ruhm gebracht, den Mittel- und Nordeuropäern ist das Fleisch meist zu süß. Nach wie vor gilt das Füllenfleisch in Südeuropa als besondere – kalbfleischähnliche – Delikatesse, das Fleisch von älteren Tieren wird in die berühmte → Salami integriert. Halbtrockene *Weißweine* wie *Verduzzo/Venetien/I* ergänzen das Aroma ideal, und samtig-milde *Rotweine* wie *Valpolicella, Valpolicella Ripasso/Venetien/I* zählen zu den begehrtesten Begleitern des störrischen Esels; zu geschmorten Exemplaren empfehlen sich kraftvolle *Piemonteser (Spanna, Ghemme* usw.) und *Valpolicella Amarone/Venetien/I*. (→ Tapulon)

ESROM
Halbfester, dänischer Schnittkäse, der ursprünglich im Kloster Esrom hergestellt und dem Port Salut nachempfunden wurde. Als Begleiter bieten sich delikat-fruchtige *Rotweine* mit kräftigem Körper an, wie die *Edel-Beaujolais Fleurie, Brouilly* oder *Chenas/Burgund/F*.

ESSIG
Unter Mitwirkung von Essigbakterien und Sauerstoff entwickelt sich bei der Vergärung alkoholischer Getränke (Bier, Wein, Branntwein) als Nebenprodukt Essig. Vor den Griechen und Römern verwendeten bereits die bierbrauenden Babylonier (Bier)-Essig zum Würzen und Haltbarmachen ihrer Lebensmittel. Heute dominiert zwar noch der Branntweinessig, doch immer mehr setzen sich Wein-, Obst-, Malz-, Kräuter-, Veilchen-, Orangen- und Rosenessig durch. Der legendäre italienische Aceto Balsamico (Balsamico-Essig) wird aus gekochtem – nicht fermentiertem – Traubenmost gewonnen, bei niedriger Hitze zum Kochen gebracht und mit sehr alten, balsamischen Fermenten angereichert. Damit sein unvergleichvielfältig-süßliches Aroma entsteht, sind viele aufeinanderfolgende Lagerungen in kleinen Fäßchen aus Eichen-, Eschen-, Kastanien-, Kirsch-, Maulbeer-, Robinien- und Wacholderholz nötig. Er gilt als einer der unversöhnlichsten „Todfeinde" des Weins, doch bei entsprechend dosiertem Einsatz („Essig wie ein Weiser, Öl wie ein Kaiser") ist er durchaus mit samtig-milden, nicht zu säurereichen Weinen zu kombinieren. *Primeur-Weine*, der *Cru Beaujolais Fleurie*, trockene oder halbtrockene *Muskateller-Weine* (insbesondere *Muscat Grand Cru/Elsaß/F*), *Tocai Friulano/ Friaul/I* und *Chenin Blanc/Loire/F* sind allzeit aufregende Partner. Zu Himbeer-Essig versuchen Sie *Vouvray/Loire*, zu Sherry-Essig *Côteaux du Layon/Loire/F*, zu Essig-Honigdressing *Gewürztraminer Spätlese* oder *Château-Chalon/Jura/F*, und zum elitären *Balsamico* ist *Moscato-Schaumwein* eine sinnlich-lustvolle Ergänzung, während *Chasselas/CH* stets von ausgleichender Wirkung ist. Erarbeiten Sie sich selbst den Essigwein Ihres Vergnügens; die Vorschläge zeigen die Richtung auf und ersparen Ihnen Jahre des Suchens und Selektionierens!

ESTERHAZY ROSTBRATEN (ESTERHÁZY ROSTÉLJOS)
Ungarische Spezialität aus einer fingerdicken Ochsen-Zwischenrückenstück-Scheibe mit Salz, Pfeffer und Schweineschmalz angebraten, mit gerösteten Scheiben von Zwiebeln, Karotten, Petersilwurzeln gedünstet, mit Paprika, Zitronensaft, Kapern und saurem Rahm kurz durchgekocht und mit Reis garniert.

**Rot: Blaufränkisch/BGLD/A oder Sopron/H,
Beaujolais Nouveau/Burgund, Kadarka/Villány/H**

Der *Blaufränkisch* (2 – 4 Jahre; 16 – 17° C) von PAUL IBY aus Horitschon/Mittelburgenland/A leuchtete rubinrot und bezauberte mit reintönigen Brombeer-Kirscharomen von elegantem Flair. Ein geschmeidig-lebendiges Leichtgewicht, das sich mit Erfolg bemühte, den ungarischen Nachbarn zur Geltung kommen zu lassen. Ein Hauch weniger Säure wäre allerdings hier mehr gewesen.

Rot: siehe unten! bzw. Pinot Noir/Hajós/S-H etc.

Der *Blaue Zweigelt „Riede Hedwighof"* (4 – 6 Jahre; 16 – 17° C) vom SEEWINKELHOF in Apetlon/Neusiedlersee/BGLD/A, ausgebaut in Allier-Barriques, mit dunklem, tiefem Rubin, würziger Eichennase (Toskananote), kraftvollem Körper, bezwingender Frucht und finessereichem Ausklang mit Tanninreserven, behauptete sich respektabel gegenüber dem intensiven Rostbraten. Er verlor zwar ein wenig seinen südlichen Chrme und kehrte schließlich seine Tannine – aber auch angenehme Schokotöne – hervor. Alles in allem eine reizvolle Paarung!

Rot: siehe unten! bzw. Syrah/Rhône/F

Der *ungarische Cabernet Villany* (CS, CF; 3 – 5 Jahre; 16 – 17° C) von MG. SZAKSZÖVETKEZET aus Villany-Pecs knüpfte erfolgreich an die Tradition der einst prachtvoll-feurigen Rotweine Südungarns an und begeisterte uns durch Kraft, Robustheit und reintöniges Cassis-Aroma. Eine nicht ganz geglückte Kombination, da die Gewürze allzusehr aktiviert wurden, aber zweifellos ein leidenschaftliches Paar.

EXPLORATEUR

Französischer Weichkäse mit Weißschimmelbelag, 75 % F.i.T. und milchsäuerlichem Geschmack, der interessante Pendants in einigen Parade-*Weißweinen* der *Loire* – mit reifer Säure – findet: *Pouilly-Fumé (Sauvignon Blanc), Bonnezeaux* und *Montlouis sec (Chenin Blanc)*.

FALAFEL

Arabische Kichererbsenknödel: Kichererbsen gar gekocht, mit Ei, Salz, Pfeffer und Paprika püriert, zu kleinen Bällchen geformt, in Öl goldgelb gebraten und auf Salatblättern angerichtet.
Neben kühlem *Bier* sind es *südeuropäische* und *nordafrikanische Roséweine*, die die Schärfe des Gerichts in Grenzen halten.

FALSCHER HASE

Hackbraten aus Rindfleisch, Schweinefleisch, Zwiebeln, Semmelbröseln, Eiern, Salz, Pfeffer, Paprika, Senf, Petersilie und geräuchertem Speck. Ein kühles *Bier* war wieder einmal Retter der Situation und bildete das gewünschte, erfrischende Gegengewicht zur Schärfe des Gerichts. Eine milde *Silvaner Spätlese „Randersackerer Teufelkeller",* BÜRGERSPITAL ZUM HEILIGEN GEIST, Würzburg/Franken/D, und ein vollmundiger *roter Dôle* (PN, GAM; 2 – 4 Jahre; 14 – 15° C) von JEAN-LOUIS UDRY, Pont-de-la-Morge/Wallis/CH, waren unter den Weinen die (einäugigen) Sieger.

FASAN

Ein Aristokrat unter dem Federwild, der als besonderer Leckerbissen gilt, wenn er auf freier Wildbahn – nicht gezüchtet – erlegt wurde und sich von Beeren, Schnecken, Insekten, Würmern usw. ernährte. Jagdzeit ist von Mitte September bis Mitte Januar. Bereits Griechen und Römer delektierten sich am edlen Federwild, das ein wenig abhängen muß, um sein delikates Wildaroma zu erreichen, aber (glücklicherweise) fast keinen → Hautgoût entwickelt. Das weibliche Tier ist meist saftiger und sollte nicht älter als ein Jahr sein.

Glückvolle Begleiter sind samtig-runde *Weißweine (Pinot Gris, Pinot Blanc, Traminer)* oder elegante *Rotweine (Vino Nobile di Montepulciano/I; Pinot Noir* oder – seltener – feine *Bordeauxweine)*; wenn der Fasan einen subtilen Wildgeschmack aufweist, paart er sich ideal mit der *Syrah*-Rebe, und wenn er mit einer Trüffelsauce ausgestattet ist, hat er auch gegen einen großen *Pomerol (Pétrus, L'Evangile)/Bordeaux/F* nichts einzuwenden. Zu einer Fasanenterrine ist *weißer Jurançon sec/Béarn/SW-F* die richtige Wahl; zum Fasan „Karthäuserart" (= „Chartreuse": mit Kraut, Karotten, Zwiebeln, weißen Rüben, Erbsen und Speck) probieren Sie bitte einen *Meursault/Burgund* oder *Tokay (Pinot Gris) Grand Cru/Elsaß*; zu Fasan mit Weintrauben versuchen Sie *Barbaresco DOCG* (z. B. *„Bricco Asili"* von CERETTO, Alba/Piemont/I), oder *Gevrey-Chambertin 1er Cru* (z. B. *„Clos Saint-Jacques"* von DOMINIQUE LAURENT, Nuits-Saint-Georges/Burgund/F). Fasanenbrust kalt mit → Sauce Cumberland überzeugten neben feinfruchtigem *Pinot Noir* auch *Riesling*- und *Gewürztraminer Spätlesen*.

Fasan mit Calvados

Gebratener Fasan mit Butter, Speck, Salz, Pfeffer, in Sauce aus süßen Äpfeln, Calvados (Apfelschnaps), süßem Rahm und etwas Pinot Blanc.

Weiß: Pinot Blanc und Pinot Gris Kabinett

Der *Weißburgunder Kabinett* (2 – 4 Jahre; 9 – 10° C) von F. UND C. BERGDOLT, Neustadt-Duttweiler/Rheinpfalz/D (ein saftiger Pinot mit elegantem Walnußaroma, fruchtigen Obertönen – Äpfel, Orangen, Zitrus – und gut eingebundener Säure), war ein edler Junker mit dem erwarteten „Mitbringsel" an Aromen.

Weiß: Pouilly-Fuissé (Spätlese)/Burgund, Hermitage Blanc/nördliche Rhône/F; Pinot Blanc Spätlese

Ein *Pouilly-Fuissé AOC* (CH; 2 – 3 Jahre; 8 – 9° C) von VICTOR BÉRARD, Varennes-lès-Mâcon/Burgund/F, bot dem Calvados am besten Paroli, harmonierte vorzüglich mit der süßlich-scharfen Note und empfahl sich für noch höhere Aufgaben.

Rot: Syrah/nördliche Rhône, Pinot Noir/Côte de Nuits/Burgund etc.

Der Hermitage „La Chapelle" (SYR; 7 – 10 Jahre; 17 – 18° C) von PAUL JABOULET AINÉ, Tain l'Hermitage/nördliche Rhône/F, brachte gleich die Kapelle (Chapelle) für die Trauung ein und bestimmte auch sonst den Gang der Dinge. Mit tiefdunkler Farbe, feiner, komplexer Fruchtigkeit (Brombeeren, Veilchen, Weißdorn), männlich-wuchtigem Flair und einem Abgang von der Sanftheit eines Minenfeldes (kontinuierliche Explosionen) kümmerte er sich wenig um Calvados und Süßrahm; ein vielbewunderter Solist.

Fasan „Normannisch"

Junger Fasan in Butter gebraten, Bratensaft mit Kalbsjus, Apfelwein und Rahm gebunden, mit Salz und Pfeffer gewürzt und mit gebratenen Apfelspalten und Maronen garniert.

**Weiß: Chasselas/Ch, Gutedel/Elsaß/F und Baden/D, Pinot Gris;
Apfelwein (Cidre)/F**

🍷 Der weich-samtige *weiße Aigle Prieuré* (CHA; 1 – 2 Jahre; 8 – 9° C) von PIERRE-ANDRÉ BAUD, Aigle/Waadtland/CH verfügte – ebenso wie die folgenden roten *Santenay* und *Brunello* – über ein dezentes Maronenaroma, welches das Tüpfchen auf dem i im Zusammenspiel mit dem Fasan war. Ein feiner Mittagswein.

**Weiß: Pinot Gris und Pinot Blanc Spätlese trocken/halbtrocken
Rot: Pinot Noir/Burgund/F etc.**

🍷 Der *Santenay 1er Cru „Les Gravières"* (PN; 3 – 5 Jahre; 16 – 17° C) von der DOMAINE DE LA POUSSE D'OR in Volnay/Côte de Beaune/Burgund/F (mit samtigem Körper, exquisiter Frucht nach Kirschen, Himbeeren, Pflaumen und charakteristischer Würzenote nach Kaffee, Maronen, Erde), schuf eine delikate Aromabasis über Maronen und Sauce.

**Rot: siehe unten! bzw. Châteauneuf-du-Pape/südliche Rhône/F;
Vega Sicilia Valbuena 3° Año/Alt-Kastilien/E**

🍷 Der *Brunello di Montalcino DOCG* (BRU; 8 – 15 Jahre; 18 – 19° C) von der FATTORIA DEI BARBI, Toskana/I (mit leuchtendem Rubin, überwältigendem Duft nach getrockneten Früchten, fleischig-fülligem Körper, mit markanten Bitterschoko- und Maronentönen), war ein nobler Begleiter, der dem Fasan auch einen zuerst nicht bemerkten Wildgeschmack entlockte.

Fasanenpastete

Pastetenteig mit Farce aus Fasanenfleisch, Kalb- und Schweinefleisch, Speck, Zungenwürfeln und Trüffeln.

**Weiß: Arneis und Gavi/Piemont/I; Pinot Blanc und Pinot Gris Kabinett,
Sauvignon Blanc/KAL**

🍷 Ein *Gavi DOC* (COR; 2 – 3 Jahre; 8 – 9° C) von der AZ. AGR. LA CHIARA, Rovereto/Piemont/I, erwies sich einmal mehr als charmanter Begleiter mit elegant-rassiger Säure, zarter Frucht mit Zitrustönen und einer angeborenen Affinität für Trüffeln.

**Weiß: Jurançon sec/SW-F, Corton-Charlemagne/Burgund, Pinot Blanc und
Pinot Gris Spätlese trocken**

🍷 Der *Barbaresco Riserva Santo Stefano* (NEB; 7 – 10 Jahre; 17 – 18° C) vom CASTELLO DI NEIVE, Piemont/I (mit tiefem Granatrot, großer aromatischer Strenge – Medizinalton, Rauch, Tannin –, viel Muskeln und fleischig-kompaktem Nachspiel), dominierte zwar das Gericht, aber überrollte es nicht. Speck, Zunge und Trüffeln ließ der Wein jedoch gnädig gelten.

Weiß: Jurançon Moelleux/SW-F
Rot: siehe unten! bzw. Shiraz/AUS, Pomeral/Bordeaux/F

Ein *Dôle „Sang de l'Enfer"* (PN; 2 – 3 Jahre; 16° C) von ADRIAN MATHIER, Salgesch/Wallis/CH, zu deutsch „Höllenblut", war tief-dunkel, fruchtig-würzig-heftig in Duft und Aroma und im Abgang von beinahe höllischer Bitterkeit. Das Feuer war dem Wein schon ein wenig ausgegangen, und die große Harmonie mit dem doch etwas zu edlen Gericht wollte sich nicht einstellen.

FEDERWILD (WILDGEFLÜGEL)

Gegensatz zum domestizierten Hausgeflügel (→ Geflügel), lebt in freier Wildbahn, ernährt sich auf natürliche Weise von Beeren, Würmern, Schnecken usw. und weist dadurch einen individuell ausgeprägten Wildgeschmack von besonderer Feinheit auf. Leider wird in unserer Zeit auch Federwild gezüchtet, in Gehegen gehalten und oft uniform ernährt, was sich im Verschwinden und in einer Gleichschaltung des Aromas auswirkt. Zum Federwild gehören → Auerhahn, → Bekassine, → Birkhuhn, → Fasan, → Haselhuhn, → Rebhuhn, → Schnepfe, → Trappen, → Wachtel, → Wildente, → Wildgans, → Wildtaube, usw.
Sind *internationale Cabernets* liebgewonnene Freunde des → Haarwilds, so kommen zum Federwild auch *Weißweine (Pinot Blanc, Pinot Gris, Chardonnay, Neuburger, Traminer ...)* ins Spiel. Unter den *Rotweinen* dominieren *Pinot Noir, Syrah/nördliche Rhône/F, Merlot* und *Nebbiolo (Barbaresco)/Piemont/I*. Zu Ragouts bzw. zu Federwild mit → Hautgoût versuchen Sie *Châteauneuf-du-Pape/südliche Rhône, Madiran/SW-F, Barolo/Piemont, Amarone/Venetien/I, Vega Sicilia/Altkastilien/E, Shiraz* bzw. *Cabernet-Shiraz/AUS* sowie schwerblütigen *Zinfandel/KAL.*

FEIGEN

Die birnenförmigen Scheinfrüchte des in Südeuropa und Afrika beheimateten Feigenbaumes kommen getrocknet oder frisch in den Handel. Die frischen Feigen halten sich nicht allzu lange, sind aber köstlich im Geschmack, reich an Traubenzucker und Vitaminen. Je dunkler, desto reifer und saftiger, heißt hier die Maxime. Die kleinen Früchte aus Italien sind meist zarter als jene aus Spanien oder Griechenland.
Moscato d'Asti/Piemont/I, Strohweine, Eisweine, Beerenauslesen, Ausbruch, Trockenbeerenauslesen und alte *Vintage Portweine* sind die erklärten Favoriten der Frucht. Zu Feigen auf Vanillecrème ist allerdings edler *Sauternes* die Nummer 1! (→ Zimtcrème mit Feigen) Zu Feigenkuchen waren ein exotischer *Strohwein* vom WEINGUT OCHS, Weiden/Neusiedlersee/BGLD, und ein nach getrockneten Früchten duftender *ungarischer Tokaji Aszu 5 Puttonyos,* Kombinationen von sinnvoll überlegter Originalität.

FELCHE → BLAUFELCHE

FENCHEL

Ein zartes Gemüse aus dem verdickten Stengel der Fenchelpflanze mit anisähnlichem Geschmack, das von November bis Mai besonders gut mundet.
Pinot Blanc und *Bianco di Custoza/Venetien/I, Sylvaner, Sauvignon Blanc* und in manchen Fällen *Fino Sherry/Spanien* sowie *Ribolla/Friaul/I* sind die Favoriten

unter den Bewerbern, aber auch einige Außenseiter bewährten sich glänzend. Vermeiden Sie tanninreiche, junge Rotweine, sie multiplizieren die Bitterstoffe des Fenchels. Zu Fenchelrahmsuppe erfrischte uns ein jugendlicher *Grüner Veltliner* aus *Straß/Kamptal-Donauland/NÖ/A*, und Fenchel-Soufflé krönten wir mit einem superben *Fendant* von SIMON MAYE, St-Pierre-de-Clages/Wallis/CH. Fenchel auf „Griechische Art" haben wir mit würzigem *Athos* (SB; 1 – 2 Jahre; 8 – 9° C) von TSANALIS, Chalkidike/Makedonien in positiver Erinnerung, doch die Paarung mit *Ouzo* (Anisschnaps) war eine Lehrstunde der Sensorik!

Fenchel in Backteig

Fenchelknollen geviertelt, in Salzwasser gekocht, durch Backteig gezogen, in Fett herausgebacken und mit Tomatensauce garniert.

Weiß: Bianco di custoza und Soave Classico/Venetien, Chasselas/CH
Rot: siehe unten!

Ein *Côteaux d'Aix Rouge* (SYR, MOU, GR; CIN; 2 – 3 Jahre; 15 – 16° C) vom CHÂTEAU DE CALISSANE, Provence/F, präsentierte sich als einfacher Mittagswein mit unkompliziertem Charme und südfranzösischen Gewürzanklängen im süffig-runden Endgeschmack. Sowohl der Fenchelgeschmack als auch die Tomatensauce wurden aromatisch unterstützt.

Weiß: Sylvaner und Pinot Blanc; Ribolla/Friaul

Der *Sylvaner* (3 – 4 Jahre; 8 – 9° C) von BERNHARD WEBER, Molsheim/Elsaß/F (mit frisch-fruchtiger Nase, komplexem Körper, feiner Erdigkeit und feurig-fleischigem Nachspiel), ging schon als Favorit ins Rennen und kam auch als Sieger ins Ziel.

Weiß: Fino Sherry/E, Paien (Heida)/Wallis/CH
Schaumwein: aus südlichen Ländern

Der cremig-herbe *Spumante brut* (VER; 1 – 3 Jahre; 6 – 8°) von FAZI-BATTAGLIA, Titulus/Marken (mit feinem Mousseux, zartem Fruchtgeschmack nach Apfel, Fenchel, Minze), erwischte die Aromakurve des Gerichts haargenau, paßte auch zur Tomatensauce, nur die hohe Säure störte ein wenig.

FETA

Griechischer Käse, der in Kochsalzlösung eingelegt wurde (Lake-Käse) und zumeist aus Schafmilch hergestellt wird. Er ist von weicher Konsistenz, hellweiß, weist ca. 50 % F.i.T. auf und besitzt ein zart salziges Aroma. Versuchen Sie dazu einen frischen *Mantina* von CAMBAS, Kantza/Attika, oder einen der modernen *Retsinas* aus *Attika* mit weniger Harz. Höhepunkt war jedoch das Zusammenspiel mit dem salzigwürzigen *Santorini* (ASSYRTIKO; 1 – 3 Jahre; 8 – 9° C) von J. BOUTARI & SON, Thessaloniki/Griechenland.

FETTUCINE

Breite italienische Bandnudeln, die in einigen Provinzen des Landes auch → Tagliatelle genannt werden.
Zu Fettucine al Doppio Burro (mit sehr viel Butter, Rahm und Käse – eine berühmte Kreation von „Alfredo"/Rom) ist auf *Frascati DOC secco* oder *amabile* Verlaß. Fettu-

cine con Carne e Pomodoro alla „Veneta" (mit Tomatensauce, gehacktem Kalb- und Schweinefleisch, Karotten, Fenchel und Basilikum) trinkt man standesgemäß *Valpolicella DOC Classico.* Fettucine con Funghi (grüne Fettucine mit Pilzsauce) sind auf *Pinot Bianco* abonniert, und zu Fettucine mit Lachs ist *toskanischer Chardonnay* goldrichtig.

FEYJAR MECHADA

Brasilianische Spezialität: getrocknete weiße und rote Bohnen mit Salz gar gekocht, mit gebratenen Zwiebeln, Bratensaft, Mehl (Tapioka) zu einem breiigen Teig verrührt und mit Öl zu Fladen gebacken.
Spanischer, portugiesischer oder *südamerikanischer Rosé* bzw. *Sauvignon Blanc* (z. B. von FORESTIER, Brasilien) sind stets adäquate Begleiter.

FILET

Auch Lende oder Lungenbraten, ist das zarteste und wertvollste Stück vom Kalb, Rind, Schwein, Wild, Geflügel oder Fisch. Es ist ein langer, schmaler Muskel, der sich an beiden Seiten des Rückgrats befindet. Beim Geflügel sind es die ausgelösten Brüste und beim Fisch die von der Gräte gelösten Rückenstücke bzw. Seitenteile. Ganz gleich, zu welchen Kombinationen man neigt, es sollten immer elegante, hochedle Gewächse ins Auge gefaßt werden.

Filet Mignon

Das Rinderfilet teilt sich in → Filetspitzen, Filet Mignon, → Tournedos, → Filet-Beefsteak und → Châteubriand und sollte mit edlen *Cabernets* von geschmeidiger Fülle, den besten *roten Rhône-Weinen* und z. T. auch mit den hochwertigsten *roten Vini da Tavola (Toskana, Piemont)* in Einklang gebracht werden. Filet Mignon mit Trüffeln und Portwein ist für *Barbaresco DOCG Riserva/Piemont/I* und *Hermitage Rouge AOC/nördliche Rhône* sowie für edle *Pomerols (*CHÂTEAU PÉTRUS, CH. L'EVANGILE, CH. LE PIN, CH. LA CONSEILLANTE, CH. TROTANOY ...*)/Bordeaux/F* reserviert.

Filet „Wellington"

Zart-rosa gebratenes, ganzes Rinderfilet in Butter, Blätterteig, Champignons, Eidotter und Mandelstifte gehüllt. Der knusprig-braune Blätterteig soll sich beim Anschneiden nicht vom Fleisch lösen.
(Namensgeber ist der Herzog von Wellington, dem dieses Gericht anläßlich seines Sieges, 1815, über Napoleon Bonaparte bei Waterloo von seinem Leibkoch gewidmet wurde.)

Rot: siehe unten! bzw. Pinot Noir

Ein jugendlich-eleganter *Château l'Angélus* GCC (CF 50 %, M 45 %, CS 5 %; 5 – 7 Jahre; 16 – 17° C) Saint-Émilion/Bordeaux/F (tiefdunkel, herrliche Waldbeeren-, Vanille- und Schokonase, subtiler-finessenreicher Geschmack, Ausklang mit großer Substanz), umschmeichelte die Hülle, hofierte das zart-rosa Fleisch und flirtete mit Pilzen und Mandeln.

Rot: großer Pomerol siehe unten! bzw. exotischer Cabernet-Merlot

Der exotisch-massive *Château l'Evangile* (M 65 %, CF 35 %; 8 – 12 Jahre; 17 – 18° C), Top-Gewächs aus Pomerol/Bordeaux/F (mit tiefem Granat, erdig-trüffelig-metallischem Duft, kraftvoll-engmaschigem Nachhall), ging noch mehr zur Sache als der Vorgänger und war drauf und dran, das Filet zu überfahren, doch über die Teighülle entwickelte sich ein interessanter Dialog.

**Rot: großer Saint-Émilion/Bordeaux siehe unten! bzw.
Barbaresco Riserva/Piemont/I, Syrah/nördliche Rhône, Shiraz/AUS**

🍷 Der herrliche *Château Cheval Blanc* (CF 66 %, M 35 %, MC 1 %; 8 – 15 Jahre; 18° C) aus Saint-Émilion/Bordeaux/F (reiches, cassis-schokowürziges Bouquet, vollmundig-mild-öliger Körper, animalisch-kraftvoller Schmelz) zog das Filet in Sekundenschnelle in seinen Bann und dominierte so hinreißend-einfühlsam, daß es eine Freude war.

Filetspitzen „Stroganow" (Boeuf Stroganoff)

Gewürfelter Filetkopf eines jungen Ochsen, scharf und rosé angebraten. Dazu eine Sauce aus gehackten Zwiebeln, Mehl, Senf, Bouillon, Essig, Zitronensaft, saurem Rahm und Paprika.

Hier ist wieder einmal Vorsicht vor alkohol- und säurereichen Weinen geboten, da diese die Gewürze zum „Explodieren" bringen. Mild-fruchtige, leichte *Roséweine* oder exotisch-würzige *Malzbiere* können einen erfrischenden Gegenpol schaffen. Als einer der wenigen großen *Rotweine*, die wirklich eine Bereicherung des Mahls sind, sei – pars pro toto – der grandiose *Grange Hermitage* (SHI; 8 – 12 Jahre; 18 – 19° C) von PENFOLDS, Nuriootpa/Barossa Valley/Südaustralien, angeführt. Er überwältigte uns mit einer wahren Duftorgie (Cassis, Karamel, Tabak, Schokolade, Brombeeren), gewaltigem Körper und enormer Kraft im Finish (13,6 %), die die diversen Gewürze auf der Zunge tanzen ließ, sie aber infolge des hohen zuckerfreien Extrakts doch einigermaßen in Schach hielt. Auch der *Amarone (Recioto della Valpolicella)* von GIUSEPPE QUINTARELLI, Negrar/Venetien/I (Europas „Grange"), schaffte diese Hürde auf spektakuläre Weise. Jenseits des Atlantiks schwärmt man für die Kombination mit reifem *Champagne*.

Filetsteak (Filetbeefsteak)

Scheibe aus der Mitte des Rinderfilets (Lungenbratens) mit einem Gewicht von 150 bis 200 g und einem Durchmesser von ca. 2 bis 2,5 cm. Meistens wird es gegrillt oder in der Pfanne kurz angebraten. Nur rosa (englisch, medium) ist es von zartem, feinem Geschmack. Mögliche Partner: → Filet Mignon.

Filetsteak „Amerikanisch"

Gegrilltes Steak mit Salz, Pfeffer gewürzt, in Butter geschwenkte junge Maiskolben, (Anna-)Kartoffeln und Tomatensauce sind die klassischen Beilagen.

Rot: siehe unten! bzw. Valpolicella/Venetienund Chianti Classico/Toskana/I

🍷 Der fruchtig-elegante *Zinfandel* (3 – 5 Jahre, 16 ° C) von der SIMI WINERY, Healdsburg/Sonoma/KAL, verströmte ein klassisches Himbeer-Brombeerbouquet und überzeugte mit seiner aromatischen Herbe auch die extravagante Tomatensauce.

Rot: Cabernet Sauvignon/KAL etc., Minervois/Midi/F

🍷 Der *Cabernet Sauvignon* (5 – 8 Jahre; 16 – 17° C) von der kalifornischen DOMAINE MICHEL im Drycreek Valley/Sonoma zählt zu den elegantesten Weinen des Landes und bietet überdies ein ausgezeichnetes Preis-Leistungsverhältnis. Sein würziger Cassis-Charme und seine sprichwörtliche Finesse erleichterten ihm die Partnersuche beträchtlich. Schließlich wurde er zu einem kongenialen Partner gleicher Herkunft.

Rot: siehe unten! bzw. Cornas/nördliche Rhône/F, Shiraz/AUS

🍷 Der monumentale *Merlot* (4 – 8 Jahre; 17 – 18° C) von ST. FRANCIS VINEYARDS, Kenwood/Sonoma/KAL, schaffte seinen gigantischen Aufstieg in nur wenigen Jahren: Tiefdunkle Farbe, kraftvoller Körper und schmeichelnde Samtigkeit machten das Essen eigentlich zu einer – schönen – Nebensache.

Filetsteak „Massena"

In der Pfanne gebratenes Steak mit Salz und Pfeffer und mit Rindermarkscheiben und → Sauce Béarnaise gefüllten Artischockenböden; Strohkartoffeln.

FIORE SARDO

Sardische Abart des → Pecorino, manchmal auch Pecorino Sardo genannt, in Laibform von 1,5 bis 4 kg. Aus Schaf-, Lamm- oder Zickleinmilch, mit 40 % F.i.T., hellem Teig und nach ca. neun Monaten Reifezeit hart, pikant bis scharf.
Klassischer Begleiter der „sardischen Blume" ist der *rote* männlich-kraftvolle *Cannonau di Sardegna secco* mit mindestens 13,5 % Alkohol und vollmundig-würzigem Abgang (3 – 6 Jahre; 16 – 18° C) von SELLA & MOSCA, Alghero/Sardinien/I.

FISCHE

Kiemenatmende Wasserbewohner (Süß- und Salzwasser) aus der Klasse der Wirbeltiere mit über 20.000 Arten, deren meist weißes Fleisch biologisch hochwertiges Eiweiß, wertvolle Fettsäuren, Jod, lebenswichtige Mineralien und unentbehrliche Vitamine (A und D) enthält und fast durchwegs zart und leicht verdaulich ist. Nur → Aal, → Dorschleber, → Heilbutt, → Hering, → Karpfen, → Lachs, → Makrele, → Rotbarsch, → Thunfisch und → Wels sind von fetter Konsistenz. Als besonders nährstoffreich gelten Milch und Rogen der Kiemenatmer. Trotzdem muß angemerkt werden, daß Fische aus verschmutzten Flüssen und Seen (→ Aal) und küstennahen Gebieten (→ Scholle, → Flunder) stärker mit Schwermetallen und chlorierten Kohlenwasserstoffen belastet sind als Hochseefische (→ Hering, → Kabeljau, → Makrele, → Schellfisch, → Seelachs, → Seehecht, → Wittling usw.). Auch → Muscheln reichern wegen ihrer Bio-Filterfunktion Schadstoffe an.
Generell bietet man *Weißweine* in allen Variationen als Begleiter an, doch darf gesagt werden, daß fruchtige, kellerkühle, tanninarme *Rotweine* das Fischaroma unterstreichen, während es von ersteren eher gedämpft wird. Besonders geröstete und gebratene Exemplare, Fischragouts sowie Rotweinsaucen verlangen nach dunklen Kreszenzen. Tannin (Gerbstoff) der Rotweine verleiht dem Salzaroma der Fische allerdings einen Bittergeschmack, während einseitig süße und säurige Weißweine die Wasserbewohner oft stahlig-hart schmecken lassen. → Fischsuppen weisen meist einen salzig-süßen Geschmack auf und sind daher besonders gut mit hocharomatischen *Weißweinen* zu verbinden. Fette Fische vertragen sich nicht mit unreifen, säurigen Weinen, die meist einen metallischen Beigeschmack einbringen. Zu fetten Fischen mit Rahmsaucen sind auch *edelsüße Weine* möglich. Marinierte Fische sind besonders gut mit halbtrockenen *Chenin Blanc-Weißweinen (Vouvray, Quarts de Chaume, Bonnezeaux)/Loire/F* zu kombinieren. Fischterrinen lieben junge, aromatisch-milde Begleiter *(Malvasier, Verduzzo/Friaul/I, Condrieu/nördliche Rhône/F)*. Eingesalzene Fische sind mit jugendlich-fruchtigen *Rotweinen (Merlot, Pinot Noir ...)* zu paaren. Fischrogen braucht kraftvolle, oxydative *Weißweine* wie *Fino Sherry, Montilla Moriles/E* oder *Vernaccia di Oristano/Sardinien* zur aromatischen Unterstützung. Gekochte oder pochierte Fische in hellen

Saucen wünschen sich milde bis halbtrockene *Weißweine (Neuburger, Pinot Gris, Riesling-Sylvaner...)* als Partner, und geräucherte Fische verlangen nach Kreszenzen mit feiner Rauchnote*(Sauvignon Blanc* bzw. *Pouilly-Fumé/Loire, Silvaner/Franken/D* und *Elsaß/F, Riesling* und *Grüner Veltliner/Wachau...)* sowie reifen *Champagnes*. Bei fetten geräucherten Fischen ist allerdings Vorsicht vor Weinen mit allzu rassiger Säure geboten. Hier sind *Fino Sherry/E, Pinot Blanc* und *Pinot Gris, Chasselas, Riesling Spätlese trocken* oder junge, fruchtig-frische *Rotweine* vorzuziehen. Biertrinker sollten zwischen *Pils* und *Weizenbier* wählen. *Schaumweine* (Kapselgeschmack) sind abzulehnen.

Fischsuppen → Fische

Berühmte Fischsuppen aus den Mittelmeerländern sind:

→ **Bouillabaisse,** → **Brodetto,** → **Cacciucco, Cassola,**
→ **Zarzuela,** → **Zuppa di Pesce**

FISKEBOLLER

Dänisches Nationalgericht: Knödel (Klöße) mit frischem Fischfleisch gefüllt, in Weißwein gedünstet und mit Kapernsauce angerichtet.
Als passender Essensbegleiter bietet sich der *Kochwein* an bzw. ein ähnlicher, aber wertvollerer. Zu den Kapern munden jugendlich-frische Weine mit nicht zu aggressiver Säure *(Malvasier, Riesling-Sylvaner)* sehr gut: Sie akzentuieren den Kaperngeschmack, ohne ihn zu multiplizieren. In Dänemark ist das hopfig-frische *Tuborg-Bier* als Begleiter nicht wegzudenken.

FLAMICHE, LA

Nordfranzösische Porreepastete aus der Picardie: gefüllter Mürbteig mit Lauchscheiben (Porree), Salz und Pfeffer.
Die *Sauvignons* der *Loire* und die *Sylvaner* aus dem *Elsaß* sind hier beinahe konkurrenzlos.

FLAMMERI

Küchentechnisch ein mit Puddingpulver zubereitetes Dessert aus Grieß, Kartoffelmehl, Reis, → Sago oder Grütze, in Weißwein oder Wasser gekocht, mit Eigelb und Eiweiß verrührt und kalt serviert. Geschmacklich korrespondierende Weine sollten mild-fruchtig-lieblich sein und auf den begleitenden Fruchtsaft abgestimmt werden, der auch ein größeres Maß an Süße verträgt.

Flammeri aus Grieß

1/2 l Milch, 1 Prise Salz, abgeriebene halbe Zitrone, 40 dag Zucker, 50 g grober Grieß mit Fruchtsaft angerichtet.

Weiß: siehe unten! bzw. Muskateller halbtrocken

Der *Verdicchio di Matelica* (2 – 4 Jahre; 8 – 9° C) von den FRATELLI BISCI, Ceretto d'Esi/Marken/I (ein herausragendes Erzeugnis der Region), zeigte gleichzeitig Finesse, Tiefe, edle Frucht und animierte das Dessert mit seiner feinen Säure zu faszinierenden Aromaspielen.

Weiß: Ausbruch (Pinot Blanc und Pinot Gris)/BGLD/A; Verduzzo/Friaul oder Graves de Vayres Moelleux/Bordeaux/F

Ein *Weißburgunder Ausbruch* (6 – 10 Jahre; 8 – 10° C) vom WEINGUT FEILER-ARTINGER, Rust/Neusiedlersee-Hügelland/BGLD/A, wartete mit dem Botrytis-Charakter einer Trockenbeerenauslese und dem eleganten Süße-Säure-Spiel einer Beerenauslese bei nur 10,5 % Alkohol auf. So sollten edelsüße Weine sein: ohne klebrige Süße und mit unvergleichlicher Finesse. Die Harmonie war grandios.

Weiß: Recioto di Soave/Venetien/I
Dessertwein weiß: Rivesaltes/Pyrenäen/F
Dessertwein rot: siehe unten!

Der *griechische Mavrodaphne* (MAVROUD; 10 – 15 Jahre; 7 – 8° C) von ACHAIA-CLAUSS, Patras, begründete den Ruhm des aus Bayern stammenden Ahnherrn (Clauss), der damit angeblich einer heißblütigen Beerenpflückerin namens Daphne ein Denkmal setzte. Die rosinenartige Süße des an Malaga erinnernden Weins dominierte zuerst das Gericht, doch Süße und Süße heben sich ja bekanntlich gegenseitig auf.

FLEISCH

Das Muskelgewebe der Schlachttiere (→ Hammel, → Kalb, → Lamm, → Rind, → Schwein) besteht zu etwa 75 % aus Wasser, zu 21 % aus Eiweißstoffen, die übrigen vier Prozent sind Fett, Mineralstoffe und Vitamine. Wegen des hohen Eiweißanteils und seines feinen Geschmacks gehört es mit ca. 250 Gramm durchschnittlich pro Person und Tag zu den beliebtesten Nahrungsmitteln in Österreich, Schweiz und Deutschland. Der hohe Fleischkonsum hat allerdings auch zu einer Massentierhaltung geführt, deren Produkte mit Antibiotika und Hormonen belastet sind. → Rinder und → Schafe sind in der Regel davon nicht betroffen. Abraten möchten wir von → Innereien und fettem Fleisch älterer Tiere, in deren Gewebe sich besonders viele Schadstoffe ablagern.

Fleischkäse → Leberkäse

FLUNDER (GRAUBUTT, SANDBUTT, ELBUTT)

Schmackhafter Meeres-Plattfisch, der sich von der Scholle durch rauhe Stellen an den Flossenansätzen, am Kopf und an den Seiten unterscheidet und am besten von September bis Dezember bei einer Größe von 20 bis 40 cm mundet. Attraktive Begleiter für das milde, weiche Fleisch der Flunder sind an der *Loire (Chenin Blanc)* und in der *Schweiz (Chasselas*-Variationen) zu finden. Auch samtiger *Pinot Gris* und *Riesling-Sylvaner* sind in Erwägung zu ziehen.

Flunder gebraten

Eine Flunder, Saft von 1 Zitrone, Salz, weißer Pfeffer, 5 EL Mehl, 8 EL Öl, 1/2 Bund Petersilie und 1 Zitrone als Garnitur.

Weiß: Entre-deux-Mers/Bordeaux/F, Arvine, Chasselas und Bieler Seewein/CH

Ein *Arvine „Vieux Pays"* (ARV; 2 – 3 Jahre; 8 – 10° C) von PROVINS, Sion/Wallis/CH (mit blumig-fruchtiger Nase, feinem Aroma – Salzhauch,

Grapefruitton und mild-würzigem Ausklang), unterstützte das zarte Fleisch perfekt, belebte die Zitrustöne der Sauce auf angenehme Art und erhöhte so das Gericht in kulinarischer Hinsicht.

Weiß: siehe unten! bzw. Riesling Kabinett/Spätlese trocken, Mont-sur-Rolle/Waadtland/CH, Graves Blanc/Bordeaux/F

Versuchen Sie einmal einen *Vouvray demi-sec* (CHB; 4 – 9 Jahre; 7 – 8° C) vom CHÂTEAU DE VALMER, Touraine/Loire/F, und Sie werden feststellen, daß er trotz der feinen Süße einen Hauch von Jod in sich trägt, der die Haut einer frischen Flunder zu wundervollen Aromaspielen verführen kann.

Weiß: siehe unten! bzw. Pinot Gris Spätlese trocken/halbtrocken

Der ebenso seltene wie ausgezeichnete *Montlouis demi-sec* (CHB; 5 – 9 Jahre; 8 – 9° C) von MARCEL GALLIOT, Montlouis-sur-Loire/Touraine/Loire/F, brillierte mit feiner Bodennote (Kalk, Mergel), elegant-samtigem Körper und subtiler Quitten-Zitrusnote im modest-süßen Nachklang. Ähnlich wie der *Vouvray* entlockte er dem Gericht fein nuancierte Aromen und beflügelte Geist und Sinne, wiewohl die Restsüße stets eine Gratwanderung zwischen kulinarischen Höhen und Tiefen bedeutet.

FOGOSCH (FOGAS, FOGASCH)

Einer der wertvollsten europäischen Süßwasserfische vom ungarischen Plattensee – identisch mit dem → Zander.

Fogosch in Folie → Zander in Folie

FONDUE

Schweizer Nationalgericht aus geschmolzenem Käse, Weißwein, Gewürzen und Kräutern. Das berühmteste Käsefondue ist das → Fondue Neuchateloise. Die sogenannten Fleischfondues sollte man eigentlich als Friture bezeichnen, da ja hier nichts geschmolzen (frz. fondue) wird. (→ Chrysanthemen-Feuertopf, → Fonduta, → Sukiyaki)

Fondue „Bourguignonne"

Ein Gericht, das vom Gast selbst zubereitet wird und als Spielerei für Genießer gilt: 150 g Rinderfilet in 2 1/2 cm große Würfel geschnitten, Salz, Pfeffer aus der Mühle und heißes Olivenöl in einem Kupferkessel auf einem Spirituskocher. Als Saucen und Beilagen werden gereicht: → Mayonnaise, → Sauce Remoulade, → Sauce Vinaigrette, Perlzwiebeln, → Mixed Pickles, → Mango-Chutney usw.
Traditionellerweise gibt man zu dieser burgundischen Spezialität *Bourgogne Rosé*, *Beaujolais* (je nach Jahreszeit vom *Nouveau* bis zum *Cru-Brouilly*), oder kraftvollwürzigen *Santenay* vom südlichsten Zipfel der *Côte d'Or*, doch stellen die süßsauren Saucen und Beilagen ein echtes Problem dar. Schlüssel zum Erfolg sind auch hier jene *Weißweine*, die wir zu der → asiatischen Küche empfohlen haben: *Gewürztraminer, Pinot Gris; Riesling, Muscat/Elsaß, Montlouis/Loire/F, Tokaji Szamorodni/H* usw.

Fondue „Neuchateloise"

400 g → Greyerzer feingerieben, 200 g → Emmentaler feingerieben, 4 Kaffeelöffel Mehl oder Maizena, 3 dl Neuenburger Weißwein, 1 Gläschen Kirsch, Pfeffer aus der Mühle, Muskatnuß gerieben, Weißbrotwürfel.

Weiß: Chasselas/CH, Pinot Gris Kabinett
Rosé: Pinot Noir Rosé

Der modern vinifizierte *Neuenburger* (CHA; 1 – 2 Jahre; 8 – 9° C) von der DOMAINE DE MONTMOLLIN, Fils/Neuchâtel/W-CH, bezauberte durch seine außergewöhnliche Fruchtigkeit und lebendige Säure, die an diesem Sommerabend für kurze Highlights sorgen konnte. Ansonsten war der Wein natürlich auf verlorenem Posten gegenüber diesem übermächtigen, schwergewichtigen „Gegner"

Weiß: siehe unten! bzw. Pinot Blanc und Pinot Gris Spätlese trocken/halbtrocken; Savoie Blanc (Crepy, Seyssel, Appremont)/O-F

Eine elegant-samtige *Johanniter Auslese* (CHA; 3 – 6 Jahre; 10 – 11° C) von FRITZ PETER HUBACHER, Twann/Bielersee/W-CH, erfreute durch spritzig-prickelnde Art, gehaltvollen mild-süffigen Ausklang und schuf aromatisch sofort einen Gleichklang; gegen die geballte Kraft und Würze des Fondues war sie auch zeitweilig machtlos, doch hielt sie sich bravourös.

Spirituose: Kirschwasser
Weiß: Vin Jaune/Jura/F, Pinot Blanc und Gewürztraminer Auslese halbtrocken
Rot: Dôle und Pinot Noir/CH

Der *Château-Chalon* (SAV; 12 – 20 Jahre; 10 – 11° C) von JEAN BOURDY, Jura/F, ist einer der besten seiner Art und brilliert mit bernsteingelber Farbe, feinem Morchelduft und schier endlosem, nussigem Abgang. Außer an kalten Wintertagen ist er fast zu üppig, wird aber letztlich doch wieder von der gigantischen Fülle des Fondues eingeholt. Eine gewisse Seelenverwandtschaft kann man aber den beiden Kampfhähnen nicht absprechen.

FONDUTA

Italienische Fondueart aus dem Aostatal: feingeriebener reifer → Fontinakase, Eigelb, Milch, Butter, weiße Trüffeln in Scheiben, dazu geröstete Weißbrotwürfel.

Weiß: Blanc de la Salle und Blanc de Morgex/Aostatal/I

Der *Blanc de la Salle* (BLANC DE VALDIGNE; 1 – 2 Jahre; 8 – 9° C) von ALBERTO VEVEY, Morgex/Aostatal/I, leuchtete kristallklar im Glas. Dieser Wein, der auf atemberaubenden Steilhängen in über 1200 m Höhe wächst, duftete verführerisch nach Alpenkräutern, war grazil-köstlich und mit feinster Säure ausgestattet. Der Lokalmatador gab einen gediegenen Begleiter ab und konnte besonders den Trüffeln imponieren.

Weiß: Cortese/Piemont, Vin du Conseil/Aostatal/I

Der aus dem benachbarten *Piemont* stammende *Gavi DOC* (COR; 1 – 3 Jahre, 8 – 9° C) von NICOLA BERGAGLIO, Rovereto di Gavi, überzeugte noch ein wenig mehr als der Vorgänger, da er mehr Substanz entgegensetzen konnte und überdies aromatisch von vornherein als Idealpartner galt.

Weiß: siehe unten!
Rot: Dolcetto d'Alba oder Bricco dell Drago/Piemont/I

Der *Chambave Moscato Passito* (10 – 20 Jahre; 8 – 9° C) von EZIO VOYAT, Aostatal/I, aus halbgetrockneten Moscato-Trauben, leuchtete dunkelgolden im Glas, verströmte ein unvergleichliches Bouquet nach Muskat, Honigwürze, Alpenkräutern und wirkte im riesigen Finale relativ trocken. Seine Fülle und sein Aroma befähigten ihn, das üppige Gericht beinahe ideal zu begleiten, wenngleich sein Muskatton anfangs ein wenig störte.

FONTINA

Halbweicher Schnittkäse mit 45 % F.i.T. aus dem italienischen Aostatal, der aus Rohmilch hergestellt wird und ein würziges, angenehm süßliches Aroma aufweist. Der Fontina schmilzt leicht und wird daher auch zum Kochen verwendet. Angenehme Begleiter sind die lokalen *Weißwein*-Spezialitäten *Blanc de la Salle* und *Blanc de Morgex*, doch den absoluten Höhepunkt bildete die Kombination mit dem *Vin du Conseil* (PA; 2 – 4 Jahre; 8 – 9° C) von der ECOLE D'AGRICULTURE AOSTE: Er verführte Käse und Konsumenten mit sonnengelber Farbe, exquisitem Birnenduft und einem trocken-vollmundigen Abgang von engelsgleicher Reinheit. Ein beinahe himmlisches Erlebnis! Als *Rotwein*-Alternativen gelten die einheimischen *Donnaz (Nebbiolo)*, z. B. von der CAVE COOPERATIVE DONNAZ und *Pinot Nero* (superb von GROSJEAN DELFINO, Quart!).

FORELLE

Gehört zur Familie der Lachse und ist einer der zartesten und feinsten Süßwasserfische, der kühle, klare Gewässer bevorzugt. Die „tanzende" Bachforelle gilt als einer der Höhepunkte der Süßwasserfische, und es ist verwunderlich, daß dieser von den Gastrosophen hochgelobte Edelfisch den römischen Feinschmeckern entgangen ist. Sie wird das ganze Jahr angeboten (Zucht), erreicht aber in Freiheit von Mai bis Juli ihren feinsten nussigen Geschmack. Zur Forelle gebacken erfreuten wir uns an einem *Riesling* von der *Thermenregion/NÖ/A*. Zu einer simplen, gegrillten Forelle empfiehlt sich ein ebenso einfacher wie rassiger *Chardonnay* ohne Holzausbau; zur Forelle mit Mandeln sollte man nach einem milden Weißwein à la *Riesling-Sylvaner* oder *Soave/ Venetien/I* Ausschau halten, und zu einer zarten, pochierten Forelle sollte man einen ebenso elegant-subtilen *Riesling* parat haben. Forelle in Rahmsauce und *Saint-Saphorin „La Truite"* – nomen est omen! – *(Chasselas)* von CAVES MÖVENPICK, Waadtland/CH, sowie *Quarts de Chaume/Loire* sind ein jeweils edel-luxuriöses Paar; Forellennockerl halten nach noblem *Pinot Noir* Ausschau, Forelle gebraten sollte man einmal mit einem zarten *Pinot Noir* versuchen, der das Fischaroma besonders hervorhebt. Forelle in Salbeisauce ist nur mit *Frascati/Latium/I* oder *Blanc de Morgex/Aostatal* vorstellbar. Zu Forelle in würziger Sauce genossen wir einen *Merlot Rosato del Ticino/CH*.

Forelle auf „Mâconer Art"

In Mâconer-Rotwein gekocht, Fond mit Fleischextrakt und Mehlbutter gebunden; mit Salz und Pfeffer gewürzt und aufgeschlagener Butter, gedünsteten Champignons, glacierten Zwiebeln und Salzkartoffeln garniert.

Rot: siehe unten! bzw. Dôle/CH

Ein *Mâcon Supérieur Rouge* (GAM, PN; 3 – 5 Jahre; 14 – 15° C), DOMAINE DES BRUYÈRES, Pierreclos/Mâconnais/Burgund, überraschte uns mit dunkler, tiefer Farbe, herrlichem Duft (Vanille, Eiche, Beeren), samtigem Körper und kraftvoll-elegantem Ausklang. Ein Jung-Sozius mit Profil und Aufstiegschancen, der den Fleischgeschmack fein akzentuierte.

Rot: siehe unten! bzw. Fleurie/Beaujolais/Burgund; Pinot Noir

Der *Mâcon Rouge „La Roche Vineuse"* (GAM, PN; 3 – 5 Jahre; 14 – 15° C) von der DOMAINE LACHARME ET FILS, Pierreclos/Burgund/F (mit dunkler Robe, reichen Aromen nach Lakritze, Gewürzen, roten Beeren und vollmundigem, fleischigem Geschmack), konnte hier perfekt mithalten und bescherte uns ein Mittagsmahl voll ungewöhnlicher Geschmackseindrücke, wobei der Fischgeschmack besonders intensiviert wurde.

**Rot: siehe unten! bzw. Pinot Noir/Côte de Nuits/Burgund/F;
Brouilly/Beaujolais/Burgund/F**

Der *Mâcon Rouge „La Croix de Levy"* (GAM, PN; 3 – 6 Jahre; 14 – 15° C) von JEAN-PAUL GOBETTI, Mâcon/Burgund/F, betäubte uns fast mit seinen exotischen Düften (Früchte in Alkohol eingelegt), und sein reicher, opulentmuskulöser Körper dominierte denn auch deutlich die Rotweinsauce. Diesen kapitalen Burschen sollte man mit einem Wildschwein in Wacholdersauce paaren.

Forelle blau

Eine Forelle in siedendem Fischsud ca. 8 Minuten blau gekocht, mit Zitronenspalten und Petersilie garniert und mit zerlassener Butter und Kartoffeln serviert (bei frischen Forellen platzt die Haut auf).
Hier sind edle *Rieslinge* nicht zu übergehen, doch Vorsicht vor ein- bis zweijährigen Gewächsen, sie kehren die Säure allzu deutlich hervor.

Weiß: Riesling-Sylvaner, Welschriesling/A

Der exzellente *Riesling-Sylvaner Qualitätswein* (1 – 2 Jahre; 9 – 10° C) vom WEINGUT GROSS, Ratsch/Südsteiermark/A, entzückte durch Fruchtcharme, Dichte und hochfeine Textur im imposanten Endspurt.

Weiß: Riesling, Sauvignon Blanc und Riesling-Sylvaner Kabinett

Der *Rheinriesling Ried Hochrain „Federspiel"* (3 – 6 Jahre; 9 – 10° C) von FRANZ HIRTZBERGER, Spitz/Wachau/NÖ/A (mit zartgoldenem Strahl, herb-kühlen Pfirsich-Minzetönen, schönem Körper und männlich-rassiger Säure), setzte einen elektrisierend-belebenden Kontrapunkt zur mild-subtilen Forelle. Es dauerte auch nicht lange, und man vermeinte, der „launischen" Bachforelle neues Leben eingehaucht zu haben. Superb!

Weiß: Riesling und Riesling-Sylvaner Spätlese trocken; Pinot Blanc Kabinett

Der *Rheingauer Riesling Grünlack Spätlese* (4 – 8 Jahre; 10 – 11° C) vom renommierten SCHLOSS JOHANNISBERG/D, war an diesem Tag des Guten einfach zu viel: Grün-gelb, mit herrlich reifem Aprikosen-Rosenduft, kraftvoll-rassigelegantem Körper, feiner Honigwürze, delikatem Gaumen-Zungenspiel und mächtigem Finale – das überrollte den zarten Fisch doch ein wenig. Ein großer Wein, der auch im Scheitern grandios war.

Forelle geräuchert in Wacholderrauch mit Oberskren

Weiß: siehe unten! bzw. Riesling-Sylvaner und Sylvaner

Der rauchig-würzige *Grüne Veltliner „Ried Achleiten" Kabinett* (1 – 3 Jahre; 9 – 10° C) von KARL HOLZAPFEL, Joching/Wachau/NÖ/A, überzeugte einmal mehr durch seine Eleganz, seinen weinigen Körper und die nervige Säure, die hier gemeinsam mit der Rauchnote Wohlgefallen aufkommen ließ.

Weiß: siehe unten! bzw. Silvaner Kabinett/Franken/D

Der Parade-*Pouilly-Fumé „Silex"* (SB; 3 – 5 Jahre; 10 – 11° C) von DIDIER DAGUENEAU, Saint-Andelain/Loire/F, war an diesem kalten Winterabend genau richtig: Strahlendes Goldgelb, prononcierte rauchige Schotenwürze, kraftvolle Textur, samtiger Extraktschmelz und ausgewogene Balance im beeindruckenden Finish. Fast eine Nummer zu groß.

Weiß: siehe unten! bzw. **Riesling/Barossa Valley/S-AUS**

🍷 Ein *kalifornischer Sauvignon Blanc* (3 – 5 Jahre; 9 – 10° C) von den SILVERADO VINEYARDS, Napa Valley, konnte uns an diesem Tag nicht überzeugen: Zu mächtig war sein Körper und zu intensiv die Eichenaromen. Sofort nach dem Essen gewann er wieder seine Klasse zurück!

FOUGERU

Französischer Weichkäse, der dem → Coulommiers nachempfunden wurde, zumeist ein Farnkraut an der Oberfläche aufweist und sich mit den edelsten *weißen* Kreszenzen der *Loire (Pouilly-Fumé = Sauvignon Blanc, Bonnezeaux = Chenin Blanc)* oder der *Côte de Beaune/Burgund (Meursault; Corton-Charlemagne)* blendend versteht.

FOURME D'AMBERT

Französischer Blauschimmelkäse aus dem nördlichen Massif Central, der in 600 bis 1600 m Höhe seit mehr als 1000 Jahren produziert wird und einen ungemein stark ausgeprägten Edelschimmelgeschmack aufweist. Er kann im allgemeinen nur von einem ölig-süßen Wein konterkariert werden, wobei die Honig-Wachsnote des Weins Salz und Süße vereint und gleichzeitig geschmacklich erhöht. Die Süße des Weins pointiert Salz und Gewürze, die aber vom Honigton wieder etwas gebremst werden. Er verträgt sich sicherlich gut mit edlem *Sauternes/Bordeaux*, doch noch besser mit gespritetem *VDN „Muscat de Rivesaltes"/Pyrenäen* und bestens mit lieblichem *Vouvray Moelleux* (z. B. *„Goutte d'Or"*, DOMAINE DU CLOS NAUDIN, Vouvray/Loire/F). Aus heimischer Sicht sind vor allem *Hochprädikatsweine (BA, TBA* und *Eiswein)* anzuraten.

FOU-YOUNG

Chinesisches Omelett: Eier, Salz, Pfeffer, Knoblauch, → Sojasauce, → Sake, würfeliges Fleisch, Schinken, Geflügel, Pilze, Gemüse und Garnelen.

Ein *Condrieu* (VIO; 2 – 4 Jahre; 8 – 10° C) von PIERRE DUMAZET, Serrières/nördliche/Rhône/F, modern vinifiziert, mit Komplexität und einer unglaublichen Vielfalt an Aromen (Aprikosen, Birnen, Veilchen, Tabak), erwies sich eigentlich schon als zu dominant, da es zu einem Wettstreit der diversen Ingredienzien kam. Der Condrieu siegte; es war jedoch ein so attraktiver Kampf, daß wir den Wein als idealen Partner empfehlen möchten.

Der vom Sommelier empfohlene *Jurançon sec* (GMA, PMA, CB; 2 – 5 Jahre; 8 – 9° C) von der DOMAINE CAUHAPÉ in Monein/Jurançon/SW-F, war mit prächtigen Aromen ausgestattet (Honig, Ananas, Pfirsich, Zimt), wollte aber doch nicht ganz auf das Gericht eingehen. Eine fulminante One-Man-Show. Im Zweifelsfall ist auch → *Sake* immer richtig!

FRANGIPANE (FRANGIPANECRÈME)

Füllcreme für Torten und Gebäck; etwas Vanille in heißer Milch ausgezogen, Eigelb und Zucker schaumig geschlagen, mit Mehl verrührt, heiße Milch hineingerührt, mit grobgestoßenen → Makronen vermischt und auf dem Herd cremig gerührt.

Hier kommen alle üppig-süßen *Dessertweine* in Frage – süß und süß hebt sich ja gegenseitig auf – und vor allem der *Monbazillac AOC* (z. B. vom CHÂTEAU BÉLINGARD in Sigoulès/Bergerac/SW-F) konnte sich einmal besonders profilieren.

FRIKASSEE

Frz. fricassée = Sammelsurium: Ragout von weißem Fleisch (→ Kalb, → Geflügel, → Lamm, → Fisch) in weißer (Rahm-)Sauce, das sich grundsätzlich von milden bis halbtrockenen *Weißweinen (Chasselas, Zierfandler, Elbling, Riesling-Sylvaner, Neuburger, Chenin Blanc, Pinot Gris, Tocai Friulano, Garganega ...)* und ebensolchen *Schaumweinen* aromatisch untermalen und verfeinern läßt. Zum Geflügelfrikassee in weißer Sauce bot sich zartsüßer *Vouvray demi-sec* (CHB; 6 – 9 Jahre; 8 – 9° C) von JEAN-PIERRE LAISEMENT, Vouvray/Loire/F, mit herrlichen Aromen an (Apfel, Banane, Lindenblüte, Wachs), der auch über Nervosität, Lebendigkeit und Säure verfügte. (→ Hühnerfrikassee mit Champignons)

Frikassee vom Kalb

Würfelig geschnittenes Kalbfleisch, Butter, Hühner-Bouillon, Weißwein, Lorbeerblätter, Salz, weißer Pfeffer und Muskatnuß gemahlen, Zitronenschale, Zitronensaft, 1/4 l süßer Rahm und Eidotter.

Weiß: Arbois Blanc/Jura/F; Chasselas und Riesling-Sylvaner/CH; Schaumwein: siehe unten!

Der schäumende *Saint-Péray* (ROU 90 %, Mar 10 %; 2 – 3 Jahre; 6 – 7° C) von BERNARD GRIPA, Saint-Joseph/nördliche Rhône/F (mit goldgelber Farbe, mittlerem Körper, relativ trockenem Geschmack und delikatem Apricot-Zitrusflair), war genau der richtige Einstiegswein: Er labte uns sowohl als Aperitif als auch als Digestiv.

Weiß: siehe unten! bzw. großer Neuburger und Riesling-Sylvaner trocken/halbtrocken; Graves Blanc/Bordeaux/F

Ein *Mâconnais-Saint-Veran* (CH; 3 – 5 Jahre; 8 – 9° C) von LIONEL BRUCK, Nuits-Saint-Georges/Burgund/F, erwies sich als TGV (très grand vin) von gleichzeitiger Finesse und Fülle im unvergeßlich mild-samtigen Finale. Noch nie hatten wir ein Frikassee derartig goutiert.

Weiß: Sémillon, Zierfandler und Rotgipfler Spätlese halbtrocken/NÖ/A
Rosé: siehe unten!

Der *badische Rosé „Rotgold"* (RU, PN; 1 – 3 Jahre; 10 – 11° C) vom BADISCHEN WINZERKELLER, Breisach/D (mit hellem Rosa, feinwürzigem Duft, kraftvollem Körper mit 12 % Alkohol und langem, zart-herbem Nachhall), war hiezu eine Spur zu erdig-würzig, um wirklich perfekt zu harmonieren.

FRINAULT

Französischer Weichkäse aus dem Orléanais, der mit etwas Asche bestäubt wird, 50 % F.i.T. und einen kräftig-würzigen Geschmack aufweist.
Versuchen Sie einen *Rosé de L'Orléanais* (PM; 1 – 2 Jahre; 8 – 9° C) oder einen noblen *Quincy* (SB; 2 – 3 Jahre; 9° C) von MARDON FRÈRES, Quincy/Loire/F.

FRISCHKÄSE → KÄSE

FRISCHLINGE

Junge → Wildschweine im ersten Lebensjahr mit einem Gewicht von 25 bis 35 kg. Keule, Rücken und Koteletts sind von besonderem Wohlgeschmack und paaren sich auf hervorragende Weise mit großen *Merlots* aus aller Welt; ähnlich geartete Charmeure sind *Italiens Vini da Tavola*.

Frischlingskeule geschmort, mit Honig überglänzt

Firschlingskeule, Salz, schwarzer Pfeffer, Wacholderbeeren, Petersilwurzeln, junge Karotten, kleine Schalotten, Öl, Butter, Thymianzweig, Nelken, kleine Lorbeerblätter, Honig und etwas → Sherry.

Weiß: siehe unten! bzw. Graves Blanc/Bordeaux/F
Rot: Trollinger Spätlese trocken/Württemberg/D

Ein trockener *ungarischer Tokaji Szamorodni száraz* (FUR, HAR, MU; 5 – 10 Jahre; 9 – 10° C) glänzte honiggelb, duftete nach Honig, Malz und Kräutern und mundete klassisch-würzig mit Sherry-, Brot- und Kräutertönen. Schon aus der Beschreibung kann man erkennen, daß hier eine Übereinstimmung auf Aromabasis angestrebt wurde.

Weiß: siehe unten! bzw. Gewürztraminer Spätlese trocken/halbtrocken
Rot: Chambertin/Côte de Nuits/Burgund/F

Ein *Montlouis demi-sec AOC* (CHB; 6 – 8 Jahre; 7 – 8° C) von MARCEL GALLIOT, Montlouis-sur-Loire/Loire/F, erwies sich wieder einmal als sensationeller Begleiter asiatisch inspirierter Gerichte und sorgte für einen erlesenen Gaumenschmaus mit einem Stakkato an Aromen.

Weiß: Jurançon/Pyrenäen/F
Rot: siehe unten! bzw. Aleatico di Porto Ferraio/Elba und Amarone/Venetien/I
Dessertwein: Sherry Amontillado/E

Ein *Brunello di Montalcino DOCG* (BRU; 7 – 10 Jahre; 17 – 18° C) *Riserva „Poggio all'Oro"* vom CASTELLO BANFI, Montalcino/Toskana/I, bestach durch tiefes Purpur, exquisiten Veilchen-Weichseldurft, vorzüglich strukturierten Körper, feine Eleganz, Tiefe und Feuer. In dieser Konstellation war seine fulminante Geschmackskraft allerdings ein wenig zu imposant.

Frischlingsrücken in Brotteig und Kirschsauce

Gespickter und gebratener Sattel; Brotteig aus geriebenem Roggenbrot, Rotwein und Zimt; Kirschsauce.

Rot: St. Laurent, Zweigelt/A, Pinot Noir

Ein exquisit-fruchtiger *Zweigelt* (1 – 2 Jahre; 15 – 16° C) vom MALTESER RITTERORDEN, Kommende Mailberg/Weinviertel/NÖ/A, brillierte mit leuchtendem Dunkelrubin, bezauberndem Zimt-Kirsch-Weichselduft, eleganter Reintönigkeit und feinziseliertem Nachhall. Ein Bilderbuch-Partner, der nur deshalb an diese Stelle gereiht wurde, weil der *Solaia* an Kraft nicht zu erreichen war.

Rot: Vino da Tavola/Toskana/I, Morgon/Beaujolais/Burgund/F,
Chambertin/Côte de Nuits/Burgund/F

Der *Solaia* (CS 75 %, CF 25 %; 6 – 8 Jahre; 16 – 18° C) von MARCHESI I. & P. ANTINORI, Firenze/Toskana/I, ein Solitärwein mit dunklem Granat, eleganter, zimtig-würziger Kirsch-Cassis-Vanillenote, samtiger Opulenz, vornehmer Eichenholznote und langem, superbem Finale war der ideale Begleiter für die Kirschsauce.

Rot: exotischer Cabernet-Merlot

Der *australische Cabernet Sauvignon* (4 – 6 Jahre; 16 – 17° C) von TULLOCH, Hunter Valley/New South Wales, besaß jene Exotik, Beeren-Kirschsüße und kräuterwürzige Note, die ihn befähigte, über das Wechselspiel von Sauce und Speise zu einem integralen kulinarischen Erlebnis zu werden, auch wenn er ein wenig dominierte.

FRITTO MISTO

Italienisch: gemischtes Gebackenes; traditionsreiche italienische Speise aus diversen Fleischsorten, → Kalbshirn, → Gemüse, → Pilzen, → Fisch, → Meeresfrüchten etc., in Teig getaucht und schwimmend herausgebacken. Es gibt in einigen Provinzen Italiens verschiedene lokale Variationen.

Zu Fritt Misto di Mare (kleine Meeresfische, Muscheln, Krustentiere, Tintenfische) versuchen Sie trockenen *Perlwein* wie *Prosecco di Conegliano – Valdobbiadene DOC/Venetien/I* (z. B. von ADRIANO ADAMI, Colbertaldo di Vidor). Zu Fritto Misto alla „Fiorentina" (Hühnerfleisch, Kalbsbries, Kalbshirn, Mozzarella, Artischockenherzen) genießen Sie jungfräulichen *Bianco Vergine di Valdichiano* von der FATTORIA DI MANZANO, Camucia di Cortona/Toskana/I.

Fritto misto alla „Milanese"

Mailänder Spezialität: je eine Scheibe Kalbsbries und Kalbshirn, Artischockenboden, Salz, Pfeffer, Mehl, durch leicht geschlagenes Ei gezogen, je eine Scheibe Kalbsfilet, Kalbsleber und Kalbsniere in Mehl gewendet und alles in Butter goldbraun gebraten und mit Petersilie und Zitronenvierteln angerichtet. Als Beilage gebutterte und mit geriebenem Parmesan gratinierte Makkaroni.

Rot: siehe unten! bzw. fruchtcharmanter Pinot Noir

Ein *piemontesischer Freisa d'Asti secco* (FR; 2 – 4 Jahre; 14 – 15° C) von den FRATELLI BILETTA, Casorzo/I (leuchtendes Kirschrot, himbeerfruchtige Nase, belebende Frische mit feinsäuerlichem Ausklang), zeigte sich dem schwierig zu kombinierenden Gericht beinahe gewachsen.

Weiß: Riesling Italico und Riesling Renano/Lombardei/I

Der Lokalmatador, ein *Riesling Italico* (WR; 2 – 3 Jahre; 8 – 9° C) von der AZ. AGR. BRUNO VERDI, Canneto Pavese/Lombardei/I, demonstrierte seinen Heimvorteil durch subtile Aromen (Pfirsich, Stachelbeeren, Zitrus) sowie seine lebendig-quirlige Art und erfreute Leib und Seele gleichermaßen.

Weiß: Riesling-Sylvaner und Franciacorta Bianco/Lombardei/I

Der *lombardische Müller-Thurgau* (2 – 4 Jahre; 8 – 9° C) von der AZ. AGR. MONTELIO DI ANNA MARIA MAZZA, Codevilla/I, ein weiterer „Eingeborener", zeigte feinduftige Nase (Obstkorbtöne), elegant mild-weichen Geschmack, fülligen Nachhall und entwickelte sich zusammen mit dem Gericht zu einer wahren Gaumenattraktion.

FRUCHTSALAT → OBSTSALAT

FRÜHLINGSROLLE

Chinesische Spezialität, die als Verwandte der französischen → Crêpes gilt. Teig aus Wasser, Mehl und Salz, gefüllt mit gedünsteten Schalottenwürfeln, Schweinehackfleisch, Lauch und Sojabohnenkeimlingen, dazu Sojasauce, aromatisiert mit Zucker, Salz, Pfeffer und etwas Sake. → *Sake, Fino* → *Sherry/E* und *Grave Blanc/Bordeaux/F* und samtiger *Pinot Gris* sind die erklärten Lieblinge der Rolle.

GALANTINEN (ROLLPASTETEN)

Ursprünglich pikant gewürzte Pasteten in entbeintes Geflügel eingerollt. Heute werden sie überwiegend in einer Form gegart, nach dem Erkalten gestürzt, mit weißer oder brauner Decksauce überzogen und mit Pistazien oder Kirschen usw. garniert.
Samtig-milde *Weißweine* mit der nötigen Extraktdichte können jederzeit bestehen.

Galantine vom Geflügel

Würfelig geschnittenes Hühnerfleisch mit einer Farce aus Schweinefleisch, Gänseleber, Räucherzunge, Trüffeln, Pistazien und feinen Kräutern vermischt, in eine Form gefüllt, mit Kalbsfond gegart und nach dem Erkalten mit weißer → Chaudfroidsauce überzogen.

Weiß: Gavi und Arneis/Piemont/I, Tocai und Pinot Grigio/Friaul/I

Der *Gavi DOC* (COR; 1 – 3 Jahre; 8 – 9° C) vom CASTELLO DI TASSAROLO, Piemont, zeigte die erwartete Klasse (weich-nussiges Aroma, frischfruchtige Säure im überdurchschnittlichen Endspiel) und jene Affinität zu Trüffeln, Pistazien und Kräutern, derentwegen er ausgesucht wurde.

Weiß: großer Chardonnay, Pinot Blanc und Pinot Gris; Tokaji trocken/H, Sauvignon Blanc/KAL

Der großartige *Corton-Charlemagne Grand Cru* (CH; 4 – 7 Jahre; 10 – 11° C) von ANDRÉ NUDANT, Ladoix-Serrigny/Côte de Beaune/Burgund/F (hellgelb-grünliche Lichter, florales Mandel-Toastaroma, rund-samtiger Körper mit kraftvoll-finessenreichem Finale), tat so, als ob die Vielzahl der schwierigen Ingredienzien für ihn eine Herausforderung wäre, seine Anpassungsfähigkeit (Gänseleber, Trüffeln) nachdrücklich unter Beweis zu stellen.

Weiß: Barsac/Sauternes/Bordeaux/F und Quarts de Chaume/Loire/F
Schaumwein: siehe unten!

Der reife, weinig-milde *Edel-Champagne Bollinger R.D.* (PN, CH, PM; 15 – 20 Jahre; 6 – 8° C) aus Aÿ/F beeindruckte einmal mehr als Speisenbegleiter und hatte keinerlei Probleme, sich gegenüber Gänseleber und Trüffeln durchzusetzen. Eine etwa gleichwertige Alternative zum *Corton-Charlemagne*, doch belastete der *Champagne* den Verdauungsapparat weniger.

GALIL

Israelischer Blauschimmelkäse mit 42 % F.i.T. aus Schafmilch von pikant-salzigem Aroma.
Wählen Sie dazu einen formidablen *„Yarden" Muscat* von GOLAN HEIGHTS WINERY, Quatzrin/Israel, oder versuchen Sie es mit dunklem *Malzbier*, Sie werden es nicht bereuen.

GAMALOST

Beliebter, norwegischer Sauermilchkäse mit braunem, körnigem Teig und pikantwürzigem Geschmack.
Mit Wein schwierig zu kombinieren; versuchen Sie dennoch halbtrockenen *Riesling* bzw. *Riesling-Sylvaner* oder würzig-süßen *Bual Madeira/P*.

GAMBAS → HUMMERKRABBEN

GAMS → GEMSE

GANS

Gehört als Hausgans auch heute noch zum begehrtesten Geflügel und war im Altertum den Ägyptern (Isis), den Griechen (Persephone) und den Römern (Juno) heilig. Die zwartfleischige Brust schmeckt bei sechs bis zehn Monate alten Tieren am besten im Herbst (Martinigans).

Das kalorienreiche und etwas schwer verdauliche Fleisch braucht einen kräftigen *Rotwein* von der Art eines *Barolo/Piemont/I, Hermitage/nördliche Rhône* oder *Cahors/SW-F* als Partner, da sich Fette und Gerbstoffe gegenseitig aufheben bzw. neutralisieren. Wenn mit Weißwein gekocht wird, sollte man den Kochwein bzw. eine ähnliche bzw. höherwertige Kreszenz wählen. Zur jugendlich-zarten Brust mundet auch ein fruchtig-frischer *weißer Primeur (Jungwein)* sehr gut. Zu Gänsekeulen mit Grieben ist *portugiesischer Dão Tinto* (z. B. von CAVES ALIANÇA, Anadia) umwerfend; zu Gans mit Maronen mundet *Brunello di Montalcino DOCG/Toskana/I* ausgezeichnet; zu Gans mit Sauerkraut wird *elsässischer Pinot Gris Grand Cru* zur bleibenden Erinnerung, und bei Gänsebraten mit Weichseln sollten Sie an einem großen *Pinot Noir* oder *Merlot* nicht vorbeigehen. (Versuchen Sie einmal den grandiosen kirschfruchtigen *neuseeländischen Martinborough Vineyards Pinot Noir* – es lohnt sich!)

Gans auf Lyoner Art

Gut angebratene Gans mit kleinen Zwiebeln in Lyonnaiser Weißwein und Kraftsauce weich geschmort, dazu mitgedünstete Maronen, Champignons und Chipolatas (kleine Bratwürste).

Weiß: siehe unten! bzw. Pinot Blanc oder Chardonnay „Jungwein"

Der in der Nähe des *Beaujolais* gewachsene *Côteaux du Lyonnais Blanc* (ATÉ, CH; 2 – 3 Jahre; 9 – 10° C) von ETIENNE DESCOTES ET FILS, Vernaison/Burgund/F, wurde auch zum Kochen verwendet und gilt als „genius loci" unter den nicht gerade berühmten weißen Kreszenzen des Gebiets: Leuchtende Farbe, frische Aromen, elegante Leichtigkeit, gepaart mit solidem Extrakt, machten ihn zu einem angenehm-unkomplizierten Begleiter (Mittags- und Sommerwein) des deftig-würzigen Gerichts.

Weiß: Pinot Blanc und Pinot Gris Spätlese trocken
Rot: kraftvoller Pinot Noir

Der *Santenay 1er Cru „Grand Clos Rousseau"* (PN; 3 – 6 Jahre; 16 – 17° C) von CLAUDE NOUVEAU, Nolay/Burgund/F (mit dunklem Purpur, Fruchtkorbnase nach Cassis, Maulbeeren und Anklängen an Farn, Kräuter und einem Hauch von geräucherten Maronen im geschmeidig-vollmundigen letzten Akt), ließ uns vergessen, daß wir eigentlich auf einen Weißwein (Sauce) als Gesellschafter gesetzt hatten.

Weiß: siehe unten! bzw. Chardonnay Spätlese trocken

Der *Châteauneuf-du-Pape Blanc AOC* (BLC, CL, GRB; 3 – 5 Jahre; 10 – 11° C) vom CHÂTEAU LA NERTHE, Châteauneuf-du-Pape/südliche Rhône/F (mit tiefer Robe, reicher Nase nach Toastbrot, Zitrus ... und saftig-warmem Körper), bestach durch seinen unglaublich langen Ausklang, der sogar Gans und Sauce in den Schatten stellte.

Gans gefüllt auf „Mecklenburger Art"

Mit in Butter gedünsteten Äpfeln, Rosinen und Korinthen gefüllte Gans weich gedünstet; dazu in Gänseschmalz gedünstetes Rotkraut und Maronen.

Weiß: Pinot Blanc und Pinot Gris Kabinett
Rot: Blaufränkisch Kabinett/Spätlese trocken

Die *Lemberger Spätlese* (3 – 5 Jahre; 16 – 17° C) *„Hohenbeilsteiner Schloßwengert",* SCHLOSSWEINGUT HOHENBEILSTEIN, Württemberg/D (tiefdunkel, beerig-süßlicher Duft, füllig-geschmeidiger Körper mit feiner Extraktsüße und prägnantem Nachhall), war an diesem Tag mehr als passend und kokettierte vor allem mit den mild-süßlichen Komponenten des Mahls.

Weiß: Pinot Blanc und Pinot Gris Spätlese trocken
Rot: Pinot Noir Spätlese trocken/D etc.

Eine *Ruländer „Ebringer Sommerberg" Spätlese* (PG; 3 – 4 Jahre; 9 – 10° C) von der WG EBRINGEN, Baden/D (strohgelb, bezaubernd frische Wiesendüfte, kompakter Körper mit viel Kraft und Extrakt im reintönig-karameligen Abgang), setzte der fetten Gans die gewünschte Geschmacksdichte und den notwendigen Säurerückhalt entgegen.

Rot: Cabernet Franc; Cru Beaujolais/Burgund/F

Der *Anjou Cabernet* (CF; 3 – 5 Jahre; 16° C) von der DOMAINE DE LA PIERRE, Saint-Maurille/Loire/F (rubin-violett, verführerischer Duft nach Kirschen und Weichseln, vollstrukturierter Geschmack und vollendete Harmonie), kam mit Füllung, Rotkraut und Maronen gleichermaßen zurecht und konnte auch der Gans Paroli bieten. Eine Alternative zum *Ruländer.*

Gansbiegel mit Ritscher

Gansbiegel (Schenkel) flambiert, gesalzen, im Rohr gedünstet, papriziert – Rollgerste und Erbsen beigefügt – mit Bouillon aufgegossen und mit angerösteten Zwiebeln versehen.

Rot: siehe unten! bzw. junger Cru Bourgeois/Médoc/Bordeaux/F

Die *rote „Jungwein Premiere"* (BLP; 1 – 3 Monate; 14° C) vom JOHANNESHOF DER FAMILIE REINISCH, Tattendorf/Thermenregion/NÖ/A, begeisterte durch stimulierenden Beerenduft, ebensolchen Geschmack und unerwartete Dichte im Abgang. Ein Jungwein, der sich mit fast jedem *Beaujolais Nouveau* messen kann und der an diesem Mittag ein fulminanter Jung-Sozius war.

Rot: siehe unten! bzw. Pinot Noir

Ein *Corbières AOC Château Saint Auriol* (CAR, SYR, MV; 3 – 6 Jahre; 16 – 17° C), Lagrasse/Languedoc/S-F, erwies sich als echte „Trouvaille" und TGV (très grand vin) mit tiefer Farbe, herb-frischer Beerennase, fleischigem Körper und langem Finale mit zartbitterer Röstnote, die er allerdings im Stellungskrieg mit dem Gansl einbüßte. Seinerseits verlieh er dem Paprika ein wenig Feuer.

Rot: Nebbiolo/Piemont/I; Syrah/Rhône/F; Shiraz/AUS

Der *Barbaresco „Pora" DOSG* (NEB; 5 – 7 Jahre; 17 – 18° C) von der AZ. AGR. MUSSO, Barbaresco/Piemont/I, ein wahrer Riese an Kraft und Potential, mit einnehmenden Pflaumen-Lakritzen-Tönen im etwas bäuerlichen Schlußbild, war zwar etwas überlegen, doch in puncto Duktus und Textur mit der deftig-rustikalen Gans auf einer Ebene.

Gänsebrust geräuchert

Entbeinte Brust mit Salz und Salpeter gepökelt und zwei bis drei Tage geräuchert, dann mit Madeiragelee garniert.

Weiß: siehe unten!
Rot: Meraner Hügel/Südtirol/I

Der klassisch-*fränkische Silvaner Kabinett* (1 – 3 Jahre; 8 – 9° C) *„Marktheidenfelder Kreuzberg"* vom STAATLICHEN HOFKELLER, Würzburg/D (hellgelb, zart-hefiger Duft, erdig-würziger Geschmack), hatte die ideale Rauchnote und auch die nötige Säure, um als Sommerwein gut abzuschneiden. Das Madeiragelee sollte man aber nicht unbedingt mit dem Wein genießen.

Weiß: Sylvaner und Riesling Spätlese trocken/D bzw. Elsaß/F bzw. Wachau und Kamptal-Donauland/NÖ/A
Rot: siehe unten! bzw. Pinot Noir (Nuits-Saint-Georges)/Burgund/F

Der tiefdunkle *Cahors* (MC 70 %, M, TAN; 4 – 8 Jahre; 16 – 17° C) *„Clos la Coutalle"*, Pum-L'Evêque/SW-F (komplexe Nase mit Leder-, Unterholz- und Rösttönen und samtig-süffigem Endspiel mit weicher Fruchtnote), war da aus anderem Holz geschnitzt und wurde sowohl mit der Gans als auch mit dem begleitenden Madeiragelee fertig.

Weiß: Riesling Spätlese/Auslese halbtrocken/Nahe/D bzw. Wachau/A
Rot: siehe unten
Dessertwein: Bual Madeira/P

Der mächtige *Vega Sicilia „Unico"* (CS, M, MC, TF, ALB; 15 – 20 Jahre; 17 – 19° C) (tiefes Rot mit Orangerand, exotisches Bouquet mit Minze- und Maulbeertönen, fleischiger Körper – superber Mittelteil – und gigantisches Finale mit typischer Röstnote), war fast zu mächtig für das Gericht, doch Rauchtöne und Fett bekamen die Tannine bald in den Griff. Eine „Elefantenhochzeit"!

Gänseklein (Gansljunges)

Kopf, Hals, Magen, Herz, Flügel sowie die abgezogenen Füße mit Wurzelwerk in Wasser weichgekocht, mit Mehlschwitze verkocht, mit Eigelb und Rahm gebunden und mit Salz, Muskatnuß und Zitronensaft aromatisiert; Beilage Salzkartoffeln. In *Frankreich* sind die *roten Burgunder (Santenay 1er Cru* und *Clos de Tart Grand Cru)* bevorzugte Begleiter. In unseren Landen hält man sich zumeist an kraftvolle, trockene *weiße Spätlesen (Pinot Gris, Pinot blanc, Neuburger, Rotgipfler)*.

Gänseleber

Bereits im Altertum wurden die Gänse wegen ihrer Leber gehalten und etwa vom achten bis zum zehnten Lebensmonat gemästet. Plinius bezeichnete die Leber als Quintessenz der Gans! Das Stopfen der Gänse wird jedoch in vielen Ländern als Tierquälerei bezeichnet und ist daher verboten. Die besten Lebern kommen derzeit aus dem Elsaß (rosig und fest), Toulouse (zart und delikat) und Ungarn (hell und kräftig-rustikal). Zur warmen Gänseleber mit Himbeeressig sollten Sie einmal einen mittelbreiten *Tokay-Pinot Gris d'Alsace Selection de Grains Nobles* (10 – 12 Jahre; 8 – 9° C) von AIMÉ STENZ ET FILS, Colmar, versuchen – ein unvergeßliches Erlebnis. Zu einer rohen, marinierten, auf Salat angerichteten Gänseleber sollten Sie keine restsüßen Weine wählen, sondern trockene, extraktsüße *weiße Graves Cru Classé* (z. B. CHÂTEAU DE FIEUZAL, Leognan/Bordeaux, und ebensolche *Elsässer (Pinot Gris, Sylvaner, Riesling)* bevorzugen. Zu Gänseleber en Papillotes reichte man uns in

Paris köstlich-elitären *roten Château Lafite-Rothschild 1er CC*, Pauillac/Bordeaux, und zu Gänsestopfleber glaciert mit Pinien auf Kräutertaschen delektierten wir uns an einer halbtrockenen *Riesling Auslese*, WEINGUT REICHSGRAF VON PLETTENBERG, Bad Kreuznach/Nahe/D.

Gänseleber auf „Jägerart"

Frische Gänseleber in dicke Scheiben geschnitten, gemehlt, in Butter gebraten, Salz und Pfeffer, auf Wildpüree angerichtet und mit Wildsauce übergossen.

Die Versuche mit *süßen* oder *edelsüßen Weinen* waren nicht sehr erfolgreich; probieren Sie einmal einen mittelkräftigen *Rotwein* mit feiner Frucht und nicht zu harschen Tanninen, wie *Blaufränkisch, Pinot Noir, San Giovese*.

Weiß: Pinot Gris und Traminer Kabinett; Saint-Saphorin/Waadt/CH
Rot: Blaufränkisch/Burgenland/A, Beaujolais Nouveau/Burgund/F,
junger Chianti Classico/Toskana/I

Ein *Pinot Gris „Jechtinger Vulkanfelsen" Kabinett* (1 – 3 Jahre; 9 – 10° C) von der WG JECHTINGEN, Baden/D, beeindruckte mit zart-blumiger Nase, kräftiger, aber reifer Säure, bei respektablem Extrakt und bereits erstaunlicher Harmonie. Ein Wein, der den diversen Aromen nie im Wege stand.

Weiß: siehe unten! bzw. Tokay (Pinot Gris) Grand Cru/Elsaß/F
Rot: kraftvoller Pinot Noir; junger Pomerol/Bordeaux/F

Ein *ungarischer Tokaji Szamorodni száraz* (FUR, HAR; 7 – 10 Jahre; 10 – 11° C) entzückte durch dunkles Goldgelb, honigwürzige Nase und sherryartig-bittere Note mit malzig-brotigen Elementen im kraftvoll-würzigen letzten Akt. Er erwies sich als einer jener kernigen Weine, die mit Wildpüree, Wildsauce und Gänseleber gleichwohl zurechtkommen. Eine feine Paarung mit superbem Preis-Leistungs-Verhältnis.

Weiß: Côteaux du Layon/Loire/F; Pinot Blanc Spätlese halbtrocken;
Jurançon/SW-F
Rot: Brunello di Montalcino/Toskana/I, Zinfandel/KAL

Der *Côteaux du Layon „Le Logis du Prieuré"* (CHB; 5 – 9 Jahre; 7 – 9° C) aus der geschickten Winzerhand von LOUIS JOUSSET wies Körperreichtum, Transparenz, milde Süße bei gleichzeitig potenter Säure auf und war sicherlich dem Gänseleberparfait sehr zugeneigt, doch mit dem Wildpüree und der Wildsauce wollte er sich nicht und nicht anfreunden.

Gänseleberparfait

Gänseleber mit Schweinefleischfarce und Gelee vermischt, gut getrüffelt, in Formen gefüllt, nach dem Erstarren gestürzt und mit Madeiragelee überzogen.

Um die Jahrhundertwende hatten es die Sommeliers noch leicht mit der Wahl des Weins zu den diversen Gänseleberkreationen, denn damals wurde Gänseleber meist am Ende eines Mahls serviert, und der beste und üppigste Dessertwein konnte ohne Bedenken dazu gereicht werden. Die Chefs unserer Zeit versuchen heute das Dilemma mit einer Gemüsebouillon zu lösen, die man nach den Gänselebern serviert, um Gaumen und Papillen zu erfrischen und für den nächstfolgenden, leichteren Wein zugänglich zu machen. (→ Terrine d'Oie)

Weiß: siehe unten! bzw. Traminer und Gewürztraminer Kabinett/Spätlese trocken
Rot: Pécharmant/Bergerac/F

Ein fast exotischer *Grauburgunder* (2 – 4 Jahre; 10 – 11° C) von MANFRED TEMENT, Berghausen/Südsteiermark/A (mit intensivem Hellgelb; reichem

Aroma nach Orangenschalen, Karamel, Mocca und substanzreich-dichtem Finish, unterstützt von gut eingebundener Säure), stellte beinahe eine perfekte Aromabasis her, doch eine Spur weniger Säure wäre hier mehr gewesen.

Weiß: siehe unten! bzw. Corton-Charlemagne/Burgund/F
Schaumwein: reifer Champagne mit Jahrgang/F

Der *Grand Cru Bâtard-Montrachet* (CH; 8 – 10 Jahre; 9 – 10° C) von JOSEPH DROUHIN, Beaune/Côte de Beaune/Burgund/F, war ein würdevoller, mächtiger Partner, der das Parfait nicht unterdrückte, sondern unterstützte, indem er ihm unzählige Aromen entlockte. Doch insgesamt wurde das Ganze doch etwas üppig, und wir standen ja erst am Beginn des Dîners.

Weiß: siehe unten! bzw. Pinot Gris und Gewürztraminer Beerenauslese
Dessertwein: Banyuls „Rimage"/Pyrenäen/F

Der *Sainte-Croix-du-Mont „Reserve du Château"* (SÉM, SB; 5 – 9 Jahre; 7 – 8° C) vom CHÂTEAU LA RAME, Sainte-Croix-duMont/Bordeaux/F, funkelte goldgelb, duftete komplex mit Anklängen von Holz, Vanille, Karamel und Toast, war feingliedrig strukturiert und von elegant-nerviger Säure im süßen Finale durchzogen. Zum ersten Mal funktionierte die Kombination – meist ist der Wein zu süß! Ähnlich gut sind CHÂTEAUX LOUBENS, CHÂTEAUX DE TASTES und CHÂTEAUX LAMARQUE.

Gänseleberpastete

Die „Königin der Pasteten" wurde 1762 vom normannischen Küchenchef Jérôme Close kreiert und schließlich weltweit als „getrüffelte Straßburger Gänseleberpastete" vermarktet: frische Gänseleber, Trüffel, Schweinebrust, gehackte Petersilie, Räucherspeck in Scheiben, Zwiebeln, Eier und Semmelbrösel.
Marinade: Madeira, Weinbrand (Cognac), Salz, weißer Pfeffer, zerriebener Thymian und Lorbeerblatt

Weiß: siehe unten! bzw. Chenin Blanc/Loire/F, Pinot Gris Kabinett/Spätlese trocken

Der verführerische *Condrieu AOC* (VIO; 3 – 5 Jahre; 9 – 10° C) von YVES CUILLERON, Pelussin/nördliche Rhône/F (mit exquisitem Honig-Wachs-Blumenduft und füllig-weichem Körper), konnte sich zwar nicht als Pastetenwein prädestinieren, war aber immerhin von der weichen Struktur her ebenbürtig.

Weiß: Pinot Gris und Gewürztraminer Spätlese trocken; junger Barsac/ Sauternes/Bordeaux/F

Ein *Pinot Gris Vendange Tardive* (4 – 8 Jahre; 8 – 9° C) *„Clos Saint Urbain"* von der DOMAINE ZIND-HUMBRECHT, Wintzenheim/Elsaß/F, war ein unprätentiöser, nichtsdestoweniger gleichberechtigter Partner, der die Vorzüge der Pastete zur Geltung kommen und auch dem nächsten Wein noch eine Chance ließ.

Weiß: siehe unten! bzw. Château-Chalon/Jura/F,
Rotgipfler Beerenauslese/Thermenregion/NÖ/A
Dessertwein rot: Banyuls und Maury VDN/Roussillon/F
Schaumwein: mild-süßer Champagne oder Vouvray Mousseux/Loire/F

Der füllige *Loupiac AOC* (SÉM, SB; 5 – 10 Jahre; 8 – 9° C) vom CHÂTEAU PAYROT-MARGES, Cadillac/Bordeaux/F, trumpfte mit reichen Aromen (Vanille, Honig, Kompottfrüchte) und kraftvoll-süßlichem Endgeschmack von großer Länge auf, wurde aber im Zusammenspiel mit der Gänseleber zusehends plumper.

Ganshals gefüllt

Enthäuteter Gänsehals, gefüllt mit gutgewürzter → Galantinefarce, feingehackter Petersilie und würfeliger, in Gänsefett gebratener Gänseleber, in Fond langsam gekocht, erkaltet, in Scheiben geschnitten und mit Aspik glaciert.

Weiß: Pinot Gris und Traminer Spätlese trocken; Pouilly-Fumé/Loire/F, Zierfandler Kabinett/Thermenregion/A

Eine filigrane *Ruländer Spätlese* (3 – 6 Jahre; 10 – 11° C) *„Lahrer Kronenbühl"* vom WEINGUT DER STADT LAHR, Baden/D (mit Wiesenblumen-Lindenblütennase, elegant-schlankem Körper und kraftvollem Abgang), konnte dem üppigen Gericht recht gut Paroli bieten und akzentuierte vor allem die Gänseleber.

Weiß: siehe unten! bzw. Tokay (Pinot Gris) Grand Cru/Elsaß/F
Rot: Cahors/SW-F, Bergerac/Dordogne/F

Der exquisite *Graves Blanc* (SÉM, SB; 3 – 6 Jahre; 9 – 10° C) vom CHÂTEAU HAUT-BRION, Pessac/Bordeaux/F, überzeugte wieder einmal mit leuchtendem Gelb, vielschichtigem Bouquet (Blumen, Vanille, Banane) und scheinbar samtiger Milde, die erst im hinreißenden Finale zu einem kraftvollen Muskelspiel anschwoll und alle Ingredienzien (Gänsefett und -leber inklusive) vereinte.

Weiß: siehe unten!
Rot: Brunello di Montalcino Riserva/Toskana/I

Der *weiße Rivesaltes „Cuvée Aimé Cazes"* (MAL, MU; 15 – 20 Jahre; 8 – 9° C) von AIMÉ CAZES, Rivesaltes/Roussillon/F, ein gespriteter *Vin Doux Naturel* (VDN), der im Alter die Bezeichnung *Rancio* führen darf, überwältigte unsere Sinne und das Gericht mit amberfarbener Robe, betörender Nase (Honig, Orangenmarmelade, Mandelblüten) und kraftvoll-noblem Madeirageschmack im ölig-üppigen Finale. Eine One-Man-Show mit gelegentlichen Duetteinlagen.

GAPERON

Französischer Schnittkäse aus der Auvergne, mit kleinen Bruchlöchern und 40 % F.i.T., der aus Buttermilch entsteht, einen etwas gallertartigen Teig aufweist, mit Pfeffer und Knoblauch aromatisiert wird und sich mit rundsamtigen *Rotweinen* (u. a. *Merlot, Pinot Noir)* am besten verträgt.

GARNELEN → HUMMERKRABBEN, → KRABBEN (KREVETTEN), → SHRIMPS

GAZPACHO

Kalte spanische Gemüsesuppe: Tomaten, Knoblauch, Paniermehl, gestoßener Kümmel, Salz, Pfeffer, Wasser, Salatgurke, rote Paprikaschote würfelig, Olivenöl, Tomatenpüree, → Mayonnaise und Essig; eiskalt serviert.

Ein stilles *Mineralwasser* ist hier der beste neutrale Gegenpol zu den Gewürzen und außerdem ein willkommener Durstlöscher.

Weiß: Fino Sherry oder Montilla Moriles seco/E

🔾🔾 Ein *Fino Sherry „La Ina"* (PX, PAL; 3 – 5 Jahre, 9 – 10° C) von PEDRO DOMECQ, Jerez/Andalusien (mit klarem Hellgelb, frisch-reintöniger Struktur, ausgeprägtem Florgeschmack und angenehmer Fruchtsäure), konnte der – trotz der Kälte – heißblütigen Suppe am entscheidendsten entgegenwirken, ohne ihr den ursprünglichen Charakter zu nehmen.

Weiß: siehe unten! bzw. Riesling/E

🔾🔾 Der *weiße Rioja Marqués de Cáceres* (VIU, MAL; 1 – 3 Jahre, 8 – 9° C) aus Cenicero/Rioja Alta/E empfahl sich durch angenehme Frucht, südländische Grandezza und subtiles Säurespiel, doch hätten wir ihn noch lieber zu einer Fischsuppe genossen.

GÉANT DU POITOU („RIESE VOM POITOU")

Französischer Ziegenkäse von beachtlichem Renommé, den es in zwei Variationen gibt: a) mit Weißschimmel und mild-aromatisch und b) mit Rotflora und zart-würzig. Zu a) empfiehlt sich *elsässischer Sylvaner* oder *Sancerre/Loire*, und zu b) sollten Sie *Tavel Rosé* oder *Châteauneuf-du-Pape Rouge/südliche Rhône/F* probieren

GEFLÜGEL

Oberbegriff für das domestizierte Hausgeflügel (→ Ente, → Gans, → Huhn, → Taube, → Truthahn ...) im Unterschied zum Wildgeflügel (→ Federwild). Neben den Weinen, die Sie unter obigen Stichworten finden, möchten wir hier einige grundsätzliche Empfehlungen abgeben. Zu fettem Geflügel passen kraftvoll-deftige *Weiß-* und *Rotweine*, deren Säure oder Tannine verdauungsfördernd tätig sind. Als Alternative bietet sich für Biertrinker kräftiges *Spezial-Bock-Bier* an. Geräuchertes Geflügel ist auch mit *Pils* kombinierbar, doch scheinen uns *Weiß-* und *Rotweine* mit dezentem Rauchton *(Silvaner/Franken/D, Grüner Veltliner/NÖ/A, Pouilly-Fumé/Loire/F, roter Meraner Hügel/Südtirol/I, Calvi* und *Patrimonio/Korsika, Aloxe-Corton* und *Nuits-Saint-Georges/Burgund/F)* noch besser geeignet zu sein. (→ Geflügelpilaw und → Geflügelsalat)
Geflügelsülze versuchen Sie mit rundem *Sauvignon Blanc* oder *Rosé* (z. B. *Cabernet de Saumur Rosé/Loire/F)*. Geflügelgulyas wird durch fruchtigen *Pinot Gris* oder *Pinot Noir* doppelt so gut. Geflügelbällchen und *Weizenbier* sind eine erfrischende Kombination. Geflügel kalt wird durch trockene bis halbtrockene *weiße Spätlesen (Grüner Veltliner, Riesling, Welschriesling, Neuburger, Pinot Blanc, Zierfandler ...)* meist ideal ergänzt und umschmeichelt. Geflügelleberterrine kann sowohl *rotem Cru-Beaujolais (Julienas, Fleurie)* bzw. *Cahors/SW-F* als auch *weißen* Gewächsen mit zarter Restsüße *(Aigle/CH*, Riesling und Gewürztraminer; *Vouvray/Loire/F* ...) etwas abgewinnen.

Geflügelpilaw

Würfeliges Hühnerfleisch und gehackte Zwiebeln angebraten, mit Reis, Salz, Pfeffer und Safran gewürzt, mit Hühnerbouillon aufgefüllt, mit kleingeschnittenen Tomaten, Paprikaschoten und Kräuterbündel aromatisiert und gar gekocht. (In Italien haben sich *Soave Classico/Venetien, Verdicchio DOC/Marken* und *Frascati DOC/Latium* in vielen Scharmützeln – mit Messer und Gabel – bewährt.) Aus unserer Sicht sind die Safran-Freunde *Traminer, Pinot Gris, Riesling, Rotgipfler, Malvasier* und *Chasselas* (halbtrocken) zu favorisieren.

Geflügelsalat „Christina"

Streifen von gekochter Hühnerbrust, Salatgurke, Sellerie, Würfeln von Ananas und Morcheln, → Mayonnaise, Tomatenketchup, Senf, Orangensaft, gehacktem Kerbel.
Milder *Rosé* und zart-süßer *Vouvray*, beide aus der *Touraine/Loire/F*, schnitten hier am vorzüglichsten ab.

GEHEIMRATSKÄSE

Deutscher Schnittkäse in roter Folie mit buttrigem Teig, 40 %, 45 % und 50 % F.i.T. und mildem Aroma.
Versuchen Sie milden *Riesling-Sylvaner* bzw. reifen *Riesling* aus dem *Rheingau/D*.

GEISSKÄSE

Österreichischer Ziegenkäse in Öl schwimmend, in einem Glas verpackt, dem verschiedene Kräuter und Gewürze zugesetzt wurden.
Als Begleiter empfehlen sich jugendlich-frischer *Rosé* für alle Gelegenheiten, rassig-pikanter *Sauvignon Blanc* (z. B. von FRANZ HIRSCHMUGL, Sausal/Südsteiermark/A), der die Kräuter-Gewürznote perfekt akzentuiert, und exquisiter *Schilchersekt/Weststeiermark* als belebenden und animierenden Partner nach einem festlichen Essen.

GEMSE

Die einzige europäische Antilopenart kommt noch wild in den süd- und mitteleuropäischen Gebirgen vor, ist aber nur als Jungtier schmackhaft. („Alter Gams und alter Has' geben einen Teufelsfraß!")
Dunkel-kraftvolle *Rotweine* aus dem *Piemont(Lessona* oder *Carema)* harmonieren besonders mit geschmorten Gemsen. Zur Gemsterrine bzw. -Pastete lohnt auch mildwürziger *Weißwein (Pinot Gris, Pinot Blanc* usw.) einen Versuch; zur Gemse nach „Jägerart" (mit Wildpüree) ist *Hermitage Rouge/nördliche Rhône* kaum zu übertreffen.

Gemsrücken auf „Tiroler Art"

Gespickter Gemsrücken mehrere Tage in Wacholder, Gewürznelken, Thymian und Essig mariniert, in Butter angebraten, mit kräftigem Südtiroler (Trentiner) Wein aufgefüllt, Schwarzbrotrinde beigefügt, weichgedünstet, mit saurem Rahm angerichtet und mit Kastanienpüree serviert.

Rot: Lagrein dunkel oder Magdalener/Südtirol/I

Ein *Südtiroler Lagrein dunkel* (2 – 3 Jahre; 15 – 16° C) von der KELLEREIGENOSSENSCHAFT GRIES/I entwickelte schwarzrote Farbe, traubig-würzigen Duft und füllig-substanzreichen Geschmack mit Tanninreserven und kernigem Abgang. Im Zusammenspiel mit dem strengen Gemsrücken verlor der Lagrein seine Bittertöne und wurde samtig-weich.

Rot: Teroldego/Trentino oder Südtiroler Cabernet/I

Ein *Teroldego Rotaliano* (2 – 5 Jahre; 16 – 17° C) von BARONE DE CLES, Mezzolombardo/Trentino/I, leuchtete intensiv granatrot, duftete vorzüglich nach Waldbeeren und getrockneten Früchten und war von vollmundig-reichhaltig-samtigem Schlußgeschmack mit dezenten Tanninreserven. Der Wein fraternisierte sofort mit dem Kastanienpüree, kam mit der Sauce gut zurecht und konnte auch dem Rücken Paroli bieten.

Rot: Brunello di Montalcino/Toskana oder Barolo/Piemont/I

🍷 Der *Brunello di Montalcino „La Magia"* (5 – 8 Jahre, 17 – 18° C) von HARALD SCHWARZ, Montalcino/Toskana/I (dunkelgranat mit noch verschlossenem Würzebouquet, mächtigem Körper und strengem Finale mit Tannin- und Teertönen), drang als gebietsfremder Wein in die Südtiroler Domäne ein, fand eine Ebene mit den Maronen, dominierte die Sauce und auch den Gemsrücken, büßte dabei aber seine Teertöne ein und verlieh auch dem Gericht einen Hauch von Toskana. Wirkte der Wein zuerst noch zugeknöpft, so hatten wir schlußendlich das Gefühl, daß er zumindest seinen Kragenknopf gelockert hatte.

GEMÜSE

Als Gemüse gelten jene Pflanzen, die roh oder gekocht die Gaumen der Konsumenten erfreuen. Ausgenommen sind Obst, Getreide und Gewürze. Durch seinen hohen Gehalt an Mineralstoffen und Vitaminen ist Gemüse für die Ernährung eminent wichtig.
Bei intensiver Mineraldüngung kann es zu belastenden Nitratgehalten kommen (insbesondere → Kopfsalat, Feldsalat, → Fenchel, → Rettich, → Rote Rüben und →Spinat). Gemüsearten: Wurzel- und Knollengemüse (→ Karotten, → Rüben, → Schwarzwurzeln, Pastinaken, → Sellerie, → Rettich, → Radieschen, → Kartoffeln, → Bataten, → Topinambur ...), Kohlgemüse (→ Karfiol, → Kohlrabi, → Rotkraut, → Weißkraut, → Rosenkohl, → Wirsingkohl), Salatgemüse (→ Chicorée, → Endivie, → Kopfsalat), Stengel- und Sprossengemüse (→ Fenchel, → Rhabarber, → Spargel), Fruchtgemüse (→ Auberginen, → Bohnen, → Linsen, → Melonen, → Kürbis, → Paprikaschoten, → Gurken, → Tomaten), Zwiebelgemüse (→ Lauch, → Knoblauch, → Schalotten, → Zwiebeln), Wildgemüse (Brennessel, → Sauerampfer) und → Pilze.
Als „Gemüseweine" schlechthin gelten *Sauvignon Blanc, Sylvaner, Neuburger, Malvasier* und die meisten *Roséweine* der Welt. Zu süßlichem Gemüse (Erbsen, Karotten, Lauch, Pastinaken, Zwiebeln) sind *Pinot Gris, Riesling-Sylvaner, Chenin Blanc, Viognier/nördliche Rhône/F, Tocai Bianco/I* sowie *weiße* und *rote Jung(Primeur)weine* besonders geeignet. Zu Gemüsestrudel mit Kräutersauce ist *Graves Blanc/Bordeaux/F* oder *Gutedel (Chasselas)* angesagt; Gemüsefrikassé sollte von *Riesling* oder *Pinot Gris Kabinett* eskortiert werden, und Gemüseeintopf wurde durch exquisiten *Bianco di Custoza* von der AZ. AGR. CAVALCHINA, Sommacampagna/Venetien/I, zu einem wahren Festmahl.

GÉRAMONT

Französischer Weichkäse mit durchgereiftem Teig, feinem Weißschimmel und unverwechselbarem Aroma, der ein Faible für edlen *Pinot Gris* aus dem *Elsaß* hat; doch auch *Pinot Blanc*, rassiger *Riesling* und subtile *Schaumweine (Riesling, Riesling-Sylvaner, Chardonnay ...)* erschlossen uns interessante Aspekte.

GERMKNÖDEL

Österreichische Mehlspeise: Mehl, Germ (Hefe), Eier, Butter, Zucker, Salz, Milch, geriebener Mohn, Powidl (Pflaumenmus).
Vorsicht ist vor allzu süßen Gewächsen geboten, sie vertragen sich kaum mit Mohn und Germ. *Weiße Spätlesen* mit zarter Restsüße und prononcierter Säure sind hingegen willkommene Begleiter: *Pinot Blanc, Welschriesling, Riesling* und vor allem *Gewürztraminer*. Auf der Ersatzbank sitzen außerdem die renommierten auslän-

dischen „Legionäre" *Verduzzo/Friaul/I, Barsac/Sauternes* und *Vouvray demi-sec/Loire/F.*

GÉROMÉ → MUNSTER

GESCHNETZELTES
Eine alte Zürcher Spezialität: dünne Kalbfleischscheiben, Champignons und gehackte Zwiebeln in Butter oder Öl gebraten und mit knusprigen Rösti serviert. Als korrespondierende Weine bieten sich in erster Linie die mild-würzigen *Zürcher Weißwein*-Spezialitäten *Riesling-Sylvaner* und *Räuschling* sowie *Chasselas* an.

GINEPRO (LA TOMETTA DI GIAIN AL GINEPRO)
Italienischer Bergkäse aus dem Aosta-Tal, der mit Gewürzen (vor allem Wacholder = Ginepra) versetzt wurde, einen harten Teig aufweist und in den *Weißweinen* seiner Region *(Blanc de Cossan* und *Blanc de Morgex)* interessante Ansprechpartner auf gleicher Wellenlänge findet.

GLARNER KRÄUTERKÄSE (SCHABZIGER)
Schweizer Sauermilchkäse aus Ziegenmilch, der – gut gereift – mit Kochsalz und Klee vermischt, gemahlen und in Streudosen angeboten wird.
Die Elite der frischen, mild-fruchtigen *Schweizer Weißweine (Neuchatel Blanc, Fendant, Saint-Saphorin, Fechy)* kann hier geschlossen antreten.

GLASNUDELN
Dünne asiatische Eigwaren aus Reismehl, gemahlenen Mungobohnen oder Meeresalgen, die durch das Kochen glasig, gallertartig-schlüpfrig werden und meist als Beilage gereicht werden. (→ Asiatische Küche)

GLATTBUTT (GOLDBUTT, TARBUTT)
Schollenart von steinbuttähnlichem Geschmack, die von Mai bis Juni am besten mundet. Die Heimat des delikaten Fisches sind Nordsee, Ostsee und Mittelmeer. Ideale Partner sind große *Chardonnays*, besonders aus *Burgund (Meursault, Puligny-Montrachet)*, aber auch aus anderen Ländern, nicht zu vergessen *Pinot Blanc, Pinot Gris* und fruchtcharmanter (13 – 15° C) *Pinot Noir!* Zu Glattbutt mit Champignons imponierte auch *Riesling (Mosel, Rheingau/D, Wachau/A ...)*; Glattbutt mit Morchelsauce lehrte uns reifer *Champagne*, was Morchelaroma ist, und zu Glattbutt „Dieppoise" (Weißweinsauce, Garnelenschwänze und Miesmuscheln) sollte man wenigstens einmal einen *Bienvenues-Bâtard-Montrachet Grand Cru/Côte de Beaune/Burgund/F* von ETIENNE SAUZET, Puligny-Montrachet, von RAMONET, Chassagne-Montrachet, oder von LOUIS CARILLON, Puligny-Montrachet, versucht haben; es kann eine feinfühlige, gleichwohl üppige Zeremonie von schier unendlichen Reflexionen werden.

Glattbutt „Müllerin"
Glattbutt durch leicht gesalzene und gepfefferte Milch gezogen, in Mehl gewendet, in heißer Butter braun gebraten, mit Zitronensaft beträufelt, mit hackter Petersilie bestreut und mit Petersilienkartoffeln angerichtet.

Weiß: Pinot Gris; Chasselas und Riesling Sylvaner

Der *Pinot Grigio DOC* (1 – 3 Jahre; 8 – 9° C) von den FRATELLI PIGHIN, Risano/Grave del Friuli/Friaul/I (lichtes Grün, jugendlicher Akazienblütenton, geschmeidiger Fruchtgeschmack mit malzigem Ausklang), war ein angenehmer Kavalier, der selbst ein wenig in den Hintergrund trat.

Weiß: Pinot Blanc und Chardonnay mit nur zarter Holznote

Der *Terlaner Weißburgunder DOC* (2 – 4 Jahre; 8 – 10° C) von ALOIS LAGEDER, Bozen/Südtirol/I, war von hellgelber Farbe, duftig-blumigem Bouquet, aromatisch-würzigem Geschmack, feinem Nuß- Mandelhauch im Ausklang und schuf eine interessante Aromabasis, die mitunter von Zitrustönen kulinarisch erleuchtet wurde und einen untadeligen Hochgenuß herbeiführte.

Weiß: siehe unten! bzw. Chardonnay/KAL und AUS

Der *Puligny-Montrachet 1er Cru „Blagny"* (CH; 5 – 7 Jahre; 10 – 11° C) von LOUIS LATOUR, Beaune/Burgund (mit goldgelben Lichtern, angenehm würzigem Duft, kraftvollem Körper und feinen Zimt-Honigtönen im imposanten Abgang), verliebte sich besonders in die knusprige Haut des Fisches, gewann durch den Zitronensaft an Frische und Jugendlichkeit und apostrophierte immer wieder seinen superben Eigengeschmack.

GLOUCESTER

Englischer Vollmilchkäse aus der Grafschaft Gloucestershire, der in Zylinderform in den Handel kommt und im Geschmack dem → Cheddar ähnelt, aber etwas milder ist. Eleganter *Chambolle-Musigny 1er Cru „Les Amoureuses"* (PN; 4 – 6 Jahre; 17 – 18° C) von LEROY, Auxey-Duresses/Côte d'Or/Burgund/F, und mildsamtiger *Château Palmer 3e Cru Classé* (CS 55 %, M 40 %, CF 3 %, PV 2 %; 7 – 12 Jahre; 16 – 17° C), Margaux/Haut-Médoc/Bordeaux/F, errangen den Lorbeer im Wettstreit um den bestmöglichen Partner für den Briten.

GNOCCHI

Italienische Nockerl (Klößchen) sind eine beliebte warme Vorspeise oder Beilage zu Fleisch- und Fischgerichten. Sie werden aus Grieß, Mais, Brandteig oder Kartoffeln und geriebenem Käse zubereitet.
Wenn mit Tomatensauce serviert, sollten Sie einen *Orvieto Classico/Umbrien* von BARBERANIX oder BIGI wählen oder sich – zu Mittag – an einem kühlen *Galestro/Toskana/I* laben.

Gnocchi al Pesto (Brandteignockerl)

Brandteig mit → Parmesan bestreut und mit → Pesto begossen.
Als unkomplizierter Begleiter und Sommerwein bietet sich auch hier kühler *Galestro/Toskana/I* an. Für höhere gastronomische Weihen wählen Sie einen *Chardonnay* (von LUNGAROTTI/Umbrien oder ANTINORI/Toskana) mit mineralischer Note, der den intensiven Geschmack des Pesto ebenso auffängt wie der *ligurische Vermentino „La Colombiera"* von der AZ. AGR. LA COLOMBIERA DI FRANCESCO FERRO, Castelnuovo Magra.

Gnocchi alla „Romana" (Römische Nockerl)

Grieß in heißer Milch langsam gekocht, mit Salz, Pfeffer, Eigelb und geriebenem → Parmesan vermischt, mit Butter beträufelt und im Ofen herausgebacken. Hier haben die *römischen Weißweine Frascati* und *Marino DOC* den Heimvorteil. Besonders gut in Erinnerung geblieben ist uns der *Marino „Colle Picchioni"* (MAL, TRE; 1 – 2 Jahre; 8 – 9° C) von PAOLA DI MAURO, der eine faszinierende Einheit der einzelnen Komponenten herbeiführte.

Gnocchi di Patate (Kartoffelnockerl)

Frische Salzkartoffeln püriert, Mehl, Ei, Salz in siedendem Salzwasser gekocht, mit geriebenem → Parmesan bestreut und mit brauner Butter begossen.
Ein blumig-duftiger *Valpolicella Classico Superiore DOC* (COV, MOL, RON; 2 – 3 Jahre; 16° C) von der VILLA GIRARDI, San Pietro/Incariano/Venetien (mit schlankem Körper und samtig-rundem Ausklang), erfüllte seine Rolle als Dienerwein mit Bravour, ein jugendlich-fruchtiger *Chianti Classico Castellare* (SAN 90 %, MAL; 3 – 4 Jahre; 15 – 16° C) von PAOLO und FIORETTA PANERAI, Castellina/ Toskana/I, bezauberte durch blumig-würzigen Duft, kräftigen Körper, aristokratischen Geschmack und samtigen Ausklang; ein majestätischer Partner, der die Gnocchi perfekt untermalte und selbst an Ausdruckskraft und Würze gewann. Als weitere Möglichkeiten bieten sich *Bardolino Chiaretto (Rosé)* vom Ostufer des *Gardasees* und *Tocai Rosso/Venetien/I* an.

GOLDBARSCH → ROTBARSCH

GOLDBUTT → GLATTBUTT

GORGONZOLA

Der Bruder des → Stracchino, von dem er sich äußerlich durch die braune Farbe unterscheidet, wird in Gorgonzola bei Mailand hauptsächlich im Herbst aus Vollmilch hergestellt. Er ist dem französischen Edelpilzkäse → Roquefort (Schafmilch) ähnlich, jedoch von milderem Aroma und weicherer Konsistenz. Das Innere ist von heller Farbe und hat eine grünliche Marmorierung. Es gibt ihn piccante (pikant) und dolce (mild) (→ Dolcelatte).
Der würzig-pikante Geschmack verträgt sich am trefflichsten mit einem edlen *Dessertwein* von gleichzeitig attraktiver Restsüße und potenter Säure. Plumpe, alkoholverstärkte Weine können zu einer katastrophalen kulinarischen Erfahrung werden, und auch hohe *Prädikatsweine (BA, TBA)* sind nur im Verein mit reifen Exemplaren einigermaßen erfolgreich.
In *Mailand* genossen wir *Oltrepó Pavese Spumante/Lombardei* bzw. *Oltrepó Pavese Moscato Spumante* dazu, doch die wahren Gourmetfreuden stellten sich erst beim schon mehrmals zitierten *Torcolato* von FAUSTO MACULAN, Breganze/Venetien/I, ein.

GOUDA

Ein fester holländischer Rahm-Schnittkäse aus Gouda bei Rotterdam von zylindrischer Form mit abgerundeten Ecken. Er ist relativ weich mit kleinen Löchern, voller gelber Farbe und kommt in drei Altersklassen auf den Markt. Jung (vier bis fünf Wochen): rahmig und mild, mittel (fünf bis sechs Monate): pikant-würzig und alt (mehrere Jahre): pikant-rustikal.
Für jungen Gouda wählen Sie helles *Bier, Pinot Blanc* oder trockenen, *weißen Jasnières* (CHB; 1 – 2 Jahre; 8 – 9° C) aus der *nördlichen Touraine/Loire*, z. B. von FRANCOIS FRESNEAU; für den mittelreifen Gouda einen samtigen *Graves Blanc sec* (SB, SÉM; 2 – 4 Jahre; 9 – 10° C), z. B. vom CHÂTEAU D'ARDENNES, Bordeaux/F,

und für alten Käse einen *Rotwein* aus *Galicien/NW-E* oder, noch besser, einen *Bergerac Rouge* (CS, CF, M, MC)/*Dordogne/SW-F* von Bordeaux-Art (z. B. von der DOMAINE DU GOUYAT). Auch *Riesling Auslesen* und *Altbier* sind möglich.

GRACAY

Ein kegelstumpfförmiger Ziegenkäse aus dem Berry in Frankreich (Loiretal) mit weichem Teig und würzigem Geschmack, der sich nach einem frischen *Loire-Rosé* oder einem formidablen *weißen Sancerre* (z. B. von PAUL COTAT, Sancerre) sehnt.

GRAMMELKNÖDEL

Österreichische Spezialität aus gekochten und passierten Kartoffeln, Mehl, Grieß, Ei, Butter, saurem Rahm, Salz und Grammeln (Grieben – ausgebratene Speckwürfel). Ältere, firnige *Weißweine* gewinnen im Zusammenspiel mit den deftigen Grammelknödeln sehr oft an Frische und Fruchtigkeit. Blumig-rassige, mild-würzige bis säurebetonte *Weißweine* – die Säure hilft beim Verdauen des Fettes – und gerbstoffreiche *Rotweine* – das Fett neutralisiert und mildert die Tannine – sind hier gesucht, und auch das *weststeirische Rosé*-Unikat, der *Schilcher*, darf eingesetzt werden. *Rieslinge* (und z. T. auch *Grüne Veltliner*) reüssieren oft nur im Zusammenspiel mit Krautsalat oder Sauerkraut. Königswein war aber ein jugendlicher, im Stahltank ausgebauter *Chardonnay* der Familie WIENINGER, Wien-Stammersdorf/A, der selbst ein wenig auf Distanz ging, aber dem Gericht zu einer Superform verhalf und nie gekannte Nuancen herausholte.

GRANA

Italienisch Korn; dem → Parmesan verwandter Hartkäse aus teilentrahmter Kuhmilch mit fester Kruste und feinkörnigem Teig, der in Scheiben oder als Reibkäse angeboten wird.
Zu Grana Padana aus der Poebene ist *weißer Lugana DOC/Lombardei/I* eine saftige Ergänzung, und zu jungem Grana aus dem Trentino/Trient nehmen Sie einen *Riesling* des Gebietes; alter Grana verlangt nach reifem *Cabernet Alto Adige (*GIORGIO GRAI, Bozen/Südtirol/I).

GRAPEFRUIT → PAMPELMUSEN

GRATTE-PAILLE

Französischer Weichkäse von der Ile-de-France (Pariser Becken) mit Weißschimmel, cremigem Teig und würzigem Aroma, der sich mit feinen *Chablis-Weinen/Burgund* ohne Barriqueausbau glänzend versteht. (Tannine und Weißschimmel potenzieren sich gegenseitig.) Der *Chablis 1er Cru „Montée de Tonnere"* von A. REGNARD, Chablis, trägt nur einen Hauch von neuem Holz in sich und gibt Vollgas im Zusammenspiel mit dem Käse.

GRAVLAX (GRAVAD LAX)

Gepökelter Lachs (schwedische Spezialität): Lachs aus dem Mittelstück ausgelöst, mit Dill, weißem Pfeffer, Zucker und Salz belegt und gepökelt; mit Sauce aus scharfem Senf, Weinessig und Zucker serviert.
Der immer wieder empfohlene *Chablis/Burgund/F* hat sich noch selten mit fetten Fischen wie → Lachs, → Aal, → Karpfen usw. vertragen.

**Weiß: Muscadet sur lie/Loire/F, exotischer Sauvignon Blanc
Schaumwein: siehe unten!**

🍾 Der *spanische Cava Parés Baltà brut nature Privée Cuvée* (XAR, MAC, PAR; 2 – 5 Jahre; 6 – 8° C) aus Pacs del Penedès erfreute mit heller Farbe, fein-duftigem Bouquet, elegantem Körper, raffiniertem Säurespiel und blumig-prickelndem Abgang; ein Dienerwein von auserlesener Klasse.

Schaumwein: siehe unten! bzw. Vouvray Pétillant/Loire/F

🍾 Ein *Champagne Blanc de Blancs brut Millesimé* (CH; 6 – 8 Jahre; 6 – 8° C) *Besserat de Bellefon*, Reims/F, erwies sich als glasklarer, feinsprudelnder munterer Begleiter, der Magensäfte und Speicheldrüsen mobilisierte, mit seiner delikat-ausgereiften Art auch das nötige Gegengewicht zum Lachs erzeugte und die verschiedenen Aromen und Gewürze subtiler erscheinen ließ, sodaß wir ihn gleich zur Hauptspeise – Kalbsfilet mit Morchelsauce – weitertranken.

**Weiß: exotischer Chardonnay/KAL bzw. AUS, Bâtard-Montrachet/Burgund/F, jugendlicher Barsac/Sauternes/Bordeaux/F
Spirituose: eisgekühlter Aquavit/Dänemark**

🍾 Ein *Bâtard-Montrachet Grand Cru* (CH; 6 – 10 Jahre, 9 – 10° C) von der DOMAINE LEFLAIVE, Puligny-Montrachet/Côte de Beaune/Burgund/F, nimmt es spielend mit dem fetten Lachs und den Gewürzen auf und bringt seine eigene terroirbehaftete, würzig-blumige Note sogar ausgezeichnet ins Spiel, doch was trinkt man nachher? Die gleiche Frage stellte sich bei einem jugendlich-frischen *Barsac*, der im übrigen einen höchst interessanten Kontrapunkt setzte.

GREYERZER (GRUYÈRE)

Schweizer Hartkäse aus dem oberen Saanetal im Kanton Freiburg, der als Spielart des → Emmentalers gilt und auch im französischen Jura (Gruyère) hergestellt wird. Er wird aus Rohmilch bereitet (45 % F.i.T.), hat eine feuchte, später feinkörnig-trockene Schmiere und ist von kräftigem Aroma.
Ein milder *Riesling-Sylvaner* aus der *Ostschweiz (Zürich, Schaffhausen)*, ein samtig-fruchtiger *Merlot del Ticino* aus der „Sonnenstube der Schweiz", dem *Tessin*, und ein vorzüglicher *Pinot Noir* von PORRET ET FILS, Neuenburg (Neuchâtel), konnten in den einzelnen Sparten am meisten überzeugen. Aus heimischer Sicht kommen vor allem mittelreife, ausdrucksvolle *Weißweine (Pinot Gris, Pinot Blanc, Neuburger)* in Frage.

GRIECHISCHER SALAT

Scheiben von Salatgurken, Tomaten, Paprikaschoten und Zwiebeln, dazu weißer Schafkäse und schwarze Oliven, Essig und Olivenöl. Versuchen Sie eine der modernen, fruchtig-frischen *weißen* Kreszenzen des Landes, wie den *„Strofilia" (Savatiano + Sauvignon Blanc)* von STROFILIA, Anavissos/Attika, oder einen *Rosé* mit nur zarter Harznote.

GRIESS

Geschälte, zerkleinerte Getreidekörner (meistens Weizen), die in der Küche verschiedenste Anwendung finden. Grieß besteht zu 75 bis 80 % aus Stärke und wird erst seit dem 18. Jahrhundert hergestellt.

Zum klassischen Wiener Grießschmarren sollten Sie milde halbsüße *Weißweine* genießen, deren Restzucker 30 g nicht übersteigt. Grießgnocchi mit Pecorino und *Cannonau Rosato/Sardinen* ist eine klassische Paarung; Grießfladen und *Pinot Grigio/Friaul/I* ist empfehlenswert, und zu Grieß-Mandelgebäck brillierte ein *Recioto di Soave* von BOLLA, Soave/Venetien/I.

Grießflammeri → Flammeri aus Grieß

Grießknödel

Grieß mit Butter, Salz und abgeriebener Zitronenschale aufgekocht, Grieß hineingerührt, durchgekocht, mit Eiern gebunden und in siedendem Salzwasser gekocht. Der seltene *Tocai Rosso dei Colli Berici/Venetien* und ein milder *Pinot Blanc Kabinett* aus dem *Burgenland/A* bewährten sich als verläßlichste Partner

GRILLSPEZIALITÄTEN → MIXED GRILL (AUCH → KEBAP, → RASNJICI, → SERBISCHER PFEFFERSPIESS ...)

GRUYÈRE → GREYERZER

GUGLHUPF, GUGLKOPF

Österreichische Mehlspeise aus Mehl, Rosinen, Backpulver, Butter, Zucker, Vanillezucker, Eiern, Rahm und etwas Rum, die mit Wein gar nicht so leicht zu kombinieren ist.
Eine Tasse heiße *Schokolade* mit Schlagobers ist jedenfalls ein sicherer Tip. Ein schokowürziger *Tokaji Aszu/H* oder eine sublime *burgenländische Auslese*, eventuell auch *Beerenauslese* (WENZEL, FEILER-ARTINGER, KRACHER ...) ist allerdings auch nicht zu verachten, und ein Gläschen *Whisky (Canadian Club)* brachte zur allgemeinen Überraschung die Vanille-Rosinen-Mehl-Rum-Komponenten am besten hervor und mutierte selbst zum mild-samtigen Begleiter. Von allzu süßen Begleitern ist abzuraten.

GUINEAHUHN (→ PERLHUHN)

Afrikanische Hühnerart, die auch in den USA und Europa gezüchtet wird, von dunklem Fleisch und zartem Wildgeflügelgeschmack ist. Am besten im Alter von 11 bis 14 Wochen.
Versuchen Sie dazu einen superben *südafrikanischen Pinotage* (PN x CIN) von KANONKOP, Stellenbosch/ZA, einen modernen *Toskana-Wein* vom Schlage eines *I Sodi di San Niccolò* von CASTELLARE, Castellina in Chianti, oder einen fruchtbetonten *kalifornischen Zinfandel* von CLOS DU VAL, Napa Valley.
(*Weißwein*-Kombinationen: → Perlhuhn)

GULASCH (UNGARISCH: GULYAS)

In Ungarn unterscheidet man zwischen vier verschiedenen Paprikafleischspeisen: Gulyas, → Porkölt, Paprikas und → Tokany; das Gulyas ist der berühmteste Exportartikel des Landes, doch werden im Ausland die Unterschiede zwischen den einzelnen Spezialitäten sehr oft verwischt, da man die Bezeichnung „Gulasch" für

fast alle mit Paprika gewürzten Speisen verwendet. (→ Debreziner Gulyas, → Lammgulyas, → Kalbsgulyas, → Szegediner Gulyas)
Meiden Sie Rotweine mit viel Säure und Alkohol! *Rote Primeurweine* sind jedoch akzeptabel. Die Ungarn selbst halten sich allerdings selten an diese Regel und bestellen sehr oft „feuerspeiende" *Rotweine (Cabernet, Erlauer Stierblut* usw.) dazu.

Gulasch Original

Oft als Hirtengericht aus dem 9. Jahrhundert bezeichnet, doch kam die Quintessenz, der Paprika, erst im letzten Jahrhundert nach Ungarn:
Schmalz, feingehackte Zwiebeln und Knoblauch, Rosenpaprika, Rindlfeisch (Schulter, Keule, Wade) würfelig geschnitten, in Kümmel, Bouillon, Salz, Pfeffer gedünstet und mit Kartoffeln serviert.

Rot: Blauer Portugieser Jung(Primeur)-Wein/NÖ/A, Kadarka/Villány/H
Bier: siehe unten!

Ein kühles *Weizenbier* bestätigte wieder einmal seinen Ruf als Gulyas-Begleiter par excellence. (Auch *ungarisches Leichtbier „Világos"* von der KÖBÁNYA-BRAUEREI, Budapest, wirkt kühlend.)

Weiß: Chardonnay/Eger/H
Rosé: siehe unten! bzw. international

Ein frisch-fruchtiger *Rosato Costa d'Olio* (PN, LAM; 1 – 2 Jahre; 9° C) von FAUSTO MACULAN, Breganze/Venetien/I (mit leuchtendem Rosaglanz, fein-duftigem Aromaspiel aus Pfirsich und Birne und mild-harmonischem, frischem Abgang), erzielte das beste Ergebnis im Zusammenspiel mit dem „schwierigen" ungarischen Nationalgericht.

Rot: siehe unten! bzw. Amarone/Venetien/I, Zinfandel/KAL

Der *Châteauneuf-du-Pape AOC* (GR, CIN, SYR; 5 – 9 Jahre; 17 – 18° C) von der DOMAINE DE MONT-REDON, Châteauneuf-du-Pape/südliche Rhône/F, trumpfte mit schwarzer Robe, sublimem Kräuterduft, exotischer Würze und samtigem Ausklang von langem Nachhall auf. Der mächtige Wein besaß genügend Glyzerin, Extrakt und samtige Milde, um einen Teil der Schärfe des Gerichts aufzufangen.

GURKEN

Die Früchte einer wärmebedürftigen Pflanze (Kürbisgemüse), die von den Südhängen des Himalaya stammt. Die Griechen verehrten sie dermaßen, daß sie die Stadt Mekone (Mohnstadt) in Sikyon (Gurkenstadt) umbenannten. Ihr Nährwert ist ob des enormen Wassergehalts gering. Sie verlangen nach Gewürzkräutern zur Aufbesserung des Geschmacks, weshalb sie auch eingelegt als Essig-, Salz-, Senf- oder Pfeffergurken in den Handel kommen. Es gibt die schlanken Salatgurken und die breiten Gemüsegurken. Gemüsegurken munden am besten, wenn sie vollreif (gelb) sind.
Als Partner bieten sich in erster Linie die klassischen Gemüseweine *Sylvaner, Sauvignon Blanc* und *Malvasier* an. Gurken in Dill versuchen Sie am besten mit *Sylvaner, Sauvignon Blanc, Grünem Veltliner* oder *Chardonnay*. Eine *Gewürztraminer Auslese* mit geringer Restsüße (z. B. vom WEINGUT KRUGER-RUMPF, Münster-Sarmsheim/Nahe/D) gewann dabei sogar noch an Aromaintensität und Finesse.

Gurkensalat → Krebspraline auf Gurkensalat

HAARWILD (WILDBRET)
→ BÄR, → ELCH, → HASE, → HIRSCH, → REH,
→ WILDKANINCHEN, → WILDSCHWEIN ...

HABICHTSPILZ (REHFELLCHEN) GEDÜNSTET
Stachelpilz mit Borsten an der Hutunterseite: im siedenden Wasser gekocht, mit gehackten Zwiebeln in Butter gedünstet und mit Salz, Pfeffer gewürzt. Ein *Grüner Veltliner Federspiel „Kreutles"* (1 – 2 Jahre; 9 – 10° C) von EMMERICH KNOLL, Loiben/Wachau/NÖ/A, illuminierte die Pilzaromen auf meisterhafte Weise. Auch der alte, etwas pilzig-firnige *Weißburgunder Kabinett* (15 Jahre; 9 – 10° C) von ANTON TAUBENSCHUSS, Poysdorf/Weinviertel/A, blühte wieder auf und erlebte einen neuen Frühling.

HACHSE → KALBSHAXE, → SCHWEINSHAXE
Unteres Bein von Kalb und Schwein.

HACKBRATEN → FALSCHER HASE

HACKEPETER
Rohes, gehacktes Schweinefleisch, mit Salz, Pfeffer und Zwiebeln gewürzt. Kühles *Bier* oder einfacher junger *Rotwein (Dôle/CH, Zweigelt/A, Gamay/F, Pinot noir/D)* bieten sich als unkomplizierte Partner an.

HADDOCK → SMOKED HADDOCK

HAGEBUTTENSAUCE
Hagebutten drei Stunden in Wasser eingeweicht, mit Zucker und Zitronenschale aromatisiert, weich gekocht, passiert, mit Stärkemehl gebunden und mit Weißwein abgeschmeckt (für Süßspeisen).
Vom Aroma her bieten sich *Rieslinge* und *Gewürztraminer* mit zarter Restsüße sowie einige *Schaumweine* an. Besonders beeindruckte uns der *spanische Cava Parxet brut nature/Santa Maria de Martorelles/Penedès* mit seinem herrlichen Hagebuttenaroma.

HAHN (HAUSHAHN)
Das männliche Huhn zählt zu den beliebtesten Geflügelarten und wurde in Indien schon vor 4000 Jahren gezüchtet. Zu den besten Züchtern zählen heute die Franzosen (Bresse), die das „Nationalsymbol" im Freiland halten, mit wertvollen Getreiden mästen und auch gerne seiner Männlichkeit berauben (→ Kapaun). Alte Hähne sollte man nur für Suppen verwenden. Zu den diversen Gerichten passen alle möglichen Arten von mild-fruchtigen *Weißweinen* bis zu samtigen *Rotweinen*. Letztlich entscheiden Zubereitungsart, Gewürze, Saucen und Beilagen über die Wahl des Weins.

Hahn mit Sesam braucht *Pinot Gris* oder *Traminer* als Weggefährten; Hahn mit Senfsauce liebt *süditalienische Roséweine*; Hahn mit Käsesauce gewinnt durch *Chardonnay/Friaul/I* an Rasse und Lebensgeist; Hahn mit Limettensauce ist sowohl mit *Galestro/Toskana/I, Muscadet/Loire* und *Champagne/F* zu kombinieren, und gegrillter Hahn verlangt nach samtigem *Merlot/CH* (z. B. von JOE PFISTER, Castelrotto/Tessin).

Hahn in der Teighülle

Junger Masthahn mit → Portwein, Öl, Thymian, Lorbeerblatt, Salz und Pfeffer mariniert, mit Hühnerfarce gefüllt, in Briocheteig gehüllt und im Ofen langsam herausgebacken.

Weiß: Frascati/Latium und Soave/Venetien/I
Rosé: Südeuropa

Ein geschmeidiger *Frascati secco DOC* (MAL, TRE; 1 – 2 Jahre; 8 – 9° C) *Vigneti Santa Teresa* von FONTANA CANDIDA, Frascati/Latium/I (mit vollmundig-aromatischer Frische und samtig-weichem Charme), gab sich bescheiden, ließ das Gericht dafür umso besser wirken und wurde zu einer der angenehmsten Nebensächlichkeiten der Welt.

Weiß: Bellet und Cassis Blanc/Provence, Arbois Blanc/Jura/F,
Pinot Gris und Zierfandler Kabinett/A

Ein *Bellet Blanc* (ROL, CL, BLC; 1 – 2 Jahre; 8 – 9° C) vom CHÂTEAU DE CRÉMAT, Nizza/Provence/F (ausgestattet mit der Würze der Kräuter, die zwischen den Rebstöcken wachsen, und einer gewissen sanften Fülle im mandelartigen runden, harmonischen Finale), war als Partner einfach nicht zu überbieten.

Weiß: Pinot Gris und Rotgipfler Spätlese trocken/halbtrocken/A;
Traminer mit Restsüße

Eine *Pinot Gris Spätlese* (3 – 5 Jahre; 10 – 11° C) vom WEINGUT UMATHUM, Frauenkirchen/Neusiedlersee/BGLD/A brachte jene Reife und Milde mit, die das Gericht verlangt, wobei die Harmonie mit dem Briocheteig im Vordergrund stand. Der Wein gewann selbst an Aroma und Ausdruckskraft durch die diversen Gewürze.

Hahn in Weißwein

Junger Masthahn zerteilt, gesalzen, gepfeffert, im Ofen gegart; Fond mit gehackten Schalotten, jungem Weißwein, Hühnerbouillon, gehackter Sellerie und Thymian zur Hälfte eingekocht, mit Rahm gebunden, passiert und mit Nudeln serviert.

Ein ähnlicher Wein wie jener, der zum Kochen verwendet wurde, oder ein noch besserer sollte dazu getrunken werden. Unabhängig vom *Kochwein* bieten sich aufgrund der Ingredienzien samtig-mild-würzige Kreszenzen *(Pinot Gris, Malvasier, Sylvaner)* an. Stellvertretend sei ein *Cassis Blanc* (MAC, UB, CL; 1 – 2 Jahre, 8 – 9 C) von der DOMAINE DU PATERNEL, Cassis/Provence/F, angeführt (mit reichem Körper, Blumen- und Minzetönen), der für das nötige Gegengewicht zur Sauce sorgte und dem Gericht im Ausklang eine angenehme Frischenote verlieh.

HÄHNCHEN

Gemästete junge Tiere im Alter von 9 bis 12 Wochen, deren Fleisch besonders hell, zart und saftig ist und die sich mit exquisiten *Weißweinen* bestens vertragen. Hähnchen gratiniert verlangt nach *Riesling-Sylvaner*, und Hähnchen geräuchert ist *Silvaner/*

Franken und *Pouilly-Fumé/Loire/F* zugetan, aber auch *Altbier* ist nicht schlecht! Hähnchen in Joghurtsauce ist *toskanischem Galestro* treu ergeben; Hähnchen mit Curry sucht nach *Penedès Blanco/E* oder *Traminer*.

Hähnchen auf „Burgunder Art" → Coq au Vin

Hähnchen auf „Großmutterart"

Mit folgender Fülle gebraten: gehackter Speck und Zwiebeln angeröstet und mit feingeschnittener Hühnerleber angebraten, mit Paniermehl und gehackter Petersilie vermischt, mit Salz, Pfeffer und Muskatnuß gewürzt

Weiß: Riesling-Sylvaner und Pinot Gris
Rosé: Südeuropa

Ein mild-samtiger *Müller-Thurgau „Valle d'Isarco"* (2 – 3 Jahre; 9 – 10° C) von der CANTINA SOCIALE DELLA VAL D'ISARCO, Chiusa/Südtirol/I, wartete mit feinem Fruchtaroma (Pfirsich, reife Äpfel) und angenehmer Harmonie auf und hatte keinerlei Probleme, sich an das Gericht anzupassen.

Weiß: siehe unten! bzw. Pinot Gris Spätlese trocken
Rot: Bardolino Superiore/Venetien, junger Chianti Classico/Toskana, Pinot Noir und Merlot

Ein fulminanter *Grüner Veltliner Smaragd „Ried Schütt"* (3 – 6 Jahre; 10 – 11° C) von EMMERICH KNOLL, Loiben/Wachau/NÖ/A (intensives Gelb, vielschichtiger, verspielter, exotischer Duft, kompakter Geschmack mit viel Rückgrat und Muskeln und langem pfeffrigem Nachhall), eroberte das Gericht im Sturm und entlockte ihm einige feurige Temperamentsausbrüche.

Weiß: Riesling, Riesling-Sylvaner und Gewürztraminer Spätlese trocken
Rot: Santenay/Burgund, Merlot (Castello di Ama)/Toskana, Cru Beaujolais (Morgon)/Burgund/F

Eine *Riesling Spätlese* (3 – 6 Jahre; 10 – 11° C) vom WEINGUT FRANZ MAYER, Wien/A (zitronengelb, üppig-exotischer Duft nach Pfirsich, Ananas, Melone, vollmundiger Geschmack, attraktive Würze, dichte Struktur mit beeindruckendem, zitruswürzigem Finish), bildete eine interessante Alternative und wurde ähnlich hoch bewertet.

Hähnchen gebacken → Wiener Backhendl

Hähnchen sautiert mit Steinpilzen

Masthähnchen in Butter, Öl, Salz, Pfeffer, Steinpilzen und gehackten Schalotten sautiert, mit trockenem Weißwein abgelöst und mit Kalbsfond und gehackter Petersilie aufgetischt.

Weiß: Pinot Blanc und Pinot Gris, Neuburger/A

Der glockenklare *Weißburgunder Kabinett* (1 – 3 Jahre; 9 – 10° C) von PAUL BRAUNSTEIN, Purbach/Neusiedlersee/Hügelland/BGLD/A (blasses Grüngelb, reintöniger Stachelbeerduft, elegant-schlanker Körper und beschwingter Ausklang von sommerlicher Frische und Leichtigkeit), war der Favorit für den Mittagstisch und stimulierte nicht nur unseren Appetit, sondern auch die Würze des Gerichts.

**Weiß: siehe unten! bzw. Meursault/Burgund/F;
Pinot Blanc und Pinot Gris Spätlese trocken/halbtrocken
Rot: Pinot Noir**

Der überragende *2ᵉ Cru Classé Château Lamothes-Guignard*, Sauternes/ Bordeaux/F (SÉM 70 %, SB 20 %, MU 10 %; 6 – 9 Jahre; 7 – 8° C), gilt als besonderer Freund von Steinpilzen und stellte dies auch auf beeindruckende Art unter Beweis. Sein reicher Körper, unterstützt von verführerischen Düften und einer seltenen Eleganz im Abgang, der gleichzeitig süß und doch nicht süß wirkte, bezwang nicht nur die Pilze, sondern auch die mächtige Sauce. Eine ideale Paarung.

**Weiß: Chardonnay/KAL, Muscat du Valais/CH
Rot: Barberba und Barbaresco/Piemont/I,
Chambertin/Burgund, Hermitage/nördliche Rhône/F**

Der *Barbera „Bricco dell'Uccelone"* (4 – 7 Jahre; 17° C) von GIACOMO BOLOGNA, Rocchette/Piemont (dunkelrot, ein Duftschwall – Kirsch, Vanille, Schoko, Holz – in der Nase, voluminös-üppig und trotzdem Eleganz und Finesse zeigend), wurde uns vom italienischen Sommelier ans Herz gelegt, doch blieb es bei zwei faszinierenden Einzelgängen, die sich nicht vereinigen wollten.

HAHNENKÄMME

Der Stolz des Hahnes galt schon in der Antike als Gaumenschmaus und sollte einst den Römern Mut, Kraft und Stolz verleihen. Die Kämme werden als Vorspeise, Ragout oder Beilage verwendet und lassen sich mit mildfruchtigen *Weißweinen*, edlen *Schaumweinen* und – je nach Sauce – manchmal auch mit samtigen *Rotweinen* vermählen.

Hahnenkämme getrüffelt

In Hühnerbouillon gekocht, mit Trüffelscheibe gefüllt, gewürzt und mit Mehl, Ei, Butter und Bröseln herausgebacken.

Ein trüffelverliebter *Gavi* (COR; 1 – 3 Jahre; 8 – 9° C) von der AZ. AGR. NICOLA BERGAGLIO, Rovereto di Gavi/Piemont/I (mit schmeichlerischer Samtigkeit und engmaschigem Körper), war nicht nur den Pilzen, sondern auch den Hahnenkämmen ein lustvoller Kavalier.

Weiß: siehe unten! bzw. Quarts de Chaume und Bonnezeaux/Loire/F

Ein jugendlicher *Barsac 2ᵉ Cru Classé* (SÉM 85 %, SB 15 %; 3 – 5 Jahre; 8 – 9 C) vom CHÂTEAU SUAU, Sauternes/Bordeaux/F (goldgelb, intensiver, süßer Duft nach Fruchtsirup, aromatisch-üppiger Körper mit Orangenblüten-, Mandarinen-, Nuß- und Honigtönen und feinem Süße-Säure-Spiel im harmonischen Ausklang), schafft es nicht ganz, die Aromabrücke des Gavi herzustellen. Doch hier profitierten Gericht und Wein voneinander, ohne sich aber wirklich zu ergänzen.

**Weiß: Corton-Charlemagne, Meursault 1ᵉʳ Cru oder Montrachet/Burgund/F
Schaumwein: reifer Jahrgangschampagner**

Der prachtvolle *Corton-Charlemagne Grand Cru* (CH; 4 – 7 Jahre; 10 – 11° C) von ANDRÉ NUDANT, Ladoix-Serrigny/Côte de Beaune/Burgund/F (strohgelb mit Grünreflexen, bezaubernder Duft mit Blütenanklängen und Nuancen von Mandeln und Toast, rund-samtiger Körper mit fulminantem, mandelwürzigem Finish), war für einige Tester der Wein des Tages und harmonierte tatsächlich mit den Trüffeln besser als der Barsac.

HAHNENNIEREN

Seit mehr als zwei Jahrtausenden eine besondere Delikatesse, die angeblich Fruchtbarkeit verleihen soll. Sie werden als Vorspeise, Beilage und als feines Ragout angeboten.

Als Partner eignen sich – je nach Sauce und Zubereitungsart – mild-würzige *Weißweine (Frühroter Veltliner, Pinot Gris, Riesling Spätlese)* und samtige *Rotweine (Merlot, Beaujolais/Burgund, Blaufränkisch)*.

Hahnennieren gebacken

Gewässerte frische Nieren kurz überbrüht, in Salz, Pfeffer und Zitronensaft mariniert, in Mehl, Ei und geriebenem Weißbrot herausgebacken und mit gehackter Petersilie serviert. Stellvertretend für oben genannte *Weißweine* stehen hier die zwei interessantesten Kreszenzen: Ein milder *Frühroter Veltliner* (1 – 3 Jahre; 8 – 9° C) von ERICH SAILER, Röschitz/Weinviertel/NÖ/A (helles Gelb, reintöniger Duft mit Marzipananklängen, wuchtig mit reifer Säure und Haselnußakzenten im vollmundigen Endgeschmack), konnte die Nieren aromatisch ergänzen und profitierte selbst von der Würze der Marinade. Die *„Kiedricher Sandgrub" Riesling Spätlese* (8 – 12 Jahre; 10 – 11° C)) vom SCHLOSS GROENESTEYN, Kiedrich/Rheingau/D (mit vollem Goldgelb, reifem Ananas-Petrolhauch, harmonischem Säurespiel und einem Nachhall von gewaltiger Länge – ohne spürbare Süße), verlor den Petrolhauch und akzentuierte die Würzenote des Gerichts auf angenehme Weise.

HAIFISCHFLEISCH

Das Fleisch der kleineren Arten des Raubfisches (→ Dornhai, Glatthai) ist von fester Konsistenz, relativ schmackhaft und wurde bei uns erst in den siebziger Jahren für die Küche entdeckt. Geräuchert erinnert es in Farbe und Struktur an gepökelte Rinderbrust und ist dann mit mild-würzigen *Weißweinen* (ohne aggressive Säure) ideal zu kombinieren: *Terlaner Weißburgunder/Südtirol, Sauvignon Blanc Spätlese, Pinot Gris* und – last not least – verschiedene *Sherrys/E* – je nach Sauce.

Haifischflossensuppe

Eine chinesische Delikatesse, die wegen ihres Vitamin- und Nährstoffreichtums und nicht zuletzt wegen ihres besonders feinen Fischaromas geschätzt wird. Zu uns kommt sie in Dosen, wird aufgewärmt mit etwas → *Sherry* nachgewürzt und sollte auch von diesem bei Tisch begleitet werden, falls man sich für Wein entscheidet.

HALLIMASCH (HONIGPILZ)

Ein an Baumstümpfen wachsender Blätterpilz mit gelb- bis mittelbraunem Hut und weißem Hautring. Der Pilz ist roh giftig, gekocht schmeckt er von September bis November am vorzüglichsten.
Er zieht beim Kochen etwas Schleim, ist von säuerlich-adstringierender Art und sollte nicht mit säure- bzw. gerbstoffreichen Weinen kombiniert werden. Fruchtig-milde, reife *Rosé-, Weiß-* und *Rotweine* ergeben die erfreulichsten kulinarischen Ergebnisse.

HALLOUMI

Ein zypriotischer Lake-Käse, der in Kochsalz eingelegt und mit Minze aromatisiert wird. Epigonen sind Halloum/Libanon und Hallomy/Australien.

Interessanter Begleiter des eigenwilligen Käses ist der modern vinifizierte halbtrockene *zypriotische Thisbe* (XYNISTERI, 1 – 2 Jahre; 8 ° C) von KEO-WINERY, der den Aromabogen ideal spannt; aus unserer Sicht sind vor allem halbtrockene *Rieslinge* zu favorisieren.

HAMBURGER

Gegenstück zur deutschen → Frikadelle: fein gehacktes Rindfleisch mit gerösteten Zwiebeln, Ei, Salz und Pfeffer verarbeitet, mit Öl beträufelt und auf dem Grill oder in der Pfanne je drei Minuten gegart, mit → Tomatenketchup bestrichen und zwischen zwei Weißbrotscheiben angerichtet.

Junge, fruchtige *Rotweine* und würzige *Biere* sollten als Begleiter ins Auge gefaßt werden, jedoch sind *amerikanische Weißweine (Johannisberg Riesling, Chardonnay, Sauvignon)* wesentlich effizienter in der Anpassung an die Ingredienzien.

HAMBURGER RAUCHFLEISCH

Gepökeltes, kaltgeräuchertes Rindfleisch, dünn aufgeschnitten und mit geriebenem Meerrettich serviert.

Südtiroler Kalterer See und *südsteirischer Sauvignon* schnitten hier hervorragend ab, wobei der *Kalterer* besonders mit dem Rauchfleisch und der *Sauvignon* mit dem Meerrettich harmonierte.

HAMMEL (SCHÖPS)

Das Fleisch der männlichen kastrierten Schafe ist ziegel- bis dunkelrot. In der Gastronomie wird jedes ausgewachsene Schaf außer den Böcken (Widder) und den weiblichen Alttieren als Hammel bezeichnet. Im Alter von zwei bis vier Jahren hat das Fleisch noch einen zarten Geschmack, während bei älteren Tieren durch das Fett ein unangenehmer Talggeschmack auftreten kann. Zu jüngeren Tieren kann man noch verschiedenste Weine anbieten, während ältere Exemplare immer nach schweren, kraftvoll-würzigeren Kreszenzen verlangen. Zu Hammelcurry empfiehlt sich eine *weiße Pinot Gris*- oder *Gewürztraminer Spätlese, südländischer milder Rosé* oder für Gewürzfreunde *roter Nostrano/CH, Pinot Noir* bzw. *Provence Rouge/F, Torbato d'Alghero/Sardinien* ...

Hammelbrust auf „Tatarenart"

Brust mit Wurzelwerk und Kräutern in Wasser weichgekocht, in breite Streifen geschnitten, mit Senf und Öl bestrichen, mit Paniermehl bestreut, gegrillt und mit Petersilie und → Sauce Tatar serviert.

Weiß: Côtes de Provence Blanc/F
Rosé: Südeuropa

Ein *spanischer Rosado* (GAR; 1 – 3 Jahre; 9° C) von CVNE (COMPANIA VINICOLA DEL NORTE DE ESPANÃ) aus Haro/Rioja Alta, erfrischte durch Reintönigkeit, lebendige Frucht (Kräuternuancen) und delikaten Abgang. Wenn er auch dem Gericht nicht wirklich Paroli bieten konnte, so hielt er doch die Kräuter und Gewürze sehr gut im Zaum.

Rot: siehe unten! bzw. Côtes du Rhône Rouge/F

Ein junger *Médoc Château Greysac Cru Grand Bourgeois*, Bégadan/Bordeaux/F (CS + CF 60 %, M 38 %, PV 2 %; 4 – 6 Jahre; 16 – 17° C), mit tiefer Farbe, intensiv-fruchtigem Bouquet (Cassis, Weichseln), üppig-vollmundigem Geschmack und gut eingebundenen Tanninen war in der Lage, die Würze des Gerichts auszugleichen und die Sauce zu unterstreichen.

Weiß: Riesling Spätlese/Auslese
Rot: siehe unten!

Ein reifer *Rioja „Viña Tondonia" Gran Reserva* (TEM 50 %, GR 30 %, MAZ 10 %, GRA 10 %; 15 – 20 Jahre; 17 – 18° C) von LOPEZ DE HEREDIA, Haro/Rioja Alta/E (mit festem Orangerot, komplexem Bouquet nach Maulbeeren und Vanille, großer Fülle und Opulenz und gut integriertem Tannin im mächtigen Abgang), nahm der Hammelbrust etwas an eigenwilligem Aroma und konnte für kurze Zeit sogar die Oberhand behalten. Doch auf die Dauer kann man einen Hammel wohl nie besiegen.

Hammelfilet auf „Arlesische Art"

Die Muskelstränge zu beiden Seiten des Rückgrats werden leicht geklopft und in Olivenöl angebraten, mit Salz, Pfeffer, gebratenen Tomaten, gebackenen Auberginenscheiben und Zwiebelringen gewürzt und mit Rosmarinkartoffeln serviert.
(Arles ist eine französische Stadt am Rhônedelta.)

Rosé: Südfrankreich
Rot: Beaujolais Nouveau/Burgund, Côteaux d'Aix en Provence/F

Ein nervig-würziger *Côtes de Provence Rosé „Cuvée de Tibouren"* (TIB; 2 – 3 Jahre; 9 – 10° C) von der COOPÉRATIVE in Ramatuelle/F bewährte sich als beinahe adäquater Mittagswein, der zwar die Aromen akzentuierte, aber gleichzeitig den Gaumen erfrischte.

Rot: siehe unten! bzw. Syrah/Rhône/F

Ein dunkler *Cahors Château de Chambert* (AUX 75 %, M 15 %, TAN 10 %; 4 – 6 Jahre; 16 – 17° C) aus Cahors in Floressas/SW-F beeindruckte mit exotischer Würze, fleischigem Körper und noblem Endgeschmack. Wenn er auch die Gewürze ein wenig entfachte, so war er doch ein aromatisch komplementärer Partner von hohem Niveau, der ein unvergeßliches Erlebnis schuf.

Weiß: Châteauneuf-du-Pape Blanc/südliche Rhône/F
Rot: siehe unten!

Ein kerniger *Madiran Château d'Aydie* (TAN 50 %, CF 35 %, CS 15 %; 5 – 7 Jahre; 16 – 17° C) von der FAMILIE LAPLACE in Aydie/SW-F erwies sich als wahrer großer Wein (TGV = très grand vin) mit tiefer Farbe, reichem Bouquet (getrocknete Früchte, Toast und Würze), kraftvoll-breitem Finale mit weichen Tanninen, dem es zeitweise sogar gelang, das Hammelfilet zu übertönen.

Hammelfleisch mit Bohnen

Kleingeschnittene grüne Bohnen und Kartoffeln, gewürfelte Karotten und Hammelfleisch in Wasser, Salz, Petersilie und Bohnenkraut gekocht und mit weißer Mehlschwitze gebunden. Ein vielschichtiger *südsteirischer Morillon* vom WEINGUT POLZ/A, ein würzig-frischer *weißer Patrimonio* von ANTOINE ARENA, Korsika, und schließlich der gewaltige *rote Gigondas „Cuvée de Latour Sarrazine"* von der DOMAINE CLOS DE CAZAUX, Vacqueyras/nördliche Rhône/F, waren die Finalisten in den einzelnen Sparten.

Hammelkeule

Die Keule soll etwa 2 kg schwer, gut abgehangen, dick und fest sein und außen eine dünne (!) Fettschicht aufweisen. Beim Schmoren gewinnt sie an Geschmack, besonders in Kombination mit Knoblauch, und verlangt dann nach einem kräftig-würzigen Partner. Hammelkeule mit Quittenpaste wurde von mittelkräftigem *Cabernet Sauvignon* von JEAN LEÓN, Plá del Penedès/E, mit Esprit begleitet. Hammelkeule „Soubise" (mit Zwiebelpüree) ist mit *weißem Pacherenc du Vic-Bilh/Béarn/SW-F* (ein munterer Sommerwein) und *australischem Cabernet Sauvignon/New South Wales* (ein würziger Winterwein) gut kombinierbar.

Hammelkeule gebraten

Hammelkeule mit einer geschälten Zwiebel und zwei Knoblauchzehen angebraten, mit Mehl, Butter, Salz, gemahlenem weißem Pfeffer gewürzt, mit 1/4 l einfachem rotem Bordeauxwein aufgegossen und mit 1/8 l süßem Rahm gebunden.

Weiß: Riesling-Sylvaner/O-CH, Bianco del Ticino/Tessin/CH
Rot: siehe unten! bzw. Cabernet Sauvignon oder Cabernet Franc

Der *Cru Grand Bourgeois Château Duplessis* (CS 65 %, M 20 %, MC 10 %, PV 5 %; 4 – 5 Jahre; 16 – 17° C) aus Moulis/Haut-Médoc/Bordeaux/F schmiegte sich hervorragend an die Hammelkeule an. Schlüssel zum Erfolg war natürlich die Sauce.

Rot: siehe unten! bzw. Cabernet-Merlot

Der *Château Ponet-Canet* (CS 68 %, M 20 %, CF 12 %; 5 – 10 Jahre; 16 – 17° C) *5ᵉ Cru Classé*, Pauillac/Haut-Médoc/Bordeaux/F (Cassisparfum, harmonisch, stilvoll, intensiver Abgang), entlockte dem Gericht noch einige zusätzliche Würztöne.

Weiß: Riesling Spätlese halbtrocken
Rot: siehe unten! bzw. großer Pauillac/Haut-Médoc/Bordeaux/F

Der *Côte Rotie „La Landonne"* (SYR; 10 – 15 Jahre; 17 – 18° C) von MARCEL GUIGAL, Ampuis/nördliche Rhône/F, gehört zum Edelsten, was Frankreich auf dem Rotweinsektor zu bieten hat (tiefdunkel, mit exotischen Düften, reichem Körper und süßlichen Tanninen im gigantischen Finale. Der Wein war dem Hammel – trotz einer kleinen Disharmonie mit der Sauce – ein spektakulärer Regisseur.

Hammelkopfragout

Kopf in Wurzelwerk und Salzwasser weichgekocht, Fleisch ausgelöst und grob gewürfelt; in brauner Mehlschwitze kleingeschnittene Salzgurke und Pilze gedünstet, mit Salz und Weißwein aromatisiert und mit Kartoffelpüree serviert.

Algerischer Mascara Rosé als Sommer- und Mittagswein, reifer *burgenländischer Pinot Blanc Kabinett/Spätlese trocken* als Idealpartner und trockener *ungarischer Tokaji Szamorodni* als Winterwein empfahlen sich in den einzelnen Disziplinen; doch auch *Malzbiere* können der salzig-würzigen Aura des Gerichts etwas abgewinnen.

Hammelkoteletts (Hammelrippchen)

Die Koteletts werden aus dem Rücken geschnitten; pro Person rechnet man mit zwei Stück, die geklopft und dann saftig und rosa gebraten werden sollten. Wenn das Randfett (Talggeschmack) weggeschnitten wird, sind sie auch mit eleganteren *Rotweinen* kombinierbar.

Hammelkoteletts „Englisch"

Koteletts gesalzen und gepfeffert, mit Mehl, Ei und Semmelbröseln paniert, in Butter gebraten und mit Brunnenkresse und Pommes frites angerichtet.

Weiß: Pinot Gris und Neuburger Kabinett/A
Rot: Passetoutgrains/Burgund/F

Ein strohgelber *Ruländer* (2 – 3 Jahre; 9 – 10° C) von LEOPOLD BREYER, Wien-Jedlersdorf/A, brachte komplexe Duftnoten (Karamel-Lindenblüten), gut eingebundene Säure und samtigen Körper ins Spiel, arrangierte sich sogleich mit der Panier und konnte auch die Koteletts bald für sich gewinnen.

Weiß: Pinot Gris, Pinot Blanc und Neuburger Spätlese trocken/A
Rot: Margaux/Haut-Médoc und Saint-Émilion/Bordeaux/F

Der *Château Cantenac-Brown* (CS 75 %, M 15 %, CF 8 %, PV 2 %; 5 – 7 Jahre; 16 – 17° C) *3ᵉ Cru Classé*, Margaux/Haut-Médoc/Bordeaux/F, neuerdings im Besitz von AXA und wieder in Form (dunkel, cabernetgeprägt, mit Fülle, Rasse und etwas erdigem Abgang), büßte seine Erdigkeit ein, wurde samtig und verspielt.

Rot: reifer Saint-Estèphe/Haut-Médoc und Pomerol/Bordeaux/F

Der rassige *Château Cos d'Estournel* (CS 60 %, M 40 %; 8 – 15 Jahre; 16 – 17° C) *2ᵉ Cru Classé*, Saint-Estèphe/Haut-Médoc/Bordeaux/F (ein klassischer Langstreckenläufer mit weicher Holznote, rauchigem Cabernet-Bouquet, fleischigem Körper und überzeugender Persistenz), konnte noch eine Spur besser als der Cantenac gefallen und kam – aufgrund seiner Reife – auch mit der Panier sehr gut zurecht. Eine gelungene Kombination.

Hammelnieren

Nur Nieren von Jungtieren sind eine Delikatesse und werden wie → Kalbsnieren zubereitet.
Zu Hammelnieren „Liégoise" (mit Wacholderbeeren) wählen Sie *roten Saint-Julien Cru Classé* (z. B. CHÂTEAU LANGOA-BARTON, Médoc/Bordeaux/F) oder beerenwürzigen *Vino Nobile di Montepulciano DOCG* (z. B. von POLIZIANO, Toskana/I).

Hammelnieren auf „Berryer Art"

Tranchen von Hammelnieren in Butter angebraten und gesalzen; im Bratenjus Mehl angeröstet, mit Rotwein abgelöscht und mit Salz, Pfeffer, Butter, Fleischextrakt, Räucherspeckwürfeln, Champignonscheiben und Perlzwiebeln angereichert. Nieren mit Sauce und Nudeln angerichtet. (Berry ist eine französische Landschaft westlich der Loire.)

Rot: Chinon; Bourgueuil und Saumur-Champigny/Loire/F,
junger Blaufränkisch und Zweigelt/BGLD/A

Der *Chinon* (CF; 3 – 5 Jahre; 14 – 16° C) von GUY LEMAIRE, Touraine/Loire/F, gilt als Vin de Garde unter den „Beaujolais der Loire" und erfreute denn auch durch köstliche Frische, feine Veilchen-Cassis-Note und würzigen, gaumentapezierenden Schlußpunkt.

Rot: Syrah/Rhône bzw. Shiraz/AUS,
Clos de la Roche/Burgund, Gaillac Rouge/SW-F

Ein *Crozes-Hermitage „Les Picaudières"* (SYR; 5 – 7 Jahre; 17 – 18° C) von der DOMAINE DU ROURE, Saint-Marcel d'Ardèche/nördlicheRhône/F, avancierte schnell zum Liebling der Verkoster (dunkler, tiefer Teint, herrlicher Duft nach Cassis, Holz und Kirschen, kraftvoll, tanningestützter Abgang) und nahm auch Räucherspeck und Zwiebeln jede Gefährlichkeit.

**Rot: Hermitage und Gigondas/nördliche Rhône/F,
Grange Hermitage (Penfolds) und Bundara Hermitage (Bailey's)/AUS**

Der *Hermitage* (SYR; 5 – 8 Jahre; 17 – 18° C) von der DOMAINE CHAVE in Mauves/nördliche Rhône/F war noch um eine Nuance gehaltvoller als der „kleine Bruder" und zeigte nebenbei auch Charme und Finesse im großen Finale. Die etwas strengen Nieren wurden auf wundersame Weise mild und sanft. Ein Dompteurwein!

Hammelnüßchen (Hammelsteaks)

Die Noisettes (Nüßchen) werden von den Filets des Rückens oder aus dem Sattel ähnlich den Tournedos in etwa 2 bis 3 cm dicke Scheiben geschnitten und meist gebraten oder gegrillt zubereitet. Sie können – wenn nicht allzuviel Knoblauch, Thymian usw. verwendet wurde – auch mit eleganteren *weißen* Kreszenzen gepaart werden.

Hammelnüßchen „Don Pedro"

Nüßchen in Butter gebraten, gewürzt, auf gedünsteten Gombos (→ Okras) angerichtet und mit gedünsteten Bananen und Pfeffersauce präsentiert. Die süß-säuerlich-scharfe Grundtendenz der Speise ist mit *Weißweinen* (→ asiatische Küche) besser auszubalancieren, doch wurden wir diesmal von unseren spanischen Gastgebern, die mit Schärfe umzugehen wissen, eindeutig überstimmt.

**Weiß: Ribolla, Verduzzo und Tocai/Friaul/I
Rosé: Monistrol/Katalonien/E
Rot: Clarete/E**

Der jugendlich-charmante *Ribolla* (2 – 4 Jahre; 8 – 9° C) von GIROLAMO DORIGO, Buttrio/Friaul/I, verblüffte mit einem stupenden Eibisch-Fenchelaroma und sorgte für perfekte Begleitmusik. Ein Sommerwein von kaum zu überbietender Frische und Aromatik.

**Rot: reifer Rioja Gran Reserva/E,
reifer Crozes-Hermitage Rouge/nördliche Rhône/F**

Der berühmte *Rioja-Klassiker „Conde de Los Andes" Gran Reserva* (TEM 100 %; 10 – 15 Jahre; 17 – 18° C) von FEDERICO PATERNINA, Haro/Rioja Alta/E, wird nur in außergewöhnlichen Jahren produziert. Er betäubte denn auch fast mit seinem exotisch-holzgeprägten Bouquet und seiner urwüchsigen Kraft, die die Nüßchen in feurige (Gaumen-)Tänzer verwandelte.

Rot: siehe unten! bzw. reifer Châteauneuf-du-Pape Rouge/südliche Rhône/F

Der *Vega Sicilia „Unico"* (CS, M, MC, TINTO ARAGONES, GAR, ALB; 15 – 20 Jahre; 17 – 19° C) aus Valbuena de Duero/Altkastilien/E, präsentierte sich tieffarben, körperreich (13,5 %), komplex und intensiv fruchtig mit reichen Aromen (Cassis, Kastanien, Pfeffer) im langen Finish; er deckte das Gericht zuerst zu, um dann ein unvergeßliches Aromafeuerwerk zu entfachen. (Unvergeßlich auch deshalb, weil unser Gaumen noch stundenlang gereizt war.)

Hammelpilaw

In Streifen geschnittenes Hammelfleisch, gehackte Zwiebeln und Paprikaschoten mit Salz, Pfeffer und Muskatnuß gewürzt, mit Tomatenwürfeln weich gedünstet und mit körnigem Reis angerichtet.

Das exotische *südbelgische Dunkelbier Chimay*, ein ausgleichend-würzig-erfrischender *Rosé de Provence* und die für dieses Gericht wie geschaffene *Gewürztraminer Spätlese* von MANFRED PLATZER, Tieschen/Südoststeiermark, seien aus der Fülle der verkosteten Weine lobend erwähnt.

Hammelragout (Navarin)

Schulter würfelig geschnitten, angebraten, mit Mehl, Tomatenmark, Salz, Pfeffer und Knoblauch gewürzt und zugedeckt langsam gedünstet; als Beilage mitgedünstete kleine Zwiebeln, Karotten und weiße Rüben. Klassiker als Begleiter sind reifer *Barolo/Piemont* und ebensolcher *Brunello di Montalcino DOCG/Toskana/I* sowie erdigwürziger *Graves Rouge/Bordeaux/F*.

(→ Irish Stew)

Hammelrippchen → Hammelkoteletts

Hammelrücken

Auch Sattel genannt; ca 2 kg schwer und meist rosa am Spieß gebraten oder auch geschmort. Wenn der Rücken nicht allzu großzügig gewürzt ist, hat man hier auch Glück mit edlen, kraftvollen *Weißweinen*.

Hammelrücken auf „Nizzaer Art"

Rosa gebratener Rücken mit geschmolzenen Tomaten, Knoblauch und Estragon gewürzt und mit Schloßkartoffeln (Pommes de terre Château = oval zugeschnitten, in Butter gebräunt, mit gehackter Petersilie bestreut) serviert.

Weiß: Cassis und Bellet Blanc/Provence/F

Der köstliche *weiße Bellet „Clos Saint-Vincent"* (RO 70 %, ROU 20 %, CH 10 %; 1 – 3 Jahre; 8 – 9° C) von RENÉ GOMEZ, Provence/F, lieferte Frucht und Frische, feinwürzigen Duft (Pfeffer, Kräuter) und kultivierten, anhaltenden Endgeschmack, der den Rücken herrlich untermalte und die Gewürze – einschließlich der Tomaten – fein nuancierte. Ein belebender Sommertrank.

Rot: siehe unten! bzw. Morgon/Cru Beaujolais/Burgund/F

Der elitäre *Mas de Daumas Gassac* (CS 80 %, CF, MC, TAN, M, SYR 20 %; 5 – 8 Jahre; 17 – 18° C) von AIMÉ GUIBERT, Aniane/Languedoc/F, gilt als „Stern des Südens" (dunkles Purpur, kräuterwürzig-beerig, großzügiger Körper mit Orangentönen und mächtigem Schlußakkord) und war dem Gericht ein mehr als ebenbürtiger, stolzer Partner.

Rot: siehe unten! bzw. Cabernet-Shiraz/AUS

Der *Hermitage Rouge „Cuvée Marquise de la Tourette"* (SYR; 5 – 8 Jahre; 17 – 18° C) von DELAS FRÈRES, Tournon-sur-Rhône/nördliche Rhône/F (dunkel, mit Würzebouquet von eindringlicher Art – Pflaumen, Kräuter, Pfeffer – und kraftvollem Finish zum Kauen), legte dem Gericht einiges an Aroma und Kraft vor. Es dauerte einige Zeit, bis sich der Hammelgeschmack etwas durchgesetzt hatte, doch mit dem Estragon kam keine Einigung zustande (Rotwein und Estragon sind einander generell nicht sehr gewogen!).

Hammelsteaks

Aus dem Sattel bzw. Hammelrücken geschnitten, lassen sich gerne mit klassischen *Rotweinen (Bordeaux, Australien, Kalifornien)* paaren.

Hammelsteaks „Devonshire"

Steaks gesalzen, gepfeffert, eingeölt, am Rost gebraten und mit grünen Erbsen und Old Englands Lieblingssauce, der → Mintsauce, serviert.

Weiß: Roter Veltliner Kabinett/Spätlese trocken/A
Rot: Blauer Portugieser/NÖ/A, Dôle/CH, junger Margaux/Haut-Médoc/Bordeaux, Bandol Rouge/Provence/F

Der fruchtcharmante *Château Segonnes* (CS 65 %, M 30 %, CF 3 %, PV 2 %, 4 – 6 Jahre; 16° C), Zweitwein von CHÂTEAU LASCOMBES, Margaux/ Haut-Médoc/Bordeaux/F (rubin-violett, Kirschen-, Beeren- und Bitterschoko-Aromen im eleganten Auslauf), war ein feiner Mittagswein, der die Steaks hofierte und auch mit der Minzesauce einigermaßen zurechtkam.

Weiß: Grüner Veltliner Spätlese trocken/Weinviertel/NÖ/A
Rot: Pauillac (CHÂTEAU LYNCH-BAGES, CHÂTEAU MOUTON-ROTHSCHILD)/ Bordeaux/F, Pinot Noir/Oregon/USA

Ein superber *Château Lynch-Bages* (CS 70 %, M 18 %, CF 10 %, PV 2 %; 8 – 12 Jahre; 17 – 18° C) war ein kongenial-hochadeliger Partner, der sogar mit der Mintsauce zurechtkam und dabei selbst an Würzigkeit und Frische gewann.

Rot: siehe unten! bzw. Cabernet-Shiraz/S-AUS,
Hermitage/nördliche Rhône/F, Corvo Rosso/Sizilien/I

Der monolithische *kalifornische Cabernet Sauvignon „Martha's Vineyard"* (8 – 10 Jahre; 17 – 18° C) von JOE HEITZ, St. Helena/Napa, wurde wegen seines ausgeprägten Minze-Eukalyptusaromas ausgewählt und sorgte denn auch mit tiefem Bouquet (Minze, Pfefferkuchen, Tabak) und ölig-mächtigem Finish für eine Aroma- und Würzeschlacht von höchster Intensität.

HARISSA

Extrem scharfe nordafrikanische Würzpaste für → Couscous, Fleischspeisen und Suppen; aus Cayennepfeffer, kleinen roten Pfefferschoten, Knoblauch, Koriander, Kümmel, Olivenöl und getrockneter Pfefferminze.
Der ätzenden Schärfe begegnet man am vernünftigsten mit stillem *Mineralwasser* oder *kühlem Bier*. Die an den Geschmack gewöhnten Afrikaner trinken – sofern sie überhaupt Alkohol trinken – auch *Rotweine (Côteaux de Mascara/Algerien* oder *tunesischen Magon:* CIN, MV; 1 – 3 Jahre; 14 – 16° C) dazu, um die Würze noch zu vervielfältigen!

HARZER KÄSE (HANDKÄSE)

Ein Sauermilchkäse, der fingerlang, rund oder stangenförmig auf den Markt kommt. Er reift sehr rasch, ist rötlich-braun, pikant-würzig und wird gerne mit Schweineschmalzbrötchen kombiniert.
In dieser Kombination harmoniert er sehr gut mit *weststeirischem Schilcher* (BLW; 1 Jahr; 9° C) von MAX LUKAS, Hochgrail/STMK/A, dessen erfrischende, anregende Art, gepaart mit Aromen nach frischen Äpfeln, Erdbeerkraut, Brennesseln und einer stahligen Säure sich sowohl degustativ, als auch verdauungsfördernd hervortun konnte; ansonsten – ohne Schweineschmalzbrötchen – sind *Rieslinge* oder *Riesling-Sylvaner* ansprechende Partner.

HASCHEEKNÖDEL MIT SPECKKRAUTSALAT

Österreichische Spezialität aus Kartoffelteig, gefüllt mit feingehacktem, gut gewürztem, gekochtem (gesurtem) Schweinefleisch.

Ein jugendlich-rassiger *Grüner Veltliner/Weinviertel/NÖ/A* holte aus dem Gericht eine Menge an Würze und Nuancen heraus. Ein einjähriger *Riesling* aus *Langenlois/Kamptal-Donauland/NÖ/A* machte die Knödel subtil-würzig, und im Zusammenwirken mit dem Speckkrautsalat erfuhr der Wein eine Metamorphose, die ihn plötzlich zum Fruchtcharmeur (exquisite Marillentöne) und dominierenden Partner werden ließ. Auch *Weißburgunder* und *Sylvaner Kabinett* sind ausgezeichnete Begleiter der Speise.

HASE

Beliebtes Haarwild, das über ganz Europa, Australien, Neuseeland, Argentinien und Amerika verbreitet ist. Bei den Römern und teilweise bis ins Mittelalter glaubte man noch, daß Hasenfleisch schön mache. „Meister Lampe" lebt von Karotten und Kraut und schmeckt im Alter von 3 bis 8 Monaten (November/Dezember) am feinsten. Das Fleisch der Jungtiere ist rosa, das der Alttiere dunkelrot.

Junge Tiere vermählen sich gerne mit eleganten *Burgundern (weiß* und *rot)*, reifere Hasen ziehen etwas kraftvollere (auch „graumelierte" dunkle Partner *(Barolo/Piemont, Brunello di Montalcino/Toskana/I ...)* vor. In Kombination mit Dörrpflaumen sollten Sie einen kräftigen *Rotwein* von der *nördlichen Rhône* in Erwägung ziehen *(Hermitage, Saint-Joseph, Cornas ...)*.

Has im Topf (Tippe Haas)

Wildspezialität aus dem Rheinland: junger Hase in Stücke zerteilt, mit Zwiebeln, Knoblauch, Thymian etwa drei Tage in Rotwein mariniert; Zwiebelscheiben in Butter angeschwitzt, die Hasenstücke mit Salz und Pfeffer angebraten und mit in Scheiben geschnittenem Bauchspeck, geriebenem Schwarzbrot und Burgunder-Rotwein vermischt und zugedeckt geschmort; die Sauce ist mit Hasenblut sowie saurem und süßem Rahm versetzt.

Rot: siehe unten! bzw. Pinot Noir; Gamay/Genf/CH,
Beaujolais Villages/Burgund/F

Ein *„Assmanshäuser Höllenberg"* (PN; 3 – 5 Jahre; 16 – 17° C) *Spätburgunder Auslese* von den STAATSWEINGÜTERN, Eltville/Rheingau/D, wurde eigentlich nur gewählt, um das Gastgeberland zu ehren, doch dabei erlebten wir eine tolle Überraschung (schönes Burgunderrot, elegantes, beerenfülliges Bouquet, engmaschig-dichter Körper und kraftvoller Abgang); ein Bilderbuch-Burgunder, der dem Gericht und uns große Freude bereitete.

Rot: Pinot Noir/Côte d'Or/Burgund,
Cru Beaujolais (Moulin à Vent, Morgon)/Burgund, Chinon/Loire/F

Ein *Ile de Vergelesses 1er Cru* (PN; 5 – 8 Jahre; 16 – 17° C) von LOUIS LATOUR, Beaune/Burgund/F, hatte schwer zu kämpfen, um die Nase vorn zu haben. Sein bezaubernder Blütenduft und sein aromatischer, himbeergeprägter Geschmack mit Rückgrat und Tiefe gaben letztlich den Ausschlag, wobei die Härte des Tannins von der Sauce total neutralisiert wurde.

Rot: Nebbiolo (Carema, Gattinara, Barolo)/Piemont,
reifer Brunello di Montalcino/Toskana/I

> Ein klassischer *Barolo DOCG* (NEB; 7 – 10 Jahre; 17 – 18° C) von LUCIANO SANDRONE, Barolo/Piemont/I (dunkel mit Granatrand, reifer Duft nach Pflaumen und wilden Rosen, männlich-wuchtiges Finish), ließ sich zwar weder mit der Sauce noch mit dem gesamten Gericht ganz harmonisch vereinigen, trotzdem wurde es eine vielbewunderte Kür des Weins.

Hase in Portweingelee

Scheiben von gebratenem Hasen, gedünsteter Gänseleber, gedünsteten Champignons und Trüffeln in Portweingelee.

Weiß: Pinot Gris Kabinett/Spätlese; Chasselas und Petite Arvine Flétrie/CH

> Eine *Grauburgunder „Britzinger Rosenberg" Spätlese* (3 – 5 Jahre; 10 – 11° C) von der WG BRITZINGEN, Baden/D (mit goldgelben Lichtern, zartem Karamelhauch, kräftig-würzigem Körper und samtigem Finale), war allen Beteiligten ein aufmerksamer Diener.

Weiß: Traminer und Pinot Gris Spätlese; Graves Blanc/Bordeaux/F
Schaumwein: Clairette de Die/SO-F oder reifer Jahrgangs-Champagner/F

> Eine *Traminer Spätlese* (3 – 6 Jahre; 10 – 11° C) von GOTTFRIED SCHELLMANN, Gumpoldskirchen/Thermenregion/NÖ/A (strohgelb, dezentes Rosen-Würzebouquet, konzentrierte Frucht, runder Körper, langer, samtiger Ausklang), erwies sich als idealer Partner, der alle (!) Komponenten gleich behandelte.

Weiß: alter Vouvray/Loire und Château-Chalon/Jura/F
Rot: siehe unten! bzw. reifer Pomerol/Bordeaux/F

> Ein *Vintage Port* (15 – 20 Jahre; 13 – 14° C) von SMITH WOODHOUSE & CO, Porto/P, übernahm sogleich das aromatische Kommando, paßte sich aber im Laufe des Abends sehr gut an Gänseleber, Champignons, Trüffeln und Gelee an, mit dem Hasen selbst konnte er sich nicht allzusehr anfreunden.

Hasenblut

Das Blut eines frisch erlegten Hasen beim Ausnehmen aufgefangen und mit Essig vermischt, damit es nicht gerinnt! Hasenblut gibt vielen Wildsaucen ihr animalisches Gepräge!
Herb-würzige *Rotweine* mit einem Hauch von Wildbretaroma (wie *Syrah/Rhône, Shiraz/AUS, Madiran/SW-F ...*) können hier geschmacklich mit- und dagegenhalten.

Hasenkeulen auf „Deutsche Art"

Die gespickten Keulen in Butter angebraten, gewürzt, mit Burgunder-Rotwein abgelöscht und langsam gar gedünstet; Fond mit saurem Rahm gebunden; Beilagen sind Apfelmus und Spätzle.

Rot: siehe unten! bzw. Pinot Noir; junger Gamay/Beaujolais/Burgund/F oder Gamay/Genf/CH, Blaufränkisch/A/D

> Die *Spätburgunder Spätlese „Endinger Engelsberg"* (2 – 4 Jahre; 15 – 16° C) von LEOPOLD SCHÄTZLE, Endingen/Baden/D (jugendliches Rot, elegantschlanker Körper mit finessenreichem Nachhall), war ein Mittagswein von hochfeiner, aromatischer Textur, der insbesondere die Sauce gekonnt unterstützte.

Rot: siehe unten! bzw. großer Pinot Noir

Die exquisite *Spätburgunder Auslese "Schweigener Sonnenberg"* (3 – 5 Jahre; 16 – 17° C) von FRIEDRICH BECKER, Schweigen/Rheinpfalz/D (dunkles Rubin, herrliche Burgunder-Beerennase, samtig-eleganter Geschmack mit anhaltenden Aromaerlebnissen), war etwas kräftiger als der Vorgänger und kann auch am Abend reüssieren. Die beeindruckende kulinarische Harmonie wurde auch hier in erster Linie über die Sauce hergestellt.

Rot: großer Pinot Noir/Côte de Nuits/Burgund/F

Der reife *1er Cru Vosne-Romanée "La Grande Rue"* (PN; 15 Jahre; 18° C) von HENRI LAMARCHE, Côte de Nuits/Burgund/F (Granatfarbe, üppiges Reifebouquet, seidig-weicher Körper, warm-samtiger, etwas fruchtverlierender Endgeschmack von großer Intensität), lebte an der Seite der Speise sichtlich auf und bekam über die Sauce bereits verlierende Frucht zurück. Ein Erlebnis!

Hasenlendchen → Hasenfilets

Hasenpastete

Frischer, junger Hase ausgelöst, Filets mit Räucherspeck gespickt und über Nacht in Salz, Pastetengewürz und Cognac (Weinbrand) gebeizt; das übrige Hasenfleisch, etwas Kalb- und mageres Schweinefleisch und roher Speck gehackt (faschiert) und mit Salz, Pastetengewürz, Filetbeize und Eiern zu einer Farce gekocht.

Weiß: Pinot Blanc und Pinot Gris
Rot: Dôle und Gamay/CH

Ein *Westschweizer Dôle de Chamoson* (PN, GAM; 2 – 3 Jahre 15 – 17° C) von DANIEL MAGLIOCCO, Saint-Pierre-de-Clages/Wallis, bestätigte sich als fruchtcharmanter, unkomplizierter Begleiter.

Weiß: siehe unten! bzw. Pinot Blanc Spätlese trocken
Rot: Pinot Noir

Ein traumhaft schöner und stolzer Partner war ein reifer *Meursault "Perrières"* (CH; 6 – 8 Jahre; 9 – 10° C) von ROPITEAU FRÈRES, Meursault/Côte de Beaune/Burgund/F, dessen buttrige, haselnußwürzige Art eine spektakuläre Geschmacksharmonie bewirkte, Räucherspeck, Gewürze und Cognac gleichermaßen in den Griff bekam und auch noch Akzente setzte.

Rot: Gigondas/südliche Rhône, Alentejo und Douro/P

Ein voluminöser *Gigondas "Cuvée de la Tour Sarrazine"* (GR 75 %, SYR, MV ...; 6 – 10 Jahre; 17 – 18° C) von der DOMAINE CLOS DE CAZAUX, Vacqueyras/südliche Rhône (dunkel mit Granatrand, würzige Nase mit Tabak- und Pfeffernuancen, reicher Körper mit Tanninreserven im fulminanten Nachhall) war sofort „Chef im Ring" und verpaßte der Pastete eine klare Punkteniederlage.

Hasenpfeffer (Hasenklein)

Keulen (Läufe), Brust, Hals, Herz und Leber würfelig geschnitten, zwei Tage in Salz, Pfeffer, Zwiebeln, Öl und Weinbrand gebeizt, in Fett angebraten, in Mehl, Rotwein und Beize gar geschmort. Ragout mit Zwiebeln und Räucherspeck versetzt, Sauce mit Hasenblut gebunden und mit Nudeln angerichtet.

Rot: Gamay/Beaujolais/Burgund und Fitou/Midi/F, Zweigelt/A

Ein *Beaujolais Nouveau* von GEORGES DUBOEUF kam mit dem Wildgeschmack nicht zurecht; der *Fitou AOC* (CAR, GR ...; 3 – 6 Jahre, 16° C) von PAUL COLOMER, Corbières/Languedoc/F (körperreich-robust mit Aromen nach wilden Pflaumen und Gewürzen), war da schon aus anderem Holz geschnitzt und konterkarierte sogar die Sauce ausgezeichnet.

Rot: Saint-Estèphe/Haut-Médoc und Canon Fronsac/Bordeaux/F, großer Zweigelt/A, Côtes du Rhône Rouge/F

Der *Zweigelt* (3 – 6 Jahre; 16 – 17° C) von LEOPOLD UND MARIA WURST, Schrattenthal/Weinviertel/NÖ/A, ein dunkler, kirschfruchtiger Wein mit rauchig-pikanter Note und kernig-kräftigem Abgang, holte zusätzlich Aromen und Nuancen heraus. Quelle der Inspiration war die würzige Sauce.

Rot: Pinot Noir Grand Cru/Côte de Nuits/Burgund, Châteauneuf-du-Pape/südliche Rhône/F, Madiran/SW-F, Zinfandel und Petite Sirah/KAL, Château Musar/Libanon

Ein *La Tâche Grand Cru* (PN; 8 – 12 Jahre; 17 – 18° C) von der berühmten DOMAINE DE LA ROMANÉE-CONTI, Vosne-Romanée/Côte de Nuits/ Burgund/ F (dunkles Granat, intensiv nach Wildbret, Tabak, wilden Rosen duftend, kraftvoll mit noch etwas bitteren Tanninen bei gleichzeitig hoher Extraktsüße und dem typischen Waldbodenton im mächtigen Finale), setzte zu einem vielbestaunten Sololauf an, doch schon bald merkte man, daß der Wein 100%ig auf der gleichen Aromalinie lag.

Hasenrücken

Der Sattel des Hasen reicht von den ersten Rippen bis zu den Läufen. Er wird immer gespickt und rosa gebraten. Der Bogen der möglichen Begleiter spannt sich von *Burgund (rot* und *weiß)* bis *Italien(Brunello di Montalcino, Barolo).*

Hasenrücken „Diana"

Der gespickte, gesalzene und gepfefferte Sattel ist in Butter angebraten und wird mit Wildsauce auf Maronenpüree kredenzt.

Weiß: Pinot Blanc, Chardonnay und Sylvaner Kabinett
Rot: siehe unten! bzw. Blaufränkisch Kabinett/BGLD/A,
Gamay/Genf/CH, Rosso di Montalcino/Toskana/I

Der *Santenay* (PN; 4 – 6 Jahre; 17° C) von BERNARD BACHELET, Chagny/Côte de Beaune/Burgund/F (dunkles Purpur, erdig-würziger Duft, fleischiger Körper, intensiv-würziger Abgang), war dem Rücken ein schillernder Begleiter, der die Wildsauce und das Maronenpüree erstaunlich gut in Szene setzte.

Rot: Brunello di Montalcino und Vino Nobile di Montepulciano/Toskana, Barolo/Piemont/I; Shiraz/Barossa und Hunter Valley/AUS

Der *Brunello di Montalcino DOCG* (6 – 10 Jahre; 17 – 18° C) von der TENUTA CAPARZO, Montalcino/Toskana/I (tiefe Farbe, reiches Bouquet nach Brombeeren und Pflaumen, füllig-würziger Geschmack mit gut eingegliedertem Tannin und einem Touch von gerösteten Maronen), brachte alles mit, was man erwarten kann. Trotzdem konnten wir keinen Konsens finden, an welcher Stelle wir ihn reichen sollten, und verzichteten deshalb auf eine weitere Beschreibung.

Rot: Vega Sicilia „Unico" und Tinto Pesquera/Ribera del Duero/E, Shiraz/S-AUS, Domaine de Trévallon/Provence/F

Hasenschnitten à l'Orange

Filets in schräge Scheiben geschnitten, mit Salz, Pfeffer in Butter gebraten und mit Orangenspalten garniert; Wildsauce mit Pfeffer, Orangensaft und Curacao aromatisiert; Beilage: gedünstete Maronen.

Weiß: Chardonnay/AUS bzw. KAL,
Spätrot-Rotgipfler Kabinett/Thermenregion/NÖ/A
Rot: Blauburger und Blaufränkisch/A und D, Gamay/Genf/CH

Der *Blauburger Ried Bründgfangen* (BLF x BLP; 2 – 4 Jahre; 16 – 17° C) von HERMANN KRUTZLER, Deutsch-Schützen/S-BGLD/A (tiefdunkel mit Violettreflexen, charmant-mollig mit einigem Tiefgang und angenehmer Beerensüße im ansonst trockenen Endgeschmack), war dem Gericht ein stimmiger Begleiter, der sogar aromatisch (beinahe) einen Gleichklang herstellte.

Weiß: Gewürztraminer Spätlese trocken bis halbtrocken;
Spätrot-Rotgipfler Spätlese/Thermenregion/NÖ/A
Rot: exotischer Cabernet Sauvignon

Der *Cabernet Sauvignon* (3 – 6 Jahre; 16 – 17° C) von JEAN LEÓN, Plá del Penedès/E (dunkle Farbe, Cassiswürze, Zimt und Holz im Übermaß, samtig-weicher Mittelbogen mit einem Hauch von Exotik und einiger Tanninstütze im mittelkräftigen Finale), konnte das Gericht in jeder Weise fordern und durch seine Exotik eine sensationelle Aromaergänzung herbeiführen.

Weiß: Traminer, Riesling und Muskat-Ottonel Auslese
Rot: siehe unten! bzw. Cabernet-Shiraz/S-AUS

Der *Château Musar* (CS 50 %, CIN 45 %, SYR 5 %; 8 – 10 Jahre; 17 – 18° C) von SERGE HOCHAR, Ghazir/Libanon (tiefdunkel mit Granatrand, exotische Duftfülle mit feiner Würze, kräftig-schwer, von der Wärme seines Landes geprägter langer, alkoholreicher Abgang mit charakteristischer Röstnote), dominierte das Gericht, nahm ihm etwas an Wildgeschmack und mutierte selbst zu einer portweinähnlichen, milden Kreszenz. Eine gewisse aromatische Verwandtschaft zu Sauce (Orangen, Pfeffer ...) und Maronen war allerdings schon vorher feststellbar.

HASELHUHN (ROTHUHN)

Zu den Waldhühnern zählendes Wildgeflügel, das bei uns nur noch vereinzelt vorkommt. Das rebhuhngroße Wildhuhn besitzt ein weißes, schmackhaftes Fleisch, das leider etwas trocken ist und daher mit Speck umwickelt und oft begossen werden muß. Junge Exemplare werden gebraten und gegrillt, ältere geschmort bzw. gedünstet.
Gern gesehene kulinarische Begleiter sind saftig-milde *Meursaults/Burgund/F*, mildwürzige *Pinots Blancs* und reife *Pinots Noirs*, in erster Linie von der *Côte de Nuits/Burgund/F*, die auch mit dem Speckaroma gut zurechtkommen.

HASELNUSS → NÜSSE

HAUSEN (RUSS.: BELUGA)

Fisch der Störfamilie aus dem Kaspischen und Schwarzen Meer, der bis zu 9 m lang und 1400 kg schwer wird. Er steigt zum Laichen in die Flüsse auf und kam im 17. Jahrhundert noch bis Wien (→ Kaviar).
Sein grobes, rotes Fleisch zählt in der Sowjetunion nicht unbedingt zu den Leckerbissen, wird aber bei uns in geräucherter Form als sehr schmackhaft empfunden und läßt sich sehr gut mit reifem *Sauvignon Blanc, Pinot Gris, Neuburger* oder *Pinot Blanc* vereinen. Fruchtig-frische *Rotweine* mit zarter Würze, wie *Blauer Zweigelt, Blaufränkisch, Cabernet Franc* (eventuell gekühlt serviert), betonen den Fisch- und Eigengeschmack noch stärker.

HAUSGEFLÜGEL → GEFLÜGEL

HAUSKANINCHEN → KANINCHEN

HAUTES PYRÉNÉES

Französischer Schafmilchkäse aus den höheren Pyrenäen (→ Pyrénée), mit brauner Rinde, großen Löchern und herzhaftem Schafmilcharoma, der mit einem würzigen *Rosé de Béarn/Pyrenäen* (oder ähnlichen Produkten) eine köstliche Zweisamkeit bildete.

HAVARTI

Dänische Variante des → Tilsiters, mit hellgelbem, geschmeidigem Teig, kleinen Löchern und säuerlichem Aroma.
Ideale Ansprechpartner sind rassige *Silvaner (Elsaß/F, Franken/D ...)* sowie *Kerner/D* und *Riesling*.

HECHT

Der Ritter der Flüsse ist ein gefräßiger Raubfisch, der mit seinem großen Maul Frösche, Fische, Ratten, Wasservögel und sogar Schlangen verzehrt. Man findet ihn in den Flüssen und Seen Europas, Asiens und Nordamerikas. Er besitzt festes, mageres, etwas grätiges Fleisch, wird bis 2 m lang und bis zu 35 kg schwer. Am schmackhaftesten und zartesten ist er im zweiten Jahr bei einem Gewicht von ca. 2 kg in den Monaten September bis Jänner, er ist aber auch tiefgekühlt im Handel erhältlich.
Zum Hecht „Müllerin" sollten Sie einmal einen *Saumur Blanc sec* von der DOMAINE DE NERLEUX, Saumur/Loire/F (CHB; 2 – 3 Jahre; 8 – 9° C), versuchen, der mit blumigen Düften und nerviger Art für eine köstliche Abwechslung sorgt; zum Hecht gebacken gibt es kaum eine bessere Alternative als einen jugendlich-fruchtigen *Riesling-Sylvaner;* zum Hecht „Nanua" (→ Sauce Béchamel mit Rahm, Krebsbutter und Krebsschwänzen) ist *Vouvray sec/Loire* geradezu Pflicht. Wenn in Wurzelsud gekocht, sollten Sie primär an einen *Silvaner (Baden/D, Elsaß/F ...)* denken. Hecht geschmort und *Pinot Gris Spätlese* ist etwas für Genießer; Hechtwurst mit Scampi und *Pinot Blanc* sind ausgezeichnet, und zu Hecht geräuchert versuchen Sie fruchtigen *Rotwein*. Die wohlschmeckende Hechtleber „verheiraten" Sie mit *Riesling* bzw. *Traminer Kabinett* oder *rotem Refosco/Friaul/I*.
(→ Hornhecht)

Hecht auf „Badische Art"

Halbierter, ausgelöster einjähriger Hecht mit Salz gewürzt und mit gehackten Zwiebeln und saurem Rahm in eine ausgebutterte Pfanne gelegt, mit Parmesan und geriebenem Weißbrot herausgebacken.

Weiß: Pinot Grigio, Tocai, Malvasia/I

Wegen des Parmesans wagten wir uns an einen *italienischen Pinot Grigio* (1 – 3 Jahre; 8 – 9° C) von der AZIENDA ENO-FRIULIA, Capriva del Friuli/Friaul/I, heran, der mit feinem Blütenduft, füllig-geschmeidigem Körper und samtigem Ausklang zum idealen Mittagswein avancierte.

Weiß: Riesling-Sylvaner, Pinot Blanc und Pinot Gris Kabinett/Baden/D etc.

Der *Müller-Thurgau Kabinett* (RS; 2 – 3 Jahre; 8 – 9° C) von FREIHERR VON GLEICHENSTEIN, Vogtsburg-Oberrotweil/Kaiserstuhl/Baden, ging eine innige Verbindung mit der lokalen Spezialität ein, pufferte die reichen Aromen geschickt ab und sorgte für eine veritable Gaumenfreude auf badische Art.

Weiß: Riesling-Sylvaner, Pinot Blanc und Pinot Gris Spätlese trocken/Baden/D etc.

Die *badische Grauburgunder Spätlese* (3 – 6 Jahre; 10 – 11° C) „Sasbacher Limburg" von der WG SASBACH (helles Goldgelb, aromatisch-feinwürziger Wiesenduft, kraftvoll-opulenter Geschmack mit reichem, trockenem Ausklang) war dem „Nationalgericht" ein würdiger Partner, wobei sich die Geschmacksharmonie mit jedem Schluck verstärkte.

Hechtmittelstück mit Kapern und Sardellen

Mittelstück in Scheiben zerlegt, in Salz, Pfeffer, Butter und trockenem Weißwein (Sancerre) gebraten. Sauce aus Wasser, Rahm, Kapern, Zitronensaft, Sardellen, Petersilie, Pfeffer und Schalotten.

Ein *südsteirischer Sauvignon Blanc Kabinett* (2 – 3 Jahre; 9° C) von WALTER SKOFF, Eckberg, als Mittagswein mit Pfiff, der formidable *Sancerre „Cuvée Prestige"* von COMTE THIBAULT, Sancerre/Loire/F (SB; 3 – 5 Jahre; 9 – 10° C), als Hausherr und der renommierte *Pouilly-Fumé „Baron de L"* (3 – 5 Jahre; 9 – 10° C) von DE LADOUCETTE, Pouilly-sur-Loire/Loire/F, konnten uns am meisten beeindrucken, da erstens der Sauvignongeschmack schon in der Sauce vorherrschte und zweitens Kapern, Zitronensaft, Sardellen, Petersilie und Schalotten eine besondere Neigung für diese Rebsorte hegen.

Hechtnockerl mit Champignons

Hechtfleisch und Rindernierenfett faschiert und mit Mehl, Milch, Butter, Eiern und Kräutern vermischt, zu Nockerln (Klößen) geformt und in Salzwasser gar gedämpft. Fond aus Wasser, Salz, Pfeffer, Champignons, Zitronensaft, Butter, Garnelenschwänzen und Weißwein.

Weiß: Macon Blanc/Burgund/F, Pinot Blanc und Pinot Gris Kabinett

Ein *Pouilly-Vincelles* (CH; 1 – 3 Jahre; 9° C) von PIERRE PONNELLE, Mâconnais/Burgund/F, erinnerte mit seiner mineralischen Feuersteinnote und der zitrusartigen Säure an den benachbarten *Pouilly-Fuissé* und gab im übrigen einen energiegeladenen Partner ab.

**Weiß: Chablis, Meursault, Puligny-Montrachet/Burgund/F;
Pinot Blanc und Chardonnay Spätlese trocken**

🍷 Ein junger *Chablis AC* (CH; 1 – 3 Jahre; 9 – 10° C) von WILLIAM FÈVRE, Chablis/Burgund/F, mischte sich ideal mit den diversen Aromen und verlieh dem Gericht – im Zusammenspiel mit der Zitrusnote – mehr Lebendigkeit, Ausdruckskraft und Finesse.

**Weiß: Sauvignon Blanc Spätlese oder mittelreifer Sauternes/Bordeaux/F
Rot: Beaujolais Villages/Burgund/F**

🍷 Der sensationelle *Sauvignon Blanc* (2 – 5 Jahre; 9 – 10° C) von KLEIN CONSTANTIA, ZA, hat bereits weltweit Aufsehen erregt. Obwohl erst seit der Ernte 1986 am Markt, schaffte Winemaker ROSS GOWER sozusagen über Nacht den Sprung in die Weltspitze. Hier wurden die ausgezeichneten Hechtnockerl fast zur Nebensache, so sehr delektierten wir uns an dem Wein!

Hechtpastete

Stücke eines 1 bis 2 m langen Hechts mit Salz mariniert, in eine gebutterte Schüssel gelegt, mit Zitronensaft, Petersilie, Kerbel, Estragon, Sardellenfilets, geriebenem Weißbrot bestreut, mit zerlassener Butter begossen und mit Halbblätterteig bedeckt, mit Eigelb und Weißwein bestrichen und im Ofen gebacken.

Weiß: Grüner Veltliner und Malvasier/NÖ/A, Pinot Grigio/Friaul/I

🍷 Ein mittelreifer *Grüner Veltliner Kabinett Ried Gärtling* (2 – 3 Jahre; 9 – 10° C) des Aufsteigers der letzten Jahre, MARTIN NIGL, Senftenberg/Kamptal-Donauland/NÖ/A (mittleres Gelb, Apfel-Birnennase, eleganter Körper mit engmaschiger Frucht und Würze), avancierte zu unserem Lieblingswein für den sommerlichen Mittagstisch.

**Weiß: Beaujolais Blanc/Burgund, Silvaner/Elsaß/F
Rosé: Südfrankreich**

🍷 Der *Côtes du Roussillon Rosé AOC* (CAR, GR, CIN ...; 1 – 2 Jahre; 10 – 12° C) von den VIGNERONS DE LANSAC (nahe der spanischen Grenze) harmonierte besonders mit den Sardellenfilets und war auch sonst sehr anpassungsfähig.

Rot: siehe unten! bzw. Pinot Noir ohne Holzausbau

🍷 Der *Cru-Beaujolais „Chiroubles"* (GAM; 2 – 3 Jahre; 13 – 15° C) vom CHÂTEAU DES LABOURONS, Burgund/F – im speziellen Fall kellerkühl serviert, erfreute uns mit herrlichem Rosenduft, zartem Röstton und geschmeidigfleischigem Ausklang. Der Pastete war er ein beinahe ebenbürtiger Partner, der den Fischgeschmack besonders intensivierte – man muß es nur mögen!

HEFEKNÖDEL (-KLÖSSE) MIT MOHN
→ GERMKNÖDEL

HEIDELBEEREN
(BICK-, BLAU-, SCHWARZ- ODER WALDBEEREN)

Die in ganz Europa, Mittel- und Nordamerika und Nordasien verbreiteten niedrigen Sträucher tragen die Früchte der erbsengroßen, blauschwarzen Beeren, die einen hohen Anteil an Vitamin A, B und C haben.

Interessanterweise lassen sich die aromatischen Beeren auch mit exquisiten *Barrique-Rotweinen* vorzüglich vermählen und bringen deren Holz-Würzenote auf raffinierte Art zur Geltung.
Zu Heidelbeeren mit flüssigem Rahm begeisterte uns der *Champagne Rosé* von LOUIS ROEDERER, Reims; *Rotwein*-Freunde delektierten sich hingegen an heidelbeerfruchtigem *Côteau Champenois* von A. SECONDE-PRÉVOTEAU, Champagne. Heidelbeeren auf „Schweizer Art" (mit Vanillezucker, Rum und Rahm) wurden von einem jugendlich-charmanten *Westschweizer Chasselas*, HÔPITAL DE POURTAL, Cressier, ins rechte Licht gesetzt, während beerenfruchtiger, extraktsüßer *Merlot* von CH. + J.-M. NOVELLE, Satigny/Genf/CH, einen aromatischähnlichen Gegenpol schuf.

HEILBUTT

Größter Plattfisch der nördlichen Meere, der 2 m lang und 150 kg schwer werden kann. In den Handel kommt er meist mit einem Gewicht von 1,5 kg bis 50 kg und ist dann bei einem Fettgehalt von 5,2 % eine Delikatesse mit weißem, fest-fettem Fleisch und einem hohen Anteil an Vitaminen, Nährstoffen und Mineralien. Am besten mundet er in den Wintermonaten. Als Partner von Format haben sich kraftvolle, vollmundig-trockene (bis halbtrockene) *Weißweine* aus *Frankreich (Meursault/Burgund, Graves/Bordeaux, Condrieu/nördliche Rhône ...)* und *Deutschland* (reifer *Rheingauer, Franken-* und *Moselriesling*) einen Namen gemacht.

Heilbutt mit Kapernbutter

Heilbuttscheiben mit Salz und Selleriesalz eingerieben, in Mehl gewendet und 5 Minuten pro Seite bei mittlerer Hitze in Butter gebraten; Kapern mit Zitronensaft und Zucker in die Buttersauce gerührt.

Weiß: Malvasier und Sylvaner Kabinett;
Mâconnais Blanc/Burgund, Entre-deux-Mers/Bordeaux/F

Die *Malvasier „Jungweinpremiere"* (1 – 3 Monate; 9 – 10° C) vom JOHANNESHOF DER FAMILIE REINISCH, Tattendorf/Thermenregion/NÖ/A, erfreute durch jugendlich-milde Fruchtigkeit, samtig-weichen Geschmack, paßte sich hervorragend an den üppigen Fisch an, akzentuierte die diversen Aromen und nahm den Kapern etwas an Intensität.

Weiß: Riesling und Sauvignon Blanc Spätlese;
Condrieu/nördliche Rhône und Meursault 1er Cru/Burgund/F

Eine mittelreife *Riesling Spätlese „Würzburger Abtsleite"* (3 – 5 Jahre; 10 – 11° C) vom BÜRGERSPITAL ZUM HL. GEIST, Würzburg/Franken/D, erfüllte uns alle Wünsche (volles Gelb, rassiger Rieslingduft, herzhaft-fruchtigsamtiger Abgang) und entledigte uns eigentlich der Aufgabe, nach einem weiteren Partner zu suchen!

Weiß: siehe unten! bzw. reife Pinot Blanc und
Riesling Spätlese/Auslese trocken

Der sublime *Château Chantegrive* (SÉM, SB, ML; 2 – 4 Jahre; 8 – 10° C) aus Podensac/Graves/Bordeaux/F war vielleicht noch eine Spur eindrucksvoller als der *Riesling*; vor allem mit der knackigen Haut des Fisches und der reichen Buttersauce ging er ein noch innigeres Verhältnis ein!

Heilbuttscheiben gegrillt mit Zitronenmayonnaise

Heilbuttscheiben mit Öl, Salz, Pfeffer und gehackten Kräutern bestrichen, ca. 15 Minuten auf einer heißen Platte vorgebraten, dann pro Seite etwa 7 bis 8 Minuten gegrillt und mit Zitronenmayonnaise serviert.

Weiß: jugendlich-rassiger Riesling Kabinett; Muscadet sur lie/Loire/F
Rosé: Südeuropa
Schaumwein: Cava-Rosé/Penedès/E

Ein jugendlich-rassiger *Mosel-Riesling Kabinett „Trierer Deutschherrenberg"* (2 – 4 Jahre; 9 – 10° C) von den STAATLICHEN WEINBAUDOMÄNEN, Trier/D, belebte mit rassig-reintönigem Pfirsichduft, trocken-spritzigem Geschmack und herzhafter, zitrusartiger Säure, die dem Fisch zu pikanter Frische verhalf und appetitanregend wie auch verdauungsfördernd wirkte.

Weiß: Riesling-Sylvaner/NÖ/A, Sauvignon Blanc, Chardonnay ohne Holzausbau

Ein reifer *Sauvignon Blanc* aus der *Südsteiermark/A* und ein fruchtigmilder *Riesling-Sylvaner* aus der *Wachau/NÖ/A* wurden ex aequo-Sieger in dieser Sparte. Wobei der *Sauvignon Blanc* die kräuterwürzige Seite betonte und der *Riesling-Sylvaner* die Haut mehr akzentuierte. Versuchen Sie selbst!

Weiß: Condrieu und Hermitage Blanc/nördliche Rhône/F, Rebula/Slowenien
Schaumwein: Champagne Blanc de Blancs/F

Der extravagante *Condrieu AC* (VIO; 2 – 3 Jahre; 9 – 10° C) von GEORGES VERNAY, Condrieu/nördliche Rhône/F (intensives Gold, Honig-Wachsnase, Aprikosenaroma und kraftvoller – 13 % – Abgang mit langem Nachspiel), wurde zu einem Gaumenkitzel besonderer Art. Er fand jedoch im Zusammenspiel mit dem Butt keine Fortsetzung, da er die Eigenart des Fisches unterdrückte und diverse Aromen maskierte.

HELGOLÄNDER STEAK

Ein Filetsteak eingeölt, gesalzen, gepfeffert, gegrillt und mit Kräutersauce, → Sauce Hollandaise und Tomatensauce (den Farben Helgolands: grün, weiß und rot) überzogen und mit Pommes frites angeboten.
Ein *Spätburgunder „Oberrotweiler Käsleberg"* (2 – 4 Jahre; 16 – 17° C) vom WINZERVEREIN, Oberrotweil/Baden/D, und eine *Lemberger Spätlese „Heilbronner Staufenberg"* (BLF; 2 – 4 Jahre; 17° C) vom WEINGUT HERMANN, Able/Württemberg/D, begleiteten das Steak auf vorbildliche Weise und kamen auch mit den diffizilen Saucen ganz gut zurecht. Der jugendliche *Chianti Classico DOCG Riserva Ducale* (2 – 3 Jahre; 16° C) von I. L. RUFFINO, Pontassieve/Toskana/I, eigentlich als Außenseiter ins Rennen gegangen, untermalte die diversen Saucen und Aromen auf superbe Art und wurde am höchsten benotet; doch Deutschlands Gourmets werden sicher noch eine attraktivere Paarung kennen!?

HERING

Der „silberne Segen des Meeres" gilt als einer der wertvollsten Seefische. Er gehört zur Familie der Knochenfische, wird bis zu 40 cm lang, ernährt sich von Plankton und kleinen Krebsen und ist dadurch von fetter, schmackhafter Art. Er lebt in der Nord- und Ostsee und hält sich in großen Schwärmen auf. Da alljährlich Milliarden von Heringen gefangen werden, ist er günstig zu kaufen und zählt deshalb nicht unbedingt zu den Lieblingen der Gourmets. Der norwegische Hering wird gern mariniert und geräuchert (→ Bückling), der isländische ist der größte und fetteste (9 %), und von den Hebriden kommt der feinste und zarteste. Die von Feinschmeckern gesuchte Heringsmilch erhält man im November; Salzhering wird von den Gourmets allerdings verschmäht.

Zu mariniertem Hering sollten Sie milde, kraftvolle *Weißweine (Pinot Gris, Chenin Blanc)* versuchen, da diese mit dem fetten Fleisch und der Marinade am besten fertig werden; zu gegrillten Heringen wäre rustikal-würziger *Rosé de Saint-Tropez/Provence/F* anzuraten (die ideale „Bauernhochzeit") oder ein Glas *Pils* zu genießen. Zu delikater Heringsmilch ergötzten wir uns hingegen an einem *Graves Blanc/Bordeaux*, und zu Heringssalat ist *Montlouis demi-sec/Loire/F* unvergleichlich.

Heringskönig (Sonnenfisch, Petersfisch, St. Petersfisch)

Schollenähnlicher Raubfisch von furchterregendem Aussehen, der sich hauptsächlich von Heringen ernährt. Sein mageres Fleisch ist vor allem von April bis August von fester, wohlschmeckender Art, und seine Filets sind eine wahre Gaumenweide. Nur wenn er zu heiß gegart wird, kann er zäh werden! Wenn er klassisch zubereitet und von einer üppigen Sauce begleitet wird, gilt es, etwas tiefer ins Portemonnaie zu greifen und einen mittelreifen bis reifen *weißen Puligny-* bzw. *Chassagne-Montrachet/Burgund/F* zu ordern (z. B. *„Pucelles"* oder *„Rouchottes"*). Versuche mit *Rotweinen* waren nur teilweise erfolgreich: Interessanterweise konnten sich reiche, samtig-weiche Weine besser durchsetzen als gekühlte, jugendlich-säurige Exemplare. Zu Heringskönig „Dugleré" (mit Weißweinsauce, Schalotten und Tomatenwürfeln) delektierten wir uns an einem phänomenalen *Chablis Pic 1er Cru* von A. REGNARD & FILS, Chablis/Burgund/F.

Heringskönig auf Fenchelgemüse

Fisch filetiert, in gesalzener Butter und mit geschnittenem Fenchel gar gekocht, Buttersauce langsam eingekocht und mit Cayennepfeffer, Fenchelkraut und Petersilie aromatisiert.

Weiß: Silvaner Kabinett/Franken/D und Elsaß/F, Côteaux du Languedoc/Midi/F

Der *Silvaner Kabinett* trocken (1 – 3 Jahre; 8 – 9° C) *„Randersackerer Pfülben"*, vom WEINGUT SCHMITTS KINDER, Randersacker/Franken/D, wurde wegen seiner Affinität zum Fenchel gewählt und enttäuschte uns in keiner Weise. Kaum ein Wein betonte Sauce, Gemüse und Gewürze so ideal. Als Mittags- und Sommerwein ein Hit.

Weiß: Puligny-Montrachet 1er Cru und Pouilly-Fuissé/Burgund/F; Riesling und Sauvignon Blanc Kabinett/Spätlese

Der *Rheinriesling „Federspiel"* (5 – 10 Jahre, 9 – 10° C) *Ried Loibenberg* von EMMERICH KNOLL, Loiben/Wachau/NÖ/A, war die Sensation des Tages. Obwohl nur als Outsider gehandelt, da zu Unrecht auf Süßwasserfische fixiert, faszinierte er mit edlem Körper, feiner Säure und vielschichtigen Aromen, die Fenchel, Petersilie und Buttersauce ideal ergänzten und geschmacklich eine faszinierende Symbiose bildeten.

Weiß: Châteauneuf-du-Pape und Hermitage Blanc/Rhône/F

Der *Châteauneuf-du-Pape Blanc* (ROU 80 % ...; 4 – 5 Jahre; 8 – 10° C) vom CHÂTEAU DE BEAUCASTEL, Courthezon/südliche Rhône (mit seinen exquisiten Fenchel-, Minze- und Blütentönen), war ein extravaganter Begleiter.

Zuerst schockte die Vielfalt der Aromen den Gaumen, doch nach und nach brachte die Finesse des Weins alle Aromen ins Spiel.

HERRENPILZE → STEINPILZE

HERZMUSCHELN

Artenreiche Muschelfamilie von den flachen Sandböden der Nordsee, des Mittelmeeres und des Atlantiks. Die 2 bis 5 cm kleinen Muscheln werden mit „Baggerschiffen" an die Oberfläche gebracht. In der Zeit von Oktober bis April sind sie besonders wohlschmeckend.

Als Partner wünschen sie sich edle, mild-würzige bis honigsüße weine mit frischer Frucht und blumigen bis exotischen Tönen. Herzmuscheln „alla Pescarese" (mit Tomatenpüree, Zwiebeln, Knoblauch, Chilisauce ...) vermählten wir erfolgreich mit dem außergewöhnlichen *Trebbiano d'Abruzzo* (4 – 6 Jahre; 8 – 9° C) von VALENTINI, Loreto Aprutino, und zu gratinierten „Herzmuscheln" schenkten wir einem *neuseeländischen Chardonnay „Hawke's Bay"* von COLLARDS, Henderson, unsere ganze Aufmerksamkeit.

Herzmuscheln in Butter gedünstet

Die gedünsteten Herzmuscheln werden lediglich mit frischem Zitronensaft beträufelt.

Weiß: siehe unten! bzw. Grüner Veltliner Kabinett/Weinviertel/NÖ, Martina Franca/Apulien/I, Sauvignon Blanc Kabinett
Rosé: Südeuropa

Der *Castello della Sala* (TRE, PB, SB; 1 – 2 Jahre; 8 – 9° C) von MARCHESE L.& P., Antinori/Umbrien/I, besaß einen diskret-fruchtigen Apfelduft mit feinen Zitrustönen, gestützt von einem elegant-schlanken Körper und einem würzigen Finale, in welchem sich der Wein mit dem frischen Zitronensaft vereinte und das Gericht in den Mittelpunkt stellte – allerdings um neue Nuancen bereichert.

Weiß: Sémillon-Chardonnay/NZ und AUS, Locorotondo/Apulien/I, Graves Blanc/Bordeaux/F

Der *Sémillon-Chardonnay* (1 – 2 Jahre; 8 – 10° C) von BABICH WINES, Henderson/NZ, verführte uns mit exotischem Duft, samtigem Körper und rauchigem Aroma, was auch den Muscheln zu gefallen schien.

Weiß: siehe unten! bzw. Hermitage Blanc/nördliche Rhône, Jurançon sec/Pyrènées-Atlantiques/F, junger Barsac/Sauternes/Bordeaux/F

Der *Picolit* (8 – 12 Jahre; 10° C) von der AZ. AGR. ABBAZIA DI ROSAZZO, Manzano/Friaul/I, gilt als einer der besten Weine seiner Art. Abgestimmt auf die Bedürfnisse der Muscheln betörte er denn auch mit goldenem Strahl, blumigmildem Duft und harmonisch-honigsüßem Finale von erstaunlicher Frische. Eine unvergeßliche Gaumen- und Seelenfreude!

HIMBEEREN

Die Früchte des wildwachsenden Himbeerstrauches (Rosengewächs) stammen ursprünglich aus dem Orient. Die Schwester der Brombeere wurde bei uns erst um 1570 heimisch und hat einen bezaubernden Duft. Im Geschmack erreicht sie nicht ganz die Ausdruckskraft der Brombeere, wünscht sich aber ebenfalls einen milden

Schaumwein oder einen dunkelfarbigen *(roten)* Gesellen als Partner, der ähnliche Attribute besitzt, vorausgesetzt, daß die Garnitur nicht zu süß ist. Himbeertorte und *Riesling Auslese* ist eine köstliche Angelegenheit; Himbeer-Charlotte und *roter Bourgeuil/Loire/F* schaut nur auf den ersten Blick fremdartig aus; Himbeersorbet und *Himbeergeist* ist etwas für gastrosophische Abenteurer, und Himbeer-Törtchen fanden unerwartete Aromaunterstützung in einem *roten Saint-Émilion/Bordeaux/F*, doch auch samtig-weiche, extraktsüße *Merlots* sind wundervoll.

Himbeercreme

Pürierte Himbeeren mit Zitronensaft und Puderzucker, Gelatine und geschlagenem Rahm vermischt, in Formen gegossen, erkaltet und mit Schlagrahm kredenzt. Eine halbtrockene, mittelreife *Riesling Spätlese/Rheingau/D*, ein edelsüßer *Côteaux du Layon/Loire/F* und ein lieblicher *Vouvray Moelleux/Touraine/Loire/F* kristallisierten sich als bestmögliche Partner heraus, nicht zu vergessen die *Traminer Beerenauslese* (5 – 8 Jahre; 8 – 9° C) von STEFAN TSCHIDA, Illmitz/Neusiedlersee/BGLD/A, die uns zu Lobliedern animierte.

Himbeereis → Eis

Pürierte Himbeeren mit Orangen- und Zitronensaft und Läuterzucker verrührt, in die Eismaschine gefüllt, im Tiefkühlfach gefroren und kurz vor dem Hartwerden mit geschlagenem Rahm vermischt.
Neben den schon oft bemühten *Moscato-Kreszenzen* (still oder schäumend) bewährten sich *deutscher Riesling-Sekt* von DEINHARD, Koblenz, eine *„Brauneberger Juffer" Riesling Auslese* (10 – 15 Jahre; 9 – 10° C) von FRITZ HAAG, Brauneberg/Mosel, die allesamt die Süße des Desserts mit markanter Säure und zarter Restsüße unterstrichen, und schließlich noch ein (lieblicher) *Frascati Amabile DOC/Latium* von ANTONIO PULCINI, Frascati, der sich genial anschmiegte.

Himbeeren „Erimar"

Frische Himbeeren gezuckert, mit Apricot Brandy aromatisiert, in einen Geleerand gefüllt, mit Johannisbeergelee bedeckt, mit gehobelten Mandeln bestreut und mit Schlagrahm serviert.
Der oft zitierte *Moscato d'Asti/Piemont/I*, jugendlich-strahlender *Sauternes (Barsac)Bordeaux/F* und eventuell samtiger *roter Tignanello/Toskana* sind die „heißesten" Favoriten unter den diversen Partnern.

HIMMEL UND ERDE

Rheinische und niedersächsische Delikatesse: gebratene Blutwurstscheiben mit Kartoffelpüree und Apfelmus kredenzt.

Rot: Pinot Noir/Baden/D etc.

Ein *Spätburgunder „Endinger Engelsberg" Kabinett* (2 – 3 Jahre; 16° C) von der ZENTRALKELLEREI BREISACH, Baden/D (helles Rubin, zarter Beerenduft, mild-harmonischer Wein mit mittlerem Abgang), konnte sich als einer der wenigen Rotweine profilieren, lediglich mit dem Apfelmus kam auch er nicht klar.

**Weiß: Riesling und Riesling-Sylvaner bzw.
Rivaner Kabinett/Nahe/Rheinpfalz/D etc.**

Ein eleganter *Rivaner Kabinett „Ungsteiner Honigsäckl"* (1 – 3 Jahre; 8 – 9° C) vom WEINGUT FUHRMANN-EYMAEL, Pfeffingen bei Bad Dürkheim/

Rheinpfalz/D, konnte auch dieses Manko wettmachen und ordnete sich dem Gericht perfekt unter.

Weiß: Riesling und Riesling-Sylvaner Spätlese

Eine reife *Riesling Spätlese* (10 – 15 Jahre; 9 – 10° C) *"Winkeler Jesuitengarten"* von H. HUPFELD ERBEN, Mittelheim/Rheingau/D (dunkelgold, reife Nase mit Petrolhauch, engmaschig mit Finesse, Ausgewogenheit und langem, zart-firnigem Ausklang), war eine geglückte Kombination! Der Wein wurde jünger, verlor seinen Petrolhauch und sorgte für einen Gaumenkitzel ersten Ranges!

HIRSCH

Der Stolz der Wälder galt früher als „Rinderbraten der Reichen" und sollte nicht älter als ein Jahr sein. Das edle Rotwild hat von Februar bis Juli Schonzeit und ist anschließend zart, fettarm und leicht verdaulich. Das Fleisch der weiblichen Tiere ist noch um eine Nuance zarter!
Hier können die großen *Rotweine* der weiten Welt ihr Glück versuchen! Zu den weiblichen Artgenossen sollte man etwas zarteren, eleganteren Gewächsen *(Margaux, Saint-Julien/Bordeaux/F, Toskana/I, Burgenland/A ...)* eine Chance geben. Hirschkeule „Grand Veneur" (mit Pfeffersauce, Johannisbeergelee und Crème fraîche) vermählten wir ideal mit edlem *Saint-Émilion 1er Cru Classé* vom CHÂTEAU LA GAFFELIÈRE, Bordeaux/F.

Hirschpfeffer

Würfelig geschnittenes, gesalzenes Hirschfleisch mit Speck gebräunt, mit Rotwein aufgegossen, mit Salz, Pfeffer, Piment, Zitronenschale und Zimt gewürzt und verschlossen – langsam gedünstet und mit Mehl und Fett gebunden.

Weiß: Muscat du Valais/CH, Pinot Gris Kabinett
Rot: Dôle/CH, Blaufränkisch, Blauer Zweigelt,
Blauer Portugieser und St. Laurent Kabinett/A

Der *Blaue Portugieser Kabinett* (2 – 4 Jahre; 16° C) von ING. JOSEF LUST, Haugsdorf/Weinviertel/A, zählt zu den besten Weinen seiner Art (tiefdunkel, zart-fruchtig, mit Waldbeeren-Kirschnote, dichter Frucht und zart-exotischer Würze im respektablen Finale) und fraternisierte sich sogleich mit dem Gericht und den diversen Aromen.

Rot: Blaufränkisch Spätlese trocken/A und D,
Moulin à Vent/Beaujolais und Côte de Nuits/Burgund/F

Der superbe *Blaufränkisch „Ried Mariental"* (4 – 6 Jahre, 16 – 17° C) von E. T. (ERNST TRIEBAUMER) aus Rust/Neusiedlersee-Hügelland/ BGLD/A beeindruckte einmal mehr mit tiefer Farbe, reichem Bouquet mit delikaten Eichen-Brombeer-Akzenten, üppig-dichtem Körper, exotischem Mittelbogen und fulminantem Finale von internationaler Klasse.

Rot: siehe unten! bzw. Barolo/Piemont und Amarone/Venetien/I,
Zinfandel/KAL, Hermitage/nördliche Rhône/F

Der gewaltige *Grange Hermitage* (SHI; 7 – 15 Jahre; 17 – 18° C) von PENFOLDS, Barossa Valley/S-AUS, war wieder einmal nicht zu bremsen. Mit seiner beinahe südweinartigen Kraft und den Anklängen an Cassis, Preiselbeeren, Vanille, Tabak, Holz und Pfeffer überrumpelte er sogar den Hirschpfeffer, doch über das Zusammenspiel von Sauce, Gewürzen und Aromen kam es zu einer sagenhaften Gaumenfreude von höchster Intensität.

Hirschsteak

Dickes, ca. 160 g schweres Filet aus dem Rückenstück, das heute meist rosa gebraten wird.
(→ Hirsch)

Hirschsteak „Cumberland"

Steak in Wildmarinade gelegt, mit Räucherspeckstreifen gespickt, in Butter gebraten, mit Pfeffer und Salz verfeinert, Jus mit Portwein gelöscht, etwas Rahm eingekocht, mit Eigelb gebunden und mit Kartoffelkroketten und → Sauce Cumberland serviert.

Weiß: Johannisberg du Valais/CH, Riesling Kabinett halbtrocken
Rot: Dôle/CH, Pinot Noir und Merlot Kabinett

Der seidige *Blauburgunder Kabinett* (3 – 6 Jahre; 16° C) *„Riede Antlasberg"* vom MALTESER RITTERORDEN, Kommende Mailberg/Weinviertel/ NÖ/A (rubin mit Granatrand, feiner Beeren-Eichenduft, elegant-leicht mit vollmundiger Frucht und zartem Mandelhauch), war dem Steak ein anpassungsfähiger Begleiter, der vor allem zu Mittag seine Stärken ausspielte.

Rot: Barbaresco und Barbera „Vignarey" (ANGELO GAJA)/Piemont bzw.
Barbaresco Riserva und Barbera (Barrique) allgemein;
Brunello di Montalcino/Toskana/I, Pinot Noir/Côte de Nuits/Burgund/F

Ein *Barbaresco DOCG* (NEB; 8 – 12 Jahre; 17 – 18° C) von ANGELO GAJA, Piemont/I (tiefes Karmesinrot, aromatisch-verschwenderische Nase, dichter Fruchtgeschmack, eleganter Mittelbogen, langer Nachhall mit Pflaumen-, Toast-, Veilchen- und Beerentönen), ging eine „wilde Ehe" mit dem Steak ein und harmonierte auch mit Jus und Cumberland.

Rot: Syrah/nördliche Rhône bzw. Châteauneuf-du-Pape/südliche Rhone,
Shiraz/AUS, CHÂTEAU LATOUR, Pauillac/Bordeaux/F

Der berühmte *Hermitage „La Chapelle"* (SYR; 8 – 15 Jahre; 17 – 18° C) von Altmeister PAUL JABOULET AÎNÉ, Tain L'Hermitage/nördliche Rhône/F (tiefdunkel, überwältigender Duft nach Pflaumen, Wildbret, Kräutern, Pfeffer, konzentriert-kraftvoll-saftiger Geschmack mit spektakulärem Finish), schien sich noch ein wenig mehr mit dem Wildaroma zu identifizieren!

HOHLPASTETE → VOL-AU-VENT

HOLLÄNDERKÄSE → EDAMER, → GOUDA

HOLLÄNDER SAUCE → SAUCE HOLLANDAISE

HOLLÄNDISCHES BEEFSTEAK (HOLLANDSE BIEFTUK)

Steak aus der Rinderkeule (Kluftsteak), gut gepfeffert, in Butter englisch (rosa) gebraten, gesalzen und mit in Butter gedünsteten Champignons, Buttererbsen und Pommes frites kredenzt.

Ein robuster *Cabernet Sauvignon* vom WEINGUT ALLESVERLOREN, Swartland/ZA und ein *Merlot*-geprägter *Pomerol/Bordeaux/F* waren die Sieger unserer Probe; nicht zu vergessen der neuerdings beeindruckende *Blaufränkisch „Fürst Bismarck"* vom WINZERKELLER PÖTTELSDORF, Neusiedlersee-Hügelland/BGLD/A.

HOLSTEINER LEBERPUDDING

Rinderleber und roher Speck faschiert (gehackt), mit gehackten Zwiebeln, Petersilie, Eiern, Stärkemehl, Sahne und Champignons vermischt, mit Salz, Majoran und → Madeira gewürzt, in Puddingform gefüllt, mit Pergamentpapier (Folie) bedeckt, im Wasserbad gedünstet und kalt mit Apfelmus serviert. An und für sich wären hier einige *Rotweine (Pinotage/Südafrika, Merlot/Friaul/I, Morellino di Scansano VDT/ Toskana ...)* erste Anwärter als Begleiter von Rinderleber, Speck, Champignons, Madeira usw. gewesen, doch das Apfelmus wollte da nicht mitspielen. So kamen wir wieder auf zwei altbewährte Rebsorten zurück *(Pinot Blanc, Pinot Gris)*:
Ein *Weißburgunder Kabinett „Niersteiner Rosenberg"* von G. A. SCHNEIDER, Nierstein/Rheinhessen/D, als feiner Mittagstropfen und eine *Grauburgunder Spätlese „Durbacher Plauelrain"* (2 – 4 Jahre; 10° C) von ANDREAS LAIBLE, Durbach/ Baden/D, die allen Konkurrenten turmhoch überlegen war und auch mit dem Apfelmus eine glückliche Liaison einging.

HOLSTEINER SCHNITZEL
(KALBSSCHNITZEL HOLSTEIN)

Schnitzel mit Mehl in Fett angebraten, mit Salz gewürzt, mit Spiegelei, Pfeffergurken, Perlzwiebeln und roter Rübe garniert und mit belegten Weißbrotecken (Kaviar, Hummer, Lachs, Ölsardinen) serviert.
(Friedrich von Holstein, 1837 – 1909, war Geheimrat im Außenministerium und Berater Bismarcks.)
Abgesehen vom auch hier angebrachten *Pinot Gris* wählten wir diesmal drei andere *Weißweine*, die mit den diffizilen Aromen ebenfalls gut zurechtkamen.

Weiß: Neuburger Kabinett/A; Malvasier und Pinot Gris Kabinett
Rosé: milder Rosé

Ein *Frühroter Veltliner „Ried Seeberg" Kabinett* (MAL; 2 – 3 Jahre; 8 – 9° C) von LUDWIG EHN, Langenlois/Kamptal-Donauland/NÖ/A (goldgelb, milde Haselnußwürze, samtig-eleganter Körper mit langem Nachhall), bemühte sich mit Erfolg, das Gericht zu begleiten und die diversen Aromen (Pfeffergurken, Ölsardinen) etwas zu dämpfen.

Weiß: Riesling und Riesling-Sylvaner Kabinett,
Pinot Gris und Traminer Spätlese trocken

Ein *Riesling Kabinett „Wawerner Ritterpfad"* (3 – 5 Jahre; 9 – 10° C) vom WEINGUT E. NIEDERKORN, Wawern/Saar/D (hellgelb, zarte Pfirsichnase, vollmundiger Geschmack mit engmaschigem Fruchtkorsett und rassiger Säure), war dem Schnitzel ein ebenbürtiger Partner, der auch die vielschichtigen Begleiter gut in Szene setzte. Eine Spur weniger Säure wäre noch besser gewesen!

Weiß: siehe unten! bzw. Gutedel und Scheurebe Spätlese/D
Dessertwein: Sherry Manzanilla/E

Ein Gastwein aus der *Schweiz*, ein 20jähriger *„Clos de Moines"* (CHA 85 %, CH, PG ...; 9 – 10° C) vom WEINGUT DER STADT LAUSANNE, stellte die eigentliche Überraschung des Abends dar: Mit tiefgelber Farbe, exotischem Bouquet und mineralisch-manzanilla-artiger Würze konnte er die Aromen am vorzüglichsten einbinden und wurde selbst wieder frischer und jünger!

HOLUNDER (HOLLER)

Der 3 bis 10 m hohe Strauch des schwarzen Holunders ist in Mitteleuropa zu Hause. Die herben violettschwarzen Beeren werden zu Sirup, Marmelade und Wein verarbeitet. Die Holunderblüten haben einen angenehm süßlichen Duft und werden meist gebacken angeboten.

Die Beeren (Hollerröster) werden gerne mit klassischen *Rotweinen* – ohne rauhe Tannine – *(Bordeaux, Cabernet* reinsortig, *St. Laurent Barrique/A ...)* vermählt, und die gebackenen Blüten sind jederzeit für einen Flirt mit *Riesling Auslesen* und jugendlich-milden *Schaumweinen* zu haben: *Grüner Veltliner-, Riesling-* und *Muskatellersekt, Schaumweine* der *Loire (Saumur, Vouvray* und *Montlouis* sowie *Crémant de Loire)* und einzelne *Champagnes* (J. DE TELMONT, Epernay/F).

HONIG (MEL)

Dieser süße, würzig-aromatische Stoff entsteht, indem Arbeitsbienen Nektar aus den Blütenkelchen saugen, im Magen in Honig umwandeln, wieder auswürgen und in den Waben speichern. Honig besteht aus 10 bis 33 % Wasser, 64 – 80 % Traubenzucker und enthält auch Spuren von Wachs, Gummi, Ameisensäure usw. Geschmack, Geruch und Farbe hängen von der jeweiligen Pflanzenart ab. Akazien- und Steinkleehonig sind hellgelb-golden, während Waldhonig sich durch dunkelbraune Farbe und Harzgeschmack differenziert. Honig wird unter anderem zur Herstellung von Honigwein (Met) verwendet und wurde schon in der Antike oft mit Wein in Zusammenhang gebracht. Homer sprach von einem wundersamen Weine, dem Hymettos (der Honigreiche), und die Götterspeisen der griechischen Mythologie waren Nektar (ein nach Honig schmeckender Trank) und Ambrosia (ein wundermildes Honiggericht), die zusammen die Unsterblichkeit verliehen. Das herrliche Honigaroma – oft lieblich süß, dann wieder würzig-aromatisch – finden wir in fast allen spät gelesenen Trauben, vor allem aber in Beerenauslesen, Ausbrüchen, Trockenbeerenauslesen, Eis- und Strohweinen. Zu einer delikat-würzig-süßen Akazienhonigsauce empfehlen wir eine reife *Beerenauslese (Riesling, Riesling-Sylvaner, Welschriesling ...)*, die die Süße ausbalanciert und selbst an Frische gewinnt. In *Italien* lernten wir zu Honig, Mandeln und kandierten Früchten den *roten*, zart-honigsüßen, prickelnden *Sagrantino di Montefalco Passito DOC* (SAN, TRE; SAGRANTINO, 3 – 6 Jahre; 10 – 15° C) von PAOLO BEA, Montefalco/Umbrien/I, kennen und schätzen, und zum beliebten Honigbrot waren der muskatartig-süße *(rote) Aleatico di Portoferaio/Elba* (5 – 10 Jahre; 10 – 12° C) sowie der gespritete *(weiße)* sardische *Moscato di Sorso-Sennori Liquoroso dolce* (4 – 8 Jahre; 10 – 12° C), von der CANTINA SOCIALE DI SORSO-SENNORI die interessantesten Entdeckungen.

HOPFENSPROSSEN (HOPPEN)

Bereits seit 768 werden die Träger „des wahren Bürgergeschmacks" gezüchtet und haben sich auch in der Küche einen kleinen Stammplatz erobert. Vom März bis Mai sind die Sprossen frisch und werden manchmal auch als Spargelersatz eingesetzt. *Bier* (natürlich!) *Sauvignon Blanc, Tocai Friulano* und trockene *Muskateller* sind die begehrtesten Partner des leider immer seltener auf die Speisekarte kommenden Gemüses. Hopfensprossen überbacken mit Rahmsauce und *Muscat d'Alsace/F* ist eine köstliche Angelegenheit!

HOPPELPOPPEL

Berliner Delikatesse: Rindfleischwürfel geschmort, mit Gewürzgurken und Bratkartoffeln gemischt, mit Salz, Pfeffer, Majoran und Kümmel gewürzt, mit Eiern, Sahne und gehackter Petersilie begossen und nach dem Stocken mit Petersilie und Tomaten serviert.
Als Begleiter empfehlen wir: kühles *Berliner Weiß-* oder *Altbier, Pinot Gris* bzw. *Pinot Noir* aus *Baden/D* oder als Außenseiter mit Kraft und rustikaler Würze *Cabernet Franc* aus *Venetien* (z. B. *Castello di Roncade* oder *Barbacarlo* (AZ. AGR. BARBACARLO) aus der *Lombardei/I.*

HORNHECHT (GRÜNKNOCHEN)

Bis 1 m langer Meeresfisch (Nord- und Ostsee, Mittelmeer, Atlantik) von grätenreicher Art. In der Größe von 40 bis 60 cm am schmackhaftesten und mit intensivwürzigen *Weißweinen* gut kombinierbar.

Hornhecht vom Rost mit zerlassener Butter

Hechtschnitten in Ei und Bröseln paniert, am Rost gebraten und mit zerlassener Butter und Salzkartoffeln angerichtet.

Weiß: Zierfandler, Rotgipfler und Neuburger Kabinett/Thermenregion/NÖ/A, leichter Riesling-Sylvaner
Eine *Riesling-Sylvaner „Steinfeder"* (1 Jahr; 9° C) von JOSEF JAMEK, Joching/Wachau/NÖ/A (hellgrün, zart-duftiger Muskatton, elegant-traubiger Geschmack), war der gesuchte (und gefundene) Mittags- und Sommerwein.

Weiß: Chasselas/Wallis/CH, Chardonnay/AUS oder KAL, Pinot Gris Kabinett
Der üppige *Dezaley „Plan Perdu"* (CHA; 2 – 4 Jahre; 8 – 10° C) von JEAN-MICHEL CONNE, Chexbrese/Waadtland/CH, ergab mit dem panierten Hecht ein abgeklärtes, glückliches Paar, ohne Gaumensensationen, aber von unglaublich beeindruckender Harmonie.

Weiß: Pinot Blanc und Pinot Gris Spätlese trocken
Die *„Malterdinger Bienenberg" Weißburgunder Spätlese trocken* (3 – 5 Jahre; 9 – 10° C) von der ZENTRALKELLEREI BADISCHER WINZERGENOSSENSCHAFTEN, Breisach, wies jenes sagenhafte Gemisch aus reintönigem Duft, vollmundig-würzig-mildem Körper und gaumenschmeichelndem, molligem Abgang auf, das panierte, fettere Fische und hungrige Mäuler immer wieder zu Freudenrufen verführt.

HORS D'OEUVRES

Vorspeisen (frz. außerhalb der Hauptwerke), die kalt vor und warm nach der Suppe gereicht werden. Der Möglichkeiten gibt es hier zu viele, um sie alle aufzuzählen. Grundsätzlich sei gesagt, daß die Weine nicht zu kraft- und ausdrucksvoll sein sollten, um immer noch eine Steigerung zu ermöglichen.
Leichtes *Pils* und etwas neutralere Rebsorten mit zarter appetitanregender Säure sind besonders beliebt: *Sylvaner, Pinot Blanc* und *Pinot Gris, Muscadet* und *Chenin Blanc/Loire, Trebbiano, Greco di Tufo/Kampanien/I* sowie *Roséweine* aller Art.

HUBERTUSPASTETCHEN

Wildbraten püriert, mit → Cognac aromatisiert, mit fester Wildsauce gebunden, in Blätterteig gehüllt und erhitzt.
(Sankt Hubertus, Bischof von Lüttich, von 705 – 727, ist Schutzpatron der Jäger. Mit seinem Geburtstag, am 3. November, beginnt die große Jagdsaison.) Als Partner dieser Vorspeise kommen vor allem Weine in Frage, die sowohl dem Wildgeschmack als auch dem Cognac standhalten bzw. diese noch akzentuieren können und dem nachfolgenden Wein noch eine Chance geben, sich zu profilieren. Unter den *weißen* Gewächsen bieten sich edler *Pinot Gris Kabinett/Spätlese, Pouilly-Fuissé/ Burgund* und *Hermitage Blanc/nördliche Rhône* an. Unter den *roten* sollte man *Pinot Noir, Blauburger/A* oder *Rioja/E* wählen.

HUCHEN (HAUCH, DONAULACHS)

Ein Lachsfisch, der es in Österreich zu einiger Berühmtheit gebracht hat. Er wird bis zu 2 m lang, ca. 20 kg schwer und mundet in gekochtem Zustand am besten. Sein weißes und festes Fleisch ist sehr schmackhaft, wird aber doch von Saibling und Lachs übertroffen. Er läßt sich in gekochtem Zustand sehr gut mit kraftvollem *Riesling* und *Riesling-Sylvaner* vereinen; in gebratener Form sind Abkömmlinge der *Burgunder*-Familie – mindestens im *Kabinett*-Bereich – vorzuziehen *(Pinot Blanc, Pinot Gris)*, aber auch *Chardonnay* bzw. *Morillon* usw.

Huchen blau mit zerlassener Butter

Huchen nicht geschuppt und in Fischsud mit Weißwein, Karotten, Schalotten, Knoblauch, Lauch, Lorbeerblättern, Pfefferkörnern, Petersilie, Anis und Salz blaugekocht und mit zerlassener Butter und Petersilienkartoffeln aufgetischt.

Weiß: Grüner Veltliner und Pinot Blanc sur lie (Hefeabzug) Kabinett/NÖ/A

Ein *Grüner Veltliner Kabinett „Hefeabzug"* (1 – 2 Jahre; 8 – 9° C) vom WEINGUT NIKOLAIHOF, Mautern/Wachau/NÖ (gelbgrün, weich-elegant mit zarter Hefenote und pikant-würzig-pfeffrigem Nachhall), war demGericht ein aufmerksamer Diner, der vor allem im Sommer von unnachahmlich-erfrischender Art ist.

Weiß: Riesling-Sylvaner und Riesling Kabinett
Schaumwein: Riesling- und Welschriesling-Sekt brut/ultra brut

Der *Welschriesling-Sekt ultra brut* (2 – 3 Jahre; 7 – 8° C) von E & M MÜLLER, Groß Sankt Florian/Weststeiermark/A (goldgelb mit feinem Mousseux, Duftstrauß nach Heublumen und Walnüssen, vollmundig-samtig mit belebendem Perlen und rassig-steirischem Ausklang), setzte neue Akzente im Zusammenspiel mit dem Huchen und holte buchstäblich die letzten Aromen aus ihm heraus. Eine hochqualitative Paarung mit freudig-festlichem Flair für Freunde von rassig-belebenden (kreislaufaktivierenden) Weinen.

Weiß: Grüner Veltliner „Smaragd"/Wachau/NÖ/A,
Riesling und Riesling-Sylvaner Kabinett/Spätlese trocken/A und D

Ein fulminanter *Riesling „Federspiel" Ried Steinertal* (3 – 5 Jahre; 9 – 10° C) von F.X. PICHLER, Loiben/Wachau/NÖ/A (hellgelb, duftig-blumig mit glockenreinen Pfirsichakzenten, engmaschigem Fruchtkorsett und traubig-rassiger Fülle im langen Ausklang), ging die bis dato subtilste Ehe mit dem zarten Fleisch und den diversen Aromen ein, die immer neue Nuancen zurückgaben.

HÜFTE (CULOTTE)
Schwanzstück des → Rindes, auch Rindsrose.

HUHN (HAUSHUHN)
Das beliebteste und verbreitetste Geflügel. Es wird in zahlreichen Arten – ob seines gelblich-weißen, zarten, leicht verdaulichen Fleisches – gezüchtet. Nach Alter und Qualität unterscheidet man: Brathühnchen (Poulet), Junghühner (→ Poularden), → Suppenhüher, Jungmasthähne (→ Kapaun) und → Stubenkücken. Am schmackhaftesten sind sie in den Wintermonaten. Zu den edelsten Hühnern in reichhaltigen Saucen mit feinen Beilagen (Trüffeln, Spargeln ...) empfiehlt sich reifer *Meursault 1er Cru* als Traumpartner. Zu Huhn mit geschmolzenen Zwiebeln ist *Pacherenc du Vic-Bihl* aus *Südwestfrankreich* erste Wahl und zu Huhn mit Estragon nobler *Puligny-Montrachet „Les Perrières"* (z. B. von ETIENNE SAURET, Puligny-Montrachet/ Côte de Beaune/Burgund) oder eine halbtrockene *Riesling Spätlese (Rheingau, Mosel/D, Wachau, Kamptal-Donauland/A ...).* Zu gegrilltem Huhn ist *steirischer Morillon* genial, es kann auch *roter Pinot Noir* sein, zu Huhn in Rahmsauce ist halbtrockener *Riesling-Sylvaner* einfach Spitze; Huhn mit → Pignoli und Salbei sowie *Pinot Bianco/Lombardei* sind von bezwingender Harmonie.

Hühnerbrüstchen „Maryland"
Das beste Stück junger Masthühner ist das Brüstchen (Suprême oder Filet): gesalzene und gepfefferte Filets paniert und in Öl gebraten; dazu panierte halbe Bananen in Butter gebraten mit geröstetem Speck, Maiskroketten und Sahnemeerrettich (Oberskren).
(Maryland gehört zu den amerikanischen Südstaaten und führt dort im Maisanbau.)

Weiß: exotischer Sauvignon Blanc; Pinot Grigio/Friaul/I
Der junge, fruchtig-mild-würzige *Sauvignon Blanc* vom CHÂTEAU CHÈVRE, Yountville/Napa Valley/KAL (1 – 3 Jahre; 8 – 9° C) war von distinguierter Art und verstand es, sich an die diversen Aromen anzupassen, wenngleich ihm etwas Samtigkeit fehlte.

Weiß: Riesling Kabinett trocken/halbtrocken; Chardonnay und Sémillon/KAL
Der *Johannisberg Riesling* (3 – 5 Jahre; 9 – 10° C) von CHAPPELLET, St. Helena/Napa Valley/KAL bezauberte mit goldener Farbe, reifen Früchtearomen und extravagantem, mildem Pfirsichparfum. Mit den zarten Brüsten und den unterschiedlichen Beilagen arrangierte er sich glänzend.

Weiß: Johannisberg du Valais/CH,
Gelber Muskateller und Goldmuskateller Spätlese/Auslese halbtrocken
Der *Moscato d'Oro* (5 – 10 Jahre; 10° C) von ROBERT MONDAVI, Oakville/Napa Valley/KAL, war zwar eine Spur zu süß, doch ergötzten wir uns am Alleingang des kalifornischen Schwerenöters. Ein ebenso charakter- wie kraftvoller Wein, der uns auch die Brücke zum Dessertwagen baute.

Hühnerbrüstchen „Richelieu"
Brüstchen von den Knochen gelöst, mit Salz, Pfeffer und Paprika eingerieben, paniert, in Butter gar gebraten und mit Trüffelscheiben garniert.
(Armand Jean du Plessis Herzog von Richelieu, 1585 – 1642, französischer Kardinal, Staats- und Lebemann und Bordeaux-Liebhaber.)

Weiß: Riesling, Riesling-Sylvaner, Chardonnay und Pinot Blanc Kabinett

Ein *weißer Montagny* (CH; 1 – 3 Jahre; 8 – 9° C) von der DOMAINE MICHEL GOUBARD, Basseville/Côte Chalonnaise/Burgund/F, ordnete sich den Aromen brav unter – ohne unterzugehen – und betonte dezent das zarte weiße Fleisch.

**Weiß: Meursault 1er Cru/Burgund, Quarts de Chaume/Loire,
Graves Blanc/Bordeaux/F**

Ein brillanter *Meursault „Genevrières"* (CH; 6 – 8 Jahre; 9 – 10° C) von den DOMAINES DE COMTE LAFON, Meursault/Burgund/F, bewährte sich als Partner aller Partner. Er „schluckte" stillschweigend die Gewürze, unterstrich die Zartheit der Brüstchen und entlockte den Trüffeln ungeahnte Höhenflüge. Ein perfektes Paar!

**Weiß: Montrachet und Corton-Charlemagne/Burgund/F
Schaumwein: reifer Champagne/F**

Der stupende *Grand Cru Montrachet* (CH; 6 – 10 Jahre; 10 – 11° C) von der (Luxus-)DOMAINE DE LA ROMANÉE CONTI, Vosne-Romanée/Burgund/F (goldgelb, nobles-holzgeprägtes Bouquet mit Botrytis- und Trüffelhauch, konzentrierte Fülle und Tiefe mit Nerven und Rückgrat im imposanten Nachhall), ließ dem Gericht zuerst keine Chance und präsentierte sich auf beinahe narzißtische Weise. Doch über die Aromen kam eine Annäherung zustande.

Hühnerbrüstchen „Sandeman"

Filets gesalzen, gepfeffert, in Mehl getaucht und in Butter gebraten; Bratenjus mit Whisky flambiert, mit Sherry abgelöscht, mit Rahm und Fleischextrakt vermischt, die Sauce mit Salz, Paprika und Zitronensaft aromatisiert, mit gedünsteten roten Paprikaschoten bedeckt und mit Butterreis aufgetragen.
(Sandeman ist eine der ältesten Sherryfirmen aus Jerez de la Frontera/Andalusien/E und auch ein Gigant im Portweingeschäft.)
Der *Amontillado dry Sherry* von SANDEMAN ist sicherlich nicht der einzig mögliche Begleiter, doch mit Rücksicht auf die Zubereitungsart und die besondere Harmonie, die erzielt wurde, möchten wir ihn diesmal als Idealpartner schlechthin vorstellen: ambergoldbraun, mit reichem Duft nach Nüssen und Kandis, delikat-reifer Geschmack von trocken-aromatischer Art mit intensivem Haselnußflair im langen Finale. Es dauerte eine Weile, bis sich alle Ingredienzien aufeinander abgestimmt hatten, doch dann erfuhren wir über das finessenreiche Zusammenwirken von Sauce und Wein eine prächtige Gaumensensation. Testen Sie selbst, wie der Wein durch den Zitronensaft in der Sauce zusätzlich an Frucht und Frische gewinnt!

Hühnerfrikassee mit Champignons

Hühnerstücke gesalzen, in Butter halb angebraten, mit feingehackten Zwiebeln vermischt, Fond abgelöscht, mit Salz, Pfeffer, Eidotter und Süßrahm legiert und mit Champignons, gehackter Petersilie und Zitronensaft aufgetragen.
Ein schäumender *Saint-Peray* von BERNARD GRIPA, nördliche Rhône/F (→ Frikassee vom Kalb), brachte die schönste Harmonie und übertrumpfte den *Saint-Veran* von LIONEL BRUCK, Burgund/F. Der *badische Rosé „Rotgold"* fiel aus der Wertung und wurde sowohl von einem exzellenten *Sherry Amontillado dry* von PEDRO DOMECQ/E als auch durch den buttrigen *westaustralischen Sémillon „Margaret River"* von MOSS WOOD, verdrängt.

Hühnerhaschee

Gekochtes, fein gehacktes Hühnerfleisch, Streifen von Champignons, rote und grüne Pfefferschoten in Butter angebraten, gewürzt, mit → Sherry aromatisiert und mit Rahm und Eigelb gebunden. Ein blumiger *Frascati Superiore DOC* von FONTANA CANDIDA, Frascati/Latium, ein *Sauvignon Blanc* ohne aggressive Säure von LIVIO FELLUGA, Brazzano di Cormons/Friaul, und ein salzig-würziger *Sherry Manzanilla* oder, noch besser, trockener *Amontillado* von PEDRO DOMECQ oder OSBORNE, Jerez/Andalusien/E, wurde gewogen und für nicht zu leicht befunden!

Hühnerkeulen gefüllt (Ballotines)

Rohe, ausgebeinte Keulen mit gewürzter Farce gefüllt, zu runden Ballen geformt, zugenäht und weich gedünstet.

Weiß: Riesling und Riesling-Sylvaner Kabinett
Rosé: Südeuropa
Bier: siehe unten!

Ein kühl-erfrischendes *Weizenbier* wurde zum Favoriten für heiße Tage gekürt.

Weiß: Zierfandler, Rotgipfler und
Neuburger Kabinett/Thermenregion/NÖ/A

Der samtige *Zierfandler Kabinett* (2 – 5 Jahre; 9 – 10° C) von GOTTFRIED SCHELLMANN, Gumpoldskirchen/Thermenregion/NÖ (zartes Grüngelb, traubig-fruchtig mit Süßehauch, unglaublich frisch mit Finesse und üppigmildem Ausklang von langer Dauer), erhielt den Titel als Frühling-Herbst-Winterwein.

Weiß: siehe unten! bzw. Johannisberg du Valais/CH,
Sémillon/AUS, Riesling-Sylvaner Spätlese

Der vom Sommelier empfohlene wundervolle *Cru Classé de Graves Blanc* „*Domaine de Chevalier*" (SB 70 %, SÉM 30 %; 5 – 8 Jahre; 9 – 10° C) aus Léognan/Bordeaux/F büßte seine Zartheit und sein volles, fruchtig-würziges Bouquet etwas ein, kehrte plötzlich bittere Töne hervor und ging seine eigenen Wege ...

Hühnerleber

Die würzig-rustikale Hühnerleber kommt nicht an die berühmten „Verwandten" von → Ente und vor allem → Gans heran und ist daher relativ selten auf den Speiseplänen der Gourmets zu finden. Trotzdem kann sie – raffiniert zubereitet und von einem ausgesuchten Wein begleitet – für kulinarische Abwechslung sorgen. Hühnerleberfarce zum Füllen von Geflügel und → Pasteten ist von prägnantem Geschmack und verlangt nach üppig-würzigen *Weißweinen (Pinot Blanc, Pinot Gris)*. Zu Hühnerleberterrine sind kraftvoll-erdiger *Cru Beaujolais (Julienas, Morgon ...)* und junger *Pomerol/Bordeaux* würdige Gegenspieler, zu Hühnerleber bzw. Geflügelleber „Mousselines" (→ Sauce Mousseline) fährt man in Frankreich mit schwerem Geschütz auf. Die gespriteten *VDN (Banyuls, Rivesaltes)* sind hiezu gerade richtig, doch auch *Gewürztraminer* und *Riesling Spätlese* sind passende Begleiter. Hühnerlebersülze und erdig-würziger *Pinot Noir (Santenay/Burgund ...)* oder subtiler *Zweigelt/A* sind ein Gedicht, und bei der Kombination von Omelett mit Hühnerleber und *Vouvray sec/Loire* wird die Frucht des Weins betont und der Leber Milde und Sanftheit verliehen („Der Widerspenstigen Zähmung").

Hühnernieren → Hahnennieren

Hühnerpastete

Ein frisches, junges Huhn aus den Knochen gelöst, die Brüste in Längsstreifen geschnitten, mit Salz und Pfeffer gewürzt; das übrige Fleisch sowie Kalbfleisch, mageres Schweinefleisch und roher Speck mehrmals faschiert, die Fülle (Farce) mit Pastetengewürz und Salz aromatisiert, mit Ei gebunden und mit etwas → Cognac parfümiert; Farce und Bruststreifen in eine mit Räucherspeckscheiben ausgelegte Pastetenform gefüllt und gebacken.

Üppig-weicher, nussiger *Weißburgunder Kabinett* (2 – 3 Jahre; 9 – 10° C) von HANS IGLER, Deutschkreutz/Mittelburgenland/A, jugendlich-charmanter *Horitschoner Blaufränkisch* (2 – 3 Jahre; 16° C) von TIBOR SZEMES, Mittelburgenland/A – für Rotweinfreunde –, und ein *friulanischer Verduzzo* (5 – 8 Jahre; 9° C) von der AZ. AGR. RONCHI DI CIALLA, Prepotto, Friaul/I (mit feiner Süße und perfekt eingebundenem Barriqueton), waren für uns die herausragendsten Mitspieler.

Hühnersalat → Geflügelsalat

HUMMER

Der „Kardinal der Meere" ist ein zehnfüßiger Krebs (Krustentier) mit zwei mächtigen Scheren. Er ernährt sich „standesgemäß" von kleinen, zarten Fischen, Seeigeln und Krabben und wird bis zu 75 cm lang und 4 kg schwer. Die verwandten amerikanischen Arten können sogar bis zu 17 kg wiegen und sind damit die größten Meereskrebstiere. Der frische (!) Hummer gilt als eine der größten Delikatessen unserer Erde und besitzt ein festes, delikates, saftiges, eiweißreiches und fettarmes weißes Fleisch, das nach der uralten Regel in den Monaten mit r (September bis April) am besten mundet, wobei das weibliche Tier noch zarter schmeckt!
Hier kann man mit den größten *weißen* Kreszenzen auffahren, doch ist der vielzitierte *Bâtard-Montrachet Grand Cru/Burgund/F* nicht der gastrosophischen Weisheit letzter Schluß. Ein reifer *Corton-Charlemagne Grand Cru/Côte de Beaune/Burgund* (5 – 7 Jahre; 9 – 10° C) von der DOMAINE BONNEAU DU MARTRAY, Pernand-Vergelesses, fühlt sich da wesentlich wohler, akzeptiert klassische Saucen genauso wie exotische Gewürze und entlockt dem festen Fleisch stets neue und oft unbekannte Nuancen. Zum Hummer mit Vanillesauce empfiehlt sich reifer *Gewürztraminer* oder junger *Barsac* (z. B. CHÂTEAU CLIMENS, Sauternes/Bordeaux); zum Hummer à l'Americaine (früher irrtümlich à l'Armoricaine; mit Schalotten, Tomaten, Würzkräutern, Zwiebeln, in Olivenöl und Butter sautiert, mit → Cognac flambiert und mit Weißwein gelöscht) bezeichnen viele französische Sommeliers *roten Musigny Grand Cru/Burgund* (PN; 6 – 10 Jahre; 16 – 17° C), z. B. von COMTE GEORGES DE VOGUÉ, Chambolle-Musigny, oder von JACQUES PRIEUR, Meursault, als das größte Geschmackserlebnis! Eine sicherlich reizvolle Kombination, bei der der Meereston des Hummers deutlich hervortritt! Für *Weißwein*-Freunde ist auch die Kombination mit einem *Vin Jaune/Jura* (z. B. *Château-Chalon*) eine interessante Herausforderung. Hummer mit Buttersauce und edler *Champagne* ergänzen sich auf verführerische Weise, und Hummertorte sollten Sie durch *Hermitage Blanc/nördliche Rhône/F* geschmacklich unterstützen. (Hummercocktail → Shrimpscocktail)

Hummer „Newburg"

Hummer gargekocht, Fleisch aus den Schalen gelöst und in große Würfel geschnitten; die Würfel mit Salz und Cayennepfeffer gewürzt, in Butter angebraten und mit → Sherry übergossen. Sherry stark reduziert (eingekocht), mit Eigelb und Rahm verrührt, über die Hummerwürfel gegossen und mit Butterreis serviert.
(Das Gericht ist eine Kreation des Ende des 19. Jahrhunderts berühmten New Yorker Restaurants „Delmonico".)

Weiß: Patrimonio Blanc/Korsika, Chardonnay und Pinot Blanc Kabinett Schaumwein: siehe unten!

Der schäumende *Blanquette de Limoux „Carte Noire"* (MAU 80 %, CH, CHB; 2 – 4 Jahre; 7 – 8° C), DOMAINE DE FOURN, Languedoc-Roussillon/F (grüngold, exotisch duftend nach Weißdorn, Ginster und Reinetten, fruchtig-harmonisch, mit ständigem Perlen und trocken-würzigem Nachhall), war ein Begleiter von beeindruckender Art, der auch Appetit für die nächsten Gourmandisen machte.

Weiß: Sherry Manzanilla oder Amontillado dry/E, reifer Sercial Madeira/P

Ein *Sherry Manzanilla* wurde in dieser Kombination glatt von einem *Sercial Madeira* (8 – 10 Jahre; 9° C) von COSSART GORDON, Funchal/Madeira/P (hellgelb, duftig mit feinem Nußhauch, würzig-gehaltvoll mit angenehmem Extrakt und weich-samtigem Ausklang ohne die Schärfe der Jugend), an die Wand gespielt. Der reife *Sercial* kam mit der reichhaltigen Sauce besser als der jugendliche Sherry (!) zurecht und war auch dem Hummer ein würdiger Begleiter.

Weiß: Pouilly-Fuissé (Vendange Tardive)/Burgund und Hermitage Blanc/nördliche Rhône/F, Pinot Blanc Auslese trocken/halbtrocken/BGLD/A etc.

Der superbe *Pouilly-Fuissé „Cuvée Première"* (CH; 3 – 6 Jahre; 9 – 10° C) von MARCEL VINCENT, Pouilly-Fuissé/Mâconnais/Burgund, neutralisierte den Sherry geschickt und näherte sich mit seinem buttrig-reichen Eichenaroma schon einem großen *Meursault* oder *Puligny-Montrachet/Burgund*. Sein charakteristischer Feuersteinduft, der schon Legende ist, und sein zarter Zitrushauch verliehen dem Hummer und der Sauce Frische und Finesse. Ein nobles Paar, das etwas Zeit brauchte, um sich zu finden.

Hummer „Thermidor"

Gehackte Schalotten in Butter angeschwitzt und mit Weißwein verkocht; Rahm, → Sauce Béchamel und → Sauce Bercy beigefügt, mit Senfpulver gewürzt; das Fleisch der Scheren in Würfel geschnitten, mit etwas Sauce gebunden und in die leere Hummerschale gefüllt; Schwanzstück in Scheiben geschnitten und auch in die Schale gegeben. Die verbliebene Sauce über den Hummer gegeben, mit geriebenem Käse bestreut und im Herd überbacken.
(Thermidor ist der Name des 11. Mondes im Kalender der französischen Revolution.)

Weiß: Pinot Blanc, Chardonnay und Sauvignon Blanc Kabinett/Spätlese; Riesling Kabinett halbtrocken

Ein feiner *Sancerre „Cuvée Prestige"* AOC (SB; 2 – 5 Jahre; 8 – 9° C) von COMTE THIBAULT, Sancerre/Loire/F (volles Gelb, exotischer Duft nach Vanille, Orange und Paprikaschoten, reicher Körper mit belebendem Mittelbogen und superbem Ausklang mit Orangen- und Pfefferminztönen), zeigte sich dem Hummer und der intensiv-mächtigen Sauce gewachsen und setzte sogar erfrischend-belebende Akzente!

**Weiß: exotischer Chardonnay/NZ/AUS/KAL/Chile ...,
Graves Blanc Cru Classé/Bordeaux/F, Corton-Charlemagne/Burgund/F,
Riesling Spätlese trocken/halbtrocken/A, D und Elsaß/F**

Ein exquisiter *neuseeländischer Chardonnay "Rothesay Vineyard"* (2 – 5 Jahre; 9° C) von COLLARDS, Henderson (helles Gelb mit grünen Lichtern, eleganter Duft mit einem Hauch von Zitrus und Eiche, kraftvoller Körper – 13 % – mit samtiger Fülle und betörend-exotischem Finish), war gerade richtig für den Hummer, ein mehr an Alkohol und Eiche wäre zuviel gewesen!

**Weiß: Hermitage Blanc und Châteauneuf-du-Pape Blanc/Rhône/F,
Vouvray/Loire/F**

Der famose *Hermitage Blanc „Les Rocoules"* AOC (ROU, Mar; 2 – 5 Jahre; 9 – 10° C) von H. SORREL, Tain l'Hermitage/nördliche Rhône/F, zeigt sich seit 1985 in neuem Kleid. Der Wein ist durch gekühlte Vergärung und Ausbau in Stahltanks frisch-fruchtig-finessenreicher geworden und war solcherart dem Hummer ein ebenbürtiger Partner, der in keiner Phase dominierte!

Hummerauflauf

Püriertes Hummerfleisch mit → Sauce Béchamel und Eigelb gebunden, mit Hummerwürfeln vermischt, mit Salz, Pfeffer und Muskatnuß aromatisiert; steif geschlagener Schnee (Eiweiß) daruntergezogen, in ausgebutterte Auflaufform gefüllt und im Herd herausgebacken.

Zu diesem Gericht konnten sich eigentlich nur zwei Kreszenzen wirklich profilieren. Abgesehen von einem *australischen Chardonnay* (BROWN BROTHERS, Northern Victoria), der als Verlegenheitslösung gelten mag, empfehlen wir als Idealpartner einen reifen *Corton-Charlemagne Grand Cru Côte de Beaune/Burgund* (CH; 5 – 8 Jahre; 9 – 10° C) – von BONNEAU DU MARTRAY, Pernand-Vergelesses, TRAPET PÈRE ET FILS, Aloxe-Corton, ANTONIN GUYON, Aloxe-Corton usw. – oder einen weinigen *Luxus-Rosé-Champagne* wie *Bollinger Grande Année Rosé/Aÿ oder Krug Rosé brut/Reims*. Für mutige *Rotwein*-Liebhaber bietet sich noch die Möglichkeit, einen *Corton Grand Cru* (PN; 5 – 7 Jahre; 15 – 16° C) von CAPITAIN-GAGNEROT, Ladoix-Serrigny/Côte de Beaune/Burgund/F, zu versuchen, der uns zwar nicht ganz überzeugen konnte, aber von unseren französischen Freunden sehr hoch bewertet wurde.

Hummerkrabben (Garnelen, Shrimps, Gambas)

Große Garnelenart bis zu 30 cm, deren Schwänze ein festes, wohl-schmeckendes Fleisch besitzen, das sich nach dem Kochen rot färbt und gegrillt, gekocht oder gebacken wird. September bis März sind die idealsten Monate, wobei das Fleisch immer frisch sein sollte.

Zu Hummerkrabben mit Safran haben wir *Vouvray Moelleux* (CHB; 3 – 6 Jahre; 7 – 8° C) von RÉGIS FORTINEAU, Touraine/Loire/F, in allerbester Erinnerung, und zu Garnelen auf „Provenzalische Art" (Knoblauch, Tomaten ...) probierten wir mit Erfolg einen *Bellet Rouge* – kellerkühl serviert – *(Folle Braquet;* 1 – 2 Jahre; 9 – 12° C) aus der *Provence/F*, zu Hummerkrabben mit Minze sollten Sie sich im Sommer an einem *Galestro/Toskana/I* erfreuen und ansonsten einen *Chardonnay (Friaul/I, Neuseeland)* bevorzugen. Hummerkrabben mit Erbsen und jungen Karotten verehelichten wir erfolgreich mit zart-duftigem *Muscat du Valais* von JEAN-LOUIS UDRY, Pont de la Morge/Wallis/CH.

Hummersalat

Gekochte Knollenselleriescheiben in Zitronen-Öl-Marinade eingelegt, mit Hummerwürfeln vermischt, mit → Mayonnaise überzogen und mit Sardellenfilets, Eiervierteln und Olivenscheiben serviert.

Der *„Bürgstadter Cent Grafenberg" Silvaner* QBA (1 – 2 Jahre; 8 – 9° C) vom WEINGUT RUDOLF FÜRST, Burgstadt/Franken/D, erfrischte durch seine leichte, zartfruchtige Art und seine feine Sortenwürze, die besonders den Selleriegeschmack des Salates hervorhob. Ein *chilenischer Chardonnay* (2 – 4 Jahre; 9 – 10° C) von COUSIÑO MACUL, Santiago, war die Verkostungssensation schlechthin: Mit reichem Körper und explodierender Frucht dominierte er zwar leicht, kam aber dafür mit der diffizilen Marinade glänzend zurecht. Eine Kombination ohne Fehl und Tadel! Im Zweifelsfalle halten Sie sich an *Condrieu* und *Châtauneuf-du-Pape/Rhône/F*, doch auch *Riesling-Sekt, Champagne Blancs de Blancs* und *Graves Blanc Cru Classé/ Bordeaux/F* sind schillernde Alternativen.

Hummersuppe

Hummer in Sud gargekocht und abgekühlt aus dem Sud genommen, aus den Scheren und Schalen gelöst und in Scheiben geschnitten; Hummerbrühe und Kraftbrühe in einem Topf aufgekocht, mit Hummerschalen und Butter, die in einem Mörser zerstoßen wurde, vermischt und mit Weißwein, Mehl und Eigelb gebunden, dann erhitzt, mit Rahm vermischt, gesalzen und mit Cayennepfeffer, → Sherry und → Cognac abgeschmeckt.

Jugendlich-fruchtiger *weißer Bourgogne Aligoté* von JEAN-CLAUDE BOUHEY, Nuits-Saint-Georges, superber *Corton-Charlemagne Grand Cru* von ANDRÉ NUDANT, Ladoix-Serrigny/Côte de Beaune/Burgund/F, und exquisiter *Sherry Manzanilla* von PEDRO DOMECQ, E, waren die begehrtesten Partner. Im Zweifelsfall ist fruchtcharmanter *Chardonnay* – ohne Holzausbau – ein hilfreicher Mitstreiter.

HUSARENFLEISCH

Altösterreichische Spezialität: dünne Tranchen von Kalb, Rind und Schweinefleisch in Butter gebraten, gesalzen und mit Paprika, Mehl und Zwiebelscheiben bestreut, in brauner Grundsauce weich geschmort, mit Essig und saurem Rahm aromatisiert und mit Salzkartoffeln angeboten.

Weizen- oder *Malzbier, Sauvignon Blanc* aus dem *Burgenland* und – für *Rotwein*-Liebhaber – junger *Blaufränkisch* aus *Horitschon* oder *Neckenmarkt/Mittelburgenland/A* sind die erfreulichsten und unkompliziertesten Begleiter.

IDIAZABAL

Spanischer Hartkäse aus Schafmilch, der zusätzlich geräuchert wird und mindestens ein Jahr haltbar ist. Er wird als Reibkäse oder in kleinen Stücken goutiert und zeichnet sich durch ein würzig-salziges, im Alter strenges Aroma aus.
Als bestmöglichen Begleiter empfehlen wir für den jungen Idiazabal einen *Fino* oder *Manzanilla Sherry* und für den reifen einen *Amontillado seco (dry)/Andalusien/E*.

IKAN TERIE

Kleine, getrocknete Fische in Öl gebacken (ein Teil der Indonesischen → Reistafel).

IMTABA

Arabisches → Hammelragout mit kleinen Zucchini, Zwiebeln und Joghurt vermischt und mit Zimt, Knoblauch und Rosenblättern aromatisiert.

INDIAN → TRUTHAHN

INDISCHER SALAT

Gewürfelte Äpfel, Tomaten und Mangos, feingehackte Zwiebeln und körniger Reis mit Currymayonnaise und Zitronensaft gebunden und mit Paprikastreifen garniert.
Das untergärige *London Stout* von den INDISCHEN UNITED BREWERIES (mit dunkler Farbe, malzig-röstigem Geschmack und zarter Süße) war ein „Geschenk des Himmels", denn es unterstrich alle Aromen des Salates auf köstliche Weise und enthob uns fast der – schwierigen – Suche nach einem adäquaten Wein (exotischer *Sauvignon Blanc, Traminer, Rosé-Schaumwein* usw.), doch es gibt ja noch den exotischfruchtigen *Omar Khayyam* aus *Chardonnay-, Ugni Blanc-* und *Pinot Noir-Trauben* von CHAMPAGNE INDIA, Narayangaon/Maharashtra State.

INDONESISCHE REISTAFEL → REISTAFEL

INGWER

Das aus Indien stammende Gewürz (indisch: Singabera) ist frisch gerieben von anregend süßlich-pikantem Duft und scharf-beißendem Geschmack, den schon Marco Polo lobte. Im Mittelalter wurden Höchstpreise für das exotische Gewürz bezahlt, und noch heute schätzt man das ausgeprägte Aroma in vielen orientalischen Gerichten. Am besten läßt es sich mit *australischen Riesling-Auslesen, Graves Blanc/Bordeaux/F, Tokaji Aszu/H* und *Gewürztraminern* kombinieren; je süßer das Gericht, desto süßer darf auch der Wein sein. Viele (dunkle) *Malzbiere* gehen aromatisch hochinteressante Verbindungen mit dem Gewürz ein; die spektakulärste erlebten wir mit dem aus Whiskymalz gebrauten *elsässischen Adelscott*!

INNEREIEN (EINGEWEIDE)

Die inneren Organe von Schlachttieren, → Geflügel und → Wild, wie → Kalbsbries, → Kalbseuter, → Kalbsherz, → Kalbshirn, Kutteln (→ Kaldaunen), → Leber, → Lunge, → Milz, → Niere, Rückenmark, Schlund, → Zunge. Sie sind reich an Vitaminen und Nährstoffen und für die menschliche Ernährung wertvoll, wenn sie schlachtfrisch verwendet werden. Man sollte aber den Genuß nicht übertreiben, da sich gerade in älterer Leber, Lunge, Milz und Niere viele Rückstände der in den Mastbetrieben (!) verabreichten Medikamente (Antibiotika, Hormone, Pestizide ...) speichern.
Besonders reifen *Rotweinen* gelingt es immer wieder, den oft strengen Innereienton zu lindern und dabei selbst an Ausdruckskraft und Charme zu gewinnen; nicht zu vergessen herbe *Pilsbiere*, die ähnliche Erlebnisse vermitteln können. Zu geschmorten Innereien (Morsetti in Padella) tranken wir in *Umbrien/I* herrlich-bäuerliche *Alte Valle del Tevere Rosso*; noch besser ist freilich der dortige *Rosso d'Arquata* von den FRATELLI ADANTI, Bevagna.

IRISH STEW (IRISCHES HAMMELRAGOUT)

Hammelnacken, Karotten und Kartoffeln in Würfel geschnitten, mit geschälten Perlzwiebeln vermischt, mit Salz, Pfeffer, Gewürznelken, Lorbeerblatt und Petersilie gewürzt und mit Bouillon zu einem Ragout verkocht.
„Guinness is good for you": Ein Glas *irisches Guinness Beer* hat nicht nur Tradition, sondern auch Methode. Das nicht pasteurisierte *Draught Guinness* – in Irland offen ausgeschenkt – begeistert durch dunkle Farbe, Kraft, Frische, samtige Cremigkeit und hopfige Intensität im langen Nachhall und scheint uns als Begleiter des Stews

fast unschlagbar zu sein! Der Form halber seien noch zwei passende *Rotweine* angeführt: Der monolithische *Graveyard Hermitage* (SHI; 3 – 6 Jahre; 17° C) von BROKENWOOD, Hunter Valley/New South Wales/AUS (schwarz, reiche Nase nach Pfeffer, Zedern und Schwarzbeeren, gewaltiger Körper mit viel Kraft, Komplexität und minziger Würze im langen Finish), setzte dem etwas strengen Ragout seine ganze Kraft entgegen und verlieh ihm Lebendigkeit und Feuer. Ein reifer *Aglianico del Vulture DOC* (6 – 9 Jahre; 17° C) von den FRATELLI D'ANGELO, Potenza/Basilikata/I (granatrot, kraftvoll-würzig mit etwas teeriger Nase, mit Milde und Tiefe im erdig-würzigen Vulkanboden-Finale), heizte dem Stew auf ähnliche Weise wie der *Hermitage* ein. Im Zweifelsfalle paßt auch eine halbtrockene *Riesling Spätlese* bestens.

ITALIENISCHER SALAT

Gebratene Kalbfleischstreifen, Salami, Gewürzgurken, Tomaten, Äpfel und gekochte Knollensellerie mit → Mayonnaise gebunden und mit Sardellenfilets, Eier- und Tomatenachteln, Kapern und Perlzwiebeln garniert.

Frisch-fruchtiger *Roséwein*, *Pinot Bianco* und *Pinot Grigio/Friaul* sowie blutjunge *Primeur-Weine (Novello)* im *Beaujolais*-Stil bringen am ehesten aromatische Ordnung in den bunten Salat.

JAKOBSMUSCHELN → COQUILLES SAINT-JACQUES

JAMBALAYA (YAMBALAYA)

Brasilianische Delikatesse: gehackte Zwiebeln und Peperoni in Öl angeschwitzt, mit kleinen Scheiben von gekochtem Huhn und gekochtem Schinken vermischt, leicht angebraten, mit körnigem Reis vermengt, mit Salz und Paprika gewürzt und mit Tomatensauce serviert.

Das sehr fruchtige *mexikanische Corona-Bier* von MODELO ist ein Geheimtip für würzige Gerichte dieser Art und sorgt stets für Geschmacksharmonie und Erfrischung! Unter den *Weißweinen Lateinamerikas* ragen zwei *Sauvignons Blancs* heraus, die schon zitiert wurden: der exotische *Monte Xanic/Ensenada/Baja California/Mexiko*, mit einer Spur zuviel an Alkohol, und der schon international renommierte *Canepa* von JOSÉ CANEPA, Santiago/Maipo Valley/Chile, der für das Gericht wie geschaffen schien, alle Aromen aufblühen ließ und gleichzeitig für Mäßigung in der Entfaltung sorgte. Aus *Brasilien* selbst können wir den modern vinifizierten *Sauvignon Blanc* von MAISON FORESTIER wärmstens empfehlen.

JOHANNISBEEREN (RIBISEL)

Rote, weiße und schwarze Beerenfrüchte des Johannisbeerstrauches. Die roten haben einen angenehm fruchtig-säuerlich-erfrischenden Geschmack und sind reich an Pektinen, Apfel- und Zitronensäure. Die weißen sind milder, und die begehrten schwarzen sind von rauchig-kräftigem Aroma und enthalten viel Vitamin C, Gerbsäure und Mineralstoffe.

Die roten und weißen Beeren lassen sich relativ leicht mit fruchtigen *Weiß-* und *Schaumweinen* paaren, während die schwarzen Früchte zusätzlich ein Faible für klassische *Rotweine* (vor allem aus der *Cabernet Sauvignon*-Rebe) haben.

JULIENNE

Feingeschnittene Gemüsestreifen (Lauch, Karotten, Sellerie und weiße Rüben in Streifen von ca. 3 cm Länge geschnitten), in Butter gedünstet und mit Salz und etwas Zucker gewürzt und mit feinen Streifen von blanchiertem Wirsingkohl vermischt. Die klassischen *weißen* „Gemüseweine" *Sauvignon Blanc, Sylvaner, Muskateller trocken* und *roter Beaujolais Primeur* sind auch hier von großer Zuverlässigkeit.

JUNGFERNBRATEN

Österreichische Spezialität: gespickter → Schweinslungenbraten (Schweinslende) in Fett angebraten, in einen Topf mit angeschwitzten Karotten und Zwiebelscheiben gegeben, mit Kraftbrühe und Sauerrahm aufgegossen und zugedeckt gegart.

Weiß: Neuburger, Malvasier/NÖ/A

Ein *Frühroter Veltliner* (1 – 2 Jahre; 8 – 9° C) vom WEINGUT KARL EISENHELD, Wien-Stammersdorf/A, bewies wieder einmal seine Verläßlichkeit gegenüber Gemüse (Karotten, Zwiebeln) sowie Sauerrahm und brachte auch den Braten zu geschmacklicher Vollendung.

Weiß: Riesling oder Riesling-Sylvaner/NÖ/A

Ein mittelreifer *Riesling Kabinett* mit Körper und feiner Extraktsüße (diesmal von GÜNTHER MAYER, Rossatz/Wachau/NÖ/A) wurde wegen seiner Affinität für Zwiebeln und Sauerrahm ausgesucht und enttäuschte uns auch in keiner Phase.

Rot: Blaufränkisch oder Blauer Zweigelt/Horitschon/Mittelburgenland/A

Der edle *Blaufränkisch Kabinett* (2 – 3 Jahre; 16 – 17° C) von RUDOLF WEBER, Lutzmannsburg/Mittelburgenland/A (ein Fruchtcharmeur mit vielschichtiger Würzenote), hatte keine Probleme mit den Zwiebeln und kehrte im Nachhall einige Bittertöne hervor, die aber unseren frankophilen Tischnachbarn keineswegs mißfielen, dort ist man daran eher gewöhnt.

KABELJAU → DORSCH

Neben dem Hering der wichtigste Nutzfisch (Nord- und Ostsee, Atlantik). Er wird bis zu 1,5 m lang und bis zu 60 kg schwer. Der gefräßige Raubfisch verschlingt am liebsten Heringe und vermehrt sich auf sagenhafte Weise (die Weibchen legen pro Laichperiode ca. 9 Millionen Eier). Sein Fleisch (November bis Mai) ist von hohem Vitamingehalt (A, D), doch gilt er frisch als nicht allzu schmackhaft. Gedörrt heißt er → Stockfisch, gesalzen und getrocknet Klippfisch, gepökelt Laberdan. Aus Kabeljauleber gewinnt man Lebertran (viel Vitamin D).
In neuerer Zeit befaßt man sich wieder mehr mit den Hochseefischen (→ Kabeljau, → Hering, → Makrele, → Schellfisch, → Seehecht, → Seelachs, → Wittling ...), da sie nicht so wie die Fische aus verschmutzten Küstengewässern (→ Flunder, → Scholle ...) mit Schwermetallen und chlorierten Kohlenwasserstoffen belastet sind (!) und wegen ihres hohen Gehalts an Eiweiß, Fettsäuren, Jod und Vitamin A und D als äußerst gesund gelten.
Zu gedünstetem Kabeljau raten wir *Pinot Gris* bzw. *Pinot Blanc (A, Baden/D, Trentino/I, Elsaß/F ...)* an; durch einen superben *Puligny-Montrachet/Burgund* gewänne er allerdings an Noblesse und Subtilität. Zu Kabeljau-Nockerln (Klößchen) tranken wir mit Genuß einen *Beaujolais Blanc (Chardonnay)*; zu Kabeljau mit

Senfsauce sollten Sie *Grünen Veltliner/Wachau/NÖ/A* oder *Riesling-Sylvaner/ Baden/D* ins Kalkül ziehen; zu Kabeljau gekocht ist *weißer Rioja/E* altbewährt, und zu Kabeljaufilet mit Basilikum sollten Sie nicht zögern, *Côteaux d'Aix Blanc/ Provence/F* oder *Tavel Rosé/südliche Rhône/F* zu ordern. Zu frischem gebratenen Kabeljau sind auch jugendlicher (*roter*) *Merlot* und *Pinot Noir* (12 – 14° C) adäquate Begleiter.

Kabeljau gebacken

Kabeljaufilets in Mehl, Ei und Semmelbröseln paniert, in heißem Fett herausgebacken, mit Petersilie garniert und mit Kartoffelsalat serviert.

Weiß: Côtes du Ventoux/Provence/F oder Chasselas/CH

Ein *Côtes du Ventoux Blanc* (CL 70 %, GRB 30 %; 2 – 3 Jahre; 8 – 9° C) von der DOMAINE DE CHAMP-LONG, Provence/F, ein rarer Tropfen – es dominieren dort sonst Rot- und Roséweine –, gefiel durch angenehme Frucht und feine Provencekräuterwürze. Dem Fisch war er untertan, doch Panier und Kartoffelsalat führte er geschmacklich in mittlere Höhen.

Weiß: Neuburger, Spätrot-Rotgipfler Spätlese/Thermenregion/NÖ/A

Die feine *Nußberger Höhenweg Spätlese* (R 40 %, PB 40 %, NB, SIL, GEW; 4 – 6 Jahre; 10° C) von KATTUS, Wien, funkelte grün-gold im Glase, duftete exotisch-würzig und schmeichelte im langen Nachhall nicht nur dem Kabeljau, sondern auch dem Gaumen. Geradezu sensationell war der Umgang mit Panier und Salat.

Weiß: Riesling oder Riesling-Sylvaner Kabinett

Der *Riesling „Zöbinger Heiligenstein" Kabinett* (2 – 5 Jahre; 9 – 10° C) von WILLY BRÜNDLMAYER, Langenlois/Kamptal-Donauland/NÖ/A, wurde zum Matchwinner, begleitete Filets und Panier auf angenehmste Art, „polierte" den Kartoffelsalat regelrecht auf und entlockte ihm bisher kaum gekannte Aromen. Ein unvergeßliches Erlebnis!

KABINETTPUDDING (DIPLOMATENPUDDING)

Eingefettete Puddingform mit zerstoßenen Löffelbiskuits (Biskotten), Rosinen und Rumfrüchten gefüllt; mit Eiern verquirlte Vanillemilch darübergegossen, Pudding im Wasserbad gedünstet, gestürzt und mit → Englischer Crème überzogen.

Weiß: Spätlesen oder Auslesen mit 20 bis 30 g Restzucker

Die renommierte *Kerner Spätlese* (3 – 6 Jahre; 8 – 9° C) „*Bodenheimer Hoch*", WG OBERSTLEUTNANT LIEBRECHT, Bodenheim/Rheinhessen/D, entpuppte sich anfangs als gefälliger Dienerwein, der aber zunehmend ins Hintertreffen geriet und säurig zu schmecken begann, da seine Restsüße (für dieses Gericht) einfach zu gering war.

Schaumwein: gut gekühlte Moscato-Schaumweine/I, Champagne/F

Der edelreife *Luxus-Champagne R.D.* (→ Galantine vom Geflügel) von BOLLINGER hätte auch einen Hauch mehr an Dosage vertragen, seine milde Reife – gemeinsam mit der Kohlensäure – schaffte aber nach einigem Hin und Her die Balance und begann sogar, die diversen Aromen zu unterstützen.

Weiß: Sauternes/Bordeaux/F, Prädikatsweine (BA, TBA, Strohwein)

🍷 Der elitäre *Château Suduiraut* (→ Brotpudding) besetzte nach einigen Schwankungen letztendlich als feinfühlend den Ton angebender Begleiter diesen Platz.

KAFFEECRÈME

→ Bayerische Crème, deren Milch mit Kaffeepulver aromatisiert wurde.

Ein reifer *Neuburger Ausbruch* (15 Jahre; 8 − 9° C) von JOHANN SONNLEITNER, Gumpoldskirchen/NÖ/A, baute seinen Firnton ab, blühte mehr und mehr auf und nahm auch Elemente der Kaffeecrème an. Der legendäre *Moscatel de Setúbal/Portugal* zeigte glitzernde Goldschimmer, verwirrendes, feminines Parfum und abgrundtiefen Körper mit elitärer Süße im minutenlangen Nachhall: für Süßweinspezialisten und süße Zungen. Der zuerst als scheinbar zu mächtiger Herrschaftswein eingestufte *Cream Sherry* von ANTONIO BARBADILLO (→ Altwiener Apfelstrudel) entwickelte auch diesmal unerwartet reintönige Fruchtnoten und verband sich bald harmonisch mit der Creme. Auch exotische *Malzbiere* können Gourmetfreuden auslösen.

KAFFEE-EIS

Crèmeeis, dessen Milch mit Kaffeepulver aromatisiert wurde und das sich gerne von feinen *Muskat(Moscato)-Schaumweinen*, süßen *Muskatellerweinen* (z. B. *Moscadello di Montalcino* von der AZ. AGR. II POGGIONE, Montalcino/Toskana/I) oder einem delikaten Kaffeelikör (z. B. *Tia Maria*) geschmacklich unterstützen läßt.

KAHLER KREMPLING

Beliebter Speisepilz, der von Juni bis Oktober unter Kiefern, Fichten und in Mooren zu finden ist. Auffallend ist sein eingerollter Hutrand. Trotz seiner Beliebtheit kann er in rohem oder ungenügend gekochtem Zustand schwere Vergiftungen hervorrufen! Sein Geschmack ist von weicher, säuerlicher Art und läßt sich recht gut mit reifen *Weißweinen (Pinot Blanc, Morillon/Südsteiermark/A, Tocai Isonzo/Friaul/I,* kombinieren.

KAISERFLEISCH

Österreichische Spezialität: gepökeltes und geräuchertes Bauchfleisch gekocht und mit Sauerkraut und Semmelknödeln serviert.

Bier: Pils
Weiß: Grüner Veltliner Kabinett/NÖ oder
Welschriesling Kabinett/Südsteiermark/A

🍷 Ein subtiler *Grüner Veltliner „Steinfeder"* (1 Jahr; 8 − 9° C) von GOTTFRIED HINTERHOLZER, Loiben/Wachau/NÖ/A, konnte zwar dem fetten Bauchfleisch in keiner Weise Paroli bieten, war aber aromatisch stimmig und „erleuchtete" vor allem das Sauerkraut auf köstlichste Weise.

Weiß: Pinot Blanc oder Morillon Kabinett/Spätlese

🍷 Die kraftvolle *Weißburgunder Spätlese* (3 − 5 Jahre; 9 − 11° C) von FRIEDRICH SEILER, Rust/Neusiedlersee-Hügelland/BGLD/A, hatte mit dem fetten Bauchfleisch keinerlei Probleme und unterstützte nicht nur den aromatischen, sondern auch den verdauenden Prozeß ideal. Ein Katalysator, der Veränderung schaffte, aber selbst nicht mitzog.

Weiß: Riesling Spätlese/NÖ/A, Rheingau/D bzw. Elsaß/F

Die *elsässische Riesling Spätlese* (4 – 6 Jahre; 9 – 11° C) von SIPP-MACK, Hunawihr/F, begeisterte schon beim Einschenken durch ein irisierendes Farbspiel mit grün-goldenen Reflexen und betörendem Rieslingduft. Beim Essen betonte sie den Rauchton des Fleisches und das Sauerkrautaroma auf sagenhafte Weise und schuf eine echte Alternative zu den beiden Vorgängern.

KAISERGRANAT (KAISERKREBS, TIEFSEEHUMMER)

Bis zu 30 cm langer – hummerähnlicher – Langschwanzkrebs, der in den Tiefen der nördlichen Nordsee (Adria, Tyrrhenisches Meer) lebt und im Sommer gejagt wird. Interessant sind die Schwänze, die bei uns leider fast nur in Dosen angeboten werden, in frischem Zustand aber von fester, wohlschmeckender Art sind.

Willkommene Begleiter der edlen Schwänze sind – je nach Zubereitungsart – unterschiedlichste *Weißweine* aus allen Herren Länder: mit Knoblauch zubereitet, denken wir an *Chenin Blanc/Anjou/Loire/F* oder – noch beser – an *spanischen Cava (Schaumwein* aus dem *Penedès)*; wenn mit Öl und Zitrone angerichtet, wären *Bianco di Custoza/Venetien/I* oder *Gros Plant* aus *Nantes/untere Loire/F* richtig. Zu Kaisergranat in Aspik versuchten wir sowohl *Bourgogne Aligoté/F* als auch *Sauvignon Blanc (Loire/F, Südsteiermark/A)*: ein Unentschieden! Zur gegrillten Form paßt ein *Chardonnay* ohne Barriqueausbau ideal, und wenn mit Minze garniert, ist edler *Corton-Charlemagne GC/Burgund/F* nicht zu überbieten.

KAISERSCHMARREN

Vielleicht die beliebteste österreichische Mehlspeise überhaupt; ursprünglich 1854 für Kaiserin Elisabeth kreiert, wurde sie später umgetauft, da sich seine Majestät, Kaiser Franz Joseph I., mehr daran begeisterte: Eidotter und Zucker schaumig gerührt und mit Milch, Salz und Mehl zu einem leicht flüssigen Teig versprudelt, der mit eingeweichten Rosinen versetzt, mit steifgeschlagenem Eiweiß (Schnee) untergezogen, in reichlich Fett oder Butter an beiden Seiten gebräunt, mit zwei Gabeln in kleine Stücke zerrissen, mit Zucker bestreut und mit → Zwetschgenröster kredenzt wird.

Weiß: Neuburger halbtrocken, Riesling oder Pinot Gris
Schaumwein: siehe unten!

Die *Riesling-Sekt Sondercuvée „Haus Österreich"* (4 – 6 Jahre; 6 – 8° C) der WINZER KREMS, Krems/NÖ/A (volles Goldgelb, fruchtig-eleganter Rieslingduft, rassig-eleganter Stil), traf sich mit dem Kaiserschmarren zu einem intimen Stelldichein und akzentuierte alle Aromen auf subtile Weise.

Weiß: Riesling-Sylvaner, Pinot Gris, Pinot Blanc und Zierfandler Auslese/A

Die edle *Zierfandler Auslese* (6 – 10 Jahre; 8 – 12° C) vom WEINGUT KARL ALPHART, Traiskirchen/Thermenregion/NÖ/A, betörte durch grün-goldenes Farbspiel, traubig-süßliche Duftnote sowie finessenreiche Honigsüße im Endspiel und lieferte dem Schmarren ein virtuoses Wechselspiel der Aromen ohne aufdringliche Süße.

Weiß: hohe Prädikatsweine
(Beerenauslese, Ausbruch, Trockenbeerenauslese, Strohwein, Eiswein)

Der *ungarische Tokaji Aszu „5 Puttonyos"* (FUR, HAR, MU; 20 – 25 Jahre; 9 –10° C) aus dem BORKOMBINAT Tolcva/Tokajihegyalja/H, brachte eigentlich zuviel an Süße und Ausdruckskraft mit, doch über seine Würzenote und den Zwetschgenröster kam ein leidenschaftlicher Dialog zustande, der den Abend zu einem kulinarischen Ereignis werden ließ.

KALBFLEISCH

Wegen seiner vielfältigen Verwendbarkeit auch als „Chamäleon der Küche" bezeichnet. Das Junge der Kuh schmeckt im Alter von zwei Wochen bis drei Monaten (April bis Juni) am besten und sollte zart rosa, saftig und mit weißem Fett behaftet sein. Mastkälber liefern das beste Fleisch. Die edelsten Partien sind Rücken, Schlögel (Keule) und Nierenbraten.
Angemessene Weine dazu müssen nicht unbedingt weiß, aber edel sein, alles hängt von Sauce und Zubereitungsart ab.

Kalbfleisch eingemacht

Bayerisch-österreichische Spezialität: Kalbfleisch (Schulter, Brust oder Kamm) in Salzwasser mit Suppengrün, halbierter Zwiebel und Fleischextrakt gar gedünstet; für die Sauce Butter erhitzt, Mehl eingerührt, mit Kalbfleischbouillon und Zitronensaft abgelöscht und mit Salz und Pfeffer gewürzt; Kalbfleisch in Würfel geschnitten, in die Sauce gegeben, fertig gegart, mit Rahm verrührt und schließlich mit Champignons und Petersilie garniert.

Weiß: Riesling-Sylvaner oder Neuburger Kabinett/BGLD/A

Ein jugendlich-frischer *Riesling-Sylvaner Kabinett* (1 – 2 Jahre; 8 – 9° C) von LUDWIG EHN, Langenlois/Kamptal-Donauland/NÖ/A, funkelte kristallklar im Glas, duftete nach feinstem Riesling, streichelte Gaumen und Seele mit seinem samtig-seidigen Körper und vereinte sich letztlich sommerlich-ideal mit der Sauce.

Weiß: Pinot Gris, Pinot Blanc Spätlese trocken/A

Die edle *Pinot Gris Spätlese* (5 – 6 Jahre; 10 – 11° C) von HEINRICH LUNZER, Gols/Neusiedlersee/BGLD/A (goldgelb, Honig-Karameldunft, extraktreicher, langer Abgang), war vom ersten Kontakt an auf die Sauce perfekt eingestellt und machte das eher simple Kalbfleisch zu einem brillanten Stück Hausmannskost.

Weiß: Neuburger, Spätrot-Rotgipfler Spätlese/Thermenregion/NÖ/A

Die milde *Neuburger Spätlese* (5 – 7 Jahre; 10 – 12° C) von ANTON und ERWIN ÖSTERREICHER, Pfaffstätten/Thermenregion/NÖ/A, erreichte nicht ganz die Harmonie und Ausdruckskraft des Vorgängers, doch Champignons und Würze wurden hervorragend akzentuiert, umschmeichelt und mit neuen Würzetönen der Rebsorte angereichert.

Kalbsbeuschel (Wiener Kalbsbeuschel)

Kalbsherz und -lunge mit Wurzelwerk in Salzwasser weich gekocht und in Streifen geschnitten; braune Mehlschwitze aus Mehl, Butter und gehackter Zwiebel bereitet, mit Essig und Riesling abgelöscht, mit dem Herz-Lungenfond zu einer Sauce verkocht, abgeschmeckt, mit dem Fleisch vermischt und mit Semmelknödeln (bzw. Serviettenknödeln) serviert. Wegen des Weines in der Sauce halten wir uns diesmal an drei Artgenossen, obwohl auch andere Möglichkeiten bestehen *(Muskateller trocken, Riesling-Sylvaner* und nicht zu vergessen frisch-herbe *Pils-Biere*, die den Innereienton geschickt neutralisieren, allerdings keine Akzente setzen).

**Weiß: Riesling „Steinfeder"/Wachau/NÖ/A bzw.
leichter Riesling Qualitätswein oder Kabinett/NÖ/A**

Die zarte *Riesling „Steinfeder"* (1 Jahr; 7 – 9° C) der FREIEN WEINGÄRTNER DER WACHAU, Dürnstein/NÖ/A, brillierte mit subtiler Steinobstnote sowie geschliffener Säure und war dem Beuschel ein edler, sommerlicher Begleiter, der mehr als einen Hauch von Noblesse einbrachte.

Weiß: Riesling „Federspiel"/Wachau/NÖ bzw. Riesling Kabinett/NÖ/A

Das prachtvolle *Riesling „Federspiel"* (2 – 4 Jahre; 8 – 10° C) von GÜNTER SCHUSS, Bacharnsdorf/Wachau/NÖ/A (grüngelb leuchtend, verführerischer Pfirsich-Marillenduft, intensiv-rassiger Nachklang), hüllte das Beuschel mit seiner Eleganz und Aromabrillanz ein, und dieses erlag alsbald dem duftgewaltigen Begleiter.

Weiß: Riesling „Smaragd"/Wachau/NÖ/A bzw. Riesling Spätlese trocken/NÖ/A

Der mächtige *Riesling „Smaragd"* (3 – 6 Jahre; 9 – 11° C) von JOHANN SCHMELZ, Joching/Wachau/NÖ/A (ein attraktiver, aufgekratzter Geselle mit prachtvollem Finish), übernahm sogleich das Kommando im Gaumen und verlieh jedem Bissen (und Schluck im Wechselspiel) eine Aromatik und Finesse von höchster Eindringlichkeit.

Kalbsblankett

Schulter- oder Bruststücke in Würfel geschnitten, gesalzen, mit Karotten, gespickter Zwiebel und Kräutersträußchen in Wasser gar gekocht; Fond mit Champignonscheiben und weißer Mehlschwitze verkocht, passiert, mit Eigelb und Rahm gebunden, mit Zitronensaft aromatisiert und mit dem Fleisch kredenzt; beliebteste Beilagen sind → Nudeln.

Korrespondierende Weine: → Kalbfleisch eingemacht. Außerdem sind edler *Riesling-Sylvaner* mit runder Säure, milder *Arbois Blanc/Jura/F* und samtiger *Neuburger/A* jederzeit zu empfehlen.

Kalbsbraten

Darunter versteht man den gebratenen → Kalbsrücken, das gebratene Kalbsrippenstück (Kalbskarree) und das → Kalbsfrikandeau.

Empfiehlt man in unseren Breiten durchwegs *Weißweine* (unterschiedlichster Natur) zu den verschiedenen Kalbsbraten, so ist es z. B. in *Frankreich* und *Großbritannien* durchaus üblich, samtig-elegante *rote Bordeauxweine (Saint-Julien, Margaux)* anzubieten.

Kalbsbries (Kalbsmilch)

Die in der Brusthöhle sitzende Wachstumsdrüse (Thymusdrüse) des jungen Tieres ist ca. 200 bis 350 g schwer und von außergewöhnlicher Zartheit, vor allem das Bries in der Nähe des Herzens ist von besonders subtil-feinem Geschmack. Es läßt sich schnell garen und ergibt ein leicht verdauliches, nährstoffreiches Mahl, das in frischem (und weißem) Zustand nur mit edlen, ebenfalls zarten Produkten und ebensolchen *Weißweinen* kombiniert werden sollte. Einer der wenigen *Rotweine*, die mit Bries harmonieren, ist der wohl eleganteste aller *Pinots*, der edle *Musigny Grand Cru/Côte de Nuits/Burgund/F*, und zum Bries „Lyonnais" (mit gedünsteten, gehackten Zwiebeln) trinken (betuchte) Franzosen gern *roten Cru Beaujolais Saint-Amour* oder sublimen *Château Margaux/Bordeaux/F*. Wenn mit geschmolzenem Lauch zubereitet, empfehlen wir – natürlich – einen *Sauvignon Blanc* mit gut eingebundener Säure; zu Bries mit Langustinen legen wir Ihnen *Graves Blanc Cru Classé/Bordeaux/F* ans Herz, und zu Bries mit Morcheln wählen Sie zwischen *weißem Pouilly-Fuissé/Burgund/F* oder reifem *Sherry Amontillado dry/E*. Halbtrockene bis liebliche Weine verschiedener Sorten sind möglich, doch sollte ihre Süße nie plump und aufdringlich sein.

Kalbsbries mit Tomatensauce und Champignons

Gesalzenes und gepfeffertes Bries in Butter gebraten, auf Anna-Kartoffelscheiben (rohe Kartoffelscheiben mit Butter und Salz gebacken) angerichtet, mit → Tomatensauce umgeben und mit gedünsteten Champignons und Tomaten garniert.

Weiß: Bellet oder Cassis/Provence/F

Der *südfranzösische Bellet Blanc* (→ Hammelrücken auf Nizzaer Art) von RENÉ GOMEZ, Provence/F, wurde wegen seiner bekannten Affinität für Tomatensauce ausgewählt und war auch dem Bries ein passender Begleiter.

Weiß: Chardonnay/I bzw. A oder Riesling/Wachau/A

Einer der attraktivsten und elegantesten *Chardonnays* mit viel Sortencharakter, Frucht und Spritzigkeit ist der *„Linticlarus"* vom TURMHOF TIEFENBRUNNER, Entiklar/Südtirol/I, der von der ersten Sekunde der Begegnung bis zum letzten Bissen ein ungetrübtes, idyllisches Verhältnis zur Speise aufbaute.

Rot: Valpolicella/Venetien, Chianit/Toskana/I oder Margaux/Bordeaux/F

Der fruchtcharmante *Chianti Classico DOCG* (5 – 7 Jahre; 16 – 17° C) vom CASTELLO DEI RAMPOLLA, Panzano/Toskana/I – ein scheinbar ewiger Jüngling –, bewies, daß man Bries auch mit Rotwein kombinieren kann, wenn die Sauce so wie hier stimmt, doch ein klein wenig störten seine Tannine schon.

Kalbsbriesröschen mit Spargelspitzen und Zuckererbsen

Kalbsbries mit Mehl bestäubt und in Butter und Olivenöl hellbraun gebraten, gesalzen und gepfeffert; in feuerfestem Glas gesalzene Butter erhitzt, Karotten und Kohlrabi beigegeben, mit etwas Wasser aufgegossen, Salz, Pfeffer und Zucker beigefügt, zugedeckt und gekocht; Spargelspitzen in Salzwasser gegart, Erbsen blanchiert, mit Kerbel vermischt und alles gemeinsam angerichtet.

Weiß: Sylvaner oder Muskateller trocken

Ein jugendlicher *Silvaner* von NIKOLAUS DOLL, Stadecken-Elsheim/Rheinhessen/D, war dem Gemüse ein attraktiver Mitstreiter, der lediglich dem Bries nicht ganz nahe kam. Harmonie auf Distanz!

Weiß: Sauvignon Blanc oder Riesling Kabinett

Der noble *Sauvignon Blanc Kabinett* (1 – 2 Jahre; 9 – 10° C) von MANFRED TEMENT, Berghausen/Südsteiermark/A (leuchtendes Grüngelb, herrliche Opulenz in Duft, Würze und Extraktsüße), bewirkte noch einen Hauch mehr an gegenseitiger Inspiration und kam dem Idealbild des perfekten Partners schon sehr nahe. (Vorsicht vor allzu säurereichen, einseitigen Weinen!)

Weiß: großer Chenin Blanc/Loire oder Chablis Grand Cru „Blanchots"/Burgund/F

Der superbe *Côteaux du Layon* (→ Eclair mit Maraschino-Vanillecréme) besaß schließlich jene Aromafülle und Zartheit, die auch das Bries aus der Reserve lockte und keinerlei Fragen und Wünsche offenließ. Eine selten harmonische Paarung.

Kalbsbriessalat mit Stangenbohnen

Bries zusammen mit klein geschnittenen Zwiebeln, gewürfelter Karotte, Lauchstreifen, Stangensellerie, zerdrückten Pfefferkörnern, Wacholderbeeren und Lorbeerblatt in leicht gesalzenem Wasser gekocht; Stangenbohnen (grüne Bohnen) in Salzwasser blanchiert und sofort in eiskaltem Wasser abgeschreckt (damit die Farbe nicht verloren geht); Bries enthäutet, in Scheiben geschnitten, in Dressing aus reduziertem Kalbsfond, Weinessig, Schalotten, Salz und Pfeffer mariniert und mit den Bohnen, Brunnenkresse und Salatblättern, gewürfelten Tomaten und Blattpetersilie serviert. Die *Weißweine Chenin Blanc* und *Sauvignon Blanc/Loire/F* oder der *Rosé Monistrol/Katalonien/E* sowie diverse *Schaumweine (Cava/Penedès/E, Rieslingsekt/D* bzw. *A, Champagne Brut/F)* zählen zu den Favoriten des anspruchsvollen Salates. Besonders begeistert sind wir heute noch von zwei *Schaumweinen (Cavas)* aus dem *Penedès:* dem *Segura Viudas Blanc de Blancs* und dem köstlich-perlenden *Freixenet brut Barocco* (beide aus *Sant Sadurni di Anoia*).

Kalbsbrust

Wird ausgebeint, Brustknorpel entfernt und praktisch nur in gefülltem Zustand angeboten. Nur mehr selten erhält man gebackene Kalbsbrust, glacierte Kalbsbrust oder gerollte Kalbsbrust, die allesamt mit *Österreichs Weißwein*-Elite *(NÖ, BGLD)* harmonieren.

Kalbsbrust gefüllt auf „Wiener Art"

Butter mit Eidotter schaumig gerührt, geschälte, eingeweichte Semmeln (Weißbrot) beigefügt, mit Salz, Pfeffer, gehackter Petersilie gewürzt, mit gekochten frischen Erbsen und kurz in Butter gedünsteten Champignons vermischt, in die Brust gefüllt und ca. 1 1/2 Stunden gedünstet.

Weiß: Qualitätswein/Kabinett (Malvasier, Zierfandler)/NÖ/A

Ein milder *Frühroter Veltliner Kabinett* (MAL; 1 – 2 Jahre; 8 – 9° C) von ERICH SAILER, Röschitz/Weinviertel/NÖ/A, mit perfekt eingebundener Säure und attraktivem Haselnußaroma, wurde einstimmig als Frühlings-, Sommer- und Mittagswein gekürt.

Weiß: Kabinett (Pinot Blanc, Pinot Gris, Neuburger)/NÖ oder Burgenland/A

Der samtige *Weißburgunder Kabinett „Ried Seindl-Klöchberg"* (3 – 4 Jahre; 9 – 10° C) von HERFRIED DIRNBÖCK, Mureck/Südoststeiermark/A (intensives, volles Gelb, zart-fruchtiger Duft und reicher Körper mit würzigem Ausklang), gilt stellvertretend für viele Artgenossen als Partner für alle Lebenslagen und Jahreszeiten.

Weiß: Spätlese trocken (Pinot Blanc, Pinot Gris, Neuburger, Malvasier/A

Die edle *Malvasier Spätlese „Ried Seeberg"* (3 – 5 Jahre; 10 – 11° C) von LUDWIG EHN, Langenlois/Kamptal-Donauland/NÖ/A (gold-gelb glitzernd, mild, dezent-vanillig duftend und mit der enormen Fülle eines großen Weins ausgestattet) dominierte zwar mit Stil, verlieh aber gleichzeitig der Füllung eine großartige Dimension.

Kalbseuter

Vor dem eigentlichen Backen muß es gewässert, gekocht, enthäutet und mit Wurzelwerk in Milch oder Mehlwasser weichgekocht und in Stücke geschnitten werden. Bevorzugte Begleiter dieser selten gewordenen Spezialität sind dunkle *Malzbiere*, kraftvoll-würzige *Weißweine (Pinot Blanc,* reife *Rieslinge ...), südfranzösische Roséweine* und fruchtbetonte *rote Primeurweine (Beaujolais Nouveau/F, Blauer Zweigelt, St. Laurent, Blaufränkisch/A ...)*.

Kalbsfilet

Wie beim → Rinderfilet (Rinderlendenstück, → Lendenbraten, Lungenbraten) die zwei langen Muskeln auf der inneren Seite des Rückens, die zum zartesten und edelsten des Kalbes zählen. Das Filet wird im Ganzen oder in Stücken (Scheiben, Medaillons, Lendchen, Nüßchen) angeboten.

Als Partner des zarten Filets kommen nur edelste Kreszenzen in Frage: *Riesling, Neuburger, Pinot Gris* und *Chardonnay* (dieser vor allem aus *Burgund/F*); wenn mit kraftvollen, dunklen Saucen versehen, „dürfen" es auch edle, runde, elegante *Rotweine* sein.

Kalbsfilet auf Risotto

Filet mit Speck gespickt, gewürzt und angebraten, mit → Sherry gelöscht, mit Kalbsjus reduziert und gebunden. Filet auf → Risotto, der mit Tomatenwürfeln und Erbsen aromatisiert und durchsetzt wurde, angerichtet und mit gedünsteten Champignons serviert.

Aufgrund der Sauce, der Champignons und der diffizilen Tomaten sind hier *Chardonnay* mit mäßiger Holznote, *Pinot Blanc* und *Pinot Gris Kabinett*, reife *Rieslinge*, *Grüne Veltliner/NÖ/A*, *Fino Sherry/E* und *Tocai Friulano/I* in die engere Wahl gekommen. Zwei besondere kulinarische Erlebnisse hatten wir mit einem *Meursault „Genevrières"* von COMTE LAFON, Burgund (→ Coquilles Saint-Jaques „Pariser Art"), und einem superben reifen *Champagne Bollinger R.D.* (→ Galantine vom Geflügel).

Kalbsfilet in Teighülle

Das gewürzte Filet knusprig angebraten, nach dem Abkühlen mit Gänseleberpüree bestrichen, mit Champignonscheiben bedeckt, in Pastetenteig gehüllt, mit Eigelb bestrichen und im Ofen gebacken.

Pinot Gris oder *Gewürztraminer Spätlese*, reifer *Condrieu/nördliche Rhône*, *Vouvray/Loire* oder *Champagne/F* sollten hier in Erwägung gezogen werden, wobei wir besonders mit einer exquisiten *Ruländer Spätlese* (→ Chaudfroid vom Huhn) von STEFAN SCHNEIDER, Illmitz/Neusiedlersee/BGLD/A, angenehme Erinnerungen verbinden.

Kalbsfrikadellen

1/3 Schweinefleisch und 2/3 Kalbfleisch gehackt (faschiert), mit eingeweichtem Weißbrot, Ei, Salz und Pfeffer vermischt und zu flachen Klößen (Laibchen) geformt, paniert, in Butter gebraten und mit Gemüse kredenzt.

Helles *Bier*, mild-würzige *Weißweine (Pinot Blanc* und *Pinot Gris, Elbling/D ...)* und einfache junge *Rotweine (Blauer Portugieser, Pinot Noir ...)* sind hier gerade richtig.

Kalbsfrikandeau

Die → Kalbskeule besteht aus → Kalbsnuß, Kaiserteil und Frikandeau. Das Frikandeau wird eigentlich immer gespickt und entweder gebraten oder geschmort zubereitet. Scheiben aus dem Frikandeau nennt man Kalbsgrenadins

Wenn in Morchelsauce serviert, dürfen Sie auch einen *dunklen* Begleiter *(Barbaresco/Piemont/I, Echézeaux/Burgund/F)* wählen.

Kalbsfrikandeau mit Sauerampfer

Mit Karotten und Zwiebelscheiben gespicktes Kalbsfrikandeau knackig angebraten, gewürzt, mit Kraftbrühe aufgefüllt, mit Kräuterbündel geschmort (gedünstet) und auf Sauerampferpüree kredenzt.

Weiß: junger Côteaux Champenois/F; Sauvignon Blanc, Sylvaner

🍷 Ein *Côteaux Champenois AOC Blanc de Blancs* (CH; 1 – 2 Jahre; 8 – 9° C) von LAURENT-PERRIER, Tour sur Marne/Champagne/F (kristallklar funkelnd, diskretes Chardonnay-Bouquet, rauchig-vollmundig ausklingend), setzte die Ingredienzien geschickt in Szene und hielt sich selbst im Hintergrund auf.

Weiß: mittelreifer Sauvignon Blanc, Sylvaner

🍷 Ein mittelreifer *Sauvignon Blanc Kabinett* (1 – 3 Jahre; 8 – 10° C) vom WINZERHOF KAISER, Kleinhöflein/Neusiedlersee-Hügelland/BGLD/A (strahlendes Hellgelb, Hauch von Schotenwürze, pikant-feinwürziger Ausklang), zeigte sich wieder einmal als besonderer Sauerampferfreund, liebte auch Karotten, Zwiebeln und Kräuter und verlieh dem Frikandeau eine noch knusprigere Note.

Weiß: Spätlese trocken/halbtrocken (Sauvignon Blanc, Sylvaner)

🍷 Die *Silvaner Spätlese „Randersackerer Sonnenstuhl"* (2 – 5 Jahre; 9 – 11° C) von ROBERT SCHMITT, Randersacker/Franken/D (grüngelb leuchtend, erdig-würzig duftend, kraftvoll-würzig-finessenreicher Ausklang), setzte dem Gericht ihre Geschmacksdichte erfolgreich entgegen und beeindruckte besonders als Herbst-Wintertropfen.

Kalbsfüße

Werden gebrüht, gespalten und von den kräftigen Knochen befreit, in Wurzelwerk und Salzwasser – wie Kalbskopf – weich gekocht und zumeist gefüllt oder gebacken angeboten. Sie enthalten viele Gelatine, das zur Sulzherstellung gebraucht wird.
Die Liste der möglichen Begleiter ist hier lang und reicht vom dunklem *Bier* über alle Arten von *Weißweinen* bis hin zu fruchtcharmanten jungen *Rotweinen*. Entscheidend ist hier nur die Zubereitungsart.

Kalbsfüße gebacken

Die gekochten Füße entknöchelt, das Fleisch leicht gepreßt, mit gehackter Petersilie und Zitronensaft mariniert, mit etwas englischem Senf bestrichen, in Mehl, Ei und Semmelbröseln paniert, in heißem Fett gebacken und mit → Sauce Remoulade serviert.
Panier und Sauce verlangen hier nach einem mittelreifen *Riesling, Riesling-Sylvaner* oder *Zierfandler/Thermenregion/NÖ/A*. Auch die *Weißweine* der *Provence/F (Cassis* und *Bellet Blanc)* kompensieren Sauce und Panier ausgezeichnet. Säurefanatiker werden allerdings vehement einen rassigen *Weißwein (Pinot Blanc, Welschriesling/Steiermark/A)* fordern, der einen interessanten geschmacklichen Kontrast zum Fett und zur Sauce bildet und auch verdauungsfördernd tätig ist.

Kalbsfüße gefüllt

Die gekochten, entknöchelten und gepreßten Füße in Vierecke geschnitten, beidseits mit → Duxelles bestrichen, in ein Schweinsnetz gehüllt, mit Butter beträufelt, im Ofen gebräunt und mit → Sauce Madère angerichtet.
Die geschmacklich dominante Sauce verlangt nach einem gehaltvollen Wein, der sich aromatisch anpassen kann und nicht gleich untergeht. Die in *Frankreich* als Idealpartner geltenden *VDN (Rivesaltes, Banyuls/S-F)* stellen eine interessante Möglichkeit dar, doch lassen sie den Eigengeschmack der Speise kaum zur Geltung kommen. Als Sommer- und Mittagswein empfehlen wir daher einen *Neuburger Kabinett* aus *Gumpoldskirchen/Thermenregion/NÖ/A*, und als Partner für alle Fälle legen wir Ihnen eine *Zierfandler Spätlese/Thermenregion/NÖ* ans Gourmetherz. Ein schillernder Außenseiter ist der *rote Cru-Beaujolais Moulin à Vent/Burgund/F*.

Kalbsfuß-Salat „Ungarisch"

Die gekochten, entknöchelten Füße in Streifen geschnitten, mit Paprika-Kräuter-Mayonnaise gebunden und mit Eischeiben garniert.
Nicht nur wegen der geographischen Nähe zu *Ungarn* raten wir hier zu einigen *burgenländischen* Kreszenzen *(Sauvignon Blanc, Pinot Blanc, Muskateller)* mit milder Säure und allenfalls kleiner Restsüße. Ideal auch der *ungarische Sauvignon Blanc* von GYÖNGYÖS ESTATE, Gyöngyös.

Kalbsgekröse

Magen, Netzmagen und krauser Darm des Kalbes werden zur Vorbereitung gewässert, mit Wurzelwerk und Zwiebeln in Salzwasser weich gekocht und in Stücke geschnitten.
Beliebteste Zubereitungsart des selten gewordenen Gerichts ist gebacken (paniert) mit Tomatensauce: korrespondierende *Weißweine* sind *Rotgipfler, Zierfandler, Neuburger, Chardonnay/Thermenregion/Gumpoldskirchen/NÖ* oder *italienische Rotweine (Valpolicella/Venetien, Chianti Classico/Toskana/I)*. Aber auch erfrischendes *Weizenbier* stand an der Schwelle zur Idealnote!

Kalbsgeschnetzeltes → Geschnetzeltes

Kalbsgulyas

Feingehackte Zwiebeln hell angeschwitzt, papriziert, mit Wasser abgelöscht, Fleischwürfel von der Schulter oder Wade beigefügt, mit Rosenpaprika, Salz, Knoblauch und Tomatenpüree gewürzt, gar gedünstet, eventuell mit Mehl und Rahm gebunden.
Klassische Begleiter der mild-würzigen Speise sind kühles *Weizenbier*, mild-fruchtige *Roséweine* und auf Tomaten und Paprika spezialisierte *Weißweine (Sauvignon Blanc, Riesling, Chardonnay ...)*.
Pars pro toto nennen wir hier den lebendig-fruchtigen *Chardonnay* von GYÖNGYÖS ESTATE, Gyöngyös/H (1 – 3 Jahre, 9 – 10° C), der dem Gericht Aromatik, Würze und Subtilität schenkte. Vielen *Ungarn* sind diese Gewächse – meistens – zu wenig feurig, deshalb trinken sie unverdrossen ihre würzigen *Rotweine* dazu.

Kalbshaxe (Kalbshachse, Kalbsstelze)

Das Bein des Kalbes zwischen Fuß und Keule wird entweder mit dem Knochen gebraten oder gedünstet. Ausgelöst und der Länge nach portioniert, gespickt und gedünstet heißen die Stücke in Österreich → Kalbsvögerl.
Neben *Märzenbier* sind fruchtcharmante *Pinots Noirs* und samtig-milde *Weißweine (Malvasier, Pinot Gris, Riesling)* gefragt.

Kalbshaxe auf „Mailänder Art" → Osso buco alla Milanese

Kalbshaxe mit Frühlingsgemüse

Haxe mit dem Knochen in Querstücke geteilt, in Butter angebraten, mit Kalbsjus aufgegossen, zur Halbzeit Karotten, weiße Rüben, Erbsen und kleine Zwiebeln beigegeben und gemeinsam gedünstet.
Märzenbier ist sicherlich der unverfänglichste Begleitschutz, doch kommen hier auch die klassischen „Gemüseweine" zum Zug: *Neuburger, Sauvignon Blanc, Sylvaner, Muskateller trocken, Riesling, Riesling-Sylvaner ...*

Kalbshals

Wird meist zu Farcen, billigen Kleingerichten und Kalbsfonds verarbeitet, doch gibt es Kochkünstler, die auch diesem Nebenprodukt etwas abgewinnen können! Empfehlungen richten sich nach Sauce und Zubereitungsart. Im Prinzip gelten aber die Richtlinien für → Kalbfleisch.

Kalbsherz

In der klassischen österreichischen Küche wurde das Kalbsherz meist nur als Bestandteil des → Kalbsbeuschels eingesetzt, doch ergibt es heute gefüllt, gekocht, geschmort oder gedünstet allerfeinste Gerichte, die wiederum von edlen, mild-würzigen bis exotischen *Weißweinen* und manchmal auch von samtigen *Rotweinen* (dunkle Sauce) eskortiert werden sollen. Das (feste) Kalbsherz mundet am besten, wenn es innen noch zart rosa oder etwas blutig ist.

Kalbsherz gefüllt

Herz mit Farce aus Kalb- und Schweinefleisch, Speck, eingeweichter Semmel, Ei, gehackten Zwiebeln, Petersilie, Salz und Muskatnuß gefüllt, in Schweinsnetz gehüllt, in Butter gebraten, mit Weißwein abgelöscht, mit Kalbsjus aufgegossen, gedünstet und mit Kartoffelpüree serviert.

Weiß: Kabinett (Grüner Veltliner, Pinot Blanc ...)/A

Ein jugendlicher *Grüner Veltliner Kabinett* (→ Forelle geräuchert) von KARL HOLZAPFEL, Joching/Wachau/NÖ, bewährte sich als feiner Mittagswein, der sich elegant an die Farce anschmiegte und auch deren Würzenote betonte.

Weiß: Kabinett/Spätlese (Muskateller, Riesling, Pinot Gris)/A

Die *Muskateller Spätlese trocken* von ROBERT WENZEL, Rust/Neusiedlersee-Hügelland/BGLD/A, traf sozusagen mitten ins Herz, war geschmacklich auf einer Ebene und verlieh sogar dem Kartoffelpüree einen Hauch von Exotik.

Weiß: Spätlese (Muskateller, Riesling, Pinot Gris)

Die bemerkenswerte *Riesling Spätlese „Ihringer Winkler Berg"* (3 – 7 Jahre; 10 – 11° C) von RUDOLF STIGLER, Ihringen/Baden/D, überraschte mit irisierendem Farbspiel, sagenhaftem Pfirsich-Rosenbouquet sowie fulminantem Abgang und holte aus dem Gericht alles an Nuancen heraus, was man sich nur vorstellen kann.

Kalbsherz mit Rotweinschalotten und Kirschtomaten

Geschälte Schalotten in Butter angedünstet, mit Zucker karamelisiert, mit Rotwein aufgegossen, zugedeckt, gedünstet und mit Kalbsjus gebunden; Herz mit Salz und Pfeffer gewürzt, in Sojaöl angebraten und im Ofen bei 250° etwa vier Minuten rosa gebraten. Kirschtomaten in Olivenöl kurz angebraten, mit Salz und Pfeffer gewürzt, mit Basilikumstreifen aromatisiert, das Kalbsherz in Scheiben geschnitten und mit den Beilagen serviert.

Neben dem *roten Kochwein* haben sich als Sommer- und Mittagswein *Bardolino DOC/Venetien/I* und *Côteaux d'Aix en Provence Rouge AOC* (z. B. *Cuvée Chanteroche*) empfohlen. Für etwas kühlere Jahreszeiten raten wir zu *Valpolicella Classico/Venetien/* oder zu jungem *Chianti Classico/Toskana/I*. Als absolute Winterweine mit strengem, dominierendem Charakter entpuppten sich die *Südfranzosen Fitou* und *Corbières AOC*.

Kalbsherz, -zunge und Kutteln in Champagnesud

Gereinigtes Herz in kleine Stücke geschnitten, Zunge in Salzwasser mit Gemüsen weich gekocht, Kutteln in Salz-Essig-Wasser weich gedünstet, Herzstücke in Sojaöl kurz angebraten; Kraut- und Karottenstreifen in Butter angedünstet und in Wasser fertiggekocht, Champagne, Bouillon, Zungenbrühe und feingehackte Schalotte eingekocht; Herz und Zunge in 1/2 cm dünne Scheiben geschnitten (Kutteln in 1 cm dicke) und sautiert, mit dem Gemüse vermischt und alles zusammen angerichtet.
Es versteht sich von selbst, daß hier nur *Champagne* in Frage kommt. Als Mittagswein sollten Sie zu spritzigem *Blanc de Blancs/Billecart-Salmon/Mareuil sur Aÿ* tendieren und ansonsten reifen *Blanc de Noirs* goutieren, der auch der Zunge etwas abgewinnen kann. Unser schönstes Erlebnis hatten wir mit einem reifen *Bollinger R.D.* (PN, CH, PM; 15 – 20 Jahre, 6 – 8° C), der mit der Sauce (Sud) eine „Entente cordiale" bildete und noch lange nachwirkte.

Kalbshirn

Wird in lauwarmem Wasser von der Gehirnhaut befreit und frisch oder vorgekocht als warme Vorspeise oder → Pastete verwendet. Das Hirn ist zart, leicht verdaulich und läßt sich ideal mit milden bis süßen *Weißweinen* zusammenspannen, doch sollte die Süße nie aufdringlich oder plump sein.

Kalbshirn gebacken mit Steinpilzsalat

Hirn gehäutet, in Salzwasser gekocht und gedünstet, in Scheiben geschnitten, gesalzen, gepfeffert, mit Zitronensaft beträufelt, in Ei und Bröseln paniert, in Öl oder Butter herausgebacken; Steinpilze mit → Sauce Vinaigrette beträufelt, mit Schnittlauchrollen bestreut und mit dem Hirn sowie Sardellensauce angerichtet.
An und für sich wäre hier gegen einen mild-süßen *Prädikatswein* nichts einzuwenden, doch Steinpilzsalat und Sardellensauce vertragen sich damit kaum. Als ersten Begleiter kürten wir einen mild-würzigen *Silvaner* von NIKOLAUS DOLL, Stadecken-Elsheim/Rheinhessen/D; als zweiter Partner drängte sich ein *Beaujolais Blanc* (CH; 1 – 2 Jahre; 8 – 9° C) der CAVE DES VIGNERONS DE LIERGUES geradezu auf, da er insbesondere mit Salat und Sauce traumhaft harmonierte. Zum Schluß enttäuschte leider der mit vielen Vorschußlorbeeren ausgestattete *Monbazillac* AC (SÉM, SB, MI; 5 – 9 Jahre; 8 – 9° C), CHATEAU LE FAGE, Pomport/Bergerac, denn allzu plump und aufdringlich süß zeigte sich der Likörwein, einst Konkurrent der großen Sauternes/Bordeaux/F.

Kalbshirn „Vinaigrette"

Hirn und Wurzelwerk gegart, in Würfel geschnitten (nach dem Erkalten) und mit → Sauce Vinaigrette serviert.
Dem zarten Hirn und der säuerlichen Vinaigrette kann man an heißen Sommertagen erfrischenden *Galestro/Toskana*, *Vinho Verde/P* oder „extra-leichte", trockene *Muskateller* bzw. *Malvasier* entgegensetzen. Idealpartner sind samtig-trockener *Chenin Blanc/Loire* und milder *Riesling-Sylvaner/NÖ/A*. Als attraktiver Partner wußte auch eine halbtrockene *Riesling Spätlese „Durbacher Josephsberg"*, FREIHERR VON NEVEU'SCHE GUTSVERWALTUNG, Durbach/Baden/D, zu gefallen.

Kalbskeule (Kalbsschlegel)

Zusammen mit dem Rücken der wertvollste Teil des Kalbes. Meistens ausgelöst angeboten als: → Kalbsfrikandeau, Kaiserteil, → Kalbsnuß, → Kalbshaxe (Stelze).
Die Riege der edlen, nicht zu säurereichen *Weißweine* darf hier antreten. Zubereitungsart und Sauce entscheiden – wie immer – über die Art des Weines. Bei etwas

kräftigeren, dunklen Saucen sollte man es nicht verabsäumen, einige mild-samtige *rote* Gewächse ins Spiel zu bringen.

Kalbskeule auf „Hamburger Art"

Frikandeau und Kaiserteil gespickt, gewürzt, mit Wurzelwerk und kleinen Speckstücken angebraten, in saurem Rahm weich gedünstet und mit Champignonscheiben garniert.

Weiß: Kabinett (Riesling, Pinot Gris ...)

Ein jugendlich-exotischer *Riesling Kabinett „Kremser Kögl"* (2 – 3 Jahre; 8 – 9° C) vom WEINGUT UNDHOF, Krems/Kamptal-Donauland/NÖ/A, avancierte im Nu zu unserem Liebling und war mehr als ein willkommener Durstlöscher an einem heißen Sommertag.

Rot: Valpolicella Classico/Venetien/I oder Pinot Noir/Ahr/D
Weiß: Spätlese (Pinot Gris, Neuburger, Riesling-Sylvaner ...)

Die kraftvolle, kernig-rassige *Grauburgunder Spätlese „Schweigener Sonnenberg"*, WEINGUT FRIEDRICH BECKER, Schweigen/Rheinpfalz/D, war Sauerrahm und Champignons ein harmonischer Partner und hatte auch mit dem Speck keinerlei Probleme.

Weiß: Spätlese (Pinot Blanc, Riesling ...)
Schaumwein: mit milder Samtigkeit und Reife

Der *Bollinger R.D.* (→ Kalbsherz) hätte beinahe auch hier gesiegt. Sauerrahm und Champignons bildeten wiederum ein herzliches Bündnis, aber Speck und Champagne hatten Anpassungsprobleme.

Kalbskopf

Nach Wiener Art wird der halbierte Kopf gekocht, vom Knochen gelöst, in Portionen geschnitten, noch einmal gekocht und im würzigen Sud geliert (eingesulzt); nach französischer Art wird der Kopf roh vom Knochen gelöst, gewässert, blanchiert, in viereckige Portionen geschnitten und dann in Wasser, Mehl, Essig, Öl und Aromaten weichgekocht; interessant ist die Kombination mit kalten Saucen.
In *Wien* und Umgebung trinkt man alle Arten von *Weißweinen* – vom *Riesling* bis zum *Zierfandler* – dazu, während *Frankreich* gerne *belgisches Bier*, aber auch junge *Rotweine* goutiert.

Kalbskopf gebacken

Kalbskopf in Sud erwärmt, mit Zitronensaft, Salz, Pfeffer, Petersilie und Öl mariniert, mit Mehl und Bröseln paniert, in heißem Fett herausgebacken und mit → Sauce Tatare serviert.

Weiß: Riesling „Steinfeder" bis Kabinett/A oder Côte de Provence Blanc/F

Der jugendlich-leichte *Riesling „Steinfeder"* (1 Jahr; 8 – 9° C) von JOSEF FISCHER, Rührsdorf/Wachau/NÖ/A, konnte die Panier aromatisch nicht ganz erreichen und wurde etwas spitz und säurebetont. Zur Sauce war er allerdings goldrichtig.

Weiß: Kabinett (Riesling-Sylvaner, Riesling ...)

Ein mittelreifer *Riesling-Sylvaner Kabinett* (2 – 3 Jahre; 9 – 10° C) von WOLFGANG AIGNER, Krems/Kamptal-Donauland/NÖ/A, bewies einmal mehr, was man aus der derzeit wenig geschätzten Rebsorte herausholen kann.

Weiß: Spätlese (Neuburger, Riesling)/A
Rot: Cotes-du-Rhone Rouge/F

Die virtuose *Neuburger Spätlese* von E. T. (ERNST TRIEBAUMER), Rust/ Neusiedlersee/BGLD/A) (→ Aaal in Oberssauce) war diesmal eine Spur zu mild und handelte sich – besonders von den Säure-Freaks – einige niedrige Noten ein.

Kalbskopf „Vinaigrette"

Die nach französischer Art gekochten Kopfstücke heiß angerichtet und mit → Sauce Vinaigrette serviert.
Der Leser möge selbst testen, denn allzu unterschiedlich waren die Ergebnisse. Während unsere französischen Gastgeber sich einstimmig für einen *(roten) Beaujolais Primeur Château du Grand Vernay/Charentay/Burgund* entschieden, stimmten wir für einen *weißen elsässischen Pinot Gris* von JOSEPH GSELL, Orschwihr. Im Zweifelsfalle ist jedoch frisches *Pils* mehr als ein Lückenbüßer.

Kalbskopf, -zunge und Kalbshirn nach „Bogenberger"

Kalbskopf (vom Milchkalb) gehäutet, gesalzen und gepfeffert; Kalbshirn gewässert; Kalbskopf und Kalbszunge in gebräunte Butter eingelegt, im heißen Ofen ständig mit Butter übergossen und mit Wasser abgelöscht, mit Frühlingszwiebeln weich gedünstet; das gehäutete Hirn in den letzten zehn Minuten dazugeben, gesalzen, gepfeffert, mit Zitrone beträufelt, mit Petersilie bestreut und mit den anderen Gerichten gemeinsam angerichtet.

Weiß: Kabinett (Zierfandler, Rotgipfler, Pinot Gris) Thermenregion/NÖ/A
Bier: Malzbier (dunkel)

Der *Zierfandler Kabinett* (→ Hühnerkeulen gefüllt) von GOTTFRIED SCHELLMANN, Gumpoldskirchen/Thermenregion/NÖ/A, glänzte auch hier mit traubiger Frische, Finesse sowie einem Hauch von Süße und vermittelte geschickt zwischen den diversen Aromen. Ein Partner mit „diplomatischen" Fähigkeiten.

Weiß: Kabinett/Spätlese (Riesling, Riesling-Sylvaner, Pinot Gris)/NÖ/A

Der *Edel-Riesling „Zöbinger Heiligenstein" Kabinett* (2 – 5 Jahre; 9 – 10° C) von WILLY BRÜNDLMAYER, Langenlois/Kamptal-Donauland/NÖ/A (hellgelb, zartduftig mit eleganten Pfirsichtönen, samtig-geschmeidiger Körper mit hoheitsvollem Finale), überragte zwar das Gericht ein wenig, neutralisierte dafür die doch etwas „strengen" Innereien und sorgte für angenehmen Gleichklang auf allen Linien.

Rot: Beaujolais Primeur/Burgund und Gamay/Touraine/Loire/F

Hier konnten wir uns mit dem *Beaujolais Primeur* (GAM; 2 – 3 Monate; 12 – 14° C) vom CHÂTEAU DE CHAINTRÉ, Chaintré/Burgund/F (violett, ein Duft, der sich in seiner Vielfalt wie ein bunter Blumenstrauß zusammenfügte, und ein köstlich erfrischender Geschmack), besser anfreunden. Der Wein dominierte zwar, gewann dabei aber noch an Beerensüße und Ausdruck.

Kalbskotelett (Kalbsrippe)

Tranche von den schönsten Rippen, die gut pariert wurde, gegrillt, paniert oder in der Pfanne gebraten mundet die Kalbsrippe am besten.
Zum gegrillten Kalbskotelett probieren Sie *Anjou Blanc/Loire/F* oder würzigen *Rosé*; zu Kalbskotelett nach „Großmutter Art" (Champignons, Speckwürfel, Perlzwiebeln) sind *Neuburger/A* oder *Sancerre Rouge/Loire/F* anzuraten, und zu Kalbskotelett mit Paprikasauce ist *Sauvignon Blanc* Pflicht!

Kalbskotelett auf „Englische Art"

Das Kotelett in Ei und Bröseln paniert, in Butter gebraten, mit geschälter Zitronenscheibe bedeckt und mit brauner Butter serviert.

Weiß: Riesling-Sylvaner Kabinett; Chasselas (Gutedel)/CH

Der *Müller-Thurgau „Benmorvan"* von MONTANA WINES, Auckland/NZ (→ Bananen im Schlafrock), war auch in dieser Zusammensetzung ein angenehmer, jugendlicher Kavalier, dessen zarte Restsüße von der Panier und der braunen Butter regelrecht aufgesogen wurde.

Weiß: Neuburger, Zierfandler, Rotgipfler Kabinett/Thermenregion/NÖ/A

Der nussig-würzige *Neuburger „Barrique"* (2 – 4 Jahre; 9 – 11° C) von JOHANN REINISCH, Tattendorf/Thermenregion/NÖ/A (feines Zitronengelb, ein Dufttraum an Finesse und Vielschichtigkeit, wunderbar balanciert mit gekonnt eingebundener Eiche im Finale), war an diesem Tag das Idealbild des Verführers und konnte nicht hoch genug gelobt werden.

Weiß: Spätlese trocken/halbtrocken (Pinot Blanc, Pinot Gris, Neuburger) oder mittelreifer, nicht zu süßer Sauternes/Bordeaux/F

Die fulminante *Grauburgunder Spätlese trocken „Oberrotweiler Eichberg"* (2 – 5 Jahre; 10 – 11° C), von Altmeister FRANZ KELLER, Vogtsburg/Oberbergen/Baden/D bezauberte mit kraftvollem Körper, mächtigem Alkohol (13 %) und minutenlangem Finish. Entscheiden Sie selbst, wer den Länderkampf gewinnt!

Kalbskotelett mit Basilikum

Kotelett mit Salz und Pfeffer gewürzt, in Butter gebraten und angerichtet; Jus mit Weißwein gelöscht, mit Kalbsjus reduziert und mit gehacktem Basilikum aromatisiert und serviert.

Weiß: Lumassina und Buzzetto di Quiliano/Ligurien/I

Wenn man in *Italien* von Basilikum spricht, denken Feinschmecker meist an den *ligurischen „Lumassina"* (1 – 2 Jahre; 8 – 9° C) von GIUSEPPE MAFFEI (hellgelb, fruchtig-kräuterwürzig, leicht im Alkohol, mit feiner Säure und bezwingend fruchtig-frischem Finale), der tatsächlich als Sommerwein kaum zu überbieten ist.

Rosé: Tavel/südliche Rhône/F oder Etna Rosato/Sizilien/I

Frankreichs „Basilikum-Wein" scheint der legendäre Tavel-Rosé zu sein! Der *Château d'Aqueria* (GR, CIN, CL, MV, BLC, PP; 2 – 4 Jahre), Tavel/südl. Rhône, war noch intensiver in seiner Durchsetzungskraft als der *Lumassina* und darf für sommerliche Gartenfreuden als etwas zu kraftvoll empfunden werden, doch an diesem Herbsttag war er einfach „umwerfend".

Weiß: Gewürztraminer und Sauvignon Blanc Spätlese trocken

Die edle wonnig-milde *Gewürztraminer Spätlese „Dürkheimer Feuerberg"* (3 – 8 Jahre; 10 – 12° C) von K. FITZ-RITTER, Bad Dürkheim/Rheinpfalz/D, wurde uns vom Sommelier irrtümlich als trocken empfohlen und konnte daher die Erwartungen nicht ganz erfüllen, doch über das Basilikum kam doch ein interessanter Dialog zustande, der alles andere als langweilig war.

Kalbsleber

Die feinste und wohlschmeckendste aller Lebern sollte nur zwei bis vier Minuten garen, da sie sonst hart wird und an Aroma einbüßt. Der Eisengehalt der Leber wird durch Vitamin C in noch knackigen Gemüsearten hervorgehoben und vom Körper besser aufgenommen.
Zu Kalbsleber mit Salbei testeten wir *roten Chinon/Loire* und trockenen *Cidre (Apfelwein)* mit Erfolg; zur Kalbsleber mit Trüffeln sollten Sie sich einen edlen *Pomerol (Pétrus, L'Evangile...)* gönnen; zur geschnetzelten Kalbsleber kommt milder *Chasselas* oder *Riesling-Sylvaner* in Frage; zu Kalbsleber mit Zwiebeln ist *Saint-Chinian* (z. B. „*Cuvée Virginie*": SYR 80 %) aus dem *Languedoc/F* oder *Sylvaner/Elsaß* ein harmonischer Partner, und zu Kalbsleber „Venezianisch" (geschnetzelte Leber mit Zwiebeln und Petersilie) ist *hellroter Bardolino Superiore DOC* seit „Urzeiten" beliebt. Je nach Zubereitungsart sind auch diverse *Biere* einsetzbar.
(→ Tiroler Leber, → Pasteten.)

Kalbsleber gegrillt „Bercy"

Kalbsleberschnitten mit zerlassener Butter bestrichen, mit Salz und Pfeffer gewürzt, in Mehl getaucht, auf dem heißen Rost gegrillt, nach zwei Minuten gewendet und mit → Sauce Bercy serviert.
Die geschmacksgebende Sauce Bercy favorisierte automatisch ihre *weißen* Lieblinge *(Sylvaner, Riesling, Pinot Blanc, Chardonnay* und *Vouvray sec/Loire/F...)*, wobei zwei Elsässer, der elitäre *Sylvaner Cuvée Vieilles Vignes"* (2 – 5 Jahre; 8 – 9° C) von JEAN PIERRE DIRLER, Issenheim, und auch der superbe *rote Pinot Noir* (3 – 5 Jahre; 16° C) von ARMAND FAHRLER, Saint-Hippolyte, alle anderen überragten.

Kalbsleber geröstet

In Streifen geschnittene Zwiebeln in Fett hell geröstet, blättrig geschnittene Leber darin schwingend angeröstet, mit Salz, Pfeffer und Majoran gewürzt und mit etwas Kalbsjus vollendet.
Die Röststoffe vom Zubereiten verlangen nach einem jungen, tanninreichen *Rotwein*. Im speziellen Fall waren es der jugendlich-ungestüme *Zweigelt* vom WEINGUT WILHELM MAD, Oggau/Neusiedlersee-Hügelland/BGLD/A, und der nachtschwarze, noch harte *Cabernet Sauvignon* von JOSEF GAGER, Deutschkreutz/Mittelburgenland/A, die sich im Zusammenspiel mit den Röststoffen in wahre Gaumenschmeichler verwandelten.

Kalbslendchen → Kalbsmedaillons

Kalbslunge

Bestandteil des berühmten → Kalbsbeuschels; sie muß gut gewässert und in Wurzelwerk und Bouillon gekocht werden.
Grüner Veltliner, Riesling, Muskateller trocken, Rotgipfler, Neuburger, Pinot Gris/A und wie sie alle heißen, sind – je nach Zubereitung – willkommene Durstlöscher und Begleiter. Herb-frische *Pils-Biere* sind ebenfalls geschmacksausgleichende Stützen.

Kalbslunge gebacken

Die magere weichgekochte Lunge in Streifen geschnitten; gehackte Zwiebeln und Petersilie in Butter hell angeröstet, mit Wurzelbrühe übergossen, die Streifen mitgedünstet; Sauce mit Eigelb gebunden, mit Pfeffer, Salz und Zitronensaft gewürzt, nach dem Erkalten in Vierecke geschnitten, paniert, in heißem Fett gebacken und mit Kartoffelsalat serviert.

Samtig-milde bis zart-süßliche *Weißweine (Neuburger, Zierfandler, Rotgipfler, Muskateller/A)* sind hier goldrichtig. Das beeindruckendste Erlebnis hatten wir aber mit einer reifen *Zierfandler Spätlese* von DIPL.-ING. KARL ALPHART, Traiskirchen/Thermenregion/NÖ/A, die Lunge, Panier und Kartoffelsalat (!) regelrecht vergötterte.

Kalbsmedaillons (Kalbslendchen, Kalbsnüßchen)

Aus den kostbarsten Teilen des Kalbes (Kalbsfilet oder Kalbskeule) geschnitten, 3 bis 4 cm dick und oft mit einem Faden zusammengebunden, um die runde Form zu bewahren.

Das Beste ist hier geradezu gut genug! Zu gedämpften Kalbsmedaillons versuchen Sie am besten edlen *Pinot Blanc* ohne Barriqueausbau oder einen *Cru-Beaujolais „Brouilly"/F*; zu Kalbsmedaillons mit Trüffeln haben wir einen *roten Château l'Evangile/Pomerol/F* (es darf auch *Pétrus* sein) in glückseliger Erinnerung, und zu Kalbsmedaillons „Orloff" (mit Champignon- und Zwiebelpüree) sollten Sie zumindest einmal einen *Chassagne-Montrachet Blanc 1er Cru* (von MARC MOREY & FILS oder JEAN-NOËL GARNARD, Chassagne-Montrachet/F), getrunken haben.

Kalbsmedaillons auf Zwiebelkompott

Medaillons gesalzen, gepfeffert, mit Mehl bestäubt, in Butter rasch angebraten und warmgehalten; Bratensatz mit Weißwein abgelöscht, reduziert und mit Kalbsfond aufgegossen; Medaillons um die Sauce gegeben und mit gehacktem Estragon bestreut. Obwohl sich hier kein Rotwein aufdrängt (Weißwein und Estragon sprechen dagegen), hat sich ein heller *Bardolino* vom *Gardasee/I* tapfer geschlagen.

Weiß: Sylvaner oder Riesling-Sylvaner

Der *elsässische Silvaner „Zotzenberg"* (1 – 3 Jahre; 8 – 9° C) von EMILE BOECKEL, Mittelbergheim/F, ging nicht zu Unrecht als einer der Favoriten ins Rennen, gilt er doch zu Recht als besonderer Zwiebel- und Estragonfreund.

Weiß: Riesling; Vouvray sec/Loire/F

Der gewaltige *Riesling Kabinett „Ried Kremsleithen"* (2 – 6 Jahre; 9 – 11° C) vom WEINGUT NIGL, Senftenberg/Kamptal-Donauland/NÖ/A, stellt eine echte Herausforderung für die Parade-Rieslinge der Wachau dar und betörte auch diesmal mit strahlender Farbe, explodierender Frucht und endlosem Abgang. Auch das Zusammenspiel mit dem Gericht klappte wie am Schnürchen.

Weiß: exotischer Chardonnay oder Sauvignon Blanc

Der *südaustralische Chardonnay* (2 – 4 Jahre; 8 – 10° C) von WIRRA WIRRA, McLaren Vale (hellgold, rauchig-eichige Nase, exotischer Abgang), hatte in puncto Harmonie keine Chance, an die beiden Vorgänger heranzukommen – die enorme Eichenwürze stand im Wege – und beschränkte sich darauf, seine Kraft zu zeigen.

Kalbsnieren

Zählen zu den besonderen Tafelfreuden, da ihr Fleisch sehr hell und zart ist. Sie werden bis auf eine schmale Fettschicht pariert und ganz gebraten. Ansonsten kann man sie in Schnitten zerteilt – was eine Einbuße an Saftigkeit bedeutet – in der Pfanne oder am Rost braten, grillen oder dünsten. Sie dürfen während des Garens nie kochen, da sie sonst zäh und ledrig werden.

Je nach Zubereitungsart empfehlen sich verschiedene *Biere*. Ansonsten können Sie zu Kalbsnieren je nach Sauce auch zwischen *Weiß-, Rosé-* und *Rotweinen* phantasievoll wählen: zu flambierten Kalbsnieren ist roter *Vosne-Romanée „La Grande Rue"* von H. LAMARCHE, Burgund, ein unbestechlicher, verläßlicher Partner; zu Kalbsnierenspieß raten wir zu würzigem *Rosé* oder kraftvollem *roten Cornas/ nördliche Rhône/F*; wenn mit Schalotten zubereitet, drängt sich klassischer *weißer Pouilly-Fuissé/Maconnais/Burgund/F* auf, und im Zweifelsfalle können Sie immer auf die samtig-feminin *roten* Gewächse aus *Margaux/Haut-Médoc/ Bordeaux/F* zurückgreifen.

Kalbsnieren in Bierteig

Kalbsniere mit gehackten Zwiebeln in Butter beinahe gar gebraten, in dicke Tranchen geschnitten, gesalzen, gepfeffert, in Bierteig gewendet und in heißem Fett herausgebacken.
Perlendes *Champagnerweizenbier*, milde *Weißweine (Neuburger, Pinot Gris, Pinot Blanc, Rotgipfler, Chasselas...)* und jugendlich-fruchtige *Rotweine (Pinot Noir, Blauer Portugieser, Zweigelt...)* bescherten uns vergnügliche Stunden.

Kalbsnieren in Senfsauce

Nieren mit Salz und frischem Pfeffer gewürzt; feingeschnittene Schalotten in Butter angedünstet und mit den Nieren rasch angebräunt (sie müssen innen noch rosa sein); Nieren in kleine Scheiben geschnitten und mit Cognac flambiert; Nieren und Schalotten gemeinsam warmgehalten und mit Senfsauce (→ Sauce Moutarde) angerichtet.
Unter den wenigen *Weißweinen*, die hier mithalten konnten, ragten ein kräuterwürziger *Bellet Blanc/Provence/F* und ein superber *Hermitage Blanc/nördliche Rhône/F* heraus. Sichere Tips sind herbe *Pils-Biere*, die immer wieder reüssieren.

Rot: fruchtcharmanter Blaufränkisch oder Blauer Zweigelt/A

Der superbe *Blaufränkisch* (2 – 4 Jahre; 16° C) von RUDOLF WEBER, Lutzmannsburg/Mittelburgenland/A, imponierte durch dunkle Farbe, feine Brombeernase und würzigen Fruchtcharme. Dadurch war es dem Wein auch möglich, Senfsauce und Cognac zu hofieren; lediglich den Schalotten war er nicht ganz gewachsen.

Rot: Pinot Noir/Burgund, Gamay/Beaujolais/Burgund/F oder Merlot

Ein elitärer *Pernand-Vergelesse „Les Vergelesses" 1er Cru* (PN; 4 – 7 Jahre; 16 – 17° C) von CHANSON PÈRE ET FILS, Beaune/Burgund/F, wurde wegen seiner Affinität für Schalotten und Senfsauce gewählt und enttäuschte auch in keiner Weise. Mit dunkler Farbe, Cassis-, Weichsel- und Unterholznoten sowie finessereichem, rundem Ausklang schaffte er einen eindrucksvollen Trapezakt.

Rot: Cru-Beaujolais (Morgon)/Burgund, Château Cheval Blanc/Saint-Émilion/Bordeaux/F

Der renommierte *Cru-Beaujolais Morgon* (GAM; 3 – 4 Jahre; 15 – 17° C) der DOMAINE CALOT, Villié Morgon/Burgund/F, erreichte nicht ganz die Wirkung und Harmonie des Vorgängers, doch verlieh er dem Gericht eine lodernde Feurigkeit, die vor allem einige jugendliche Tester begeisterte.

Kalbsnierenbraten

Stammt vom Sattel (Nierenstück) des Kalbes; in Österreich meist mit der Rippe gebraten und die Niere extra gegeben; sonst wird der Nierenbraten ausgelöst, gerollt, gebunden und gebraten, poëliert, gedünstet und glaciert.

Die Elite der *österreichischen Weißweine* muß hier nicht unbedingt aufgeboten werden, doch sollte man den ehrwürdigen Nierenbraten keineswegs vernachlässigen. Waren wir bisher beim Kalbfleisch bemüht, eine Harmonie durch ähnliche sensorische Eigenschaften im Wein herzustellen, so darf hier auch über einen geschmacklichen Kontrast *(Rotweine)* Sinnesreiz und wechselseitige Ergänzung herbeigeführt werden. Besonders die samtigen *Rotweine* aus *Margaux/Haut-Médoc/F* können hier immer wieder in freudiges Erstaunen versetzen.

Kalbsnierenbraten mit Steinpilzen

Nierenbraten gerollt in eine Kasserolle gegeben, mit heißem Fett begossen und im Ofen angebraten; dann mit Steinpilzen in der Sauce gebraten; Fond entfettet, mit Weißwein eingekocht, mit Eigelb gebunden und mit Salz, Pfeffer und Zitronensaft aromatisiert.

Eigentlich wäre hier gegen einen *Rotwein* nichts einzuwenden (Steinpilze), doch aufgrund der Sauce sind *Weißweine* zu bevorzugen.

Weiß: Neuburger oder Pinot Gris

Ein nussiger *Neuburger Kabinett* (2 – 4 Jahre; 9 – 10° C) von HANS BECK, Gols/Neusiedlersee/BGLD/A (grüngelb, mandelwürziger Duft, üppig-nussig-würziger Endgeschmack), traf genau den Ton der Steinpilze. Ein feiner Mittags- und Sommerwein!

Weiß: Pinot Blanc Kabinett/Spätlese trocken/A

Die trockene *Pinot Blanc Spätlese* (4 – 8 Jahre; 9 – 11° C) von HANS IGLER, Deutschkreutz/Mittelburgenland/A, bewies auf eindrucksvolle Weise, welch großes Potential die Sorte im trockenen Spätlesebereich erreichen kann, und war dem Gericht ein mehr als gleichwertiger, üppig-haselnußwürziger Partner.

Weiß: Meursault/Burgund/F
Rot: Volnay/Burgund/F oder Barbaresco/Piemont/I

Der *Meursault „Grands Charrons"* (CH; 3 – 7 Jahre; 9 – 11° C) von der DOMAINE MICHELOT, Meursault/Côte de Beaune/Burgund/F, erwies sich als feiner Begleiter mit goldenem Glanz, Honig-Mandelduft sowie langem, reichem Finish.

Kalbsnuß

Von der → Kalbskeule stammend. Sie kommt aus dem kugeligen Teil und ergibt die große und die kleine Nuß. Die kleine liefert zarte Schnitzel, und die große wird gespickt, gedünstet und glaciert. Die große Nuß wiegt etwa 1,5 bis 2 kg.
Hier sollte man nur die edelsten *Weißweine* und einige wenige samtige *Rotweine* aufbieten. Zu Kalbsnuß auf „Italienische Art" (mit Makkaroni und Sauce Duxelles) sind *Chianti Classico/Toskana/I* und *Merlot del Ticino/CH* bewährte Begleiter.

Kalbsnuß mit gedünstetem Gemüse

Nuß gespickt mit → Mirepoix, in Butter angebraten, mit Weißwein abgelöscht, mit braunem Kalbsfond aufgegossen, gedünstet und glaciert; Fond passiert, leicht gebunden, mit Karotten, kleinen Zwiebeln und Erbsen vermischt, gedünstet und gemeinsam serviert.
Weißwein, Kalbsfond, Mirepoix, Karotten, Zwiebeln und Erbsen verlangten nach *Sauvignon Blanc, Riesling* und *Sylvaner*, wobei *Riesling* und *Sylvaner* diesmals den

"Gemüsewein" par excellence eindeutig übertrafen! Höhepunkt war die Kombination mit dem würzigen *Sylvaner „Engelreich"* von LUDWIG NEUMAYER, Inzersdorf/Donauland-Carnuntum/NÖ/A. In *Paris* kredenzte man uns hingegen erfolgreich samtig-weichen *roten Margaux „Château Palmer"/Bordeaux/F* dazu.

Kalbsnuß mit Sauce Mornay

Die große Nuß gespickt, gedünstet, in Tranchen geschnitten und angerichtet; als Beilage mit Kohlsprossen (Rosenkohl) gefüllte Tortelettes, Kartoffelkroketten und → Sauce Mornay.
Die Weine sollten hier primär auf die Sauce abgestimmt werden.

Weiß: Crepy und Seyssel/Savoyen/F, Chasselas/CH

Als Einstieg testeten wir einen formidablen, hefigen, lang ausklingenden *Dezaley „Les Grandins"* (CH; 2 – 5 Jahre; 9 – 10° C) von ETIENNE FONJALLAZ, Epesses/Waadtland/CH, der Nuß und Sauce in Samt und Seide kleidete und ständig umschmeichelte.

Weiß: Pinot Blanc und Pinot Gris Kabinett

Der exquisite, samtig-weiche trockene *Grauburgunder Kabinett „Müllheimer Sonnhalde"* (2 – 4 Jahre; 9 – 10° C) von HERMANN DÖRFLINGER, Müllheim/Baden/D, verteilte nicht ganz so viele Schmeicheleinheiten, konnte aber dafür den Käsegeschmack der Sauce noch besser erhellen. Ein Unentschieden zwischen Schweiz und Deutschland!

Weiß: Pinot Blanc Spätlese oder Sémillon/Bordeaux/F bzw. AUS

Der *australische Sèmillon-Chardonnay* (2 – 5 Jahre; 8 – 10° C) von TOLLANA WINES, Barossa Valley/Südaustralien, wartete mit „nur" 12 % Alkohol im langen Finish auf – bei beachtlich hohem Extrakt und exotischer Fruchtigkeit, konnte aber diesmal den Zugang zum Gericht nicht so recht finden.

Kalbsnüßchen → Kalbsmedaillons

Kalbsohren

Werden meist mit dem Kopf gemeinsam zubereitet, ergeben aber auch eigenständig interessante Kreationen. Sie müssen gut gebrüht – die Haare herausgeschnitten – und in Mehl-Salz-Wasser gekocht werden.
Zu Kalbsohren mit → Sauce Vinaigrette tranken wir mit Vergnügen einen milden *Ruländer*, und zu Kalbsohren mit Trüffeln ist delikater *Haut-Poitou Rouge VDQS/Loire* (CF; 3 – 5 Jahre; 14 – 16° C) von der CAVE COOP. DU HAUT-POITOU ein wahres Gedicht.

Kalbsroulade (Kalbsröllchen)

Rechteckige, dünne Schnitzel aus der kleinen Nuß ausgeklopft, gesalzen, mit Farce bestrichen, zusammengerollt, in geöltes Pergamentpapier gewickelt, gebunden, in Butter angebraten und gedünstet.
Die Versuche mit *Rotweinen* waren nicht allzu erfolgreich; am ehesten konnten noch *Blauburger/A* und *Valpolicella/Venetien/I* überzeugen.
(→ Paupiettes)

Kalbsroulade auf „Antwerpener Art"

Schnitzel mit Kalbsfarce bestrichen, gerollt, gebunden, in Butter angebraten und in gewürztem Kalbsfond weich gedünstet; Fond mit Tomatenpüree eingekocht (reduziert) und mit gebutterten → Hopfensprossen und Salzkartoffeln zur Roulade gegeben.

Bier: siehe unten!

🍾 Ein kühles Glas *Pils* oder, noch besser, das elitäre *belgische Chimay Blanche* vom TRAPPISTENKLOSTER CHIMAY, mit kräftigem Körper, erfrischender Säure und betonter Hopfigkeit, sind eine echte Alternative zu Wein. (Das trübe *weiße Weizenbier „Hoegaarden"* von DE KLUIS, Brabant, wird allerdings von den *Antwerpenern* bevorzugt!)

Weiß: Malvasier, Muskateller (Muscat, Moscato) und Chardonnay Kabinett

🍾 Der fruchtcharmante *Malvasier Kabinett* (1 – 2 Jahre; 8 – 9° C) vom WEINGUT LETH, Fels am Wagram/Donauland-Carnuntum/NÖ/A, blühte in dieser Kombination regelrecht auf und war noch selten so schön erlebt worden. Da fiel es auch nicht mehr ins Gewicht, daß er das Tomatenaroma ein wenig unterdrückte.

Weiß: Muscat d'Alsace Grand Cru/F oder Muskateller Spätlese trocken

🍾 Ein edler *Muscat Grand Cru „Prälatenberg"* (3 – 6 Jahre; 9 – 11° C) von RAYMOND ENGEL, Orschwiller/Elsaß/F (grüngold leuchtend, verführerisches Muskat-Rosenbouquet, langer, eleganter, harmonischer Ausklang von großer Persistenz), kam wegen der Hopfensprossen ins Spiel und assistierte auch dem Tomatenaroma effektvoll.

Kalbsrücken (Kalbssattel)

Der Rücken besteht aus den beiden Filets, dem Rippen- oder Kotelettstück und dem Nieren- oder Sattelstück. Die Nieren werden entfernt – das weitere Fett bleibt, die Bauchlappen schlägt man nach innen ein, um den Filets (→ Filets mignons) zu schützen, dann schmort (dünstet) man ihn in Kalbsjus weich.

Zu Kalbsrücken mit Pfifferlingen ist eine reife trockene *Pinot Blanc Spätlese* anzuraten, für besondere Anlässe gönnen Sie sich vielleicht einen superben *Puligny-Montrachet 1er Cru* (z. B. DOMAINE LEFLAIVE in Puligny-Montrachet/Burgund/F); zu Kalbsrücken gefüllt in Basilikumsaft wählen Sie jugendlichen Riesling oder, noch besser, *Tavel Rosé/südliche Rhône* vom CHÂTEAU D'AQUÉRIA in Tavel/F.

Kalbsrücken auf „Frankfurter Art"

Rücken gespickt, gedünstet und erkaltet, Filets von den Knochen gelöst, in Scheiben geschnitten und mit Gänselebercrème bestrichen; Rücken wieder zusammengesetzt, mit Weintrauben garniert und mit Madeiragelee glaciert; als Beilage Mandarinen, gefüllt mit Mandarinenspalten, roter Paprikaschote, gekochter Knollensellerie und würziger → Mayonnaise.

Ein schwieriges Gericht, mit Gänseleber, Madeira, Mandarinen, Paprika und Mayonnaise werden nur wenige Weine fertig. Versuchen Sie einmal an einem Winterabend eine *Muscat d'Alsace Spätlese (Vendange Tardive)* aus dem *Elsaß*.

Weiß: Pinot Gris, Riesling und Zierfandler Kabinett
Schaumwein: Riesling- und Muskatellersekt/D etc.

🍾 Der trockene *Riesling Kabinett „Niersteiner Ölberg"* (2 – 5 Jahre; 8 – 10° C) von LOUIS GUNTRUM, Nierstein/Rheinhessen/D, zeigte alle Vorzüge der Rebsorte und akzentuierte die einzelnen Ingredienzien der Reihe nach mit Verve und Klasse.

Weiß: Pinot Gris, Riesling und Zierfandler Spätlese trocken/halbtrocken

🍾 Die trockene *Grauburgunder Spätlese „Gimmeldinger Meerspinne"* (2 – 6 Jahre; 9 – 11° C) von MÜLLER-CATOIR, Neustadt-Haardt/Rheinpfalz/D, regierte mit Weisheit, ausgleichender Gerechtigkeit und unerwartetem Erfolg, denn es gelang ihr tatsächlich, alle (!) Aromen unter einen Hut zu bringen.

Weiß: Gewürztraminer und Muscat d'Alsace Spätlese/F etc.

Die *Gewürztraminer Spätlese „Dürkheimer Feuerberg"* von K. FITZ-RITTER (→ Kalbskotelett mit Basilikum) war diesmal perfekt eingesetzt und fühlte sich inmitten von Gänseleber, Weintrauben, Madeiragelee, Mandarinen, Paprikaschoten und Mayonnaise in Hochform, ohne allerdings einen „Feuerberg" zu entflammen.

Kalbsrücken „Nelson"

Rücken gedünstet, ausgelöst, das Gerippe mit weißem Zwiebelpüree (Purée Soubise) bestrichen und mit den Filets belegt – zwischen den Filets befindet sich jeweils etwas Zwiebelpüree und eine dünne Schinkenscheibe; Rücken mit → Sauce Mornay überzogen und gratiniert.

Hier konnte sich ein *Beaujolais Primeur* von GABRIEL ALIGNE, Burgund, als unkomplizierter Mittagswein profilieren; weiters ein sensationeller *weißer Cru Classé Château Laville Haut-Brion/Talence/Graves/Bordeaux/F* als Idealpartner, der dem Zwiebelpüree und der überbackenen Sauce Mornay einen raffinierten geschmacklichen Kontrapunkt entgegensetzte. Als Begleiter von etwas zu großer Ausdruckskraft und Süße erwies sich die großartige *Riesling Auslese „Ried Klaus"* (10 – 12 Jahre; 10° C) von FRANZ PRAGER, Weißenkirchen/Wachau/NÖ/A. In *Frankreich* servierte man uns hingegen köstlich-dominierenden *roten Château Haut Brion 1er Cru Classé/Pessac/Graves/Bordeaux*.

Kalbsschnitzel

Die zahllosen Kalbsschnitzel werden – natur gebraten – meist aus dem Naturteil (Kaiserteil) der → Kalbskeule oder gebacken bzw. paniert aus der Nuß oder aus dem Frikandeau geschnitten.

Hier reicht die Palette der möglichen Weinempfehlung von schlanken (trockenen) bis zu etwas fülligeren (halbtrockenen). Die Zubereitungsart entscheidet: Zu Kalbsschnitzel mit Senfkruste wählten wir mit Erfolg einen *weißen Penedès/E*, und zum überbackenen Kalbsschnitzel darf es sowohl *Pinot Blanc* als auch fruchtcharmanter *Pinot Noir* sein.

Kalbsschnitzel auf „Jägerart" → Jägerschnitzel

Kalbsschnitzel auf „Mailänder Art" → Mailänder Schnitzel

Kalbsschnitzel auf „Russische Art"

Schnitzel gemehlt, in Fett knusprig gebraten, gesalzen und warmgestellt, feingeschnittene Steinpilze, Tomaten und Salzgurken im Bratenfond angedünstet, mit saurem Rahm gebunden, mit Salz und Paprika gewürzt und mit Salzkartoffeln kredenzt. Eine fast unlösbare Aufgabe: Der für den Sauerrahm prädestinierte, reife Jahrgangs-*Champagne* von POL ROGER, Epernay, wollte sich einfach nicht mit Tomaten und Salzgurken anfreunden! Am ehesten entsprachen ein *ungarischer* (trockener) *Tokaji Szamorodni szaraz* und ein *kroatischer Grk* (ähnlich einem Sherry) von der Insel *Korcula*.

Kalbsschnitzel auf „Sächsische Art" → Sächsisches Schnitzel

Kalbsschnitzel auf „Wiener Art" → Wiener Schnitzel

Kalbsschnitzel auf „Zigeunerart" → Zigeuner Schnitzel

Kalbsschnitzel Cordon Bleu → Cordon Bleu

Kalbsschnitzel Holstein → Holsteinschnitzel

Kalbsschnitzel in Rahmsauce → Rahmschnitzel

Kalbsschnitzel Naturell → Naturschnitzel

Kalbsschulter (Kalbsblatt, Kalbsbug)

Entweder wird sie ausgelöst, gerollt, gebunden und gedünstet oder gefüllt (mit Kalbsfarce) und gerollt. Partner je nach Sauce und Zubereitungsart auswählen.

Kalbsschulter auf „Ungarische Art"

Schulter gerollt, in Butter leicht angebraten, mit Paprikasauce aufgegossen und weich gedünstet.
Es versteht sich von selbst, daß hier der „Paprikawein" par excellence, ein *Sauvignon Blanc* (z. B. von GYÖNGYÖS ESTATE/H), die erste Geige spielt. Auch *Riesling, Bourgogne Aligoté/F* und trockener *Furmint* vom *Plattensee/H* ist möglich.

Kalbsschulter gedünstet mit Endivien (→ Chicoree)

Mit Kalbsfarce gefüllt, mit → Mirepoix angebraten, mit Weißwein gelöscht, mit braunem Kalbsfond aufgegossen, gedünstet und glaciert; Beilage: gedünstete Endivien. Kalbsfond und Endivien verlangen nach *Weißweinen;* Rotweine (Tannine) würden mit den Bitterstoffen der Endivie kollidieren.

Weiß: Soave/Venetien, Pinot Grigio und Pinot Bianco sowie Tocai/Friaul/I

Ein *Soave DOC „La Rocca"* (→ Hähnchen „Jacqueline") überzeugte durch Mandelflair und südländischen Charme und signalisierte von Beginn an, daß er nur Ambitionen als Mittags- und Sommertropfen hatte.

Weiß: Grüner Veltliner, Sylvaner und Riesling Kabinett/Spätlese

Der *Undhof Wieden Kabinett* (GV; 1 – 2 Jahre; 9 – 10° C) vom WEINGUT SALOMON, Kamptal-Donauland/NÖ/A, erfreute durch seine Sortenwürze und nahm den Endivien jeglichen Bittergeschmack. Obwohl er eingangs dominiert hatte, paßte er sich mehr und mehr an und stellte seinen sehnigen Körper schließlich in den Dienst der kulinarischen Harmonie.

Weiß: siehe unten! bzw. Pinot Gris Spätlese trocken/halbtrocken

Der monolithische *Château-Chalon „Reserve ca Therine de Rye"* (SAV; 10 – 15 Jahre; 12 – 15° C) von HENRI MAIRE (CHÂTEAU-MONTFORT)/Jura/F, soll nur an kalten Winterabenden gereicht werden, doch dann entschädigt er durch Kraft, Feuer, riesigen Nachhall und offene Sympathie für Endivien und Kalbsfarce.

Kalbsschwanz → Ochsenschwanz

Kalbssteak

Ähnlich dem Beefsteak eine dickere Tranche Fleisch, die entweder vom Sattelstück des Nierenbratens (Kalbsrücken) oder von der Kalbsnuß stammt.

Kraftvoll-würzige *Weißweine* und mittelkräftige *Rotweine* verschiedenster Art „kämpfen" hier um die Gunst des Fleisches.

Kalbssteak „Alt-Wiener Art"

Kalbssteak, mit → Filet (Lungenbraten) daran, natur gebraten, ebenso eine Kalbsnierenscheibe und ein Stück Speck; das Steak mit der Niere, dem Speck und einem Champignon obenauf angerichtet und mit Zuckererbsen, Pommes frites und gebundenem Kalbsjus serviert.

Weiß: Neuburger, Rotgipfler, Pinot Gris Kabinett/Thermenregion/NÖ/A

Der nussig-würzige *Neuburger Kabinett* (1 – 3 Jahre; 9 – 10° C) vom bekannten Heurigen FUHRGASSL-HUBER, Wien/Neustift am Walde/A, war dem Gericht ein unaufdringlicher Begleiter, der sich geschickt an die Stimmung anpaßte.

Weiß: Pinot Blanc, Pinot Gris und Chardonnay Kabinett/Wien/A etc.

Der ebenfalls aus der Bundeshauptstadt stammende *Chardonnay Kabinett* (1 – 3 Jahre; 9 – 10° C) vom WEINGUT REINPRECHT, Wien-Grinzing/A, versuchte erfolgreich über die Beilagen an das Gericht heranzukommen und verlieh dem Ganzen eine würzige Note.

Rot: Pinot Noir Kabinett/NÖ/Wien
Schaumwein: reifer Welschriesling- oder Chardonnay-Sekt/A etc.

Ein reifer *Welschriesling-Sekt brut* (3 – 5 Jahre; 6 – 8° C) von RUDOLF ZIMMERMANN, Klosterneuburg/Donauland-Carnuntum/NÖ/A, mittels Flaschengärung produziert, besaß jene sagenhafte perlende Nonchalance, die Hochstimmung hervorrief und zu Wiederholungen Anlaß gab.

Kalbssteak in Alufolie mit Spargelspitzen und Champignons

Steak gesalzen, in Butter angebraten und auf geölte Alu-Folie gelegt, mit Champignons à la crème und Spargelspitzen bedeckt; geschlossene Folie im heißen Ofen gegart und mit Pommes frites angerichtet.
Die Weine werden auf die Champignons und die Spargelspitzen abgestimmt, das Steak wird zum kulinarischen „Beifahrer": Samtiger *Pinot Gris* als Mittler zwischen den Aromen, *Sauvignon Blanc Kabinett* als Traumpartner und edler *Wachau-Riesling „Smaragd"/NÖ/A* als dezent dominierender Begleiter bieten sich an.

Kalbsstelze → Kalbshaxe

Kalbsvögerl (Jarret de Veau)

Österreichische Spezialität: ausgelöste Stücke – in Vogerlform – aus der Stelze (→ Kalbshaxe) quer mit Speck durchzogen, gewürzt, in Butter angebraten, mit Weißwein abgelöscht und mit gebundenem Fond weichgedünstet.

Kalbsvögerl mit Champignons

Vorbereitung wie oben; dem Fond wurden kurz sautierte Champignons beigefügt.
Französische Sommeliers empfehlen hier gerne *Tokay (Pinot Gris)/Elsaß*, reifen *Jahrgangs-Champagne*, aber auch fruchtige *Rotweine (Gamay/Anjou, Beaujolais/Burgund* usw.), die *Schweiz* schwört auf *Chasselas* in vielen Variationen *(Dorin, Terravin, Dezaley/Waadtland, Perlan/Genf)*, und das Ursprungsland forciert

Neuburger, Pinot Blanc und *Grünen Veltliner Kabinett/A*. Manchmal wagt man sich an erdigfruchtigen *Blauen Zweigelt* heran.

Kalbszunge (Kalbszüngerl)

Gilt als besondere Feinschmeckerei, da sie leicht verdaulich und von außergewöhnlicher Zartheit ist. Sie wird wie → Kalbskopf gekocht, gehäutet und als Garnitur für Kalbskopf oder als selbständiges Gericht angeboten.

Zur geräucherten Kalbszunge ist halbtrockener *Riesling (Mosel, Rheingau/D ...)* oder *Jurançon Blanc sec „Clos Lapeyre"* von JEAN-BERNARD LARRIEU, Jurançon/Béarn/SW-F, das Nonplusultra; zu Kalbszungensalat ist *Pinot Gris/Elsaß/F* nicht zu verachten, und zu getrüffelter Zunge schwärmen wir heute noch von einem großartigen *Sherry Amontillado dry* von GARVEY, Jerez/E.

Kalbszüngerl in Madeira

Enthäutete, weichgekochte Zunge in 1/2 cm dicke Streifen geschnitten und warmgehalten; Butter erhitzt, mit Mehl und Zungenbrühe versetzt, eingerührt und → Madeira zugegossen; mit Zucker, Salz und Pfeffer gewürzt, Zungenscheiben in die Sauce gegeben und mit Petersilie und körnigem Reis garniert.

Rot: Jungwein (Blaufränkisch, Blauburger, Blauer Zweigelt, Blauer Portugieser)/A; Beaujolais Primeur/Burgund/F

Die *rote „Jungweinpremiere"* (→ Gansbiegel mit Ritscher) von JOHANNES REINISCH, Tattendorf/Thermenregion/NÖ/A, war auch diesmal von schier unglaublicher Durchschlagskraft und stand dem *Cru Beaujolais* (!) nicht viel nach.

Rot: Cru Beaujolais siehe unten! bzw. Saint-Émilion Cru Classé/Bordeaux/F

Der superbe *Cru-Beaujolais Moulin à Vent* (GAM; 3 – 7 Jahre; 16 – 17° C) vom CHÂTEAU DES JACQUES, Romanèche-Thorins/Burgund/F, gilt als unerschrockener Sozius der gefürchteten Madeirasauce und bescherte uns denn auch über diese einen schönen Abend und einen gewissen Gleichklang in Gaumen und Seele.

Rot: Cabernet Sauvignon/AUS und KAL
Dessertwein: siehe unten!

Der mächtige gespritete *VDN (Vin Doux Naturel) Rivesaltes* von AIMÈ CAZES, Roussillon/S-F (→ Ganshals gefüllt), den französischen Sommeliers lieb und teuer, konnte uns nicht allzusehr begeistern – trotz seiner Affinität für die Madeirasauce, denn schwer und blutdrucksteigernd fiel das Ergebnis aus. Für kalte Winterabende aufheben!

Kalbszüngerl mit Kren (Meerrettich)

Das enthäutete, weichgekochte Züngerl mit der mitgekochten Wurzeljulienne bedeckt und mit geriebenem Kren und Salzkartoffeln garniert.
Durch die Wurzeln und den Kren sind vor allem *Weißweine* ins Spiel gekommen: *Morillon, Riesling* und *Welschriesling/Südsteiermark* sind willkommene Begleiter, die allerdings die Würze des Krens noch potenzieren. Als Sieger der Runde wurden gekürt: ein mildfruchtiger *Riesling-Sylvaner* (1 – 3 Jahre; 8 – 10° C) aus dem *Burgenland* und ein samtig-mild-süßlicher *Verduzzo di Friuli* (3 – 5 Jahre; 8 – 9° C) von DUCHI BADOGLIO ROTA, Codroipo/Grave del Friuli/I, der selbst ein wenig in den Hintergrund trat, als Katalysator wirkte und dem Gericht einen raffinierten, hocharomatischen Touch verlieh.

KALDAUNEN (KUTTELN)

Der Vormagen (Pansen, Magen und Darm) der Wiederkäuer wird nur selten vom Kalb und oft vom Rind verwendet und gilt in den Mittelmeerländern als besondere Feinschmeckerei. Er ist von großem Nährwert und zeichnet sich auch durch gute Verdaulichkeit aus. Wegen des hohen Leimgehaltes sollte man ihn nicht rösten! Als Begleiter der tatsächlich etwas leimig mundenden Innerei haben sich als geschmacksausgleichende bzw. -ergänzende *Weine* profiliert: zu Kuttelsuppe *Merlot del Trentino/Südtirol-Trentin/I*, *Lambrusco di Sorbara/Emilia* und *Tocai Bianco/ Venetien/I*; zu Kutteln in weißer Sauce *Waadtländer* und *Walliser Weißweine/CH*; zu Kutteln in dunkler Sauce *Corbières* und *Fitou/Languedoc-Roussillon/F*, eventuell *Pinot Noir*; zu Kutteln mit Tomatensauce *Valpolicella/Venetien* und *Chianti Classico/Toskana*; zu Kutteln mit Safran *Champagne Rosé, Gaillac Blanc/Midi* oder *Traminer*; zu Kutteln in Paprikarahm *Sauvignon Blanc* oder *Riesling*; zu Kutteln „Bourguignon" *Pinot Noir* (ohne Frage)/*Burgund/F*, und zu Kutteln mit Zwiebeln tranken wir mit Genuß *australischen Chardonnay* von PETERSONS, Mount View/Hunter Valley/New South Wales. Fazit: Reife *Rotweine* wirken dem eigenwilligen Kuttelgeschmack besser entgegen als junge bis mittelreife.

Kaldaunen auf „Caëner Art" → Tripes à la Mode de Caën

Kaldaunen auf „Königsberger Art" → Königsberger Fleck

Kaldaunen auf Weißkraut in Essigsauce

Kaldaunen (Kutteln) in Wasser mit etwas Essig und Salz gekocht und nach dem Erkalten in Streifen geschnitten; Sauce aus feingeschnittenen Zwiebeln und Knoblauch in Butter gedünstet, mit Kuttelfond und Weißwein versetzt, auf ein Viertel reduziert und mit Kalbsfond vermischt; Weißkrautstreifen in Butter gedünstet, mit Wasser aufgegossen, mit Salz und Pfeffer gewürzt und gekocht; Kaldaunen in Butter gebraten, Sauce mit Essig aromatisiert und gemeinsam mit dem Weißkraut angerichtet. Hier gilt es vor allem Weißkraut und Essig zu konterkarieren.

Weiß: Malvasier; Pinot Bianco und Pinot Grigio/Friaul/I
Bier: Weißbier/D

Der milde, fruchtcharmante *Malvasier Kabinett* vom WEINGUT LETH, Fels am Wagram/Donauland-Carnuntum/NÖ/A (→ Kalbsroulade auf „Antwerpener Art") unterstrich die Aromen des Gerichts recht gut, nahm aber durch den Aromenaustausch eine süß-säuerliche Note an, die ihm nicht so gut stand.

Weiß: Riesling, Pinot Blanc, Sylvaner, Grüner Veltliner Kabinett/Spätlese/A etc.

Die geniale *Riesling Spätlese „Bernkasteler Doctor"* von WEGELER-DEINHARD, Mosel/D (→ Lachs mit Kren-Kruste), war auch hier in ihrem Element und schuf tatsächlich so etwas wie Harmonie am Gaumen – dank der zarten Restsüße – und verband sich besonders gut mit dem Weißkraut.

Weiß: Muscat d'Alsace und Riesling Grand Cru/Elsaß/F

Der *elsässische Muscat* gilt nicht umsonst als „Essigwein" erster Güte und neutralisierte auch hier den Essiggeschmack weitgehend, wobei es ihm nebenbei noch gelang, die diversen anderen Aromen in Schach zu halten bzw. zeitweilig sogar zu übertönen. Im konkreten Fall handelte es sich um einen *Muscat Grand Cru „Prälatenberg"* (3 – 6 Jahre; 10 – 11° C) von RAYMOND ENGEL, Orschwiller/Elsaß/F.

KALMAR (CALAMARO)

Zehnarmiges Meerestier (Kopffüßler) aus dem Mittelmeer und Atlantik, dessen Greifarme als Leckerbissen gelten und ein festes, mageres, krebsähnliches Fleisch aufweisen (in frischem Zustand). Ohne Bauch und Innereien messen sie zwischen 15 cm und 1 m. Es wird auch von Riesenkalmaren berichtet, deren Länge 15 m betrug. Die → Tintenfische sind eine verwandte Unterart.

Im wesentlichen gelten hier jene Weine, die man zu → Krebsen und → Tintenfischen reicht, abgewandelt durch diverse Zubereitungsarten. Zu Kalmar in Tomatensauce harmonierten *Vermentino/Ligurien* und *Verduzzo/Friaul/I*; zu Kalmar in Rotwein genießen Sie *weißen (!) griechischen Château Matsa* von J. BOUTARI & SON, Naoussa/Thessaloniki, oder – noch besser – *roten Château Carras* (CS, CF, M) von der DOMAINE CARRAS, Sithonia/Halkidiki, und zu Kalmar „Niçoise" ergötzten wir uns an einem *weißen Bellet* vom vielzitierten *Château de Cremat/Provence*. Italienische und vor allem französische Sommeliers empfehlen im allgemeinen auch gerne leichte, gekühlte *Rotweine!* Zu gefüllten Kalmaren führt allerdings kaum ein Weg am *weißen Albana di Romagna secco DOCG* der FATTORIA PARADISO, Bertinoro/Emiglia-Romagna/I, vorbei.

Kalmar gebacken

Die Greifarme in Ringe geschnitten, gesalzen, in Mehl gewendet, in Olivenöl und Butter goldgelb gebacken und mit Zitronenvierteln und Pommes frites angerichtet.

Weiß: siehe unten! bzw. Pinot Grigio und Tocai Friulano/Friaul/I

Die *Colombard* (1 – 2 Jahre; 8 – 9° C) – meistangebaute Weißweinrebe in *Kalifornien* – vom größten Weinbaubetrieb der Welt – E & J GALLO in Modesto/San Joaquin Valley/Sonoma (hellgelb, mit zarter Blumigkeit sowie frischer Säure und milder Würze) war ein angenehmer Alltagstropfen und sonniger Durstlöscher.

Weiß: Chardonnay mit nur dezenter Holznote

Der *südafrikanische Chardonnay* (1 – 3 Jahre; 8 – 9° C) von HAMILTON RUSSEL, Walker Bay, begleitete die Speise auf angenehmste Weise, wurde selbst frischer, ebenso seine Säure, und büßte auch seinen zuerst etwas störenden Holzton ein. Eine gelungene Kombination.

Weiß: exotischer Riesling; Hermitage Blanc, Châteauneuf-du-Pape/Rhône

Der *australische Rhine Riesling* (1 – 3 Jahre; 8 – 9° C) von WOLF BLASS, Nuriootpa/Barossa Valley/S-AUS (→ Avocado „Gourmet"), stellte die absolute Krönung – auch für weinverwöhnte Gourmets – im Zusammenspiel mit dem Kalmar gebacken dar. Wir begannen tatsächlich, das Gericht neu zu entdecken.

KAMELFLEISCH

Das Fleisch des „Wüstenschiffes" gilt in Nordafrika – neben dem → Hammelfleisch – als besondere Delikatesse. Allerdings sollte man nur das Fleisch von jungen Tieren genießen. Aufgrund der Hitze wird das Fleisch nicht abgehangen, behält daher viel Flüssigkeit und wird deshalb kaum in der Pfanne gebraten, sondern meist als Ragout mit Couscous zubereitet. Neben den Weinen für → Couscous empfehlen sich *südländische (nordafrikanische) Roséweine* aller Art.

KÄNGURUHSCHWANZSUPPE

Australische Spezialität: Schwanzstück in Wasser, Wurzelwerk, Champignons und Wildfond weichgekocht, in Würfel geschnitten, Fond mit → Sago gebunden und mit Salz, Pfeffer, Ingwer, Curry und etwas → Portwein aromatisiert.

Das neuerdings in Mode kommende Känguruhfleisch wird von den Australiern meist mit einem Schluck *rotem Shiraz* hinuntergespült. Zur Suppe darf es auch ein Glas *White Port* sein.

KANINCHEN (HAUSKANINCHEN, KARNICKEL)

Verwandter des Hasen, kommt als → Wildkaninchen und Hauskaninchen vor. Das Fleisch hat wenig Kalorien, ist leicht verdaulich, eiweißhältig, reich an Mineralstoffen und fast weiß. Es ähnelt im Geschmack dem Hühnerfleisch und bleibt immer etwas blaß und matt. Es erfreut sich in Frankreich, Belgien, Holland und England höchster Beliebtheit. Nur Tiere im Alter von 3 bis 4 Monaten und unter 2 kg sind wirklich schmackhaft, durch Beigabe von asiatischen Gewürzen und Fruchtsäuren gewinnt das Fleisch zusätzlich an Aroma.

Ihr weißes Fleisch verträgt sich besser mit *Weißweinen* (nussig-würziger *Neuburger* und *Pinot Blanc* verleihen dem etwas faden Geschmack oft eine zusätzliche Dimension), letztlich entscheidet aber die Sauce: Zu Kaninchen in Aspik tranken wir mit Genuß *Château Flotis Rosé/Côtes du Frontonnais/SW-F (steirischer Sauvignon Blanc* und *Welschriesling* – wenn nicht zu säurig – sind auch nicht zu verachten!). Kaninchen mit Senfsauce verlangen nach *Bellet Blanc/Provence;* Kaninchen in Sauerampfersauce rufen nach *Sauvignon Blanc (Loire/F, Südsteiermark/A);* Kaninchenfrikassée und samtiger *Silvaner* munden; Kaninchen „Flämische Art" (in Bier gedünstet) verlangt zwangsläufig nach *belgischem Bier* (hopfiges *Cristal Alken* oder das verführerische *Duvel)!* Zu Kaninchen-Pfeffer wählen Sie *Rosé de Provence* (Feuerwerker „dürfen" auch *roten Corbières* oder *Minervois/Südfrankreich* bestellen); Kaninchensalat mit Trüffelvinaigrette vermählen Sie mit *Meursault/Burgund, Condrieu/Rhône* oder *Cremant d'Alsace* (!); und zu Kaninchen mit Oliven darf (muß) es *Châteauneuf-du-Pape Blanc/südliche Rhône* (z. B. von CHATEAU DE BEAUCASTEL) sein. Insgesamt wird von den meisten französischen Sommeliers der *Meursault* als Idealwein bezeichnet. Zu Kaninchen in Tomatensauce ließen wir uns in *Kampanien* zu vorzüglichem *Solopaca Rosso DOC* von der AZ. AGR. VOLLA überreden.

Kaninchen gebacken

Rücken und Keulen enthäutet, in mittelgroße Stücke geschnitten, in Wurzelwerk, → Bouquet garni und Weißwein mariniert, dann gesalzen, gepfeffert, mit Mehl, Ei und Semmelbröseln paniert, in heißem Fett herausgebacken, mit Zitronenscheiben, gebackener Petersilie und → Sauce Remoulade serviert.

Weiß: Pinot Blanc und Riesling Kabinett; Bellet Blanc/Provence/F

Der *Weißburgunder Kabinett „Der Wein vom Stein"* (2 – 5 Jahre; 9 – 10° C) vom WEINGUT LUDWIG NEUMAYER, Inzersdorf/Donauland-Carnuntum/A, kam aromatisch ganz nahe an das Gericht heran und konterkarierte besonders den Fettgeschmack in der Panier. Ein vorzüglicher Wein von stimulierender Art.

Weiß: Pinot Blanc, Neuburger und Riesling Spätlese trocken

Die brillante, pfirsichduftige *Riesling Spätlese „Bacharacher Hahn"* (3 – 6 Jahre; 10 bis 11° C) von TONI JOST, Bacharach/Mittelrhein/D, setzte über ihre stahlige Edelsäure würzige Akzente und konnte besonders über die Sauce eine schier unnachahmliche Harmonie und Essenslust herstellen.

Rot: Pinot Noir und Gamay ohne störende Holz-Tannintöne

Der exquisite *Blauburgunder „St. Daniel" DOC* (3 – 6 Jahre; 16° C) der KELLEREI SCHRECKBICHL,Girlan/Südtirol/I, bestach zwar durch Finesse und Sortenreinheit, geriet aber nach den beiden weißen Fixsternen doch etwas ins Hintertreffen.

Kaninchen gefüllt mit Backpflaumen und Pumpernickel

Kaninchen total entbeint, Schultern und Keulen ausgelöst, mit Speck, Fleisch, entkernten Dörr-(Back-)Pflaumen, Pumpernickel, Salz, Pfeffer und Muskat gefüllt, in eine Bratform mit etwas Öl und den feingehackten Knochen eingelegt und bei 200° gebraten. Frühlingszwiebeln beigegeben (Fleisch und Zwiebeln extra warmgehalten); Knochen eingekocht und passiert; Karotten- und Selleriestreifen in Butter angedünstet und mit Wasser fertiggekocht; Kaninchen mit dem Gemüse und der Sauce angerichtet.

Weiß: Sylvaner, Pinot Blanc, Chardonnay Kabinett

Der *elsässische Sylvaner „Zotzenberg"* (2 – 4 Jahre; 8 – 9 ° C) von EMILE SELTZ, Mittelbergheim/Elsaß/F, ein an Frische und Würze kaum zu überbietender Vertreter seiner Art, schmeichelte den Gemüsearomen (Zwiebeln!) und blieb den Pflaumen gegenüber neutral. Dem Kaninchen war er ein Mittagswein mit interessantem Pfiff.

Rot: Chinon und Bourgueuil/Loire, mittelreifer Pinot Noir/Côte d'Or/Burgund/F

Der relativ kühl servierte *Chinon* (14 – 15° C) von ANDRÉ BARC, La Croix-Marie/Touraine/Loire/F, war auch diesmal äußerst erfolgreich, entlockte dem Gericht höchst angenehme Würzetöne und sorgte gleichzeitig für anregende Frische am Gaumen.

Rot: Syrah/nördliche Rhône/F; Shiraz/AUS; reifer Pinot Noir/Côte d'Or/Burgund/F

Der tintige *Saint-Joseph „Marandy"* (SYR; 4 – 6 Jahre; 16 – 17° C) von LAURENT-CHARLES BROTTE, Châteauneuf du Pape/Rhône/F (dunkel, reicher Duftstrauß nach Vanille, Unterholz und Lakritze, kraftvoller Körper mit Saft, Würze und herrlichem Pflaumenaroma), gefiel besonders gut bei einer Temperatur von 16° C (!) und war dem Langohr ein leidenschaftlicher Geselle, der über die Dörrpflaumen ein bisher nie gekanntes Geschmackserlebnis bewirkte. Wird der Wein zu warm serviert, so tritt die Sonne, die ihn reifen ließ, mit allzu großer Kraft hervor.

Kaninchenragout auf „Bordelaiser Art"

Fleisch in Würfel geschnitten, gesalzen, gepfeffert, mit Butter angebraten, in Mehl gewendet, mit weißem Bordeaux-Wein abgelöscht, mit Champignonstücken, → Bouquet garni und Knoblauch vermischt und gedünstet; Fond reduziert, gebunden, abgeseiht und mit den Fleischwürfeln angerichtet.

Es versteht sich von selbst, daß wir hier nur *weiße Bordeaux-Weine* anbieten: Neben einem einfachen *Bordeaux sec AC* (SB, SÉM; 2 – 3 Jahre; 9° C) vom CHÂTEAU BOIS-MALOT, der sich als sensationeller Geheimtip herausstellte, brillierte der elitäre *Graves Blanc „Château de Fieuzal" Cru Classé de Léognan* (SB 60 %, SÈM 40 %, 3 – 5 Jahre; 10 – 11° C) mit Noblesse, Konzentration und burgunderartiger Finesse. Als fast etwas zu üppiger Begleiter stellte sich diesmal der ansonsten grandiose *weiße Château Laville-Haut Brion Cru Classé de Graves* (→ Kaninchenweine) vor.

Kaninchenragout weiß mit Eierschwammerln

Fleischwürfel gesalzen, mit Wurzelwerk und Weißwein in Bouillon weichgekocht; Fond mit weißer Mehlschwitze reduziert, passiert, mit Eigelb und Rahm gebunden, mit Zitronensaft und weißem Pfeffer aromatisiert und mit den Fleischwürfeln, gedünsteten → Pfifferlingen und Nudeln serviert. Während das Kaninchen nach *Weißweinen* verlangt, fühlen sich die Pilze eigentlich in Begleitung eines reifen *Rotweines* wohler. Mittelkräftige elegant-samtige reife *Weißweine (Sylvaner, Neuburger, Pinot Blanc, Pinot Gris)* umschmeichelten die subtilen Nuancen des Gerichts, strebten Harmonie an, gaben sich aber schließlich mit der wichtigen Rolle des Dieners (Souffleurs) zufrieden, während ein *Wachauer Grüner Veltliner „Smaragd"* und eine *Zierfandler Spätlese trocken/Thermenregion* sowie reiner *roter Zweigelt, Pinot Noir* und *Rioja Reserva/E* Akzente setzten. Als besonders interessant und ausgefallen erwies sich die Paarung mit einem reifen, herb-würzigen *Very old Fino Sherry Don Zoilo/Jerez de la Frontera/Andalusien/E*, der zwar dominierte, aber aromatisch einen Treffer nach dem anderen landete.

Kaninchenterrine

Kaninchenfilets mit Salz und Pfeffer eingerieben und mit → Cognac mariniert; Schalotten und Knoblauchzehen mit Brotstücken und Milch eingeweicht und mit gehacktem Kaninchenfleisch, Kalbsbratwurst, Kaninchenleber – übrigens zart und fein, Salz, Pfeffer, Paprika und Thymian zu einer Farce vermischt; feuerfeste Form mit Speck ausgelegt, Farce und marinierte Filets, Lorbeerblatt und Thymianzweig darübergegeben und bei 220° C etwa 80 Minuten gegart.

Rot: Blauer Portugieser, Blaufränkisch/Burgenland/A oder Württemberg/D

Der jugendlich-charmante *Blaue Portugieser* (1 – 2 Jahre; 15° C) von CHRISTIAN FISCHER, Sooß/Thermenregion/NÖ/A (tiefes Dunkelviolett, subtiler Waldbeerenduft, charaktervoller Abgang mit Samtigkeit, Weichheit und herrlicher Kirsch-Beerennote), war der Terrine ein stimulierender Partner von lange nachhallender Aromatik.

Weiß: Graves Blanc/Bordeaux/F oder Aigle/CH

Der wundervolle *Cru Classé Graves Blanc Château Laville Haut-Brion* (SÈM 60 %, SB 40 %; 6 – 10 Jahre; 8 – 10° C) aus Talence war aus ganz anderem Holz geschnitzt als der Vorgänger. Wo dieser Würze und Feuer weckte, schmeichelte er eher zärtlich. Entscheiden Sie selbst, was Ihnen lieber ist!

Rot: reifer Pinot Noir und Gamay

Der *Côteaux Champenois „Bouzy Rouge" Grand Cru* (PN; 6 – 8 Jahre; 16° C) von EDMONDO BARNAUT, Champagne/F (granatfarben, feinste Kirsch-Himbeernase, samtig-weicher Körper mit viel Finesse), gilt als einer der hervorragendsten Vertreter seiner seltenen, nicht schäumenden Art. Sein klar strukturiertes, glockenreines Aroma bildete einen unaufdringlichen Hintergrund zur angedeuteten Würze der Speise. Rotweinfreunde werden ihn vorziehen.

KAPAUN (KAPPHAHN)

Junger, kastrierter und gemästeter → Hahn mit einem Gewicht von 1,5 bis 2,5 kg und einem Idealalter von 6 bis 7 Monaten (→ Masthuhn), der besonders zart und saftfüllig schmeckt und bisweilen schon an einen Fasan erinnert.
Angemessene klassische Begleiter sind samtiger *Pinot Blanc, Pinot Gris, Morillon* oder *Riesling* usw. Zu Kapaun mit Biersauce reichte man uns mit Erfolg *deutsches Altbier*; zu Kapaun in Salzkruste begeisterte ein *Pouilly-Fuissé/Burgund/F*; zu Kapaun in Zitronensauce genossen wir jungen *Rheingauer Riesling/D*. Wenn in

Morchelsauce zubereitet, wählen Sie am besten *Arbois Blanc* oder *Château-Chalon/Jura*, und wenn gar mit Trüffeln gefüllt, leisten Sie sich vielleicht einen edlen *Pomerol/Bordeaux* oder *Musigny Rouge Grand Cru* (z. B. von J.-F. MUGNIER) aus Chambolle-Musigny/Côte de Nuites/Burgund/F.

Kapaun mit Gemüsegarnitur

Junger Masthahn gebraten und mit gedünsteten Zwiebeln, Gurken, Tomaten, Steinpilzen, gebackenen Auberginenscheiben und Pommes frites garniert.

Weiß: Pinot Blanc, Chardonnay, Neuburger Kabinett

Der *südsteirische Morillon Kabinett* von JOSEF PUSCHNIG, Leutschach/ Südsteiermark/A (2 – 4 Jahre; 8 – 9° C), bestätigte den Ruf der Rebsorte als Kapaun-Freund und war auch den Beilagen (besonders den Steinpilzen) ein rassig-würzig-rustikaler Begleiter.

Weiß: siehe unten! bzw. Pinot Blanc und Morillon Spätlese trocken/Südsteiermark/A
Rot: samtiger Pinot Noir, Merlot; Dolcetto/Piemont/I

Der edle *Meursault „Genevrières"* von den DOMAINES DE COMTE LAVON (→ Hühnerbrüstchen Richelieu) war auch in dieser Formation nicht zu schlagen, unterstrich die Zartheit des Fleisches und die Würze der Beilagen auf köstlichste Weise.

Weiß: Chenin Blanc/Loire/F oder KAL bzw. AUS
Rot: Barbaresco/Piemont/I; Chambertin/Burgund/F; Saint-Émilion/Bordeaux/F

Der sublime *Côteaux du Layon* (CHB; 5 – 12 Jahre; 8 – 9° C) von CLAUDE VALLÉE, Bourgueil/Touraine/Loire/F, war den Beilagen ein sensibler, milder Partner, der insbesondere mit der knusprigen Haut spielte und dabei eine wundersame Karamelnote zu Tage brachte. Säure-Fanatiker werden die saftig-resche Art des *Morillons* bevorzugen, doch Leckermäuler und Süßweinspezialisten werden sich dieses Erlebnis nicht entgehen lassen.

KAPERN → FISKEBOLLER

KAPUSNIAK (KAPUSTNIK)

Russische Spezialsuppe aus Schweinefleisch, Speck, Würstchen und Sauerkraut. Das *russische Rioga Bier* nach *Pilsner Art* (mit 12 % Stammwürze) und vor allem das *dunkle Bernstein* vom *Schwarzen Meer* (mit 19 % Stammwürze, kräftigem Hopfengeschmack und fülligem, beinahe weinigem Abgang) überzeugten uns am meisten. Sollten Sie jedoch die Möglichkeit haben, ein Glas *Elsässer Riesling/F* zu bekommen, so greifen Sie zu.

KARAUSCHE (KARUTSCHE, BAUERNKARPFEN)

Süßwasserfisch aus Mittel- und Osteuropa mit weichem, zartem, etwas süßlichem Fleisch, das allerdings sehr grätenreich ist und deshalb den Vorstoß des Fisches in die höchste kulinarische Liga verhindert. Beste Genußreife ist nach etwa drei Jahren im Winter.

Die klassischen Karpfenbegleiter *Neuburger, Pinot Blanc, Chardonnay, Sylvaner Kabinett/Spätlese* sind auch hier gefragt, doch soll alles ein bißchen vollmundiger und milder sein. Zur gebratenen Karausche und zu Karauschenragout darf es auch kraftvoller *Rosé* oder leicht gekühlter *Rotwein (Chinon/Loire; Pinot Noir; Zweigelt/A)* sein. (→ Karpfen)

Karausche in dunkler Sauce

Tschechische Spezialität: Karotten, Sellerie und Zwiebeln gedünstet; dunkler Sirup aus Zucker und Wasser mit Essig aufgegossen und reduziert; Lorbeerblätter, Thymian, Gewürznelken, Pfefferkörner und Zitronenschale, Johannisbeergelee und die gedünsteten Gemüse beigefügt und gedünstet; mit etwas Bier, geriebenem Lebkuchen und dem Sirup aufgekocht, gesiebt; Fischtranchen in feuerfester Form mit Sauce übergossen, Mit Pflaumen, Mandeln und Rosinen bestreut und im Rohr gegart.
Ein beinahe unvermählbares Gericht, doch wir ließen nicht locker und fanden drei Partner: Das *böhmische Budweiser Budvar-Bier* mit feinem Fruchtgeschmack, deutlichem Hopfenflair und zart-süßlichem Finish stellte für Biertrinker den Höhepunkt dar; der nussig-mandelige *Château-Chalon/Jura/F* als gleichberechtigter, abgrundtiefer Winterwein für *Weißwein*-Freunde, und für *Rotwein*-Fans war es der unvergleichliche *australische Grange Hermitage* (→ Hirschpfeffer), der Fischaroma und Gewürze zu einer positiven Explosion brachte.

KARBONADE

Gebratene oder gedünstete dünne Fleischtranche aus dem Rücken von Schwein, Kalb und Hammel oder aus der Hüfte des Rindes bzw. vom Hals des Schweins. Empfehlungen finden sie unter den einzelnen Stichworten.

Karbonade auf „Flämische Art"

Dünne Rinderhüftenscheiben in Fett angebraten, gesalzen, gepfeffert, mit gedünsteten Zwiebelscheiben in eine Pfanne gegeben und etwas gezuckert; Bratensatz mit Bier abgelöscht, mit braunem Fond vermischt, Fleisch mitgedünstet und gemeinsam arrangiert. Das *flämische Cristal Alken-Bier* wurde nach Auskunft des Oberkellners auch zum Kochen verwendet und darf daher als bevorzugter Partner angeführt werden: Hellgelb, mit fruchtig-hopfigem Bouquet, kraftvoll-reintönigem Geschmack und vollmundig-samtigem Finale war es denn auch tatsächlich ein Gaumenschmaus ungewohnter Art, wenngleich meine Partnerin lieber einen *Chinon/Loire/F* oder *Blaufränkisch/Mittelburgenland/A* dazu getrunken hätte.

KARDEN (KARDONEN, SPANISCHE DISTELN)

Die eßbaren Stiele einer Distelart (November bis Februar), die wie eine Kreuzung aus Artischocken und Spargeln munden und wie Stangensellerie aussehen. Die Stiele sind kalorienarm, werden vor allem in Südeuropa angebaut und müssen von den Blättern getrennt werden, wobei man Haut und Fasern abzieht, mit Zitrone einreibt und in Mehl-Zitronenwasser vorkocht.
Zu Karden „Andalusisch" (in Kraftbrühe mit etwas Portwein gedünstet, mit Semmelbröseln paniert, mit Butter beträufelt und gratiniert) genießen Sie ein kühles Glas *Sherry Manzanilla/E*. Zu Karden mit Safran wählen Sie einen *Moscatel seco* von DE MULLER, Tarragona/Katalonien/E; zu Karden mit Lamm darf es eine mittelreife *rote Rioja Gran Reserva/E* sein. Im Zweifelsfalle ist *weißer Rioja* mit etwas Eichengeschmack immer richtig, und in *Italien* gelten *Bardolino (Rosé)* bzw. *Chiaretto/Venetien* als Idealpartner. Kardensuppe vermählten wir mit köstlichem *Ravello Rosato* (2 – 3 Jahre; 12 – 13° C) von EPISCOPIO-VUILLEMIER aus Ravello/Kampanien/I.

KARFIOL (BLUMENKOHL)

Eine durch Züchtung entstandene Spielart des Kohls von leicht verdaulicher Art und hohem Vitamin-C-Gehalt. Karfiol gibt es das ganze Jahr zu kaufen. Die Köpfe sollen fest und ohne schwarze Flecken sein.
Die Ihnen längst bekannten „Gemüseweine" *Sauvignon Blanc, Sylvaner, Neuburger* ..., erweitert durch *Grünen Veltliner, Riesling-Sylvaner, Rieslinge* und fruchtcharmante *Primeurweine (weiß* und *rot)*, sind hier anzuraten. Zu Karfiolsoufflé erfreuten wir uns aber überraschenderweise an einem *südsteirischen Traminer* von WINKLER-HERMADEN, Schloss Kapfenstein, und zum altbekannten Karfiol „Polonaise" darf es auch *roter Primeurwein (Blauburger, Zweigelt ...)* sein.

KAROTTEN (MOHRRÜBEN, MÖHREN)

Wichtigstes Wurzelgemüse von orangeroter Farbe und zart-süßlichem Geschmack. Die Karotten sind wachstumsfördernd, blutbildend und enthalten viel Karotin. Freilandkarotten munden von Juli bis September am besten.
Das feine Gemüse läßt sich von exquisiten *Weißweinen* mit subtiler Fruchtnote und gebändigter Säure *(Riesling, Riesling-Sylvaner, Pinot Gris, Malvasier, Gutedel, Chenin Blanc)* sowie „fruchtexplodierenden" *weißen* und *roten Primeurweinen* zu aromatischen Spitzenleistungen animieren.

KARPFEN

Einer der begehrtesten Süßwasserfische (Teich- und Flußkarpfen), der bis zu 1,3 m lang und 35 kg schwer werden kann. Bereits 1070 wurde er von Mönchen am Bodensee erwähnt, kommt aber ursprünglich aus Asien. Das ideale Gewicht für kulinarische Freuden sind 1 bis 2 kg bei einem Alter von 3 Jahren, und die ideale Jahreszeit ist von Oktober bis April. Der Karpfen kann bis 100 Jahre alt werden und soll dann immer noch schmackhaft sein!? Unter Feinschmeckern gilt der „Blaugesottene" als höchster Genuß, der „Spiegelkarpfen" hat die wenigsten Geräten, und der Karpfen auf „Böhmische Art" ist am schwierigsten zu kombinieren.
Das fette, wohlschmeckende Fleisch verlangt einen reifen, kräftigen *Weißwein* ohne Barriqueausbau oder einen zarten, fruchtigen *Rotwein*. Zu Karpfen in Rahmsauce sind edelsüße *Spätlesen* und *Auslesen* von überraschendem Gleichklang! Zu gefülltem Karpfen ist reifer *burgenländischer* oder *elsässischer Pinot Blanc* eine Gaumenweide, und zu gebratenem Karpfen genossen wir superben *Chablis Grand Cru „Vaudesir"* von der DOMAINE DE LA MALADIÈRE, Chablis/Burgund/F, der dem Fleisch neue, würzige Akzente entlockte (*Chablis AC* enttäuschte); zu Karpfensuppe empfehlen französische Sommeliers mit Recht den bei uns ziemlich unbekannten *Champagne Rosé des Riceys* (PN; 3–5 Jahre; 10–12° C), z. B. von GALLIMARD PERE ET FILS, Les Riceys, und zu Karpfenragout ist auch *Rotwein (Gamay)* erlaubt und begehrt.

Karpfen auf „Böhmische Art"

Karotten, Petersilie und Zwiebeln in Streifen (Julienne) geschnitten, mit Wasser und Bier gekocht, mit Karpfenblut vermischt, mit Essig gewürzt, dazu Mandeln, Rosinen, halbe Nüsse und Dörrpflaumenstreifen, gezuckert und gut gekocht; Fond zum Teil abgeseiht, mit gesalzenen und gepfefferten Karpfenstücken gedünstet und mit geriebenem Lebkuchen gebunden und aromatisiert.
Weine ähnlich wie zu → Karausche in dunkler Sauce; anstelle des *Chateau-Chalon* probierten wir diesmal superben *Vin Santo* von AVIGNONESI, Toskana/I, und ein

nach Lebkuchen duftender interessanter roter *Pinot Noir Bratislava* (3 – 5 Jahre; 15 – 16° C) von VINO-PRODUKT S.P., Bratislava/Slowakei, ersetzte den doch etwas zu mächtigen *Grange Hermitage/AUS*.

Karpfen blau

Ungeschuppter Karpfen in siedendem Salz-Essig-Wasser gekocht und mit zerlassener Butter und Salzkartoffeln serviert.

Weiß: Sylvaner, Neuburger, Pinot Gris und Pinot Blanc Kabinett

Ein jugendlich-charmanter *Weißburgunder Qualitätswein* (1 – 3 Jahre; 8 – 9° C) von LEOPOLD BREYER, Wien-Jedlersdorf/A, besaß zwar nicht die Kraft, um dem fetten Fleisch in letzter Konsequenz Paroli bieten zu können, war aber aromatisch gesehen ein Volltreffer.

Weiß: Pinot Blanc und Pinot Gris Spätlese trocken

Die kraftvolle *burgenländische Weißburgunder Spätlese* von JULIUS STEINER, Podersdorf/Neusiedlersee/BGLD/A, (→ Lammnüßchen „Dauphine"), war auch hier der Idealpartner schlechthin, machte das Mahl zu einem besonderen Erlebnis und entlockte dem Wasserbewohner auch aromatisch einige Glanzlichter.

Weiß: großer Chardonnay/Côte de Beaune/F

Der archaische *Puligny-Montrachet 1er Cru* von JEAN CHARTRON (→ Lachsforellenschnitzel) schien die Fehlbesetzung des Jahres zu werden, zu unterschiedlich waren die beiden Produkte. Die Eichennote war ein totaler Fremdkörper. Doch irgendwie kam doch so etwas wie aromatische Annäherung – bei gleichzeitig attraktiver Gegensätzlichkeit – zustande. Anscheinend kann man einen wirklich großen Wein zu allem trinken!?

Karpfen gebacken mit Sauce Remoulade

Geschuppter Karpfen in Portionen aufgeteilt, in Mehl, Ei und Semmelbröseln paniert, in Fett knusprig herausgebacken und mit → Sauce Remoulade serviert.

Weiß: Neuburger, Pinot Blanc, Pinot Gris Kabinett/Thermenregion/A; Chasselas/CH; Bellet und Cassis Blanc/Provence/F

Der *Neuburger Kabinett „Gut am Steg"* der FREIEN WEINGÄRTNER, Dürnstein/Wachau/NÖ/A (→ Brachse paniert), begeisterte auch diesmal durch seine nußwürzige Fruchtigkeit und darf besonders als Mittags- und Sommerwein angepriesen werden.

Weiß: Pinot Blanc, Pinot Gris sowie Riesling Spätlese/A/D/Elsaß/F

Die trockene *Riesling Spätlese „Nierensteiner Pettental"* (3 – 6 Jahre; 10 – 11° C) vom WEINGUT HEINRICH BRAUN, Nierstein/Rheinhessen/D, besaß genügend Fülle und Kraft, um einerseits der reichen Aura des Fisches zu widerstehen, hatte andererseits aber auch jene nervige Säure aufzuweisen, die man braucht, um das Fett in der Panier und die Remoulade auszugleichen.

Weiß: siehe unten! bzw. Neuburger und Zierfandler Spätlese halbtrocken/Thermenregion/A

Der mächtige *Côtes de Jura Blanc* (SAL; 5 – 8 Jahre; 9 – 11° C) von DANIEL CHALANDARD, Le Vernois/Jura/F, stand seinem Vorbild, dem berühmten

Château-Chalon, kaum nach und überrollte Fisch und Sauce sozusagen im Eilzugstempo. Erst allmählich kam über Sauce und Panier eine gewisse Harmonie auf.

Karpfen gesulzt

Wurzelwerk in Streifen geschnitten (Julienne), in Essigwasser gekocht, abgeseiht und warm gestellt; Karpfenstücke im Wurzelsud blau gekocht, entgrätet, mit dem Wurzelwerk bedeckt und mit dem gelierfähig gemachten Fischsud begossen und kalt gestellt.

Weiß: Sylvaner, Riesling, Sauvignon Blanc Kabinett

Der *Würzburger „Stein-Harfe" Silvaner Kabinett* (2 – 4 Jahre; 9 – 10° C) vom BÜRGERSPITAL, Würzburg/Franken/D, forcierte auf beinahe unnachahmliche Weise den Geschmack der Sülze und war auch dem Karpfen ein stimulierender Partner.

Weiß: Riesling, Sylvaner, Sauvignon Blanc Spätlese trocken

Die kraftvolle *Riesling Spätlese* (3 – 6 Jahre; 9 – 11°C) vom WEINGUT NIGL, Senftenberg/Kamptal-Donauland/NÖ/A (strahlendes Grüngelb, rassig-rauchiger Pfirsichduft, mächtiger Körper mit perfekt eingebundener Säure), konterkarierte die Sülze nicht ganz ideal, war aber insgesamt doch ebenbürtiger und adäquater als alle anderen Kontrahenten.

Weiß: Pinot Blanc und Pinot Blanc Spätlese/Elsaß/F

Die *elsässische Pinot Blanc Réserve Particulière* (3 – 6 Jahre, 9 – 10° C) von ANDRÉ DUSSOURT, Scherwiller (blasses Goldgelb, rauchige Pinot-Nase, kraftvoll nussig-würziger Abgang mit relativ langem Nachhall), wäre – allein verkostet – sicherlich hoch gelobt worden, doch gegen die beiden grandiosen Vorgänger (das Bessere ist der Feind des Guten) konnte sie nicht ganz bestehen.

Karpfenmilch

Der Samen (Sperma) des männlichen Tieres gilt seit der Antike als besonderer Leckerbissen, Vorspeise oder Würzbissen und ist im Verein mit mild-samtigen *Weißweinen* eine Klasse für sich. Zu Karpfenmilch in Teighülle erfreuten uns *Neuburger* und *Spätrot-Rotgipfler Kabinett* bis *Spätlesen* aus *Gumpoldskirchen/Thermenregion/NÖ/A*.

Karpfenmilch auf „Ungarische Art"

Karpfenmilch gut papriziert, in Butter gebraten, in → Tortelletts gefüllt und mit Paprikasauce angerichtet.

Weiß: Riesling und Sauvignon Blanc Kabinett

Der nach Paprikaschoten duftende *Sauvignon* (1 – 3 Jahre; 8 – 9° C) von GYÖNGYÖS ESTATE, Gyöngyös/H, war ein meisterhafter Stichwortgeber, der besonders die Paprikawürze zu höchster Vollendung führte.

Weiß: Pinot Gris und Chardonnay Kabinett; Hermitage Blanc/nördliche Rhône/P

Der perfekt ausgewogene *Pinot Gris Kabinett* (2 – 4 Jahre; 10 – 11° C) von GERNOT HEINRICH, Gols/Neusiedlersee/BGLD/A (volles Hellgelb, rauchigmilde Karamelnase, vollmundiger Körper mit langem Finale), war im Gegensatz zum *Sauvignon Blanc* auf allgemeine Harmonie bedacht.

Weiß: Riesling Spätlese/D und NÖ/A oder Vernaccia di Oristano/Sardinien/I

Die edle *Rheingauer Riesling Spätlese „Wallufer Walkenberg"* (3 – 6 Jahre; 9 – 11° C) von J. B. BECKER, Walluf/D, war ähnlich dem *Sauvignon Blanc* darauf bedacht, aromatische Glanzlichter zu setzen – was auch bestens gelang –, strebte aber anscheinend keine totale Harmonie an.

KARTOFFELN (ERDÄPFEL, POMMES DE TERRE)

Stärkereiche Knollen eines ursprünglichen südamerikanischen (Anden) Nachtschattengewächses, das in der ersten Hälfte des 16. Jahrhunderts durch die Spanier nach Europa kam und zuerst als Zierpflanze bestaunt wurde. In Wien wurde die Kartoffel bereits um 1588 durch Carolus Clusius als Nahrungsmittel eingeführt. Friedrich der Große machte sich im 18. Jahrhundert in Preußen für den Anbau stark, und seit dem 20. Jahrhundert ist sie – neben Brot – wichtigstes Volksnahrungsmittel in allen gemäßigten Zonen. Man unterscheidet zahlreiche Sorten, die unterschiedlich reifen und in Farbe und Geschmack differieren.

Einige *Weißweine* gelten als besondere Kartoffelfreunde *(Riesling, Welschriesling, Riesling-Sylvaner, Pinot Blanc ...)*, da sie den Eigengeschmack der Knolle herrlich untermalen. Durch diverse Zubereitungsarten und Hauptspeisen kommen auch *Rotweine* zum Tragen (→ Macairekartoffeln, → Trüffelkartoffeln). Zu Kartoffelsalat ist der beste *Riesling* gerade gut genug; Kartoffelpuffer mit Speck und *roter Saint Pourcain/Lothringen*, Kartoffelkroketten und *Côtes du Rhône Rouge*, Kartoffelgratin und *Gewürztraminer* oder *Vin Jaune/Jura*, Kartoffelknödel und *weißer Jungwein Malvasier*, Kartoffeln „Venezianisch" (mit Zwiebeln gekocht) und *Tocai Rosso/Venetien* sind allesamt ein Genuß. Zu Kartoffelkäse ist *Riesling* wiederum nicht zu überbieten; zu Kartoffeln mit Sauerrahm und Schnittlauch bewährte sich kühler, trockener *Rosé*; zu Kartoffelpüree mit Käse und Knoblauch versuchen Sie köstlichen *Collivo Bianco* (CHA 80 %; M 20 %, 1 Jahr) von EREDI CARLO, Tamborini/Lamone/Tessin/CH.

KÄSE

Aus Milch von Kühen, Schafen, Ziegen, Büffeln u. a. hergestelltes wichtiges Nahrungsmittel, das schon von den Hebräern (1050 v. Chr.) geschätzt wurde. Grundstoff der Käseherstellung ist das Kasein (Milcheiweiß), das durch bakterielle Milchsäuerung (Sauermilchkäse) oder mit Hilfe von Lab aus frischer Milch (Süßmilchkäse) ausgesondert wird. Nach Art der Herstellung, Reifung und Würzung unterscheidet man zwei Hauptgruppen:

Sauermilchkäse: Bauernhandkäse, Harzer Käse, → Kochkäse, → Korbkäse, → Mainzer Handkäse, → Quargel, → Steirischer und → Tiroler Graukäse, Zillertaler Zieger ...

Süßmilchkäse:
1. Frischkäse: → Burgos, → Cottage Cheese, → Mascarpone, → Ricotta, → Schichtkäse, → Stracchino, → Topfen (→ Quark), York ...
2. Hartkäse: Allgäuer Bergkäse, → Cantal, → Cheddar, → Cheshire, → Chester, → Emmentaler, → Grana, → Gruyère de Beaufort, → Parmesan, → Pecorino, Romano, → Sbrinz, Tiroler Alpkäse ...
3. Schnittkäse: → Bel Paese, → Edamer, → Gouda, Marzolino, → Mondseer, → Pont l'Evêque, → Reblochon, Robiola, Steirischer Bauernkäse, Steirischer Hirtenkäse, Taleggio, → Tête de Moine, → Vacherin ...

4. Weichkäse: → Brie, → Camembert, Caprice de Dieu, → Carré de l'Est, → Dauphin, → Géromé, → Limburger, → Livarot, → Maroilles, → Münster, → Steirischer Knappenkäse, → Südsteirischer Hauerkäse, → Weißer Prinz ...

Weiters teilt man Käse ein nach der Milch (→ Schafkäse, → Ziegenkäse ...) nach den Schimmelkulturen:

Blauschimmel (→ Bleu Dauvergne, → Bleu de Bresse, → Blu(e) Bayou, → Blue Cheese, → Cashel Irish Blue, → Castelmagno, → Dana Blu, → Dolce Bianca, → Dolcelatte, → Galil, → Gorgonzola, → Fourme d'Ambert, Montagnolo, Norzola, Österzola, → Stilton, → Trautenfelser ...)

Weißschimmel (→ Brie), → Brillat-Savarin, → Camembert, → Caprice de Dieux, → Carré de l'Est, → Chaource, → Explorateur, → Géramont, → Gratte-Paille, Paglietta, Tomino, → Weißer Prinz ...)

oder nach der Flora (Rotflora) an der Oberfläche:

Rotschmierkäse (→ Bierkäse, → Chaumes, → Epoisses, Langres, → Limburger, → Livarot, → Maroilles, → Munster, Rollot, Rougette, → Romadour, Saint-Albray, → Steirischer Knappenkäse ...)

KASNOCKEN

(Süd-)Tiroler Spezialität aus lockeren Knödeln mit → Tiroler Graukäse (Sauermilchkäse) vermengt: altbackenes Knödelbrot, Milch, Zwiebeln, Butter, reifer Grauoder Bergkäse, Mehl, Eier, gehackte Kräuter (Petersilie, Schnittlauch), Salz, Pfeffer, Muskatnuß, geriebener Parmesan und Butter. Schlechthin idealer Begleiter der volkstümlichen Nocken sind würzige *Märzenbiere*. Unter den *Weinen* sind rassige *Roséweine (Schilcher/Weststeiermark/A ...)* sowie *Pinot Blanc* und *Morillon (Chardonnay/Südsteiermark)* am beliebtesten.

KASSELER (SELCHKARREE)

Gepökeltes und schnellgeräuchertes Schweinsrippenstück (→ Schweinskotelett), das manchmal auch von der Schulter oder vom Bauch stammt und gebraten, gedünstet, gegrillt oder im Teig zubereitet wird.
Deutsches Altbier ist der populärste Begleiter des Rippenstücks.
(Das Gericht stammt nicht aus Kassel/Hessen, sondern ist nach dem Berliner Fleischer Cassel benannt.)

Kasseler Rippenspeer

Rippenstück auf Spieß (Speer) gesteckt, mit Öl bestrichen, gepfeffert, papriziert und über Holzkohlenfeuer gegrillt, in Scheiben geschnitten und mit Sauerkraut und Kartoffelpüree garniert.
Würziges *Altbier* „darf" auch hier getrunken werden, doch wegen des Sauerkrauts haben sich *Silvaner (Franken, Rheinhessen/D ...)* und *Rieslinge (Elsaß/F, Saar/D ...)* in den Vordergrund geschoben.

KASTANIEN (MARONEN)

Die süßen, braunrindigen Nüsse der Edelkastanie sind in Südeuropa heimisch, werden aber auch bei uns (Bodensee) gepflanzt. Sie bestehen vor allem aus Stärke,

Eiweiß, Saccharose, Dextrin und Ölen. Ihr mehlig-süßlich wohlschmeckendes Aroma kommt als Püree, Pudding und in Torten, aber hauptsächlich als Füllung von Enten, Gänsen und Puten gut zur Geltung, wobei deren Fleisch enorm an Feinheit gewinnt. Ideale Genußzeit von Maronen ist von Oktober bis November.
Geradezu sensationelle Partner gerösteter Kastanien sind: (*rosé*-artiger) *weststeirischer Schilcher, roter Brunello di Montalcino/Toskana, Echézeaux Grand Cru* und *Santenay/Burgund, Vega Sicilia „Unico"/E* und viele *weiße Dorins* aus *Bex/Waadtland/CH*. Hochinteressant war auch die Verbindung mit hochkarätigem *Zweigelt* – ausgebaut in Barriques – (JOSEF UMATHUM, Frauenkirchen/Neusiedlersee/BGLD, GERNOT HEINRICH, Gols/Neusiedlersee/BGLD, MALTESER RITTERORDEN, Mailberg/Weinviertel/NÖ...), wobei sich jedesmal das Maroniaroma verfeinerte und die zuerst etwas lauten Weine urplötzlich zu leisen und finessenreichen Geschöpfen mutierten. Zu Kastanienreis (→ Kastanienpüree) munden sowohl feine *Dessertweine* als auch edle *Trockenbeerenauslesen*; zur Kastaniensuppe bewährte sich ein *(roter) Cornas* von MARCEL JUGE, Cornas/nördliche Rhône/F; zu süßen Kastanienknödeln erfreuten wir uns an einer *Nußberger Traminer Auslese* von FRANZ MAYER, Wien/A, wobei der Wein die Speise mit feiner Süße und Würze bereicherte, und zu gekochten Kastanien ist *Recioto della Valpolicella/Venetien/I* (z. B. von MASI, Ambrogio di Valpolicella, oder PAOLO BOSCAINI & FIGLI, Valgatara di Marano), ein elitärer, klassischer Partner.

Kastanienpüree

Kastanien geröstet und geschält (auch die Innenhaut), mit Butter und Zucker karamelisiert, mit Bouillon und Milch versetzt, weich gekocht, im Mixer püriert und mit Rahm, etwas → Madeira, Salz und Zitronensaft aromatisiert. Neben dem schon vorgezeichneten *Madeira „Malmsey"/P* konnten sich auch einige andere feine *Dessertweine* profilieren: *Cinque Terre „Sciacchetrà"* von LIANA ROLANDI, Ligurien/I, *Vin Santo* von CANTINE LUNGAROTTI, Torgiano/Umbrien/I, und ein gespriteter *Cream Sherry* von PEDRO DOMECQ/E.

KATFISCH → STEINBEISSER

KATZENGSCHREI

Bayerisch-österreichische Spezialität: Omelett gefüllt mit dünn geschnittenen, gebratenen Fleischstücken aller Art.
Trinken Sie am besten einen ebenso einfachen wie köstlichen *Zweigelt, Blaufränkisch, Blauburger* oder *Blauen Portugieser* Ihrer Wahl, falls Sie kein *Bier-Freund (Märzen*, leichtes *Pils)* sind.

KAVIAR

→ Rogen (Fischeier) verschiedenster Störarten (→ Stör, → Sterlet, → Hausen, Scherg) des Schwarzen und Kaspischen Meeres. Die Perlen des Meeres (Jänner bis März) gehören zu den gefragtesten und teuersten Delikatessen. Wenn die Störe im Herbst in die Flüsse wandern, beginnt die Fangzeit. Das edle Fleisch der Störe wird geräuchert, der Rogen wird entfettet, gesiebt, gewaschen und gesalzen. Je milder er gesalzen wird (Malossol), desto exquisiter ist sein Aroma. Der Hausen beschert uns den „Königskaviar", den grobkörnigen „Beluga". Die Körner sollen glasig, prall und trocken sein. Es ist verwunderlich, daß die großen Gastrosophen, Grimod de la

Reynière, Brillat-Savarin und Rumohr, den Kaviar mit keinem Wort erwähnten. Die zum Kaviar gereichten Zwiebeln und Zitronen können den Eigengeschmack verdecken, und auch Butter und Schwarzbrot als Unterlage sind nicht das Nonplusultra. Frisches oder geröstetes Weißbrot ist aber unbedenklich. Bei der Wahl des Bestecks ist Vorsicht geboten, denn die Berührung mit Metall scheint den edlen Eiern ihren unnachahmlichen „jungfräulichen" Duft zu nehmen (Löffel aus Horn ...).

Mag sein, daß *Wodka, Chablis* und *Sekt* dem Kaviar etwas abgewinnen können, die wahren Seelenfreuden erlebt der Feinschmecker nur mit *Champagne (Brut): Bollinger R.D./Aÿ, Gosset Grande Réserve brut/Aÿ, Krug Clos du Mesnil/Reims, Laurent-Perrier Cuvée ultra brut/Tours sur Marne, Moet et Chandon Cuvée Dom Pérignon brut/Epernay, Perrier-Jouet Réserve-Cuvée brut/Epernay, Louis Roederer Cristal brut/Reims, Taittinger Comtes de Champagne Blanc de Blancs brut/Reims, Veuve Clicquot la Grande Dame/Reims* ...

(→ Keta-Kaviar).

KAWAGE

Arabische Spezialsuppe: aus gehacktem bzw. püriertem Hammelfleisch, Tomaten, Curry, Salz, Pfeffer, Paprika.

Hermitage Blanc/nördliche Rhône, Château-Chalon/Jura, Traminer oder – viel einfacher und billiger – *nordafrikanischer Roséwein* (z. B. *Gris de Boulaouane* von SINCOMAR, Marokko) sind die besten Durstlöscher.

KEBAP (KEBAB, KABAB, KHABAB)

Türkische Delikatesse aus kleinen, am Spieß gebratenen Hammelstücken, scharf gewürzt, mit körnigem Reis serviert.

Falls Würze Ihnen nichts ausmacht, dann versuchen Sie ruhig *roten türkischen Karmen* von DIRENWINES, Euphrates Tal, oder kraftvollen *bulgarischen Cabernet Sauvignon* von VINI SLIVEN, Sliven/Korten Region (ein Geheimtip!). Sensiblere Gaumen sollten sich an lokalen *Roséwein* oder *weißen Sémillon/Villa Doluca/Müref-te/Marmara-Meer* halten.

KEFALOTIRI

Ein griechischer Rohmilchkäse aus Schafmilch, von unterschiedlicher Reifeart. Als Frischkäse ist er in vielen griechischen Gerichten vertreten, in reifer Form dient er als vorzüglicher Reibkäse.

Zum Frischkäse ordern Sie *griechischen Sauvignon Blanc „Athos"* von E. TSANTALI, Chalkidike/Nordgriechenland; beim Reibkäse hat sich der Wein an das Gericht anzupassen.

KETA-KAVIAR

Gilt neben Sigi-Kaviar (Hechtrogen) und Deutschem Kaviar (Seehasenrogen) als bester Kaviarersatz. Er wird aus den roten grobkörnigen Rogen des mandschurischen Keta-Lachses gewonnen und kann auch mit Zitrone oder Zwiebeln gewürzt werden. Auch hier sind *Champagne brut* – es darf auch einfacher sein – und rassiger *Blanc de Blancs-Schaumwein* nicht zu übertreffen. Als Alternative zum *Schaumwein* bieten sich jugendlicher *Chardonnay* – ohne Eichenausbau – und fruchtcharmante, kellerkühle *Rotweine (Pinot Noir, Gamay ...)* an.

KINGSTONKÄSE

Dem → Gouda ähnlicher Vollfettkäse aus Mittelengland (Midlands).
Wenn Sie in *Britannien* sind, dann fragen Sie nach dem *Müller-Thurgau* von WOOTTON VINEYARD, Wells/Kent, ansonsten wäre samtiger *Graves Blanc/ Bordeaux/F* der richtige Weinpartner.

KIRSCHEN

Zu den Rosengewächsen gehörende Steinobstart, die von Lucullus bereits vor 2000 Jahren aus der asiatischen Stadt Kerasos nach Europa gebracht wurde. Die Süßkirsche trägt schwarzrote, süße Früchte. Die Sauerkirsche (Weichsel) kommt bei uns verwildert vor, und die Maraschinokirsche ist von besonderer Würze.
Im Prinzip vertragen sich Kirschen und Kirschgerichte – wenn die Süße nicht zu intensiv ist – sehr gut mit edlen *Rotweinen*, die einen Kirsch- bzw. Weichselgeschmack aufweisen. *Bordeauxweine* aus *Margaux* der *Cru-Beaujolais (Morgon...)/Burgund/F*, die *italienische Ciliegiolo (Kirschrebe)* und *Rosé-Champagnes* (z. B. *Pol Roger/Epernay ...*) beinhalten edle Kirschtöne, während *Burgunder (Chambertin, Beaune ...)*, *Gamay* und *Merlot/F*, *Sangiovese, Raboso/I* sowie *St. Laurent* und *Zweigelt/A* mehr zur Weichselnote tendieren. Wenn das Gericht eine süß-saure Note annimmt, wie bei Ente mit Kirschen, sollte man allerdings zu einem alten *Sauternes/Bordeaux/F* oder einer edlen *Traminer Auslese* greifen. Zum *Kirschauflauf* verwöhnten wir uns mit einer perfekt vinifizierten *Welschriesling Auslese* der Familie KRACHER, Illmitz/Neusiedlersee/BGLD/A.

Kirsch-Gratin mit frischen Mandeln

Entsteinte Kirschen in Wasser, Zucker, Zimtrinde, Zitronensaft und etwas Kirschwasser gedünstet und kalt gestellt. Crème: Vanillesauce mit → Zabaione und Rahm vermischt, mit Kirschwasser aromatisiert. Kirschen auf Biskuitbrösel gelegt, mit Mandelstiften bestreut, mit obiger Crème bedeckt und im Ofen gratiniert.
Falls sie sich die Suche nach dem richtigen Begleiter vereinfachen wollen, dann nippen Sie ein edles Gläschen *Kirschwasser* dazu, es ist ebenso einfach wie köstlich. Unter den *Süßweinen* eignen sich besonders *Riesling Beerenauslesen, Saumur/Loire, Sauternes/Bordeaux*, aber auch edle *Champagnes doux (süß)* und *Muskat (Moscato)-Schaumweine*. Ein junger *Château Doisy-Daëne 2e Cru Classé* (SÉM 100 %, 4 – 6 Jahre, 8° C) von PIERRE DUBOURDIEU, Barsac/Sauternes/Bordeaux/F, lehrte uns, wie man Süße, Extrakt, Alkohol und Edelfäule verbindet, damit Eleganz, Finesse und Frische herauskommen. Dieser moderne *Sauternes* ging gar nicht erst ans Flirten, sondern vermählte sich sofort mit dem Gericht. Der *Vin Santo* (MAL, TRE, 7 – 12 Jahre, 8 – 10° C) von POLIZIANO, Montepulciano/Toskana/I, wirkte zuerst etwas deplaziert, oxydativ und zu kraftvoll. Im Laufe des Kampfes (!) wurde er zusehends milder, angepaßter und zeigte sublime Honig-, Lanolin- und Vanilletöne. Alles in allem ein Erlebnis.

Kirschenstrudel

Brösel in Butter hell angeröstet, Strudelteig mit zerlassener Butter beträufelt, Brösel und entkernte Kirschen darüber verteilt, gezuckert und eingerollt, auf ein gefettetes Blech gegeben, mit zerlassener Butter bestrichen und bei mittlerer Hitze im Rohr gebacken.
Die Rebsorten *Riesling-Sylvaner, Gewürztraminer* und *Bouvier* im *Auslese*-Bereich (nicht viel süßer, *Beerenauslese* ist das Höchste der Gefühle) singen sehr gut im

Duett mit dem Kirschenstrudel. Bei *Bouvier* kann es gelegentlich zu Dissonanzen kommen. In seliger Erinnerung denken wir an die Kombination mit einer *Gewürztraminer Auslese* vom ELFENHOF/J.u. E. HOLLER, Rust/Neusiedlersee-Hügelland/BGLD. Drei verkostete *Rotweine* waren jedoch die Überraschung des Tages: die kirschfruchtige *Private Cuvée* (BLF; 2 – 4 Jahre; 16° C) von P. + R. MORANDELL, der beerig-kirschige *Crozes-Hermitage* (SYR; 3 – 5 Jahre; 16° C) von MICHEL BERNARD, Oranges/nördliche Rhône/F, und insbesondere der famose *Chianti Classico „Il Grigo"* (SAN 80 %, CAN 20 %; 3 – 6 Jahre; 16° C) von der AZ. AGR. SAN FELICE, San Gusmè/Toskana/I, der mit betörendem Bouquet (Veilchen, Weichseln, Heidelbeeren) und exquisiter Extraktsüße im Finale eine nicht erwartete Harmonie aufkommen ließ.

Kirschtorte → Schwarzwälder Kirschtorte

KITZ (ZICKLEIN)

Das → Ziegenfleisch gilt als „Kuh des Proletariers" und ist dem Feinschmecker meist zu zäh, doch das Fleisch des jungen Ziegenlammes (vor allem als Milchkitz) wird seit Jahrtausenden in Asien, Afrika und Europa hoch geschätzt. Es wird wie → Lamm zubereitet und weist einen Hauch von Wildgeschmack auf.

In *Frankreich* empfahl man uns zu Kitz mit Kräutern einen ausgezeichneten *Côtes de Duras Blanc* (SÉM, SB, ML; 3 – 5 Jahre) von DUC DE BERTICOT, *SW-F,* und in *Italien* ließen wir uns zu gebratenem Kitz von einem *sardischen Carignano del Sulcis Rosato* von SARDUS PATER, Sant'Antico, überzeugen. Zu Kitzrücken im Strudelteig sind halbtrockene *Riesling Spätlesen* oder samtiger *Pinot Noir* angebracht. Zu Ziegenlammragout ist *roter Barbera d'Alba/Piemont* anzupreisen. Zu Kitz mit Käse und Ei (Capretto Cacio e Uova) verwöhnte man uns in *Kampanien/I* mit einer sensationellen *roten Taurasi Riserva* (AGL; 8 – 10 Jahre; 16 – 17° C) von MICHELE MASTROBERADINO, Atripalda.

Kitz gebacken mit Zuckererbsen

Eine Portion aus je einem Stück Schulter, Brust und Hals, gesalzen, in Mehl, Ei und weißen Semmelbröseln paniert und in heißem Ftt gebacken; als Beilage frische Zuckererbsen.

Weiß: jugendlicher Kabinett (Neuburger, Pinot Blanc, Zierfandler)/A

Der *Neuburger Kabinett* (1 – 2 Jahre; 9 – 10° C) von GERNOT HEINRICH, Gols/Neusiedlersee/BGLD (grüngelb, delikate Haselnußwürze, kompakter Körper, anstrengender Abgang mit Würzenote), war dem Kitz, der Panier und den Erbsen ein verläßlicher, würzebringender Partner. Den Fettgeschmack in der Panier hätte allerdings ein noch rassigerer Wein vielleicht besser hervorlocken können.

Weiß: mittelreifer Kabinett/Spätlese (Neuburger, Pinot Blanc)/A

Ein mittelreifer *Weißburgunder Kabinett* (2 – 4 Jahre; 10° C) von GEORG WINKLER-HERMADEN, Schloß Kapfenstein, Südoststeiermark/A (volles Gelb, rassig-nussiges Pinot-Bouquet, kraftvoller Körper mit stahliger Säure und herbfrischem Ausklang), war nicht nur den oben genannten Attributen verpflichtet, sondern bemühte sich auch erfolgreich, den – in unserem Lande so geschätzten – Fettgeschmack der Panier – zu unterstreichen.

Weiß: reife Spätlese (Neuburger, Pinot Blanc, Riesling)NÖ und BGLD/A

Die etwas firnige *Riesling Spätlese* (6 – 8 Jahre; 9 – 11° C) von DIPL.-ING. HERBERT SCHILLING, Wien-Strebersdorf (strohgelb mit Bernsteinreflexen, konzentrierter Ananas-Petrolhauch, fülliger Körper mit spektakulärem Mittelbogen und extraktreichem, langem Nachhall), war nicht nur dem Kitz, sondern allen Mitwirkenden ein subtil akzentuierter Begleiter, der seinen Alterston total einbüßte.

KIWI (CHINESISCHE STACHELBEERE)

Aus China stammende Kletterpflanze mit einem an Stachelbeeren, Melonen und Erdbeeren erinnernden Geschmack, die heute vor allem von Jänner bis April aus Neuseeland kommt.
Fruchtcharmante, exotische *Weißweine*, aber auch *rote Primeurweine* kommen hier grundsätzlich in Frage. *Muskateller (Moscato)-Schaumweine*, liebliche *Rosé-* und *Prädikatsweine* sind – je nach Zubereitung – zur raffinierten Verfeinerung der Kiwi einzusetzen. Zu Kiwi-Kuchen empfehlen wir *Coteaux du Layon/Loire* oder *neuseeländischen Sauvignon Blanc* im *Auslese*-Stil.

KLETZEN

Österreichische Bezeichnung für getrocknete Birnen.
Im Prinzip sind *Südweine(Marsala/Sizilien/I* oder *Sherry Amontillado Sweet/E)* hervorragend geeignet, doch können liebliche *Weißweine* mit erfrischender Säure den Kletzen neues Leben verleihen.

Kletzenbrot

In Österreich und Bayern beliebtes, wohlschmeckendes Weihnachtsgebäck aus gesäuertem Roggenbrotteig oder weißem Hefeteig mit kleingeschnittenem Dörrobst (Birnen, Backpflaumen, Rosinen) sowie Walnuß- und Mandelkernen, Orangeat, Zitronat, gewürzt mit Nelkenpulver, Zimt, Anis, Rum.
Als Lokalmatador glänzte die *Illmitzer Bouvier Trockenbeerenauslese* (mindestens 5 Jahre; 8 – 10° C) der FAMILIE FLEISCHHACKER, Illmitz/Neusiedlersee/BGLD (strahlendes Gelbgold, attraktive Nase nach Kräutern, Beeren und Gewürzen, mit Opulenz, Kraft und Süße im unendlichen Nachhall), die eine geniale Verknüpfung der Aromen bewirkte. Ähnliche Ergebnisse erzielten zwei gespritete *Dessertweine* aus *Spanien*: der dunkelfarbige, rosinensüße *Málaga Dulce Negro* (PX, MOS; 10 – 15 Jahre; 10 – 14° C) von SCHOLTZ HERMANOS, Málaga, und der edle, wahrlich wohlriechende *Sherry Oloroso Dulce (Sweet)* (PAL, PX; 10 – 20 Jahre; 11 – 13° C) von VALDESPINO, Pozo del Olivar, der über die größtmögliche aromatische Verwandtschaft verfügte.

KLOPSE

Nord- und ostdeutsche Bezeichnung für gekochte oder gebratene Fleisch- oder Fischklöße. (→ Königsberger Klopse)

KLUFT

Teil der Rinderkeule, auch Blume, Schwanzstück, Tafelspitz genannt.
In den meisten Fällen mit *Rotwein* kombinierbar. Zu den gekochten (gesottenen) Formen (→ Tafelspitz ...) dürfen es traditionellerweise auch *Weißweine* sein.

Kluftsteak

Etwa 3 cm dickes und 200 g schweres Steak aus der Rinderkeule, das in der Pfanne oder am Grill rosa gebraten wird.
So wie bei fast allen → Steaks sind hier *Rotweine* gefragt, die auch Tannine besitzen dürfen, da diese durch Röststoffe, die vom Braten und Grillen stammen, sowie durch stickstoffhaltige Verweindungen gemildert werden und gleichzeitig das Aroma des Fleisches erhöhten.

KNÄKENTE

Kleine Wildentenart aus Skandinavien, die leicht blutig bzw. rosa gebraten kredenzt wird und sich mit kraftvollen *Rotweinen*, die auch einen Hauch von Wildbret in sich tragen *(Châteauneuf-du-Pape und Syrah/Rhône* bzw. *Shiraz/AUS, Madiran/Béarn,* reifer *Pinot Noir/Côte de Nuits/Burgund/F* sowie ähnlich gearteter *Brunello di Montalcino/Toskana/I*...) gut verbinden läßt. Traumpartner war für uns der opulent-würzige, in Barriques ausgebaute *Madiran Château Montus „Cuvée Prestige"* von ALAIN BRUMONT, Maumusson/Pyrenäen/F.

KNOBLAUCH (KNOFEL)

Die Zwiebeln der Knoblauchpflanze sind eine stark würzende Lauchart von durchdringendem Geruch und Geschmack und von schwerer Verdaulichkeit. Schon in der Antike (China, Indien, Ägypten, Palästina) wurde er hoch geschätzt und im Mittelalter auch in der Klosterküche erwähnt. In südlichen Ländern nach wie vor sehr beliebt und üppig eingesetzt, verwenden große Köche immer nur einen Hauch desselben. (Frisch am besten von August bis Februar).
Weine, die das durchdringende Aroma in den Griff bekommen, sind: *Chardonnay* (Stahltank), *Chablis AC/Burgund/F, Tocai Friulano weiß/Friaul, Freisa secco rot/ Piemont, Malvasia della Lucania secco weiß/Basilikata, Torgiano Bianco/Umbrien/I* und der *spanische Sherry*-Ersatz *Montilla-Moriles dry*. Knoblauchbutter wird durch edelsüßen *Sauternes/Bordeaux/F* oder *Champagne* erst richtig attraktiv.

Knoblauchwurst

Mit Knoblauch gewürzte Wurst. Jede Wurst ist nur so gut wie die Produkte, die darin enthalten sind. Es dürfen u. a. Knorpel, Magen-, Maul- und Nasenschleimhäute, Nitrat, Nitrit, Umröte-Hilfsstoffe, Antioxydantien und Phosphate verwendet werden. Der intensive Knoblauchgeschmack dient oft nur dazu, andere, weniger attraktive Aromen zu übertönen.
Wenn Sie Vertrauen zu Ihrem Fleischer haben, so trinken Sie einen der oben angeführten Weine dazu.

KNÖDEL (KLÖSSE)

Runde, kugelförmige Beilagen aus den verschiedensten Materialien (Kartoffeln, Mehl, Grieß, Hefeteig, Semmeln, Fleisch, Geflügel, Fisch, Wild ...). In Salzwasser gekocht oder gedämpft. Zu Kartoffelknödeln passen rassige *Rieslinge* und *Primeurwein*e.
(→ Grammelknödel, → Grießknödel, → Speckknödel, → Topfenknödel)

KNURRHAHN (SEESCHWALBE, SEEHAHN)

Etwa 30 bis 40 cm langer, stachelflossiger Fisch der Nordsee, dessen Fleisch einen legendenumwobenen Ruf hat. Der Fisch erzeugt mit Hilfe seiner Schwimmblase knurrende Laute. Der graue Knurrhahn wird mit Vorliebe geräuchert, während der rote Knurrhahn gedünstet oder gebraten wird. Von September bis April schmeckt er am besten.
Zu gebratenem Knurrhahn empfehlen wir einen *Malvoisie* aus dem *Département Pyrenées Orientales/F*; zu gegrilltem Knurrhahn überredete man uns zu kühl serviertem *roten Bourgueuil/Loire* (was wir nicht bereuten); zu Knurrhahn in Folie grub der Wirt einen *weißen Palette „Château Simone"* (CL, CIN, 3 – 5 Jahre; 8 – 9° C) aus *Palette/Provence* aus, und zu Knurrhahn mit Fenchel wählen Sie selbstbewußt *Sylvaner, Sauvignon Blanc* oder *südländische Rosé*.

KOCHKÄSE

Wird durch Schmelzen von Sauermilchquark (Topfen) mit Zusätzen von Kochsalz und Kümmel hergestellt. Berühmte Kochkäse sind in Österreich: Glundner Käse, abgesottener Käse; in Frankreich Cancoilotte und in den USA Cook Cheese.
Versuchen Sie milde *Rosé*- bzw. *Weißweine* oder *weiße* und *rote Primeurweine (Malvasier, Grüner Veltliner, Zweigelt)*.

KOCHSCHINKEN

Ohne Knochen gepökelter, mild geräucherter und dann gekochter Jungschweinschinken aus der Hinterkeule.
Würzige *Weißweine (Sauvignon Blanc, Welschriesling, Muskateller trocken, Pinot Gris ...)* oder *Weißgepreßter (Blanc de Noirs, Clarett, Chiarett)* sind dazu angebracht.

KOCHWEIN → ALKOHOL IN SPEISEN

KOHLRABI (OBERRÜBEN)

Stengelgemüse mit einer runden, faustgroßen Knolle, die, gefüllt oder in Scheiben geschmort, am beliebtesten ist. Ab Mai gibt es sie frisch aus dem Freiland-Anbau. Kohlrabi besteht hauptsächlich aus Wasser, Kohlehydraten und Eiweiß, während die jungen Blätter einen doppelt so hohen Gehalt an Karotin, Vitamin C und Phosphor haben – daher mitverwenden!
Die klassischen „Gemüseweine" *(Sylvaner, Sauvignon Blanc, Muskateller trocken, Neuburger ...)* konnten auch hier entsprechen. Von dem in *Frankreich* oft empfohlenen *Beaujolais Primeur* möchten wir eher abraten, da die Bitterstoffe beider Beteiligten (Wein und Kohlrabi) betont werden. Kohlrabi gefüllt (mit Hackfleisch) erlaubt allerdings einen mild-samtigen *Rotwein*.

KOHLRÜBEN (STECKRÜBEN)

Knollenartig verdickte, feste Gemüsepflanze mit gelbfleischiger Wurzel, die sich durch die Kriegs- und Nachkriegszeiten einen schlechten Ruf erwarb, aber gut zubereitet (im Herbst) sehr pikant schmeckt.
Neben leichtem *Pils* sind auch hier die berühmten „Gemüseweine" *(Sylvaner, Sauvignon Blanc, Neuburger ...)* ein hilfreicher Begleitschutz.

Kohlrüben auf „Böhmische Art"

Kohlrüben geschält, in dicke Streifen geschnitten, in Schweineschmalz angedünstet, mit Wasser und hellem Bier aufgefüllt, mit Salz und Pfeffer gewürzt, gehackte Zwiebeln dazugegeben und gedünstet, mit brauner Mehlschwitze gebunden und mit Zucker aromatisiert.

Wenn Sie die Rezeptur genau durchlesen, werden Sie sogleich verstehen, daß *böhmisches Bier* kaum zu umgehen sein wird. Erkundigen Sie sich nach dem „Kochbier", oder wählen Sie *Original Pilsner Urquell* (satte, dunkle Farbe, würzig-frisches Bouquet und kraftvoll salzig-würziger Geschmack) – Sie werden nicht enttäuscht sein.

KOHLSPROSSEN → ROSENKOHL

KOKOSNUSS

Die eiförmige, einsamige, kindskopfgroße Steinfrucht der Kokospalme kommt vor allem auf Ceylon, in Indien, Malaysia, Indonesien, auf den Philippinen und in Mexiko vor. Geraspelt und gezuckert wird das Fleisch für verschiedene Kuchen, Gebäckarten und Süßspeisen verwenddet.

Das Aroma der Kokosnuß kommt im Wein relativ selten vor. Exotische *(elsässische) Gewürztraminer* oder in neuen Barriques ausgebaute *Prädikatsweine* sind da eine rare Ausnahme und lassen sich auch vorzüglich mit diversen Kokosnuß-Gerichten verschmelzen.

KÖNIGINPASTETCHEN (→ PASTETCHEN)

Die wahrscheinlich berühmteste Kleinpastete, angeblich von der Gemahlin Louis XV. kreiert, besteht aus kleinen, gekochten Hühnerfleischwürfeln, gedünsteten Champignons, wird mit Süßrahm gebunden, mit Trüffelstücken vermischt, in Blätterteig gefüllt und im Rohr herausgebacken.

Geschmackskonforme *Weißweine* sind im halbtrockenen bis süßlichen Bereich zu finden *(Chasselas/CH; Pinot Gris; Graves Blanc* und *Sauternes/Bordeaux, Chenin Blanc/Loire/F, AUS, KAL)*, wenngleich der von Star-Sommelier Jean-Luc Pouteau empfohlene *rote Burgunder Auxey-Duresses* (PN; 3 – 5 Jahre; 16° C) von GUY ROULOT einen interessanten Kontrast darstellte. Gegensätze ziehen einander manchmal an!

KÖNIGSBERGER FLECK

Ostpreußische Kuttelspezialität: feingeschnittene, gekochte →Kaldaunen mit Wurzelwerk, Pfefferkörnern und Lorbeerblatt in Kraftbrühe gekocht und mit Essig und gehacktem Majoran aromatisiert.

Aufgrund der Würze (Pfeffer, Majoran) und der Säure (Essig) ist es wichtig, einen vollmundig-samtigen, ausgleichenden *Weißwein* wie *Pinot Gris, Riesling-Sylvaner* oder *Elbling* zu wählen oder auf den „Essigwein" *Muscat d'Alsace/F* zu setzen.

KÖNIGSBERGER KLOPSE

Ostpreußische Soßklopse: gewürztes und gehacktes Kalb- und Rindfleisch, gehackte Zwiebeln, feingehackte Kapern, mit Eigelb gebunden, mit eingeweichten Toastscheiben zu Klößen (Klopsen) geformt; → Sauce Béchamel mit Rahm, Kapern, weißem Pfeffer, Koriander und Zitronensaft aromatisiert, aufgekocht, die Klopse darin gedünstet und mit Salzkartoffeln angerichtet. Als leichter Mittagswein, der die Würzenote des Gerichts originell bereichert, empfahl sich ein *rheinhessischer Silvaner „Niersteiner Rosenberg"* von HEYL ZU HERRNSHEIM, Nierstein, während *badische Pinot Gris Spätlesen* sich als Evergreen erwiesen.

KÖNIGSFISCH → WEISSBARSCH

KÖNIGSKREBSE (KAMTSCHATKAKRABBEN)

Riesenkrabben von etwa 60 bis 70 cm Länge und 2 bis 4 kg Gewicht, die bei den Kurilen im Stillen Ozean in großen Tiefen gefangen werden. Sie werden bereits an Bord gekocht und kommen tiefgefroren in den Handel.
Die gigantischen Königskrebse sollten am besten mit *Chardonnay* oder *Chenin Blanc* – mit wenig Eichenaroma – versucht werden.

KOPFSALAT (BLATTSALAT, GRÜNER SALAT)

Die Außenblätter der beliebtesten Salatart sind grün, innen sind sie gelb gefärbt. Salat kommt das ganze Jahr auf den Markt (Freilandsalat, Treibhaussalat) und enthält Mineralstoffe, Calcium, Phosphor und Eisen. Der Salat sollte nicht lange im Wasser liegen, dies mindert den Nährwert. Stimmt man den Wein auf Salat ab, so ist es wichtig, daß mit dem → Essig Zurückhaltung geübt wird. („Essig wie ein Weiser, Öl wie ein Kaiser"!)
Weiße Primeurweine (Malvasier, Riesling-Sylvaner ...) haben die Eigenschaft, den Essig-Geschmack zu mildern und selbst an Rasse zu gewinnen. Im Zweifelsfalle wählen sie *Tocai Friulano/I* oder *Muscat d'Alsace/F*.

KORBKÄSE

Sauermilchkäse mit Kümmel und leichter Käsegelbflora, ursprünglich aus der Magdeburger Börde, heute auch in Niedersachsen zu finden.
Halbtrockene *Roséweine* sowie *Riesling* und *Riesling-Sylvaner Spätlesen/D* mit zarter Restsüße sind hier angebracht.

KORIANDER (WANZENKRAUT)

Pfefferkorngroße Früchte aus dem Orient, deren Würzkraft an Orangenschale und Salbei erinnert und vielfältig eingesetzt wird: in der Patisserie, für Wildmarinaden, Fischsud, eingelegte Früchte usw. Auch Schweinefleisch gewinnt an Aroma, wenn man es mit Koriander einreibt. Obwohl es natürlich auch auf das Gericht selbst ankommt, darf gesagt werden, daß *Gewürztraminer* und *Muskateller (Muscat d'Alsace) Spätlesen* hiezu an Wirkungskraft kaum zu überbieten sind.

KOTELETT

Koteletts werden aus dem Rücken mit den dazugehörenden Rippen von → Hammel, → Kalb, → Lamm, → Rind, → Schwein geschnitten. (Bitte korrespondierende Weine unter den entsprechenden Stichworten nachzuschlagen.)

KRABBEN

Zehnfüßige Kurzschwanzkrebse, die an der europäischen Atlantik- und Mittelmeerküste, an der Ostseeküste und an der deutschen Nordseeküste (Nordseekrabben) gefangen werden. Die berühmtesten Arten sind der → Taschenkrebs, der bis zu 50 cm große → Königskrebs und die ca. 1 m große japanische Riesenkrabbe. Die langschwänzigen → Garnelen gehören nicht zu den Krabben.

Das milde, bißfeste Fleisch der (frischen) Krabben erfordert *Weißweine* von ähnlicher Konsistenz, ohne aggressive Säure; auch ein Hauch von Restsüße ist gestattet. Zu Krabben in Aspik versuchen Sie *Bourgogne Aligoté/F* oder *Sauvignon Blanc;* zu Krabben mit Öl und Zitrone sind *Bianco di Custoza/Venetien* oder *Gavi/Piemont/I* erwähnenswert, und zu Krabben mit Grapefruit munden sowohl *Gros Plant* als auch *Chenin Blanc/Loire/F* auf wundervolle Weise. Krabbenomelett versuchen Sie am besten mit *Vouvray-sec/Loire* oder nicht zu rassigem *Riesling.*

Krabbensalat „San Francisco"

Crab Meat-Stücke (von der japanischen Riesenkrabbe) und Selleriewürfel mit → Mayonnaise, Zitronensaft, Cayennepfeffer und gehackten Schalotten vermischt, in halbierte Avocados gefüllt und mit Tomatenachteln, Radieschen, Lauch und rohen Karottenstreifen garniert.

Weiß: Johannisberg Riesling oder Sauvignon Blanc/KAL; Prosecco trocken/Venetien/I

Der pfirsichfruchtige, zartsüße *Johannisberg Riesling* (2 – 3 Jahre; 9 – 10° C) von CHAPPELET, St. Helena/Napa Valley/KAL, war mehr als ein sommerlicher Durstlöscher und gab einmal mehr Zeugnis von der Affinität halbtrockener Rieslinge für Krabben, Meeresfrüchte usw.

Weiß: Chardonnay mit Holzausbau

Der exotische *kalifornische Chardonnay* (3 – 6 Jahre, 9 ° C) von der FREEMARK ABBEY WINERY, St. Helena/Napa Valley/KAL, eroberte uns mit betörend feiner Duftfülle und samtig-cremigem Finish von großer Intensität. Ein Wein, wie geschaffen für den aromatisch extravaganten Krabbensalat.

Schaumwein: exotische Schaumweine/KAL

Der *kalifornische Blanc de Blancs Sparkling Wine* (CH; 5 – 7 Jahre; 7 – 8° C) von IRON HORSE VINEYARDS, Sebastopol/Sonoma, wird von vielen Fachleuten als einer der besten schäumenden Tropfen der Welt bezeichnet und faszinierte uns denn auch ob seiner Finesse, Komplexität und Aromanote (Hefe, Limetten ...). Eine Pretiose von einem Wein, die auch dem Krabbensalat Noblesse und Eleganz verlieh.

KRAMMELN → GRAMMELN

KRAPFEN (BEIGNETS, → DOUGHNUTS)

Fleisch-, Fisch-, Meeresfrüchte-, Geflügel-, Gemüse- oder Früchtestücke durch einen Backteig gezogen, in Fett oder Schweineschmalz schwimmend herausgebacken und mit Petersilie und Zitronenspalten serviert. Hiezu ist das Getränk in erster Linie auf das Produkt abzustimmen. Süße Krapfen werden mit Zucker oder Zimt bestreut und meist mit Marmelade gefüllt (Faschingskrapfen).

In *Österreich* trinkt man *Prädikatsweine (Beerenauslese, Ausbruch, Trockenbeerenauslese, Strohwein, Eiswein)* dazu, ähnlich verfährt man in *Deutschland*. In der *Schweiz* hält man sich an süßen *Johannisberg* aus dem *Wallis*, *Italien* bevorzugt *Moscato Rosa (Rosenmuskateller)* aus *Südtirol*, *Malvasia Dolce* aus *Sizilien* oder *Sardinien;* *Spanien* liebäugelt mit *Sherry Amontillado Dulce*, und *Frankreich* schickt seine edelsüßen Kreszenzen von *Loire* und *Sauternes* ins Rennen. Zu Käsebeignets empfehlen wir im Sommer *Chiaretto della Riviera del Garda/Venetien/I* und in der übrigen Zeit *weißen Cortese (Piemont* oder *Lombardei/I)*.
(→ Langustinenbeignets, → Pflaumenkrapfen → Schlosserbuben)

KRAUTSTRUDEL

Österreichische Spezialität: gehackte Zwiebeln in Butter angeschwitzt, mit gehacktem Weißkraut vermischt, mit Salz, Pfeffer, Paprika und Kümmel gewürzt, in brauner Grundsauce gedünstet; Strudelteig dünn ausgerollt, mit gerösteten Semmelbröseln bestreut, mit dem Kraut und etwas gehacktem Schinken gefüllt, zusammengerollt, mit Butter bestrichen und im Rohr gebacken.
Der wegen der Gewürze prädestinierte *Sauvignon Blanc* harmonierte mit dem Weißkraut nicht so ideal wie *Riesling, Pinot Blanc, Sylvaner, Grüner Veltliner*... und verlieh den Zwiebeln auch eine rasante Schärfe. Im Zweifelsfalle können Sie immer noch *helles Bier* trinken.

KRAUTWICKLER (KRAUTWICKEL, KRAUTROULADE)

Weißkrautblätter mit kochendem Wasser überbrüht, Rippen herausgeschnitten, mit gehacktem Schweinefleisch gefüllt, zusammengerollt, gebunden, in mit Speck ausgelegte Pfanne gegeben, mit fetter Kraftbrühe gefüllt, mit Salz, Pfefferkörnern, Petersilie, Zwiebeln und Gewürznelke aromatisiert und gedünstet.
Das Ergebnis war ähnlich wie beim → Krautstrudel, doch imponierte uns hier auch ein *Sauvignon Blanc* aus dem *Burgenland/A*. Durch das Schweinefleisch bekam das *helle Bier* einen noch höheren Stellenwert. Manche Gourmets trinken auch gewürzten *Tomatensaft* dazu.

KREBSE (FLUSSKREBSE)

Noch vor 100 Jahren ein Volksnahrungsmittel, gelten sie heute als „Patrizier der Tafel" und werden auch gezüchtet. Im Mittelalter wurden sie als edelste Fastenspeise berühmt. Es ist wahrlich verwunderlich, daß der Gastrosoph Vaerst dem herrlichen Krebsenfleisch einen laugenhaften, scharfen Geschmack attestierte! In den Monaten ohne „r" (Mai bis August) erreichen sie ihren geschmacklichen Höhepunkt.
Zu gratinierten Krebsen wählen Sie am besten *Hermitage Blanc/nördliche Rhône* oder Ihren Lieblings-*Chardonnay*; zu Krebsen mit Knoblauchsauce versuchen Sie *Chenin Blanc/Loire* oder schäumenden *Cava/E*; zu Krebsen mit Spargelspitzen ist *Sauvignon Blanc* Pflicht; zu Krebsen mit Tomatensauce genießen Sie *Bellet Blanc/Provence* oder *Chardonnay* ohne Barriqueausbau; zu kalten Krebsen ordern Sie *Riesling* mit zarter Restsüße oder *Condrieu/nördliche Rhône/F*.

Krebse in Rahmsauce

Krebse in siedendem Wasser getötet, mit Zwiebel-, Karotten- oder Knollenselleriejulienne und frischem Thymian belegt, mit Cognac flambiert, mit Pinot blanc abgelöscht, gesalzen, gepfeffert, gedünstet, Fond reduziert, Rahm hineingerührt, Sauce über die Krebse gegossen und mit körnigem Reis angerichtet.

Weiß: Kabinett (Morillon, Pinot Blanc ...)/Südsteiermark/A

Der *Morillon Kabinett* (1 – 2 Jahre; 8 – 9° C) von OTTO UND THERESIA RIEGELNEGG (OLWITSCHHOF), Gamlitz/Südsteiermark/A (grüngelb, nussig-würzig, mit rassigem Säureschliff), war den Krebsen ein attraktiver Partner, kollidierte jedoch über seine Säure ein wenig mit der Rahmsauce.

Weiß: Spätlese trocken/halbtrocken (Pinot Blanc ...)

Die großartige *Weißburgunder Spätlese „Oberrotweiler Eichberg"* (3 – 6 Jahre; 10 – 11° C) vom WEINGUT FREIHERR VON GLEICHENSTEIN, Oberrotweil/Baden/D, zeigte enormes Fruchtpotential sowie vulkanische Würzeanklänge im extraktreichen, samtigen Auslauf und war auch der Sauce ein kongenialer Partner.

Weiß: Spätlese trocken/halbtrocken (Chardonnay ...)

Die *Pouilly-Fuissé Vendange Tardive* (CH; 3 – 7 Jahre; 10 – 11° C) von JEAN GOYON, Mâconnais/Burgund/F (helles Grüngold, strahlig-pikante Feuersteinwürze, rauchig-würziger Geschmack, fester Körper und finessenreiches Finish), liierte sich besonders innig mit der Thymian-Cognac-Note, war aber der Rahmsauce nicht ganz so nahe wie der Vorgänger.

Krebsensuppe (Bisque d'Écrevisses)

Kurz blanchierte Krebse mit einer → Mirepoix und Butter angeröstet, mit → Cognac flambiert, mit Weißwein untergossen und gedünstet; Schwänze und Scheren ausgelöst, mit Butter zerstoßen und zu Krebsbutter verarbeitet; → Velouté angesetzt, mit Krebsenfond und -resten gekocht, passiert, mit Eigelb und Süßrahm gebunden, mit Krebsenbutter vollendet und die Karkasse (Schale) als Einlage gegeben.

Dem kraftvollen Aroma der Krebsensuppe sollte man ein Gewächs von einiger Konsistenz, aber mit einer gewissen Samtigkeit – ohne aggressive Säure – entgegensetzen: *Pinot Blanc, Chardonnay (Morillon)/A, Graves Blanc/Bordeaux, Hermitage Blanc/ nördliche Rhône/F, Tocai Friulano/I* (ein Krebsenfreund der ersten Stunde) usw.

Krebs-Praline auf Gurkensalat

Krebse in siedendem Wasser kurz gebrüht – Fleisch soll fast roh sein – fein gehackt, mit Salz, Pfeffer und Gewürzmischung versehen, zu Kugeln geformt, mit gehackten Trüffeln bestreut, in Teig aus Mehl und Wasser paniert und in heißem Öl herausgebacken; Gurke in Streifen geschnitten, mit Öl, Balsamico-Essig, Salz und Zucker dressiert; Pralinen auf dem Salat angerichtet.

Der *piemontesische Gavi* (→ Fonduta) von MICHELE CHIARLO überzeugte als Mittags- und Sommerwein; der *Corton-Charlemagne Grand Cru* (→ Galantine vom Geflügel) von A. NUDANT, Burgund, bezauberte als schier unüberbietbarer Begleiter, und ein Glas *Luxus-Champagne Bollinger RD* (→ Galantine vom Geflügel) ergab interessanterweise die gleiche Konstellation und Reihenfolge wie bei der Galantine!

Krebsschwänze in Muscheln

Muschelboden mit einer mit Krebsbutter montierten → Sauce Mornay bedeckt, die ausgelösten, gesottenen Krebsschwänze darübergegeben, mit derselben Sauce Mornay und geriebenem Parmesan bedeckt, mit Butter beträufelt und gratiniert.

Als Mittags- und Sommerwein einigten wir uns auf einen superben *Schaumwein* aus einem kleinen AOC-Gebiet an der *Rhône, Seyssel Mousseux Cuvée Privée* (MOLETTE, CHA, ROUSSETTE; 4 – 6 Jahre; 6 – 8° C) von VARICHON ET CLERC, Seyssel, der locker mit den diffizilen Aromen zurechtkam und dem erhitzten Gaumen Frische zuführte. Ein *Sémillon-Chardonnay* (3 – 6 Jahre; 9 – 10° C) von TOLLANA WINES, Barossa Valley/South Australia (exotische Duftnote nach Pfirsich, Zitrus und einem Hauch von Mango, kraftvoll-samtiger Körper mit langem, cremigem Finish), belohnte unser Suchen nach einem Wein, der zu jeder Zeit imstande ist, dieses Gericht zu begleiten und auch aromatisch bestehen kann.

KREN (MEERRETTICH)

Etwa 20 cm lange Pfahlwurzel einer Kreuzblütenstaude, deren Gehalt an Meerrettichöl (Senfglykosid) den brennend-scharfen Geschmack bewirkt. Im Jahre 1000 aus Böhmen zu uns gekommen, ist Kren in südlichen Ländern kaum bekannt.
Zu frisch geriebenem Kren sollten Sie weniger unter Weißweinen suchen, die das Aroma meist noch mehr anheizen (Ausnahme sind *Weißweine* mit zarter Restsüße). Interessanterweise haben sich samtig-runde *Rotweine (Pinot Noir, Gamay)* und jugendliche *Schaumweine* viel besser angepaßt. Zu Krenschaum konnte auch ein *Chardonnay* mit zartem Barriqueton gefallen. (→ Apfelkren, → Oberskren)
Im Zweifelsfalle wenden Sie sich erfrischendem *Weizenbier* zu.

Krenfleisch

Schweinefleisch (Jungschweinernes, Schulter, Bauchfleisch und Kopf) mit Wurzelwerk, Pfefferkörnern, Thymian und Lorbeerblatt in kochendem Salz-Essig-Wasser weichgekocht, in Stücke geschnitten, mit etwas feingeschnittenem Wurzelwerk, geriebenem Kren und Salzkartoffeln angerichtet.

Weiß: Kabinett (Riesling-Sylvaner, Neuburger ...)/A

Ein jugendlich-milder *Riesling Sylvaner Kabinett* (1 – 2 Jahre; 8 – 9° C) von PAUL KERSCHBAUM, Horitschon/Mittelburgenland/A (hellgelb, zartfruchtig, mit feingliedriger Säure und pikantem Aroma), stellte sofort die Verbindung zu Kren und Wurzeln her, akzentuierte sie auf modeste Weise und war dem Gericht ein idealer Mittags- und Sommerbegleiter.

Rot: jugendlicher Pinot Noir, Blauer Portugieser .../A

Der fruchtcharmante *Blauburgunder* (PN; 1 – 3 Jahre; 15 – 17° C) von ING. WILHELM MAD, Oggau/BGLD (purpurrot, feiner Beerenduft, attraktive Fülle, eleganter Ausklang mit Finesse), zeigte alle Vorzüge der ansonsten schwierigen Sorte und neutralisierte das deftige Gericht mittels traubiger Fülle, feinem Extrakt und jugendlich-ungestümer Kraft.

Weiß: Spätlese trocken (Riesling-Sylvaner, Neuburger ...)/A

Die kraftvolle *Neuburger Spätlese* von MELITTA & MATTHIAS LEITNER, Gols (→ Berliner Schnitzel), paarte geschickt Bulligkeit mit Finesse und erwies sich als Sortenkleinod von beachtlichem Ausdruck und Charisma. Dem Krenfleisch gegenüber hielt sie geschickt die Balance zwischen explodierender Würze und ausgleichender Aromatik.

KROEPOEK

Indonesisches Gebäck: Bestandteil der indonesischen → Reistafel; die dünnen Plättchen – ähnlich den Pommes chips – werden aus Tapiokamehl, gemahlenen → Shrimps und exotischen Gewürzen gepreßt, in heißem Öl herausgebacken, wo sie zu dreifacher Größe aufgehen und knusprig auf den Tisch kommen.

Chardonnay und *Sauvignon Blanc (Chile, Kalifornien, Neuseeland, Australien)*, *Hermitage Blanc/nördliche Rhône, Champagne Rosé* und diverse exotische *Biere* sind gourmetrichtig.

KROMESKIS → CROMESQUIS

KRONFLEISCH

Das fleischige Zwerchfell des Rindes, das gedünstet – in heißem Zustand – mit Senf und Essiggurke angeboten wird.
Wählen Sie ein kühles *Bier* oder einen jungen fruchtigen *Blaufränkisch, Zweigelt, Blauburger/A*.

KRUSTENTIERE (KREBSTIERE, KRUSTAZEEN)

Kiemenatmende Gliederfüßler, deren Körper mit Chitinpanzer bedeckt ist. In erster Linie Wassertiere, zumeist Meeresbewohner.
Begleitende *Weine* finden Sie unter: → Garnelen, → Hummer, → Krabben, → Krebse, → Langusten.

KÜCKEN → KÜKEN

KUGELHUPF → GUGELHUPF

KUHEUTER

Die Milchdrüse von Wiederkäuern, Unpaarhufern und → Kamelen zählt zu den → Innereien. Das Euter des Kalbes (→ Kalbseuter) und der Kühe wird auch in der klassischen Küche anerkannt. Gewässert und in würzigem Sud gekocht, wird es zu → Blut- und Leberwurst, → Ragouts, Berliner Schnittchen usw. verarbeitet.

KUHFISCH → ARAPAIMA GIGAS

KÜKEN (HÜHNERKÜKEN, HAMBURGER KÜKEN, STUBENKÜKEN)

Im Alter von 6 bis 8 Wochen und bei einem Gewicht von 300 bis 500 g das kleinste Hühnergeflügel. Es wird mit Körnern gemästet, hat im Frühling ein besonders zartes, wohlschmeckendes Fleisch und läßt sich nur von zarten, edlen, ausgewogenen Weinen begleiten. Zu Küken in heller Sauce wählen Sie samtigen *Gutedel* oder *Riesling-Sylvaner* aus der *Schweiz;* zu Küken in Vermouth-Sauce sind *Riesling* und *Sylvaner* (beides *Spätlesen*) eine gute Zuflucht, und zu Küken auf „Straßburger Art" (mit Sauerkraut und Speck) liegen Sie richtig mit einem *Tokay-Pinot Gris Grand Cru/Elsaß*. Für kulinarische Abenteurer ist sogar *Pinot Noir* möglich!

Küken auf Gemüsebett

Küken in Butter goldbraun angebraten, im Ofen bei 200° C gegart und warmgehalten; im Bratensaft Öl erhitzt, Sellerie-, Karotten- und Zwiebelwürfel mit Tomatenmark gedünstet, mit → Crème fraîche vermengt und mit etwas Noilly Prat (→ Vermouth), Salz und Pfeffer aromatisiert.
Im Zweifelsfalle wählen Sie eine *Pouilly-Fuissé Vendange Tardive; Champagne* hat sich nicht bewährt.

Weiß: Riesling halbtrocken, Riesling-Sylvaner

Der halbtrockene *Riesling Kabinett „Rüdesheimer Berg Rottland"*, GUTSVERWALTUNG DEINHARD, Rheingau/D, hielt der Sauce gegenüber sensationell das Gleichgewicht und war auch Küken und Gemüsebett zugetan.

Weiß: Kabinett/Spätlese halbtrocken (Pinot Gris, Sylvaner)

Die großartige *Grauburgunder Spätlese „Sasbacher Limburg"* (→ Hecht auf „Badische Art"), ein Musterbeispiel an Geschmeidigkeit und Schmelz, verknüpfte die Aromen auf geniale Art und war auch der Sauce gegenüber in Hochform.

Weiß: Spätlese trocken/halbtrocken (Pinot Gris, Sylvaner, Traminer)

Eine opulente *Traminer Spätlese* (3 – 6 Jahre; 9 – 11° C) von LEOPOLD SOMMER, Donnerskirchen/Neusiedlersee-Hügelland/BGLD/A, wurde wegen der Sauce ausgewählt und bewies auch enormes Stehvermögen bis zum letzten Schluck. Die gewaltige Fruchtfülle – mit einem Hauch von Rustikalität – beeindruckte und stellte durchaus eine Alternative zum *Grauburgunder* dar.

Küken auf „Ungarische Art"

Küken mit paprizierter Gänseleber gefüllt, in Butter gebraten, mit Tokaji gelöscht, mit Rahm und Kalbsfond reduziert, mit Paprika abgeschmeckt und angerichtet.
Der *Tokaji* in der Sauce machte es einem anderen Wein schwer, zu bestehen. Je nach Tages- und Jahreszeit, Lust, Laune und Anlaß wählen sie einen trockenen *Szamorodni szaraz*, einen leicht süßen *Szamorodni edes* oder einen 3- bis 4-buttigen *Aszú*.

KÜMMEL

Die braune, sichelförmige Teilfrucht des Feld- oder Wiesenkümmels stammt aus Nordeuropa und ist magenfreundlich und verdauungsfördern. Der Geschmack ist intensiv, würzhaft und leicht süßlich. Er ist mit → Fenchel, → Anis und → Koriander verwandt und aus der Küche nicht mehr wegzudenken.
Rote Primeurweine (inclusive *Beaujolais), Sauvignon Blanc Spätlese, Gewürztraminer, Ribolla Gialla/Friaul/I, Muscat d'Alsace* und *Rosé de Provence/F* haben eine Affinität für den Kümmel und wirken aromatisch ergänzend bzw. erhöhend, aber nie explodierend oder bitter werdend.

Kümmelfleisch

Gehackte Zwiebeln in Fett angeröstet, mit kleinwürfeligem Schweinefleisch vermengt, gut sautiert, mit Salz, Pfeffer, Kümmel, Knoblauch und etwas Tomatenpüree aromatisiert, gedünstet, mit Mehl beträufelt und nochmals aufgekocht.
Zu empfehlen: *Weizenbier* als Durstlöscher; junger *Chardonnay* – ohne Barriqueausbau – als idealer Seiltänzer zwischen den diversen Gewürzen und den schwierigen Tomaten und schließlich *Sauvignon Blanc* oder *Gewürztraminer Spätlese* als Grundlage für ein Aroma-Festival besonderer Art.

Kümmelsteak auf „Tilsiter Art"

Filetsteak (Rindslende) mit gemahlenem Kümmel und Majoran eingerieben, mit gehackten Zwiebeln angebraten, gesalzen, mit Aquavit flambiert; Bratenfond mit saurem Rahm eingekocht und mit Kartoffelpüree angerichtet. Der Alkohol (Aquavit) ist zusätzlich ein Hemmschuh für viele Weine und könnte daher auch (mit *Bier*) zum Essen getrunken werden.
Pinot Gris Kabinett/Baden oder *Rheinpfalz* bzw. *Pinot Noir* ohne Barriqueausbau von der *Ahr* oder aus *Baden/D* sind die erfolgreichen Begleiter des üppig-würzigen Steaks.

Neben dem *Grauburgunder Kabinett „Jechtinger Vulkanfelsen" Kabinett* (2 – 3 Jahre; 9 – 10° C), WG JECHTINGEN, Baden, der sich unterordnend und anpassend auszeichnete, imponierte auch der *(rote) Spätburgunder „Endinger Engelsberg"* (→ Himmel und Erde) von der ZENTRALKELLEREI BREISACH, Baden/D, der zwar ein wenig Feurigkeit ins Spiel brachte, aber keineswegs deplaziert wirkte.

KÜRBIS (PLUTZER)

Bis zu 100 kg schwere Frucht der Kürbispflanze, mit 90 % Wasser und wenig Eigengeschmack – daher wird er meist intensiv gewürzt. Er ist vor allem (Oktober bis März) in der Mittelmeer- und pannonischen Küche zu finden.
Eine Kürbisterrine vermählten wir freudvoll mit einem *Sämling 88 (Scheurebe)*, und zu marinierten Minikürbissen ist *Frühroter Veltliner/NÖ/A* schier unübertrefflich. Zu Kürbiscremesuppe erfreute uns eine *Pinot Blanc Spätlese/BGLD;* zu Kürbis süßsauer genossen wir einen exotischen *australischen Chardonnay (Traminer* ist auch nicht schlecht); zu Kürbis-Pudding verwöhnte man uns mit einem genialen *Picolit/ Friaul,* und zu Kürbiskuchen ist *weißer* (süßer) *Loupiac/Bordeaux* – kühl serviert – endlich einmal richtig eingesetzt, aber auch der *italienische Recioto Spumante di Gambellara* (FRATELLI CAVAZZA, Venetien) eine gelungene Kombination.
(→ Pumpkin Pie)

Kürbiskraut

Kürbis geschält und fein gerieben, gesalzen, 1/2 Stunde stehengelassen und dann ausgedrückt; gehackte Zwiebeln in Fett angeröstet, mit Mehl versehen und mit Kürbis vermischt; mit Rahm verdickt, eingekocht und mit Dill und weißem Pfeffer aromatisiert.
Dazu passen *Zweigelt* und *Pinot Noir* (jung und leicht) als *Rotweine* sowie *Scheurebe, Pinot Blanc, Neuburger, Riesling* und *Grüner Veltliner* (im *Kabinettbereich*) als *Weißwein*-Alternative. Krönung der Testserie war die Paarung mit einem *Chardonnay Kabinett* (ohne Holzausbau) und einer *Sauvignon Blanc Spätlese* aus dem *Burgenland,* die mit warmherziger Schotenwürze und nachhaltigem Extrakt für gesteigerte Eßlust und eine neue – euphorische – Meinung über Kürbiskraut sorgte. In *Italien* gilt der *weiße Gambellara Superiore/Venetien* als glückvolle Begleitung.

KUTTELN → KALDAUNEN

LABSKAUS

Traditionsreiches Bremer Seemannsgericht: gepökelte Rinderbrust mit Zwiebeln und Lorbeerblättern weichgekocht und kleingeschnitten; Zwiebeln angeschwitzt und weichgekocht, mit dem Fleisch und mit gestampften Kartoffeln vermengt; geraspelte rote Rüben dazugegeben, mit Pfeffer und Senf aromatisiert und mit Salzgurke und Spiegelei serviert.

Neben *Bier*, das man der Weser trinkt, sind blutjunge *Rotweine (Pinot Noir, Blaufränkisch, Blauer Portugieser ...)* die beste Alternative für eine appetitliche Koexistenz der diffizilen Aromen. Vorsicht vor tanninreichen Gewächsen!

LACHS (WILDLACHS)

Der „Ritter der Meere" ist einer der exquisitesten Edelfische mit einer Maximalgröße von 1,50 m. Sein zartes, rosafarbenes, fast grätenloses, festes Fleisch ist von großem Wohlgeschmack und guter Verdaulichkeit. Er ist in den nördlichen Meeren zu Hause und steigt von Jänner bis März zum Laichen die großen Flüsse hinauf. In dieser Zeit heißt er Salm und ist geschmacklich am vorzüglichsten, da er sich nicht ernährt und bis zu 4 m hohe Wehre überspringen muß. Die nicht so schmackhaften Zuchtlachse sind das ganze Jahr über erhältlich.

Der ansonsten so zuverlässige „Fischwein" *Chablis AC* steht mit dem Lachs – ebenso wie allzu säurereiche Weißweine – ein wenig auf Kriegsfuß und erzeugt oft einen metallischen Nebenton. Auch Versuche mit *Rotweinen* scheitern regelmäßig (Ausnahmen: Lachs gegrillt und Lachseier). Zu Lachs mariniert raten wir zu *Condrieu* oder *Château-Grillet/nördliche Rhône;* zu Lachs in weißer Sauce wäre sublimer *Puligny-Montrachet Grand Cru „Pucelles"/Burgund* ideal. Lachs-Soufflé verlangt nach *Hermitage Blanc/nördliche Rhône;* Lachs im Spinatmantel gibt einem großen *Riesling* eine Chance; Lachs geräuchert verlangt nach *Weißweinen* mit mittleren Alkohol- und Säurewerten *(Chardonnay, Chenin Blanc; Gavi, Arneis, Soave/I; Chasselas/CH ...)* sowie *Sherry Amontillado dry.* Üppige Alkoholbomben betonen ebenso wie *Champagne* die fischig-tranige Seite. Lachs gegrillt und *Rotwein* ist fein (z. B. *Cahors/SW-F* oder junger *Zinfandel/KAL*); Lachseier und *Graves Rouge/Bordeaux* war unerwartet sensationell; Lachspastete und *Meursault/Burgund* hat genauso Tradition wie Lachsmoussee und *Sauvignon Blanc* Spätlese (reif); Lachs mit Meerrettichfüllung verlangt nach Schaumwein *(Cava, Sekt, Champagne);* Lachs „Müllerin" und *Pinot Gris* sind einfach hinreißend, und Lachsterrine sollten Sie einmal mit mittelreifem *Sauternes* (z. B. *Château Doisy-Daëne 2e Cru Classé/Barsac/Bordeaux/F)* wagen.

Lachs auf „Diplomatenart"

Tranchen von frischem Lachs in Butter und Weißwein gedünstet, mit Trüffelscheiben umgeben und mit „Sauce diplomate" (→ Sauce Normande) mit Hummerbutter montiert, mit gewürfeltem Hummerfleisch und Trüffelstreifen versehen) angerichtet.

Weiß: Chardonnay; Gavi/Piemont oder Pinot Grigio/Friaul/I

Der *Chardonnay Kabinett Barrique* (2 – 5 Jahre; 9 – 11° C) von GEORG STIEGELMAR, Gols/Neusiedlersee/BGLD/A (grüngold leuchtend, mit lodernder Zimt-Eichenwürze, reichem Körper und beeindruckendem Abgang), war so vielschichtig-schillernd, daß er an jeder Stelle erfolgreich einzusetzen wäre.

Weiß: Corton-Charlemagne/Burgund oder Chardonnay „Cloudy Bay"/NZ

Der majestätische *Corton-Charlemagne Grand Cru* (CH; 3 – 7 Jahre; 10 – 12° C) von BOUCHARD PÈRE ET FILS, Beaune/Burgund/F (strohgrün, subtiler Duftstrauß nach Zimt, Vanille und Feuerstein, reicher Körper mit Struktur, Klasse, Rasse und feurigem Nachhall), war ein würdiger Gegenspieler des österreichischen Senkrechtstarters und konnte besonders im Verein mit Hummer und Trüffeln brillieren.

**Weiß: Montrachet Grand Cru/Burgund oder Quarts de Chaume/Loire/F;
Fiorano Sémillon/Latium/I
Schaumwein: reifer Champagne mit Jahrgang/F**

Der berühmte *Montrachet Grand Cru „Marquis de la Guiche"* (CH; 6 – 8 Jahre; 10 – 11° C) von JOSEPH DROUHIN, Beaune/Burgund, war so kraftvoll, daß er kurzfristig sogar die Sauce überfuhr und sich eigentlich als Solist manifestierte. Doch hatten wir die Finesse und Anpassungsfähigkeit des Weines gewaltig unterschätzt, denn gegen Ende der Mahlzeit stellte sich eine epikuräische Eß- und Sinneslust von ungeahnter Intensität ein. Diese drei Giganten einmal nebeneinander versucht haben zu dürfen, gehört zu den schönsten Privilegien eines Gourmets.

Lachs mit Kren-Kruste auf Riesling-Crème-Sauce

Lachsscheiben in heißem Öl angebraten und im Rohr mit einer Kruste aus Butter, Zitronensaft, Cayennepfeffer, geriebenem Kren, Räucherlachsscheiben mit geriebenem Weißbrot überbacken – innen noch rosa – und mit Sauce aus Fischsud, trockenem Riesling, Noilly Prat (→ Vermouth), dickflüssigem Rahm, Butter, geschlagenem Rahm, Salz, Zitronensaft und Cayennepfeffer angerichtet.
Die Sauce ist das Leitmotiv – bzw. Vermouth und Wein darin – für alle Verbindungen. Wir testeten drei der weltbesten *Rieslinge* aus *Österreich*, *Deutschland* und dem *Elsaß*, und wir müssen gestehen, daß Sie alle glänzend mit Lachs und Kren übereinstimmten.

LACHSFORELLE

Der Familienname der nach Lachsart wandernden Meerforelle und der nach Forellenart im Süßwasser heimischen Seeforelle. Sie wiegt zwischen 1,5 und 4 kg, und ihr rötliches, saftiges Fleisch enthält weniger Fett als das des Lachses und ist daher noch bekömmlicher (wenn sie nicht gezüchtet ist).
Zu Lachsforelle gefüllt mit Mousse von Jakobsmuscheln gefiel ein superber *Graves Blanc/Bordeaux*; zu Lachsforelle mit Krenschaum entsprachen sowohl ein *Chardonnay/Südsteiermark* als auch ein *Welschriesling/Burgenland;* Lachsforelle gratiniert bildete mit einem jungen *Jurancon sec/Béarn/SW-F* eine glückliche Allianz; zu Lachsforelle mit → Crème fraîche versuchen Sie doch einmal edlen *Fendant/CH;* zu Lachsforelle mit Sauerampfer ist *Sauvignon Blanc* angesagt; zu Lachsforelle geräuchert empfehlen sich statt des vielzitierten *Champagne Blanc de Blancs* (Metallgeschmack!) eher ein samtig-milder *Weißwein (Chasselas, Cortese, Chemin Blanc, Riesling-Sylvaner, Pinot Gris)* mit runder Säure. Hohe Säure läßt die Speise tranigfischig werden.

Lachsforellenschnitzel mit Preiselbeeren

Forellenfilets in Salz und frisch gemahlenem Pfeffer gewürzt, in mit Butter ausgestrichene Form gegeben, mit etwas Burgunder-Weißwein übergossen, mit Alufolie umwickelt und im heißen Rohr pochiert; Preiselbeeren, Limettenschale, in etwas Zucker und Burgunder-Weißwein gedünstet; Fischfond mit Burgunder-Weißwein und feingewürfelter Schalotte aufgekocht, reduziert, passiert, Butter eingerührt, mit Salz und gemahlenem Pfeffer gewürzt und mit den Preiselbeeren, der Limettenschale und den Lachsforellenfilets angerichtet.

Weiß: jugendlicher Mâcon Blanc/Burgund oder Morillon/Südsteiermark

🍷 Ein jugendlicher *Mâcon Blanc „Coupe Perraton"* (CH; 2 – 3 Jahre; 8 – 9° C) vom CAVE DE CHARDONNAY, Burgund – aus der Ortschaft Chardonnay (!), bezauberte mit strahlendem Grüngelb, herrlicher Nase nach Honig und Preiselbeeren sowie männlich-kraftvollem Finale. Fast unnötig zu sagen, daß der Wein, für den Prolog gedacht, fast zum Hauptwerk wurde und sich selbst, über die Limetten, raffinierte Frische zuführte.

Weiß: Kabinett/Spätlese (Pinot Blanc, Chardonnay, Morillon ...)

🍷 Der *Weißburgunder Qualitätswein „Ried Hagelsberg"* (3 – 6 Jahre; 10 – 11° C) der Familie PITNAUER, Göttlesbrunn/Donauland-Carnuntum/NÖ/A (leuchtendes Hellgelb, berauschender Duft nach Walnüssen und Aprikosen, kraftvoll-extraktreicher Mittelbogen mit gigantischem Finish), war phänomenal – ohne die Harmonie mit dem Gericht zu beeinträchtigen.

Weiß: Puligny-Montrachet oder Montrachet Grand Cru/Burgund/F

🍷 Der monumentale *Puligny-Montrachet 1er Cru „Clos de la Pucelle"* (CH; 4 – 8 Jahre; 10 – 12° C) von JEAN CHARTRON, Puligny-Montrachet/Côte de Beaune/Burgund/F (mit seidigem Glitzern, fast unerträglicher Duftintensität und weicher, konzentrierter Fülle im imposanten nervigen Nachhall), zeigte sofort seine Stärke am Gaumen, doch seine angeborene Schwäche für Schalotten, Preiselbeeren und Limetten – und natürlich der Kochwein – bewirkten eine stete Annäherung der beiden Kontrahenten.

LACHSHERING

Kalt geräucherter Salzhering. (→ Bückling)
Gegen ein Glas herbes *Pils* ist hier wenig auszurichten.

LACHSKAVIAR → KETA-KAVIAR

LACHSSCHINKEN

Stammt vom vollkommen fettfreien Kotelettfleisch des Schweines, das mild gepökelt und kurz geräuchert wird. Der Name bezieht sich auf die Farbe, die an feinen Lachs erinnert. Der Pariser Lachsschinken gilt weltweit als zartester und wohlschmeckendster Vertreter seiner Art.
Ein Glas *Bourgogne Aligoté/F, Verduzzo/Venetien/* oder *Riesling (Elsaß, Deutschland, Österreich)* ist stets ein erfrischend-attraktiver Gegenpol, der den scheinbar simplen Schinken meist zu einem Festmahl werden läßt.

LADY CURZON

→ Schildkrötensuppe, erhitzt, aber nicht gekocht, → Sherry eingerüht; Rahm steif geschlagen, mit Curry gewürzt; Suppe in kleine Tassen gefüllt, mit Rahmhaube bedeckt und im Rohr gratiniert.
(Lady Curzon, Marquise of Kedleston, war um die Jahrhundertwende die Gattin des britischen Vizekönigs in Indien. Angeblich soll sich die schöne Lady ihre Turtle soup mit Sherry veredeln haben lassen, und – um diesen „Fauxpas" am puritanischen Hof zu vertuschen – sie ließ eine mit Curry gewürzter Rahmhaube auf die Suppe setzen.) Eigentlich darf es dazu *Sherry Amontillado seco(dry)* sein!

LAMM

Das Fleisch der jungen Schafe schmeckt im Alter von 4 bis 12 Wochen (→ Osterlamm) am besten. Wenn das Tier nur mit Muttermilch ernährt wurde, ist das Fleisch besonders weiß und zart und noch ohne den oft unangenehmen Hammelgeschmack. „Ein Lammkotelett ist das Sublimste, was die Küche bieten kann", meinte Vaerst mit Recht.
Das zarte weiße Lamm läßt sich daher auch vorzüglich mit *Weißweinen* kombinieren. Besonders der Lammrücken ist reifen *Weißweinen* mit runder Säure *(Grüner Veltliner, Riesling, Pinot Blanc, Neuburger...)* äußerst zugetan; zu Lammschulter „Bäckerin" (mit Kartoffel- und Zwiebelscheiben) entschieden wir uns für *Hermitage Rouge/nördliche Rhône/F*; zu Lammkeule „Soubise" (mit gedünstetem Zwiebelpüree) siegte *Champagne Rosé/F*; zu Lamm mit → Ratatouille wählen Sie eine Kreszenz aus der *Provence (weiß, rosé* oder *rot)*; zu Lammbries ist milder *Graves Blanc/Bordeaux* oder *Pinot Gris* ein Gedicht; zum Lamm auf Teufelsart (mit scharfer → Sauce Diable) ist *Cerasuolo Rosato/Abruzzen/I* eine wahr Überraschung; zu Lammkopf gebacken raten wir zu *südländischen Roséweinen* oder formidablem *Zierfandler/NÖ* (auch *Bier* ist gut möglich); zu Lammkutteln sind *Primitivo di Mandura secco/Apulien/I* und *Vin Blanc de Gascogne/F* altbewährt; zu Lammlunge ist der *rote Montepulciano del Molise/I* eine gute Wahl, während Lammleber mit dem *roten Aglianico del Vulture DOC/Basilikata* eine „Liebesheirat" eingeht. Lammschinken geräuchert mit mittelreifer *Sauvignon Blanc Spätlese* ist einfach köstlich! Lammniere und *Saint-Amour/Beaujolais/F* ist nicht nur für Verliebte zu empfehlen, und Lammbrust auf „Schäfer Art" (würfelig geschnitten und mit Eigelb, Weißbrot und gehackten Champignons paniert) läßt sich willig von *Grünem Veltliner, Neuburger* oder *Pinot Gris Kabinett* verführen.

Lammcurry

Lammfleischwürfel mit gehackten Zwiebeln und Currypulver angedünstet, mit Mehl bestreut, kurz angeröstet, mit weißem Fond und Rahm aufgegossen und gar gekocht; Reinettenwürfel dazugegeben, passiert, geschälte Mandeln in die Sauce gegeben und mit Reis angerichtet.
Lammcurry und *Gewürztraminer*, das gehört zusammen wie Jacke und Hose, wie Pferd und Wagen, wie Mann und Frau...; aber auch *korsischer Rosé* von der DOMAINE DE MUSOLEU, und der altbewährte „Curry-Krieger" *Hermitage Blanc/nördliche Rhône* konnten die Papillen erfreuen. Als *Rotwein*-Alternative bietet sich samtig-milder *Pinot Noir* an.

Lammfilets mit Austernpilzen

Pilze in Scheiben, Schalotten in Würfeln, Knoblauch und Petersilie hackt in Butterschmalz angedünstet, gesalzen und gepfeffert; Lammfilets leicht gesalzen, gebraten, in Scheiben geschnitten und mit Austernpilzen garniert.

Weiß: Kabinett (Pinot Blanc, Pinot Gris, Neuburger ...)

Der excellente *Pinot Gris Yvorne* (2 – 4 Jahre; 9 – 10° C) von PIERRE-ALAIN INDERMÜHLE, Bex/Waadtland/CH, war den Pilzen augenblicklich zugetan, verhielt sich Schalotten, Knoblauch und Petersilie gegenüber angenehm neutral und unterstrich gekonnt die Geschmacksnote der Lammfilets. Was will man mehr?

Weiß: Spätlese trocken (Pinto Blanc, Pinot Gris, Neuburger, Grüner Veltliner)/A
Rot: reifer Rioja Gran Reserva/E oder Marzemino/Trentino/I

Die edelreife *Rioja Gran Reserva „Monte Rojo"* (TEM, GR, MAZ; 12 – 15 Jahre) von RAMON BILBAO, Haro/Rioja Alta/E, blühte im Kontakt mit den Austernpilzen regelrecht auf, verlor ihre Altersnote und wurde zusehends eleganter, subtiler und frischer. Einmal mehr eine wundersame Verjüngung von reifem Wein durch junges Gemüse (Pilze).

Rot: Hermitage/nördliche Rhône oder Mas de Daumas Gassac/Languedoc/F

Beim kraftvollen *Hermitage Rouge „Cuvée Marquise de la Tourette"* von DELAS FRÈRES (→ Hammelrücken auf „Nizzaer Art) störten diesmal die harschen Tannine, die einer aromatischen Koexistenz vehement im Wege standen. Einmal mehr bestätigte sich die alte Regel, daß Rotwein und Lamm meist nur über die Gewürze zueinanderfinden.

Lammgulyas

Feingehackte Zwiebeln angeschwitzt, papriziert, mit Wasser abgelöscht, reduziert; würfeliges Lammfleisch dazugegeben, mit Salz, Knoblauch und Tomatenpüree aromatisiert, gedünstet, mit Mehl gebunden, mit Rahm und weißem Fond aufgegossen, durchgekocht und angerichtet.

Rahm, Knoblauch und Tomaten als Geschmacksträger verlangten erfolgreich nach *weißem Malvasier, Penedès Blanco/E, Traminer* und *rotem Valpolicella/Venetien* sowie *Chianti Classico/Toskana/I;* in besonders angenehmer Erinnerung blieben uns als erfrischender Mittagswein ein *Frühroter Veltliner* (MAL; 1 – 2 Jahre; 8 – 9° C) von ZEILINGER-WAGNER, Hohenwarth/Weinviertel/NÖ/A, sowie der kraftvolle Winterwein *Cannonau di Sardegna DOC Riserva* (3 – 6 Jahre, 17° C) von den FRATELLI DETANA, Sardinien/I; letzterer betörte durch samtige Textur und robustrustikalen Charme – Cavalleria rusticana auf sardische Art. Auch frisch-herbe *Pils-Biere* stehen als Begleiter hoch im Kurs.

Lammkeule mit Minzsauce

Lammkeule mit Salz, Pfeffer und Rosmarin eingerieben, braun angebraten und bei 220° C 90 Minuten gegart; in Scheiben geschnitten, angerichtet, mit Schnittlauch bestreut; Sauce aus frischer Minze, Zucker, Salz und Kräuteressig getrennt serviert, ebenso Butterkartoffeln.

Die Minzsauce ist hier kraftvoller als der Rosmarin und deshalb auch geschmacklich zu berücksichtigen: *Condrieu/nördliche Rhône, Scheurebe Spätlese/D, Vermentino/ Sardinien/I* und trockene (etwas Restsüße ist gestattet) *Muskateller* sind die absoluten Favoriten unter den *Weißwein*-Stars. Eine Galavorstellung besonderer Art gab der grandiose *elsässische Muscat Grand Cru „Kirchberg"*, WEINGUT TRIMBACH (→ Artischocken „Vinaigrette"), dem die Liebe zu Minze (und auch Rosmarin) scheinbar schon in die Wiege gelegt wurde. *Rotwein*-Freaks brauchen nicht zu verzweifeln, die *Pauillac*-Elite (pars pro toto CHÂTEAU LYNCH BAGES, CHÂTEAU MOUTON-ROTHSCHILD …) harmonierten ebenso, und *Corvo Rosso/Sizilien/I* sowie viele *australische Cabernets* aus dem *Coonawarra/SW-AUS* sind geradezu naturgegeben Partner.

Lammkoteletts auf „Königinart"

Koteletts auf einer Seite scharf angebraten, gewürzt, mit Hühnerfarce bestrichen, mit gehackten → Trüffeln bestreut, im Rohr gratiniert und mit Spargelspitzen in Rahmsauce angerichtet.

Hühnerfarce, Trüffeln, Spargel und Rahmsauce eröffnen große Möglichkeiten für samtige *Weißweine* mit Extrakt, runder Säure und eventuell etwas Restsüße: *Pinot Gris, Pinot Blanc, Chardonnay, Neuburger, Sauvignon Blanc, Chenin Blanc, Sémillon, Riesling-Sylvaner* und cremige *Schaumweine* sind grundsätzlich ausersehen, die Lammkoteletts zu begleiten. Aus der Fülle der verkosteten Weine ragten ein jugendlich-samtiger *Neuburger Kabinett* von R. & H. LEITHNER, Langenlois/Kamptal-Donauland/NÖ/A, und ein fulminanter *Weißburgunder „Kugler" Kabinett* von FRITZ RIEDER, Kleinhadersdorf/Weinviertel/NÖ/A, heraus.

Lammkoteletts in Folie

Lammkoteletts in heißem Olivenöl knackig angebraten, gesalzen und warmgestellt. Alufolie mit zerlassener Butter bestrichen, Koteletts daraufgelegt, mit gehacktem Knoblauch, Thymian, Basilikum und Liebstöckel bedeckt, gepfeffert, Folie verschlossen; 5 Minuten bei 200° C im Rohr gegart, Folie entfernt und Fleisch angerichtet.

Olivenöl, Knoblauch, Thymian, Basilikum und Liebstöckel wiesen den Weg nach *Südfrankreich* und *Italien*. Die würzigen *Roséweine* der *Provence* und auch der charismatische *Tavel/südliche Rhône* (z. B. CHÂTEAU D'AQUERIA → Hammelschulter „Bäcker Art" oder CHÂTEAU DE TRINQUEVEDEL) waren hier allesamt in ihrem Element und beherrschten die Philosophie des Gebens und Nehmens als Voraussetzung für ein harmonisches Zusammenleben perfekt. Aus *italienischer* Sicht sind die beiden *ligurischen Weißwein*-Spezialitäten *Buzzetto di Quiliano* und *Lumassina* wegen ihrer Affinität für → Pesto und diverse Gewürze erwähnenswert, allerdings nur als sommerliche Durstlöscher und Mittagsweine.

Lammnieren → Nieren

Lammnüßchen „Dauphine"

Frz.: Kronprinzessin; Nüßchen in Butter angebraten – innen rosa, gesalzen, gepfeffert, auf Toastbrot angerichtet, rundherum die Dauphine-Kartoffeln (gestampfte Kartoffeln mit Butter und Brandteig vermischt, zu Kroketten geformt, mit Eigelb bestrichen und gebacken); Jus mit Weißwein abgelöscht und reduziert; Sauce mit kalten Butterflocken gebunden, Nüßchen mit Sauce überzogen.

Weiß: mittelreifer Kabinett (Grüner Veltliner, Neuburger, Pinot Blanc …)/A

Ein apfelfrischer, munterer *Grüner Veltliner Federspiel „Ried Hochrain"* (2 – 4 Jahre; 8 – 9° C) von ERICH MACHHERNDL, Wösendorf/Wachau/NÖ, besaß genügend Körper und pfeffrige Sortenwürze, um Nüßchen, Kartoffeln und Sauce stilgerecht zu untermalen.

Weiß: mittelreife Spätlese trocken (Pinot Blanc, Pinot Gris, Neuburger …)

Die hochklassige *Weißburgunder Spätlese „Pannonischer Reigen"* (3 – 6 Jahre; 10 – 11° C) von JULIUS STEINER, Podersdorf/Neusiedlersee/BGLD/A, trumpfte mit reichem Körper, vorbildlicher Nußwürze, elegantem Fruchtspiel sowie langem Finish auf und bildete mit Kartoffeln und Lammnüßchen eine gelungene Kombination.

Rot: Graves oder Pomerol/Bordeaux/F

Als Gegenpol wählten wir den renommierten *Cru Classé de Graves „Château la Mission Haut-Brion"* (CS 60 %, CF 5 %, M 35 %; 7 – 10 Jahre; 16 – 18° C) aus Talence/Graves/Bordeaux, der dem Gericht enorm einheizte und flüssiges Feuer für Gaumen und Seele war.

Lammpaprika → Bárány Paprikas

Lammragout auf „Kreolenart"

Gehackte Zwiebeln in Fett angedünstet, gewürfelte Lammschulter mitgebraten, gemehlt, mit Curry gewürzt, mit Kraftbrühe aufgefüllt, mit → Bouquet garni aromatisiert, gedünstet. Bouquet entfernt, mit geriebener Kokosnuß bestreut und mit Kreolenreis angerichtet.
(→ Lammcurry).

Lammrücken

Der Rücken des älteren Lammes, wird wie → Hammelrücken zubereitet, jener des Milchlammes wie → Kalbsrücken.
Zu ersterem sind große, klassische *Rotweine* vorzuziehen, doch zum zweiteren sollte man sich an edle, reife *Weißweine (Pinot Blanc, Neuburger, Riesling...)* halten.

Lammrücken mit Basilikumsauce

Lammrücken mit Farce aus gedünsteten Zwiebeln, eingeweichtem Weißbrot, Hackfleisch, Eiern, Zwiebelwürfeln, Salz, Pfeffer, Majoran bestrichen, gerollt und zusammengebunden, mit Butter angebraten und warm gestellt; Gemüsewürfel angedünstet, mit Essig und Wasser abgelöscht; Lamm im Backofen bei 200° C 20 Minuten gedünstet und mit Jus begossen. Fleisch herausgenommen, Bratenjus auf die Hälfte reduziert, abgeseiht, mit Rinderfond aufgefüllt, kalte Butter in die Sauce geschlagen und feingeschnittenes Basilikum darübergestreut; Fleisch in Tranchen geschnitten und mit Sauce extra angerichtet.

Weiß: Lumassina und Buzzetto di Quiliano/Ligurien/I

Als sommerlicher Basilikum-Freund erwies sich einmal mehr der frischfruchtige, geradlinig-leichte *Buzzetto di Quiliano* (1 Jahr, 8 – 9° C) von INNOCENZO TURCO, Quiliano/Ligurien.

Weiß: Vermentino DOC/Ligurien/I oder
Sauvignon Blanc Kabinett/Spätlese trocken
Rosé: Côtes de Provence/F

Der *ligurische Vermentino* (2 – 4 Jahre; 8 – 10° C) von OTTOVANO LAMBRUSCHI, Castelnuovo Magra/I (strohgrün leuchtend, frisch-duftig mit unglaublich geschmeidig-samtigem Körper und Nachhall), bot mit Lammrücken und Sauce eine außerordentlich gelungene Kombination.

Rot: Rossesse di Dolceaqua DOC/Ligurien/
Rosé: Tavel/südliche Rhône/F

Der extravagante *Rossese di Dolceaqua* (2 – 4 Jahre; 15 – 16° C) von GIOBATTA CANE, Dolceacqua, schließt den Reigen der *ligurischen Weine*. Er begeisterte durch mittleres Rubin, eindringlich blumige Duftnote und geschmeidig-süffigen Geschmack mit charaktervollem Abgang. Auch er besaß eine sagenhafte Affinität für die Sauce und ergänzte den Lammgeschmack auf brillante Weise.

Lammrücken mit weißem Bohnenpüree

Rücken gehäutet, ausgelöst, gesalzen, gepfeffert und wie Rollbraten gebunden; in heißem Öl rundherum angebraten und im Rohr bei 130° C ca. 45 Minuten gegart; Sauce aus angerösteten Lammknochen, Schalotten, Karottenwürfeln, Rosmarin, Tomatenmark sowie Weiß- und Rotwein; eingeweichte Bohnen in Salzwasser weichgekocht, passiert, mit Butter und Rahm vermengt, mit Bohnenkraut aromatisiert, kurz blanchiert, in Butter gedünstet und mit Salz und Pfeffer gewürzt.

Schalotten, Rosmarin, Tomatenmark und Bohnenkraut stellten hier die aromatischen Weichen. Als Mittags- und Sommerwein kürten wir einen *roten Saint-Chinian AOC* (GRE, CAR, SYR, CIN; 2 – 4 Jahre; 15 – 16° C) *Cuvée des Chevaliers/Herault/SF,* der mit Rubinfarbe, beerig-würzig-pfeffriger Nase (Bohnenkraut, Thymian) und warmem, fleischig-würzig-appetitanregendem Geschmack die gleiche gustative Aromakurve wie der Lammrücken aufwies! Noch eine Nuance besser entsprach ein *Santenay 1er Cru* (PN; 4 – 6 Jahre; 16 – 17° C) von LOUIS LATOUR, Beaune/Côte de Beaune/Burgund/F, der mit ähnlichen Attributen ausgestattet war, aber noch an Eleganz, Finesse und Konstitution zulegte. Der eigenwillige *Madiran „Cuvée Prestige"* (TAN 100 %; 5 – 8 Jahre; 17 – 18° C) des CHÂTEAU MONTUS aus Maumusson/SW-F war den weißen Bohnen ein uneigennütziger Partner, der solcherart Sympathie gewann, doch im Laufe des Abendmahls entfachte er über die Gewürze eine Feuersbrunst.

Lammschulter

Die Schulter des Milchlammes wird zum Braten meist nicht entbeint; etwas ältere Exemplare werden entbeint, meist zusammengerollt, gebunden und dann gebraten oder gedünstet.

Auch hier haben kraftvolle, reife *Weißweine* eine Chance, doch die Mehrzahl der Sommeliers tendiert eher zu kräftigen *Rotweinen.*

Lammsteaks

Unter Steak versteht man beim Lamm – ebenso wie beim → Hammel – eine dicke Tranche aus dem Teil zwischen Keule und Karree, dem Nierenstück oder Filet. Die Zubereitungsart ist so wie beim → Kalbssteak oder → Kalbskotelett bzw. → Lammkotelett. Hiezu kommen auch große, kraftvolle *Rotweine* in Frage.

Lammsteaks mit Thymian und Spinat

Dünngeklopfte Steaks, gesalzen, gepfeffert, angebraten und warm gestellt; Sauce aus Schalottenwürfeln, gehacktem Knoblauch und Thymian, hell angeschwitzt, mit Lammfond aufgegossen und reduziert; entstielte, zerschnittene Spinatblätter, in Salzwasser blanchiert und gepreßt und in einer Pfanne mit Schalottenwürfeln sautiert. Topfen (Fromage blanc, Quark) eingerührt und in kleine Souffléförmchen gefüllt; Garnitur aus mit Thymian gratinierten Tomaten.

Rosé: Provence/F
Rot: Blaufränkisch oder Zweigelt/BGLD/A oder
Cru Bourgeois/Médoc/Bordeaux/F

Der junge *Blaufränkisch* (2 – 3 Jahre; 16 – 17° C) von ENGELBERT PRIELER, Schützen am Gebirge/Neusiedlersee-Hügelland/BGLD/A (leuchtendes Rubin, vielschichtige Würzenase, fester Fruchtgeschmack mit elegantem Schliff), kollidierte anfangs ein wenig mit den Schalotten, wurde aber immer mehr zum hervorragenden herbstlichen Mitstreiter.

Weiß: Cassis Blanc/Provence/F, Riesling Spätlese trocken/halbtrocken
Rot: Cru Beaujolais (Morgon, Moulin à Vent);
Blaufränkisch (Barrique)/Burgenland/A

Der erdig-würzige *Morgon* (GAM; 2 bis 5 Jahre; 14 – 16° C) von JEAN-CLAUDE GAUTHIER, Beaujeus/Beaujolais/Burgund/F, verlor vorübergehend seinen Terroirton, wurde samtig-verspielt, zeigte im Endspiel sogar sublime Schokotöne und kam dann dem Lamm überaus offenherzig entgegen.

Rot: Hermitage Rouge/nördliche Rhône,
Mas de Daumas Gassac/Languedoc oder Cabernet-Shiraz/AUS

Der elitäre *Mas de Daumas Gassac* (→ Hammelrücken auf „Nizzaer Art") war auch in dieser Formation ein mächtiges, stolzes Gewächs, das eingangs keine Anstalten machte, sich mit dem Gericht verständigen zu wollen, sondern ihm seinen Stempel aufzudrücken versuchte; doch über die unnachahmliche Würze, Exotik und vor allem Finesse gelang doch ein Brückenschlag.

Lammzunge

Die zarte Lammzunge wird ähnlich wie → Kalbszunge zubereitet.
Kraftvoll-würzige *Weißweine (Pinot Gris, Neuburger, Pinot Blanc ...)*, halbtrockene *Rieslinge, Graves Blanc/Bordeaux/F* und eleganter *Pinot Noir* sind bewährte Begleiter.

Lammzunge sauer

Zart gepökelte Lammzunge in Wurzelwerk weichgekocht, enthäutet, in dünne Tranchen geschnitten, in Essigwasser, gehackten Zwiebeln, Thymian, Gewürznelken, Pfefferkörnern und Lorbeer gebeizt und kalt mit Petersiliensträußchen kredenzt.
Muskateller trocken bzw. *Muscat d'Alsace (!), Riesling-Sylvaner halbtrocken, Rieling, Pinot Gris* sowie *Graves Blanc/Bordeaux/F* und *Gewürztraminer Spätlese trocken* sind die erfolgreichsten *weißen* Anwärter auf einen Platz an der Tafel der Lammzunge. Unter den *roten* Bewerbern konnte eigentlich nur ein geradezu fruchtexplodierender *Pinot Noir* aus dem *Elsaß* von LUCIEN ALBRECHT, Orschwihr, gefallen.

LAMPRETE → NEUNAUGE

LANGOSTINOS

Seekrebse aus dem Südostpazifik, die vor allem von der chilenischen Küste kommen. Sie werden meist gleich nach dem Fang (Oktober bis Dezember) gekocht, und das zarte Fleisch ihrer rötlichen Schwänze kommt tiefgefroren oder in Dosen zu uns. „Langostinos" ist aber auch die spanische Bezeichnung für → Langustinen.
Mild-fruchtige *Weißweine (Riesling-Sylvaner, Riesling, Chasselas/CH ...)* sind ideal. Zu Langostinos mit grünem Pfeffer erfreuten ein erfrischender *Riesling-Sylvaner* aus der *Schweiz*; zu Langostinos gratiniert wählen Sie *Sylvaner* oder *Sauvignon Blanc*; zu Langostinos mit Öl und Zitrone vertrauen Sie sich einem jugendlichen *Muscadet/Loire/F* (3 – 6 Monate) an, und zu Langostinos vom Grill mit Knoblauchbutter war *roter Chinon/Loire* – kalt serviert – die positive Überraschung; das Meer-Jod-Aroma wird dabei gnadenlos verstärkt. Langostinos al Forno (im Ofen geschmort) vermählten wir erfolgreich mit dem fruchtcharmanten *Extrisimo seco* von MASIA BACH, Sant Esteve Sesrovires/Penedès/E. Canelones con langostinos waren dem delikaten

zart-fruchtigen *Marqués de Alella seco* (*Pansa blanca*, MAC, CHB; 1 2 Jahre; 7 – 9° C) aus Parxet Penedès aufmerksame Zuhörer.

LANGUSTE

Die berühmte Locusta der römischen Feinschmecker ist ein scherenloser Seekrebs, der vor allem im Mittelmeer vorkommt und besonders lange Fühler aufweist. Das Fleisch des Schwanzes ist schneeweiß und frisch gefangen noch zarter und edler als Hummerfleisch! Ideale Genußzeit ist von Mai bis Dezember.
Als Partner bietet sich die Hocharistokratie der *Weißweine* an: Zu Langustenmayonnaise ist *Puligny-Montrachet/Burgund* das richtige Zauberwort; zu Langusten-Gâteau (Kuchen) verdrehen einem *Chablis Grand Cru „Vaudesir"/Burgund* oder ein älterer *Edelriesling* den Kopf; zu Langustenragout „darf" es auch *Rotwein* sein (*Musigny Grand Cru/Burgund*) ist fast zu schade, alkoholverstärkter *Banyuls Rouge/Roussillon* hat Tradition, konnte uns aber nicht überzeugen, und zu Langustenmedaillons sollten Sie schlicht und einfach *champagnisieren (Krug „Clos du Mesnil"/Reims, BrunoPaillard Première Cuvée brut/Reims, A. Salon „Brut S" Blanc de Blancs/Avize* oder *Louis Roederer „Cristal brut"/Reims).*

Languste überbacken

Languste in kochendem Salzwasser gegart, halbiert. Darm entfernt, gesalzen, gepfeffert, mit zerlassener Butter beträufelt und 20 Minuten im heißen Ofen überbacken; zerlassene Butter mit → Worcestershiresauce verrührt, mit gehackter Petersilie und Anchovisfilets (Sardellen) vermischt, schaumig geschlagen und extra gereicht.

Weiß: gekühlter Fino Sherry/E; Chardonnay ohne Holzausbau
Schaumwein: Cava/E, Sekt/D/A, Spumante/I, Champagne/F

Der erquickende *Cava Parés Baltà* (→ Gravlax) war auch hier ein Dienerwein von auserlesener Klasse, der mit seiner prickelnden Kohlensäure jede einzelne Nuance herausholte und auch kleine Fehler in puncto Zubereitung und Frische gnadenlos ans Tageslicht brachte.

Weiß: Meursault und Corton-Charlemagne/Côte de Beaune/Burgund/F

Der stupende *Corton-Charlemagne Grand Cru* von ANDRÉ NUDANT (→ Hahnenkämme getrüffelt) bewies einmal mehr, daß er trotz seiner enormen Spannkraft ein Partner von großer Sensibilität und Anpassungsfähigkeit sein kann!

Weiß: siehe unten! bzw. Pinot Gris und Traminer Spätlese trocken

Der mächtige *Château-Chalon* von JEAN BOURDY (→ Fondue Neuchateloise) schien das Gericht erdrücken zu wollen, doch über die Hautkruste kam so etwas wie Verständigung an diesem kalten Dezemberabend zustande.

Langustenschwänze kalt in Sherrysauce (→ Sauce au Xérès)

Languste in kochendem Salzwasser mit Weißwein, Dill, Zitronensaft und Zitronenschale gegart, ausgekühlt in 1 cm dicke Scheiben geschnitten; Rahm steif geschla-

gen; → Mayonnaise mit → Sherry, → Worcestershiresauce und Zitronensaft verrührt, gesalzen, gepfeffert und gezuckert und mit dem steifen Rahm vermischt; in mit Salatblättern ausgelegte Cocktailgläser gegeben, mit der Sauce überzogen, mit Dillspitzen und eingeschnittener Zitronenscheibe garniert.
Es gibt keine Alternative zu einem köstlichen *Sherry Amontillado dry (seco)* von GONZALES BYASS, VALDESPINO, GARVEY oder PEDRO DOMECQ, Jerez/Andalusien/E.

LANGUSTINE

Etwa 25 cm lange Hummerart aus dem Mittelmeer mit schmalen, langen Scheren, deren zartes Fleisch schon so mancher Fischsuppe kulinarischen Glanz verliehen hat.
Zu Langustinen mit Tomatennage erfreuten wir uns sowohl an *Sauvignon Blanc „Smaragd"/Wachau/A* wie auch an exquisitem *Schilchersekt/Weststeiermark/A;* Langustinen mit Cognac und *Graves Blanc Cru Classé/Bordeaux/F* kann nur mehr von *Corton-Charlemagne Grand Cru/Burgund* übertroffen werden, und zu Langustinenspieß ist *Chablis 1er Cru/Burgund/F* (superb der *„Vaillons"* von F. & J.-M. RAVENEAU, Chablis) oder *Chardonnay* internationaler Prägung nicht zu verachten.

Langustinenbeignets

Geschälte Langustinenschwänze in einem Teig aus Wasser, Salz, Butter, Mehl und Eigelb gewendet und in heißem Öl gebacken; als Beilage Gemüsestreifen (Karotten, Sellerie, Lauch mit Butter, Schalotten und Knoblauch angedünstet, in Salzwasser blanchiert und mit Lorbeerblatt, Zitronensaft und Weißwein aromatisiert.
Sekt, Cava/E und *Champagne/F* sind hier als Partner kaum mehr zu überbieten, es sei denn, Sie sind *Burgunder*-Fan, dann wäre superber *weißer Bâtard-Montrachet Grand Cru* von JEAN-NOËL GAGNARD, Chassagne-Montrachet, ins Gourmet-Auge zu fassen, man könnte aber auch zu einem *Chablis (Grand Cru „Vaudesir")* greifen.

LASAGNE

Eine der berühmten warmen italienischen Vorspeisen: lange, breite Teigwaren (mit oder ohne Eier), die man auch als Hauptspeise anbieten kann. Man serviert sie mit den verschiedensten Füllungen und diversen Saucen. Helle Lasagne werden meist mit Tomatensugo kredenzt; grüne – mit Spinatsaft gefärbte – garniert man mit verschiedenen Kräutersaucen.
Lasagne con Funghi e Carciofi (mit Pilzen und Artischocken) geben *rotem Donnic DOC* (GAGLIOPPO und GRECO NERO; 1 – 3 Jahre; 14 – 16° C) aus *Kalabrien* eine Chance; Lasagne e Fagioli (mit Bohnen, Pfeffer und Knoblauch) sind wie geschaffen für den jungen *Metapontum Rosso* (SAN, NEGROAMARO, MAL NERA; 1 – 3 Jahre; 14 – 16° C) aus der *Basilikata;* Lasagne Verdi al Forno (grüne Lasagne mit Hackfleisch und Béchamelsauce) sind ein Fall für *roten Lambrusco „Vigna del Cristo"* von UMBERTO CAVICCHIOLI, San Prospero/Emilia/I, und Lasagne mit schwarzen Trüffeln wurden zu einer Apotheose, begleit et von einem *Verdicchio Spumante di Matelica* (Flaschengärung, 2 – 5 Jahre; 7 – 8° C) von GIOACCHINO GAROFOLI, Loreto/Marken/I; Lasagne mit Mohn und *Verduzzo Friulano* (3 – 5 Jahre; 9 – 11° C) von RONCHI DI FORNAZ, Cividale, oder GIOVANNI DRI, Nimis/Friaul/I, sind eine sensationelle Melange, und Lasagne mit Hasenragout werden zu einem unvergeßlichen Erlebnis gemeinsam mit einem edlen (jungen) *Chianti Classico DOCG* von der FATTORIA DI MONSANTO, Barberino Val d'Elsa/Toskana/I.

Lasagne überbacken (Lasagne Mantecate)

Lasagne in Salzwasser al dente (bißfest) gekocht, mit Rahm übergossen, mit geriebenem Parmesan bestreut und im heißen Rohr überbacken (gratiniert).

Weiß: Riesling Italico DOC/Lombardei, Frascati DOC/Latium/I

Der famose *Riesling Italico* (1 – 2 Jahre; 8 – 9° C) von BRUNO VERDI, Canneto Pavese/Lombardei/I (hellgelb, zartduftig, von unglaublich fruchtiglebendiger Art), ist als Mittags- und Sommerwein konkurrenzlos.

Weiß: Orvieto secco DOC/Umbrien, Soave Classico DOC/Venetien/I

Der *Soave Classico Superiore* (GAG, TRE; 1 – 3 Jahre; 8 – 9° C) von GUERRIERI-RIZZARDI, Bardolino/Venetien/I (hellgelb, zart-duftiges Mandelflair, trocken-elegant mit Apfel-Zitrushauch), war der Rahm-Parmesan-Decke gegenüber noch etwas milder gestimmt als der Vorgänger.

Weiß: Orvieto Abbocato DOC/Umbrien oder
Malvasia Amabile DOC/Colli Piacentini/Emilia/I

Der illustre *Orvieto Pourriture Noble* (*Procanico*, VO, GRE ...; 3 – 7 Jahre; 7 – 9° C) von DECUGNANO DEI BARBI, Orvieto/Umbrien/I, wird manchmal auch als Italiens *Château d'Yquem* bezeichnet und betörte uns denn auch mit elitärer Honig-Botrytis-Würze, mild-samtigem Körper und finessenreichem, mäßigsüßem Finale. Eine aparte, hinreißende Komposition, die uns allerdings – ob ihrer Üppigkeit – auch das Dessert ersetzte.

LAUCH

Zu den Liliengewächsen gehörende Zwiebelpflanze mit röhrenförmigen Blättern (→ Porree). Der leicht rundliche Sommer-Lauch ist aromatisch-erdig und intensiver als der Herbst-Winter-Lauch. Lauch enthält viel Vitamin B und C und ist kalorienarm. Man verwertet sowohl die Zwiebel als auch die Blätter; doch waren es die Blätter, die dem Lauch Berühmtheit verschafft haben.
Es ist bekannt, daß *Sauvignon Blanc, Sylvaner, Cava/E, Champagne brut/F* und junger *Beaujolais/Burgund/F* eine besondere Zuneigung für Lauch hegen. *Rieslinge* und trockene *Muskateller* sind etwas kämpferischer veranlagt, können aber neutralisiert werden. Lauch in Blätterteig sollten Mutige einmal mit edelsüßem *Sauternes* (z. B. *Château Suau 2ᵉ Cru Classé/Barsac/Bordeaux/F* vermählen.

Lauch im Hemd

Lauch in ca. 6 cm lange Stücke geschnitten, in Wasser, Salz und Öl gegart, abgetropft, mit Muskatnuß gewürzt, in Mehl und Ei gewendet, in heißem Fett goldbraun gebraten und serviert.

Neben *Sauvignon Blanc, Sylvaner* und *Cava/Penedès/E* konnte uns hier ein junger *Grüner Veltliner* mit attraktiver Pfeffer-Muskatnußnote (1 Jahr; 8 – 9° C) von ROMAN PFAFFL, Stetten/Weinviertel/NÖ/A, überzeugen.

LEBER

Der „Star" unter den Baucheingeweiden ist von leichter Verdaulichkeit und beachtlichem Nährwert; Fischleber ist weniger nahrhaft, aber oft von großem Wohlgeschmack (Hecht-, → Dorsch- und → Makrelen-Leber). Neben der legendären

→ Gänseleber gelten noch die → Enten-, → Hühner-, → Kalbs-, Kaninchen-, Lamm-, → Reh- sowie Taubenleber – von jungen Tieren – als Leckerbissen. (Ältere Tiere haben meist sehr viele Schadstoffe und Gifte in ihrer Leber gespeichert.) Zu Leber gebacken sind *Pinot Gris Spätlese* und *Côtes de Duras Blanc/Dordogne/F* jederzeit ein Erlebnis; Leber blanchiert vermag auch dem raren *Condrieu/nördliche Rhône* etwas abzugewinnen; Leber „Venezianisch" und *Cabernet di Pramaggiore/ Venetien* sind längst ein Paar; Leber im Kohlblatt und *weißer* edelsüßer *Mon bazillac/Bergerac* ist fast Pflicht; zu Leberwurst ist *Waadtländer Dézaley* (z. B. „*La Gruyre*" von LOUIS HEGG, Epesses) Spitze; zur gebratenen Leber sind *Merlot/ Friaul/I* und *Pinotage/Südafrika* längst keine Geheimtips mehr; Geflügelleberterrine verlangt nach *rotem Cahors/SW/F*, und Leberauflauf mit → Sauce Béchamel vertrauten wir erfolgreich einer halbtrockenen *badischen Gutedel Spätlese* an. Mit gewisser Berechtigung seien noch frisch-herbe *Pils-Biere* angeführt, die immer wieder – je intensiver der Lebergeschmack, desto besser – begeistern können.

Leberknödel

Knödelbrot gesalzen, mit lauwarmer Milch übergossen und zugedeckt stehengelassen; Leber und eventuell Milz faschiert; Zwiebeln und Petersilie in Butter angedünstet und mit dem Fleisch, dem Brot, Salz, Pfeffer, Majoran und Knoblauch zu Knödeln geformt und in Salzwasser etwa 25 Minuten gekocht.
Trotz gegenteiliger Lehrmeinung sind *Weißweine* hiezu allemal attraktiver und anpassungsfähiger als *Rotweine*. (Es sei denn, daß nur Leber von alten Schweinen und Rindern verarbeitet wird!) Als besonders geglückt darf die Verbindung mit fruchtig-eleganten Tropfen ohne aggressive Säure, im speziellen Fall ein *Malvasier* (1 – 2 Jahre, 9 – 10° C) vom GRÄFLICH STUBENBERGSCHEN SCHLOSSWEINGUT, Schloß Walkersdorf/Krems/Kamptal-Donauland/NÖ/A, bezeichnet werden, wobei die flaumige Zartheit der Leber unterstrichen und Geschmack und Würze auf sublime Weise erhöht wurden.

Lebernockerl

Österreichische Spezialität: rohe Kalbsleber, Nierenfett und eingeweichte Semmeln faschiert, mit Eigelb gebunden, mit gehackter Petersilie, Salz, Pfeffer, Majoran und gerösteten Zwiebeln gewürzt, mit Semmelbröseln gebunden, zu Nockerln geformt und in Salzwasser ziehen gelassen.
War bei → Leberknödeln noch der Anteil der Kalbsleber für die Auswahl des Weins entscheidend, so stellt sich hier diese Frage von Anfang an nicht. Die flaumig-milden Lebernockerl sehnen sich geradezu nach einem Bündnis mit fruchtigen, samtig-milden *Weißweinen (Riesling-Sylvaner, Riesling, Malvasier, Pinot Gris, Zierfandler ...)*. Wundervoll der *Riesling-Sylvaner* (1 – 3 Jahre; 8 – 9° C) von HENRI CRUCHON, Echichens/Genfersee/CH.

Leberspießchen

Kalbsleber in etwa 4 cm lange und 1 cm dicke Streifen geschnitten, in Butter angebraten und gemeinsam mit Räucherspeckscheiben und halbierten Champignons auf einen Spieß gesetzt, mit Öl beträufelt, gegrillt, gesalzen und gepfeffert.
Pinot Blanc und *Pinot Gris Kabinett* und wegen des Räucherspecks auch junger *Grüner Veltliner, Sauvignon Blanc* sowie hellroter *Kalterer See/Südtirol, Côtes du Rhône Rouge* und leicht gekühlter *Bergerac Rouge „Château Calabre"* wurden gewogen und für nicht zu leicht befunden.

LEBERKÄSE

Bayerisch-österreichische Spezialität aus Leber, Schweinefleisch, Mehl, Eiern, Milch, Salz und Gewürzen, Leberkäse wird durch den Fleischwolf gedreht und in Backsteinform gekocht. Der Name leitet sich von „Laibkäse" (Käselaib) ab.
Ein frisches, hopfiges *Bier* ist für viele – nach wie vor – der Weisheit letzter Schluß. Wir kennen aber einen großen Weinkenner, der sich nicht scheut, alleredelsten *(roten) Pauillac/Bordeaux/F* dazu zu trinken.

LEBKUCHEN
(HONIGKUCHEN, PFEFFERKUCHEN, LECKERLI)

Mit Anis, Gewürznelken, Koriander, Muskatnuß, Piment und Zimt gewürzter und mit Honig versüßter Teig, der zur Herstellung des beliebten Weihnachtsgebäcks dient.
Neben *Strohweinen* sind auch *Beeren-* und *Trockenbeerenauslesen* geeignet, da der Botrytiston eine feine Partnerschaft mit den Gewürzen eingeht. Nicht-Leckermäuler bevorzugen hingegen *Glühwein,* würzige *Rotweine(Toskana/I, Rioja/E)* und *Weißweine (Traminer, Muskateller ...)* mit nur zarter Restsüße. Ein seltenes komplementäres Vergnügen bereiteten uns eine Tasse Mocca und ein Gläschen *Triple sec (Orangenlikör).*

LEIPZIGER ALLERLEI

Originalrezept: Mischgemüse aus Spargel, jungen Erbsen, Karotten und → Lorcheln. *Sauvignon Blanc* und *Sylvaner* (jung) oder reifer bis überreifer *Pinot Blanc, Neuburger, Riesling* und *Riesling-Sekt* sollten hier eingesetzt werden. Wobei die jugendlichen Kreszenzen das Gericht akzentuieren und die reifen selbst am meisten gewinnen.

LENDENBRATEN

In Österreich und Bayern Lungenbraten: zartes Fleisch unterhalb des Rückgrats. Bei einem Tier mittlerer Größe, ein etwa 50 bis 55 kg schwers Stück vom Hinterteil des Rindes, das zwischen Schwanzstück und Rippenstück liegt. → Beefsteak, Ochsenbraten, → Porterhousesteak, → Roastbeef – sie alle künden vom Ruhm des Lendenbratens.
Nicht immer verlangt der edle Lendenbraten nach einem großen *Rotwein.* Sehr oft sind es sogar einfache, rustikale Weine, die das Aroma des Fleisches ideal ergänzen, während zarte, geschliffene Gewächse mitunter an Finesse einbüßen. Erst edle Garnituren und Saucen lenken uns in die Richtung der *Premiumweine.*

Lendenschnitte → Filet Mignon, → Tournedos

Rund geschnittene Scheibe aus der Spitze der → Filets (Lungenbraten) von ca. 100 g Gewicht und 4 bis 5 cm Durchmesser.

Lendenschnitte „Choron"

Lendenschnitte angebraten, gewürzt, auf mit gebutterten Spargelspitzen gefüllte Artischockenböden gesetzt und mit → Sauce Choron und Strohkartoffeln aufgetragen.

Wie bei vielen Gerichten stehen sich auch hier die diversen Aromen im Wege, und es ist fast unmöglich, einen adäquaten Wein für alle Ingredienzien zu finden. Daher kann es durchaus lohnend sein, zwei verschiedene *Weine (Getränke)* zu einem Essen zu bestellen.

Weiß: Hermitage Blanc/nördliche Rhône; Pinot Blanc Spätlese trocken
Rot: exotischer Cabernet Sauvignon, Pinot Noir, Merlot
Dessertwein: Sherry Amontillado dry/E

Der sensationelle *chilenische Cabernet Sauvignon Antiguas Reservas* (3 – 6 Jahre; 16 – 17° C) aus dem Maipo Valley von VIÑA COUSIÑO MACUL, Santiago (leuchtendes Dunkelrot, feiner Cassis-Eichenduft, elegant-vollmundig-würziger Ausklang), verlieh zwar dem etwas geschmacklosen Fleisch „Flügel", kam aber mit Sauce, Spargelspitzen und Artischocken nicht zurecht. Also beschlossen wir, einen zweiten Wein zu ordern, und tranken zum Gemüse einen herrlich-würzigen *(weißen) Bellet Blanc* (→ Hammelrücken auf „Nizzaer Art"), der nicht nur Gemüse und Sauce ins rechte Licht rückte, sondern auch den schon etwas müden Gaumen erfrischte und solcherart auch dem *Rotwein* eine bessere Startposition verschaffte. Seien Sie mutig, trinken Sie abwechselnd *weiß* und *rot*, wenn die Harmonie auf dem Teller in keiner Weise stimmen sollte – und ignorieren Sie dabei gelassen die hochgezogenen Augenbrauen des Sommeliers.

Lendenschnitte mit Äpfeln

Geschälte Apfelscheiben mit Zitronensaft beträufelt, mit gewürfelten Schalotten glasig gedünstet, mit Cidre (Apfelwein) abgelöscht, reduziert und warm gestellt; Lendenschnitte in Butterschmalz angebraten und mit Calvados flambiert; auf den Apfelscheiben angerichtet und mit Sauce aus verrührtem Maismehl, → Crème double, Bratensatz, eingerührter Butter, Salz und Cayennepfeffer serviert.
Cidre, Calvados, Apfelscheiben und Crème double geben auch einem großen *Weißwein (Hermitage Blanc/nördliche Rhône, Pinot Blanc Spätlese/BGLD, Corton-Charlemagne* oder *Pouilly-Fuissé Vendange Tardive/Mâconnais/Burgund/F)* eine Chance. In *Frankreich* wird nicht selten *Calvados* (!) – *Apfelschnaps* aus der *Normandie* – dazu getrunken. Unter den verkosteten *Rotweinen* entsprach nur ein fulminanter, sieben Jahre alter *Château Cheval Blanc 1er Cru Classé/Saint-Émilion/Bordeaux/F*, der sogar mit der Sauce einen Modus vivendi fand.

Lendenspitzen → Filetspitzen

Lendensteak → Filetsteak

Lendenstück, doppeltes → Châteaubriand

LENGFISCH (LENG, LANGFISCH)

Zur Familie der → Dorsche zählender, gefürchteter Raubfisch von bis zu 2 m Länge, der bevorzugt in der Nordsee, vor der britischen Küste, Norwegen und Island sein Revier hat. Er weist zwei Rückenflossen auf, und sein Fleisch ähnelt dem des → Kabeljaus.
Jene *Weine*, die zu Kabeljau in den verschiedensten Variationen angeführt wurden, gelten auch hier.

LEVERPOSTEJ
Dänische Spezialität: Pastete aus Schweinsleber, rohem Bauchspeck, Zwiebeln, Sardellenfilets – alles faschiert – mit Eiern, Rahm und Mehl vermengt, mit Salz, Pfeffer, Muskatnuß, Thymian und → Madeira gewürzt, in mit Räucherspeckscheiben ausgelegte Pastentenform gefüllt, im Wasserbad gegart und erkaltet auf eine Platte gestürzt.
Im Zweifelsfalle ist ein Gläschen *Madeira* immer richtig, doch auch die leicht gekühlten *roten Weine* der *Touraine(Chinon* und *Bourgueil)/Loire/F* fanden großen Zuspruch. Deckte der *Madeira (Veldelho)* alles ein wenig zu und sorgte für ein bestechendes Grundaroma, so holten die beiden *Rotweine* eine Unmenge an Nuancen heraus und machten vor allem den Sardellengeschmack transparent. Auch edle *(dunkle) Malzbiere* konnten Wohlgefallen erzeugen. Ideal das *dänische Gammel Porter* (Portwein-Karamelaroma) von CARLSBERG.

LICHEES → LYCHEES

LIMANDE → ROTZUNGE

LIMBURGER KÄSE
Seiner Gestalt wegen auch Backsteinkäse genannt. Ein sogenannter Rotschmierkäse, von starkem Geruch und würzig-pikantem Geschmack, der ursprünglich aus Limburg/Belgien stammt. Der Vollmilchkäse darf beim Anschnitt „fließen".
Riesling Spätlesen, vor allem aus dem *Elsaß/F*, *Franken* und *Rheinpfalz/D* und *Kamptal-Donauland/A* stehen dazu hoch im Kurs.

LINSEN
Hülsenfrüchte, die sowohl als Sommer- wie auch als Winterfrucht angebaut werden. Chile, die USA und Algerien sind die wichtigsten Exporteure der stärke- und eiweißreichen Schmetterlingsblütler, die schon in der Steinzeit kutliviert wurden. In der französischen Küche werden sie trotz ihrer schlechten Verdaulichkeit gerne eingesetzt.
Zu Linsensuppe mit Langustinen ist *elsässischer Pinot Gris Grand Cru* gerade richtig; Linsen gratiniert und *Gamay Rosé/Loire* sind altbewährt; Linsensalat und *weißer Château Meillant VDQS/Haut-Poitou/Loire/F* sind eine Sünde wert, und Linsensoufflé verehelichten wir erfolgreich mit rassigem *Silvaner/Franken/D*. Linsen mit Speck genossen wir sowohl mit *Lagrein dunkel/Südtirol* als auch mit *Schweizer Dezaley (Chasselas)*.

Linsen auf „Französische Art"
Eingeweichte Linsen halbgar gekocht, mit angeröstetem Frühstücksspeck in Rotwein gedünstet und mit hellbrauner Mehlschwitze gebunden.
Beaujolais Primeur/Burgund und *Gamay/Touraine/Loire/F* sind sichere Tips, wenngleich die große Überraschung die *rote Jungweinpremiere* (BLP, 2 – 3 Monate, 12 – 14° C) der Familie REINISCH, Tattendorf/Thermenregion/NÖ/A, war, die das Linsenaroma auf unnachahmliche Weise in den kulinarischen Himmel hob.

LINZER TORTE

Der Stadt Linz/Donau/A zugerechnete Torte, aber in Wirklichkeit von einem Konditor namens Linzer kreierte Mehlspeise aus Mehl, Zucker, Biskuitbröseln, gemahlenen Mandeln, Backpulver, Zimt, abgeriebener Zitronenschale, gestoßenen Gewürznelken, 1 Ei und 1 EL Rum, roter Ribiselmarmelade und Mandelstiften.
Österreichs Prädikatsweine stehen hier Schlange: *Auslese, Beerenauslese, Ausbruch* und *Eiswein* sind raffinierte Begleiter, die jedoch vielen Gourmets als zu süß erscheinen. Auch exquisite extraktsüße *rote Barriqueweine* sollten ins Kalkül gezogen werden. Ein reifer *Vin Santo* von LUNGAROTTI, Umbrien/Italien, betonte hingegen die Würze des Desserts und stellte die Süße in den Hintergrund.

LIPTAUER KÄSE

Schafkäse aus den mährischen und ungarischen Karpaten von → topfenähnlicher Streichart, Butter, Salz, Kümmel, Paprika, Kapern, Zwiebeln und Schnittlauch werden zu einem Teig geknetet, der als beliebter Aufstrich gilt.
Burgenländischer und *ungarischer Welschriesling (Olaszriesling)* und würzige *Sauvignons Blancs Spätlesen* sind bewährte Partner des würzigen Streichkäses. Interessant der modern vinifizierte *Sauvignon* (2 – 3 Jahre; 9 – 10° C) von ZEMEDELSKÉ DRUZSTVO JISKRA aus Ceikovice/Mähren/Slowakei (ein Geheimtip).

LITSCHIS → LYCHEES

LIVAROT

Seit dem 19. Jahrhundert ein in Frankreich sehr beliebter, salzig-würzig-weicher Rotschmier-Kuhkäse aus Magermilch, der nach dem Ort Livarot/Normandie benannt und in Riedgras eingehüllt ist.
In der *Normandie* trinkt man überlicherweise *Calvados* (Apfelschnaps) dazu; *Weißwein*-Liebhaber sollten sich an lieblichen *Bonnezeaux/Loire/F, Riesling Spätlese* sowie *Gewürztraminer/Elsaß* und eventuell *Sainte-Croix-du-Mont/Bordeaux/F* (ähnlich einem *Sauterne)* halten.

LIWANZEN

Böhmische Spezialität aus Hefeteig mit abgeriebenen Zitronenschalen und Macis (Muskatblüte) gewürzt; kleine flache Pfannkuchen mit → Powidl (Pflaumenmus) gefüllt und mit Zucker und Zimt bestreut.
Genießer mit eher herbem Gaumen halten sich an fruchtcharmante, nur zartsüße *Spätlesen/Auslesen (Riesling-Sylvaner, Riesling, Welschriesling, Traminer ...)*, während Honigmäuler sich an höheren *Prädikaten (Beerenauslese, Ausbruch, Trockenbeerenauslese, Strohwein)* erfreuen. Die erstgenannten Weine akzentuieren die einzelnen Ingredienzien auf meist signifikante Weise, letztere überrollen oft das Dessert durch Fülle, Alkohol und – teilweise – ausgeprägte Oxydationsnoten, gewinnen aber im Gegenzug über die Fruchtsäure (Powidl) an Finesse und Fruchtaroma. Als denkbarer Kompromiß bietet sich frischer, zart-süßer *Eiswein* an. In der *Slowakei* versuchen Sie einmal den zartsüßen *Muskat „Mopr"* (2 – 5 Jahre; 9 – 11° C) von ZEMEDELSKÉ DRUZSTVO JISKRA, Ceikovice.

LOBSTER →HUMMER

LÖFFELENTE
→ Wildente aus den Nordländern mit löffelförmigem Schnabel und intensivem Wildgeschmack, der durch kraftvoll-würzige *Rotweine* mit einem Touch von Leder und Wildbret *(Syrah/Rhône, Shiraz/AUS, Madiran/SW-F, Brunello di Montalcino/ Toskana/I)* perfekt ausbalanciert werden kann.

LOOSE VINKEN
Flämisches Nationalgericht: dünne, zarte Rindfleischscheiben gesalzen und gepfeffert, belegt mit je einer dünnen Scheibe magerem Speck, gewürzt mit Muskatnuß und einem Stück Salzggurke, gerollt, gebunden, angebraten, mit angerösteten Zwiebelstücken, Malzbier, Lorbeerblättern und Thymian vermengt, mit Wasser aufgefüllt und zugedeckt gedünstet; Sauce passiert, mit Stärkemehl gebunden und mit Salz, Pfeffer und Senf aromatisiert; als Beilage Kartoffelpüree.
Das in der Speise enthaltene *Malzbier* war auch als korrespondierendes Getränk unschlagbar. Sehr gut das malzig-würzige *De Koninck/Antwerpen*, das das Gericht zu höchster Geschmacksentfaltung brachte.

LORCHEL (SPEISELORCHEL)
Ein der → Morchel nahe verwandter Speisepilz, der in Mitteleuropa von April bis Juni in mehreren Arten vorkommt und ein zartes, am Gaumen fast zergehendes Fleisch von wenig ausgeprägtem Aroma besitzt.
Alte *Pinots Noirs, Pinots Blancs* und *Neuburger/A* sind verläßliche Gefährten von zeitloser Delikatesse.

LOTHRINGER SPECKTORTE (QUICHE LORRAINE)
Tortenform mit ungezuckertem Mürbteig ausgelegt, mit dünnen Räucherspeck-, Zwiebel- und Emmentalerscheiben bedeckt; Milch, Rahm und Eigelb zu einem glatten Teig verrührt, zart gewürzt und im heißen Rohr 25 bis 30 Minuten gebacken.
Wählen Sie zwischen *Edelzwicker, Riesling* und *Pinot Gris/Elsaß/F*; interessante Außenseiter sind *Muscat d'Alsace* und *Pinot Blanc/Elsaß* etc. (→ Quiche)

LÖWENZAHN (BUTTERBLUME)
Die zarten jungen Blattrosetten der wildwachsenden Butterblume kommen in ganz Europa, Nordamerika sowie im gemäßigten Asien vor und gelten als vortrefflicher Salat von großer Zartheit und feinem Bittergeschmack. Am besten munden sie bei uns von April bis Juni, wenn sie vor dem Blühen geerntet werden.
Wieder einmal gehören *Sylvaner* und *Sauvignon Blanc* zu den erfolgreichsten Begleitern. Zu Löwenzahnpastete gefiel ein *Quincy* (SB; 1 – 2 Jahre; 8 – 9° C) von MARDON FRÈRES, Loire, und zu Löwenzahnsalat mit Speck konnten wir sowohl dem *weißen Sauvigon/Loire* bzw. *Südsteiermark/A* als auch dem *roten „Menetou-Salon" (Pinot Noir)* von der DOMAINE DE CHATENOY, Menetou-Salon/Mittelfrankreich, etwas abgewinnen; auch *Valpolicella Classico DOC/Venetien/I* konnte gefallen.

LUMMELBRATEN → RINDERFILET

LUMPFISCH → SEEHASE

LUNCHEON MEAT
Englisch-amerikanische Fleischpastete aus Kalb- und Schweinefleisch, Speck und Gewürzen, die als Aufstrich oder gebraten angeboten wird.
Unkomplizierte *Weißweine (White Zinfandel, Chenin Blanc/KAL)* oder mittelkräftige *Rotweine (Gamay, Merlot/KAL)* etc.) sind immer passend.

LUNGE
Das große, zweilappige Brusteingeweide besteht aus Muskelfasern, Bindegewebe und elastischem Gewebe, Blut und Stickstoffsubstanz. Die Kalbs- und Lammlunge (→ Beuschel) wird vor allem in Österreich und Frankreich sehr geschätzt, während die Lungen von Rind und Schwein meist zu Blut- und Leberwurst (→ Blunzen) verarbeitet werden.

Lungenhaschee → Beuschel, → Kalbsbesuchel

LYCHEES (LICHEES, LITSCHIS, CHINESISCHE HASELNÜSSE)
Ostasiatisches Seifennußgewächs mit rotbraunen, pflaumengroßen, lederschaligen Früchten. Die ursprünglich aus China stammende Frucht wächst auf etwa 9 m hohen Bäumen und wird heute in vielen tropischen Gebieten angebaut. Ihr weißes, festes Fleisch erinnert ein wenig an eine Mischung aus Sauerkirschen und Muskat und enthält viel Vitamin C. Trumpf-As im Kombinationsspiel mit der Tropenfrucht ist die Sorte *Scheurebe/D* im niedrigen Prädikatsbereich *(Spätlese/Auslese)*. Von exemplarischer Delikatesse sind die Kreszenzen vom WEINGUT HEINRICH MÄNNLE, Durbach/Baden, HANS WIRSCHING, Iphofen/Franken und vom WEINGUT FUHRMANN-EYMAEL, Bad Dürkheim-Pfeffingen/Rheinpfalz/D. Auch zart-süße *Muskateller, Gewürztraminer* und *Riesling-Sylvaner* waren erfolgreich.

MACAIREKARTOFFELN
Große, ungeschälte Kartoffeln bei 240° C im Rohr gebacken, heiß geschält, zerdrückt, mit Butter, Salz und Pfeffer vermengt, Kartoffelmasse in heißer Butter goldgelb gebraten und gewendet.
Mit den bekannten *weißen* Kartoffelfreunden *(Riesling, Welschriesling, Riesling-Sylvaner ...)*, aber auch jugendlich-frischen *Rotweinen (Zweigelt, Blauer Portugieser/A, Gamay/F, Bardolino/Venetien/I)* kann man das oft unterdrückte Kartoffelaroma genußvoll steigern.

MACCHERONI → MAKKARONI

MADEIRA

Neben → Sherry, → Portwein, Marsala, Malaga und Samos einer der sechs großen gespriteten Südweine aus den Rebsorten Malvasia, Alicante, Moscatel, Sercial und Verdelho.
Die im Atlantik gelegene portugiesische Vulkan-Insel ist seit beinahe 400 Jahren Umschlagplatz der feurig-belebenden oxydativen Weine, denen vor Abschluß der Gärung Sprit und Mistella (verdickter Süßmost) zugesetzt wird, wobei die Geschmackspalette von Sercial (trocken), Verdelho (trocken-halbsüß), Bual (rauchig-bitterwürzig-süß) bis zu Malmsey (honigsüß) reicht. Zum Kochen werden trocken-halbtrockene Exemplare verwendet.
Madeira in Speisen kann mit *Madeira* zum Essen beantwortet werden. Madeira-Reduktionen (in Saucen) werden von altem *rotem Château Haut Brion 1er Grand Cru Classé/Graves, Château Pétrus/Pomerol* und *Château Ausone/ Saint-Émilion/Bordeaux/F* perfekt begleitet; auch kraftvolle, reife *Cabernets (AUS, KAL)* sind möglich. (→ Sauce Madère) Zu hellem Fleisch sind kraftvollextraktreiche *Spät-* bis *Auslesen* der Sorten *Pinot Blanc* und *Pinot Gris* die sichersten Tips!

MAGRET

Das rosa gebratene Brustfilet des → Geflügels – in dünne Scheiben geschnitten – nennt man in Frankreich Magret oder Aiguillette.
Berühmt ist das Entenbrustfilet (Magret de Canard), das man bevorzugt mit edlem *(rotem) Saint-Émilion 1er Cru Classé* vermählt. Auch samtige *Syrah*-Kreszenzen (bzw. *Shiraz*) und würzige *Pinots Noirs* sind als Begleiter willkommen.

MAHALLEBI

Türkisches Dessert: Milch und Zucker aufgekocht, mit Reisstärke gebunden und gallertartig eingekocht, kaltgerührt, mit Rosenwasser parfümiert und in Gläsern serviert.
Cava/Penedès/E, Moscato-Schaumweine und *Picolit/Friaul/I* mit feiner Süße sind grazil-köstliche Kreszenzen von meist nobler Zuverlässigkeit. Ein Hochgenuß (für Leckermäuler) ist allerdings ein *Südtiroler Rosenmuskateller (Moscato Rosa)* von SCHLOSS SCHWANBURG, Nals, oder ELZENBAUM, Bozen/I. In der *Türkei* hielten wir uns an süßen *weißen Narbag* aus *Anatolien*, der dabei selbst an Ausdruckskraft gewann!

MAILÄNDER SCHNITZEL

Kalbsschnitzel mit Mehl, Ei, geriebenem Weißbrot und Parmesan paniert, in Fett beidseitig angebraten, auf Buttermakkaroni mit Schinken-, Pökelzunge- und Champignonjulienne und geriebenem Parmesan angerichtet und mit Tomatensauce serviert.
Seit Generationen haben sich in der *Lombardei* einige Weine als mehr oder weniger ideale Weggefährten bewährt: *Riesling Italico* (z. B. von LA VERSA, S. Maria della Versa), *Riesling–Sylvaner* (z. B. von MONTELIO DI ANNA, Codevilla), *Riesling Renano* (z. B. von LA MUIRAGHINA, Montu Beccaria), und auch jugendlich-charmante *Rotweine*, wie *Bonarda* (z. B. von PICCOLO BACCO DEI QUARONI, Montu Beccaria) und *Pinot Nero* (z. B. von M. & G. FUGAZZA, Rovescala).

MAINZER HANDKÄSE

Ein laibförmiger, dem → Harzer Käse ähnlicher Sauermilchkäse von pikantem Aroma und goldgelber bis rötlichbrauner Farbe, der sich am ehesten mit milden *Rosé-* und *Weißweinen* vereinen läßt, wobei eine Restsüße von etwa 15 g durchaus vertretbar ist.

MAINZER RIPPCHEN

Mild gepökeltes Schweinskarree und mild gesalzenes Sauerkraut in Weißwein weichgekocht und mit Kartoffelpüree angerichtet.
Würziger *Silvaner, Riesling* und *Pinot Blanc* aus Rheinhessen sind eine Wucht im Zusammenspiel mit den Rippchen und lassen vor allem das Sauerkraut in voller Schönheit erblühen. Pars pro toto seien die nervig-würzige *Riesling Spätlese „Niersteiner Pettenthal"* von BÜRGERMEISTER ANTON BALBACH ERBEN und die knochentrockene, rassige *Weißburgunder Auslese „Bechtheimer Geisersberg"* von CHRISTIAN BRENNER, Rheinhessen/D, angeführt.

MAIRENKE (SEEANKE, SCHIEDLING)

Etwa 30 cm langer Fisch aus der → Karpfenfamilie, der bevorzugt in den bayerischen Seen vorkommt.

MAIS (TÜRKISCHER WEIZEN)

In Europa erstmals im Jahre 1500 unter den Einfuhrartikeln von Sevilla erwähnt, stammt das 2 bis 5 m hoh Grasgewächs ursprünglich aus Peru. Die USA, Mexiko, Südamerika, Indien, Italien und Frankreich sind heute die Hauptlieferanten. Frisch ist er bei uns von Ende Juli bis Mitte Oktober zu erhalten.
Die Palette der möglichen Partner reicht von leichten *Weißweinen (Wachauer „Steinfeder"/NÖ/A; Galestro/Toskana/I)* bis zu kraftvollen *Rotweinen (Cabernet-Merlot; Teroldego Rotaliano/Trentino/I* usw.). In letzter Konsequenz entscheidet jedoch die Zubereitungsart. Zu Maisgebäck sind *Bianco di Custoza* und *Vespaiola di Breganze/Venetien* von beeindruckender Anpassungsfähigkeit, und zu süßer Maistorte war *Recioto di Soave* (aus halbgetrockneten GAG- und TRE-Trauben; 5 – 7 Jahre; 8° C und 14 % Alkohol) von ROBERTO ANSELMI, Monteforte, FRATELLI BOLLA, Soave, GUERRIERI-RIZZARDI, Bardolino, oder LEONILDO PIEROPAN, Soave/Venetien/I wie ein schlafender Riese, der plötzlich zum Leben erweckt wurde. Im Zweifelsfalle sind *Pinot Gris Spätlesen* stets von einfühlsamnützlicher Art.

MAJORAN (WURSTKRAUT)

In den Mittelmeerländern beheimatet, wird aber auch bei uns als Sommerkraut angebaut. Schon die Ägypter schätzten das etwas minzige Aroma und nutzen es so wie wir zum Würzen von Speisen und Wurstwaren. Ausgleichende Gewächse mit milder Säure und zurückhaltendem Aroma sind *Pinot Grigio* und *Pinot Bianco/Friaul* sowie *Frascati/Latium*, während die Weine der *Provence (Bellet, Bandol, Cassis – weiß, rot* oder *rosé)* die Würzenote köstlich verstärken. Der wahrscheinlich idealste Partner ist aber ein *weißer Châteauneuf-du-Pape/südliche Rhône* (z. B. CHÂTEAU DE BEAUCASTEL) mit hohem *Roussanne*-Anteil. Nicht zu vergessen junge, fruchtcharmante *Pinots Noirs* aus aller Welt, die ebenfalls harmonisieren.

MAKKARONI

Lange, röhrenförmige, aus Weizengrieß und Eiern hergestellte Nudeln, die schon um 1000 v. Chr. bei den Etruskern bekannt waren. Bis ins 17. Jahrhundert waren sie ein Privileg der Italiener (Neapel, Genua), seither werden sie auch bei uns verwendet. Al dente (bißfest) in Salzwasser gekocht und mit geriebenem → Parmesan bestreut, ergeben sie ein köstliches Gericht.
Zu Makkaroni mit Butter ordern sie *Frascati DOC/Latium*; zu Makkaroni mit Tomatensauce *Cerasuolo Rosato/Abruzzen*; zu Makkaroni mit Fleischsauce *Montepulciano d'Abruzzo*; zu Makkaroni mit Sardinen *Corvo Bianco/Sizilien*, und zu Makkaroni mit Kalbsnieren testen Sie einen *Chiaretto della Riviera del Garda/ Venetien/I*. Makkaroni mit Wurst (Salsiccia) paaren Sie mit *Bianco di Monterotondo/Latium/I*.

Makkaroni auf „Mailänder Art"

Al dente gekochte Makkaroni mit geriebenem Parmesan und → Tomatensauce gebunden, mit Salz, Pfeffer, Muskatnuß gewürzt und mit Pökelzunge, Schinken, Champignons und Trüffeln in Julienne vermengt.
Piemontesischer Chardonnay und *Gavi DOC* sind hier als flüssige Ergänzung kaum zu überbieten, wenngleich man aus lokalpatriotischen Gründen sehr oft *Riesling Italico* und *Riesling Renano/Lombardei/I* empfiehlt.

Makkaroni auf „Sizilianische Art"

Al dente gekochte Makkaroni mit geriebenem Parmesan gebunden, mit Salz, Pfeffer und Muskatnuß gewürzt und mit gerösteten Hühnerlebern serviert.
Unter den einheimischen Gewächsen bewährten sich junger *weißer Grecanico di Sicilia* von CARLO PELLEGRINO; der allgegenwärtige *Etna Rosato* (NERELLO-MASCALESE; 1 – 2 Jahre; 9 – 10° C) als Wein für alle Tage und der kraftvolle *Corvo Rosso* (NERELLO-MASCALESE, PERRICONE, NERO D'AVOLA, 5 – 8 Jahre; 16 – 17° C) von DUCA DI SALAPARUTA, Casteldaccia, vor allem als beeindruckender Gegenspieler der Hühnerleber.

Makkaroni „Camerani"

Al dente gekochte Makkaroni mit gebratenen Champignons und Auberginenwürfeln vermengt, mit Butter und Parmesan liiert und mit gebratenen Hahnenkämmen und Hahnennieren garniert.
Ciro Rosato/Kalabrien, Ischia Bianco/Kampanien und *roter Cerasuolo di Vittoria/ Sizilien* sind altbewährt. Zu besonderen Anlässen sollten Sie edlen *Spumante Brut Metodo Classico* (z. B. von LUNGAROTTI, Torgiano/Umbrien) versuchen, es lohnt sich.

MAKRELE

Seefisch des Atlantischen Ozeans, der Nord- und Ostsee, mit zartem Jodgeschmack, rötlichem, grätenarmem Fleisch, das leider nicht sehr lange haltbar ist und daher oft geräuchert auf den Markt kommt. Im Mai und Juni kommen die Fische zum Laichen an die Küsten und sind dann frisch und jung am schmackhaftesten. Besonders die Leber der Makrele hat es den Feinschmeckern angetan.
Zu Makrele in Folie ist *Sauvignon Blanc (Sancerre)* beliebt; zu Makrele gebacken mit Parmesan sind *Riesling Italico* und samtiger *Sémillon-Sauvignon/AUS* ideal; zu Makrele auf Lauch wählen sie zwischen *Pinot Blanc* und *Sauvignon Blanc*, und zur Makrele geräuchert ist würziger *Silvaner/Franken/D* Spitze!

Makrelen gegrillt mit Kräuterbutter

Makrelen entgrätet, in eine Schüssel gelegt, mit Zitronensaft beträufelt, gesalzen, gepfeffert, mit Öl übergossen und beidseitig kurz gegrillt, angerichtet und mit Zitronenscheibe, Kräuterbutter, Tomate und Petersilie garniert.

Weiß: jugendlicher Muscadet oder Haut-Poitou Sauvignon/Loire/F

Der jugendlich-charmante *Muscadet de Serve et Maine* (1 Jahr; 7 – 9° C) von PIERRE LUSSEAUD, Le Pallet/Loire/F (gelb mit Grünschimmer, nach Hefe und Heu duftend, rassig-frisch, leicht perlend), paßte sich äußerst geschickt an das Gericht an und betonte vor allem die Grill- und Zitrusnote auf höchst angenehme Weise.

**Weiß: Riesling oder Sylvaner trocken/Elsaß/F oder Franken/D;
Sauvignon Blanc Kabinett**

Ein *elsässischer* Parade-*Riesling „Kaefferkopf* (6 – 10 Jahre; 9 – 10° C) von SICK DREYER, Ammerschwihr/F, brillierte mit stahliger Säure sowie kraftvollem Körper und konnte noch mehr als der Vorgänger die Aromen akzentuieren. Ein Wein für etwas kühlere Jahreszeiten.

Weiß: mittelreifer Kabinett/Spätlese (Pinot Blanc, Chardonnay)

Der kraftvolle *Weißburgunder Spätlese* (2 – 6 Jahre; 9 – 11° C) von ANTON KOLLWENTZ, Großhöflein/Neusiedlersee-Hügelland/BGLD/A, hatte – obwohl an und für sich ein Prachtwein – an diesem Tag kleine Anpassungsschwierigkeiten und taute erst gegen Ende des Mahles auf. Ein zweiter Versuch lohnt sich!

MAKRONEN

Mehlfreie Gebäcke aus Mandeln, Zucker, Eiweiß, die beliebte Näschereien, Beilagen zu Crèmes oder (in kleiner Form) Suppeneinlagen sind.
Milde bis süße *Weißweine (Muskateller, Muskat-Ottonel, Morio-Muskat, Sherry Oloroso/E, Recioto di Soave* und *Moscato dei Colli Eliganei/Venetien/I)* sind im Verein mit den Makronen beeindruckend.

MALAKOFFTORTE

Gebackene Löffelbiskuits (Biskotten) in Tortenform gegeben, mit Maraschinocrème bedeckt – darauf wiederum eine Biskottenschicht – mit Milch-Rum-Mischung aromatisiert, mit Maraschinocrème bedeckt, mit weiterer Biskuitschicht gekrönt, mit Schokoladenglasur überzogen und gut gekühlt mit Schlagrahm bestrichen. (Namensgeber ist der französische General Pelissier, der im Krimkrieg, 1855, die Bastion Malakow in Sewastopol eroberte.)
Riesling-Sylvaner, Pinot Gris und *Welschriesling Ausbruch* stehen in direkter Konkurrenz mit kraftvollen *Strohweinen (Vin Santo)*, und für gastrosophische Abenteurer ist z. B. reifer *roter Grands Echézeaux Grand Cru* von der DOMAINE DE LA ROMANÉE-CONTI, Burgund/F, ein hochinteressantes Versuchsobjekt. Unentschlossene sollten ein Glas *Maraschino (Kirsch)-Likör* oder Antillenrum dzu wählen. Zur imposantesten Ausdrucksform der Torte führte allerdings der prachtvolle *Ruster Ruländer Ausbruch* vom WEINGUT PETER SCHANDL, Rust/Neusiedlersee-Hügelland/BGLD/A.

MALOSSOL → KAVIAR

MANCHEGO

Der berühmteste → Schafkäse aus Spanien ist ein Hartkäse mit charakteristischwürzigem Aroma und unterschiedlichen Reifestadien. Der Manchego en Aceite mit grauschwarzer Rinde wird in Olivenöl eingelegt und reift bis zu zwei Jahre. Zu reifem Manchego genießen sie am besten delikaten *Fino Sherry*, und zu den jüngeren Exemplaren wählen Sie mittelreifen *Chardonnay*, z. B. von JEAN LEÓN, MIGUEL TORRES oder RAI MAT, Penedès. Im Zweifelsfalle sind spanische *Rosados* sehr hilfreich.

MANDARINEN

Wurden zum ersten Mal im 19. Jahrhundert in Palermo auf einem aus China importierten Stamm gezogen. Sie sind kleiner als Orangen, mit dunkelrot-gelber Schale, blutrotem Fleisch und kräftigem, säuerlichem Aroma (Dezember bis März). Zu den kernreichen, saftigen Früchten zählen auch die Satsumas, Tangerinen und Clementinen.
Als kongeniale Partner bieten sich *Eiswein, Ausbruch* und *Dessertwein* an, die bei ausgewogenen Süße-Säure-Werten an Frische gewinnen und sich das köstliche Mandarinenaroma gerne einverleiben.
(→ Rehkoteletts mit Mandarinen)

MANDEL

Der flachgewölbte Samen der Steinfrüchte des Mandelbaums, der vorwiegend in den Mittelmeerländern kultiviert wird und aus Asien (Syrien) stammt. Es gibt drei Mandelarten: 1. milde (geschälte) Mandeln werden in der Patisserie zu Marzipan verarbeitet, da sie kein Amygdalin (giftige Blausäure) enthalten. Verbindet man Mandelöl mit Wasser, so erhält man Mandelmilch. 2. Krach- oder Knackmandeln sind milde Mandeln mit dünner, leicht zerbrechlicher Schale, die leider fast nur noch geschwefelt auf dem Markt kommen. 3. Bittermandeln werden wegen ihres ausgeprägten Aromas zum Würzen von Süßspeisen verwendet. Da sie Blausäure entwickeln, sollte man nicht mehr als zehn Stück pro Tag essen. Aus den Kernen der Bittermandeln wird Öl gewonnen, das in der Patisserie und zur Herstellung von Likören gebraucht wird. Frisch sind die Mandeln von September bis Dezember erhältlich.
Zu Mandelkonfekt war *VDN Muscat de Beaumes de Venise/südliche Rhône/F* ein mächtiger, aber effizienter Partner; zu Mandelkipferln begeisterte uns eine *Traminer Beerenauslese*, während *griechischer Samos* (von TSANTALIS, Chalkidike) fast zu sehr dominierte; zu Mandelcrème sollten Sie himmlischen *Moscato di Pantelleria Naturalmente Dolce* von DIEGO RALLO, Sizilien/I, genießen; zu Mandelcrèmepaste ist *roter Aleatico di Gradoli/Latium* genehm; zu Mandel-Honig-Gebäck ist *Passito di Chambave/Aosta* (z. B. von EZIO VOYAT, Chambave) eine Sünde wert; zu Mandel-Nußcrème ist eine *deutsche Morio-Muskat Beerenauslese* nützlich, und zu köstlichen Mandelbissen dürfen *Sherry Oloroso Dulce/E* und *Vintage Port* nicht fehlen. Salzmandeln lieben den aromatischen Schlagabtausch mit edelsüßen *weißen Sauternes/Bordeaux/F*.

Mandelgelee → Blancmanger

MANGO

Eine der edelsten Tropenfrüchte mit saftig-süßlich-pikantem Aroma. Sie hat den höchsten Vitamin A-Gehalt und ist auch reich an Vitamin C. Wenn die Schale grün ist, sollte die Frucht an einem hellen Platz nachreifen.
Mangosauce und *Gewürztraminer Spätlese,* Mangosorbet und *Welschriesling Trockenbeerenauslese;* Mangokuchen und *Scheurebe Beerenauslese* (z. B. die *Sämling BA „Zwischen den Seen"* von ALOIS KRACHER, Illmitz/Neusiedlersee/BGLD/A), sind ein Gedicht. Prinzipiell harmoniert der *friulanische Verduzzo Amabile/I* hervorragend mit Mango in allen Variationen.

Mango-Chutney

Fertige Würzsauce aus Mangofrüchten → Ingwer, → Rosinen, Pfeffer, Honig u. a. dick eingekocht. Es gibt sie in scharfer Form als Hot Sliced Mango Chutney und mild als Sweet Sliced Mango Chutney.
Zur scharfen Sauce hat sich der *(weiße) Condrieu/nördliche Rhône/F* einen Namen gemacht, und zur milden Form sind *Muskat-* und *Gewürztraminer Spätlesen* beinahe unbesiegbar.

MANGOLD
(RIPPENMANGOLD, BLATTMANGOLD)

Blattmangold sind die fleischigen Blätter einer Rübenart, zu der auch die rote Rübe und die Runkelrübe zählen. Der „Spargel des kleinen Mannes" wurde schon von den Griechen und Römern geschätzt. Die Blattstiele sind schmackhaft und zart, solange sie jung sind. Vom Rippenmangold kann man nur den Stiel verwenden und wie Spargel zubereiten. Die Blätter erinnern hingegen im Geschmack an Spinat. Beste Genußzeit ist von Mai bis August und von September bis November.
Zu Mangoldtorte ist *Bellet Blanc/Provence* kaum zu übergehen; zu Rippenmangold sind naturgemäß *Sauvignon Blanc* und *Sylvaner* prädestiniert. Zu den Blättern sind *Rieslinge* an erster Stelle zu nennen, und zu Mangold mit Käse gratiniert empfahl man uns in *Frankreich* superben *roten Saint-Joseph „Les Grizières"* von ANDRÉ PERET, Chavanay/nördliche Rhône, der einen interessanten, geschmacklichen Kontrapunkt setzte.

MARÄNE

Etwa 30 cm langer und bis zu 20 dag schwerer Süßwasserfisch aus der Familie der Lachse, verbreitet von Norddeutschland bis zu den Seen Skandinaviens. Die Maräne schenkt uns ein zartes, wohlschmeckendes, beinahe grätenloses Fleisch, das gerne gebraten, gebacken, gedünstet und geräuchert wird.
(→ Lachsforelle)

MARILLEN

Österreichische Bezeichnung für → Aprikosen, aber eigentlich eine veredelte Art, die erst im 17. Jahrhundert gezüchtet wurde.
Fruchtig-charmante bis liebliche *Weißweine (Riesling, Riesling-Sylvaner/A* bzw. *D; Condrieu/nördliche Rhône, Furmint/H* und *Amigne* sowie *Humagne/Wallis/CH)* gehören zum engsten Kreis der Favoriten.

Marillen (Aprikosen) flambiert auf „Walliser Art"

Aprikosen halbiert, entsteint, mit Zucker und Zimt bestreut, in zerlassener Butter kurz gedünstet, mit Walliser Aprikosengeist flambiert, mit Vanilleeis angerichtet und mit Zimt bestreut.

Pinot Gris, Arvine, Johannisberg, Amigne und *Humagne/Wallis/W-CH* zählen zu den absoluten Top-Stars für dieses Gericht, eventuell ergänzt durch ein edles Gläschen *Walliser Aprikosengeist*. Königswein war der bezaubernde *Amigne de Vétroz* von URBAIN GERMANIER, Vétroz/Wallis/CH, der einmal mehr die große Affinität dieser Rebsorte für Aprikosen unter Beweis stellte.

Marillenknödel

Beliebte österreichische Mehlspeise; dünn ausgerollter, rechteckig geschnittener Germ(Hefe)teig mit jeweils einer Marille und einem Stück Würfelzucker zu einem Knödel geformt, in siedendem Wasser langsam gekocht, abgetropft, in gerösteten Semmelbröseln gewälzt und mit Staubzucker bestreut.

Weiß: jugendlicher Kabinett/Spätlese bzw.
Federspiel/Smaragd (Riesling, Riesling-Sylvaner)/Wachau/NÖ/A

Der *Riesling „Federspiel" Ried Kollmütz* (1 – 3 Jahre; 8 – 10° C) von RICHARD BRUCH, Sankt Michael/Wachau/NÖ/A, faszinierte mit glockenreiner, traubiger Pfirsich-Marillenfrucht sowie prickelndem Säurespiel und entlockte den Marillenknödeln ein Höchstmaß an Aromatik und Ausdruckskraft. Süßweinfreunde werden allerdings nicht ganz auf ihre Rechnung kommen.

Weiß: Spätlese/Auslese (Riesling, Riesling-Sylvaner ...)/NÖ/A

Die unglaublich fein strukturierte *Riesling Auslese „Kremser Kögl"* vom WEINGUT SALOMON (→ Akazienblüten gebacken) akzentuierte nicht nur das Marillenaroma, sondern sorgte mit subtiler Honigsüße auch für ein viel bewundertes Pendant zu Teig und Bröseln.

Weiß: Beerenauslese/Trockenbeerenauslese
(Riesling, Welschriesling, Pinot Blanc ...)/BGLD/A sowie Tokaji Aszu/H

Der delikat-süße *Welschriesling Ausbruch* (6 – 12 Jahre; 8 – 12° C) von ROLAND MINKOWITSCH, Mannersdorf/Weinviertel/NÖ/A (strahlendes Goldgelb, exquisite Melonen-, Pfirsich-, Marillen- und Honigdüfte, die im potenten Abgang von einer cremigen Edelsüße fortgesetzt wurden), konnte auch die „Leckermäuler" unserer Runde restlos begeistern.

MARK (KNOCHENMARK, RÜCKENMARK)

Das gallertartig-fette, lezithinreiche Innere der Knochen von → Kalb und → Rind wird für diverse Leckerbissen genützt, doch auch Fruchtinneres (z. B. Tomatenmark) kann als solches bezeichnet werden.

Zu Markscheiben mit Trüffeln wählen Sie zwischen edlem *Saint-Émilion* (CHÂTEAU FIGEAC, CHÂTEAU BELAIR ...)/*Bordeaux*/F und *Barbaresco Riserva DOCG* (CERETTO, CHIARLO, GIACOSA, GAJA, RATTI, GIGI ROSSO)/*Piemont*/I; zu Ofenkartoffeln mit Mark versuchen Sie jungen *roten Beaujolais/Burgund* bzw. *Pinot Noir* oder *Sankt Laurent*, und zu Rinderfilet mit Markscheiben genießen Sie am besten samtigen *roten Margaux* (CHÂTEAU LASCOMBES, CHÂTEAU PALMER usw.)/*Haut-Médoc/Bordeaux*/F.

MAROILLES

Französischer Weichkäse in quadratischer Form, dessen Haut von einer braungelben Flora überzogen ist. Die Mönche der Abtei Thiérache erfanden das Grundrezept des berühmten Käses, der während der Reifung mehrmals mit Salzwasser eingerieben wird und in reifer Form sehr scharf schmeckt. Sorbais und Mignon werden nach dem Vorbild des Maroilles hergestellt.
Kraftvoll-milde bis süße *Weißweine (Traminer Spätlese/Elsaß, Jurançon/Pyrenäen* und *Barsac/Sauternes/Bordeaux/F)* sind die erprobten Favoriten. Ein *Sauternes* (CHÂTEAU GUIRAUD) erschien uns besonders ideal, da er dem Maroilles schmeichelte und selbst schlanker und weniger süß wirkte. Rotweintrinker bevorzugen *Côtes du Roussillon-* und *Pomerol-Weine*, die jedoch das Aroma etwas überdecken. Manche altgediente Käsespezialisten meinen, daß *Milchkaffee* der einzig wahre Begleiter sei.

MARONENPILZ (MARONENRÖHRLING, BRAUNHÄUBCHEN)

Exquisiter Speisepilz, der vor allem in Nadelwäldern vorkommt und in den ersten kühlen Septemberwochen erscheint. Neben dem → Steinpilz ist der Maronenpilz der bekannteste aller Röhrenpilze, sein Geruch ist zurückhaltend, dezent und sein Geschmack von ausgeprägter Milde.
Reife *Weißweine (Pinot Gris, Pinot Blanc, Chardonnay* bzw. *Morillon, Zierfandler, Neuburger, Grüner Veltliner ...)* schmeicheln dem edlen Pilzaroma am meisten und nehmen sehr oft ein Verjüngungsbad darin. *Merlot* und *Pinot Noir* feinster Art sowie *Barbera* und *Barbaresco/Piemont/I* gehören zu den dunkelhäutigen Idealpartnern.

MARZIPAN (MANDELMASSE)

Süß- und Bittermandeln geschält, gemahlen, mit Zitronenschale und etwas Rosenwasser vermischt und nach etwa 10 bis 12 Stunden geformt und im Rohr etwas angebräunt.
Die Palette der möglichen Begleiter reicht von jugendlich-mildem *Riesling-Sylvaner* oder *Soave DOC/Venetien/I* bis zu den feinsten edelsüßen Kreszenzen der Welt. Unter dem Stichwort → Mandel finden Sie weitere Anregungen.

MASCARPONE

Ungesalzener Doppelrahm-Frischkäse aus der Lombardei von geschmeidig-milder Art. 45 bis 55 % F.i.T., der als Ersatz für Schlagrahm, als Füllmittel für Teigwaren und Backwerk sowie als Bestandteil von süßen Crèmes verwendet wird.
Zu Gorgonzola al Mascarpone tranken wir köstlichen, auf der Zunge – gemeinsam mit der Sauce – zergehenden *Picoltit Colli Orientali del Friuli* von der ABBAZIA DI ROSAZZO, Manzano/Friaul, den uns noch der einstige Spiritus rector, Walter Filiputti, verehrte. Zum Mascarpone selbst genießen Sie *lombardischen Champenois Crémant* von BELLAVISTA, Erbusco, oder einen der bekannten *Süßweine*, wie den *Torcolato* von FAUSTO MACULAN, Breganze/Venetien/I. Auch *Espresso* (!) und rassige *Eisweine* haben Tradition!

MASTHAHN → KAPAUN

MASTHUHN (POULARDE)

Junges, gemästetes Hühnchen mit hellem, zartem, wohlschmeckendem Fleisch von fester Konsistenz. Es wiegt zwischen 1500 und 2500 g und wird ca. 12 bis 13 Wochen gemästet. Um ein Austrocknen des Brustfleisches zu verhindern, sollte man es mit Räucherspeckscheiben umhüllen, die allerdings unter den korrespondierenden Weinen Verwirrung stiften können.
Zu Masthuhn gefüllt ist superber *Graves Blanc/Bordeaux/F* (oder *Pinot Gris*) ein Juwel; zu Masthuhn in Salzkruste war *Pouilly-Fussé/Burgund/F* hervorragend. Weiters empfehlenswert: Masthuhn mit Trüffeln und *roter Musigny GC/Burgund*, Masthuhn in Biersauce und *Altbier*, Masthuhn mit Morcheln und *Pinot Blanc Spätlese* oder *Meursault/Burgund/F*, Masthuhn mit Flußkrebsen und *Champagne Blanc de Blancs*, Masthuhn mit Sauerampfer mit jungem *Sauvignon Blanc* oder *Riesling* und Masthuhn „Baskisch" gepaart mit *rotem Penedès* (z. B. dem eleganten *Viña Toña Parellada* von CELLER RAMÓN BALADA, Sant Marti Sarroca/Katalonien).

Masthuhn auf „Andalusische Art"

Huhn gedünstet, enthäutet und mit Geflügelrahmsauce, die mit Paprikaschotenbutter montiert wurde, übergossen; als Beilage halbierte, mit griechischem Reis gefüllte, rote Paprikaschoten und mit Tomaten bedeckte, gebratene Auberginenscheiben.
Als Sommer- und Mittagswein testeten wir jugendlichen *Arcos de la Frontera/Riesling/Andalusien/E*, aber auch *Weißweine* aus *Chiclana/Cádiz* gehen mit Paprikaschoten, Tomaten, Reis und Auberginen sehr geschickt um. Eine weitere sommerliche Alternative stellt der ebenso frische wie exotische *Rioja Beron Blanco seco* (VIU 90 %, 1 – 2 Jahre, 8 – 9° C) von den BODEGAS BERONIA, Ollauri/Rioja Alta/E, dar. *Rieslinge* und fruchtige *Sauvignons Blancs* kann man eigentlich fast blind dazu bestellen, während leichte *Rotweine*, wie die hochgelobte *Rioja Reserva Viña Albina*, von den BODEGAS RIOJANAS, Cenicero, sich nicht allzusehr akklimatisieren konnten und Würze- und Bittertöne erhöhten. Der relativ leichte, kaum gespritete (15 – 16 %) *Montilla-Moriles „Fino Festival"* von ALVEAR, Montilla/Andalusien (→ Angels on Horseback) ergab im Herbst-Winter eine fast überirdisch anmutende Verbindung von größter Ausdruckskraft und übertraf sogar den *Fino Sherry „Don Zoilo"/Jerez/Andalusien*an Wirkung.

Masthuhn „Marengo"

Huhn mit Salz, Pfeffer und Knoblauch eingerieben, in Olivenöl angebraten, mit Weißwein aufgefüllt, zusammen mit kleingeschnittenen Champignons und Tomaten weich gedünstet, mit Petersilie bestreut, mit gebackenen Eiern und gekochten Krebsen garniert und mit Croûtons serviert. (Das Gericht wurde zu Ehren Napoleons I. kreiert und erinnert an die Schlacht im Jahre 1800 gegen die Österreicher, denen er in der Nähe des oberitalienischen Dorfes Marengo eine vernichtende Niederlage zufügte.)

Weiß: Entre-deux-Mers/Bordeaux/F, Bellet Blanc/Provence/F

Der samtig-würzige *Chateau la Tuilerie* (SÉM 45 %, SB 30 %, ML 25 %, 1 – 3 Jahre, 8 – 9° C) von CLAUDE UND BERNARD GREFFIER, Entredeux-Mers/Bordeaux, paßte sich geschickt an das diffizile Gericht an und verlieh vor allem der würzigen Seite Gewicht.

Weiß: Graves Blanc Cru Classé/Bordeaux, Hermitage Blanc/nördliche Rhône/F

Der sublime *Cru Classé de Graves „Domaine de Chevalier"* (→ Hühnerkeulen gefüllt) war diemal in Top-Form, stellte die Balance zwischen Huhn und Krebsen her und ließ keinerlei Diskussion über die gewagte Zusammenstellung der Ingredienzien aufkommen.

**Weiß: halbsüße bis trockene Sauternes/Bordeaux/F
Châteauneuf-du-Pape Blanc/südliche Rhône/F**

Da die trockene Version des berühmten *Sauternes* vom CHÂTEAU GUIRAUD nicht greifbar war, hielten wir uns an den empfohlenen *2ᵉ Cru Classé* vom CHÂTEAU SUAU, Capian/Sauternes (SÉM 85 %, SB 15 %; 5 – 10 Jahre; 7 – 9° C), der zwar mit goldener Farbe sowie dosierter Honigsüße aufwartete und auch den Knoblauch und Olivenölgeschmack auf feinste Weise hervorholte, aber letztlich doch etwas zu süß und breit wirkte.

MASTKALB → KALB

MASTOCHSE

Das kastrierte männliche Rind liefert im Alter von drei bis sieben Jahren das beste Fleisch in Konsistenz und Aroma – es ist zwar tund doch nicht weichlich – und sollte vor allem in den Monaten von Jänner bis März verzehrt werden. Ab dem 12. Jahr tritt eine entschiedene Abwertung des Fleisches ein.
Weinempfehlung: → Rind, → Ochse.
Mastochsenfilet mit Gurken und grünem Pfeffer sollte von samtigem *Merlot (Saint-Émilion ...)* entschärft werden; Mastochsenfleisch „Lyonnaise" (mit Zwiebeln, Weißwein und Butter: → Zwiebelrostbraten) wurde von kernig-würzigem *Edel-Beaujolais Chenas* von GEORGES TRICHARD, La Chapelle de Guinchay/Burgund, pointiert untermalt, und gekochtes Mastochsenfleisch wird in *Österreich* traditionellerweise von würzigen *Weißweinen (Grüner Veltliner, Pinot Blanc, Sylvaner ...)* in Szene gesetzt, obwohl fruchtcharmante *Rotweine (Pinot Noir, Zweigelt, Blauburger, Blaufränkisch ...)* durchaus bestehen können.

MATJESHERING

Junger, noch nicht geschlechtsreifer (laichfähiger) → Hering, der von Mai bis Juni vor Schottland und Irland in die Netze geht und mild gesalzen und zartfleischig auf den Markt kommt.
Lagerbier und junge erfrischende *Weißweine* mit pointierter Säure und zart salziger Note *(Sauvignon Blanc, Chardonnay, Bourgogne Aligoté/Burgund, Muscadet/Loire ...)* kommen dem ausgeprägten Aroma des Meeresbewohners am effizientesten entgegnen.

MAULBEEREN

Die fleischigen, zuckersaftigen, weißen oder schwarzen Früchte des Maulbeerbaumes von brombeerähnlichem Geschmack. Seit Jahrtausenden in West- und Mittelasien kultiviert, kamen sie erst im 16. Jahrhundert zu uns. Ideale Genußzeit von Juni bis August.
Grundsätzlich sind fruchtbetonte*Schaumweine (Riesling-* und*Muskatellersekt, Vouvray/ Loire/F ...)* das ideale Pendant zu den Beeren, doch auch kraftvolle beerensüße junge *Rotweine (Bordeaux* mit hohem *Merlot-*Anteil; *Rioja Alta/E; Primitivo di Manduria/ Apulien/I; Cabernet-Merlot/KAL ...)* sind sehr oft Träger des edlen Maulbeertones.

MAULTASCHEN

Schwäbisches Gericht: eine Abart der → Ravioli; Mehl, Eier und Butter zu einem Nudelteig geformt, 1 mm dünn ausgerollt und zu etwa 6 x 6 cm großen Quadraten ausgeschnitten; Hackfleisch, gedämpfter Spinat, eingeweichtes Weißbrot, Ei, gehackte, gedünstete Zwiebeln und Petersilie mit Majoran, Salz, Pfeffer und Muskatnuß vermengt, auf die Teigflächen gegeben, zu Dreiecken geformt, ca. 10 Minuten in einer Fleischbrühe ziehen gelassen und mit der Brühe serviert.

Weiß: Pinot Gris, Pinot Blanc QbA/D
Rot: siehe unten!

Ein einfacher *roter Trollinger* aus Württemberg/D ist der sicherste Begleiter für alle Tage.

Weiß: Pinot Blanc, Chardonnay, Riesling, Welschriesling Kabinett
Rot: siehe unten! bzw. Pinot Noir

Die *Lemberger Spätlese „Gündelbacher Wachtkopf"* von BEZNER & FISCHER, Vaihingen-Gündelbach/Württemberg (3 – 5 Jahre; 16 – 17° C), brillierte mit dunkler Farbe, exquisiter Frucht (Brombeeren) sowie elegant-finessenreichem Abgang und akzentuierte die diversen Ingredienzien mit Stil.

Rot: siehe unten! bzw. Chianti Classico/Toskana/I

Der als Außenseiter gestartete *Südtiroler Lagrein dunkel* (→ Gemsrücken) dominierte zwar streckenweise, holte aber andererseits die meisten Aromen heraus und sorgte für ein deftig-rustikales Mahl besonderer Art.

MAYONNAISE

Eigentlich Mahonnaise, weil die Kreation zu Ehren der Hafenstadt Mahón auf Menorca (1756) benannt wurde. Kalte Tafelsauce aus geschmacksneutralem Öl und Eigelb, gewürzt mit Salz, Estragonessig, weißem Pfeffer und etwas Zitronensaft; 3 zimmerwarme Eigelb mit einer Messerspitze Salz schaumig gerührt, 1/2 l lauwarmes Öl unter ständigem Rühren langsam dazugegeben, weitergerührt, bis die Mayonnaise cremig ist und dann gewürzt. Zu kaltem Fleisch, Geflügel und Fisch früher ein gern gesehener Begleiter, der durch die Nouvelle Cuisine etwas verdrängt worden ist.

Je nach Produkt, Tages- und Jahreszeit wählen Sie zwischen *Vin Jaune/Jura; Bourgogne Aligoté, Côte Chalonnaise Blanc/Burgund; Sylvaner, Sauvignon Blanc* und *Pinot Blanc, Muskateller, Riesling, Zilavka* und *Gambellara* sowie *Bianco di Custoza/Venetien/I*. In *Frankreich* gilt der *Tavel-Rosé/südliche Rhône* als klassischer Begleiter.

Mayonnaise auf „Russische Art" (Mayonnaise à la Russe)

Mayonnaise mit geriebenem → Kren versehen und mit Gelee gebunden: dient zum Überziehen von kalten Gerichten wie Fischstücken, Eiern, Fleisch usw.
Durch den Zusatz von Kren (Meerrettich) und Gelee (Aspik) kommen auch jugendlich-fruchtige *Rotweine (Pinot Noir, Gamay, Blauer Portugieser, Blauburger ...)* und frisch-fröhliche *Schaumweine (Riesling, Welschriesling, Chardonnay ...)* ins Rampenlicht.

MEERÄSCHE (MEERALANT)

Barschähnlicher Meeresfisch von maximal 50 cm Länge und 4 kg Gewicht (gute Zeit ist September bis Oktober und Jänner bis Februar), der in allen europäischen Meeren – außer der Ostsee – vorkommt. Das weiße, zarte, zugleich fette und wohlschmeckende Fleisch wurde schon von den Römern geschätzt. In Frankreich ist der Rogen als Boutargue eine beliebte Vorspeise, die gesalzen, gepreßt und getrocknet angeboten und mit gekühlten *Rotweinen (Gamay, Cabernet Franc ...)* gepaart wird. In *Sardinien* schwört man hingegen auf den *Sherry*-artigen *Vernaccia di Oristano* (z. B. von JOSTO PUDDU, San Vero Millis). Zu Meeräsche gebraten trinkt man in *Italien* landauf, landab *Frascati/Latium* und in *Frankreich Muscadet/Loire*. Zu Meeräsche „Müllerin" ist junger, zarter *weißer Apremont/Savoyen/F* ein wahres Vergnügen.

Meeräsche in Salzteig

Salz, Mehl, Eier und Wasser zu einem Teig verarbeitet; Meeräsche mit Pfeffer gewürzt, in den Salzteig gewickelt, im heißen Rohr gegart, aus dem Ofen genommen, Salzteigkruste entfernt (Haut der Meeräsche soll leicht zu lösen sein) und serviert. *Weißweine* mit zart salziger Note *(Chardonnay* bzw. *Morillon, Pinot Blanc, Muscadet/Loire, Verdelho/Sizilien, Arvine/Wallis, Sherry Manzanilla/E)* sind hier gefragt; selbstverständlich kann man dazu auch „*chablisieren"!*

MEERBARBE (SEEBARBE)

Der → Meeräsche ähnlicher Meeresfisch von sehr großem Wohlgeschmack und delikatem weißem sowie fest-fettem, grätenarmem Fleisch, ideale Fangzeit ist September bis Februar.
Zu Meerbarbe mit Ingwerbutter sind *Condrieu* und *Château-Grillet/nördliche Rhône* ein Genuß; zu Meerbarbe au Beurre Blanc ist aristokratischer *Corton-Charlemagne/Burgund* geradezu unwiderstehlich, und zu Meerbarbe gegrillt sind *Muscadet* oder *Sancerre/Loire* die besten Begleiter.

MEERESFRÜCHTE

Alle eßbaren Tiere des Meeres – außer den Fischen – wie → Austern, → Garnelen, → Hummer, → Langusten, → Muscheln, → Seeigel, → Tintenfische.
Zu geschmorten Meeresfrüchten mit Tomaten ist *Verdicchio San Niccolò* von MARIA UND GIORGIO BRUNORI, Jesi/Marken/I, ein Geheimtip unter Freunden. Meeresfrüchtespieß lassen Sie von *Sherry Manzanilla/E, Muscadet* oder *Gros Plant/Loire/F* eskortieren.

MEERNEUNAUGE → LAMPRETE

MEERRETTICH → KREN

MELANZANE → AUBERGINEN

MELONE

Der → Gurke und dem → Kürbis verwandtes Gewächs. Die Melone ist in verschiedenen Spielarten in Indien, Zentralafrika und Europa zu Hause. Die Römer konnten ihr keinen Geschmack abgewinnen, doch Araber und Spanier lernten sie zu schätzen. Kaiser Friedrich III. aß sich 1493 sogar daran zu Tode. Der eigenwillige Feinschmecker Vaerst empfahl nicht Zucker, sondern Pfeffer (!) als Beigabe. Die wichtig-

sten Spielarten sind Ananasmelonen mit orangefarbenem, nach Ananas schmeckendem Fruchtfleisch; Cantaloupe mit gelber Farbe und aromatisch-süßem Geschmack; Honigmelonen mit hellem Fleisch und honigsüßem Aroma; Wassermelonen (Pasteken, Arbusen) kommen aus Afrika, sind von kürbisartiger Größe mit rotem, saftigem Fruchtfleisch. Am besten munden sie alle in den Monaten Juli bis September.
Ananasmelone, Cantaloupe und Honigmelone lassen sich – je nach Zubereitungsart und Süßegrad – hervorragend mit *Muskateller (Moscato)*-Gewächsen aller Art, mit *Pinot Gris Auslesen, Sherry Oloroso/E, Tawny Port* und *Madeira Bual* sowie *Malmsey/P, Aleatico di Gradoli* und *di Puglia/I, Prošek, Vouvray demi-sec/ Loire* und dem *roten VDN Rasteau/südliche Rhône* vereinen. P. S.: Auch *Rieslinge* im Prädikatsbereich sind möglich.

Melone mit Rohschinken

Verdicchio DOC aus den *Marken* (z. B. der superbe *Cru le Moie* von FAZI-BATTAGLIA, Castelplanio), *Muskateller,* z. B. der finessenreiche *Muscat d'Alsace* von JEAN-PAUL ECKLE ET FILS, Turckheim, und der duft- und alkoholreiche *rote Aleatico di Gradoli DOC* von der CANTINA SOCIALE DI GRADOLI, Latium, dieser allerdings als eindeutig dominierender Begleiter, ergaben hochinteressante, sorgfältig abgestimmte Highlights.

MERINGUE (MERINGE, MERINKE, SPANISCHER WIND) → BAISER

MERLAN (WITTLING)

Eine → Schellfisch-Art von 40 bis 50 cm Länge, die in den europäischen Meeren vorkommt und frisch genossen (von Oktober bis April) von zartem, leicht verdaulichem Fleisch ist.
Zu Merlan mit Anchovis (Sardellen) und Schnittlauch ist auf *Hermitage Blanc/nördliche Rhône* Verlaß; zu gebratenem Merlan sollten Sie einen *Entre-deux-Mers/Bordeaux* oder *Rioja Blanco/E* versuchen; zu Merlan in weißer Sauce sind *Graves Blanc/Bordeaux* und *Pinot Gris Kabinett* schlechthin ideal, und zu Merlan alla Pescatora (mit Tomaten, Olivenöl, Zwiebeln) bestehen Sie (energisch) auf *Verdicchio Classico dei Castelli di Jesi* von den FRATELLI BUCCI, Ostra Vetere/Marken/I (eine Entdeckung).

Merlan auf „Englische Art"

Merlan entgrätet, auseinandergeklappt, gesalzen, englisch paniert (Kräuterbutter auf Panier aus Mehl, Ei, Butter, Bröseln gegeben).

Weiß: Chasselas (Gutedel), Riesling-Sylvaner/CH, Elsaß/F/D/A

Ein *elsässischer Chasselas* (1 – 3 Jahre; 8 – 9° C) von ROBERT SCHOFFIT, Colmar/F (hellgelb, fruchtcharmant, sehr gut ausgewogen mit samtigweichem Abgang), war der Panier und der Fisch ein aufmerksamer, artverwandter Schmeichler.

Weiß: siehe unten! bzw. Pinot Gris, Neuburger/Thermenregion/A

Der *Puligny-Montrachet „Blagny"* (→ Glattbutt „Müllerin") von LOUIS LATOUR verlieh dem Merlan Noblesse und Subtilität, ohne selbst an Aroma oder Austrahlung einzubüßen.

Weiß: Spätlese trocken (Pinot Gris, Neuburger, Rotgipfler, Malvasier, Roter Veltliner ...)

Die *Roter Veltliner Spätlese* von JOSEF MANTLER, Brunn im Felde/Kamptal-Donauland/NÖ/A, kam dem *Puligny-Montrachet* ganz nahe in puncto Wirkungskraft, Einfühlungsvermögen, Noblesse und war an diesem Tag eine ebenbürtige Alternative!

Merlanfilets in Aspik

Grüner Veltliner und *Welschriesling Kabinett/A; Riesling, Silvaner* und *Pinot Blanc Kabinett/D* sowie rassiger *Sauvignon Blanc/Loire/F* bzw. *Südsteiermark/A* sind stimulierende Stichwortgeber des Aspiks, wobei die saure Note auf pikante Weise betont wird. Die in der *Schweiz* verkosteten *weißen Aigle* und *Dezaley/Waadtland*, beide aus der *Chasselas*–Rebe, wearen hingegne geschmacksausgleichend tätig.

MIESMUSCHELN (PFAHLMUSCHELN)

Im Meer lebende Weichtiere mit zweiklappiger Schale von länglicher Form und dunkelblauer bis lilabrauner Farbe. Von September bis März munden die „Austern für alle Tage" am besten, sind aber etwas schwerer verdaulich. Schon im 13. Jahrhundert legten französische Fischer die ersten Muschelkulturen an und bemerkten, daß jene mit durchscheinendem Gehäuse nicht von idealem Geschmack sind.
Zu Miesmuscheln mit Senfsauce testeten wir mit Genuß einen *Hautes Côte de Beaune Blanc/Burgund*; zu Miesmuscheln „Marinière" verwöhnte uns ein rassiger *Sylvaner/Elsaß/F;* zu Miesmuschelsuppe darf es auch ein *Riesling* sein, und zu Miesmuscheln mit Pilawreis wählen Sie zwischen *Muscadet/Loire, Sherry Manzanilla* sowie *Montilla Moriles/Andalusien*. Zu Miesmuscheln mit Safran ist *Bianco Falerio dei Colli Ascolani/Abruzzen* mehr als ein simpler Begleiter. Miesmuscheln gratiniert schlürften wir mit samtigem *Pinot Blanc/Südtirol*, und geräucherte Miesmuscheln veredelten wir mit samtigem *Fino Sherry/E*.

Miesmuscheln in Mayonnaise

Gekochte Miesmuscheln aus der Schale gelöst, ausgekühlt und mit → (Knoblauch-)Mayonnaise und gehackten Schalotten vermengt.

Weiß: Gambellara DOC oder Bianco di Custoza/Venetien/I

Der sauber gekelterte *Bianco di Custoza DOC* (TRE, GAG, TOCAI; 1 – 2 Jahre; 8 –9° C) von CAVALCHINA, Sommacampagna/Venetien/I, der mit niedrigem Alkohol, feiner Frucht und samtigem Ausklang das perfekte Schulbeispiel eines Tiefstaplers und Dienerweins darstellte, hob Muscheln wie Knoblauchmayonnaise und Schalotten uneigennützig hervor.

**Weiß: Verdicchio dei Castelli di Jesi DOC,
Verdicchio di Matelica DOC/Marken/I**

Der famose *Verdicchio di Matelica DOC* von den FRATELLI BISCI (→ Flammeri aus Grieß) brillierte mit Nuancenreichtum sowie Komplexität und war der Knoblauchmayonnaise ein nachgerade sensationeller Partner, sodaß man seiner Affinität für Miesmuscheln eigentlich gar keine große Bedeutung mehr beimaß.

Weiß: Pinot Bianco/Südtirol, Pinot Grigio/Friaul/I; Riesling Spätlese/Elsaß/F

Dem kraftvollen *Weißburgunder "Villa Barthenau" DOC* (2 – 5 Jahre; 9 – 10° C) von J. HOFSTÄTTER, Tramin/Südtirol/I (leuchtendes Gelb, mit frischer und feinwürziger Transparenz des Bouquets sowie kraftvoll-nussigem Ausklang), gelang es zeitweise sogar, die Aura der Knoblauchmayonnaise zu durchbrechen und den Muscheln direkte Impulse zu geben. Ein Musterbeispiel für die Aufwärtsentwicklung der Weinerzeugung in Südtirol.

Miesmuscheln „Provenzalisch"

Gekochte Muscheln aus der Schale gelöst, die Hälfte der Schalen mit jeweils zwei Muscheln gefüllt, mit Kräuterbutter zugestrichen, mit Paniermehl bestreut, im Ofen überbacken und mit → Sauce Béchamel, die mit Tomatenmark, Knoblauch und Zitronensaft versetzt wurde, angerichtet.

Hier waren wieder einmal die schon so oft zitierten Produkte der *Provence (Bandol Rosé, Côteaux d'Aix, Bellet, Cassis* – alle drei *weiß* und *rosé* sowie *Südfrankreichs* gefordert, doch exotische *Chardonnays (AUS, KAL, CHILE), Chenin Blanc/Loire* sowie *Riesling Spätlesen* konnten mehr als achtbar bestehen.

MILCHER → KALBSBRIES

MILCHRAHMSTRUDEL (MILIRAHMSTRUDEL)

Eine köstliche altösterreichische Mehlspeise: glatter Teig aus Mehl, Ei, → Rum, lauwarmer Margarine, Wasser und einer Prise Salz, geknetet, mit Öl bepinselt und 20 Minuten ruhen gelassen; Füllung aus altbackenen Semmeln, Milch, Butter, Zucker, Eigelb, abgeriebener Zitrone, → Obers, Eiweiß, Rosinen. Im vorgeheizten Ofen bei 220° C 45 Minuten gebacken und mit → Vanillesauce übergossen.

Nicht zu hochgradige *weiße Prädikatsweine (Spätlese, Auslese)* mit weniger als 30 g Restsüße *(Riesling-Sylvaner, Pinot Gris; Pinot Blanc, Neuburger, Traminer, Welschriesling)* und milde *Schaumweine* gelten als scheinbar unüberbietbare geschmackliche Förderer. Doch für Honigmäuler ist nach wie vor ein traubig-frischer, süßer *Eiswein* (z. B. der *Scheurebe Eiswein* von ENGELBERT GESELLMANN, Deutschkreutz/Mittelburgenland/A) die Krönung eines Mahles.

MILCHREIS

Milch mit Zucker, Vanillemark, Butter und etwas Salz aufgekocht, Reis hineingegeben, im geschlossenen Topf bei kleiner Hitze geköchelt, bis alle Milch aufgesogen ist, mit Eigelb vermischt und mit Zimt bestreut.

Sollten Sie auf *Kakao (Trinkschokolade)* verzichten können (wollen, dürfen), so sind dezent-süße *Prädikatsweine (Pinot Gris, Zierfandler, Riesling ...)* eine angenehme Abwechslung.

MILZ

Gehört zu den → Innereien. Die Blutlymphknoten der Wirbeltiere – sie erzeugen die weißen Blutkörperchen – werden in der Küche selten eingesetzt (Kalb, Rind, Schwein, Hammeln) – sind aber reich an Phosphor und Vitamin B und C. Wir finden sie vor allem in der → Blutwurst und manchmal auch in den → Leberknödeln vor.

MINCE PIE

Weihnachtsgericht aus Old England: Rindernierenfett. Orangeat und Zitronat feingehackt, eingeweichte Rosinen, Zucker und abgeriebene Zitronenschale beigemischt, mit etwas Salz, Ingwer, Zimt, Muskatblüte und je einem Gläschen Weinbrand, → Madeira und → Rum aromatisiert, einige Tage stehen gelassen und mit gebratenem, würfeligem Rinderfilet und Äpfeln vermischt, in eine Schüssel gefüllt, mit Blätterteig bedeckt und im Rohr gebacken.

Neben *Madeira (Veredelho* bis *Bual)* konnte auch *roter* gehaltvoll-trockener *Reserva Dão* von SOGRAPE, Porto/Portugal, bestehen. Die wahren Sieger waren aber die *weißen Gewürztraminer* und *Pinot Gris Spätlesen,* eine superbe *australische Riesling Auslese,* ein *weißer Cru Classé Graves/Bordeaux/F* und der extraktsüße, mächtige, exotische *rote Grange Hermitage* von *Penfolds/S-AUS,* der uns immer wieder an edlen *Vintage Port* erinnerte.

MINESTRONE

Italienische Gemüsesuppe: eingeweichte Bohnen würfelig geschnitten, Speck in Butter angebraten, Schalottenwürfel, etwas Knoblauch, grobgeschnittene Karotten, Porree, Knollensellerie und Tomaten mitgebraten, gehackte Suppenkräuter beigefügt, mit Kraftbrühe aufgefüllt, mit Salz, Pfeffer, Oregano und Paprika gewürzt, langsam durchgekocht, mit Nudeln versetzt und mit geriebenem → Parmesan bestreut.
Falls Sie Wein dazu trinken wollen, dann raten wir Ihnen zu *Soave Classico/Venetien, Pinot Bianco DOC/Friaul* oder *Tocai Bianco di Lison-Pramaggiore/Venetien/I.* Auch milde *Roséweine* und *roter Aglianico del Vulture/Basilikata* sind möglich.

MINTSAUCE

Eine von Old Englands Paradesaucen: Pfefferminzblätter gehackt, mit Butter und Schalottenwürfeln angedünstet, mit Fleischfond abgelöscht, aufgekocht, abgeseiht, mit Salz und Pfeffer gewürzt und mit etwas Weinessig und karamelisiertem Zucker vollendet. Beliebt zu → Lamm- und → Hammelgerichten.
Cabernet Sauvignon, Merlot und *Syrah* sind kongeniale Genossen der Mintsauce: als Crème de la crème darf man ruhigen Gewissens die Kreszenzen aus *Pauillac/Haut-Médoc* (CHÂTEAU LYNCH-BAGES, CHÂTEAU MOUTON-ROTHSCHILD ...) und *Südaustralien/Coonawarra (Cabernet, Cabernet-Shiraz, Shiraz)* von PENFOLDS, PETALUMA, WYNNS usw. bezeichnen. (→ Lammkeule mit Minzsauce)

MINZE → PFEFFERMINZE

MIREPOIX

Röstgemüse gewürfelt als beliebte Würzbeigabe für Saucen und Fleischgerichte: Zwiebeln, Wurzelwerk und Räucherspeck in kleine Würfel geschnitten, mit Thymian und Lorbeerblatt gewürzt, angeröstet, Fett abgegossen und in die kochende Sauce gegeben. (Namensgeber ist der Herzog von Mirepoix (1699 – 1757), dessen Leibkoch ihn auf diese Weise verewigte.)
Zwiebeln, Thymian, Lorbeerblatt und Räucherspeck sind aus unserer Sicht eher ungeliebte Begleiter diverser Speisen und sollten – unter Berücksichtigung des Gerichts – von würzigen *südfranzösischen Roséweinen, Côtes du Rhône (weiß* und *rot)* sowie jugendlichen *Weißweinen* der *Provence (Cassis, Bellet, Bandol)* in aromatische Obhut genommen werden.

MIROTON

Südfranzösischer Auflauf: gekochtes Rindfleisch in dünne Scheiben geschnitten, in eine Auflaufform gegeben, mit gewürfelten Karotten und Sellerie bestreut und mit einer Sauce aus Zwiebeln, Speckwürfeln, Mehl, Salz und Pfeffer begossen, mit Semmelbröseln bestreut, mit Butterflocken belegt und im Backofen bei 225° C goldgelb gratiniert und mit gehacktem Schnittlauch garniert.

Als Mittags- und Sommerwein raten wir zu köstlich-erfrischendem *rotem Champigny* (CF; 1 – 3 Jahre; 14 – 15° C) *AC* von GILBERT LAVIGNE oder DOMAINE FILLIATREAU, Saumur-Champigny/Loire; an Herbst- und Winterabenden greifen Sie zu einem *Côtes du Rhône Rouge*, z. B. von der DOMAINE BERTHET-RAYNE, Courthézon, oder – noch besser – vom CHÂTEAU DE COURAC (SYR; 3 – 5 Jahre; 16 – 17° C), der mit düsterer Farbe, würzigem Duft (Pfeffer, Trüffeln, warme Erde) und reinem Körper sozusagen Wucht, Kraft und edle Fruchtstruktur vereinte und uns einen denkwürdigen, brieftaschenfreundlichen Abend bescherte.

MIXED GRILL

Kleine Fleischstücke (→ Filet Mignon, Kalbsfilet, Hammelkotelett, Schweinsfilet, Kalbsleber, Hammelniere, Speck, kleine Würstchen ...) am Spieß gegrillt und mit Kräuterbutter und gebackenen Kartoffeln serviert. *Rotweine* mit runden Tanninen, die Sie auch unter den einzelnen Stichworten finden, sind hiezu die gewünschten „Vins Plaisirs" (Weine, die Vergnügen bereiten, über die man aber nicht zu philosophieren braucht). Beim Grillen und Räuchern über offenem Feuer ist es sehr wichtig, eine eventuell angerußte Oberfläche des Fleisches bzw. das Herabtropfen des Fettes zu verhindern, um solcherart die Entstehung von krebserregendem Benzpyren zu vermeiden. „Beerensäfte", die eine besondere Affinität für den mehr oder weniger intensiven Rauch-Grill-Geschmack aufweisen, sind *Rioja/E, Pomerol/Bordeaux/F, Marzemino/Trentino, Bonarda* von MAZZOLINO, Emilia/I und interessanterweise der *weiße*, geharzte *Retsina/Griechenland*. Dieser mundet allerdings nur unter Einbeziehung des Klimas und der Ferienstimmung.

MIXED PICKLES

In Essig eingelegtes Gemüse: Silberzwiebeln, kleine Karfiolrosen und Maiskolben, Spargel, junge Karotten, kleine Gurken, rote Paprikastreifen und Senfgurken in Salzwasser halbgar gekocht, erkaltet, in Gläser gegeben, mit Weinessig, der mit Dill, Pfefferkörnern und Lorbeerblatt aufgekocht wurde, aufgefüllt, nach zwei bis drei Tagen abgegossen, mit frisch aufgekochtem Weinessig neu begossen und mit Salz, Cayennepfeffer, Paprika und Ingwerpulver gewürzt.

Côteaux du Layon und *Vouvray demi-sec/Loire, Muskat-Weine* aller Art, *Condrieu/nördliche Rhône, Tocai Friulano* usw., aber auch manche *weißen Primeurweine* (Jungweine) und exotische *Biere* sind hier Retter in der Not.

MOCKTURTLE-SUPPE
(FALSCHE SCHILDKRÖTENSUPPE)

Fleischsuppe mit einer Einlage von gekochtem Kalbskopf, Kalbshirn, Kalbszunge, nebst Trüffeln, Champignons, Petersilie, Gewürznelke, Pfeffer, Tomaten und → Madeira. Sie ist nicht gerade leicht verdaulich, aber sicherlich eine der anregendsten Spezialsuppen überhaupt.

Der *Madeira* in der Suppe sollte auch als Begleiter gewählt werden.

MOHN (MAGSAMEN)

Der Samen der Mohnpflanze – ursprünglich im Orient zu Hause – wird heute weltweit angebaut. Die geheimnisvolle Pflanze, die als Opiumlieferant „Weltruhm" erlangte, wird bei uns generell als verdaulichstes aller Pflanzenöle sowie in der Patisserie eingesetzt. Der Mohnsamen war früher, mit zerstoßenem Zucker gemischt, eine begehrte Näscherei.

Prädikatsweine (Spätlesen, Auslesen) mit maximal 30 bis 35 g Restzucker *(Riesling, Welschriesling, Gewürztraminer, Pinot Blanc ...)* sollten grundsätzlich in Erwägung gezogen werden. Zu Mohnmousse erfreute uns eine *Sämling Auslese* von JOSEF LEBERL, Großhöflein/Neusiedlersee-Hügelland/BGLD/A, und zu Mohnpalatschinken mit Marillensauce ließen wir uns gerne eine *Riesling Auslese* von JOSEF JAMEK, Joching/Wachau/NÖ/A, empfehlen. In *Italien* schwört man hingegen auf süßen *Verduzzo/Friaul.*

Mohnbeugel

Österreichisches Gebäck: Hefeteig dünn ausgerollt, in Dreiecke geschnitten, jeweils mit einer Farce aus gekochtem Mohn, Butter, Zucker, Zimt und abgeriebener Zitronenschale belegt, zu Kipferln (Hörnchen) geformt, mit Eidotter bestrichen und gebacken.

Von den oben angeführten Sorten blieben uns eine exquisite *Riesling Spätlese „Dürnsteiner Hollerin"* (→ Bayerische Crème) von HANS KIRCHMAYR, Weistrach/NÖ/A, und eine *Gewürztraminer Spätlese* von JOSEF MANTLER, Brunn im Felde/Kamptal-Donauland/NÖ/A, in freudvoller Erinnerung. *Strohweine* und auch *Vin Santo* waren zu süß, lediglich die fulminante *Weißburgunder Beerenauslese* von LUDWIG HIEDLER, Langenlois/Kamptal-Donauland/NÖ/A, ließ ob ihres perfekt balancierten Süße-Säure-Haushaltes aufhorchen.

MOHRRÜBEN (MÖHREN) → KAROTTEN

MONDSEER

Ein vollfetter Schnittkäse aus dem österreichischen Salzkammergut, mit schmieriger Rinde, gelblichem, halbfestem Inneren und kräftig-würzigem Geschmack. Etwas geschmacksneutralere Vertreter der Sorten *Neuburger, Pinot Blanc* und *Grüner Veltliner* können dem Mondseer am meisten abgewinnen; auch *steirischer Schilchersekt* betont die Würze auf dezente Weise. *Rotweine (Sankt Laurent, Pinot Noir, Merlot ...)* sind auch akzeptable Begleiter, doch wird hiebei der Käse etwas neutraler, während die Weine oft an Finesse und Samtigkeit gewinnen.

MONTE CAPRINO

Schweizer (Tessin) Weißschimmelkäse aus Ziegen- und Kuhmilch, der einen angenehm-würzigen Ziegengeschmack aufweist.

Fruchtige *Weißweine* mit milder Säure *(Chasselas, Riesling-Sylvaner, Sylvaner ...)* sind wie geschaffen für den Monte Caprino; auch *Chardonnay* und *Pinot Gris/CH* sind denkbar, sie aktivieren allerdings den Ziegengeschmack etwas mehr. *Tessiner Merlot* (z. B. die prächtige *Giornico Riserva Oro* von FELICIANO GIALDI, Bodio/CH) ist die richtige Alternative für *Rotwein*-Liebhaber.

MOOSBEEREN → PREISELBEEREN

MORCHELN

Die zu den Schlauchpilzen gehörenden Morcheln sind äußerst schmackhafte Frühlingspilze von zartfleischiger, würzig-duftender Art. Bereits in der mittelalterlichen Klosterküche heimisch, entwickelten sie sich zu einem der besten Speisepilze schlechthin. Man bekommt sie leider sehr oft nur getrocknet vorgesetzt.
Ältere *Weißweine*, reife *Champagnes* und ebensolche *Pinots Noirs* gehen harmonische Ehen mit den Morcheln ein und gewinnen dabei an Frische und Ausdruckskraft. Als „Morchelweine" par excellence gelten die *Vins Jaunes* des französischen *Jura*.

Morchelpastetchen

Morcheln würfelig geschnitten, im eigenen Saft gedünstet, gesalzen, gepfeffert, mit frischem Rahm eingekocht, mit Butter montiert. Pilze und Rahmsauce – gebunden – in die heißen Blätterteigpastetchen gefüllt.

Weiß: Grüner Veltliner, Pinot Gris, Riesling Kabinett/A;
Yvorne/Chablais/Waadtland/CH

Ein mittelreifer *Grüner Veltliner* (3 – 6 Jahre; 8 – 10° C) von EGMONT HÖFINGER, Gobelsburg/Kamptal-Donauland/NÖ/A, akzentuierte Morchelton und Gewürze auf subtilste Weise, war aber der Rahmsauce gegenüber ein wenig auf verlorenem Posten.

Weiß: Neuburger, Pinot Blanc, Pinot Gris, Roter Veltliner

Die prachtvolle *Neuburger Spätlese „Ried Hochluss"* vcn MELITTA & MATTHIAS LEITNER, Gols/Neusiedlersee/A (→ Berliner Schnitzel), fühlte sich überaus wohl in der Gesellschaft der Pastetchen und verhalf auch der Rahmsauce zu ihrem Recht.

Weiß: siehe unten! bzw. reife Gewürztraminer und Pinot Gris Spätlese
Rot: reifer Pinot Noir, Zweigelt

Der *Vin Jaune du Jura* vom CHÂTEAU L'ETOILE (SA; 10 – 20 Jahre; 12 – 15° C) aus Lons-le-Saunier/Jura/F verlieh zwar dem Morchelaroma Glanz und hatte auch gegen die Sauce nichts einzuwenden, doch an diesem schönen Frühlingstag war er einfach zu mächtig und verdarb uns außerdem die Freude auf den nächsten Wein.

MORTADELLA

Italienische Wurst aus gepökeltem Rind- und Schweinefleisch mit Speckeinlage und Zungenwürfeln.
Einfache *Weiß-* und *Rotweine* sind gerade richtig.

MOUSSAKA (MUSSAKA)

Griechisch-türkische Spezialität: Kalb- und Rindfleisch faschiert (gehackt), mit gehackten Zwiebeln angebraten, gesalzen, gepfeffert und mit Rahm und Eiern vermischt; die Masse abwechselnd mit gebratenen Auberginen-, Kartoffel- und Kürbisscheiben belegt, in eine Auflaufform gegeben und im heißen Rohr gebacken, mit Eierstichmasse bedeckt und kurz gratiniert.

Griechische Rotweine sind hier an Effizienz kaum zu überbieten. Wohl mag ein erfrischender *Rosé* als Mittagswein seine Pflicht tun, doch wer einmal Moussaka mit einem *makedonischen Naoussa* (XYNOMAURON; 3 – 6 Jahre; 15 – 16° C) von J. BOUTARI & SON, Thessaloniki, genossen hat, der weiß, wovon wir schreiben. Als Alternative bieten sich *südländische Merlots* und auch geharzte *weiße Retsinas* an, die das üppige Gericht ein wenig „entschlacken".

MOZZARELLA

Italienischer Frischkäse (Kampanien) aus Kuh- oder Büffelmilch von leicht säuerlichem Aroma; er soll bald verzehrt werden. Heute ist der Mozzarella aus Kuhmilch weiter verbreitet als das Original aus Büffelmilch und ist das Vorbild für den Provolone. *Pinot Bianco, Riesling Renano* und *Pinot Grigio* sind für den Kuhmilchkäse hervorragend geeignet; für die Büffelmilch dürfen es auch die einheimischen Stars *Greco di Tufo* und *Fiano di Avellino* (von MICHELE MASTROBERARDINO) sein.

MULLIGATAWNY

Indische Hühnersuppe: Huhn in acht gleichmäßige Teile geschnitten, mit Wurzelgemüse in Butter angebraten, mit Mehl bestäubt, mit Kraftbrühe aufgefüllt, mit Salz, Lorbeerblatt, Gewürznelken, Kurkuma (Ingwer) und Curry gewürzt, weichgekocht, mit Kokosmilch und Rahm legiert; mit etwas Portwein parfümiert und mit gekochtem Reis als Einlage aufgetragen. Die Briten der Kolonialzeit schwörten auf kühles *Lagerbier,* doch inzwischen wagt man sich auch an *Gewürztraminer, White Riesling, Sauvignon Blanc* und – natürlich – *Portwein* heran.

MÜNCHNER WEISSWÜRSTE

Kochwürste aus Kalbfleisch und Speck, gewürzt mit Salz, Pfeffer, Petersilie, Zwiebeln und geriebener Zitronenschale. Beilage: Brezel, süßer Senf und *Münchner Weißbier*, was sonst?

MÜNSTER

Bekannter elsässischer Weichkäse, der bereits im 7. Jahrhundert hergestellt wurde. Ähnlich dem → Limburger ist er hellgelb mit Rotschmierrinde und mild-würzigem, an Wein erinnernden Geschmack.
Für den *jungen Münster* sollte es eine *elsässische Selection des Grains Nobles (Beerenauslese)* vom *Riesling* sein, und für reifen Münster ist die *Selection des Grains Nobles* vom *Gewürztraminer* (z. B. von ZIND-HUMBRECHT, Wintzenheim) als Partner bereits legendär! Außerhalb des Elsaß trinkt man in *Frankreich* gerne *weißen Côteaux du Layon/Loire* (CHB) und auch (edel)süßen *Loupiac/Bordeaux.*

MURÄNE (MEERAAL)

1 bis 1 1/2 m langer Raubfisch des Mittelmeeres (Golf von Neapel), dessen feines, fettes, schmackhaftes Fleisch schon bei den Römern der Kaiserzeit als große Delikatesse galt. Vidius Pollio hielt ihn in einem großen Aquarium und verwendete angeblich Sklavenfleisch als Futter. Biß und Blut der Muräne sind giftig; der Fisch wird zur Laichzeit (März/April) gefangen und wie → Aal zubereitet.

Die Wein-Kombinationen mit Aal sind im wesentlichen auch hier anwendbar, ergänzt durch einige *italienische* Gewächse. So trinkt man jenseits der Alpen zu Ragout von der Muräne gerne gekühlten *roten Cabernet Franc/Friaul* und *Merlot* von den *Colli Euganei/Venetien;* zu Muräne gegrillt wird ebenfalls *Rotwein* bevorzugt, z. B. *Colli del Trasimeno Rosso DOC/Umbrien,* und zu Muräne gebraten ist der *Falerno Bianco/Kampanien* als Mittagswein empfehlenswert, doch der *Fiano d'Avellino* von der AZ. VIN. VADIAPERTI, Montefredane/Kampanien/I, ist geradezu sensationell!

MUSCHELN

Die zweischaligen Weichtiere (→ Austern, → Herzmuscheln, → Jakobsmuscheln, → Miesmuscheln, → Venusmuscheln) munden im Herbst/Winter am besten und enthalten bis zu 11 % Eiweiß, nur 1,2 % Fett, bedeutende Mineralien und sind leicht verdaulich. Nur die ganz frischen Exemplare sollte man roh essen.
Zu Muscheln „Provenzalisch" wählen Sie am besten *südfranzösischen Roséwein;* zu Muscheln geräuchert ist kühler *Fino Sherry/E* ideal; zu Muscheln gebacken ist *Chenin Blanc/Loire/F* ein Genuß, und zu Muscheln mit Safran überbacken wäre *Condrieu/nördliche Rhône* oder *Riesling Kabinett* geradezu eine Herausforderung. Kalte pikante Muscheln mit Paprikasauce verbanden wir glücklich mit trockenem, nicht schäumendem *Vinho Verde* von SOLAR DE BOUÇAS, Amares, der übrigens nur für den Export nachgesüßt wird.

Muscheln mit Käse gratiniert

Schalottenwürfel in Butter angeschwitzt, mit Weißwein gelöscht, mit Thymian und Lorbeerblatt gewürzt, eingekocht, Muscheln beigegeben, 3 bis 4 Minuten gekocht (bis die Schalen aufgehen), aus der Pfanne genommen, Jus gesiebt; Mehlschwitze bereitet, mit gesiebtem Jus gebunden, mit Salz, frischem Pfeffer und gehackter Petersilie gewürzt; Muscheln in eine feuerfeste Form gegeben, mit eingedicktem Jus bedeckt und mit Käse im heißen Rohr überbacken (gratiniert).

Weiß: siehe unten! bzw. Pinot Blanc und Pinot Gris Kabinett

Der *Cortese dell'Alto Monferrato DOC* (1 – 2 Jahre; 8 – 9° C) von OBERTO PINELLI GENTILE, Piemont/I (bleichgesichtig, zart-fruchtig, knochentrocken und mit quicklebendiger Säure), war ein angenehmer Durstlöscher, der sich relativ neutral verhielt.

Weiß: siehe unten! bzw. Pinot Blanc und Pinot Gris Spätlese trocken

Der superbe *Châteauneuf-du-Pape Blanc* von der DOMAINE BEAURENARD (→ Aal in Dill) präsentierte sich als ein modern vinifizierter schlanker Athlet, brachte Frische, Würze und südliches Temperament ins Spiel und kam auch mit der Käsekruste gut zurecht.

Weiß: Pacherenc-du-Vic-Bilh/SW-F; Riesling und Pinot Blanc Spätlese trocken

Der erste *Weißwein* von ALAIN BRUMONT („König des Madiran"), der *Pacherenc-du-Vic-Bilh „Château Montus"* (ARRUFIAT, CB, MANSENG, SB, SÉM; 2 – 5 Jahre; 9 – 10° C) aus Maumusson/SW-F, wurde in neuer Eiche ausgebaut und von Anfang an viel bestaunt: blaßgold, feine balsamische Eichenduftvielfalt, kraftvoller Körper mit konzentrierter Frucht und muskulösem Finish. Ein neuer „Stern des Südwestens", der noch etwas unrhythmisch wirkte, aber bereits einige Überraschung auslöste.

Muschelsalat

Gekochte Muscheln in Essig-Öl-Dressing eingelegt und mit gehackter Petersilie bestreut.

Weißer Martina (Franca) DOC/Apulien/I; Kluser Pinot Blanc und *Aigle/CH; Riesling Spätlese* sowie *Sémillon/F* bzw. *KAL* können wir nach bestem Wissen und Gewissen weiterempfehlen.

NASI GORENG

Indonesisch: nasi = gekochter Reis, goreng = gebacken. Ostasiatisches Reisgericht aus geschnetzeltem Schweinefleisch, Hühnerbrust, Krabben, gedämpftem Reis und diversen exotischen Gewürzen, gut gemischt und in Kokosnußöl gebraten; als Beilage werden → Kroepoek und → Mango Chutney angeboten.
Exotisches *Bier* ist sicherlich ein angenehmer Durstlöscher, doch *Condrieu/nördliche Rhône, Gewürztraminer Spätlese* und *Vouvray demi-sec/Loire/F* gehen gefühlvoll-subtiler auf das Gericht ein und bringen auch diverse Nuancen zum Tragen.

NATURSCHNITZEL

Kalbsschnitzel unpaniert (natur), in Butter gebraten, angerichtet, Bratbutter über das Schnitzel gegossen und mit Reis garniert.
Kalbfleisch, Bratbutter und Reis verlangen nach mittelschweren, samtig-milden Weißweinen *(Riesling-Sylvaner, Pinot Gris, Malvasier, Neuburger, Zierfandler* usw.) ohne akzentuierte Säure. Wird das Schnitzel von einem gemischten Kompott begleitet, ist auch eine kleine Restsüße gestattet, während Bratkartoffeln den Weg zu eher trockenen Gewächsen *(Riesling, Grüner Veltliner, Pinot Blanc ...)* weisen. In besonders schwärmerischer Erinnerung haben wir – in dieser Formation – einen rassigen *Grünen Veltliner Kabinett „Ried Achleiten"* (2 – 3 Jahre; 9 – 10° C) von FRANZ ZOTTL, Weißenkirchen/Wachau/NÖ/A, der den Bratkartoffeln gekonnt die Hauptrolle überließ.

NAVARIN → HAMMELRAGOUT

Der Name geht auf die Hafenstadt Navarino – heute Pylos – in Griechenland zurück. In der Seeschlacht bei Navarino (frz. Navarin) besiegte 1827 der französisch-englische Flottenverband die türkisch-ägyptischen Seestreitkräfte.

NEUNAUGE (LAMPRETE)

Aalähnlicher, fetter, aber zarter Meeresfisch, der im Frühjahr zum Laichen in die Flüsse zieht, dann gefangen wird und vor allem in Frankreich als große Gaumenfreude gilt. Die bis zu 1 m lange Lamprete saugt sich mit ihrem großen Maul an anderen Fischen fest und holt sich auf diese Weise vampirhaft Blut und Körpersäfte als Nahrung.
Da der Fisch Blut über alles liebt, ist es verständlich, daß man ihm dunkle Säfte zuführt. Kraftvolle *südfranzösische Roséweine (Tavel, Lirac)* und gerbstoffbetonte *Rotweine (Bergerac Rouge/SW-F, Graves Rouge/Bordeaux/F)* sind die begehrtesten Partner. Wenn in heller Sauce aufgetragen, greift man allerdings besser nach süßem Saft, und gleich vom Feinsten, dann darf es auch *Sauternes* (!) sein. Zu *Neunauge „Bordelaise"* trinken Sie standesgemäß samtigen *Saint-Émilion* (z. B. CHÂTEAU TROTTE-VIEILLE oder CHÂTEAU MAGDELAINE)/*Bordeaux/F*.

NIEREN

Drüsige Organe zur Harnabsonderung von vitaminreicher, körnig-fester Art mit kräftig-strengem Geschmack. Das Fleisch der jungen Tiere (→ Huhn, → Kalb, → Lamm) gilt als Delikatesse
Zu sautierten Nieren in → Portwein oder → Madeira trinkt man den Kochwein oder allenfalls einen reifen *roten Pomerol* oder *Saint-Émilion/Bordeaux/F*, auch ein *VDN (Vin Doux Naturel) Muscat de Rivesaltes* wäre denkbar; zu sautierten Nieren (ohne Port ...) sind im allgemeinen junge *Rotweine (Blaufränkisch, Zweigelt, Pinot Noir; Gaillac Rouge/Pyrenäen/F)* vorzuziehen; zu Nieren „Turbigo" (Lammnieren mit kleinen Würstchen, Champignons und dick reduzierter → Tomatensauce sind die reifen *roten Rhôneweine Hermitage* und *Gigondas* ideal, wie überhaupt reife *Syrah* und *Shiraz* dem strengen Geschmack der (Lamm-)Nieren perfekt entgegenwirken; und zu Nieren mit Ochsenmark versuchen Sie kraftvollen reifen *Cabernet Sauvignon* oder *Merlot*. Last not least seien herbe *Pils-Biere* angeführt, die immer wieder – je intensiver der Geschmack, desto besser – begeistern können.

Nierenragout auf „Französische Art"

Kalbsnieren würfelig geschnitten, gesalzen, gepfeffert, in Nierenfett gebraten, warm gestellt; Zwiebelscheiben in Mehlschwitze angebraten, mit Rotwein und Kraftbrühe aufgegossen, kleingeschnittene Tomaten beigegeben, Sauce über die Nieren gegossen, mit Petersilie bestreut und mit Zwiebelkartoffeln aufgetragen.

Rot: siehe unten! bzw. Gamay/Touraine/Loire oder Beaujolais/Burgund; Gaillac/Pyrenäen/F; junger Blaufränkisch oder Zweigelt

Der elegante *rote Saumur Champigny* vom CHÂTEAU DE CHAINTRES, Saumur/Loire/F (CS, CF, PINEAU DAUNIS; 2 – 3 Jahre; 15 – 16° C), ein bemerkenswert frischer Mittagswein für den eiligen Luncher, ließ fast keine Wünsche offen und erwies sowohl Nieren wie Sauce seine Reverenz.

Rot: Pinot Noir/Côte de Nuits/Burgund/F; Merlot, Cabernet Sauvignon

Der sich am Höhepunkt seiner Enwicklung befindende *Grand Cru „Clos de la Roche"* (PN; 6 – 9 Jahre; 16 – 17° C) von der DOMAINE DUJAC, Morey Saint-Denis/Côte de Nuits/Burgund/F (leuchtendes Dunkelrot, subtile Beerenaromen mit exotischem Duftteppich, reicher Körper mit großer aromatischer Macht und langer, fleischig-saftiger Abschiedsvorstellung), war den Nieren ein so vorzüglicher Partner, daß uns nur noch der Wunsch nach einer Erneuerung des Genusses bleibt.

Rot: Hermitage und Gigondas/nördliche Rhône/F; Shiraz/S-AUS

Der mächtige *Gigondas* (GR 75 %, SYR, MV ...; 8 – 10 Jahre; 17 – 18° C) von der DOMAINE SAINT-GAYAN, Vacqueyras/südliche Rhône, konfirmierte sich als dunkler, pfeffrig-würziger Prachtwein, der zwar den Nierengeschmack perfekt konterkarierte, aber leider auch die feine Sauce fast vollständig zudeckte.

Nierndl mit Hirn

Altösterreichische Spezialität: Kalbshirn in Wurzelsud gekocht, grob gehackt, mit gehackten Zwiebeln in Butter angebraten; Kalbsnieren in dünne Scheiben geschnitten, in Butter gebraten, gesalzen, gepfeffert, mit dem Hirn vermengt und mit Kartoffelpüree serviert.

Milde bis halbtrockene *Weißweine* sind pointierte und geschmacklich stimmige Freunde des Gerichts. Besonders *Neuburger, Riesling-Sylvaner, Pinot Blanc* sowie *Rotgipfler* aus der *Thermenregion/NÖ/A* (DIPL.-ING. KARL ALPHART für *Neuburger* und *Pinot Blanc;* ING. ANDREAS SCHAFLER für *Rotgipfler;* JOHANN STADLMANN für *Neuburger, Pinot Blanc;* MANFRED BIEGLER für *Rotgipfler;* FRIEDRICH KUCZERA für *Neuburger;* GOTTFRIED SCHELLMANN für *Rotgipfler;* JOSEF UND VERONIKA WEISZBART für *Riesling-Sylvaner* sowie E. UND CH. FISCHER für *Pinot Blanc* und Familie REINISCH für *Pinot Blanc* und *Chardonnay)* konnten sich immer wieder positiv in Szene setzen. Es lebe die neue *Thermenregion*, deren Weine nach wie vor als Speisenbegleiter unersetzlich sind!

NOILLY-PRAT → VERMOUTH

NOUGAT (SPANISCH TURRON)

Rohmasse, die unter Verwendung von gehackten, gerösteten Mandeln oder Haselnüssen, leicht karamelisiertem Zucker und Kakao hergestellt wird.
Reife *Schaumweine (Champagne, Blanquette de Limoux/F, Cava/E ...)* ergänzten das Gericht geschmacklich ideal, aber auch *Tokaji Aszu/H, Traminer Beerenauslese, Vins Jaunes/Jura/F* und *Banyuls/Roussillon/F* gaben sich keine Blöße. Hier dürfen wir den reifen *Cava Parés Baltà Privèe Cuvée* (XAR, MAC, PAR; 5 – 8 Jahre; 6 – 8° C), aus Pacs del Penedès/E, in den Vordergrund stellen, dessen subtile Nußaromen sich voll und ganz in den Dienst des Turron stellten und es kulinarisch noch erhöhten.

NUDELN

Kochfertige Teigwaren aus Weizengrieß oder Weizenmehl mit oder ohne Eier, meist in Band-, aber auch in Faden-, Rohr-, Stern-, Rad-, Ring-, Herzform usw. Seit dem 16. Jahrhundert in Frankreich (durch die Medici) und etwas später auch bei uns auf dem Küchenzettel, wurden sie schon vor 3000 Jahren von den Etruskern (Italien) hergestellt.
Zu Fadennudeln mit Rosinen und Früchten ist süßer *("Dolce Naturale")* roter *Aleatico di Puglia DOC* von FELICE BOTTA, Trani/Apulien/I, oder FRANCESCO CANDIDO, San Donaci/Apulien/I, eine wundermilde Ergänzung; Nudeln mit Gemüse und Muschelsauce vermählten wir erfolgreich mit *Cirò Rosato* (GAGLIOPPO; 2 – 3 Jahre; 10 – 12° C) von VINCENZO IPPOLITO, Cirò Marina/Kalabrien/I. Nudeln auf Teufelsart (mit Chilisauce) entschärfen Sie mit köstlichem *Castel del Monte Rosato DOC/Apulien/I*, und Nudelsalat mit Knoblauch bekommen Sie mit *Torgiano Bianoc/Umbrien* oder *Malvasia della Lucania secco/Basilikata/I* in den Griff. Nudeln mit Meeresfrüchten genossen wir in *Spanien* mit erfrischendem *Cava brut* aus 100 % *Chardonnay* (!) von RAIMAT, Lérida/Katalanien/I.

Nudeln „Italienisch"

In Salzwasser gekochte Nudeln mit Butter und geriebenem → Parmesan vermengt und mit → Tomatensauce aufgetragen.
Die „gefürchtete" Tomatensauce läßt die Zahl der Anwärter von vornherein schrumpfen: *Chardonnay/Toskana* und *Lombardei, Pinot Bianco/Norditalien, Vermentino/Ligurien* und *Verduzzo/Friaul* gehören zum inneren Kreis der Favoriten, wobei auch die *roten Valpolicella Classico/Venetien* und *Chianti Classico/Toskana* nicht chancenlos sind (speziell im Winter). Unentschlossene haben immer noch die Möglichkeit, sich einen würzigen *Rosato* oder *Chiaretto* zu Gemüte zu führen.

NÜSSE

Botanisch Schließfrüchte mit holzartiger Fruchtknotenwand. Nur die Haselnuß (Oktober bis Dezember) ist die einzig wahre Nuß. → Walnuß, → Kokosnuß, → Pistazie (Steinfrucht), Paranuß (Kapselfrucht), Erdnuß (Hülsenfrucht) und Muskatnuß (Beerenfrucht) zählen eigentlich nicht dazu. Geschmacklich ergänzende Weine sind unter den einzelnen Stichworten nachzuschlagen. Mit dem feinen Aroma der Haselnuß harmonieren besonders einige *Weißweine (roter Veltliner/A, Meursault/Burgund/F, Sherry Amontillado dry/E, Château-Chalon/Jura/F, Malvasia/I)*; und Haselnußöl, gepaart mit *Puligny-Montrachet/Burgund*, ist ein geradezu himmlisches Erlebnis, wobei die Jahrgangs-*Champagnes* von KRUG und BOLLINGER kaum nachstehen.

Nußkipferl (Nußkipfel)

Österreichisches Gebäck: Haselnüsse gemahlen, mit etwas Milch aufgekocht, mit Honig und abgeriebener Zitronenschale verrührt, Masse auf Blätterteigdreiecke gegeben, zu Kipferln (Hörnchen) gerollt, mit Eidotter bestrichen und im heißen Rohr gebacken.

Aus *österreichischer* Sicht kommen hier *Prädikatsweine (Roter Veltliner, Pinot Blanc, Malvasier, Sylvaner)* im *Spätlese-* oder *Auslesebereich* in Frage. Besonders beeindruckten uns allerdings diesmal eine *Spätrot-Rotgipfler Auslese* vom WEINGUT BIEGLER, Gumpoldskirchen/Thermenregion/NÖ/A, die auf der selben Aromalinie schwamm und der grandiose – zwar etwas zu süße – *Ruster Pinot-Cuvée Ausbruch* von FEILER-ARTINGER, Rust/Neusiedlersee-Hügelland/BGLD/A, der unser sensorisches Empfinden mit immer neuen Nuancen beinahe überbeanspruchte. Mehr konnte auch der nachfolgende Parade-*Sauternes Château Guiraud 1er Cru Classé/ Sauternes/Bordeaux/F* nicht bieten.

OBERS

Österreichische und süddeutsche Bezeichnung für → Sahne bzw. Rahm.

Oberskren (Meerrettichsahne)

2 Eßlöffel geriebener Kren mit einem Spritzer Essig verrührt, mit je einer Messerspitze Salz und Zucker gewürzt und mit 1/8 l Schlagobers vermischt.

Riesling-Sylvaner, Grüner Veltliner, Welschriesling und *Riesling* mit milder Säure und – eventuell – zarter Restsüße gelten unter den heimischen Kreszenzen als dankbare Partner. Der *friulanische Verduzzo*, z. B. von der AZ. AGR. RONCHI DI CIALLA, Prepotto, ist aber als Oberskren-Begleiter kaum zu schlagen. Weitere Empfehlungen ergeben sich aufgrund der zentralen Speise. (→ Forelle geräuchert mit Oberskren, → Wels Blau mit Oberskren)

OBST

Sammelbezeichnung für alle genießbaren Früchte sowohl kultivierter als auch wildwachsender Pflanzen. Rohes Obst ist wegen der Vitamine, Fruchtsäuren, Mineralstoffe, Ester und Zuckerstoffe von großem gesundheitlichem Wert.

Fruchtige *Prädikatsweine (Muskateller, Muskat-Ottonel ...)*, liebliche *Roséweine* und milde *Schaumweine* sind grundsätzlich anzuraten. Zu Obst mit Fleisch bzw. Braten sind jugendlicher *Pinot Noir* (und *Gamay*) unwiderstehlich. Obstkuchen mit lieblichem *Muskateller (Muskat-Ottonel)* oder *Recioto di Soave/Venetien* kann nie falsch sein; Obst(Frucht)-Mark vereint sich gern mit exotisch-milden *Schaumweinen* aus aller Welt, und süßes Obst verleiht den besonders süßen – oft plumpen – *Dessertweinen (Monbazillac/Bergerac/F; Muscat de Rivesaltes* und *Banyuls/Roussillon/F, Moscatel/E* und *Port, Moscato di Pantelleria Passito/Sizilien* usw.) über die Fruchtsäure jene Frische, die wir oft schmerzlich vermissen. Tropisches Obst paaren Sie am besten mit *exotischen Schaumweinen, Vouvray/Loire, rotem* perlendem *Freisa d'Asti Amabile,* z. B. von der AZ. AGR. GILLI DI GIANNI, Castelnuovo Don Bosco/ Piemont/I usw.

OCHSE

Kastriertes, männliches → Rind. Insbesondere → Mastochsen vom 3. bis zum 7. Jahr liefern das beste Fleisch mit dem vollsten Geschmack.
Klassische *Rotweine* von *Bordeaux* bis zur *Côtes du Rhône* (über unsere einheimischen Kreszenzen) sind hier zur geliebten Tradition geworden.

Ochsenmaulsalat

Dünne Scheiben von gepökeltem, gekochtem Ochsenmaul mit Zwiebelringen, Kapern und gehackten Kräutern in Essig-Öl-Dressing angemacht.
Grundsätzlich ist *Bier* der verläßlichste Begleiter – wenn ohne Kräuter angerichtet. Mit Kräutern und Kapern sind auch leichte, spritzige *Weißweine* willkommen: *Welschriesling, Sauvignon Blanc, Muskateller trocken, Sylvaner* usw. können einen einfachen Ochsenmaulsalat zu einem Festessen umfunktionieren. Vorsicht ist allerdings vor allzu grasigen, säurebetonten Weinen geboten.

Ochsenschwanz (österreichisch: Ochsenschlepp)

Der preiswerteste Teil des Rindes besteht nicht nur aus Knochen; besonders im oberen Teil bietet er uns festes, saftiges, mageres Fleisch von kräftigem Geschmack, das für Ragouts und Suppen verwendet wird. Der in den Jahren der Nouvelle Cuisine geächtete Ochsenschwanz ist durch den neuen Regionalismus wieder ins Gespräch gekommen.
Wie eh und je bedient man sich dunkler, kraftvoller Begleiter *(Zinfandel/KAL, Shiraz/AUS, Syrah/Rhône, Chénas/Beaujolais/Burgund/F, Rioja/E, Zweigelt/A ...).* Der hellere, zartere Kalbsschwanz verträgt sich mit halbtrockenen *Riesling-Spätlesen* und fruchtcharmanten *Rotweinen (Pinot Noir, Blauer Portugieser ...)* ausgezeichnet.

Ochsenschwanz nach „Gärtnerinnenart"

Ochsenschwanz in Scheiben geschnitten, in kaltem Wasser, Kümmel, Salz und Pfeffer langsam geköchelt und entfettet; mit Schalotten, Karotten, Stangensellerie, Knollensellerie, Kohlrüben, Weißkraut – alles in Scheiben geschnitten – versetzt, in eine Suppenterrine gegeben und mit gehackter Petersilie bestreut.
Auch in dieser Kombination müssen nicht die ganz schweren „Kaliber" herangezogen werden. Diese behalten wir uns für ein Ochsenschwanzragout vor.

Weiß: Bianco del Ticino, Ostschweizer Pinot Gris/CH
Rot: Zweigelt, Blaufränkisch/Burgenland/A oder Dôle/CH

Der jugendliche *Zweigelt* (2 – 3 Jahre; 15 – 17° C) von RUDOLF WAGENTRISTL, Großhöflein/Neusiedlersee-Hügelland/BGLD/A (leuchtendes Rubin, charmanter Kirschen-Weichsel-Duft und samtig-geschmeidiger Körper), hatte auch für die Beilagen etwas übrig und empfahl sich für weitere Aufgaben.

Weiß: Pinot Blanc und Pinot Gris Spätlese trocken
Rot: Côte de Nuits/Burgund/F, Pomerol/Bordeaux/F;
Pinot Noir Spätlese trocken/Baden/D

Der *burgundische Grand Cru „Clos de Tart"* (PN; 5 – 7 Jahre; 16 – 17° C) von MOMMESIN, Morey-Saint-Denis/Côte d'Or/F, besaß nicht ganz die Ausdruckskraft des Nachbarn *Clos de la Roche* (→ Nierenragout auf „Französische Art", beeindruckte aber durch Fruchtspiel und finessenreiche Eleganz. Ein Mittagswein par excellence.

Weiß: Riesling Spätlese trocken bis halbtrocken
Rot: siehe unten!

Der *Montepulciano d'Abruzzo DOC* (8 – 10 Jahre; 16 – 18° C) von VALENTINI, Loreto Aprutino/Abruzzen/I, räumte eindringlich mit der Mär vom etwas rustikalen Abruzzenwein auf und präsentierte sich mit explodierender Fruchtigkeit, Eleganz und geballter Kraft.

Ochsenschwanzsuppe (Ox-Tail Soup)

Ochsenschwanz in Scheiben geschnitten, mit grobgeschnittenen Zwiebeln, Karotten und Lauch in Rinderfett angeröstet, mit Mehl angebräunt, mit Kraftbrühe aufgefüllt, gesalzen, langsam geköchelt, Fleisch aus der Suppe genommen, diese passiert, mit Thymian, Salbei, Rosmarin und Basilikum gewürzt und mit einem Schuß → Sherry aromatisiert.
In unvergeßlicher Erinnerung bleiben uns ein *(roter) Côteaux du Lyonnais/Rhône „Boulieu"* (GAM; 2 – 3 Jahre; 15 – 17° C) von M. BOULIEU, Vernaison, und ein *Cabernet-Shiraz-Merlot* (3 – 5 Jahre; 16 – 17° C) *„Church Block"* von WIRRA WIRRA VINEYARDS, MC Laren Vale/S-AUS. Dritter im Bunde ist natürlich der in der Suppe bereits enthaltene *Sherry/E*.

Ochsenzunge → Rinderzunge

OCTOPUS (POLYP, KRAKE)

Ähnlich dem Tintenfisch ist er ein Kopffüßler mit acht saugnapfbesetzten Fangarmen. Besonders in den Mittelmeerländern gilt er als Spezialität. Die jungen Tiere sind besonders zart und wohlschmeckend, müssen jedoch weichgeklopft bzw. vorblanchiert werden.
Zur Krake in Tomatensauce liegen Sie richtig mit einem *ligurischen Vermentino;* zu gefülltem Octopus probieren Sie *Gaillac Rouge* oder *Robola/Griechenland;* zu Octopus mariniert ist die *französische Colombard* fast unersetzlich. Bei einem Octopus-Ragout kommen auch die *Rotwein*-Freunde auf ihre Rechnung; dunkle, kraftvolle Weine *(Cahors/SW-F, Valdepeñas/E, Shiraz/AUS)* sind erwünscht. Zu geschmorten Moschuskraken war *Verdicchio „Villa Bucci"* von den FRATELLI BUCCI, Ostra Vetere/Marken/I, grandios.

OKRAS (GOMBOS)

Die unreifen Früchte einer Eibischart (Rosenpappel), die in Mittelamerika, Südeuropa und im Nahen Osten geerntet werden und an kleine (pelzige) Paprikaschoten erinnern. Korrespondierende Weine sind vor allem die *weißen friulanischen* Kreszenzen *(Tocai, Sauvignon, Verduzzo* und *Ribolla ...)/I*.

OLIVEN

Die kugeligen oder eiförmigen Früchte des Öl- bzw. Olivenbaumes, der in den Mittelmeerländern, in Kalifornien und Südamerika kultiviert wird und schon die Sintflut erlebte. Das Fruchtfleisch enthält 20 bis 30 % Öl, ist nussig-salzig-herb, appetitanregend und verdauungsfördernd.
Hier sollten Sie an *Fino Sherry/E, Sauvignon Blanc, Chablis AC/Burgund/F, Soave/Venetien/I* usw. denken. Zu Tartine alla Polpa di Olive (Toastbrot mit Olivenaufstrich) entzückte uns rassiger *Schaumwein „Lungarotti brut"/Torgiano/Umbrien/I*. Olivensalat genossen wir mit *weißem Rioja/E*. Oliven mit Fleisch gefüllt ist eine sichere Angelegenheit für den *weißen Falerio dei Colli Ascolani* von COCCI GRIFONI, San Savino di Ripatransone/Marken/I. Ein Rumpsteak mit schwaarzer Olivensauce paarten wir höchst erfolgreich mit dem selbst nach Oliven duftenden *kalifornischen Cabernet* von JORDAN VINEYARD, Healdsburg/Sonoma.

Olivenöl

Das Öl aus dem Fruchtfleisch der → Oliven. Ein Baum liefert pro Jahr etwa 5 kg Öl. Das kalt gepreßte Öl ist das wertvollere; das feinste (oft herb-bitter, dann wieder mild-süßlich) wird durch Austreten mit den Füßen gewonnen. Das Jungfernöl (Olio vergine, Huile vierge) stammt aus erster Pressung und schmeckt nie ranzig.
Es gibt zwei Weine, die das jungfräuliche Öl auf chevalereske Art zum Aufblühen bringen und dabei selbst noch an Subtilität gewinnen: reifer *Châteauneuf-du-Pape Blanc/ südliche Rhône/F* mit hohem *Roussanne*-Anteil (z. B. CHÂTEAU DE BEAUCASTEL) und alter *Puligny-Montrachet/Burgund/F*. Zu Olivenöl generell sollten Sie *südländische Roséweine* mit Substanz, Würze und Extrakt ordern. Oliven, Olivenöl und Kräuter wurden von jugendlichem *Malvasier* kongenial begleitet, Olivenöl-Sauce erreichte durch die Partnerschaft mit einer *Sauvignon Blanc Spätlese* erst ihren Höhepunkt, und Olivenöl mit Knoblauch sollten Sie mit lieblichem *Orvieto Pourriture Noble* von DECUGNANO DEI BARBI, Orvieto/Umbrien/, geschmacklich auffangen.

ÖLSARDINEN

Kleine von Kopf und Eingeweiden befreite, gesalzene, gekochte und in Olivenöl eingelegte Sardinen, die in Konservendosen angeboten werden. Wenn wir auch manchmal gekühltem, jungem *Rotwein* im Verein mit Fisch das Wort geredet haben, hier sollten Sie ihn nicht versuchen, da sonst der Öl- und Fischgeschmack auf unangenehme Weise hervortritt.
Frisch-fruchtige *Weißweine* oder *Roséweine* mit belebender Säure sind da schon angenehmer *(Penedès Blanco/E, Rosé de Provence* und *Bellet Blanc/Provence)*. Das perfekte Gegengewicht zu den Ölsardinen bildeten allerdings eine kraftvolle *Gewürztraminer*- und *Pinot Gris Spätlese,* und auch *portugiesischer Vinho Verde* (z. B. von SOLAR DE BOUÇAS, Amares), löste die ölige Konsistenz der Speise genial auf.

OMELETT

Eierspeise ohne Mehlzusatz, die in den verschiedensten Varianten existiert (mit Fleisch- oder Gemüsefüllung, flambiert, souffliert usw.). Bereits die Römer waren Meister in der Omelettbereitung, doch die französischen Chefs des 18. und 19. Jahrhunderts machten eine wahre Kunst daraus und ersannen immer neue Kreationen. Escoffier berichtet von über 1000 Omelett-Variationen. Generationen von Gastro-Schriftstellern rieten von der Kombination Ei und Wein ab, da ersteres den Gaumen mit einem dünnen Film überzieht, der den Wein lange nicht zur Geltung kommen läßt, und außerdem Eier einen Schwefelgehalt einbringen, der vom Wein meist angenommen wird.

Verzagen Sie nicht, wie bei so vielen anderen „Todfeinden" des Rebensaftes (Alkohol, Curry, Cocktailsauce, Eis, Essig, Meerrettich, Schokolade, Speck, Tomatensauce, Zitrusfrüchte ...) gibt es auch hier einige vorzügliche Kombinationsmöglichkeiten. Omelett „Bourguignon" (mit Schnecken und halbreifen Nüssen) verlangt nach großen *Chardonnays (Meursault, Montrachet/Burgund)*. Omelett mit Käse liebt *Neuburger, Pinot Blanc, Chardonnay* usw. Omelett mit Pilzen verlangt nach *Pinot Blanc, Grünem Veltliner, Dão Blanco/Portugal* oder *rotem Dolcetto/Piemont/I;* Omelett mit → Pignoli mag *südländische Roséweine;* Omelett „Norvegienne" (Speiseeis in Biskuitteig mit Meringuemasse überbacken) freut sich auf reifen *Champagne/F* oder *Moscato-Schaumwein/I;* Omelett „Arlesienne" (mit Tomaten, Auberginen und Knoblauch) verehrt *Bellet Blanc/Provence/F;* Omelett „Chevreuse" (mit Spargelspitzen, Artischockenböden und Trüffeln) bildet mit *Corton-Charlemagne Grand Cru/Burgund/F* eine ideale Zweisamkeit; Omelett „Florentine" (mit Spinat) ist mit *Riesling Italico/I* gut beraten; Omelett mit Zucchini ist ohne *Ravello Rosato/Kampanien/I* nur ein halbes Vernügen; Omelett mit Zwiebeln geht mit *Tocai Friulano/I* eine harmonische Ehe ein, und Omelett mit Meeresfrüchten spülen Sie im Sommer mit frischem *Galestro/Toskana/I* oder *Vinho Verde/Portugal* hinunter; im Winter „dürfen" es auch *Frascati DOC/Latium, Gavi/Piemont, Riesling* oder *Chardonnay* sein. Omelett mit Kräutern kombinieren Sie mit jugendlichem *Sauvignon Blanc;* Omelett mit Schinken verfeinern Sie durch *Bourgogne Aligoté/F,* und Omelett mit grünem Spargel verleihen Sie durch *Muscat du Valais* (z. B. *Muscat Grimpereau* von PAUL BRIGUET, Saillon/Wallis/CH) oder *Muscat d'Alsace/F* einen Hauch von Exotik.

Omelett en Surprise → Überraschungsomelett

ORANGEN (APFELSINEN)

Die Früchte des aus China stammenden Orangenbaumes wurden schon im 10. Jahrhundert über die alten Karawanenstraßen nach Persien und nach Europa gebracht. Der bis zu 12 m hohe Orangenbaum kommt in zwei Arten vor: als Pomeranze oder bittere Orange und als Apfelsine bzw. süße Orange. Hauptanbaugebiete sind Süditalien, Sizilien, Südspanien, Westindien, Israel und Kalifornien. Das saftige, gelbe bis blutrote Fruchtfleisch ist reich an Vitamin C, Zucker und Zitronensäure. Ideale Genußzeit ist von November bis März.
Die klassischen *Weißweine* mit Orangennote *(Vin Santo/I, Sauternes/Bordeaux/F, Malvasia delle Lipari/Sizilien, Muscat de Rivesaltes/F, Tokaji Aszu/H, Gewürztraminer)* sind hier begehrte Begleiter. Der *spanische Conca de Barberá Rosado/Katalonien,* der *sizilianische Cerasuolo di Vittoria* und der *französische Collioure Rouge/Roussillon* sind für wilde, herb-würzige Orangen bestens geeignet. Orangencreme vermählten wir höchst erfolgreich mit einer raren *Orangetraube Spätlese* von MECHTHILDE WIMMER, Oggau/Neusiedlersee-Hügelland/BGLD/A, auch *Goldburger (Orangetraube x Welschriesling) Auslesen* sind adäquate Partner ohne Konkurrenzdenken. Orangensauce zu Fleischspeisen ergänzen Sie durch *Gewürztraminer* oder *Sémillon Spätlesen.* Orangensauce zu Desserts erhöhen Sie durch jugendlich-edelsüße *Barsac/Sauternes, Sainte-Croix-du-Mont/Bordeaux/F* oder exquisiten *Eiswein.* Orangensalat verfeinern Sie durch zartsüßen *Verduzzo (Ramandolo)/ Friaul/I* oder milden *Riesling-* bzw. *Muskatellersekt.* Orangenpalatschinken lassen sich bereitwillig von einer *Traminer-* oder *Bouvier Auslese* verführen. Orangenpudding wird zum willfährigen Opfer des süßen *Muscat de Frontignan/Südfrankreich,* eine nur dezent süße *Muskat-Ottonel Auslese* aus dem *Burgenland/A* strebte hin-

gegen harmonischen Gleichklang an. Orangenkeks untermalen Sie mit *Tokaji Aszu 3 – 4 Puttonyos* oder exotischen *Strohweinen;* der diffizilen Orangen-Kräuter-Vinaigrette begegnen Sie mit *Riesling-Sylvaner Spätlesen,* und Orangeneis sollten Sie einmal mit schäumendem *Cava* von FREIXENET, Sant Sadurni d'Anoia/Penedès/E, versuchen!

ORECCHIETTE (ÖHRCHEN)

Italienische Nudeln in ohr- oder hutförmiger Art von ca. 2 cm Dicke aus Hartweizengrieß und Weizenmehl, meist mit Tomatensauce oder Ragouts angeboten.
Zu Orecchiette mit Tomatensauce ist ein *italienischer Chardonnay* (z. B. der intensiv-fruchtige *„Ronc di Juri"* von GIROLAMO DORIGO, Buttrio/Colli Orientali/Friaul/I) anzuraten, und im zweiten Fall sollte sich der Wein nach dem Fleisch des Ragouts richten.

ORIGANO (OREGANO)

Der wilde → Majoran stammt aus Italien und Mexiko und wird zum Würzen von Pizza, Suppen, gedünstetem Fleisch und Tomatengerichten verwendet. Sein Aroma übertrifft den gewöhnlichen Majoran und ist von anregender, zartbitterer Art.
Zwei *Roséweine,* die besonders gut mit dem Gewürz harmonieren, es geschmacklich auffangen und dann zeitweise in sich selbst spiegeln, sind der *apulische Five Roses* von LEONE DE CASTRIS, Salice Salentino/I und der berühmte *Tavel/südliche Rhône/F.*

ORIGINAL GEISSBERGER KÄSE

Österreichischer → Camembert aus reiner Ziegenmilch von feiner Würze und deftig-pikantem Aroma, der sich gerne mit eleganten *Rieslingen* im *Spätlese*-Bereich paart und dabei mit seinen rustikalen Reizen nicht geizt.

OSSOBUCO

Zersägte → Kalbshaxe (Stelze) auf italienische Art, mit Knochen und Mark angeboten.
Kräftige, etwas deftige *Rotweine* – nicht zu alt – *(Valpolicella, Chianti, Oltrepò Pavese Rosso, Montepulciano d'Abruzzo ...)* sind hier gefragt. Aus *österreichisch-deutscher* Sicht kommen *Blaufränkisch* und *Pinot Noir* in Frage.

Ossobuco alla „Milanese"

Kalbshaxe in Stücke von etwa 200 g zersögt, in Olivenöl angebraten, → Julienne von Karotten, Zwiebeln und Sellerie beigegeben, angeröstet, mit Weißwein aufgefüllt, mit Tomatenmark gebunden, gewürzt (Mojaran), eingekocht, mit Kraftbrühe aufgefüllt und langsam geschmort; Fond mit abgeriebener Zitronenschale, gehackter Petersilie und zerdrückter Knoblauchzehe gewürzt, durchgekocht und mit → Risotto (entweder Milanese = mit Safran oder Bianco = mit Parmesan) angerichtet. Das Safranrisotto bedingt einen *Weißwein* von der Art eines *Traminer Aromatico/Südtirol* oder *Trentin; Sauvignon* oder *Pinot Grigio/Friaul/I.* Ossobuco alla „Ticinese" wurde von einem *Merlot del Ticino „San Martino"* (2 – 3 Jahre; 14 – 16° C) von FERRARI-HOSTETTLER, Termine/Tessin/CH, ideal begleitet.

Rot: siehe unten! bzw. Franciacorta Rosso/Lombardei/I

Der *Oltrepò Pavese Bonarda DOC* (3 – 4 Jahre; 15 – 17° C) von der TENUTA MAZZOLINO, Corvino S. Quirico/Lombardei/I (tiefdunkel, traubig-herber Duft, kraftvoll-würzig, dickflüssig mit rustikal-herbem Ausklang), zählt zu den besten Weinen der Region, paßte sich ideal an die Haxe an und büßte auch weitgehend seine etwas bittere Note ein.

Rot: siehe unten! bzw. Franciacorta Rosso Cru Cornaleto/Lombardei/I

Ein *Oltrepò Pavese Barbera DOC* (3 – 4 Jahre; 15 – 17° C) von LA MUIRAGHINA/, Lombardei/I (dunkel – zartbeerig – mit viel Fruchtcharme und rauchig-malzig, fein-herbem, kernigem Ausklang), war noch etwas höher als der Vorgänger einzustufen und nicht nur Souffleur, sondern auch Mitspieler.

Rot: siehe unten! bzw. Brunello di Montalcino/Toskana/I

Der *Chianti Classico Riserva* (SAN; 4 – 7 Jahre; 16 – 17° C) vom CASTELLO DI FONTERUTOLI, Castellina/Toskana/I (leuchtendes Rubin mit dunklem Kern, zartduftig mit Anklängen von Mokka und Heidelbeeren, mittelkräftiger, eleganter Körper mit süßem Extraktschmelz und kräuterwürzigem Finale), war schon fast zu elegant gekleidet für das bäuerliche Haxerl, verlieh aber der Sauce einen Touch von Noblesse und Haute Couture.

OSTERLAMM → LAMM

Ein 4 bis 10 Wochen altes Lamm von hellem, feinem, zartem, leicht verdaulichem Fleisch, das gerne paniert angeboten wird.
Milde *Weißweine* mit – eventuell – zarter Restsüße dienen der raffinierten Verfeinerung des Osterlamms am besten.

OYSTERS „MANHATTAN"

Nordamerikanische Austernspezialität: frische → Austern, aus der Schale genommen, mit feingehackten roten und grünen Paprikaschoten, Champignons, Räucherspeck, Kräutern und ein wenig Zwiebeln belegt, mit zerlassener Butter beträufelt und im heißen Rohr überbacken. (Gilt in amerikanischen Männerrunden als spezielles Aphrodisiakum.)
Sauvignon Blanc, Riesling und *Chardonnay* aus den USA sind befähigt, die Austern, Paprikaschoten, Räucherspeck und Zwiebeln geschmacklich unter einen Hut zu bringen. Auch *Pils* und *Weißbier* werden manchmal empfohlen, doch der Lorbeer gebührt dem elitären „*Clos de la Coulée de Serrant*" von DENISE JOLY, Savennieres/Loire (CHB; 10 – 15 Jahre; 9 – 10° C), der diesmal alle Stars beinahe zu Statisten degradierte, wären da nicht zwei *New Yorker* Granaten gewesen, die die Ehre der heimischen Weinindustrie wiederherstellten: der eichenwürzige *Finger Lakes Chardonnay* von HERMANN J. WIEMER, Dundee/New York, und der wie Kristall funkelnde feinperlige *New Yorke State Champagne Gold Seal Blanc de Blancs* von GOLD-SEAL VINEYARDS, Hammondsport, aus der Meisterhand des Franzosen CHARLES FOURNIER.

PAELLA „VALENCIANA"

Berühmter spanischer Eintopf, der in vielen Varianten angeboten wird. Grundrezept: Hähnchenfleisch, Rohschinken, Paprikaschoten, Tomaten, Artischocken, Erbsen, Krabben, Reis, gewürzt mit Olivenöl, Salz, Pfeffer, Knoblauch, Safran, Petersilie und einheimischer Weißwein.

Der Kochwein könnte auch zum Essen getrunken werden, doch haben sich vor allem *Weißweine* und *Roséweine* aus dem *Penedès (Gran Viña Sol* von MIGUEL TORRES, *Chardonnay* von JEAN LEÓN, *Rosado* von MASIA BACH ... *)* auszeichnen können. Auch kühler *Fino Sherry/E* kommt mit den Gewürzen gut zurecht. Seien Sie bitte nicht überrascht, wenn Ihr spanischer Gastgeber *Rotwein* bestellt, es ist – beinahe – Tradition, vor allem, wenn die Paella ohne Wasserbewohner angerichtet wird, aber er verlangt einen „feuerfesten" Gaumen.

PAGEL (ROTBRASSE)

Mittelmeerfisch mit hellem, schmackhaftem Fleisch, der zumeist mit Salz, Zitronensaft und Öl gebeizt und dann auf dem Rost gebraten wird. Beste Genußzeit von August bis Januar.

Vernaccia di San Gimignano/Toskana, Sauvignon/Friaul, Verdicchio del Castelli di Jesi von FAZI-BATTAGLIA, Castelplanio, und vor allem *Verdicchio di Matelica* von den FRATELLI BISCI, Cerreto d'Esi/Marken/I, sind exzellente flüssige Ergänzungen.

PALATSCHINKEN

Spezialität aus Österreich-Ungarn; dünne, süß oder auch pikant gefüllte, gerollte Pfannkuchen.
Mild-süßliche *Weißweine* mit belebender Säure sind glorreiche Partner: zu Palatschinken mit Marzipanfüllung, Eierlikör und Erdbeersauce goutierten wir eine *Riesling Spätlese*; Palatschinken mit Pfirsichsauce und *Riesling Auslese* oder *Muskat-Ottonel Beerenauslese* sind hinreißend; Palatschinken mit Marmelade verlangen nach *Riesling-Sylvaner Spätlesen;* Palatschinken mit Zitrone und (perlender) *Saumur Pétillant/Loire* sind genial; Palatschinken mit Ahornsirup und Schlagobers werden von *Grand Marnier* exzellent kombiniert, und Palatschinken mit Nußfüllung und *Pinot Blanc* oder *Welschriesling Beerenauslese* muß man erst erlebt haben (auch *Sauternes* sind fein!). Die berühmten Topfenpalatschinken liieren Sie am besten mit *Muskat-Ottonel* oder *Riesling-Sylvaner Auslesen,* auch *Moscato-Schaumweine* sind grandios. Orangenpalatschinken verwöhnen Sie mit elitären *Bouvier* oder *Traminer Auslesen,* und Palatschinken mit Austern-Kaviar-Fülle begleiten Sie standesgemäß mit edlem *Champagne Blanc de Blancs/F*.

PALMENHERZEN (PALMITO, PALMKOHL)

Das zarte, spargelkopfartige Herzmark aus dem Ansatz der Palmwedel gilt als besonders erlesene exotische Delikatesse. Bei uns bekommt man sie in Dosen konserviert (Brasilien ist wichtigster Lieferant).
Exotischer Sauvignon Blanc, Chardonnay und *Riesling, Muscat d'Alsace/Elsaß* und *Graves Blanc/Bordeaux/F* sowie *fernöstliche Biere (Kirin Lager Beer/Japan* und *Tsingtao Beer/China)* sind die bisher erfolgreichsten Tischgenossen und „Herzensbrecher" des zarten Marks. Gebackene Palmenherzen versuchen Sie mit *Graves Blanc/ Bordeaux* oder *Riesling Spätlesen*. Palmenherzen „Italienisch" (mit Schalotten, Zitronensaft und Petersilie gedünstet) kombinieren Sie mit jugendlichem *Sauvignon/Friaul*, und Palmenherzensalat schmeicheln Sie mit *südländischen Roséweinen*.

PAMPELMUSEN

Gehören zu den Zitrusfrüchten und sind größer, dickschaliger, birnenförmiger und im Aroma zitronenähnlicher als die Grapefruit, die eine Kreuzung aus Orange und Pampelmuse darstellt. Ideal zu genießen sind sie von Dezember bis März.

Früher wurden sie als Weinfeinde eingestuft, aber heute weiß man, daß *weiße Prädikatsweine* mit harmonischem Süße-Säure-Spiel und vor allem *exotische Schaumweine* sich die Zitrusaromen gerne einverleiben und dadurch an Frische und Lebendigkeit gewinnen.

PANADA
(AUCH BROTSUPPE – IN DER EMILIA-ROMAGNA)

Argentinische Spezialität: gewürfeltes Rindfleisch mit Zwiebeln und Knoblauch angebraten; mit Mehl abgestäubt, mit Wasser gelöscht, von entgräteten Sardellen begleitet, zerkocht, durch ein Sieb gestrichen und lauwarm angerichtet.

Argentinische und *Spanische Rosados (spanische Clarete)* und jugendlich-fruchtige *argentinische Rotweine* ohne Barriqueausbau *(Perdriel* von NORTON, *Merlot* von FLICHMAN BODEGAS und diverse Jungweine von TRAPICHE ...) sind die sichersten Garanten für ein bekömmliches Mahl.

PANETONE (PANETTONE)

Italienische Hefekuchenart (Mehl, Hefe, Zucker, lauwarme Milch, Eier, Salz, Butter, Orangen und Zitronat gehackt, kandierte rote Kirschen, Rosinen, Butter), die besonders in Mailand sehr beliebt ist und zwischen Weihnachten und Neujahr als krönender Abschluß eines üppigen Mahles nicht fehlen sollte.

Traditionelle Begleiter sind *Moscato-Schaumweine, Marsala Dolce/Sizilien* und *Vin Santo/Toskana,* wobei insbesondere die Version mit einem *Moscato Spumante/Lombardei* (von LA VERSA, S. Maria della Versa) ein prickelndes Spiel von Frucht, Süße und Säure ergab.

PANIEREN

Fleisch, Geflügel, Fisch oder Gemüse in Paniermehl (bzw. Semmelbröseln) gewendet. Als Bindemittel wird Eidotter, Milch oder zerlassene Butter verwendet.

Zu panierten Speisen sollte man milde, säurearme *Weißweine (Riesling-Sylvaner, Pinot Gris, Neuburger, Zierfandler, Chasselas/Gutedel, Sémillon ...)* wählen, da sie den Brotgeschmack hervorragend unterstreichen. Wird jedoch Fett als Bindemittel verwendet, sind auch rassige, säurebetonte *Weißweine* (bis hin zum zwiebelfarbenen *Schilcher*) willkommen, die ihrerseits den Fettgeschmack sublimieren und auch Verdauungshilfe leisten.

Paniermehl → Semmelbrösel

PANNA COTTA

Italienisch: gekochter Rahm. Gestürzte Crème mit diversen Aromazutaten (Vanille, karamelisierter Zucker usw.) und Erdbeersauce.

Moscato d→Asti/Piemont/I war der schillerndste aller Begleiter.

PANNFISCH

Gekochter, entgräteter und enthäuteter → Kabeljau (→ Stockfisch) feingehackt, mit angeschwitzten Zwiebeln vermengt, gesalzen, gepfeffert, in Butter gebraten, mit geriebenen, gekochten Kartoffeln vermischt, mit geriebenem Weißbrot bestreut und kurz gratiniert.

Weißer Rioja/E – ohne Holzausbau – *südländischer Rosé* sowie jugendlich-frischer *Tocai Rosso/Venetien/I* helfen Ihnen bei der Suche nach dem passenden Wein im richtigen Land.

PAPAYAS (BAUMMELONEN, KRESSENFEIGEN)

Früchte des südamerikanischen Melonenbaumes, der heute auch in Florida, Südafrika, auf den Philippinen und an der Elfenbeinküste vorkommt. Die ovalen Früchte sind 7 bis 30 cm lang, haben eine dünne Schale, besitzen – im reifen Zustand – ein orangefarbenes Fruchtfleisch mit hohem Vitamin A- und C-Gehalt und munden süßlich-melonenartig.

Exotische *Weißweine* und *Schaumweine* mit milder Süße bis hin zu *Dessertweinen* sind – je nach Zubereitungsart – die Startrampe für kulinarische Gleichklänge und Erlebnisse. Die Empfehlungen zu →Melone gelten auch hier.

PAPRIKA (SPANISCHER BZW. TÜRKISCHER PFEFFER)

Ein Nachtschattengewächs, das durch Columbus 1494 aus dem tropischen Amerika nach Spanien, Frankreich, Italien und Ungarn kam. Man unterscheidet Delikateß-Paprika (entsteht aus dem Fruchtfleisch und ist mild-aromatisch), Edelsüß-Paprika (entsteht aus dem Fruchtfleisch und dem etwas scharfen Samen; sehr begehrt mit milder Schärfe) und Rosenpaprika (sehr scharf mit wenig Fruchtfleischanteil). Der scharfe, bittersüße Geschmack des Paprikas beruht auf dem Gehalt an Kapiszin. Der Anteil an Vitamin C entspricht dem fünffachen einer Zitrone. In mäßigen Dosen genossen, macht Paprika Appetit und fördert die Verdauung.

Als „Paprikawein" par excellence hat sich der *Sauvignon Blanc* bewährt, aber auch *Riesling*, *Chardonnay*, *Hermitage Blanc/nördliche Rhône* oder *Bourgogne Aligoté* sind aufregend kühlende („Feuer und Eis") Durstlöscher. Nicht zu vergessen die *weißen Aosta*-Stars *Blanc de Morgex* und *Blanc de la Salle/I*.

Paprikaschnitzel

Kalbsschnitzel gesalzen, in Mehl gewendet, in Butter gebraten, Bratfond mit Rahm und Paprika eingekocht, über das Schnitzel gegossen und mit gekochtem Reis serviert.

Weiß: Sauvignon Blanc, Sylvaner, Neuburger Kabinett/A
Rosé: milder Rosé

Ein *südsteirischer Sauvignon Blanc Kabinett* (1 – 2 Jahre; 8 – 9° C) von WALTER SKOFF, Gamlitz/A, lag genau auf der Aromalinie des Schnitzels und bescherte uns ob seiner ungestümen Säure ein kulinarisches Fortissimo mit intensivem Nachhall.

Weiß: Riesling, Riesling-Sylvaner Kabinett bis Spätlese und
Chardonnay (Stahltankausbau)

Die herrliche *Riesling Spätlese „Dürnsteiner Hollerin"* von HANS KIRCHMAYR (→ Bayerische Creme) brachte nicht nur das Paprikaaroma zum „Singen", sondern war auch der Rahmsauce (!) ein mollig-weicher, ebenbürtiger Gefährte von großzügiger Frucht und Finesse.

**Weiß: Badacsony (Plattensee), Furmint, Olaszrizling, Sauvignon Blanc/H
Rot: Siehe unten!**

Die kraftvolle *Blauburgunder Spätlese* (2 – 5 Jahre; 16 – 17° C) von PAULINE UND WALTER HAHNENKAMP, St. Georgen/Neusiedlersee-Hügelland/BGLD/A (tiefes Rubin mit Granatrand, exquisite Beeren-Wiesenblumen-Nase, fruchtbetonter Pinot mit exemplarischer Bittermandelnote), wurde eigentlich nur als Versuchsballon gestartet, konnte sich aber durchaus in Szene setzen, wenn auch – wie erwartet – die Schärfe verstärkt wurde und der Wein noch etwas bitterer mundete.

Paprikaschoten gefüllt

Grüne Schoten ausgehöhlt, mit einer gut gewürzten Farce aus körnigem Reis, gehacktem (faschiertem) Fleisch, gehackten Tomaten und gehackten Kräutern gefüllt, in eine Pfanne gegeben, mit Öl begossen, zugedeckt im Ofen geschmort und mit Tomatensauce kredenzt.

Im Laufe der Jahre haben sich in diversen Ländern einige Spezialweine für die Paprikaschoten herauskristallisiert: *Frankreich: rote Mâcon-Villages/Burgund, Minervois/Midi* und diverse *Roséweine (Rhône); Italien: Refosco/Friaul, Valpolicella/Venetien* und einfacher *Chianti/Toskana; Griechenland: roter Demestica; Österreich: weißer Pinot Gris, Riesling, Chardonnay; Australien: roter Shiraz ...; Spanien:* einfache *rote Rioja Baja ...; Deutschland: Pinot Noir/Baden; Schweiz: Nostrano Rosso/Tessin.*

Paprikaspeck

Frischer Speck, mit Salz eingerieben, mit Rosenpaprika gewürzt und an der Luft getrocknet.

Wegen des Paprikas kommen auch die eingangs erwähnten *Weißweine* ins Spiel. Generell sind es aber *Rotweine*, die das Speckaroma ideal konterkarieren und dabei selbst an Ausdruckskraft und Finesse gewinnen: *Kalterer See/Südtirol/I, Côtes du Rhône/F, Rioja/E*.

PARASOLPILZ (SCHIRMPILZ)

Ein bis zu 30 cm hoher köstlicher Speisepilz, mit einem Hutdurchmesser von 25 bis 30 cm. Er kommt von Sommer bis Herbst an Lichtungen und Waldrändern vor. Sein Hut ähnelt in reifem Zustand einem Sonnenschirm (Parasol), schmeckt saftig-fleischig und wird meist wie ein Schnitzel paniert. Der Stiel ist nur in getrocknetem Zustand, als Pilzpulver, interessant.

Mild-samtige *Weißweine* ohne pointierte Säurestruktur, aber mit feiner Würze *(Grüner Veltliner, Pinot Blanc, Pinot Gris, Malvasier, Roter Veltliner, Zierfandler, Neuburger* usw.) sind allzeit verheißungsvolle Mitstreiter auf dem Weg zu kulinarischen Höhepunkten.

PARMASCHINKEN

Berühmter italienischer Rohschinken aus der oberitalienischen Provinz Emilia-Romagna (zart, mager, saftig, fein gewürzt und mit reinem Meersalz zurückhaltend gepökelt, mit 6 bis 10 kg Gewicht). Dort stehen die hohen, luftigen Schinkengebäude, in denen die später so begehrten Schinken rund 12 bis 15 Monate lufttrocknen müssen. Das nussig-milde Aroma des hauchdünn aufgeschnittenen Parmaschinkens verlangt nach adäquaten Kreszenzen aus der Emilia-Romagna.

Der *rote Lambrusco di Sorbara secco* (z.B. von der CANTINE COOPERATIVE RIUNITE, Reggio Emilia) und der *weiße Monterosso Val d'Arda secco* sind die bekanntesten. Zu Parmaschinken mit Melone (oder frischen Feigen) ist der *weiße Malvasia dei Colli Piacentini/Emilia-Romagna* sehr harmonisch; hochinteressant ist auch der *Malvasia Val Nure* von CONTE OTTO BARATTIERI, Piacenza/Emilia-Romagna/I.

PARMESAN

Gelber lombardischer Hartkäse von der Gestalt und Größe des → Emmentalers. Die Feinheit des Aromas hängt von der Lagerzeit ab (bis zu 4 Jahren). Er ist hellgelb und von milder Schärfe, enthält bis 32 % Fett in der Trockenmasse, wird aus roher, teilentrahmter Kuhmilch von April bis November hergestellt und hat seine Berühmtheit als Reib- und Würzkäse erlangt. Als solcher ist er „Manna für den Gaumen und Balsam für den Magen". Junger bis mittelreifer Parmesan läßt sich von *weißem Riesling Italico/Lombardei*; *rotem Lambrusco di Sorbara secco* und *Gutturnio secco* (BAR, BONARDA; 3 – 4 Jahre; 16° C) von der AZ. AGR. M. & G. FUGAZZA, Rovescala, beide aus der Emilia-Romagna, sinnvoll begleiten. Älteren, reifen Exemplaren entlocken alte *Chianti Classici/Toskana*, *Baroli Riserve/Piemont* und – mit Abstrichen – *Bual Madeira/P* ein Höchstmaß an Aromen und Individualität.

PARRILLADA MIXTA

Argentinische Delikatesse: Zwischenrippenstück vom Rind, Hammelkeule, Rinderherz, Rinderniere, → Kutteln und → Euter. Alles weichgekocht, → Kalbsbries in 50 g-Stücke geschnitten, auf dem Holzkohlengrill gebraten, Fleisch dabei ständig mit Beize aus Essig, Öl, Wasser, Zwiebeln, Knoblauch, Paprika, Salz und Rosmarin bepinselt. Als Beilage Salat und Weißbrot.
Einheimische *Rosados* sind die unverfänglichsten Begleiter dieses allzu diffizilen Gerichts. Doch auch *argentinische Rotweine* – oft kellerkühl serviert – wie der *Cabernet Sauvignon Fond de Cave* von TRAPICHE und der Aufsteiger *Perdriel Tinto Malbec* von J. P. NORTON, beide aus Mendoza, werden eingesetzt. Wegen seiner Affinität für Holzraucharoma zählt auch der *rote spanische Rioja* zu den willkommenen Gästen.

PASSIONSFRÜCHTE

Die Früchte verschiedener Arten der Passionsblume sind oval, hühnereigroß, gelborange bis dunkelrot-violett, mit grün-grauem, weichem, geleeartigem Fleisch, das an Wein und Himbeeren erinnert und mit kleinen Kernen durchsetzt ist. Die frischen Früchte sind reich an Vitamin C und kommen vor allem aus Ostafrika, Südafrika, Südamerika, Formosa, Kalifornien und Australien.
Exotische *Schaumweine, australische Rieslinge „Auslese Style"* und vor allem der traditionsreiche *südwestfranzösische* „König des Béarn", der *Jurançon*, sind lustvolle Kostbarkeiten geschmacksergänzender und -erhöhender Art. Zu Eisparfait mit Passionsfrüchten mundete auch ein halbtrockener *Rieslingsekt*, und zu einem Passionsfruchtsoufflé bescherte uns der *australische Schaumwein Home & Landragain/Yellowglen/Bendigo/Victoria* euphorische Stunden.

PASTA ASCIUTTA (PAST'ASCIUTTA)

Italienisch: trockene Teigware. Überbegriff für italienische Teigwarengerichte, die in Wasser gekocht und mit einer bestimmten Sauce versehen wurden. Zu Pasta Asciutta mit Kräutersauce wählen Sie *roten Grignolo del Monferrato Casalese DOC/Piemont*;

Pasta Asciutta mit Cremesauce verlangen nach *Orvieto DOC Abboccato/Umbrien,* zu Pasta Asciutta mit Waldpilzen ordern Sie am besten *Raboso* oder *Pinot Nero/Venetien;* Pasta Asciutta mit → Ricotta und Mangold geht mit dem *weißen Monterosso Val d'Arda/Emilia-Romagna* eine begeisternde Allianz ein; zu Pasta Asciutta con le Sarde (mit Sardinen und wildem Fenchel) ist der *sizilianische Corvo (Bianco) „Prima Goccia"* von DUCA DI SALAPARUTA, Casteldaccia, ein Labsal; zu Pasta Asciutta „Aglio e Olio" (Knoblauch und Olivenöl, aber kein Parmesan) sind *Galestro/Toskana* oder *Pinot Grigio/Friaul* vorprogrammiert; zu Pasta Asciutta Pomodoro (mit Tomatensauce, Zwiebeln, Basilikum) ist *Valpolicella Classico DOC/Venetien* unerreicht, und zu Pasta Asciutta alla Sangiovanniello (Tomaten-Sardellen-Sauce, Knoblauch, Pfeffer, Basilikum) kommt endlich auch *Soave Classico DOC/Venetien* zum Zug.

Pasta Asciutta „Calabrese"

Als dente (bißfest) gekochte → Makkaroni mit dicker Tomatensauce, die mit Ingwer gewürzt wurde, übergossen.
Die *kalabrischen* Favoriten sind *Cirò Rosato, Cerasuolo di Scilla Rosato* und *Cirò Rosso DOC* (GAL; 3 – 5 Jahre; 16° C), letzterer ein seit Urzeiten berühmter, lodernd-feuriger Wein, der uns zwar ein wenig einheizte, was aber im Winter durchaus angenehm sein kann. (Besonders zu empfehlen sind der *Cirò Rosato* von der FATTORIA SAN FRANCESCO, Casale San Francesco, und der *Cirò Rosso Classico* von VINZENZO IPPOLITO, Cirò Marina.)

PASTETCHEN (BOUCHÉES)

Kleine Blätterteigpasteten, die als Vorspeise oder kleine Leckerbissen nach der Mahlzeit gereicht werden.
A priori sind hier samtig-milde bis liebliche *Weißweine* vorzuziehen. Manche Fleischfüllungen können auch einen würzigen *Rotwein* bedingen.
(→ Bordeauxpastetchen, → Hubertuspastetchen)

Pastetchen auf „Kapuzinerart"

Rühreier mit gedünsteten Kalbsbriesstücken und Trüffelgebäck verfeinert, in Blätterteighüllen gefüllt und im heißen Ofen gbebacken.
Piemontesischer Gavi, halbtrockener *deutscher Riesling,* elitärer *Meursault AC/Côte de Beaune/Burgund* und exotischer *Condrieu AC/nördliche Rhône,* sie alle mußten zurücktreten, um dem superben *Verduzzo di Ramandolo* von GIOVANNI DRI, Nimis/Friaul/I, zu weichen.

Pastetchen „Nimois"

Geflügelleber, Hammelfleisch und etwas Räucherspeck – alles gewürfelt – gemeinsam angebraten, püriert und mit Basilikum und etwas Cognac parfümiert; in Blätterteig gefüllt und im heißen Rohr gebacken.
(Der Name geht auf die südfranzösische Stadt Nîmes zurück).
Die *Crus-Beaujolais Julienas* und *Regniè* werden besonders gern empfohlen, aber auch *Weißweine (Condrieu/nördliche Rhône* und *Tokay/Pinot Gris d'Alsace)* sind einen Versuch wert.

PASTETEN

Bestehen aus einer Teig- oder Speckhülle mit einer Füllung aus Fleisch-, Wild-, Geflügel- oder Fischfarce. Schon vor ca. 1000 Jahren von den spanischen Mauren erst-

mals zubereitet, erlebten sie im 14. und 15. Jahrhundert, als die Gewürze entdeckt wurden und die Renaissance zu einer Prachtentfaltung der Tafel führte, ihren Höhepunkt. Die klassische Kochkunst (17. bis 19. Jahrhundert) bescherte uns die berühmten → Lerchenpasteten aus Chartres, die Schnepfenpasteten aus Abbéville und die → Gänseleberpasteten aus Straßburg. Das Motto für eine gute Pastete lautet: „Schön sollen des Gewandes Falten sein, doch schöner muß, was sie enthalten, sein."
(→ Hasenpastete, → Hechtpastete, → Fasanpastete, → Flamiche, → Galantinen und → Terrinen sowie → Leverpostej)
Zu Fleischpastete nach „Tourainer Art" (mit Kartoffeln, weißen Rüben, Lauch, Markknochen und Ochsenschwanz) wählen Sie *Gamay de Loire/F* oder jungen *Blaufränkisch/Horitschon/Mittelburgenland/A*. Kalbsleberpastete verlangt nach jungem, fruchtcharmanten *Traminer/Steiermark/A*, und Koulibiac (Teigpastete russischen Ursprungs, gefüllt mit Lachs, harten Eiern, Gemüse...) paaren Sie mit *Graves Blanc/F* oder *Pinot Blanc Kabinett/A* und *D*.

PAUCHOUSE

Südfranzösische Fischspezialität: gewürfelter Magerspeck und gehackte Knoblauchzehen in Butter geschwenkt, dazu Süßwasserfische mit Weißwein und Fischfond gargekocht und mit gedünsteten Champignons und Zwiebeln garniert; Fond mit Mehlbutter, Eigelb und Rahm gebunden und mit Salz und Pfeffer gewürzt; dazu werden geröstete Weißbrotscheiben gereicht.
Interessanterweise haben sich hier die *südfranzösischen Weißwein*-Spezialitäten nicht so durchsetzen können und mußten den *Burgundern (Mâcon-Villages, Pouilly-Fuissé* und vor allem *Meursault AC ...)* das Feld überlassen.

PAUPIETTES

Französisch: Röllchen; kleine gefüllte Fleisch-, Fisch- und Krautrouladen.
Zu Paupiettes de Veau (Kalbsröllchen) ist köstlicher *Costières du Gard Blanc* vom CHÂTEAU DE CAMPUGET, Languedoc, anzuraten; Paupiettes de Poisson (Fischröllchen) vermählt man gerne mit *Côteaux D'Aix-en-Provence Rosé* oder *elsässischem Sylvaner*, Paupiettes de Choux (Krautröllchen) wurden von *Anjou Gamay/Loire* oder *Beaujolais Nouveau/Burgund/F* hervorragend assistiert, und die noch nicht erwähnten Paupiettes de Boeuf (Rindsrouladen) spannen Sie mit würzig-saftigem *(rotem) Rhône-Wein (Gigondas, Saint-Joseph* usw.) zusammen.

PECORINO

Italienischer Hartkäse aus Schafvollmilch. Ähnlich dem → Parmesan wird er vorwiegend als Reib- und Würzkäse verwendet.
Für jungen Pecorino bieten sich *apulischer Copertino Rosato* und auch formidabler *roter Sangiovese di Romagna Superiore* (VINICOLA SAMORI, Bertinoro, oder CARLA FOSCHI, Cesena) an; für Käse in Mittelreife wählen Sie edlen *Ruby Port*, und für reife Exemplare sind *Tawny Port* und der *Sherry*-artige *Mantonico di Bianco/Kalabrien* (FRANCESCO SAPORITO oder UMBERTO CERATTI) gediegene Ergänzungen.

PEPERONE

Mehrzahl: Peperoni; italienische Bezeichnung für Pfefferoni (Pfefferschoten), die es von fruchtig-süß bis würzig-scharf gibt. Beste Genußzeit ist von Juni bis November.
Südländische Roséweine und der *sizilianische Alcamo Bianco* (CAT BIANCO; 1–2 Jahre; 8° C) sind auch den scharfen Schoten gewachsen; zu Peperoni mariniert ist *Sherry*

Amontillado dry fast unumgänglich, und zu Peperoni mit Basilikum, Tomaten und Frascarelli (Spätzle) entzückte *friulanischer Chardonnay* von BORGO DEL TIGLIO, Brazzano di Cormons.

PERLHUHN (PINTADE → GUINEAHUHN)

Westafrikanischer Fasanvogel, der schon von den alten Griechen als Haustier gehalten wurde. Das Fleisch ist im Alter von 11 bis 14 Wochen eine Delikatesse von etwas dunkler Farbe und saftig-aromatischem Geschmack. Das Perlhuhn ist kleiner als das Haushuhn, weist viel Brustfleisch auf und wird vor allem in Südfrankreich, Ungarn und Jugoslawien angeboten.

Ähnlich dem → Fasan sind Kombinationen in allen Farben möglich. Perlhuhn mit Morcheln und *Vin Jaune de Jura* ist eine grandiose Paarung; Perlhuhn mit Estragon ist *Pinot Blanc* regelrecht verfallen; Perlhuhn mit Knoblauch und Orangenschale liebt sowohl *Pinot Gris* als auch *Traminer* und *Barsac/Sauternes/Bordeaux/F*; Perlhuhn mit Sellerie verlangt nach *fränkischem Silvaner* oder *Pinot Noir (Ahr, Baden ...)*. Perlhuhn mit Äpfeln und trockener *Cidre* (französischer Apfelwein) oder *Grüner Veltliner/Wachau/A* sind von aromatisch-stilistischer Konsequenz; Perlhuhn in Armagnac und *Vino Nobile di Montepulciano DOCG/Toskana/I* oder – noch besser – *Château Haut-Marbuzet/Saint-Estèphe/Haut-Médoc/Bordeaux/F* ist eine Klasse für sich; Perlhuhn mit Knoblauch, Tomaten und Rosmarin ist eine klare Sache für den robusten *Rosso Conero* von UMANI RONCHI, Osimo Scalo/Marken/I (speziell im Winter); Perlhuhnmousse ruft nach *Pinot Gris, Pinot Noir* oder samtigem *Merlot*, und Perlhuhn in Pfeffersauce wird zur „glühenden" Verehrerin im Verein mit *Cabernet Sauvignon*.

Perlhuhn auf „Afrikanische Art"

Perlhuhn in sechs gleichmäßige Portionen zerteilt, gewürzt, angebraten, mit gehackten Zwiebeln und Knoblauch versehen, mit Mehl bestäubt, leicht angeröstet, mit Weißwein, Geflügelfond und Tomatenmark gebunden, zugedeckt weichgeschmort und mit gebratenen Süßkartoffeln (→ Bataten) sowie Bananen garniert.

Eine diffizile Kombination, da Zwiebeln, Knoblauch, Tomaten, Süßkartoffeln und Bananen eigentlich unterschiedlichste Weine verlangen. Drei *weiße Südafrikaner* schaffen den Balanceakt auf bravouröse Weise: der exotisch-würzige *Chardonnay* von BACKSBERG, Paarl, der an klassische Rieslinge erinnernde *Rhine Riesling* von NEIL ELLIS, Stellenbosch, und schließlich der berühmte, halbtrockene *Gewürztraminer „Jean Gardé"* von BOSCHENDAL, Paarl. Der ansonsten so superbe *Sauvignon Blanc/Klein Constantia* blieb in dieser Zusammensetzung leider ein Fremdkörper.

Perlhuhn gefüllt

Perlhuhn mit Butter, Schalotten, Thymian und zerstoßenem Lorbeerblatt gefüllt, zugenäht, mit Salz und Pfeffer eingerieben, Brust mit Speckscheiben belegt, mit Geflügelfond begossen und 30 Minuten geschmort; Weißkraut geviertelt, Strunk ausgelöst, in Streifen geschnitten, mit Schmalz und Speckwürfeln angebraten, gepfeffert und mit → Bouquet garni und Fond etwa 10 Minuten leise gekocht und angerichtet.

Gegen *Pinot Blanc* und *Riesling* ist hier kein „Kraut" gewachsen. Beiden gelang es vorzüglich, die Gewürze zart zu aktivieren, dem gefürchteten Speck sogar noch Finesse zu verleihen und dem Weißkraut alle Geschmackskomponenten zu entlocken. Mit dem Fleisch alleine kam der *Pinot Blanc* noch einen Deut besser zurecht. Im konkreten Fall handelte es sich um einen im Barrique ausgebauten *Riesling „Dorsheimer Pittermännchen"/Nahe/D* vom unkonventionellen ARMIN DIEL,

Burg Layen, und um eine begeisternde *Weißburgunder Spätlese* von ALOIS SCHUSTER, Halbturn/Neusiedlersee/Burgenland/A. Als *Rotwein*-Alternativen bieten sich fruchtcharmanter *Blauer Portugieser*, samtiger *Pinot Noir* oder fruchtig-weicher *Barbera d'Asti DOC* (2 – 3 Jahre; 16 – 17° C), z. B. von DUCA D'ASTI, Piemont/I, an.

Perlhuhn mit Grapefruit

Perlhuhn in acht Portionen zerteilt, in heißer Butter und Öl angebraten, mit Salz und Pfeffer gewürzt, mit etwas → Portwein und Geflügelfond aufgegossen, zugedeckt geschmort, herausgenommen; Bratensaft mit frischem Grapefruitsaft gelöscht, Geflügel und rosa Grapefruitfilets dazugegeben, kurz ziehen gelassen und angerichtet.

Weiß: jugendlicher Grüner Veltliner, Riesling Kabinett/A;
junge Weine aus Savoyen; Bourgogne Aligoté/Burgund/F

Ein zitrusfruchtiger *Grüner Veltliner Kabinett* (1 – 2 Jahre; 8 – 9° C) vom SCHLOSSWEINGUT GRAF HARDEGG, Seefeld-Kadolz/Weinviertel/NÖ/A (hellgelb mit Smaragdlichtern, zart-säuerlich mit würzigem Duftspiel, kraftvoll mit stahliger Säure und würzigem Zitrusaroma), war aromatisch von geradezu verblüffender Ähnlichkeit, doch wurde die Säurenote insgesamt doch etwas zu aufdringlich (Säure und Säure addieren sich und können auch bitter werden).

Weiß: mittelreifer Chenin Blanc, Hermitage Blanc und Champagne/F

Der delikate *Chenin Blanc „Bonnezeaux"* (5 – 8 Jahre; 8 – 10° C) von GODINEAU PÈRE ET FILS, Anjou-Saumur/Loire/F (hellgelb leuchtend, unsagbar duftreich nach Zitrus, Birnen, Aprikosen, samtig-weich, von großer Komplexität und beachtlicher Persistenz), erleuchtete ebenfalls das Zitrusaroma auf unvergleichliche Weise, besaß aber nebenbei jenes Maß an Rundheit, welches es ihm ermöglichte, der Säurenote die gefährliche Spitze zu nehmen und aromatisch einzubinden.

Weiß: siehe unten! bzw. Malvasia delle Lipari/Sizilien/I
Rot: fruchtcharmante, junge Primeurweine aus aller Welt

Der übermächtige *Mantonico di Bianco* (10 – 12 Jahre; 10 – 12° C) von UMBERTO CERATTI, Caraffa del Bianco/Kalabrien/I, wird aus halbgetrockneten, weißen Mantonico-Trauben gewonnen und ergibt eine bernsteinfarbene, sherry-ähnliche Kreszenz von likörartiger Fülle und exotisch-zitrusartigem Nachhall. Mit 16 % Alkohol und gewaltigem Extrakt schien er das Huhn regelrecht zu erdrücken, wurde aber von Bissen zu Bissen friedfertiger und sanfter. An kalten Winterabenden ideal!

PESTO

Italienische Sauce (kalte Würzpaste) aus Olivenöl, → Pecorinokäse, geriebenen (zerstoßenen) → Pignoli, Basilikum, Majoran, Salz, Pfeffer, Knoblauch; Pesto wird zu kalten Vorspeisen, kaltem Fisch, Makkaroni, Spaghetti, Gnocchi, Pasteten und Suppen serviert.
Dem pikant-scharfen Aroma des Pesto kann man mit Erfolg einige erfrischende *weiße* Kreszenzen aus *Ligurien (Buzzetto di Quiliano, Lumassina, Pigato d'Albenga* und *Vermentino...)* entgegensetzen. Wobei der *Pigato Tenuta Massaretti/Cascina Feipu* ein geradezu sensationeller Partner war!

PETERSFISCH → HERINGSKÖNIG

PETITS FOURS

Französisch: kleine Öfen; kleines Naschwerk aus Biskuitboden, mit Buttercrème gefüllt, verschiedenfarbig glasiert und mit Pistazien, Mandeln, kandierten Früchten garniert.
Das allzu verführerische Naschwerk – man ißt, ohne es zu merken – läßt sich bestens mit mild-fruchtigen *Schaumweinen* vereinen.

PETITE MARMITE (HENRI IV.)

Französisch: kleiner Suppentopf; Bouillon mit Hühner- und Rindfleisch, Markscheiben und Gemüse.
Animierende flüssige Ergänzungen sind einige *Crus Beaujolais (Chenas, Morgon...)*, jugendliche *Gamay-* und *Cabernet Franc-Weine* der *Loire* sowie *elsässischer Pinot Noir*.
(Henri IV., französischer König, 1563 – 1610, aus dem Béarn.)

PFEFFER

Im Gegensatz zu den unreif geernteten Früchten des schwarzen, scharfen Pfeffers kommt der weiße, milde Pfeffer aus reifen und geschälten Früchten. Immer mehr wird auch der grüne, unreife Pfeffer aus Madagaskar geschätzt. Alexander der Große brachte das Universalgewürz (326 v. Chr.) in die Mittelmeerländer. Mäßig genossen weckt Pfeffer den Appetit und fördert die Verdauung. Während der Gewürzorgien des Mittelalters wurde Pfeffer in unvorstellbaren Mengen genossen. So wurden bei der Hochzeit des Herzogs Karl von Burgund (1468) die Speisen mit nicht weniger als 190 Kilogramm Pfeffer gewürzt.
Grundsätzlich sind leichte, mild-fruchtige *Weiß-* und *Roséweine* in Erwägung zu ziehen, doch Art des Fleisches und Zubereitung können auch pfeffrig-würzige bis samtig-fruchige *Rotweine* ins Spiel bringen.

Pfeffersteak

Filetsteak mit grob zerstoßenen Piment-, weißen- und schwarzen Pfefferkörnern eingerieben, in heißem Öl rosa gebraten, gesalzen, in Folie warmgehalten; Bratensatz mit Cognac (Weinbrand) gelöscht, → Crème fraîche hineingegeben und kurz eingekocht.
Prinzipiell sollte man hochkarätige, alkoholreiche *Rotweine* vermeiden, doch bei entsprechendem Extrakt dürfen es auch würzige, nicht zu elegante Exponate sein: *Dolcetto DOC* und *Barbera d'Alba DOC/Piemont/I, Syrah/Rhône/F, Shiraz/AUS, Zinfandel/KAL* usw.; zu Pfeffersteak mit grünem Pfeffer sollten Sie einmal einen eleganten *Pinot Noir*, z. B. von JEAN-DANIEL GIAUQUE, La Neuveville/Neuenburgersee/CH, probieren, der die Gewürze mit Feingefühl untermalt.

PFEFFERFISCH

Kleiner → Dorsch, Goldbarsch oder → Kabeljau, außen und innen mit Senf, weißem Pfeffer und Salz eingerieben, mit Paprikaschoten, halbierten Tomaten, Essig und Öl in Fischbrühe gedünstet und mit Pommes frites serviert.
Frascati und *Marino Superiore DOC/Latium* (FONTANA CANDIDA und PAOLA DI MAURO), *südländischer Sauvignon Blanc* und *sizilianischer Rapitalà* (CAT BIANCO; 1 – 2 Jahre; 8 – 9° C), z. B. von der TENUTA RAPITALÀ, Camporeale, oder von CONTE DE LA GATINAIS, sind kühlend-erfrischende Durstlöscher mit Pfiff und Quintessenz.

PFEFFERMINZE

Ursprünglich aus dem Fernen Osten (Japan, China) stammende Zuchtform diverser wilder Minzearten, die speziell in Europa, Nordafrika und Amerika kultiviert werden. Von allen Minzearten hat die aus England stammende Pfefferminze (Mentha piperata) die größte Bedeutung. Ihr charakteristischer Duft rührt von einem ätherischen Öl, dem Menthol, her. Die Briten haben eine besondere Vorliebe für die Pfefferminze als Küchenkraut (→ Minzsauce).

Unter den *Weißweinen* der Welt haben sich *Muskateller, Scheurebe* und *Vermentino (Ligurien, Sardinien)* einen Namen als Begleiter gemacht. Als „König" gilt der *elsässische Muscat Grand Cru*. Bei den *Rotweinen* sind *Syrah (Rhône), Shiraz (S-AUS), Cabernet Sauvignon (Pauillac/Bordeaux/F, S-AUS), Brunello di Montalcino/Toskana/I* und internationale *Merlots* mit Barriqueausbau (bzw. *Cabernets/Merlots*) Spitzenreiter.

PFERDEFLEISCH

Etwas zäh in der Faser und süßlich im Geschmack, aber doch von großem Nährwert und einiger Saftigkeit. Die Germanen schätzten es als Festtagsbraten, und die Franzosen gehen noch heute gerne zum Pferdefleischer, wenn sie junges Fleisch bekommen können, das sie dann gerne als Tatar zubereiten und auch gegen Anämie einsetzen. Elegante *Pinots Noirs* und *Merlots* gehören zu den auserwählten Begleitern junger Tiere. Etwas ältere, geschmorte Pferde brauchen kraftvoll-würzig-rustikale Kreszenzen wie *Rosso di Montalcino DOC/Toskana, Venegazzù della Casa/Venetien* oder *Recioto Amarone* von GIUSEPPE QUINTARELLI, Monteforte.

PFIFFERLING (EIERSCHWAMMERL)

Blätterpilz, der von Juni bis September in Laub- oder Nadelwäldern wächst und ein festes, gelbliches Fleisch mit etwas scharfem, pfeffrigem Geschmack aufweist. Von größtem Wohlgeschmack sind kleine Pilze mit einem Kopfdurchmesser von 15 bis 20 mm.
Große *Weiß-* und *Rotweine (Pinot Blanc, Grüner Veltliner, Pinot Noir* oder *Rioja/E* usw.) in vielen Variationen sind möglich. Auch hier gilt die Regel, daß ältere, modrigfirnige Gewächse dabei an Frische und Frucht gewinnen. (→ Trompetenpilz)

Pfifferlinge in Butter

Pilze mit gehackten Zwiebeln in Butter gedünstet und mit Petersilie bestreut.
Ein ebenso wohlschmeckendes wie simples Gericht, das sich auf geniale Weise – in der Einfachheit liegt oft das Geniale – mit einer reifen *Pinot Blanc Spätlese* von JOHANN ZWICKELSTORFER (→ Champignonsoufflé) vereinte. Ein überreifer *Rioja „Viña Tondonia Gran Reserva"* von LOPEZ DE HEREDIA, Haro/E, büßte seinen modrigen Firnton ein und stieg aus dem Jungbrunnen. Ein ähnlich wundersames Erlebnis hatten wir mit einem überreifen *Château Haut-Brion Rouge/Graves/Bordeaux/F*.

Pfifferlinge in Obers (Rahm)

Gehackte Zwiebeln in Butter angeschwitzt, Pfifferlinge darin gedünstet, mit Rahm gebunden, kurz reduziert, gesalzen und mit frischem, weißem Pfeffer bestreut.
Der halbtrockene *Pinot Blanc Schneckenkogler* (6 Jahre; 9 – 10° C) von ING. KLAUS PRÜNTE, Spielfeld/Südsteiermark/A, wurde zum Sieger des Tages und brachte sowohl die Aromen der Speisen als auch unsere Geschmacksknospen zum Erblühen.

Zwei Kreszenzen aus dem *Friaul*, ein samtiger *Pinot Grigio* (AZ. ENO-FRIULIA, Capriva) und ein munterer *Isonzo Tocai*, AZ. AGR. VAZZOLER aus Mossa, waren ihm dicht auf den Fersen, gefolgt vom superben *Neuburger „Smaragd"* von JOHANN SCHMELZ, Joching/Wachau/NÖ/A.

PFIRSICHE

Der asiatische Pfirsichbaum, der durch die römischen Legionen bis nach Gallien kam, wird heute in allen Gebieten mit gemäßigtem Klima angebaut. Echte Pfirsiche haben eine samtartige Haut, Nektarinen dagegen sind glatthäutig. In den wärmeren Zonen ist die Steinfrucht süßer und saftiger, während sie in Mitteleuropa in den Monaten von Juli bis September würzig-säuriger schmeckt.
Riesling Spätlese, Condrieu/nördliche Rhône, Riesling-Sylvaner, Muskateller, Jurançon/Béarn, Barsac/Sauternes/Bordeaux/F und viele andere sind exquisite Kandidaten für eine Liaison mit der illustren Steinfrucht. Pfirsiche gebacken mit Pistazien und Karamelsauce adelten wir durch die Verbindung mit elitärem *Sherry Oloroso dry* von EMILIO LUSTAU, welcher über seine Karamelaromen ein aromatisches Feuer herstellte. Zu Pfirsichsalat bezauberten die beiden *Amigne*-Pretiosen von URBAIN GERMANIER, Vétroz/Wallis, und MICHEL CLAVIEN, Pont de la Morge/Wallis/CH. Pfirsich „Melba" fand über das Himbeerpüree zu einem *roten* perlenden *Freisa* von FRANCO FIORINA, Alba/Piemont – auch pfirsichduftiger, lieblich-schäumender *Vouvray Pétillant* von MARC BRÉDIF, Touraine/Loire/F, konnte gefallen.

Pfirsich flambiert

Zuckerstücke an einer Zitronenschale abgerieben, mit Butter und zwei Schuß Kirschwasser geschmolzen, halbierte Pfirsische dazugegeben, angedünstet, mit Crème de Cacao und → Cognac flambiert, auf Vanilleeis gesetzt und mit dem Saft begossen.
Neben *Kirschwasser, Crème de Cacao* und *Cognac* gefiel auch ein *Grand Marnier Cordon Jaune* (Edellikör aus Bitterorangenschalen und Cognac); doch sind diese Alkohol- und Extraktbomben nur im Winter empfehlenswert. Dem heutigen Ernährungsbewußtsein entsprechen da schon eher gespritete *Südweine (Moscatel de Setúbal/P; Muscat de Beaume-de-Venise* und *Muscat de Frontignan VDN/S-F;* oder elitärer *Liqueur Muscat* von MORRIS aus Rutherglen/Victoria/AUS usw.). Noch besser, leichter und subtiler sind *Edelsüßweine* mit Pfirsichakzenten und belebender Säure, wie manche *Riesling Beerenauslesen. Welschriesling Ausbruch, Ortega (Riesling-Sylvaner X Siegerrebe) Eiswein* sowie jugendlicher *Barsac/Sauternes/Bordeaux/F, Jurançon Vendange Tardive/SW-F* und üppiger *Bonnezeaux/Loire/F.* Geschenke des Himmels – vor allem im Sommer – sind jedoch liebliche *Muskateller (Moscato)-* und *Riesling-Sylvaner-Schaumwein* (z. B. der *Grand Vin Mousseux* von SILVIA UND ROLAND STÄMPFLI, Schernelz/Bielersee/CH).

PFLAUMEN

Der in vielen Variationen vorkommende persische Wildpflaumenbaum kam im 3. Jahrhundert v. Chr. durch Alexander den Großen nach Griechenland. Gemeinsame Eltern des Pflaumenbaumes (Prunus domestica) waren Prunus spinosa (Schlehe) und Prunus divaricata (kaukasische Pflaume). Zu den besten Pflaumen, die von September bis Oktober zu erhalten sind, gehören die großen, blauen Edelpflaumen, die kleinen → Zwetschgen, die runden, gelben Mirabellen, die grünroten Reineclauden und die kugeligen Kriechenpflaumen. Sie alle haben einen charakteristischen süßen, leicht säuerlichen Geschmack und sind daher appetitanregend.

Zu den Pflaumen kann man sowohl klassische Rotweine *(Rhône, Bordeaux ...)* als auch edelsüße *Weißweine* geben. Je süßer die Speise, desto süßer der Wein. Zu einer Tarte aux Prunes (Pflaumentorte) tranken wir mit Genuß einen *Cabernet d'Anjou Rosé/Loire*, während unsere Gastgeber (Schleckermäuler und Naschkatzen) sich an einem süßen *Jurançon/Pyrenäen* delektierten; zu Pflaumenkuchen ist für einen Rotweintrinker superber *burgenländischer Blaufränkisch* (E. TRIEBAUMER, ENGELBERT GESELLMANN, ROSI SCHUSTER, FRANZ SCHINDLER...) oder pflaumenfruchtiger *toskanischer Carmignano DOC* (VILLA DI TREFIANO, LA LOCCO, FATTORIA AMBRA) gerade richtig, während Süßweinspezialisten kühlen *Monbazillac/Bergerac (Vieux Vignoble du Repaire), Tokaji Aszu/H* oder eine *Zierfandler Auslese/Thermenregion/NÖ/A* bevorzugen; zu Pflaumenmus mit Mandeln sind *Moscato Amabile/Molise* (TENUTA SAN MARCO), *Recioto di Soave/Venetien* oder *Sämling Ausbruch/Neusiedlersee/BGLD/A* (z. B. von ALOIS LANG, Illmitz) illustre Begleiter mit stimmiger Aromatik, wobei sich die Fruchtsäure der Pflaumen ideal mit der Restsüße der Weine verbindet und letzteren zusätzlich Frische und Frucht verleiht. Dörrpflaumen werden von *Rotwein*-Freaks gerne mit *Brunello di Montalcino DOCG/Toskana* vermählt, während *Süßwein*-Liebhaber eher an *Sherry Oloroso/E* oder *Albana di Romagna Amabile*, FATTORIA PARADISO, Bertinoro/Emiglia-Romagna denken.

Pflaumenkrapfen

Entsteinte Pflaumen in → Rum eingelegt, durch den Backteig gezogen und in heißem Fett herausgebacken.
Reifer *Hermitage Blanc/nördliche Rhône* (CHAPOUTIER, H. SORREL, DELAS FRÈRES, PAUL JABOULET AINÈ) schaffte eine perfekte Aromabrücke zum Rum und gewann durch die Fruchtsäure der Pflaumenkrapfen wieder an Frische und Eleganz. *Dessertwein*-Liebhaber können es mit *Vin Santo/Toskana* (AVIGNONESI, CASTELLARE), *Vouvray demi sec/Loire (*CHÂTEAU DE VALMER oder G. CHAMPION) oder einer elitären *Zierfandler Auslese* von FRANZ UND ANTONIA KURZ, Gumpoldskirchen/Thermenregion/NÖ/A, versuchen.

Pflaumenmus → Powidl

Pflaumenröster → Zwetschgenröster

PICCATA

Italienische Spezialität aus besonders zarten, hauchdünn ausgeklopften Kalbsschnitzelchen vom Kalbsfilet mit ca. 7 cm Durchmesser, rasch in Butter gebraten. Man rechnet pro Person 3 bis 5 Stück.
Zu Piccata al Marsala (in Butter mit Marsala zubereitet) sollten sie (im Winter) den *Kochwein* auch zum Essen genießen oder sich (im Sommer) an einem erfrischenden Dienerwein *(Galestro, Frascati ...)* laben; zu Piccata alla „Napoletana" (mit Ei, geriebenem → Parmesan und Semmelbröseln paniert, in Butter gebraten, auf Spaghetti mit Sauce aus frischen Tomaten, Basilikum und geriebenem Parmesan angerichtet) sind *Lumassina (Bianco)/Ligurien, (roter) Valpolicella Classico/Venetien, Chianti Classico/Toskana* und die Lokalfavoriten aus *Kampanien, Ravello Rosato* von GRAN CARUSO, Ravello, *Lacrimarosa d'Irpina* von MASTROBERARDINO, Atripalda, und schließlich der *weiße Vesuvio DOC* von SAVIANO, Ottaviano, erprobte Partner der geschmacksgebenden Sauce.

PICHELSTEINER FLEISCH
Altdeutsches Eintopfgericht: je 200 g Kalb-, Rind-, Schweine- und Hammelfleisch würfelig geschnitten, je 400 g Weißkraut, Karotten, Zwiebeln und Sellerie zerkleinert; Schmortopf mit Räucherspeckscheiben ausgelegt, Fleisch und Gemüse daraufgegeben, mit Kraftbrühe aufgefüllt und 30 Minuten gegart; 600 g Kartoffelscheiben beigefügt, gesalzen, gepfeffert und zugedeckt fertiggeschmort.
Kraftvoller *Pinot Blanc* und *Pinot Gris* oder deftige *Rotweine* sind neben *Weißbier* die sicherste Grundlage für ein köstliches Mahl.

PIE
Englische Schüsselpasteten, die in speziellen Pie-Formen gebacken werden. Man füllt sie mit Fisch, Fleisch, Wild, Geflügel bzw. als süße Variation mit Obst oder Crème-Speisen; Blätter-, Mürb- oder Hefeblätterteig ist am idealsten (→ Chicken-Pot-Pie). Korrespondierende Getränke finden Sie unter den jeweiligen Stichworten (→ Geflügel, → Wild usw.).

PIGNATELLI
Italienische Delikatesse aus Brandteig, geriebenem Parmesan und gehacktem Schinken, in Nockerlform mit Schweineschmalz herausgebacken.
Noch mehr als der trockene, bernsteinfarbige *Marsala Vergine* (CAT, GRILLO, INZ; 10 – 15 Jahre; 10 – 12° C) von INGHAM WHITAKER & C., Sizilien/I, begeisterte der *Sherry Amontillado dry* von SANDEMAN, E. Beiden gemeinsam war jedoch die Rasse, Duftvielfalt, Komplexität und Affinität, die sie dem Gericht zukommen ließen, wobei über den Brandteig (Schweineschmalz) die Glanzlichter gesetzt wurden.

PIGNOLI
Italienische Bezeichnung für die hartschaligen, ölig-harzigen Samen der südeuropäischen Pinie (Pinienkerne).
Südländische Roséweine (Tavel/südliche Rhône, Cannonau Rosato/Sardinien, Etna Rosato/Sizilien, Cirò und *Castel del Monte Rosato/Kalabrien* usw.) und auch mildgeharzte *Retsina-Roséweine (Kokkineli)/Attika/Griechenland* sollten für diverse Pignoli-Gerichte in Erwägung gezogen werden.

PILAW (PILAF)
Orientalisches Reisgericht mit Hühner- oder Hammelfleisch, wobei der Reis körnig und locker sein soll. (→ Hammelpilaw, → Geflügelpilaw)

Pilawreis
Gehackte Zwiebeln in Butter glasig angedünstet, Putenreis (Langkornreis) mitgedünstet, mit Kraftbrühe begossen, Nelke, Lorbeer, etwas Salz und Muskat beigegeben, Reis gar gekocht, bis die Brühe aufgesogen ist, vor dem Servieren Butterflocken unter den Reis gezogen.
Mild-samtige bis halbtrockene *Weißweine (Muskateller, Pinot Gris, Malvasier, Roter Veltliner, Zierfandler, Traminer* ...; in *Italien Soave Classico, Pinot Bianco, Nosiola/Trentino* ...; in *Frankreich Vouvray/Loire*, reifer *Pouilly-Fuissé/Burgund* ...) verleihen dem Gericht jene Inspiration, die Durchschnittsköche oft vermissen lassen.
Zu Pilawreis mit Champignons (Zwiebeln, Knoblauch, dunkler Reis) konnte sich auch

ein *(roter) Cru-Beaujolais Moulin à Vent* von NAIGEON-CHAUVEAU, Gevrey-Chambertin/Burgund, in Szene setzen, und zu Pilawreis „Orientalisch" sind halbtrockene *Muskateller* und *Gewürztraminer* oft Lichtblicke an kulinarisch trüben Abenden.

PILGERMUSCHELN → COQUILLES SAINT JACQUES

PILZE (SPEISEPILZE, SCHWÄMME)

Die oberirdischen Fruchtkörper höherer Pilze. Bei den eßbaren (nicht giftigen) Pilzen unterscheidet man Edel- und andere Speisepilze. Zu den beliebtesten Edelpilzen gehören → Champignons, → Morcheln, → Pfifferlinge, → Steinpilze und → Trüffeln. Sie enthalten sehr viel Wasser (etwa 90 %), Eiweiß, Kohlehydrate, Mineralsalze, Vitamine, sind nicht gerade leicht verdaulich, und da sie auch Cadmium speichern, sollte man sie nicht allzuoft genießen. Gezielte Empfehlungen finden Sie unter den jeweiligen Stichworten.

Zu gemischten Pilzen eignen sich besonders *Pinot Blanc, Pinot Gris, Neuburger, Grüner Veltliner,* reifer *Puligny-Montrachet/Burgund, Fino Sherry/E, Tocai/Isonzo/Friaul, Parrina Bianco/Toskana, Pigato d'Albenga/Ligurien* bei den *Weißweinen,* und bei den *Rotweinen* reifer *Pinot Noir, Irouleguy/Béarn, Dolcetto/Piemont* (z. B. von MARCHESI DE GRESY, Barbaresco) *Marzemino/Trentino, Rioja/E.* Ältere Weine gewinnen durch den Kontakt mit den Pilzen an Frische und Finesse.

PIMENT (NELKENPULVER, ENGLISCHES GEWÜRZ, NEUGEWÜRZ)

Die unreifen, getrockneten, pfefferartigen Beeren des tropischen Pimentbaumes kommen aus Mittelamerika und Venezuela. Der kleine Jamaika-Piment ist fein-würzig und erinnert an Muskat, Gewürznelken und Zimt. Piment wird in der Küche als Back- und Wurstgewürz verwendet, ist auch Bestandteil von Würzmischungen und kommt in Saucen und Marinaden vor.

Prinzipiell stehen *Chianti Classico/Toskana, Barbaresco/Piemont* und *Cabernet Sauvignon* (Barriqueausbau) den Saucen, Marinaden und Würzmischungen sehr freundlich gegenüber; bei den Backwaren erweitert sich der Kreis der *Strohweine (Vin Santo), Tokaji Aszu/H* und *Gewürztraminer Prädikatsweine.*

PINBONE STEAK

Scheibe aus dem flachen → Roastbeef, zwischen → Sirloin- und → Porterhouse Steak.

PINTADE → PERLHUHN

PIPÉRADE

Baskisch-provenzalisches Omelett: Paprikaschoten und Tomaten kleingeschnitten, in Olivenöl gedünstet, mit Salz, frisch gemahlenem Pfeffer und Knoblauch gewürzt, mit aufgeschlagenem Ei übergossen und wie ein Omelett – nicht zusammengeschlagen – gebacken.

Abgesehen von den *Provence*-Spezialitäten *(weiß* und *rosé) – Bandol, Bellet, Cassis –* hat sich hiezu der *baskische Irouléguy Rosé* (CS, CF, TAN; 1 Jahr; 8 – 10° C) bewährt; auch *roter Roussillon* ist verläßlich.

PIROSCHKI
Russische Hefeteigpastetchen, gefüllt mit Fleisch, Kraut, Pilzen, Eiern usw. Sie sind eine Abart der Piroggen und werden meist als Vorspeise gereicht.
In *Rußland (GUS)* versuchen Sie einmal das mit 19 % Stammwürze ausgestattete, sehr hopfige *Bernstein-Bier* mit dichtem, beinahe weinigem Körper, das in den meisten Fällen eine erfreuliche Abwechslung gegenüber den oft ausdruckslosen oder oxydativen Weinen darstellt.

PISSALADIÈRE
Provenzalischer Sardellenkuchen, der eine Abart der italienischen → Pizza darstellt: Hefeteig 1 cm dick ausgerollt, dünn geschnittene Zwiebelscheiben in Öl hell angedünstet, Knoblauch, Salz, Pfeffer, Nelkenpulver, Sardellenfilets und schwarze Oliven daraufgelegt und mit Öl im Ofen herausgebacken.
Die *provenzalischen* „Stars" *Bellet Rosé* und *Bandol Blanc* sind erquickende Begleiter für jede Jahreszeit.

PISTAZIEN (GRÜNE MANDELN)
Scheinfrüchte des im Mittelmeergebiet heimischen Laubbaumes, der von den Römern aus Syrien nach Südeuropa gebracht wurde. Die länglichen oder runden Fruchtkerne sind hellgrün, ölreich und von mandelartig-süßem Geschmack, Feinschmecker jenseits der Alpen bevorzugen die runden Pistazien.
Der Möglichkeiten gibt es hier viele: unter den *weißen* ragen die *italienischen Weine (Soave/Venetien* und *Fiano d'Avellino/Kampanien)* hervor; unter den *roten* sind es *Pinots Noirs,* vor allem aus *Vosne-Romanée/Burgund/F,* die geschmacklich harmonieren.
Zu Pistaziensauce ist auch *Portwein (Ruby* und *White)* ein stimmiger Partner.

PIZZA
Italienische Hefeteigspezialität: Mehl, Schweineschmalz, Hefe (in Wasser gelöst), etwas Salz und Zucker mit lauwarmem Wasser zu einem mittelfesten Teig verarbeitet, etwa 1/2 cm dick ausgerollt, auf ein geöltes Backblech gebreitet, mit diversen Zutaten (Käse, Artischocken, Tomaten, Paprika, Oliven, Sardellen, Thunfisch, Muscheln, Salami, Schinken) belegt, mit Olivenöl beträufelt und im heißen Ofen knusprig gebacken.
„**Al Formaggio**" (mit Schafkäse, Ei, Olivenöl) paart sich gerne mit dem exquisit-fruchtigen *Falerio dei Colli Ascolani DOC/Marken* (TRE; 1 Jahr; 8 – 9° C).
„**Calabrese**" (mit Thunfisch und Sardellen) verspeist man mit kühlem *Rosato* (z. B. *Cerasuolo di Scilla),* natürlich aus *Kalabrien.*
„**Napoletana**" (**Original**) (Tomaten, Salz, Pfeffer, Origano, Basilikum) läßt sich mit *Valpolicella/Venetien, Chianti/Toskana* und dem einheimischen *Asprino,* einem fruchtig-spritzigen Weißwein, doppelt so gut genießen.
„**Romana**" (Tomaten, Salami, Sardellen, Oliven, Mozzarella, Parmesan) und *Frascati* ist in Rom beinahe Pflicht.
„**Siciliana**" (Tomaten, Mozzarella, schwarze Oliven, Pfeffer, Origano) und *Etna Rosato/Sizilien* haben Tradition.

PLÖTZE (BRATFISCH, ROTAUGE, SCHWAL)
Mitteleuropäischer Weißfisch aus der Familie der Karpfen, der leider mit allzuvielen Gräten „gesegnet" ist und dem oft ein Modergeschmack anhaftet, da er sich gerne in

schlammgründigen Gewässern aufhält. Die beste Zubereitungsart ist daher noch das Braten oder Backen.
Komplementäre Getränke: → Karpfen.

PLUKFISK

Dänisches Fischgericht: →Kabeljau in kleine Würfel geschnitten, mit Salz, Pfeffer und Lorbeer gewürzt, in Weißwein und Wasser angedünstet; Fond mit Mehlschwitze, Milch und gemahlenen Senfkörnern zu einer Sauce bereitet; Fisch und gekochte, gewürfelte Kartoffeln in die Sauce gegeben und mit gehackter Petersilie bestreut.
Mehlschwitze und Milch bedingten einen samtig-milden bis halbtrockenen *Weißwein (Pinot Blanc, Riesling-Sylvaner, Chasselas/CH, Soave/Venetien)*. Besonders beeindruckt waren wir von einem jugendlich-munteren *Malvasier* von GRAF STUBENBERG, Walkersdorf bei Krems/Kamptal-Donauland/A, der vielleicht nicht ganz so samtig-weich war wie *Chasselas* oder *Soave*, aber dafür jedes einzelne Gewürz, jede Ingredienz zu Tage förderte und fein nuancierte.

PLUMPUDDING (CHRISTMASPUDDING)

Old Englands Paradeweihnachtsdessert aus Rindernierenfett, geriebenem Weißbrot, Mehl, Rosinen, Dörrpflaumen, Äpfeln, Eiern, Orangeat, Zitronat, → Zimt, Gewürznelken, Muskatnuß, → Ingwer, Brandy und → Sherry, im Wasserbad gegart und mit → Rum flambiert. Noch immer ist es üblich, daß alle Frauen, die bei der Zubereitung des jahrelang (!) haltbaren Puddings mithelfen, ein Geldstück (Sixpence) in den Teig geben, und wer am Weihnachtsabend eine Münze in seiner Portion vorfindet, dem soll im kommenden Jahr Glück und Reichtum beschert sein.
Neben den schon enthaltenen Ingredienzien *Brandy, Cream-Sherry* und *Antillenrum* hat sich der *ungarische Tokaji Aszu* einen Namen als verläßlicher Begleiter gemacht.

POCHIERTE EIER → VERLORENE EIER

POCHOUSE → PAUCHOUSE

PÖKELN

Zubereitungs- und Konservierungsart für Fleisch mittels Kochsalz oder Nitritpökelsalz. Durch das Pökeln wird die rote Farbe des Fleisches erhalten und sein Geschmack verstärkt, andererseits kommt es aber zu einem Verlust an Eiweiß- und Mineralstoffen. Bereits in der Antike verstand man es, Fleisch durch Einreiben mit Salz haltbar zu machen. Der Holländer Willem Bökel führte 1347 diese Methode der Fleischkonservierung in Europa ein. Gepökelte Produkte sollte man nicht grillen, da sich dabei krebserregende Stoffe bilden können.
Zu Pökelzunge in Madeirasauce sind außer dem *Kochwein* noch der König des *Beaujolais, Moulin à Vent*, große reiche *Cabernets (Australien, Kalifornien ...)* mit exostischem Flair und der gespritete *VDN Banyuls* (→ Birnen „Helene") der Erwähnung wert. (→ Labskaus)

Pökelzunge „Nelson"

Pökelzunge gekocht, enthäutet, in Scheiben geschnitten, je zwei Scheiben mit Zwiebelpüree liiert, mit Ei und geriebenem Weißbrot paniert, in heißem Fett herausgebacken und mit Buttererbsen und Nußkartoffeln aufgetragen.

Wegen Panier und Zwiebelpüree sind auch würzige *Rosé-* und kraftvolle *Weißweine* gefragt!
(Der Namensgeber, Admiral Horatio Nelson (1758 – 1805), führte die Engländer in den Seeschlachten bei Abukir (1798), Kopenhagen (1801) und Trafalgar (1803) zum Sieg.)

Rot: Jungwein (Zweigelt, Blaufränkisch, St. Laurent ...) oder
Rosso Superiore dei Colli Euganei/Venetien/I

Der jugendliche *Zweigelt „Ried Silberberg"* (6 – 12 Monate; 15 – 16° C) der WEINBAUFACHSCHULE SILBERBERG, Südsteiermark/A (rubin-violett, charmanter Weichselduft, jugendlich-eleganter Fruchtgeschmack mit säurebetontem Abgang), war dem Gericht ein aufmerksamer Diener, der seinen Charme ziemlich gleichmäßig verteilte, den Zungengeschmack – mitsamt Erbsen und Nußkartoffeln – ideal forcierte und auch gegen Panier und Zwiebelpüree nichts einzuwenden hatte.

Weiß: Tocai Friulano/Friaul/I; Chardonnay,
Riesling, Sylvaner Kabinett bis Spätlese
Rosé: Tavel/südliche Rhône/F; Bardolino DOC/Venetien/I
Rot: Cahors/SW-F; Corbières und Saint Chinan/F

Der unvergleichliche *Tavel Rosé* vom CHÂTEAU D'AQUERIA, südliche Rhône/F (GR 45 %, CIN 20 %, CL 15 %, MV, BLC und PP 20 %; 2 – 4 Jahre; 9 – 10° C), wurde wegen seiner Vorliebe für Zwiebeln auserkoren und erfüllte seine Aufgabe mit Bravour und Gerechtigkeit gegenüber allen Beteiligten.

Weiß: Vouvray sec/Loire, Pacherenc-du-Vic-Bilh/SW-F
Rot: Cru Beaujolais (Chenas, Moulin à Vent) Burgund;
Cabernet Sauvignon siehe unten!

Dem berühmten Admiral Horatio Nelson stellten wir aus reinem Interesse und Spielfreude den *Admiral Sankt Laurent* (3 – 5 Jahre; 16 – 17° C) von JOSEF PÖCKL, Mönchhof/Neusiedlersee/BGLD/A (tiefdunkel, attraktive Fruchtnase, elegant-kraftvoll, reicher Mittelbogen mit perfekt verwobenem Barriqueton, langer Ausklang mit viel Fruchtcharme), gegenüber. Die beiden Kommandeure konnten sich zwar nicht ganz über die absolute Befehlsgewalt einigen, sorgten aber für ein abwechslungsreiches Mahl.

POLENTA (MAIS)

Ursprünglich Tessiner Maisbrei: Maismehl, gesalzenes Wasser, Butter und Parmesan miteinander verrührt.
Hiezu können wir aus dem Vollen schöpfen: junger *burgenländischer Blaufränkisch, Gamay/Burgund, Teroldego Rotaliano/Trentino, Oltrepò Pavese „Barbacarlo"/ Lombardei/I, Merlot/Tessin/CH, Refosco del Peduncolo Rosso di Lison-Pramaggiore/ Venetien/I* und *White Zinfandel/Kalifornien.*

POLONAISE

Semmelbrösel in Butter gebräunt, mit gehackten Eiern und Petersilie vermengt; für Gemüse (Karfiol) und Fische.
Unter den mannigfachen Möglichkeiten – ob *weiß* oder *rot* – ist jene mit *Muscat d'Alsace/F* sicherlich die spektakulärste. Des weiteren sind trockene *Muskateller, Neuburger, Malvasier* und *Roter Veltliner, Rotgipfler* usw. anzuraten.

PONT L'EVÊQUE

Einer der traditionsreichsten und berühmtesten Kuhmilchkäse aus der französischen Landschaft Pays d'Auge in der Normandie. Er hat einen weichspeckigen Teig, ist mit rotbraunem Schimmel überzogen und schmeckt nußartig-würzig.
Klassiker unter den *weißen* Gefährten sind *Meursault/Burgund, Gewürztraminer, Riesling* und kraftvolle *Pinots Blancs;* unter den *roten* haben sich *Bourgueuil/ Loire, Châteauneuf-du-Pape/südliche Rhône* und reife *Pinots Noirs* durchsetzen können.

PÖRKÖLT

Ungarisch: geschmort; ungarische Abart des → Gulasch auf Paprikabasis. Feinstreifige Zwiebeln in Schweineschmalz angeschwitzt, Paprika, Wasser, große Fleischwürfel (Rind-, Schweine- oder Hammelfleisch, Huhn oder Wild), Salz, Tomatenachtel und grüne Paprikaschoten geschmort und mit saurem Rahm gebunden. (Komplementärgetränke: → Gulasch)

PORREE (→ LAUCH, WELSCHZWIEBEL)

Kulturform des Wildlauchs, dessen Heimat das Mittelmeergebiet ist. Er wurde schon von den alten Ägyptern kultiviert und kam zur Zeit Kaiser Neros nach Westeuropa. Unter allen Zwiebelgewächsen hat er den höchsten Wasseranteil, ist reich an Kali und Phosphorsäure und gilt als ideale Suppenwürze schlechthin. Der Scheinstengel ergibt beliebte, saftige Gemüsegerichte. Ideale Genußzeit ist von Januar bis Mai. Korrespondierende Getränke: → Lauch.
Zu Porree in Teighülle sind mittelreife, nicht zu rassige *Sylvaner, Sauvignons Blancs* und *Rieslinge* dankbare, artverwandte Gesellen. (→ Flamiche)

PORTERHOUSE STEAK

Stücka us dem flachen → Rostbeef mit Knochen und Filet von etwa 5 cm Höhe und einem Gewicht zwischen 700 und 1000 g, das ebenso gebraten wird wie ein → Rumpsteak, wobei die Bratzeit etwa 12 Minuten pro Seite beträgt. (Der Name leitet sich von einem Gasthaus ab, in dem das englische Dunkelbier (Porter) ausgeschenkt wird und gegen den Hunger ein Porterhouse Steak serviert wird, das früher für einen kräftigen Mann reichte, heute aber 2 bis 3 Personen sättigt.)
Kraftvolle *Rotweine* aus aller Welt – Beilagen und Saucen entscheiden über die Art des Weines – können hier ihr Glück versuchen.

Porterhouse Steak auf „Londoner Art"

Steak etwas gesalzen und geölt, zusammen mit zwei halbierten → Lammnieren, Speckscheiben, Tomaten und großen Champignons auf dem Rost gebraten, mit frisch gemahlenem, weißem Pfeffer gewürzt und mit Kräuterbutter, Brunnenkresse und Strohkartoffeln präsentiert.
Kraftvoll-würzige *Rotweine,* wie *Syrah/nördliche Rhône, Shiraz* und *Cabernet-Shiraz/Australien, Primitivo di Manduria secco/Apulien* (VINICOLA SAVESE, Sava), *Cabernet Sauvignon* und *Zinfandel/Kalifornien,* aber auch die besten heimischen *Zweigelt* (z. B. von ANTON KOLLWENTZ, Großhöflein, HANS ARTNER, Höflein, JOSEF UMATHUM, Frauenkirchen, ...) konnten bestehen. „Königswein" war jedoch der prachtvolle *australische Hermitage* (→ Châteaubriand „Eugen") von

WYNN'S, der von Konsistenz und Aroma für die Gemeinschaft mit dem Porterhousesteak wie geschaffen war und auch Nieren und Speck sublime Aromakoloraturen entlockte.

PORTWEIN

Für den berühmten, gespriteten Südwein aus dem portugiesischen Douro-Gebiet verwendete man früher an die zwanzig Rebsorten. Heute sind es vornehmlich zwei weiße (Malvasia Fina und Codeaga) und fünf rote (Barroca, Roriz = Tempranillo, Tinto Cao, Touriga Nacional und Touriga Francesa). Der weiße Port, der auch zum Kochen ideal ist, wird ausschließlich aus den zwei weißen Sorten gekeltert und erinnert mit seiner Bittermandelwürze an einen trockenen Sherry. Der Ruby ist dunkelrubin, jung und fruchtig mit Bittermandel- und Erdbeertönen. Der Tawny ist in Holz gealtert, bernsteinfarben und haselnussig-oxydativ. Der Vintage ist der absolute König, brilliert mit elitärer Karamelsüße sowie pfeffriger Würze und erreicht oft ein biblisches Alter. Der Late Bottled Vintage erreicht nicht ganz die Klasse des echten Vintage, ist billiger und früher trinkbar.
Die Empfehlungen zu → Madeira gelten im wesentlichen auch hier. Im Fadenkreuz diverser Portwein-Reduktionen sind vor allem reifer *Château Haut-Brion/Graves/Bordeaux* und *Australiens roter* Stern *„Grange Hermitage"*.

POT AU FEU (FEUERTOPF)

Ein in ganz Frankreich beliebtes Eintopfgericht, das je nach Jahreszeit mit diversen Gemüsen zubereitet wird. Am besten eignet sich ein hitzebeständiger Topf aus Kupfer zum Kochen: Rindfleisch (Schulterdeckel, Rippe), Markknochen, Wasser, Salz, weißer Pfeffer, → Teltower Rübchen, Lauch, Knollensellerie, Wirsingkohl, Knoblauch.
Die Palette der verdienstvollen „Doppelpartner" reicht vom *Cru Beaujolais (Morgon)* bis zu *roten Loire (Anjou)-Weinen*. Auch die etwas rustikalen *roten Cahors* (z. B. von PRIEURÉ DE CENAC, Luzech, und *Bergerac/SW-F* überstehen immer wieder die Vorrunden der Ausscheidungen.

POULARDE → MASTHUHN

POWIDL

Österreichisch-böhmische Bezeichnung für Pflaumenmus.
In harmonischem Einvernehmen stehen sowohl klassische *Rotweine* (z. B. *I Sodi di San Niccolò/Castellare/Toskana*, *Blaufränkisch/Horitschon/Burgenland/A* ...) oder – noch besser – *Prädikatsweine* (→ Powidl-Tascherl).

Powidl-Tascherl → (Powidl-Tatschkerl)

Traditionelle böhmisch-österreichische Mehlspeise: Kartoffeln, Mehl, Grieß, Ei, Butter, Salz, Powidl, Zimt, Zucker, Rum, Semmelbrösel.
Niedrige *Prädikatsweine (Spätlese, Auslese)* mit Restsüße *(Riesling-Sylvaner, Welschriesling, Pinot Blanc, Pinot Gris, Zierfandler* ...) ergeben eine köstliche Gemeinschaft mit den Powidl-Tascherln, gewinnen dabei an Aromatik sowie Frucht und büßen ein wenig an Süße ein.

PRAWNS: ENGLISCHE BEZEICHNUNG FÜR
→ **GARNELEN**

PREISELBEEREN (KRONSBEEREN)

Die scharlachroten, kugeligen Früchte sind reich an Zitronensäure und schmecken herb-säuerlich, weshalb sie eher selten roh gegessen werden. Roh mit Kristallzucker gerührt, ergänzen sie Wildgerichte auf ideale Weise und stehen auch den auf sie zukommenden *Rotweinen* – in Barrique ausgebaut oder nicht – durchaus freundlich gegenüber. Ältere – und auch jüngere – *Rotweine* (mit *Merlot*-Anteil) verleiben sich oft die Frucht der Preiselbeeren ein und gewinnen dadurch auf spektakuläre Weise an Frische und Ausdruckskraft. (→ Lachsforellenschnitzel mit Preiselbeeren) Preiselbeerbirne vermählten wir gleichzeitig – beim Wein ist Vielehe erlaubt – mit *rotem Sankt Laurent Barrique* von GERNOT HEINRICH, Gols/Neusiedlersee/ BGLD/A, *weißem Kamptaler Riesling Kabinett* von J. JURTSCHITSCH, Langenlois/Kamptal-Donauland/NÖ/A, sowie fein-perlendem *Rieslingsekt Extra dry* von MUMM, Geisenheim/Rheingau/D, wobei der *Rotwein* sich ganz gut anpaßte und dabei selbst aufblühte; der *Riesling* nahm etwas an Süße weg und gewann selbst noch an Ausdruckskraft; der *Rieslingsekt* brachte bereits einen Hauch von Preiselbeeren ein und belebte den Gesamtgeschmack auf superbe Weise. Zu Preiselbeer-Pie ergötzten wir uns in *Frankreich* an edelsüßem *Sauternes/Bordeaux* und mild-fruchtigsäuerlichem *Bonnezeaux/Loire (Chenin Blanc)*.

PROFITEROLES

Kleine Windbeutel aus ungesüßtem Brandteig, mit diversen Pürees (salzig-würzig) und Crèmes (süß) gefüllt; z. B. Profiteroles au Chocolat.
Diese galten lange Zeit als praktisch unkombinierbar, doch *Banyuls* (→ Birnen „Helene") und *Maury/Roussillon/SW-F*, australischer *Liqueur Muscat*, sizilianischer *Ala (Antico Liquore Amarascato)* und gespriteter *Moscatel de Setúbal/Portugal* gehören zu jenen *Likörweinen*, die die Profiteroles in Konsistenz und Wohlgeschmack noch erhöhen können.

PROVENCE-KRÄUTER
(FINES HERBES DE PROVENCE)

Gezielt abgestimmtes, getrocknetes Bouquet der wichtigsten hocharomatischen Kräuter der Provence: Basilikum, → Fenchel, Lavendel, → Majoran, → Rosmarin, → Thymian. Korrespondierende Weine finden Sie unter den einzelnen Stichworten. Jedoch darf vorweggenommen werden, daß vor allem die Weine der *Provence* eine naturgegebene Affinität und Aromaähnlichkeit mitbringen.

PUCHERO

Spanisch-argentinische Abart des → Pot au Feu: eingeweichte Kichererbsen, Rinderbrust, Hammelfleisch, gepökeltes Schweinefleisch, Räucherspeck, Hühnerfleisch, harte Knoblauchwurst in Wasser gekocht und mit Weißkraut, Kartoffeln, Zwiebeln, Mais, Pfefferschoten, Tomaten, Lauch, Knollensellerie vermischt und mit körnigem Reis serviert.

Unter den *weißen* Gewächsen sind *Sauvignon Blanc*, *Riesling* und *Traminer*, aber auch *Sherry trocken* die berühmtesten Partner.

PUDDING

Nennt man irrtümlicherweise alle mit Puddingpulver zubereiteten Süßspeisen, die küchentechnisch aber zu den → Flammeris zählen. Originäre Puddings (→ Kabinettpudding, → Schokoladenpudding, → Vanillepudding) sind jedoch mit Eigelb verbundene, mit Eierschnee gelockerte Breimassen, die in einer Form im Wasserbad gekocht werden. Sie gelten als eine Kreation der englischen Küche und wurden durch die Romane Fieldings („Tom Jones"...) weltberühmt (→ Plumpudding, → Yorkshire Pudding ...).
Eingehende Beschreibungen passender Weine finden Sie unter oben angeführten Stichworten.

PUMPKIN PIE

Nordamerikanische Kürbispastete(-torte): → Kürbis geschält, entkernt und im Ofen gebacken, durch ein Sieb gestrichen und mit Eiern, Zucker, Milch, Salz, Zimt, Ingwer und geriebener Muskatnuß vermischt, in einen Mürbteigboden gefüllt und mit Schlagrahm überzogen.
Prinzipiell kommen gut gekühlter *Picolit* (→ Herzmuscheln in Butter) und (→ Gänseleberpastete) in Frage, doch war in unseren Tests der superbe *Picolit* von der ABBAZIA DI ROSAZZO haushoher Sieger gegenüber den stets etwas breiten und plumpen *Franzosen*. Unter den *amerikanischen* Anwärtern tat sich besonders die *kalifornische Johannisberg Riesling Special Select Late Harvest* vom CHÂTEAU ST. JEAN, Alexander Valley/Sonoma (10 – 15 Jahre; 8 – 10° C), mit faszinierendem Beeren-, Aprikosen-, Pfirsich- und Edelsüßearoma hervor.

PUTE, PUTER →TRUTHAHN

PYRAMIDE

Käse, der wie eine abgeschnittene Pyramide geformt ist, heißt nur Pyramide. Ohne Belag: Pyramide Blanche, und mit Holzkohlenbelag: Pyramide Cendre. Es sind allesamt rassige Ziegenkäse mit milchsäuerlich weißem, auf der Zunge schmelzendem Teig.
Zum Pyramide Blanche ist mild-süßlicher *Rosé d'Anjou* (→ Crottin de Chavignol) die ausgleichende Gerechtigkeit, und zum Pyramide Cendre hielt exquisiter *Champagne Laurent-Perrier „Grand Siècle" brut/Tours-sur-Marne* (PN 50 %, CH 50 %; 3 – 5 Jahre; 7 – 8° C; Kohlensäure, Säure und Restzucker neutralisierten den säuerlichsalzigen Geschmack ausgezeichnet) ein leidenschaftliches Plädoyer für die Kombination von Pyramide mit Champagne.

PYRÉNÉES PUR BREBIS

Ein ausschließlich aus Schafmilch hergestellter Halbhartkäse aus den Pyrenäen mit 45 % F.i.T. und würzigem Aroma.

In *Frankreich* sind *elsässischer Edelzwicker* (ein Verschnitt aus diversen *weißen* Rebsorten) und vor allem *Rosé de Béarn/SW-F* hochgelobte und oft empfohlene Begleiter: der „*Aouti*" von den VIGNERONS DE BELLOCQ, Béarn (TAN; 2 – 4 Jahre; 10 – 11° C), bezauberte uns auch tatsächlich mit lachsfarbener Farbe, exotischem Duft, feinem Erdbeeraroma und rassigem, zart-herbem Finale.

QUARGEL

Ursprünglich eine Art Sauermilchkäse aus Magermilch, die mit Salz oder Kümmel gewürzt, vorgetrocknet, zur Entfernung des Schimmels mit heißem Wasser geputzt und dann nachgetrocknet werden. In der ersten Trockenperiode wird der aus Schlesien stammende Käse (Olmützer Quargel) mit Bier angefeuchtet, sein Aroma ist aromatisch-scharf und erinnert sensible Nasen an Bier- und Schweißdunst.
Klassische Partner des Quargels sind seit jeher *schlesische Biere* (heute zu Polen gehörend und auf dem Biersektor nicht gerade von aufregender Qualität), die jedoch durch Ihr Lieblings-*Pils* ersetzt werden können. Auch *Apfelmost* ist von erfreulicher Anpassungsfähigkeit.

QUARK (TOPFEN)

Frischkäse, der mittels Lab oder durch natürliche Säuerung aus Milch gewonnen wird. (→ Topfen)
Milde *(Rosé)-Schaumweine* oder halbtrockene *Weißweine (Traminer, Pinot Gris, Muskat-Ottonel, Riesling-Sylvaner, Riesling, Chasselas ...)* dienen zur raffinierten Verfeinerung des Frischkäses, der lange Zeit als Sorgenkind der Sommeliers galt und als unkombinierbar abgeschrieben wurde.

Quarksoufflé → Topfensoufflé

QUESO DEL CASAR

Spanischer Ziegen-Schnittkäse mit dunkler Rinde, festem Teig und säuerlich-kräftigem Aroma.
Spanische Rosados, aber vor allem *Schaumweine* (z. B. *Cava Agus seco)* aus dem *Penedès* sind Meilensteine auf dem Weg zur Kunst des Genießens.

QUESO MANTECOSO

Argentinischer Weichkäse, der dem italienischen → Bel Paese ähnelt.
Mild-süßliches *Malzbier* (das mexianische *Negra Modelo* mit cremig-malzig-schokoladigem Aroma ist ein verführerischer Partner) und zart-süßliche – nicht zu alte – Moscatel-Weine (z. B. von DE MULLER, Tarragona/Katalonien/E, der übrigens Meßwein-Lieferant des Vatikans ist) fanden spontanen Kontakt zum stolzen Spanier.

QUICHE

Berühmte warme Vorspeise, die schon im 13. Jahrhundert in Frankreich erwähnt wurde, oder Snack aus Mürb- oder Blätterteig, mit diversen Ingredienzien versehen. Am bekanntesten ist die Quiche Lorraine (→ Lothringer Specktorte).
Zu Quiche mit Lauch versuchen Sie ein Glas *Champagne brut;* zu Quiche mit Pilzen ist reifer *Pinot Noir* von stets überraschender Wirkung; zu Quiche mit Meeresfrüch-

ten wählen Sie halbtrockenen *Riesling* oder *Muscadet/Loire*; zu Quiche mit Tomaten und Kürbis ist *weißer Côtes du Luberon/Rhône* ein Volltreffer, und zu Quiche mit Muscheln ist *weißer Savennières/Loire* schon vorprogrammiert.
(→ Chrutwähe, → Speckkuchen, → Zwiebelkuchen und → Zwiebelwähe)

QUITTEN (KITTEN)

Die apfel-birnen-förmigen Früchte des persischen Quittenbaumes sind roh ungenießbar, erinnern gekocht ein bißchen an Ananas und enthalten Vitamin C und Phosphorsäure. Der Gattungsname Cydonia ist von der Stadt Cydon (Kreta) abgeleitet. Würzig-fruchtig-süßliche *Weißweine (Chenin Blanc, Riesling, Sémillon, Muskateller...)* sind prädestiniert für den Austausch von Aromen mit den Quitten. Zu Quittengelee betörte uns jugendlicher *Château Doisy-Dubroca 2ᵉ Cru Classé* (SÉM 90 %, SB 10 %; 4 – 6 Jahre; 8 – 9° C) aus Barsac/Sauternes/Bordeaux/F, und zu Quittenpüree war die feingliedrige *Riesling Beerenauslese Grünhauser Abtsberg* (6 – 8 Jahre; 9 – 10° C), C . VON SCHUBERT'SCHEN SCHLOSSKELLEREI, Grünhaus/Ruwer/D, eine lebendig-lustvolle Ergänzung. Dem beliebten Quittenbrot war der *Vin Santo* von CANTINE LUNGAROTTI, Torgiano/Umbrien/I, schlußendlich ein üppig-süßer Wegbegleiter.

RABBIT → RAREBIT

RACKELHUHN

Ein Federwild, das aus einer natürlichen Kreuzung zwischen → Auer- und → Birkhuhn entstand. Es ist von zähem, strohigem Geschmack und nur noch selten anzutreffen. Mögliche Begleiter rekrutieren Sie am besten – nach Sauce und Zubereitungsart – aus den Partnern von Auer- und Birkhuhn.

RACLETTE

Französisch: Schabeisen: elfenbeinfarbiger bis hellgelber Halbhartkäse aus der Schweiz, der dank seiner Fähigkeit, zu schmelzen, ohne sofort zu zerfließen, für das gleichnamige Walliser Nationalgericht Verwendung findet und geschmolzen mit Gewürzgurken und heißen Pellkartoffeln serviert wird. *Riesling-Sylvaner, Sauvignon blanc, Sylvaner,* z. B. der beachtliche *„Johannisberg Zoumaz"* von VINCENT FAVRE/Chamoson/Wallis und *Côtes de Jura/F* sind die favorisierten *Weißweine;* unter den *Roten* konnten sich der *Dôle* (z. B. der kraftvolle *„Dôle Apogée"* (PN, GAM; 2 – 3 Jahre, 14 – 15° C) von PAUL BRIGUET, Saillon/Wallis) und einige *Pinots Noirs*, z. B. der beachtliche *„Johannisberg Zoumaz"* von VINCENT FAVRE, Chamoson/Wallis, sowie der *Cru Julienas/Beaujolais/F* hervortun.
Klare *Schnäpse (Kirsch* und *Korn)* sowie *schwarzer Tee* haben allerdings die größte Tradition.

RADICCHIO

Aussprache „Radikkio"; italienische Abart des Kopfsalates, mit rot-weiß gefärbten Blättern und zart-bitterem Aroma; die Blätter werden auch fritiert, gegrillt oder gedünstet. Beste Zeit ist von Oktober bis März.
Hier ist Vorsicht vor *Rotweinen* mit (grasigen) Tanninen geboten. Die Bitterstoffe der Speise addieren sich mit den Gerbstoffen des Weins und ließen selbst einen (ver-

gleichsweise fruchtcharmanten) dreijährigen *Chianti Classico DOCG* wie Fernet Branca (Magenbitter) schmecken. Ein mild-samtiger *weißer Frascati DOC/Latium* entsprach allerdings auf sensationelle Weise, er verwandelte den Radicchio blitzschnell in ein mildes, zahmes „Salateri" und holte neue, nie gekannte Nuancen aus ihm heraus. Bravo! Zu Risotto mit Radicchio begeisterte uns ein *Pinot Grigio/Friaul/I*.

RADIESCHEN (RADIES)

Mit dem → Rettich verwandte, kleine weißrote Knollen von kugeliger Form und würzig-scharfem Geschmack, der von einem ätherischen Öl (Senföl) stammt.
Auch hier ist Vorsicht vor jugendlich-herben *Rotweinen* geboten, die die Schärfe der Radieschen enorm steigern können. (Ausnahme sind fruchtcharmante *Primeurweine* à la *Beaujolais*), *weiße Jungweine* mit gut balancierten Säurewerten *(Malvasier, Riesling-Sylvaner, Sylvaner, Grüner Veltliner)* sind allerdings eine ebenso köstliche wie simple Ergänzung. Im Zweifelsfalle ist *Weizenbier* immer richtig.

RAGOUT FIN

Trotz des französischen Namens eine Spezialität der Berliner Küche, nämlich ein feines Vorspeisengericht (Kalb- und Geflügelfleisch → Bries, → Kalbszunge, Pilze, Kalbsbouillon, Zitronensaft und → Worcestershiresauce), das warm, überkrustet in Muscheln oder Pasteten, serviert wird. Daß ein Ragout fin als Würzbissen zu später Stunde bisweilen Magendrücken hervorrufen kann, nimmt der Feinschmecker mit Gelassenheit zur Kenntnis.
Halbtrockene bis lieblich-süße *Weißweine* dienen der raffinierten Verfeinerung des schon „feinen Ragouts" und beweisen einmal mehr, daß die (manchmal noch immer verpönte) Restsüße als kulinarischer Begleiter durchaus von Wichtigkeit sein kann.
Die Lieblingspartner des Ragout fin sind also: *Pinot gris, Riesling-Sylvaner, Gutedel (Chasselas), Zierfandler, Neuburger, Malvasier, Chenin Blanc/Loire* sowie *Sémillon/F* usw.; und als einer der wenigen *Rotweine*, die sich an das Gericht heranwagen können, kommt der sinnlich-feminine *Grand cru*-Star *Musigny* (COMTE GEORGES DE VOGÜÉ oder G. ROUMIER) von der *Burgund'schen Côte d'Or/F* in Frage.

Ragout weiß → Weißes Ragout

RAHM → SAHNE

Rahmschnitzel

Kalbsschnitzel gemehlt, in Butter beidseitig angebraten, gesalzen, gepfeffert, warm gestellt; Fond mit Fleischbrühe gelöscht, mit saurem Rahm und Mehl gebunden, mit Salz, Pfeffer und etwas Zitronensaft aromatisiert, über das Schnitzel geleert und mit Reis serviert.
Würzig-fruchtige bis samtig-liebliche *Weißweine* sind hier als Begleiter zugelassen, wobei erstere für Leben auf dem Gaumen sorgen und zweitere Harmonie anstreben. Entscheiden Sie je nach Temperament, Lust und Laune, in die erste Gruppe gehören Weine wie *Grüner Veltliner, Riesling, Muskateller/NÖ (Wachau, Kamptal-Donauland ...)*, und in die zweite Gruppe die bekannten Gaumenschmeichler *Riesling-Sylvaner, Malvasier, Zierfandler* usw. *(Thermenregion/NÖ* oder *Burgenland)*.

RAPUNZEL (RAPUNZE, ACKERSALAT, FELDSALAT, VOGERLSALAT)

Kleine, grüne, geschmacksvolle, winterfeste Salatpflanze, die sich je nach Dressing sehr gut mit nicht zu säurebetonten *Weißweinen* vereinen läßt. In der Kombination mit Kartoffeln ist mittelreifer, gut balancierter *Riesling* einfach hinreißend.

RAREBITS (RABBITS) → WELSH RAREBIT

Kleine, delikate Käse-Würz-Bissen aus Old England, die man am Ende eines großen Dinners serviert oder auch zum Supper (Soûper) nach dem Theater reicht. (Rabbit = Kaninchen dürfte eine Verballhornung des Wortes Rarebit (seltener Bissen) sein.) Da nach einem großen (und langen) Dinner auch das sensorische Empfinden nachläßt, dürfen die Weine auch etwas mehr Säure enthalten, um die Gewürze zur Entfaltung zu bringen und um für Anregung und Abwechslung zu sorgen – in diesem Fall gerne als „Reparaturweine" bezeichnet.

RATATOUILLE

Provenzalische (Nizza) Spezialität: gehackte Zwiebeln in Olivenöl gold-gelb gedünstet: geschälte Auberginen und Tomaten, Zucchini, Salz, Pfeffer, Thymian, Majoran, Lorbeerblätter und Knoblauch eine Stunde gegart.
Naturgemäß stehen hier die Weine der *Provence* an erster Stelle: *Bandol Rosé, Côtes de Provence Rosé, Côteaux d'Aix-en-Provence „Terres Blanches" AOC, Bellet Blanc AOC* und *Cassis Blanc AOC* enttäuschten uns auch in keiner Weise. Star des Tages war ein nach Rosmarin, Majoran, Thymian und Wacholder duftender *Rosé de Saint-Tropez „Carte Noire"* von den MAÎTRES VIGNERONS der *Provence* (CAR, CIN, TIB, GR; 1 Jahr; 8 – 9° C), der das Gericht – und sich selbst – dabei um Klassen erhöhte. Vorsicht vor gerbstoffreichen *Rotweinen*, sie zerstören den großartigen Geschmack und bringen Bittertöne hinein; bei höherem Alkoholgehalt kommt es auch zu einer Verschärfung der Gewürze. Zu Ratatouille kalt mit Safran bewährten sich milde *Roséweine* aller Art.

RÄUCHERAAL (SPICKAAL)

In Salzlake gepökelter und heiß geräucherter Aal (→ Aal geräuchert).

RÄUCHERLACHS

Halbierter, mild gepökelter und anschließend kalt geräucherter Lachs ist eine Delikatesse, die ein großes Mahl gebührend einleiten kann. (→ Lachs geräuchert)

RÄUCHERSPECK (RAUCHSPECK)

Fetter → Speck vom Schweinsrücken, der trocken gepökelt und kalt geräuchert wurde.
Neben den klassischen „Speckweinen" aus *Südtirol (Lagrein dunkel, Kalterer See* bzw. *Vernatsch* allgemein; *Marzemino/Trentino)* bieten sich auch die *piemontesischen Nebbiolo*-Kreszenzen *Carema DOC* und *Ghemme* an. Unter den *Bieren* sind *Pils* und *Weißbier* zu bevorzugen.

RAUCHFLEISCH

Bereits in der Antike verstand man es, Fleisch, Fisch und Geflügel durch Räuchern haltbar und schmackhaft zu machen. Als Räucherholz verwendet man heute wie damals vornehmlich Eiche, Buche, Erle und Wacholder. Das besonders im Holzfeuerrauch enthaltene Kreosot schützt vor Fäulnis, und der Gehalt an Phenol und Formaldehyd wirkt eiweißgerinnend und damit konservierend. Rauchfleisch wird durch mehrtägiges Einlegen in Salzlake und kaltes Räuchern über Holzfeuer hergestellt.

→ Rind, → Schwein und → Gänsebrust eignen sich besonders hiefür, da sie mit Fett durchwachsen sind und vom Räuchern, das saftentziehend wirkt, nicht so trocken und holzig werden wie etwa → Hase, → Hirsch und → Reh. Durch den aufsteigenden Rauch können sich allerdings auch Benzpyrene (aromatische Kohlenwasserstoffe) auf dem Fleisch ablagern, denen man Magen- und Darmkrebs fördernde Wirkung nachgewiesen hat.

Das *weststeirische Rosé*-Unikat *Schilcher, Grüner Veltliner NÖ/A, Pouilly-Fumé/ Loire, Silvaner/Franken* als *Weißweine* sowie *Rioja Reserva/E, Pomerol AOC/Bordeaux/F, Patrimonio/Korsika, Aloxe-Corton/Burgund/F* und *Barolo DOCG/Piemont/I* als *Rotweine* haben eine Affinität für Rauchgeschmack. Die Art des Fleisches, Ihr persönlicher Geschmack, Zeitpunkt und Anlaß entscheiden über die Wahl des Weines. Unter den *Bieren* sind *Pils* und *Weizenbier* anzuraten.

RAVIOLI

Einzahl: Raviolo; italienische Nudelteigpastetchen: dünn ausgerollter Nudelteig, in ca. 3 cm breite Stücke geschnitten, mit diversen Füllhäufchen belegt, Ränder mit Ei bestrichen, zu Mundtäschen geformt, in kochender Brühe gegart, abgetropft, mit Parmesan bestreut, mit Butter beträufelt und im heißen Rohr überkrustet; Ravioli Verde sind mit Spinat gefärbte Ravioli.

Zu Ravioli mit → Ricotta ist junger *Bianco del Molise* angenehm, zu Ravioli alla „Trentina" (mit Braten- und Hühnerfleisch) probieren Sie *weißen Vernaccia di San Gimignano DOC/Toskana;* zu Ravioli „Porcini" (mit Steinpilzen) sind *Südtiroler Chardonnay* oder *Pinot Bianco* ideal; zu Ravioli alla Piemontese (mit Rindfleisch, Gemüse, Parmesan) ordern Sie einheimischen *Nebbiolo DOC;* zu Ravioli alla Genovese (mit Lammleber und -hirn, Geflügel, Kalbsbries, Blattgemüse) ist *ligurischer Vermentino* ausgezeichnet; zu Ravioli mit Wurst- und Käsefüllung war *Riviera del Garda Chiaretto DOC/Lombardei* eine sommerliche Erfrischung; zu Ravioli mit Kürbisfüllung ist der *weiße Lugana DOC/Lombardei* zurecht berühmt; Ravioli Carnici (mit Spinat) spannen Sie mit *Tocai Friulano/Friaul* zusammen, und Ravioli „Sardisch" wurden von *Cannonau Rosato/Sardinien* perfekt interpretiert. Zu Ravioli süß versuchen Sie einen der zahlreichen *Moscato-Schaumweine*.

RAZNJICI

Grillspieß aus Kalbfleisch, magerem Schweinefleisch, Zwiebeln, Knoblauch, Öl, Zitronensaft, Salz, schwarzem Pfeffer, Paprikaschoten, Lorbeerblättern.

Wenn Sie keine Scheu vor Gewürzen haben, versuchen Sie einen kraftvoll-würzigen *roten Plavac Mali* aus *Dalmatien* oder die zwei außergewöhnlichen *Rotweine von* VINAKOPER *(Cabernet Sauvignon* und *Merlot),* aus Koper/Slowenien. Im gegenteiligen Fall ist dunkler, charaktervoller *mazedonischer Rosé „Ruzica"* (PROKUPAC; 1 – 2 Jahre; 10° C) die angenehmere Lösung.

REBHUHN (FELDHUHN)

Gehört zum Wildgeflügel und wird etwas größer als die → Taube. Ursprünglich am Schwarzen Meer daheim, kam es im Mittelalter auch nach Mittel- und Nordeuropa. Am besten schmeckt es im zarten jugendlichen Alter von 1 bis 2 Jahren (September bis Januar). Klein und sättigend, zart und doch kräftig, saftig und doch nicht fett – so gehört es neben der Schnepfe zum edelsten Federwild. „Toujours perdrix" (alle Tage Rebhuhn) hieß der Wahlspruch französischer Feinschmecker im 19. Jahrhundert. Zu Rebhuhn sind die unterschiedlichsten Weine *(weiß* und *rot)* möglich. Manche schwärmen für *weißen Meursault, Batard-Montrachet blanc/Burgung* und junge *Sauternes/Bordeaux* (!), andere begeistern sich an *rotem Volnay, Vosne-Romanée* und *Chambertin/Burgund/F*. Hier ist kaum ein Konsens zu finden, wir haben es trotzdem versucht: Zu mariniertem Rebhuhn genossen wir einen *Blaufränkisch „Ried Marientaľ'* von E. T. (ERNST TRIEBAUMER), Rust/Neusiedlersee-Hügelland/BGLD/A, auch *Schwarzriesling* ist interessant und abwechslungsreich; zu Rebhuhn mit Beerensauce war ein reifer *kalifornischer Cabernet Sauvignon* von FETZER, Mendocino, erfrischend und sich selbst verjüngend (zu fast allen anderen Gerichten versagte aber die Sorte *Cabernet Sauvignon);* zu Rebhuhn „Chartreuse" (mit Kohl, Karotten, Zwiebeln, Erbsen, weißen Rüben, Speck) setzte sich der elitäre *Château Margaux/ Bordeaux/F* gegen die *Grand Cru*-Stars aus *Burgund* durch; zu Rebhuhnhaxen gebacken mit Sesam zog der edle, samtige *Welschriesling* von JOSEF PÖCKL, Mönchhof/Neusiedlersee/BGLD/A, das große Los; zu Rebhuhn mit Pfifferlingen gewannen ex-aequo ein *Sancerre Rouge/Loire* und – unser Favorit – ein hinreißend weiblicher *Volnay 1er Cru „Clos d'Audignac"*, DOMAINE DE LA POUSSE D'OR, Burgund; zu Rebhuhn mit Weißkraut sind *Gewürztraminer, Meursault/Burgund* und *Riesling* nicht zu ersetzen, und zu Rebhuhn mit Schokoladensauce wählen Sie superben *roten Brunello di Montalcino* von CASE BASSE oder CASTELLO BANFI, Toskana/I, oder ergeben sich der himmlischen Grandezza eines edelsüßen *weißen Sauternes/Bordeaux/F*, den Sie gleich zu Käse und Dessert weitertrinken können.

Rebhuhn auf „Diplomatenart"

Junges Rebhuhn mitr getrüffelter Wildfarce gefüllt, in Speck gewickelt, in Butter gebraten und mit Champignons und Gänselebernockerln in → Sauce Madère kredenzt.

Weiß: Pinot Gris und Pinot Blanc sowie Chardonnay Kabinett, Pouilly-Fuissé/Burgund/F
Rot: Cru Beaujolais (Moulin à Vent, Morgon ...), Pinot Noir/Burgund/F

Wildfarce, Speck, Gänseleber und Sauce Madère machten den oben zitierten Weinen das Leben schwer, doch als Mittagswein stellte der *Pouilly-Fuissé* vom CHÂTEAU FUISSÉ (CH; 3 – 5 Jahre; 8 – 10° C), Maconnais/Burgund/F, die bestmögliche Alternative dar und erwies sich als wahrer „Diplomatenwein".

Weiß: Corton-Charlemagne und Montrachet Grand Cru/Burgund/F
Rot: reifer Graves (CHÂTEAU HAUT BRION ...),
Pomerol (CHÂTEAU PÉTRUS, CHÂTEAU L'EVANGILE)/Bordeaux/F
Schaumwein: reifer Jahrgangschampagne (BOLLINGER, KRUG ...)/F

Der faszinierende *Corton-Charlemagne Grand Cru* (CH; 4 – 7 Jahre; 10 – 11° C) des akribischen ANTONIN GUYON, Savigny-Les-Beaune/Burgund/F (leuchtendes Grüngold, elitärer Haselnußduft mit feinsten Nuancen, kraftvollmächtig, aber doch von Frische und Fruchtigkeit im endlosen Abgang erfüllt), hielt spielend die Balance zwischen den Konkurrenten und war einfach hinreißend mit seiner warmherzigen Fülle.

Weiß: großer Sauternes/Bordeaux/F; Johannisberg Spätlese/CH;
Pinot Gris und Gewürztraminer Auslese
Rot: reifer Cabernet Sauvignon/KAL bzw. AUS

Die archaische *Cabernet Sauvignon „Private Reserve"* (8 –10 Jahre; 17 – 18° C) von BERINGER, St. Helena/Napa Valley/KAL (tiefdunkel, rauchigwürzige Zedern-Cassis-Nase von überwältigender Fülle, muskulöser Körper, superber Mittelbogen und riesiges Finish für scheinbar ewiges Leben), war an diesem Tage sehr kämpferisch veranlagt und lieferte dem Gericht mit seinem Gerbstoff ein Gegengewicht zur Üppigkeit der Sauce. Für Geschmacksabenteurer!

Rebhuhn mit Linsen

Spezialität aus Thüringen: kleingeschnittene Zwiebeln und Magerspeck in Butter angeschwitzt, gemehlt, eingewichte Linsen dazugegeben, mit Kraftbrühe aufgefüllt, junges angebratenes Rebhuhn darin weichgeschmort und mit grobgewürfelten Kartoffeln serviert.

Weiß: Pinot Gris bzw. Pinot Blanc Kabinett
Rosé: mild-würzige Roséweine
Rot: Gamay; Blaufränkisch, Pinot Noir, Blauer Portugieser Kabinett

Der jugendliche *Lemberger Kabinett „Affaltracher Dieblesberg"* (1 – 3 Jahre; 15 – 17° C) von der SCHLOSSKELLEREI AFFALTRACH, Obersulm/Württemberg/D (dunkles Rubin mit Violettrand, fruchtig-rauchige Duftvielfalt, mittelgewichtiger Körper mit feiner Brombeerfrucht und Eleganz), etablierte sich als geschickt agierender Sommer- und Mittagswein.

Weiß: Pinot Gris, Pinot Blanc und Neuburger Spätlese trocken;
Meursault/Burgund/F

Die hochkarätige *Grauburgunder Spätlese trocken „Sasbacher Limburg"* (→ Hecht „Badische Art") begeisterte auch diesmal mit opulenter Würze und war nie in Gefahr, das Gleichgewicht zu verlieren. Ein grandioser Wein, dem man andächtig begegnen muß.

Weiß: Gewürztraminer Spätlese trocken
Rot: siehe unten!

Die Thüringer mögen uns verzeihen, aber geschmortes Rebhuhn und *Chambertin 1er Cru „Clos de Beze"/Burgund/F* stellte sich als eine derart sensationelle Paarung heraus – auch wenn der Wein auf noble Art dominierte, daß wir unseren Vorsatz vergaßen, nur deutsche Weine probieren zu wollen. Es handelte sich um eine Granate von CLAIR-DAÜ (PN; 5 – 7 Jahre; 16 – 18° C) aus Marsannay-La-Côte/Burgund/F, die uns nicht so schnell aus dem Sinne kommen wird.

Rebhuhn „Winzerart"

Junges Rebhuhn mit etwas Salz eingerieben, in mageren Speck gewickelt, in Butter gebraten, halbiert und auf Toast kredenzt; Fond entfettet, mit Weißwein abgelöscht, eingekocht, mit Wildfond reduziert; enthäutete, entkernte Weintrauben in Wildfond erhitzt, über das Rebhuhn gegossen und mit Kartoffelpüree angerichtet.

Weiß: Welschriesling sowie Pinot Blanc und Pinot Gris Kabinett
Rot: fruchtcharmante Primeurweine

Der *Welschriesling Kabinett „Ried Steinmühle"* (2 – 3 Jahre; 8 – 9° C) von ANTON KOLLWENTZ, Großhöflein/Neusiedlersee-Hügelland/BGLD/A (grüngold, mit traubigem Duft, würzig-pikantem Geschmack und herzhafter Säure), schmiegte sich elegant an das Gericht an und akzentuierte vor allem die Speck- und Trauben-Aromen. Mit dem Wildfond hatte er leichte Verständigungsschwierigkeiten.

Weiß: Riesling, Gewürztraminer, Muskateller Kabinett trocken;
Sauternes bzw. Graves trocken/Bordeaux/F
Rot: eleganter Merlot oder Pinot Noir

Weintrauben und Kartoffelpüree ließen auch einen großen *Riesling* zum Zug kommen; der luxuriöse *Rüdesheimer „Berg Schloßberg" Kabinett* (2 – 5 Jahre; 9 – 10° C) von GEORG BREUER, Rüdesheim/Rheingau/D, verlieh nicht nur Kartoffelpüree und Weintrauben ein Mehr an Ausdruck, sondern machte die Haut des Edelvogels noch würziger und delikater.

Weiß: Gewürztraminer oder Muskateller Spätlese trocken;
Barsac (Sauternes)/Bordeaux/F
Rot: Volnay, Vosne-Romanée, Clos de Vougeot/Burgund/F;
Barbaresco/Piemont/I

Reifer *Gewürztraminer* oder junger *Barsac*, das war hier die Frage! Wir entschieden uns letztlich für die glockenreine *Gewürztraminer Spätlese* von PAUL BUECHER ET FILS, Colmar/Elsaß/F, die kaum dominierte. Als einzige der drei Weißweine ließ sie auch dem Wildfond Gerechtigkeit und Aufmerksamkeit widerfahren.

Rebhuhnbrüstchen auf Maronen

Rebhuhnbrust ausgelöst, gesalzen, gepfeffert, angebraten, gewendet und mit Sauce (aus Knochen, Tomatenmark, Suppengrün, Lorbeerblatt, Zwiebeln, Rosmarin, Weißwein, Paprika, → Crème double, Salz und Pfeffer) begossen und mit gerösteten Maronen und Wildpilzen garniert. *Tokay/Pinot Gris Grand Cru/Elsaß/F* als *Weißwein* (als Mittagswein ist auch samtiger *Dorin/Bex/Waadtland* gefällig) oder der beste *Brunello di Montalcino DOCG*, den Sie bekommen können, soll das Festmahl begleiten. Hier verschmelzen die Aromen miteinander und inspirieren sich gegenseitig zu neuen Höhenflügen.

Rebhuhnpastete (Terrine de Nérac)

Junge Rebhuhnbrust ausgelöst, mit Salz und Pfeffer gewürzt, in Butter angebraten und mit →Armagnac flambiert; das restliche Fleisch, roher Speck und Geflügelleber durch die feine Scheibe des Fleischwolfs gedreht, mit Eigelb, Salz, → Piment und etwas Armagnac vermengt; ein Drittel der Farce in mit Rauchspeckscheiben ausgelegte feuerfeste Form gefüllt, Rebhuhnbrüste daraufgegeben, mit einigen Trüffel- und Gänseleberscheiben belegt, mit restlicher Farce aufgefüllt und im Rohr gegart.
(In Nérac in Südwestfrankreich wurde 1776 diese Pastete vom Pastetenbäcker Taverne kreiert.)
Nur drei Weine hatten hiezu eine seriöse Chance. Man soll ein Kunstwerk wie diese Pastete nicht durch einen einfachen Wein abwerten: eine fruchtige *elsässische Gewürztraminer Spätlese* von PIERRE FRICK, Pfaffenheim, die sich als Mittags- und Sommerwein etablierte; ein nobler reicher *Batard-Montrachet Blanc Grand Cru* von DROUHIN (→ Gänseleberparfait), der ein üppiges Aromafestival bewirkte, und jugendlich-charmanter *Sauternes Château Climens 1er Cru Classé*, der weniger auf üppige Süße, sondern mehr auf Eleganz, Rasse und Fruchtigkeit setzte und solcherart das Idealbild des modernen Süßweins repräsentierte.

REBLOCHON

Kleiner, runder Kuhmilch-Weichkäse mit geschmeidiger Konsistenz und mildem Aroma. *Gutedel/Elsaß, Macôn Blanc/Burgund, Sancerre* (SB) und *Vouvray sec* (CHB)/ *Loire/F* scheinen uns die idealsten Partner zu sein. Unter den *Roten* konnten nur ganz reife, samtige *Pinots* gefallen.

REGENBOGENFORELLE → FORELLE

REH

Die „Ziege des Waldes" gilt als beliebtestes Haarwild der gemäßigten Zonen Europas und Asiens. Es ernährt sich vom Feinsten (Pilze, Knospen, Blüten, Eicheln usw.) und beschenkt den Feinschmecker im Alter von 12 bis 18 Monaten (von Mai bis Juli und im November) mit besonders zartem Wohlgeschmack.
Waren es früher würzig-schwere *Rotweine*, die den direkten Weg zum „Bambi" fanden, so unterscheidet man heute subtil nach Zubereitungsart, Beilagen, Gewürzen und Saucen, und manchmal haben auch samtig-milde bis halbtrockene *Weißweine* eine Chance. Zu Rehkeule „Grand Veneur" (Keule mariniert, gebraten, mit Pfeffersauce, gemischt mit Marinade, → Crème double und Kastanienpüree) empfahl J. L. Pouteau aus gutem Grund den König des *Pomerol: Château Pétrus/Bordeaux/F*. Zu Rehfilet mit Morcheln ist reifer *Echézeaux Grand Cru/Burgund* einfach himmlisch; zu Rehnüsschen *„Saint-Hubert"* (mariniert, gebraten und von Pfeffersauce – gemischt mit Mandeln und Weintrauben – begleitet) ist das Beste gerade gut genug: *Chambertin Grand Cru, Romanée-Conti Grand Cru/Burgund* und *Côte Rôtie „La Mouline"/ nördliche Rhône/F* warten auf Sie; zu Rehcrepinetten „darf" es ein großer *Margaux/Bordeaux* (z. B. CHÂTEAU PALMER ...) sein; zu einer Rehterrine mit Preiselbeeren ist sublimer *Zweigelt Barrique* (z. B. *„Hallebühl"* vom Weingut UMATHUM, Frauenkirchen/ Neusiedlersee/BGLD/A) ein Beweis für österreichische Winzerkunst. Rehrücken „Windsor" (in Butter gebraten, mit Stangensellerie, Rahm, geriebenem Meerrettich, Pfeffersauce und glasierten Edelkastanien) bräuchte eigentlich zwei Weine als Begleiter, so diffizil sind seine Beilagen, doch *Merlot del Ticino/CH, Chambertin/Burgund* und *Château Ausone/Saint-Émilion/Bordeaux/F* schafften es auch im Alleingang; Rehsalmis (Ragout) vereinten wir mit erdig-würzigem *friulanischem Schiopettino* von CONTE ATTIMIS-MANIAGO, Buttrio, und Rehrücken „Baden-Baden" (mit Wildsauce, gedünsteten Birnen, Zimt, Zitronenschale, Kartoffelkroketten) verbanden wir geschickt mit einer hochkarätigen *Spätburgunder Auslese „Schweigener Sonnenberg"* von FRIEDRICH BECKER, Schweigen/Rheinpfalz/D.

Rehkeule mit Eierschwammerln (Pfifferlingen)

Keule gespickt, gesalzen, in Butter angebraten; gehackte Zwiebeln und würfeliger Magerspeck in Butter glasig angedünstet, Pfifferlinge beigegeben, gewürzt, gebraten, mit gehackter Petersilie kurz sautiert und mit → Sauce poivrade (Pfeffersauce) und Kartoffelkroketten angerichtet.

Weiß: Fendant de Leytron/CH; Riesling Kabinett halbtrocken
Rot: St. Laurent, Blaufränkisch, Pinot Noir Kabinett

Der fruchtcharmante *Lemberger Kabinett „Kleinbottwarer Brüsseler Spitze"* (2 – 4 Jahre; 15 – 17° C) von GRAF ADELMANN, Steinheim-Kleinbottwar/ Württemberg/D (dunkle Farbe mit Rubinlichtern, beerig-würziger Duft, kraftvollwürziger Körper mit Gerbstoffreserven), war Pfifferlingen und Rehkeule ein ehrenwerter Anwalt, der letztlich nur mit der Pfeffersauce kleine Unstimmigkeiten hatte.

Rot: siehe unten! bzw. Côte de Beaune (Santenay)/Burgund,
Barbera (Barrique)/I

Der mit exotischem Holzspiel, elegantem Fluß sowie runden, aber prägnanten Tanninen ausgestattete *Pinot Noir Barrique* (4 – 6 Jahre; 16° C) der FAMILIE REINISCH, Tattendorf/Thermenregion/NÖ/A, gewann dabei scheinbar an Fülle, aktivierte den Eigengeschmack der Pilze, dämpfte das Wildaroma angenehm und bekam auch die Sauce in den Griff. Nach und nach entlockte die Speise dem Wein neue Aromen, und jeder Bissen wurde zu einer Entdeckungsreise auf sensorischer Ebene.

Rot: Vega de Toro Tinto/Altkastilien/E; Barbaresco/Piemont/I;
Château Musar/Libanon; Shiraz/AUS; Syrah/nördliche Rhône/F;
Côte de Nuits (Echézeaux, Grands Echézeaux)/Burgund/F

Obige schwere Tropfen waren durchwegs hochinteressante Begleiter, die Leben, Würze und Feuer in die Kehle brachten und solcherart nur für „feuerfeste" Gaumen zu empfehlen sind. Der phänomenale *Echézeaux Grand Cru* (PN; 5 – 8 Jahre; 17 – 18° C) von JEAN-PIERRE MUGNERET, Nuits-Saint-Georges/Côte de Nuits/Burgund/F, war zwar von jener fruchtkonzentrierten Strenge, die hinter den Zähnen bleibt, besaß aber andererseits genügend Extrakt, um keinen „Flächenbrand" aufkommen zu lassen.

Rehkoteletts mit Mandarinen

Koteletts gesalzen, in Butter angebraten; Bratenfond mit einem Gläschen Cognac und Mandarinensaft aromatisiert, mit Wildsauce gebunden, kurz eingekocht, Mandarinenspalten darin erhitzt und über die Koteletts gegossen.

Rosé: Concada de Barbera Rosada/E; Cerasuolo di Vittoria/I
Rot: Collioure Rouge/Roussillon/F; Zweigelt Barrique

Die wohl besten *Rotweine* des *Roussillon* (mit dunkler Robe, exotischem Duft nach roten Früchten und Orangenschalen, mächtig-fleischigem Körper, reichen Aromen und zartem Eicheneinfluß im beeindruckenden Finale) sind der *Collioure „Les Piloums"* von der DOMAINE DU MAS BLANC und der *Collioure „Guy de Barlande"* (GR, CAR; 4 – 6 Jahre; 16 – 17° C) aus Banyuls sur Mer.

Weiß: Gewürztraminer und Muskateller Spätlese trocken;
Muscat d'Alsace/Elsaß/F; Ramandolo/Friaul
Rot: siehe unten! bzw. Mas de Daumas Gassac/Languedoc/F

Cognac, Mandarinensaft und Wildsauce ebneten den Weg für den einzigartigen *Grange Hermitage* von PENFOLDS, Südaustralien (→ Hirschpfeffer), der zwar das Gericht inhalierte, aber – mit neuen Aromen angereichert – wieder ausatmete.

Weiß: Greco di Bianco/Kalabrien/I; Gewürztraminer und
Muskateller Spätlese halbtrocken; Cream Sherry/E

Der mächtige *Greco di Bianco DOC* (GR; 5 – 10 Jahre; 10 – 12° C) von FRANCESCO SAPORITO, Bianco/Kalabrien/I, darf zwar nur für „Sibirische Nächte" ins Kalkül gezogen werden, doch Furcht vor Cognac, Mandarinensaft und Wildsauce kannte er nicht; er dominierte zwar von Beginn an, traf sich aber kurzfristig mit dem Mandarinensaft auf einer Linie.

Rehleber

Eine besondere Wildspezialität: Leber in Tranchen geschnitten, gesalzen, gepfeffert, gemehlt und rosa in Butter angebraten.

Dem etwas strengen Aroma der Rehleber sollte man rustikal-herbe *Rotweine* wie *Zinfandel/Kalifornien, Refosco* und *Schiopettino/Friaul, Cabernet Franc/Venetien/I, Zweigelt/A, Rioja Reserva/E* und *Pomerol/Bordeaux/F* entgegensetzen. Auch würzige *dunkle Biere (Guinness, Porter .../GB)* sind zweckmäßig richtig eingesetzt.

Rehmedaillons auf Holundersauce

Rehfilet in vier gleich große Medaillons geschnitten, etwas gesalzen und gepfeffert, gemehlt, in Butter gebraten und mit Holundersauce (Wildfond, Holundersaft, Salz, Pfeffer, Wacholderbeeren, Holundergelee, Butter und ein Gläschen Sambucca) serviert. (Sambucca ist ein herb-strenger italienischer Likör aus Anis, Holunderblüten und Dillfenchel.)

Rot: Pinot Noir; Dôle und Humagne Rouge/CH; Côtes du Roussillon/F; Rioja Reserva/E

Der nach Holunder- und Waldbeeren duftende *Dôle „Vieux Saillon"* (PN, GAM; 2 – 4 Jahre; 15 – 16° C) von MARC RAYMOND, Saillon/Wallis/CH, glänzte durch Samtigkeit, Fruchtintensität und üppigen Charme, was ihm im Umgang mit der Speise (Sauce) einige Pluspunkte einbrachte.

Rot: Saint-Émilion 1er Cru Classé/Bordeaux oder Médoc/Saint-Julien Cru Classé/Bordeaux/F

Der „Super-Second" par excellence *Château Léoville-las-Cases* (CS 65 %, CF 14 %, M 18 %, PV 3 %; 7 – 10 Jahre; 17° C) *2e Cru Classé/Saint-Julien/Haut-Médoc/Bordeaux/F* ist ein echtes Kind der kiesigen Erde seiner Heimat und brillierte auch mit den erwarteten Stärken: tiefes, leuchtendes Purpur, dunkelfruchtig, pfeffrig mit Vanilleflair und gediegenen Cassis-Holunder-Aromen im grandiosen Finale.

Rot: Barolo und Barbaresco Riserva/Piemont, Brunello di Montalcino/Toskana/I

Der mächtige, stolze und verführerische *Barolo „Cerequio"* (NEB; 5 – 10 Jahre; 17 – 18° C) des ebenso bescheidenen wie genialen MICHELE CHIARLO, Calamandrana/Piemont/I, war so gewaltig in seiner Ausdrucksform, daß man kaum glauben mochte, wie nahe er aromatisch an das saftige Gericht herankam und welch warmherzig-beeriges Finish er uns bescherte. Eine Kombination, die zu den Weltwundern der Hamonielehre zählt!

Rehragout (Rehpfeffer) mit Pilzen

Schulterfleisch in mundgerechte Würfel zerteilt, in Salz, Pfeffer, gehackten Zwiebeln, → Piment, Zitronenschale, Lorbeer, Wacholderbeeren, Öl und Weinbrand mariniert, in heißem Öl kräftig angebraten, gemehlt, mit kräftigem Rotwein und Marinade aufgefüllt, zugedeckt bei kleiner Hitze geschmort; magere Räucherspeckwürfel, gehackte Zwiebeln in Butter angeröstet, mit rohen Champignons vermischt, Sauce – neben dem Herd – mit Rahm und Rehblut gebunden und mit Butternudeln angerichtet.

Das Rehblut verstärkt die animalische Note des Gerichts und bevorzugt eindeutig Kreszenzen mit Kraft, Würze und einem Hauch von Wildbret *(Syrah/nördliche*

Rhône/F, Shiraz/AUS, Nebbiolo/I, Vega Sicilia/E, Château Musar/Libanon ...). Als Weißwein-Alternative bot sich eine trockene Ruländer Spätlese von STEFAN SCHNEIDER, Illmitz/Neusiedlersee/BGLD/A an.

Wegen der Pfifferlinge versuchten wir uns an dem seltenen roten Torrete (PETIT ROUGE) (3 – 5 Jahre; 16 – 17° C) von FILIPPO GARIN, Aostatal/I (rubinrot leuchtend, erdig-würziger Terroirton mit exquisiter Beerenwürze, robust-kräftiger Geschmack mit animalischer Würze und Anklängen von Wacholderbeeren), der nicht nur die Pilze, sondern auch das Ragout glänzend managte und ihnen zu einer unerwartet intensiven Aromaentfaltung verhalf. Wenn ohne Rehblut – oder nur mit wenig – aufgetragen, sind auch würziger Pinot Noir, Zweigelt, Blaufränkisch oder Refosco/Friaul/I geeignet.

Rehrücken gebraten

Rücken gesalzen, gepfeffert, in heißem Öl beidseitig angebraten, im vorgeheizten Backrohr bei 200° C 10 bis15 Minuten gegart, in heißer Butter gewendet, in Tranchen geschnitten und mit einer Sauce aus Knochen, Zwiebeln, Karotten, Wacholderbeeren, Knoblauch, Rahm, Zucker, Salz und Pfeffer präsentiert.
Wegen seiner besonderen Eignung für Wacholderbeeren steht der toskanische Vino Nobile di Montepulciano DOCG (SAN; CAN, MAL, TRE; 8 – 10 Jahre; 16 – 18° C) von PODERI BOSCARELLI, Montepulciano, hier an erster Stelle. Die als unschlagbar geltenden Grand Cru-Stars Corton und Chambertin/Burgund/F mußten diesmal die Segel streichen und die Überlegenheit des Italieners anerkennen.

REIBERDATSCHI (REIBEKUCHEN)

Geschälte rohe Kartoffeln gerieben, entwässert, mit Eiern, Mehl, Salz und Pfeffer vermischt, mit Eßlöffel rund ausgestochen und in heißem Öl goldbraun gebraten.
Rieslinge (!) aus Baden und Württemberg sowie einige fränkische Silvaner/D sind begehrte und oft erprobte Gefolgsleute der populären Speise.

REINDLROSTBRATEN

Altösterreichische Spezialität: fingerdicke Scheibe aus dem Zwischenrippenstück eines jungen Ochsen beidseitig scharf angebraten, gesalzen, gepfeffert; in einem Reindl (flache Kasserolle) Zwiebeln in Schweineschmalz angeschwitzt, Braten dazugegeben, Tomatenpüree, gehackter Kümmel, Majoran und Kraftbrühe beigefügt, zugedeckt weich gedünstet und mit Salzgurkenscheiben und Salzkartoffeln dekoriert.
Einige blutjunge Primeurweine (Blauer Portugieser, Blaufränkisch, Pinot Noir, Zweigelt, Sankt Laurent) kamen mit Sauce und Gewürzen glänzend zurecht, doch das Fleisch selbst verlangt eigentlich nach kraftvoll-deftigeren Säften, was aber schließlich zu einer Verschärfung des Gesamtaromas und zu einer Dissonanz mit den Salzgurken führte.

REINECLAUDEN → PFLAUMEN

REIS

Gehört zu den Grasgewächsen und wird in allen tropischen und subtropischen Gebieten angebaut. Ursprünglich in China heimisch, kam er 1000 v. Chr. nach Ägypten

und im 8. Jahrhundert nach Spanien. Zu den besten Sorten zählen der Patnareis aus Vorderindien, der Siamreis aus Hinterindien und der Carolinareis aus den USA. Die Verdaulichkeit von altem, mindestens halbjährigem Reis ist sehr gut, nur der frische erzeugt Diarrhöe! Besonders der ungeschälte Reis ist von großem gesundheitlichem Wert.
Das milde Aroma verträgt sich nicht mit säure- oder tanninreichen Gewächsen. Besonders Italiens milde *Weißweine (Pinot Grigio, Pinot Bianco/Emilia-Romagna, Nosiola/Trentino, Soave Classico/Venetien ...)* entwickelten eine Vorliebe für das Grasgewächs. Zu Reispudding sind *Moscato-Schaumweine, Cava/E* und *Vouvray Petillant/Loire/F* jederzeit ein Gaumenkitzel (→ Serbisches Reisfleisch). Eine Ausnahme erfuhren wir in Spanien, wo man Reis mit knuspriger Eierkruste (Arroz con Costra al Estila del Elche) von einfachem roten *Rioja Baja* eskortieren ließ. Der dunkle Wildreis lebt mit fruchtigem *Riesling* und *Chardonnay* in friedlicher Eintracht und läßt sich auch durch leichte *Rotweine* nicht aus der Fassung bringen.

Reis „Condé" (Süß-Speisen-Reis)

100 g Rundkornreis mit 1/2 l Milch und einer Prise Salz aufgekocht, 1 Päckchen Vanillinzucker eingerührt und zugedeckt gedünstet, 1 EL Butter und 3 Eidotter daruntergemischt und mit Fruchtsauce serviert. Zu dieser klassischen Kreation sind lieblich-süße *Loire (Chenin blanc)*-Kreszenzen nicht mehr wegzudenken: nur mit halbem Kohlensäuredruck versehene *Schaumwein Crémant de Loire*, der auch mit etwas *Chardonnay* und *Cabernet Franc ...* verschnitten werden darf, ist ein köstlicher Begleiter (DOMAINE RICHOU und GRATIEN & MEYER sind Spitze), doch als geradezu unwiderstehliche Verführer erwiesen sich ein reifer *Vouvray Moelleux* (CHB; 15 – 18 Jahre; 8° C) von DANIEL ALLIAS, Vouvray/Loire, und der unvergleichliche, mit Edelfäule ausgestattete *Quarts de Chaume* (CHB; 15 – 20 Jahre; 8 – 9° C) von der DOMAINE DES BAUMARDS, Rochefort sur Loire/F.

Reis „Trauttmannsdorff"

Süßspeisenreis: wie → Reis „Condé" gekocht, abgekühlt, mit Schlagobers (Schlagsahne) vermischt, mit Maraschino parfümiert und mit Himbeersauce serviert. (Benannt nach Graf von Trauttmannsdorff, 1825 – 1870, österreichischer Staatsmann.) Neben *Picolit* (→ Herzmuscheln in Butter) und *Verduzzo Amabile/Colli Orientali del Friuli/I* von RONCHI DI FORNAZ, Cividale, konnten uns auch zwei modern vinifizierte *österreichische Prädikatsweine* begeistern: die vielleicht eine Spur zu süße, aber betörende *Illmitzer Bouvier Trockenbeerenauslese* (10 – 15 Jahre; 8 – 10° C) von JOSEF KLEIN, Illmitz/Neusiedlersee/BGLD, und der imponierende *Ruländer Ruster Ausbruch* (6 – 10 Jahre; 8 – 9° C) von PETER SCHANDL, Rust/Neusiedlersee/BGLD.

Reisauflauf

250 g Karolinareis in Salzwasser körnig gekocht, mit Eigelb, 3 EL Rahm, etwas Salz, Pfeffer und Muskatnuß vermischt; 350 g Bratwurstfülle mit Eigelb, gehackter Petersilie, gehackten, grünen Oliven und etwas Weißwein vermischt; Reis und Wurstmasse schichtweise in gebutterte Auflaufform gegeben, mit Räucherspeckwürfeln bestreut und im heißen Rohr gebacken. *Sherry Manzanilla* und *Amontillado seco (dry)/E* haben hier die Pole-Position inne. Weitere Anwärter auf vordere Plätze sind modern vinifizierte, frisch-fruchtige *weiße Riojaweine (Marques de Caceres, Faustino VII)* und jugendliche *Weißweine* aus dem *Friaul (Pinot Grigio, Tocai ...)*.

Reisfleisch → Serbisches Reisfleisch

Reistafel „Indonesisch"

Beliebte Zusammenstellung indonesischer Gerichte: traditionell mit Saijoor (scharfe Gemüsesuppe) begonnen und dann in jeweils verschiedener Reihenfolge serviert:
→ Sateh (Fleischspießchen), gedünstete Hühner, gebratene Fische, gebackene Garnelen, hartgekochte Eier und gedünstete Gemüse in würziger Sauce (→ Sambal). Zwischen den Gängen werden → Kroepoek, Kokosnußspäne und Erdnüsse angeboten; zum Schluß reicht man → Atjar (süßsaures Gemüse); das wichtigste sind natürlich – nomen est omen – körniger, trockener Reis und diverse Würzsaucen.
Neben → Sake und → Sherry Amontillado dry/E sind einige Begleiter der → asiatischen Küche (*Muskateller, Gewürztraminer, Riesling, Pinot gris, Sauvignon Blanc, Malvaner, Roter Veltliner, Spätrot-Rotgipfler, ungarischer Tokaji* usw.) einmal mehr von großer Nützlichkeit. Auch dunkles *Malzbier (Vollbier)* sollte nicht unerwähnt bleiben.

Reiswein → Sake

REIZKER (ECHTER REIZKER)

Ein sehr wohlschmeckender, trichterförmiger Blätterpilz, der von August bis Oktober wächst und mit festem, delikatem Fleisch, milchartigem Saft und angenehmem Geruch ausgestattet ist. Meistens wird er gedünstet oder gebraten angeboten. Man dünstet ihn in Butter, Pfeffer und Salz mit etwas Bouillon und Petersilie.
Erprobte Mitspieler des Pilzes sind samtig-weiche *Weißweine (Pinot Gris, Pinot Blanc, Neuburger, Grüner Veltliner, Roter Veltliner ...)* sowie – seltener – einige reife *Rotweine* ohne rauhe Tannine *(Lagrein dunkel/Südtirol; Zweigelt, Pinot Noir ...)*, die – wie bekannt – sehr oft eine Verjüngungskur im Kontakt mit den Pilzen erfahren.

RENKE → BLAUFELCHEN

RENTIER (REN)

Dem Hirschgeschlecht angehörendes Wandertier des hohen Nordens beider Welten. Es ernährt sich von Kräutern, Gräsern, Birkenschößlingen usw. Bei uns kaum zu erhalten, gelten die geräucherte Zunge, Rückenmark, Schinken und Rücken unter den Gourmets des Nordens als besonderer Gaumenkitzel.

Rentierschinken

In guten Feinkost-Geschäften erhält man bisweilen den mageren, würzigen Schinken, der ein wenig an → Rauchfleisch oder → Bündner Fleisch erinnert.
Mit dem Raucharoma des Schinkens kommen einige *Rotweine (Rioja Reserva/E, Marzemino/Trentino, Vernatsch/Südtirol, Nebbiolo/Piemont/I; Pomerol/Bordeaux/F, Côte de Brouilly/Beaujolais/F, Merlot del Ticino/CH ...), Roséweine (weststeirischer Schilcher/A, Lagrein Kretzer/Südtirol ...)* und *Weißweine (Grüner Veltliner/NÖ, Pinot Gris/Graubünden/CH, Sauvignon Blanc, Silvaner/Franken ...)* recht gut zurecht. Entscheiden Sie nach Tages- oder Jahreszeit, Lust, Laune, Neigung oder nach Alkohol-, Tannin- bzw. Säuregehalt der Weine.

Rentiersteak auf „Schwedische Art"

Filet vom Ren in vier Tranchen geschnitten, gesalzen, gepfeffert, gemehlt, in Öl angebraten, warm gestellt; Fond mit einem Glas Weißwein aufgegossen, eingekocht und mit Zitronensaft aromatisiert; gehackte Zwiebeln in Butter glasig angeschwitzt, → Morcheln dazugegeben, mit Rahm gebunden, mit den Filets angerichtet und mit Schloßkartoffeln serviert.

Weiß: Pinot Gris und Pinot Blanc, Grüner Veltliner, Neuburger, Chardonnay Kabinett
Rot: Pinot Noir und Zweigelt Kabinett

Der herrlich nussig-würzige *Tokay/Pinot Gris „Cuvée Charlotte"* (4 – 6 Jahre; 10° C) von P. REINHART, Orschwihr/Elsaß/F, besaß große Fülle, einen Hauch von Pilzaroma und eine deutliche Zuneigung zu Sauce, Morcheln und – in der Folge – auch für das Ren.

Weiß: Meursault und Pouilly-Fuissé/Burgund/F;
Pinot Blanc und Pinot Gris Spätlese trocken
Rot: Echézeaux, Grands Echézeaux Grand Cru/Côte de Beaune/Burgund/F;
Barbaresco/Piemont/I

Eine samtig-nussige wundervolle *Weißburgunder Spätlese* (3 – 6 Jahre; 9 – 11° C) von MANFRED BIEGLER, Gumpoldskirchen/Thermenregion/NÖ/A, zeigte all ihre Vorzüge, und das Gericht erfuhr im Zusammenspiel mit dem Edelwein harmonische Abrundung und geschmackliche Vollendung.

Weiß: Vin Jaune/Jura/F; alter Puligny-Montrachet/Burgund/F;
Gewürztraminer Spätlese trocken
Rot: Barolo Riserva/Piemont/I; Irouleguy/Béarn/F; reifer Rioja Gran Reserva/E

Die reife *Rioja Alavesa Gran Reserva „Marques de Arienzo"* (TEM, GR; 10 – 15 Jahre; 17 – 18° C) der BODEGAS DOMECQ, Elciego/E, wurde 12 Monate im Tank, 25 Monate in Tennessee-Eiche sowie 48 Monate in der Flasche ausgebaut und verfügte über Kraft, Tiefgang, Exotik und beginnende Auszehrung. Mit den Morcheln erholte sich der reife Wein sehr schnell und führte den Steaks jene Aromatik und Würze zu, die man bei den Weißweinen vermißte.

RETTICH (RADI)

Ein ursprünglich aus dem Kaukasus stammendes Wurzelgemüse, das hauptsächlich roh verzehrt wird. Der scharfe Geruch und der beißende Geschmack werden durch ätherische Senföle hervorgerufen. Freilandrettich gibt es von Mai bis Oktober. Er ist reich an Vitamin B, C, Provitamin A und Mineralstoffen und gilt als Schlankmacher sowie Leber- und Gallenfreund.
Märzenbier ist an Wirkungskraft und Harmonie kaum zum überbieten, doch können sie rohen Rettich auch mit mildem *Sauvignon Blanc*, diversen *Jungweinen (weiß und rot)*, *Chardonnay* (Stahltank) und *Sylvaner* vereinen.

RHABARBER

In Österreich, Deutschland und der deutschen Schweiz meist nur als Zierpflanze genützt, wurde das aus Tibet stammende fein-säuerliche Gemüse bereits im England des 18. Jahrhunderts ein wichtiger Bestandteil der damaligen Hofküche. Erst um 1840 gelangte die Wurzel nach Deutschland und eroberte sich nach und nach einen festen Platz in unserem Küchenrepertoire.

Grundsätzlich sind jugendliche *Grüne Veltliner, Rieslinge* und *spanische Schaumweine (Cava)* der zart-säuerlichen Wurzel sehr zugetan. Zu einer Rhabarber-Pie (Pastete) erfreute uns feiner *Pinot Gris Kabinett* aus *Württemberg/D*. Topfen (Quark)-Gratin mit Erdbeeren und Rhabarber vermählten wir glücklich mit mildsüßem *Rieslingsekt* aus dem *Rheingau/D* (z. B. von der SEKTKELLEREI SCHLOSS VAUX, Eltville), und Rhabarber auf Zimtcrème und Rotweingelee paarten wir auf waghalsige Weise mit reifem *rotem Sangioveto „Le Pergole Torte"*, FATTORIA DI MONTE VERTINE, Radda/Toskana/I. Rhabarbersoufflé mit Vanillesauce und honigsüßer, feinsäuerlicher (!) *Caluso Passito* von LUIGI FERRANDO, Ivrea/Piemont/I, weckten Assoziationen an kulinarische Sternstunden besonderer Art. Rhabarbertorte verbanden wir genußreich mit einem rassigen *Welschriesling Eiswein* von FRITZ RIEDER, Kleinhadersdorf/Weinviertel/NÖ/A.

RIBISEL: ÖSTERREICHISCHE BEZEICHNUNG FÜR → JOHANNISBEEREN

RICOTTA

Frischer, feuchter Schaf- oder Kuhmilchkäse aus der Molke dieser Tiere, dem zusätzlich frische Milch beigegeben wurde. Mit seinem Fettgehalt von 20 bis 30 % wird er auch als Ersatz für → Topfen (Speisequark) verwendet. Gelato di Ricotta (Ricotta-Eis) vermählten wir erfolgreich mit *Moscato Passito di Pantelleria DOC „Martingana"* (5 – 8 Jahre; 8 – 9° C) von SALVATORE MURANA, Pantelleria/Sizilien/I. *Moscato (Schaum)-Weine* in all ihren Variationen weisen auch eine besondere Affinität für den reichen Käse auf.

RIESLINGBEUSCHEL → KALBSBEUSCHEL

RIND

Die männlichen Rinder werden als Stiere bezeichnet, kastrierte Tiere als → Ochsen, die weiblichen werden vor dem Kalben Färsen und nachher Kühe genannt. Das beste Fleisch – rot, feinfaserig, saftig, etwas marmoriert (mit Fett durchwachsen) – liefern drei- bis fünfjährige Mastochsen oder etwa eineinhalbjährige Maststiere (-bullen) und Mastfärsen (letztere sind besonders zart).
Jüngeres Fleisch gibt saftige Braten, aber dünne Suppen, älteres hervorragende Kraftbrühen, aber faserig-holziges Fleisch. Charolais-Rind und *Pinot Noir Chassagne Rouge AC* (z. B. von ROGER BELLAND, Santenay, Burgund) sind erprobt. Zu gekochtem Rindfleisch trinkt man in Österreich traditionellerweise *Weißweine*, während man sich anderswo meist an samtige *Rotweine* hält. In *Italien* serviert man uns zu mariniertem Rindsbraten robust-würzigen *Rosso Conero Riserva* von ALESSANDRO MORODER aus Montacuto/Marken.

Rinderbraten nach „Elsässer Art"

Rindfleisch aus dem Schlögel (Keule) mit Faden zusammengebunden, in heißem Butterschmalz angebraten, gewürfelte Zwiebeln mitgebraten, mit Wacholderschnaps flambiert, gesalzen, gepfeffert, mit Wasser aufgefüllt und zugedeckt zwei Stunden geschmort: Sauerkraut und Wacholderbeeren in Weißwein 30 Minuten gekocht; geschälte Kartoffeln zum Fleisch gegeben, 15 Minuten zugedeckt ruhen gelassen;

Kartoffeln in vorgewärmte Schüssel gegeben; Bratfond etwas reduziert, mit Speisestärke gebunden, abgeseiht; Sauerkraut angerichtet, mit dem in Scheiben geschnittenen Braten belegt, mit Bratenfond übergossen und mit den Kartoffeln garniert. Alles andere als *elsässischer Wein* käme hier einem Sakrileg gleich; wobei man die Wahl zwischen *Pinot Noir* und *Riesling* sowie *Pinot Blanc* hat. Obwohl dies eigentlich ein Gericht ist, das zwei Weine als Begleiter verlangt, nämlich einen *roten* für den Rinderbraten und einen *weißen* für das Sauerkraut, müssen wir gestehen, daß der kraftvoll-würzige *Pinot (Blanc)* von ALBERT MAURER, Eichhoffen, die Sache auch im Alleingang recht gut löste.

Rinderfilet (→ Lendenbraten, Lungenbraten)

Zwei lange Muskeln auf der inneren Seite des Rinderrückens sind die feinsten, zartesten, wohlschmeckendsten und teuersten Teile des Rindes. Das Filet wird sorgsam enthäutet, gespickt, gebraten oder poeliert, mit dem Ziel, den inneren Teil rosa und saftig zu erhalten.
Unter den *roten Burgundern* ist der delikate *Volnay* (z. B. von ROBERT AMPEAU, Meursault) Favorit. In *Bordeaux* empfiehlt man sehr oft die Kreszenzen aus *Pauillac/ Haut-Médoc/F*, und in der übrigen Weinwelt ist ein Rinderfilet stets eine Herausforderung für einen großen, nationalen *Rotwein*.
(→ Filet Mignon, → Filet „Wellington", → Filetspitzen „Stroganow", → Filetsteak, → Filetsteak „Amerikanisch", → Châteaubriand, → Châteaubriand „Eugen", → Tournedos", → Tournedos „Rossini")
Rinderfilet in Rotweinsauce vermählten wir mit würzigem *Château de la Dauphine/ Fronsac/Bordeaux/F*. Rinderfilet mit Holundersauce zeigte sich sowohl *Chianti Classico/Toskana* als auch feinem *Merlot* vom MALTESER RITTERORDEN, Mailberg/Weinviertel/NÖ/A, zugetan. Rinderfilet gesotten mit Gemüse genossen wir mit kellerkühl serviertem *Bourgueil/Loire/F* (von PIERRE-JACQUES DRUET, Bourgeuil), Rinderfilet mit Madeirasauce läßt sich durch edlen *Barbaresco Riserva/Piemont/I*, reifen *Saint-Émilion* (CHÂTEAU CHEVAL BLANC, CHÂTEAU L'ANGÉLUS, CHÂTEAU AUSONE, CHÂTEAU FIGEAC ...) geschmacklich abrunden.

Rindergaumen (Ochsengaumen)

Rindergaumen gut gewässert, überbrüht, Haut abgezogen, in leicht gesalzenem und gemehltem Wasser vier Stunden weich gekocht. Dieses schmackhafte, meist deftig zubereitete Gericht erfordert einen kraftvoll-rustikalen Partner *(weiß, rot, rosé)*, je nach Zubereitungsart und Saucen.

Rindergaumen in Curry

Geraspelter Apfel und gehackte Zwiebeln in Butter glasig angeschwitzt, mit Currypulver großzügig bestreut, Reismehl beigegeben, gut durchgeschwitzt, mit etwas Rindsuppe aufgefüllt, feingeschnittener, gekochter Rindergaumen warm gehalten; würfelig → Schalotten und entsteinte, streifenförmige, schwarze Oliven in den Jus gegeben, Noilly Prat-→Vermouth zugegossen, aufgekocht und dann zwei Minuten geköchelt, → Crème fraîche untergerührt, gesalzen, gepfeffert, Steaks angerichtet und mit der Sauce übergossen. Die gefürchteten schwarzen Oliven und der noch diffizilere Vermouth gaben nur ganz wenigen *Weißweinen* (im Sommer) eine Chance: *Sauvignon Blanc Spätlese*, *Châteauneuf-du-Pape Blanc* mit hohem *Roussane*-Anteil (z. B. CHÂTEAU DE BEAUCASTEL) und kraftvoller *süditalienischer Malvasia* (z. B. *Malvasia di Cagliari* von der GENOSSENSCHAFT MARMILLA, Sardinien). In der übrigen Zeit sind die bekannten *roten* Winterweine wie *Barolo Riserva/Piemont*, *Amarone/Venetien/I*, *Hermitage/nördliche Rhône* und *Châteauneuf-du-Pape/südliche RhôneF*) hervorragende Garanten für ein ausgewogen-üppiges Mahl.

Rinderkarbonade → Karbonade auf „Flämische Art"

Rinderleber
Die etwas derbe Rinderleber gerät gegenüber der zarten Kalbsleber meist ins kulinarische Hintertreffen und wird sehr oft zur Wurstverarbeitung weitergereicht. Wegen der hohen Ablagerung von Umweltgiften in Rinderlebern rät man heute vom Genuß dieser Speise ab. Im Prinzip sind es erdig-würzige *Rotweine*, wie *Cabernet Franc, Zinfandel, Syrah* usw., die das erforderliche Gegengewicht mitbringen.
(→ Holsteiner Leberpudding)

Rinderlendenstück
→ Rinderfilet, → Châteaubriand, →Filetsteak

Rindernieren
Ähnlich der → Rinderleber stehen sie wegen ihres etwas strengen, rustikalen Geschmacks im Schatten der Kalbsnieren, und nur junge Ringer sind eine kulinarische Versuchung wert. Wegen der heute extrem hohen Cadmiumbelastung von Rindernieren wird vom Genuß jedoch abgeraten. (Cadmium ist ein gefährliches Umweltgift = Nierengift, das auch über Phosphatdüngung in den Nahrungskreislauf gelangt.)
(→ Kalbsniere, → Nieren)

Rinderschwanzstück (Schmorbraten)
Sehr oft gespickt und/oder durch Marinieren mürbe gemacht und dann in würzigem Fond – zugedeckt – geschmort. Durch Maßlosigkeit beim Würzen wird allerdings das Aroma des ehrwürdigen Schmorbratens sehr oft verfälscht und unkenntlich gemacht. Die kraftvoll-würzigen *Rotweine (Syrah/nördliche Rhône, Shiraz/Australien, Pinotage/Südafrika, Zinfandel/Kalifornien, Raboso/Venetien, Cabernet/Südtirol* bzw. *Trentino, Nebbiolo/Piemont)* und auch der legendäre *Aglianico del Vulture* (z. B. von der CASA VINICOLA FRANCESCO SASSO, Rionero in Vulture, Basilikata/I) zählen zu den erprobtesten Gegenspielern des Küchenklassikers. Zu Rinderschmorbraten auf „Florentiner Art" (mit Sellerie, Karotten, Olivenöl, Tomaten) ist rustikaler *Chianti Montalbano/Toskana/I* geradezu ein (Mundart-)Gedicht. Schmorbraten auf „Lyoner Art" (in Weinessig, Weißwein und Zwiebelscheiben mariniert, weichgeschmort und mit gebratenen Zwiebelscheiben und Kartoffelpüree serviert) versuchten wir erfolgreich mit *weißem Pouilly-Fuissé* (→ Fasan mit Calvados) der DOMAINE FERRET zu bändigen, und Rinderschmorbraten mit → Sauce Béarnaise wurde zu einem unerwarteten Festessen, begleitet von einem sich in Olympiaform befindendem *Madiran „Cuvée Prestige"* (TAN 100 %; 4 – 8 Jahre; 17 – 18° C) vom CHÂTEAU MONTUS des Senkrechtstarters ALAIN BRUMONT, Maumusson/Béarn/SW-F.

Rinderzunge (Ochsenzunge)
Die Zunge eines jungen Rindes gehört zu den „Schmankerln" der klassischen Küche. Gepökelte Zunge (→ Pökelzunge) wird in heißem Wasser gekocht und dann dem Rezept zufolge weiterbehandelt; frische Zunge wird gekocht, gedünstet oder geschmort. (→ Zunge)
Rinderzunge getrüffelt wurde sowohl von exquisitem *Sherry Amontillado dry/E* als auch von reifem *Champagne R. D./Bollinger/F* spannend untermalt. Rinderzungensalat paarten wir mit fruchtcharmantem *Malvasia Val Nure*, CONTE OTTO BARATTIERI, Vigolzone/Emilia-Romagna/I; Rinderzunge geräuchert ergänzten wir durch wundervollen *Jurançon Blanc sec* von JEAN CHIGÉ, Jurançon/SW-F – auch halb-

trockener *Rheingauer Riesling* imponierte. Rinderzunge in Madeira kredenzte man uns in Australien höchst eindrucksvoll mit einheimischem *Cabernet Sauvignon* von PENFOLDS, Nuriootpa/Barossa Valley/S-AUS; Rinderzunge „Mehmed-Ali" (mit Safranreis, grünen Peperoni, Rosinen, Johannisbeergelee) wurde ein leichte Beute der zartsüßen *Gewürztraminer Spätlese* von LACKNER-TINNACHER, Gamlitz/Südsteiermark/A, und Rinderzunge auf „Limousiner Art" (mit glasierten Zwiebelchen, Kastanienpüree und Tomatensauce) testeten wir auf sehr zufriedenstellende Weise mit jungem *Blaufränkisch/Mittelburgenland* (z. B. von HANS IGLER, Deutschkreutz/A), *Beaujolais Nouveau/Burgund/F* und wunderbar fruchtig-beerigem *Chinon Rouge* von LE LOGIS DE LA BOUCHARDERIE (→ Ente gefüllt).

Rindfleisch „Provenzalisch"

Gewürfelte Zwiebeln und Magerspeck in Olivenöl angebräunt, gewürfeltes Rindfleisch (Keule) und Knoblauch in Scheibchen dazugegeben, mit einfachem südfranzösischem Rotwein aufgegossen, Lorbeerblätter beigefügt, aufgekocht, gesalzen, gepfeffert (Mühle), zwei Stunden zugedeckt geschmort, mit Sauce angerichtet und mit Mischung aus hackter Petersilie und zerdrückter Knoblauchzehe bestreut.
Einfache *südfranzösische Rotweine* (bzw. der *Kochwein* selbst) sind zumeist gourmet-richtig; wurde das Gericht aber von einem subtilen Kochkünstler bereitet, so sollten Sie nicht zögern, etwas tiefer in die Tasche zu greifen und eine Kreszenz vom Range des erdig-würzigen *Cornas* (SYR; 4 – 6 Jahre; 16 – 18° C) von JEAN LIONNET, Cornas/nördliche Rhône/F, zu ordern.

Rindfleischsalat

Würfelig geschnittenes, gekochtes, mageres Rindfleisch, Schalottenringe, Tomatenwürfel (enthäutet, entkernt), grüne Paprika in Streifen, Salatgurke gewürfelt, in einer Salatschüssel mit → Sauce Vinaigrette angemacht.
Helles Bier, kräftig-nerviger *Rosé, Sylvaner,* nicht zu säuriger *Sauvignon blanc, portugiesischer Vinho Verde,* trockener *Chenin blanc/Loire/F* sowie *rote Jungweine* (im Herbst oder Winter) sind zu empfehlen. Zu Rindfleischsalat mit Pilzen war die Idealbesetzung ein charaktervoller, trocken-würziger *piemontesischer Dolcetto DOC* von RENATO RATTI, La Morra/I.

Rindsroulade → Roulade

RIPPCHEN MIT KRAUT (FRANKFURTER SPEZIALITÄT)

Leicht gepökeltes Schweinskotelett gemeinsam mit Sauerkrat weichgekocht und mit Kartoffelpüree angerichtet.
Traditionellerweise wird dazu *„Äppelwoi"* (Apfelwein) getrunken, doch auch rassig-würzige *rheinhessische Weißweine,* wie *Riesling, Pinot blanc* und *Silvaner Kabinett* sind von großer Anpassungsfähigkeit. Auch *Weiß-* und *Bockbier* werden zuweilen getrunken, doch bei unserem Testessen überragte der geschliffene *Riesling Kabinett „Oppenheimer Sackträger"* (3 – 5 Jahre; 9 – 10° C) von DR. DAHLEM ERBEN, Oppenheim, alle Konkurrenten turmhoch.

RIPPENSTÜCK DES RINDES → ROASTBEEF

RISI-PISI (FÄLSCHLICH RISIBISI; RISO E PISELLI = REIS UND ERBSEN)

Eine Spezialität aus Venetien: feingehackte Zwiebeln in Butter angeschwitzt, grüne Erbsen und etwas Kraftbrühe, später Reis und weitere Kraftbrühe zugegeben, mit Salz und Lorbeerblatt gewürzt, zugedeckt, gekocht und mit geriebenem Parmesan und Butter vermischt.

Die *venetianischen Weißweine (Lessini-Durello DOC, Tocai di Lison DOC, Soave Classico DOC* und *Bianco di Custoza)* nehmen hiezu eine Sonderstellung ein, und es kommt fast einem Sakrileg gleich, vor Ort etwa *Verdicchio DOC/Marken* oder *Frascati DOC/Latium* (obwohl sie auch gut passen) zu bestellen.

RISOTTO (KÄSEREIS)

Italienische Spezialität; Grundrezept: Zwiebelwürfel in Öl weichgedünstet, Reis dazugegeben und glasig gedünstet, mit Kraftbrühe begossen und langsam trocken gegart, geriebener Parmesan und etwas Butter unter den Reis gezogen, Risotto sofort serviert, damit es nicht klebt, und mit Tomatensauce angeboten.
Zu Risotto alla „Certosina" (mit Froschschenkeln, Flußbarschfilet und Süßwassergarnelen) ist *lombardischer Oltrepò Pavese Riesling* (BRUNO VERDI) „buonissimo", zu Risotto mit Trüffeln schwanken Sie wahrscheinlich je nach Präferenz zwischen *Gavi (weiß)* und *Barbera (rot) aus dem Piemont;* zu Risotto alla „Bolognese" (mit Schinken und Speck) wählen Sie am besten den weißen Lokalfavoriten *Monterosso Val d'Arda/Colli Piacentini/Emilia-Romagna;* zu Risotto alla „Calabrese" (mit → Mozzarella-Käse, geriebenem Käse und Eiern) ist der einheimische *Fiano d'Avellino* (z. B. von VADIAPERTI, Montefredane, vorgesehen; Risotto alla „Genovese" (mit Weißwein, Gemüse, Kräutern und Pilzen) ist (weißem) *ligurischem Pigato d'Albenga* versprochen; Risotto alla „Napoletana" (mit Speck und Tomatensauce) und *weißer Greco di Tufo* sind gute alte Bekannte; Risotto alla „Siciliana" (mit Artischocken, Sardellen und Zitrone) mit *Corvo bianco/Sizilien* ist ein Genuß; Risotto alla „Toscana" (mit gehacktem Rindfleisch, Kalbsnieren und -leber, Tomaten und Rotwein) gibt auch *Rotwein (Chianti Putto)* eine Chance; Risotto mit Spargel bildet bekanntlich mit *Sauvignon/Friaul* und *Breganze Bianco/Venetien* ein tolles Duo; Risotto mit Kartoffeln und *Riesling Renano/Südtirol* ist so genial wie einfach, und Risotto mit Meeresfrüchten vermählt sich gerne und oft mit den *weißen Vespaiolo di Breganze* und *Bianco di Custoza/Venetien* sowie dem weißen *Martina Franca* von MIALI, Martina Franca/Apulien.

Risotto alla „Milanese"

Risotto mit Hühnerleber; Kalbsmark und Champignonscheiben vermischt und mit Salz, Pfeffer und → Safran aromatisiert.
Hühnerleber, Champignons und Safran engen den Kreis der Parmer-Weine von vornherein ein. Aus lokaler Sicht sind *Riesling-Sylvaner (Montelio di Anna)* und *Malvasia (La Muiraghina)/Lombardei* zu empfehlen, doch der wahre Lorbeer ging an den benachbarten *Gewürztraminer Alto Adige* des *Bozener* Einzelgängers GIORGIO GRAI. Als *Rotwein*-Ausweichmöglichkeit können wir Ihnen den einheimischen *Bonarda dell'Oltrepò Pavese* von der TENUTA MAZZOLINO, Pavia, anbieten.

Risotto alla „Piemontese"

Risotto mit Hühnerfleischstückchen und Tomatenmark versehen und mit Salz, Petersilie, Basilikum und weißen Trüffeln aromatisiert. Aus piemontesischer Sicht sind die *Weißweine Arneis* (BRUNO GIACOSA, ROBERTO VOERZIO), *Favorita* (RENATO RABEZZANA, ROBERTO VOERZIO) und *Cortese di Gavi* (FONTANAFREDDA, CARLO LIEDHOLM, MICHELE CHIARLO, PIO CESARE ...) die harmonischesten Begleiter.

Risotto con le Sepie

Risotto mit kleinen → Tintenfischen und Tomatenmark bereichert und mit Salz und Knoblauch vollendet.
Verdicchio Classico dei Castelli di Jesi DOC/Marken (FRATELLI BUCCI), *Riesling Italico DOC/Lombardei* (BRUNO VERDI) und *Siziliens Weißwein*-Stolz *Regaleali „Nozze d'Oro"* (CATARATTO, INZOLIA, SB; 2 – 3 Jahre; 8 – 9° C) von CONTE TASCA D'ALMERIA, Vallelunga di Pratameno, sind allesamt erfrischende Kreszenzen mit bestechender Fülle und mit den erwünschten ausgleichenden Aromen für ein kultiviertes Mahl ohne Geschmacksabenteuer.

RISSOLEN (HALBMONDPASTETCHEN)

Pastetenart aus Hefe-, Blätter- oder Pastetenteig, oft gefüllt mit → Ragout fin, paniert und in heißem Fett herausgebacken. („Rissoles" rührt vom französischen Wort „roussâtre" = rötlich ab und bezieht sich auf die Farbe der Pasteten.)
Korrespondierende Getränke: → Ragout fin.
Im Prinzip sind – bei Rissolen mit oder ohne Füllung – samtig-milde *Weißweine* ohne aggressive Säure – ein zarter Zuckerrest ist erlaubt – zu favorisieren.

RISSOLI

Italienische Spezialität: Hefeteig dünn ausgerollt, in 15 x 15 cm große Flächen geschnitten; je einen Teil mit → Mozzarella, gekochten Schinkenwürfeln, Basilikum und gehackter Petersilie bedeckt, zusammengefaltet, verschlossen, in Öl goldgelb gebacken und mit Steinpilzsauce serviert.
Mozzarella, Basilikum und Steinpilze sind das Leitmotiv: für *Weißwein*-Freunde biete sich *Pinot Grigio* und *Pinot Bianco/Lombardei* an. Liebhaber *roten* Saftes sollten sich an *Barbera* oder *Dolcetto/Piemont* halten.

ROASTBEEF

Aus dem Rinderrücken zwischen der letzten Rippe und dem Schlögel (Keule) geschnitten, kann das Roastbeef vollendet – innen rosa und im ganzen – gebraten, ein herrlich saftiges Mahl ergeben. Diese Spezialität des britischen Empire wird mit dem eigenen Bratensaft und → Yorkshire-Pudding original angeboten. In der übrigen Welt werden auch andere Kombinationen gewagt. Zum „Originalrezept" trinken die Briten gerne *australischen Cabernet Sauvignon*, *Rioja Reserva/E* und natürlich ihre geliebten *Clarets* aus *Pauillac/Haut-Médoc/Bordeaux/F*. Nicht zu vergessen das traditionelle *Yorkshire Bitter (Bier)*. In *Frankreich* selbst neigt man hingegen mehr zu den Rotweinen der *Rhône (Gigondas, Cornas ...)* und *Burgunds (Aloxe-Corton, Gevrey-Chambertin ...).* Zu kaltem Roastbeef kommen auch einfachere *Bordeauxweine (Côtes de Bourg, Côtes de Blaye, Fronsac* oder *Moulis)* zum Zuge und natürlich die dunklen kraftvoll-saftig-würzigen *„Naturweine"* aus *Cahors* (z. B. vom CHÂTEAU EUGÉNIE, Albas) und *Béarn (Madiran)/SW-F*. Letztere bezeichnet man bisweilen auch als „Kauweine", ob ihrer „bißfesten", dichten Struktur.

Roastbeef in Salzteig

Aus Mehl, Salz und etwas Wasser einen Teig geknetet; Roastbeef gepfeffert, mit Knoblauch eingerieben, mit Thymian und Rosmarin belegt, in den Teig gehüllt und im

Backofen gegart; aus dem Ofen genommen, etwas beiseite gestellt, damit sich der Fleischsaft gut verteilt, Roastbeef aus der Salzkruste genommen, in Tranchen geschnitten und angerichtet.

Rosé: junger Lirac und Gigondas Rosé/südliche Rhône/F
Rot: Côte-de-Bourg und Côte-de-Blaye/Bordeaux/F; junger Pinot Noir

Der kraftvoll-würzige, mit etwas Tannin im salzigen Finish aufwartende *Lirac Rosé*, CHÂTEAU DE BOUCHASSY, Roquemaure (GR, CIN, MV; 1 Jahr; 10 – 12° C), schien als Sommertropfen einfach unüberbietbar, da er sowohl die Salznote als auch die Gewürze verherrlichte, ohne sie explodieren zu lassen, und für ständige Frische im Gaumen sorgte.

Rot: Vino Nobile di Montepulciano/Toskana/I;
Cru Beaujolais (Chenas)/Burgund/F; Cornas/nördliche Rhône/F

Der sorgfältigst und modernst vinifizierte *Vino Nobile di Montepulciano* (SAN = PRUGNOLO GENTILE ...; 4 – 6 Jahre; 17° C) des Schweizers RUDOLF BINDELLA, Montepulciano/Toskana (tiefes Rubin mit Granatrand, reintönig-cremig-dunkelfruchtiger Veilchenton, kraftvoll-geradliniger Geschmack mit fruchtiger Strenge, feiner Beerenwürze und langem, gerbstoffgestütztem Nachhall), verstand es meisterhaft, Roastbeef, Gewürze und Salznote unter einen Hut zu bringen.

Rot: Gigondas/südliche Rhône/F; Shiraz und Cabernet-Shiraz/AUS

Der mächtige *australische Hermitage* von R. BAILEY (→ Chester) mit seinem unvergleichlichen salzig-ledrigen Finish war für das salzige Roastbeef von Anbeginn an der lang gesuchte Partner. Obwohl fast ein wenig zu kraftvoll (nur im Herbst oder Winter ideal), sorgte er für ständige Highlights am Gaumen und verschmolz schließlich mit dem Beef zu einem Gesamtkunstwerk von beneidenswerter Art.

ROCAMADOUR → CABÉCOU DE ROCAMADOUR

ROCHEN

Knorpelfisch mit abgeflachtem, scheibenförmigem Körper, bon 0,5 bis 4,5 m Länge und maximal 200 kg Gewicht, der sich als Feinschmecker hauptsächlich von Muscheln und Seeschnecken ernährt und dessen mageres, zartrosa Fleisch in den Mittelmeerländern und den Niederlanden besonders gewürdigt wird. Beste Genußzeit der Flügel und Schwanzstücke ist im Sommer.

Zu Rochen „Grenobler Art" (mit Knoblauch sautiert, mit Weißwein und Tomaten fertiggegart) ist – natürlich – Weißwein aus *Savoyen/F (Apremont, Ayze, Seyssel)* erste Wahl. Marinierter Rochen läßt sich gerne von trockenem *Sémillon* begleiten, und geräucherter Rochen ist ohne *Pouilly-Fumé (Sauvignon blanc)/Loire/F* nur halb so gut. Rochen auf „Normannische Art" (Rochen in würzigem Fischsud gekocht, mit Essig übergossen, mit → Crème fraîche bedeckt und mit Kapern garniert) wird zu einer Götterspeise, unterstützt von edlem *Muscat d'Alsace Grand Cru* oder elitärem *Chenin Blanc/Loire*. Rochenflügel in brauner Butter verehelichten wir ideal mit einer samtigen *Grauburgunder Spätlese „Oberrotweiler Eichberg"* von F. KELLER, Vogtsburg-Oberbergen/Kaiserstuhl/Baden/D.

Rochen gebacken

Rochenfilets gesalzen, durch einen Backteig gezogen, in Fett herausgebacken und mit gebackener Petersilie und Zitronenspalten dekoriert.
Rochen und Backteig verlangen nach einem mild-würzigen Wein ohne aggressive Säure, doch der Fettgeschmack wird interessanterweise durch rassige *Weißweine* perfekter artikuliert. Es bedarf also einer Gratwanderung zwischen Samtigkeit und Rasse, die von großen *Chardonnays* und *Pinots Blancs* am ehesten gemeistert werden kann.

Weiß: Pinot Blanc, Pinot Gris, Neuburger, Zierfandler Kabinett/A; Arvine und Chasselas/CH; Gutedel/D

Der trocken-aromatische *Spätrot(Zierfandler)-Rotgipfler Kabinett* (2 – 3 Jahre; 10° C) vom WEINGUT KUCZERA & TEICHGRÄBER, Gumpoldskirchen/Thermenregion/NÖ/A, erfüllte seine Aufgabe als Sommerwein mit Bravour, ohne allerdings irgendwelche Akzente zu setzen.

**Weiß: Graves Blanc/Bordeaux; Pouilly-Fuissé/Burgund;
Puligny-Montrachet AC/Burgund; Chardonnay (Stahltank),
Pinot Blanc und Pinot Gris Spätlese trocken**

Der grandiose *Puligny-Montrachet AC* (CH; 6 Jahre; 9 – 11° C) von LOUIS CARILLON ET FILS, Puligny-Montrachet, Côte de Beaune/ Burgund/F (grüngold irisierend, exotisch-duftig nach Vanille, Weißbrot und Farn, dicht, engmaschig, mit beinahe süßlichem Mittelbogen und rassig-würzigem Finish mit Butter-, Farn- und Mandelanklängen), besaß alle Tugenden für den etwas diffizilen Rochen und verlieh ihm mit jedem Schluck ein wenig mehr an Glanz.

Weiß: Chablis 1ᵉʳ Cru (Vaudevey, Séchet, Monts-de-Milieu, Vaillons, Montmains)/Burgund/F

Der brillante *Chablis 1ᵉʳ Cru „Vaillons"* (CH; 3 – 4 Jahre; 9 – 11° C) von RENÉ UND VINCENT DAUVISSAT, Chablis/Burgund, besaß ähnliche Vorzüge wie der Vorgänger und imponierte besonders durch seinen saftig-füllligen Ausklang, der gleichzeitig von seidenweichem Schmelz und männlich-rassigem Duktus war. Ein Duo furioso und ein großes Gourmeterlebnis. Vielleicht war der *Puligny-Montrachet* um einen Deut beeindruckender?

ROGEN

Die Eier der Fische, die noch nicht abgelaicht wurden, werden zumeist gesalzen oder geräuchert angeboten. Der rötliche oder weiße Botarga (Boutargue, Poutarge) der → Meeräsche wird in Essig eingelegt, gesalzen, gepreßt oder geräuchert in Scheiben oder flacher Wurstform angeboten.
Ähnlich verfährt man mit den Rogen des → Zanders und des → Thunfisches. Als noch besser gelten die Eier von → Lachs, → Hecht und → Seehasen. Krönung des Ganzen sind die Rogen von Stör, Sterlet, Scherg und Hausen aus Rußland und Persien (→ Kaviar).
Neben *Schaumweinen* und *Champagne* für die edelsten „Perlen des Meeres" sind auch jugendlich-fruchtige *Chardonnays* Stahltankausbau) sehr effizient. In südlichen Ländern trinkt man kraftvolle, oxydativ ausgebaute Kreszenzen wie *Sherry, Montilla Moriles/E* oder *Vernaccia di Oristano/Sardinien/I* (z. B. von der AZ. VIN. ATTILIO CONTINI, Cabras).

ROHKOST

Vorspeise aus rohen Gemüsen, Früchten und Pflanzenteilen, mit 100 %igem Vitamin- und Mineralstoffgehalt, aber gleichzeitig eiweiß-, salz- und fettarm. Rohkost ist ein wichtiger Baustein für eine gesunde, ausgewogene Ernährung, sollte aber niemals Haupt-, sondern nur Begleitessen bzw. Vorspeise sein! Falls Sie unbedingt Alkohol dazu trinken wollen, so sind *Jungweine (weiß* und *rot), weißgepreßte Rot-* und trockene *Roséweine* am ehesten geeignet.

ROLLMOPS (ROLLHERING)

Heringshälfte in Essig mariniert, um eine Gurke und Zwiebelscheiben gerollt und von Holzspießchen zusammengehalten.
Frisch gezapftes *Pils,* klarer *Schnaps (Aquavit)* bzw. *Pils* und *Schnaps* sowie ganz junge *weiße Primeurweine (Pinot Blanc, Pinot Gris ...)* gehen mit der gebührenden Distanz an das „Unternehmen" heran.

ROLLSCHINKEN

Aus der Hinterkeule des Schweines ausgelöster, knochenloser → Schinken, gerollt, gebunden und gepökelt.
Rollschinken vermählen Sie mit etwas rustikaleren *Weißweinen (Riesling, Pinot Blanc, Morillon, Grüner Veltliner)* ohne sublime Fruchtnoten, sondern mit erdiger Würze und kraftvollem Säurebiß ausgestattet. Dies gilt auch für die beliebte Kombination mit Sauerkraut. Unter den *Rotweinen* sind *Pinot Noir, Blauer Portugieser* und *Zweigelt* positiv besetzt.

ROMADOUR (ROMADUR)

Schafmilchkäse, der ursprünglich in den Pyrenäen in der Stadt Romadou hergestellt wurde und heute als Romadour in Stangenform in den Handel kommt. Er ähnelt dem → Limburger und wird heute bevorzugt im Allgäu aus Kuhmilch hergestellt. Sein Teig ist weißgelb mit gelblicher bis rötlich-brauner, feuchter Käseflora und weichem, vollmundigem Aroma; er darf beim Anschnitt „fließen"!
Unter den *Weißweinen* sind *Gewürztraminer, Sylvaner, Riesling* und *Pinot Blanc* zu bevorzugen. Fruchtcharmante *rote Jungweine (Blaufränkisch, Sankt Laurent, Vernatsch/Südtirol/I, Gamay/F* bzw. *Rioja/E)* sind erst an zweiter Stelle zu nennen.

ROQUEFORT

Der „König der Käse" wird – hauptsächlich im Departement Aveyron – aus roher Schafmilch gewonnen und in den Höhlen des Kalkgebirges Combalou bei einer ständigen Temperatur von 4 bis 6° C behutsam zur Reihe gebracht. Der pikante Luxuskäse ist von blaugrünem Schimmel durchzogen und schmeckt umso besser, je frischer und weicher er sich präsentiert, was schon von Plinius dem Älteren vor etwa 2000 Jahren erwähnt wurde. In den letzten Jahren wurde das Anbaugebiet erweitert, und der spezielle Schimmelpilz Penicillium Roqueforti wird den Laiben nunmehr eingeimpft. Jugendlich-frisch-weiche Exemplare haben eine latente Schwäche für allerfeinste *Süßweine (Sauternes* bzw. *Barsac/Bordeaux, Prädikatsweine* aus *Muscat, Muskat-Ottonel, Riesling, Riesling-Sylvaner,* sowie *Picolit/Friaul/I* und *Eisweine).* Mittelreife, etwas würzigere Käse werden durch würzig-kraftvolle, auch alkoholverstärkte süße Kreszenzen *(Tokaji Aszu/H, Vintage Port, Vin Santo* bzw. *Strohwein, Passito/I* sowie *Vins Doux Naturels = VDN* aus dem *Roussillon = Muscat de Rivesaltes weiß* und *Maury rot/F* bzw. *Moscatel de Setúbal/Portugal* ...) ideal aufgefangen. Reife, rezentscharfe Produkte lassen sich neben obigen Konzentraten auch von kraftvollen, samtig-weichen, extraktreichen, reifen roten Gewächsen *(Châteauneuf-du-Pape/südliche Rhône, Corbières/Midi/F, Saint-Émilion/Bordeaux* bzw. *Merlot* allgemein; *Salice Salentino* (z. B. von COSIMO TAURINO, Guagnano/Apulien), *Chianti Classico,* z. B. CASTELLO DI AMA; *Rioja Gran Reserva/E* ...) begleiten. Wie bei allen Grün- und Blauschimmelkäsen wird auch bei der Produktion des Roqueforts Fett in süßes Glyzerin umgewandelt, was natürlich edelsüßen Weißweinen entgegenkommt. Bei reiferen Käsen genügt ein hoher Anteil an Extrakt, um Harmonie am Gaumen herzustellen.

Roquefort-Dressing (Salatsauce)

→ Mayonnaise mit → Crème fraîche, Zitronensaft, zerdrücktem Roquefort, gehackter Petersilie und ein wenig Zucker gut verrührt. *Weiße Graves,* trockene *Sauternes/ Bordeaux/F* und *Gewürztraminer* sowie *Pinot Gris Spätlesen* seien an erster Stelle als passende „Begleitung" genannt.

ROSENKOHL (KOHLSPROSSEN, BRÜSSELER KOHL)

Die kleinen Blattsprossen (Röschen) einer Kohlart sind ein begehrtes Wintergemüse. Frost schadet nicht, sondern verbessert das Aroma. Die äußeren Blätter werden weggegeben, der Rest in siedendem Wasser weichgekocht und nach der jeweiligen Rezeptur zubereitet.
Roséweine, Riesling, Riesling-Sylvaner, Neuburger, Malvasier und (eventuell) *rote Jungweine* sind bewährte Partner der kleinen Sprossen.

ROSINEN (UVAE PASSAE)

Rosinen sind getrocknete Weinbeeren. Die größten Produzenten befinden sich in Griechenland, Türkei, Spanien, Persien und Kalifornien. Alle Arten von getrockneten Beeren heißen Rosinen, doch gibt es für den Kenner eklatante Unterschiede: Sultaninen gibt es in allen Größen und Farben; Korinthen sind klein und schwarz; Zibeben sind besonders groß, und die echten Rosinen sind an den Kernen zu erkennen, sie werden nach der Ernte getrocknet und sollen nicht in der prallen Sonne liegen. Das oft hervorstechende, süßliche Rosinenaroma bestrickt vor allem in *Stroh-* und *Südweinen* aus edelfaulen (Botrytis Cinerea) Trauben und taucht auch als Madeiraton in älteren Weinen auf. Unter diesen Gewächsen sind daher auch die Partner für Rosinendesserts nach dem Süßgrad (Süße und Süße hebt sich auf) auszuwählen. Rosinenbrot und junger *Sauternes/Bordeaux/F* ist eine exquisite Mischung. Rosinenkuchen und süßer, *roter,* gespriteter *Maury/Roussillon/S-F* (z. B. von MAS AMIEL, Maury) oder spanischer *Malaga Dulce* stehen der ersten Kombination in keiner Weise nach.

Rosinenhöckli

Schweizer Spezialität: steifgeschlagener Eischnee, Zucker und Rosinen in Häufchenform auf ein Blech gegeben und im Ofen gebacken.
Unter den *Schweizer Süßweinen* bestachen der edle *Johannisberg de Chamoson* von SIMON MAYE (→ Apfelchuechli) und der elitäre *Dezaley „Clos de Moine"*

(→ Anisgueteli) von den STÄDTISCHEN WEINGÜTERN, Dezaley/Waadtland. Unter den „Ausländern" begeisterte ein rosinensüßer, ölig-schwerer *Mavrodaphe* (MAVROUD; 10 Jahre; 9 – 11° C) von ACHAIA-CLAUSS, Patras/Griechenland, vor allem die „Honigbären" unter den Testern.

ROSMARIN

Der immergrüne, wildwachsende Strauch ist im ganzen Mittelmeerraum verbreitet und wird seit dem Mittelalter auch bei uns als Zier- und Heilpflanze angebaut. In den lederartigen Blättern befindet sich ein ätherisches Öl, das Gerbstoffe und Harz enthält, einen kampferartigen Geruch verströmt und würzig-herb schmeckt. Die Griechen weihten Rosmarin der Göttin der Liebe, Aphrodite. Rosmarin wird zum Würzen von Salaten, Pilz-, Geflügel-, Fisch- und vor allem Lammgerichten eingesetzt. Es ist kein Geheimnis mehr, daß die *Weiß-* und *Roséweine* der *Provence (Cassis, Bellet, Bandol ...)* eine naturgegebene Affinität zu den Kräutern des Landes aufweisen. Aus unserer Sicht sollte man vor rassigen *Weißweinen* warnen und lieber rundere Sorten mit gut balancierter Säure *(Riesling-Sylvaner, Riesling, Roter Veltliner ...)* bevorzugen.

ROSTBRATEN, → ESTERHAZY ROSTBRATEN, → REINDLROSTBRATEN, → TIROLER ROSTBRATEN, → WIENER ROSTBRATEN, → ZWIEBELROSTBRATEN

Österreichische Spezialität: eine Abart des französischen → Entrecôte; fingerdicke Tranche aus dem Zwischenrippenstück eines jungen Rindes; geklopft, gewürzt, gemehlt und gedünstet.

Erdig-würzige, ältere *Rotweine* ohne Fruchtcharme *(Zweigelt, Blaufränkisch, Pinot Noir; Nebbiolo/Piemont/I; Cabernet Franc, Malbec/F ...)* begegnen den diversen Rostbraten am selbstsichersten. Eine Ausnahme ist die nachfolgende Zubereitungsart.

Rostbraten „Girardi" gedünstet in Rahmsauce

Speck, Zwiebeln, kleine – eingelegte – Gurken, Kapern und Zitronenschale gehackt, in Butter geröstet, der Rahmsauce beigefügt und mit Petersilie und Senf vollendet. (Alexander Girardi, 1850 – 1918, legendärer österreichischer Komödiant und Sänger.) *Pinot Blanc* und *Pinot Gris Spätlese* aus dem *Burgenland/A* sind kampferprobte Recken im Umgang mit „Alexander Girardi"; auch junger *Blaufränkisch* aus *Horitschon* (z. B. von PAUL KERSCHBAUM) und *Neckenmarkt* (z. B. von STEFAN WELLANSCHITZ, Mittelburgenland/A) hielt sich sehr tapfer.

ROTBARBE

Ein Mittelmeerfisch aus der Familie der → Meerbarben, der sich bevorzugt in felsigen Küstengewässern aufhält und ein Verwandter der Streifenbarbe ist. Die etwa 120 g schwere und 25 cm lange Rotbarbe hat keine Galle und wird in Frankreich auch unausgenommen zubereitet. Ihr Fleisch ist delikat, weiß, bißfest und fettarm, mit kleinen, spitzen Gräten. Brillat-Savarin bezeichnete sie als „Schnepfe der Meere". Die Leber ist ein besonderer Gaumenschmaus und wird bevorzugt zum Aromatisieren von Fischsaucen verwendet.

Zu Rotbarbe gebacken wählen Sie einen *Rosé* aus *Süditalien (Five Roses* von LEONE DE CASTRIS, Salice Salentino/Apulien, *Castel del Monte Rosato* (z. B. von der AZ. VIN. RIVERA, Andria/Kalabrien, *Etna Rosato/Sizilien);* zum Salat von Rotbarbe, Rochen und Kaviar genießen Sie reifen, firnigen *weißen Chassagne-Montrachet AOC* (z. B. von ANDRÉ RAMONET, Burgund/F); zu Rotbarbe à la „Nantaise" (gegrillt, mit würziger Sauce aus Leber, Schalotten, Wein, Butter, Petersilie) ist der einheimische *Muscadet de Sevre et Maine AOC sur lie/Loire/F* sehr beliebt, und Rotbarbenfilet auf Erdöpfel-Kohlrabi-Gratin adelten wir durch die Begegnung mit einem Wachauer *Riesling* von FRANZ HIRTZBERGER, Spitz/NÖ/A.

Rotbarbe mit Fenchel

Rotbarbe ausgenommen, in eine Kasserolle gegeben, mit blanchierten Fenchelstreifen belegt, mit Olivenöl beträufelt, gesalzen, gepfeffert (aus der Mühle) und mit Aniskörnern bestreut, in vorgeheizten Backofen geschoben, bei 225° C ca. 15 Minuten gegart und mit Kartoffelpüree aufgetragen.

Weiß: Sylvaner oder Pinot Gris/Elsaß/F bzw. Franken/D bzw. A;
Côteaux du Languedoc/Midi/F

Ein weißer *Côteaux du Languedoc „La Clape"* (BLC, GRB; 1 – 2 Jahre; 8 – 9° C) von der DOMAINE DE RIVIÈRE LE HAUT (strohgelb mit Smaragdreflexen und mit einem Hauch von Anis und gegrillten Mandeln ausklingend) baute in Sekundenschnelle eine Aromabrücke zum Gericht und sorgte für exotische Momente am Gaumen.

Weiß: Pouilly-Fuissé/Burgund/F, weißer Rioja/E oder
Pinot Blanc Spätlese trocken/A bzw. Baden/D

Die Holztöne des *(weißen) Riojas „Viña Gravonia Blanco Seco"* (VIU, MAL; 6 – 8 Jahre; 9 – 10° C) von LOPEZ DE HEREDIA, Haro/Rioja Alta, störten zwar ein wenig, doch über die Gewürze entwickelte sich ein facettenreicher Dialog, der eigentlich zu Lasten des Fisches ging – trotzdem interessant.

Weiß: Châteauneuf-du-Pape Blanc/südliche Rhône/F;
Riesling Spätlese/Kamptal-Donauland/NÖ/A
Rosé: Castel del Monte Rosato/Apulien/I

Der mächtige *Châtenauneuf-du-Pape Blanc* (→ Aal in Dill) von der DOMAINE BEAURENARD war zuerst der schärfste Konkurrent der beiden Vorgänger, doch mehr und mehr entwickelte er sich zum Solisten, der im Nachspiel dem Meeresbewohner eindeutig die Show stahl.

Rotbarbe „Nizzaer Art" (Rouget-Barbet „Niçoise")

Rotbarbe gewürzt, gemehlt, auf dem Rost gebraten, mit gehackten Tomaten, Sardellenfilets, entsteinten, schwarzen Oliven garniert und mit Sardellenbutter gekrönt. *Rosé de Provence, Muscadet/Loire* und *Côtes du Roussillon Rosé* (CAR, GR, CIN, SYR; 1 – 2 Jahre; 9 – 10° C) von der DOMAINE CAZES, Rivesaltes/Roussillon/F, sind durch Duft, Aroma und Geschmack bestens für ein einvernehmliches Mahl geeignet, wobei natürlich – wenn möglich – ein aus Nizza stammender Wein Vorrang haben sollte. Der auf den Hügeln bei *Nizza* wachsende *Bellet Rosé „Château de Crémat" AOC* (→ Auberginen „Niçoise") erfüllte alle Bedingungen für ein kurzweiliges Mahl auf erfrischende Weise.

ROTBARSCH (GOLDBARSCH, SEEBARSCH)

Ein durch seine ziegelrote Farbe auffallender, lebend gebärender Meeresfisch mit stacheliger Rückenflosse, der bis zu 1 m lang wird und sich in den norwegischen und isländischen Küstengewässern und vor allem in Grönland aufhält. Sein Fleisch ist fett, fest und sehr schmackhaft. Zwischen Oktober und März erfreut er die Gaumen der Feinschmecker.

Zu Rotbarsch mit Schalotten bewährten sich sowohl trockener *(weißgepreßter) kalifornischer White Zinfandel, Sylvaner* und *Riesling Spätlese (Elsaß/F, Franken, Rheinhessen/D, NÖ/A)* sowie auch gekühlter *(roter) Baujolais Primeur*. Zu Rotbarbe mit Sardellenbutter ordern Sie *Pinot Gris Kabinett* oder jungen *Beaujolais Blanc AOC* (CHÂTEAU DE JACQUES, CHÂTEAU DE CHAINTRÉ). Rotbarsch mit Balsamico-Sauce gleichen Sie mit *Muskateller Auslese* oder *Pinot Gris Spätlese* aus. Rotbarbe gefüllt vermählen Sie mit würzigem *Greco di Tufo Bianco „Vignadangelo"* (2 – 3 Jahre; 9 – 10° C), von MICHELE MASTROBERARDINO, Atripalda/ Kampanien/I.

Rotbarsch mit Wachsbohnen

Rotbarsch in Streifen geschnitten; Schalotten gewürfelt, in Olivenöl angeschwitzt, Fenchelkörner, → Bohnenkraut und Wachsbohnen beigegeben, mit Kraftbrühe aufgegossen, aufgekocht und 10 Minuten geköchelt; Rotbarsch auf die Gemüse gegeben und ca. 20 Minuten gegart, in den letzten 5 Minuten gehäutete, halbierte Tomaten dazugegeben.

Weiß: Côteaux d'Aix/Provence/F; Muskateller Qualitätswein trocken
Rosé: Südfrankreich, Süditalien, Griechenland

Einer der faszinierendsten *Weißweine* der *Provence* ist der schoten- und fenchelwürzige *Côteaux d'Aix* (SB 40%, UB 60%; 1 – 2 Jahre; 7 – 9° C) vom CHÂTEAU DE BEAUPRÉ, Saint-Cannat, der auch einen Hauch von Bohnenkraut mitbrachte. Mit dieser Definition wurde die zu erwartende Harmonie schon vorweggenommen. Ideal als Sommer- und Mittagstropfen!

Weiß: Sauvignon Blanc, Malvasier, Riesling Kabinett

Der mit südfranzösischen Würzenoten (Paprika, Fenchel, Bohnenkraut) auftrumpfende *Sauvignon Blanc* (1 – 2 Jahre; 9 – 10° C) von DIPL.-ING. HERBERT SCHILLING, Wien-Strebersdorf/A, erfreute sowohl mit männlicher Power als auch mit perfekter Balance und war dem Vorgänger durchaus ebenbürtig. Vor allem verlieh er den Tomaten mehr Eigengeschmack und Rasse.

Weiß: Muskat-Ottonel Kabinett/A;
Châteauneuf-du-Pape Blanc/südliche Rhône/F; Ribolla/Friaul/I

Der ebenfalls südländisch duftende, hochkarätige *Muskat-Ottonel Kabinett* (1 – 3 Jahre; 10° C) des allseits bekannten ALOIS KRACHER, Illmitz/Neusiedlersee/BGLD/A, bewies, daß sein Herr und Meister nicht nur im edelsüßen Bereich ein „Zugpferd" ist und begeisterte alle Beteiligten (auch einen Südfranzosen) durch seine fast endlose, meist stimmige Aromatik.

ROTE BETE → ROTE RÜBEN

ROTE GRÜTZE

500 g rote Johannisbeeren, 250 g Himbeeren, 250 g Erdbeeren, 250 g Brombeeren mit etwas Wasser aufgekocht und abgeseiht, 100 g Zucker beigegeben, 30 g Speisestärke

in Wasser aufgelöst und zur Fruchtsuppe gegeben, aufgekocht, in Glasschalen gefüllt und eiskalt mit süßer Sahne servier.

Edle *Riesling-Sekte* mit dezenter Süße führten zu den gelungensten Blendings: *Deinhard Lila Imperial,* DEINHARD & CO, Koblenz, *Fürst von Metternich extra trocken/Wiesbaden-Schierstein/Rheingau, Mosel Riesling extra dry* von RUDOLF MÜLLER, Reil/Mosel, und *Mumm extra dry Méthode Champenoise,* G. H. VON MUMM'SCHES WEINGUT, Geisenheim/Rheingau, standen in höchst erfreulichem Einklang mit dem deutschen Dessertklassiker.

ROTE RÜBEN (ROTE BETE, ROHNEN)

Die dicken, fleischigen Knollen (Wurzeln) einer roten Rübenart, die als Salat und Wintergemüse sehr geschätzt ist. Die Wurzeln werden geschält, zumeist in Essig-Salz-Wasser weichgekocht und dann nach Rezeptur weiterverarbeitet.
Zum Salat von roten Rüben eignen sich *Weißweine* wie *Pinot Blanc* und *Pinot Gris, Welschriesling, Neuburger* ... sowie mildwürzige *Roséweine* internationaler Prägung. Rote Rüben-Sauce läßt sich gerne von *Riesling-Sylvaner* aus der Aroma-Reserve locken.

Rote Rüben mit Kümmel

Gekochte Rüben in Streifen geschnitten, mit etwas Essig begossen; Mehl in Schweineschmalz angeschwitzt, mit Wasser gelöscht, Essig, Salz, etwas Zucker und Kümmelkörner dazugegeben und die Rüben kurz eingekocht. Junge, tanningeprägte *Rotweine* vertragen sich kaum mit dem farbverwandten Gemüse, aber große, reife Gewächse *(Pinot Noir)* gewinnen oft an Samtigkeit, Frische und Würze, da sie sich Elemente der Rüben und der sie umgebenden Gewürze einverleiben. Charaktervolle *Roséweine* aus südlichen Gefilden sind fast immer richtig, und unter den *Weißweinen* ragen *Pinot Blanc* und *Pinot Gris, Neuburger* und *Welschriesling* hervor. Als Partner nach Maß zeigte sich ein imposanter *Welschriesling Kabinett* (1 – 3 Jahre; 8 – 9° C) von JOSEF PÖCKL, Mönchhof/Neusiedlersee/BGLD/A, der sich ganz eng an das Gemüse anschmiegte und dabei deutlich an Wärme, Saftigkeit, Würze und Finesse gewann. Säurereiche Kollegen aus der *Steiermark* und *Niederösterreich/A* dominierten eindeutig. *Rosé-Sekte* sind allerdings auch einen Versuch wert.

ROTER DRACHENKOPF

Ein zur Familie der Skorpionfische zählender Meeresrundfisch von roter Farbe, großem, furchterregendem Kopf und spitzen Giftstacheln an den Rückenflossen. Mit etwa 25 cm Länge erreicht er seine Idealgröße im Mittelmeer, im Westatlantik, an der kalifornischen Küste und bei Neuseeland. Sein mageres, bißfestes, weißes Fleisch wird vor allem (Frühling und Herbst) in der → Bouillabaisse genützt; aber auch seinen „Bäckchen" und seiner Leber gilt das Interesse der Genießer.
Trockener *Sémillon* (z. B. vom CHÂTEAU XANADU, Margret River/Western Australia) gilt als das Nonplusultra aller Möglichkeiten, er verband sich am geschicktesten mit dem Fischaroma, ohne es allerdings zu vertiefen. Sollten Sie dies eventuell wünschen, so greifen Sie auf einen gekühlten jungen *Rotwein (Bourgueuil* und *Chinon,* z. B. von CHARLES JOGUET, Sazilly L'Île-Bouchard/Touraine/Loire) zurück.

RÖTHEL (ZUGER RÖTHEL)

Gilt unter Kennern als rarster und edelster aller Süßwasserfische! Er kann bis zu 100 kg schwer werden und besitzt ein weißes, unglaublich zartes Fleisch, das wie

→ Forelle zubereitet wird. Zum Leidwesen der Feinschmecker kommt der Verwandte des → Saiblings nur im Zuger See (Schweiz) vor. Zu so einem brillanten Stück Fisch versteht es sich von selbst, daß nur zarte und edle *Weißweine* in Betracht kommen: *Riesling-Sylvaner*, z. B. der charmante *Riesling-Sylvaner „Chrüzberger"* von ADOLF BISANG, Dagmerseilen, und der *Leutschner Riesling-Sylvaner* von STEFAN UND ERNST KÜMIN, Freienbach/Zentralschweiz, und *Chasselas* aus der *West-CH, Riesling* (die weltbesten) sowie rassiger *Chardonnay* ohne Holzausbau für die gegrillte Version.

ROTKAPPE (ROTHÄUBCHEN)

Feiner Speisepilz (Röhrling), der von Juli bis Oktober unter Birken und auf Heideflächen wächst. Der wohlschmeckende Pilz färbt sich beim Zubereiten schwarz, doch ändert dies nichts an seiner Qualität.
So wie die meisten Pilze ist auch das Rotkäppchen auf alte, pilzig-firnige *Weißweine Pinot Blanc* und *Pinot Gris, Neuburger, Grüner* und *Roter Veltliner, Malvasier ...)* eingeschworen. Jugendlich-fruchtige Exponate schaffen keine Harmonie, sondern übertönen das zarte Pilzaroma gnadenlos.

ROTKRAUT
(ROTKOHL, BLAUKRAUT, ROTER KAPPES)

Ein aus China stammendes Kopfgemüse von rot-blau-violetter Farbe, das heute weltweit angebaut wird. Vorbereitung: Außenblätter abgebrochen, Kopf geviertelt, Strunk beseitigt, → Julienne geschnitten und etwa eineinhalb Stunden weichgedünstet. Ein Tip: Die Beigabe von etwas Essig intensiviert die schöne Farbe.
Ein superber *Vouvray demi-sec/Loire/F* betont vor allem die süßliche Note des Rotkrauts, während klassische *Rotweine (Pinot Noir, Cabernet-Merlot, Sangiovese, Blaufränkisch ...)* die Würze hervorheben, aber keineswegs mit der Süße kollidieren. Zu Rotkrautsuppe ist allerdings *(weißer) Sylvaner* anzuraten. Die Aromen eines an und für sich schon exquisiten Rotkrauts auf „Westfälische Art" wurden durch einen saftigen *Spätburgunder „Dernauer Pfarrwingert"*, WEINGUT MEYER-NÄKEL, Dernau/Ahr, noch zusätzlich verfeinert.

Rotkraut mit Kastanien

Zwiebelwürfel und Apfelspalten in Gänseschmalz angedünstet, Rotkrautstreifen 10 Minuten mitgedünstet, Zucker, Weinessig, Salz, Pfeffer aus der Mühle, Lauchringe und eine mit Gewürznelken gespickte Zwiebel dazugegeben, zugedeckt 1 Stunde geschmort, 15 Minuten vor Ende der Garzeit Kastanien (Maronen) im heißen Backrohr 10 Minuten geröstet, Schalen abgelöst, Kastanien zum Rotkohl gegeben und angerichtet. *Pinot Noir* (vor allem *Gevrey-Chambertin* und *Santenay AOC/Burgund/F),* edler *Blaufränkisch* (E. TRIEBAUMER, Rust, TIBOR SZEMES, Horitschon, PROF. MÜHLGASSNER, Eisenstadt/Neusiedlersee-Hügelland/A ...), die *Toskana*-Stars *Brunello di Montalcino DOCG* und verschiedene Luxus-*Vini da Tavola (I Sodi di San Niccolò, Solaia, Sammarco ...)* sowie einzelne *Sankt Laurent* (GERNOT HEINRICH, Gols, JOSEF PÖCKL, Mönchhof, GEORG STIEGELMAR, Gols/Neusiedlersee/A ...) und *Cabernet/Merlot* (MALTESER RITTERORDEN, Mailberg/Weinviertel/NÖ, DOMÄNE MÜLLER, Groß Sankt Florian/Südsteiermark, GERALD MALAT, Furth-Palt/Kamptal-Donauland/NÖ/A ...), im Barrique ausgebaut, sind allesamt aufregende Begleiter von zeitloser Schönheit und Delikatesse.

ROTZUNGE (KLIESCHE, GLAHRKE)

Schollenähnlicher Plattfisch, der sich vorzugsweise südlich von Island und in den nördlichen Meeren aufhält. Er erreicht nicht die Klasse der → Seezunge (das Fleisch ist weniger konsistent), obwohl er manchmal dafür ausgegeben wird! Zu Rotzunge im Schweinenetz sind *sardischer Torbato d'Alghero* von SELLA & MOSCA, Alghero, sowie *Cassis* und *Bellet Blanc/Provence/F* illustre Begleiter, zu Rotzunge „Müllerin" (in Milch und Mehl gewendet, in frischer Butter gebraten, mit Zitronenscheiben garniert) haben sich internationale *Rieslinge (A/D/ZA...)* bewährt, und zu Rotzunge au Chambertin ist der *Rotwein* ja schon vorprogrammiert: z. B. der geschmeidige *Griotte-Chambertin Grand Cru* von der DOMAINE GEANTET-PANSIOT, Gevrey/Chambertin/Burgund/F.

Rotzungenfilets auf „Elsässische Art"

Filets in gutem Fischfond gedünstet, auf Weinsauerkraut plaziert, mit → Sauce Mornay überzogen, kurz überkrustet und aufgetragen.
Neben den haushohen Favoriten *(Riesling* und *Sylvaner/Elsaß)* konnten sich überraschenderweise auch einige kühle, frische *Rotweine (Pinot Noir/Elsaß* und *Beaujolais/Burgund)* in Szene setzen.

Rotzungenfilets mit Meerrettichcrème

Rotzungenfilets in Fischfond etwa 10 Minuten pochiert und warmgestellt; Weißwein mit Schalottenwürfeln aufgekocht und reduziert, → Crème fraîche eingerührt, frisch geriebener Meerrettich beigefügt, Sauce mit Schneebesen aufgeschlagen, nach und nach Butter eingerührt, gesalzen, gepfeffert (Mühle); Filets auf Tellern angerichtet, mit Sauce begossen, mit Petersilie bestreut und mit Püree von frischen Erbsen serviert.

Weiß: jugendlicher Penedès Blanco/E;
Schaumwein: Cava/Penedès/E

Der perlschnurartig schäumende *Cava Blanc de Blancs* (XAR, VIU, PAR; 2 – 4 Jahre; 6 – 8° C) von SEGURA VIUDAS, Sant Sadurni d'Anoia/Penedès/E (trocken, zart-hefig, leicht, frisch mit eleganter Biskuitnote), gilt als einer der besten seiner Art und brachte tatsächlich eine gelungene kulinarische Überraschung!

Schaumwein: Champagne Blanc de Blancs/F; Rieslingsekt/A
Weiß: Chardonnay mit zartem Holzton; Sancerre/Loire/F;
Sauvignon Blanc/Südsteiermark/A

Der Rieslingsekt „*Ritter von Dürnstein*" (2 – 4 Jahre; 6 – 8° C) von KARL INFÜHR, Klosterneuburg/A, stammt aus Grundweinen der renommierten FREIEN WEINGÄRTNER DER WACHAU, Dürnstein/NÖ/A, und überzeugte daher auch nicht unerwartet durch glockenreine, traubige Struktur. Im Zusammenwirken mit Meerrettich, Crème fraîche und Schalotten brachte er all seine Eleganz ein.

Schaumwein: Champagne Blanc de Noirs/F
Rot: leicht gekühlter Pinot Noir/Elsaß etc. oder Gamay/Loire/Burgund/F

Der berühmte „*R*" (PN; 5 – 10 Jahre; 6 – 8° C) von RUINART, Reims/Champagne/F (helle Strohfarbe, frisches Bouquet nach Birnen und Biskuit, samtig-weinig-cremiger Geschmack mit feiner Perlage und langem Nachspiel), ging zwar mit der Sauce eine Scheinehe ein, flirtete aber gleichzeitig mit den Schalotten und hatte für die Zunge kaum etwas übrig.

ROUILLE

Südfranzösische scharfe Würzpaste: Knoblauchzehe abgezogen und mit kleiner roter Pfefferschote im Mörser zerstoßen, gekochte kalte Pellkartoffel oder in Fischbrühe eingeweichte Semmelbrösel beigegeben, Safran und Olivenöl peu à peu eingerührt, bis eine mayonnaiseartige Sauce entsteht. (Die Rouille hat als rassige Begleiterin der → Bouillabaisse auch bei uns Furore gemacht.) Prominenteste und bewährteste Begleiter der heißblütigen Rouille sind würzig-frische, fruchtig-kühlende *Roséweine* aus *S-F (Côtes de Provence, Côtes du Roussillon ...)* und von der *Loire (Rosé de Loire, Rosé d'Anjou ...)* sowie die *Weißweine Muscadet/Loire* und *Clairette de Languedoc/S-F* (z. B. von der DOMAINE D'AUBEPIERRE, Roujan).

RÜHREIER

→ Eier in zerlassener Butter mit etwas Rahm, Salz und Pfeffer gerührt, bis die Masse weich ist, und je nach Rezeptur mit diversen Materialien weiterbehandelt. Ein kleines Problem ist der Schwefelgehalt der Rühreier, der vom Wein angenommen werden kann.
Zu Rühreiern mit jungen Knoblauchschößlingen hält *Rioja Blance/E* (mit Eichenausbau) die Balance; zu Rühreiern mit Estragon und Tomaten sind reifer *Malvasier* und *Walliser Malvoisie (Pinot Gris)* z. B von JOSEF-MARIE CHANTON, Visp, ideal; zu Rühreiern mit Lachs und Kaviar ist *Champagne brut* superb; zu Rühreiern mit Schinken raten wir zu *weißem Bourgogne Aligoté/F* oder *Pinot Gris,* und zu Rühreiern mit Speck waren die *Roten (Kalterer See/Südtirol* und *Rioja/E)* begeisternde Mitstreiter. Rühreier mit Geflügelleber werden von würzigem *Pinot Noir* behutsam untermalt, doch das Duett mit trockenem *Vouvray/Loire* von G. HUET wurde zu einem elitären Wunschkonzert für den Gaumen. Rühreier mit Sauerampfer und Crème fraîche bedingen nahezu ideale Möglichkeiten für hochklassig-reife *Sauvignons Blancs* und *Sylvaner* ohne aggressive Säure, am besten im Spätlesebereich.

RUM

Branntwein aus Zuckerrohr, Zuckerrohrmelasse oder anderen Rückständen der Zuckerrohrgewinnung. Spanische Siedler bauten nach der Entdeckung durch Columbus auf den Westindischen Inseln in der Karibik Zuckerrohr an und brannten daraus das von den Einheimischen als „Rumbullion" (Krawall) bezeichnete Feuerwasser. Britische Seeleute nannten das hochprozentige Getränk „Killdevil" (Teufelstöter), und erst in diesem Jahrhundert wurde daraus ein kultiviertes Getränk. Man unterscheidet weißen (klaren) und mit Zuckercouleur gefärbten dunklen Rum. Zu den berühmtesten Marken zählen der weiße „Bacardi", Kuba, und der dunkle „Coruba", Jamaika.
Rum als Speisenbegleiter wird infolge seiner Intensität von den meisten Weinen gefürchtet. Zu Fleischspeisen mit Rum-Reduktion eignen sich alter *Pinot Blanc Spätlese,* reifer *Hermitage Blanc/nördliche Rhône/F,* reifer *roter Saint-Émilion* (CHÂTEAU CHEVAL BLANC)/*Bordeaux* und mächtiger *Grange Hermitage/Australien.* Zu Süßspeisen mit Rum sind vor allem *Strohweine (Vin Santo ...), australische Liqueur Muscats, roter Banyuls Grand Cru/Pyrenäen, Pineau des Charentes,* sehr alte *Sauternes/Bordeaux/F* und einzelne reife *Trockenbeerenauslesen* gefragt.

RUMPSTEAK

English: rump = Rumpf; steak = Stück; Tranche aus der Rinderhüfte bzw. aus dem verlängerten → Roastbeef, manchmal auch aus dem flachen Roastbeef geschnitten, ca. 200 g schwer und fingerdick. Das Rumpsteak wird in idealer Form englisch

(rosa) gebraten, der weiße Fettrand in Abständen von ca. 1 1/2 cm eingeschnitten, damit sich das Fleisch beim Braten nicht krümmt.
Die Empfehlungen für → Entrecôte sind auch hier anwendbar. Saftiges Rumpsteak geht gerne Bündnisse mit ebenfalls saftig-fleischig-rustikalen *Rotweinen (Médoc/ Bordeaux, Rhône/F, Australien ...)* ein, die im Sommer auch etwas fruchtcharmanter sein dürfen. Rumpsteak „Danichew" (mit → Sauce Béarnaise, Kaviar, Buttererbsen und Kartoffelkroketten) vesuchten wir im Sommer mit *rotem Chinon/Loire,* würzigem *Cru Bourgeois/Médoc* und blumigem *Cru Beaujolais „Fleurie"/Burgund/F,* doch im Winter sind die „Landadeligen" aus *Béarn/Baskenland (Irouléguy* von der DOMAINE DE MIGNABERRY, Mignaberry, und *Madiran* von der DOMAINE DE BOUSCASSÉ, Maumusson) nicht zu überbieten. Rumpsteakstreifen mit Schalotten, Oliven Pfefferschoten und Tomatenwürfeln genossen wir mit jugendlichem *Côteaux d'Aix Rouge/Provence/F* und erdigem *Minervois/Languedoc/SW-F,* die beide für ein feuriges Mahl sorgten; im Winter ist extraktreicher *Brunello di Montalcino DOCG* (z. B. *Poggio all'Oro* vom CASTELLO BANFI, Montalcino/Toskana/I) eine Klasse für sich.

Rumpsteak „Mirabeau"

Rumpsteak in Öl angebraten, gesalzen, gepfeffert (Mühle), im Bratfond Sardellenstreifen, halbierte grüne Oliven und Estragonblätter kurz gedünstet, über das Steak gegossen, mit frischer Brunnenkresse dekoriert und mit Sardellenbutter und Strohkartoffeln vollendet.
(Graf von Mirabeau, 1747 – 1791, war französischer Staatsmann, Präsident der Nationalversammlung, und gemäßigter Initiator der Französischen Revolution.)
Oliven, Estragon und Sardellen sind keineswegs als Rotweinfreunde zu bezeichnen, und es ist durchaus möglich, hier einmal auf einen kraftvoll-würzigen *Weißwein* auszuweichen.

Weiß: Côteaux d'Aix/Provence/F
Rosé: Südfrankreich, Süditalien, Griechenland
Rot: jugendlicher Gamay/Loire bzw. Beaujolais; junger Pinot Noir

Der faszinierende *weiße Côteaux d'Aix* (→ Rotbarsch mit Wachsbohnen) war auch Sardellen, Oliven, Estragon und Brunnenkresse ein erfrischender Begleiter: Solcherart war die Harmonie mit dem Steak gar nicht so wichtig. *Rotwein*-Fans können ja zusätzlich ein Glas dunklen Rebensaftes bestellen.

Weiß: Beaujolais Blanc/Burgund/F; kraftvoller Chardonnay
Rot: Chinon/Loire/F; Bourgogne Passetoutgrains/F; Merlot

Der außergewöhnliche *Chinon Rouge* (CF; 2 – 5 Jahre; 15 – 16° C) *„Clos de la Croix-Marie"* von ANDRÉ BARC, Rivière/Touraine/Loire/F, glänzte purpurn, duftete nach reifem Obst, Veilchen und Pfefferschoten und beeindruckte durch kraftvollen Fluß, reiche Aromen (Estragon, Pfefferschoten und Waldbeeren) und beeindruckenden Ausklang. Als einer der wenigen Begleiter ließ er auch Sardellen, Kresse und Estragon Gerechtigkeit widerfahren.

Weiß: Châteauneuf-du-Pape Blanc/südliche Rhône/F
Südwein: Fino Shery/Montilla Moriles seco/E

Der mächtige *weiße Châteauneuf-du-Pape* des CHÂTEAU RAYAS (CL, BLC; 3 – 5 Jahre; 8 – 10° C) aus Châteauneuf du Pape/südliche Rhône zog auch hier alle Register seines Könnens und war zeitweise sogar dominierend. Ein Wein zum Beißen, der Oliven und Steak perfekt integrierte.

SABAYON → CHAUDEAU

SACHERTORTE

Berühmte Wiener Mehlspeise: 140 g Butter mit 80 g Zucker schaumig gerührt, 180 g geschmolzene Schokolade, 8 Eigelb und eine Packung Vanillezucker daruntergerührt, 8 sehr steif geschlagene Eiweiß (Schnee) mit 80 g Zucker verrührt und unter die Masse gezogen, jetzt noch 140 g Mehl hineingemengt, das ganze in eine gebutterte, mit Bröseln bestreute Backform gegeben und bei mittlerer Hitze gebacken; ausgekühlte Torte umgedreht, mit 200 g Marillenmarmelade bestrichen, mit Schokoladenfondant überzogen und stets mit Schlagobers serviert.

(Franz Sacher, 1816 – 1907, Gründer des berühmten Wiener Nobelhotels bei der Oper, kreierte die Torte bereits als 16jähriger Kochlehrling am Hofe des Fürsten Metternich.) *Österreichs* Parade-*Prädikatsweine* im *Auslese-, Beerenauslese-* und *Ausbruch*-Bereich *(Bouvier, Neuburger, Riesling, Riesling-Sylvaner, Traminer, Zierfandler...)* sind die beste Grundlage für einen gelungenen Menüabschluß im Verein mit der geschichtsträchtigen Torte. Mag es der *Bouvier*traube auch ein wenig an Finesse mangeln, als Partner der berühmten Wiener Süßspeise hat sie eigentlich noch nie enttäuscht. Die *Bouvier Beerenauslese* (8 – 12 Jahre; 9 – 11° C) von JOSEF KLEIN, Illmitz/Neusiedlersee/BGLD/A (bernsteinfarben mit Goldschimmer, verhaltener Duft mit feinsten Nuancen nach Schokolade, Zitrusfrüchten und Gewürzkräutern, dicht, ölig, mit elitärer Honig-Botrytis-Süße im fulminanten, nicht klebrigen Schlußchor), überraschte uns durch ihren jugendlich-frischen Geschmack.

SÄCHSISCHES SCHNITZEL

4 Eier mit gehackter Petersilie vermengt, gesalzen, über sautierte Steinpilze gegossen, flaumiges Rührei bereitet und auf ein gebratenes Kalbsschnitzel (natur) gesetzt. Traditionsreiche Begleiter des ehrwürdigen Schnitzels sind reifer *Pinot Gris* oder *Pinot Blanc* aus *Deutschland* und neuerdings auch mittelreife *Chardonnays* und *Pinot Noir* im Kabinett-Bereich.

SAFRAN

Ein seit der Antike bekannter Würz- und Farbstoff, der aus den getrockneten Blütennarben der kultivierten Safranpflanze gewonnen wird. 80.000 Blüten ergeben nur 1 kg Safran, was dieses Gewürz zum teuersten der Welt macht. Safran gibt den Speisen (→ Bouillabaisse, Reis, Hammelgerichte, Back- und Teigwaren) eine kräftiggelbe Farbe und einen scharf-bitteren Geschmack, der von einem ätherischen Öl stammt. Die Griechen streuten Safran ins Brautbett, die Römer benutzten Safrangetränke gegen die Übermacht des Weins, und im Mittelalter gab es fast keine Speise, die nicht mit Safran gewürzt wurde. Bis in 19. Jahrhundert galt der österreichische Safran als der weltbeste, heute hat der südfranzösische Gâtinais-Safran seinen Platz eingenommen.

Glanzvolle Verfeinerer des „roten Goldes" sind leicht perlender *Gaillac Blanc/SW-F, Corton-Charlemagne/Burgund; Traminer, Sauvignon Blanc Spätlese, Pinot Gris, Riesling, Pinot Blanc Spätlese, Rotgipfler, Malvasier, Chasselas/CH, Trebbiano* und *Soave/I*. Fischterrine mit Safrangelee und Jakobsmuscheln, an sich schon ein aromatischer Traum, wurde durch die Kombination mit rarem edlem *Château Grillet Verin/nördliche Rhône/F* zu einem Göttermahl. Safrankuchen mit Mandelcreme ist *Spätrot-Rotgipfler Berenauslesen* ein dankbarer Helfer. Safrankuchen mit Honigsauce ist reifen *Sauternes/F* zugetan, und Safrantorte mit Marzipan erlag dem geist(alkohol)reichen Charme eines *Muscat de Rivesaltes* von der DOMAINE AMOUROUX, Thuir/Roussillon/S-F.

SAHNE (RAHM, OBERS, SÜSSE SAHNE, SCHMAND, NIDEL)

Ein Milchprodukt aus Milchfett, das der Milch beim Zentrifugieren entzogen wird und weiters aus Wasser, Milcheiweiß, Milchzucker, Vitaminen und Mineralstoffen besteht. Sahne ist sehr kalorienreich und weist mindestens 10 % Fett auf. Schlagsahne hat mindestens 28 % Fett. Englische und französische Sahnen sind im Fettgehalt noch höher. Saure Sahne ist in Milchsäuregärung übergegangene Sahne. (→ Schlagsahne)
Der Milchzucker und das Fett verlangen nach milden bis lieblich-süßen, gut gepolsterten *Weißweinen (Riesling-Sylvaner, Pinot Gris, Neuburger, Muskateller, Muskat-Ottonel, Zierfandler, Malvasier, Gutedel/Chasselas* und *Humagne Blanche/CH, Chenin Blanc/Loire, Sémillon/Sauternes, Verduzzo* und *Picolit/Friaul/I* usw.).

SAIBLING (SEESAIBLING, SALMLING, RÖTLING, ROTFORELLE)

Ein Süßwasserfisch aus der Familie der Salmoniden (Lachse), der als Wandersaibling in den Tiefen unserer Alpenseen, den schottischen, englischen und skandinavischen Binnenseen und Teichen vorkommt. Er wird 20 bis 40 cm lang und etwa 1 kg schwer, besitzt ein rosafarbenes, nussiges Fleisch, das sogar die Forelle an Zartheit, Bißfestigkeit und Wohlgeschmack übertrifft. Der gezüchtete Bachsaibling ist etwas weniger schmackhaft.
Zum Saiblingsfilet mit Flußkrebsen gönnen Sie sich *Champagne brut/F;* Saibling in Dill-Gurkensud ist gut kombinierbar mit mittelreifem *Riesling Kabinett/Wachau/ NÖ/A* oder *Mosel/D*.

Saibling in Crème fraîche

Saibling gesalzen, gepfeffert (Mühle), mit gehackten Kräutern in Zitronensaft und etwas Wasser gedünstet, Fond mit → Crème fraîche verkocht und über den Fisch gegossen, mit geriebenem Weißbrot bestreut, mit zerlassener Butter beträufelt und im heißen Backofen kurz gratiniert.

Weiß: Chasselas/CH; Riesling-Sylvaner, Malvasier, Neuburger Kabinett

Der zart moussierende *Saint Saphorin „Roche Ronde"* (CHA; 1 – 3 Jahre; 8 – 10° C) von J. & P. TESTUZ, Cully/Lavaux/Waadt/CH, begeisterte ebenso durch seinen exquisiten Pfirsich-Bananen-Ton wie durch seinen samtig-weichen Körper mit prickelnd-finessenreichem Ausklang und konnte vor allem der Crème fraîche einen gebührenden Empfang am Gaumen bieten, wobei ein Schluck (Bissen) besser als der andere wurde.

Weiß: Pinot Gris, Zierfandler, Rotgipfler, Roter Veltliner Kabinett

Der elegant-finessenreiche *Ruländer „Bötzinger Lasenberg" Kabinett* (2 – 5 Jahre; 9 – 10° C), WG BÖTZINGEN, Baden/D, brachte die perfekte Harmonie mit. Keine aufregende, aber eine unglaublich stilvolle und charmante Mischung für kleine Alltagsfreuden.

Weiß: Pinot Gris, Neuburger, Zierfandler, Roter Veltliner Spätlese trocken

🍷 Die kraftvoll-weiche *Roter Veltliner Spätlese „Ried Welfel"* (2 – 5 Jahre; 9 – 11° C) von ANTON SÖLLNER, Gösing am Wagram/Kamptal-Donauland/NÖ/A, wartete mit reintönigen Sortenattributen (leuchtendes Grüngelb, komplexe Duftfülle nach Haselnüssen und Minze, gehaltvoll mit gut eingebundener Säure und geschmeidigem Ausklang) auf und war dem Gericht ein etwas mehr als gleichwertiger Gefährte, der besonders Sauce und Hautkruste hervorhob.

Saibling nach „Zuger Art"

Saibling in Weißweinsud mit frischen Kräutern und Sahne: ein klassisches Gericht! Am besten kombiniert mit feinstem *Malvoisie Crête Ardente*, DOMAINE DU MONT D'OR, Sion/Wallis/CH. Saibling blau gekocht nahm zarten *Mosel-Riesling* (bzw. *Riesling-Sylvaner*) als Partner. Saibling mit Ruccolasauce schickten wir siegreich mit *südsteirischem Morillon* in den Ring. Saiblingscarpaccio wurde von rassigem *Grünem Veltliner* von JOSEF SCHMIDT, Wien-Stammersdorf/A, begleitet. Saiblingsfilet mit Zitronensauce und Blattspinat wurde von WILHELM SATTLERS *Weißem Klevner*, Gamlitz/Südsteiermark/A, gekonnt in Szene gesetzt. Saibling gebraten knüpfte zarte Bande mit dem finessenreichen *Chardonnay* von MANFRED PLATZER, Tieschen/Südoststeiermark. Saibling in Kartoffelkruste mit Spargel verlangt nach *Sauvignon Blanc*. Saibling fritiert wurde von der seidenweichen *Ruländer Erstlese „Ried* von PETER BERNREITER, Wien-Großjedlersdorf/A, geschickt umgarnt. Saibling „Ançienne" (gespickt mit gesalzenem Schweinefleisch, Trüffelstreifen und gefüllt mit einer Mischung aus Brotkrumen, Fischrogen, Butter, Eier, Rahm) fand seinen Herrn und Meister im gewaltigen *Hermitage Blanc „Chevalier de Sterimberg"* von Altmeister PAUL JABOULET, Tain l'Hermitage/nördliche Rhône/F. Saiblingsragout wurde letztendlich vom elitären *roten Grand Cru Corton „Bressandes"* von ANTONIN GUYON, Savigny-Lès-Beaune/Burgund/F, in noch höhere Sphären geführt.

SAKE (SAKI)

Japanischer Reiswein, der aus hefevergorenem, poliertem Reis hergestellt wird und 12 bis 15 % Alkohol enthält. Das sherryähnliche Nationalgetränk der Japaner wird auch in China seit zweieinhalb Jahrtausenden meist warm aus kleinen Tassen geschlürft oder auch zum Aromatisieren von Speisen verwendet. Man unterscheidet zwischen dem samtigen „Amai", der herb-kräftigen „Karai", dem superb-harmonischem „Gekkaikan", dem fruchtigen „Ginjoh-Shu" und dem reifen Jahrgangs-Sake „Koshu". Je nach Lust, Laune, Tages- und Jahreszeit ist Sake zu → Fisch, → Muschel-, → Krustentieren- und → Gemüsegerichten in seinen diversen Variationen ein angenehmer Begleiter. Insbesondere → Kroepoek, → Frühlingsrolle, → Quiche, Sashimi (Rohfischgericht), Sushi (Kanapeeart aus Reis, Tang, Gewürzen, Fisch, Pilzen usw.), → Sukiyaki, Tempura (Fisch-, Krabben- und Gemüsestücke in Backteig) sowie → Pilze (Matsutake, Tong-Ku usw.) gewinnen durch edlen Reiswein an Ausdruckskraft, Individualität und fernöstlicher Exotik.

SALADE NIÇOISE (SALAT NACH „NIZZAER ART")

Umgangssprachliche Niçoise; südfranzösische (Provence, Nizza) Spezialität aus frischen Tomaten, Gurken, Prinzeßbohnen, Artischocken, grünen Paprikaschoten, kleinen Zwiebeln, Knoblauch, schwarzen Oliven, Sardellenstreifen und harten Eiern; wird oft abgewandelt und verfälscht. *Côtes de Provence Rosé, Côteaux d'Aix en Provence*

Rosé; *Sylvaner/Elsaß* als *Weißwein*-Abgeordneter und der fruchtig-frische, gekühlte rote (!) *Gamay de Touraine/Loire* gehören zu den Lieblingen französischer Sommeliers im Umfang mit dem schwierigen Gericht.

SALAMI

Eine berühmte harte Rohwurst, deren Name vom italienischen „salame" = Salzfleisch abgeleitet wird. Früher in Italien und Ungarn aus fein gehacktem Schinkenfleisch des Schweins mit Zusatz von Rind-, Esel-, Büffel- und Pferdefleisch bereitet, ist sie heute meist nur mehr ein Produkt aus Eselfleisch, Schweinefleisch und Speck, gewürzt mit Pfeffer, Salz, Knoblauch und Rotwein (aus Italien), fest gewickelt und drei bis sechs Monate luftgetrocknet, wo sie mit trockenem Edelschimmel überzogen wird. In österreichischen und deutschen Produkten wird Rindfleisch, Schweinefleisch und Speck verwendet, und der weiße Belag ist kein Schimmel, sondern durch Kalk oder Magnesia entstanden.

In Italien sind die *Roten (Barbera, Nebbiolo/Piemont, Monica di Sardegna/Sardinien* und *Merlot...)* sowie die *Weißen (Verduzzo/Friaul, Lugana/Lombardei und Pinot Grigio)* als „Weichspüler" der harten Rohwurst in aller Munde. Allgemein gesehen sind einfache *Rotweine (Syrah, Zweigelt...)* oder *Roséweine (Schilcher/Weststeiermark, Zweigelt Rosé...)* verheißungsvolle Empfehlungen.

SALATE

Wegen des Dressings hielt man Salate lange Zeit für weinfeindlich. Doch haben wir bereits unter → Essig berichtet, daß man mit runden, säurearmen bzw. aromatischen *Weißweinen (Tocai Friulano, Pinot Grigio/I, Muscat d'Alsace/F* usw.) oder leichtem *Pils* sehr wohl ein Pendant finden kann. Zu gemischtem Salat empfehlen wir zum Beispiel *Malvasier Jungwein* oder *Chardonnay* (Stahltank). Zu Salat von Keimlingen eignet sich junger *Riesling-Sylvaner*. Zu einer Salatkombination mit Kalbsbries und Madeiradressing paßte *Südtiroler Pinot Blanc* haargenau. Sojasalat mischten wir erfolgreich mit *Pinot Gris* und auch *Clairette de Languedoc/F*. Ruccolasalat velangt nach *Verdicchio/Marken/I* usw. Wichtig ist natürlich auch die Art des Dressings (→ Essig, Olivenöl usw.). (→ Salade Niçoise)
Knoblauchdressing wird von *Grünem Veltliner/Wachau* oder *weißem Penedès/E* in Schach gehalten. Liebstöckeldressing konterkarierten wir mit *Traminer* und *Grünem Veltliner*. French Dressing ist auf *Muscat d'Alsace* eingestellt. Kräuterdressing (mit Kresse) wartet auf mild-reifen *Sauvignon Blanc*.
(→ Roquefort-Dressing, → Thousand-Islands-Dressing, → Zitronen-Öl-Dressing)

SALBEI

Grünlich-silbergraue Würz- und Heilpflanze (Lippenblütler), etwa einen halben Meter hoch, die vorwiegend aus Jugoslawien importiert wird. Die eiförmigen, länglichen Blätter enthalten ein ätherisches Öl, das balsamartig riecht und bitterwürzig schmeckt. Salbei dient zum Würzen von Suppen, Saucen, Eier-, Fisch- und Fleischgerichten, Teigwaren, Desserts usw. Getrockneter Salbei hat eine höhere Würzkraft als frischer. In England dient Salbei zum Würzen von → Gloucesterkäse, und in Italien finden wir ihn in der → Saltimbocca à la Romana. (→ Schleie in Salbei).
In Frankreich *(Chinon* und *Bourgueil/Loire, Bellet Rouge/Provence; Minervois Rosé/Languedoc* und *Rully Blanc/Burgund* sowie trockener *Cidre)* und *Italien (Valcalepio DOC Rosso/Lombardei; Brunello/Toskana* sowie die *weißen Frascati/Latium, Blanc de Morgex/Aostatal, Greco di Tufo/Kampanien, Sauvignon/Friaul ...)*

eignen sich zahlreiche *Weiß-, Rosé-* und *Rotweine* als Begleiter der bitterwürzigen Pflanze. In unseren Breiten greift man meist auf *Riesling-Sylvaner, Pinot Gris* und *Malvasier* zurück.

SALM → LACHS

SALMI

Französisch: Salmis; Federwildragout (→ Fasan, → Rebhuhn, → Schnepfe, → Wildente, → Wildtaube) mit brauner Sauce. Das Wildgeflügel wird saignant (blutig) gebraten und in kleine Stücke zerteilt. Aus den Knochen und der Karkasse (Gerippe) mit etwas Fleisch daran wird eine würzige Sauce zubereitet, in der die Fleischstücke angerichtet werden. (Der Name geht auf eine ebenso schöne wie lebenslustige Hofdame – Maria von Medici – namens Salmangondi zurück, die das Rezept aus Italien nach Frankreich mitbrachte.)

SALONBEUSCHEL

Österreichische Spezialität: feingehackte Zwiebeln, Petersilie, Gewürzgurke, Sardelle und Kapern mit abgeriebener Zitronenschale in brauner Mehlschwitze zart angeröstet, mit Rindsuppe aufgefüllt, mit Salz, Pfeffer und Essig gewürzt, durchgekocht, durchgeseiht, feinstreifig geschnittene Kalbslunge hineingegeben, mit Senf, Majoran und Estragonessig aromatisiert und mit Spiegelei und Knödeln serviert.
(→ Kalbsbeuschel)
Weißbier sowie einige fruchtig-würzige *Weißweine (Riesling, Welschriesling, Muskateller* und edler *Grüner Veltliner/Wachau/NÖ/A ...)* können ein gutes Salonbeuschel aus der Anonymität herausheben. Bei unseren Tests dominierten die rassigen *Südsteirer (Morillon, Chardonnay, Pinot Blanc, Welschriesling, Sauvignon Blanc ...)* allzusehr, doch einige *weiße Burgenländer,* allen voran der superbe *Welschriesling* von JOSEF PÖCKL, Mönchhof/Neusiedlersee/A, erhöhten sogar das vielschichtige Beuschelaroma und verfeinerten die Innereientöne auf subtilste Weise.

SALSA ROMESCO → SAUCE ROMESCO

SALSA VERDE

Italienisch: grüne Sauce; kalte Sauce zu gekochtem Fleisch (→ Bollito Misto) usw.: 1 bis 2 hartgekochte Eier, Kapern, Petersilie und 1 Knoblauchzehe gehackt und mit 1/10 l Olivenöl und dem Saft einer halben Zitrone vermengt, gesalzen und gepfeffert (Mühle).
Unabhängig von der regionalen Art des Bollito Misto sind *Frascati/Latium, Soave/Venetien, Verdicchio/Marken, Sauvignon* und *Tocai/Friaul/I* sowie *internationale Malvasiers* und *südländische Roséweine* die begehrtesten und bewährtesten Partner. Säurereiche Weißweine kollidieren mit dem Zitronensaft, und die Tannine junger Rotweine erscheinen bitter und deplaziert.

SALTIMBOCCA ALLA „ROMANA"

Italienisch: Spring in den Mund; italienische (römische) Spezialität: 4 kleine Kalbfleischscheiben (aus der Kalbsnuß) mit Salz und Pfeffer (Mühle) gewürzt, gemehlt;

jedes Stück mit je einem Salbeiblatt und einer Scheibe → Parmaschinken belegt, mit Kalbfleischscheibe zugedeckt und mit Zahnstocher befestigt, in heißem Öl beidseitig gebraten, Öl abgegossen, Fond mit trockenem Weißwein verkocht, mit Butter gebunden und über das Fleisch gegossen.

Weiß: Frascati/Latium, Sauvignon/Friaul/I
Rot: Colle Picchioni/Latium/I
Trockener Cidre/Apfelwein

Der *rote Colle Picchioni* (M, CESANESE, SAN, MON; 3 – 5 Jahre; 15 – 16° C) von PAOLA DI MAURO, Marino/Latium/I (dunkelrot, reicher Duft mit würzigen Beerenanklängen, erdig-vulkanboden-würziger Geschmack mit sanfter Strenge im Abgang), kam dem Idealbild des Partners für das diffizile Gericht schon sehr nahe, doch noch näher kam sein superber „*Vigna del Vasallo*".

Weiß: Greco di Tufo/Kampanien;
Marino und Frascati Fontana Candida/Latium/I
Rot: Colle Picchioni „Vigna del Vassallo"/Latium

Der Ausnahme-*Frascati* von FONTANA CANDIDA (→ Hahn in der Teighülle) schien uns noch besser als der Vorgänger geeignet und konnte auch den Parmaschinken besser interpretieren. Auf diesen Namen ist Verlaß!

Weiß: Chardonnay (Barrique), Sauvignon (Barrique),
Est! Est! Est! di Montefiascone/Latium/I

Der einst weltberühmte *Est!Est!Est! di Montefiascone* (TRE, MAL; 1 – 2 Jahre; 8 – 9° C) von ITALO MAZZIOTI, Bolsena/Latium/I, wird neuerdings gekühlt vergoren und vermittelt seither auch Frische, Fruchtigkeit und dezente Mandelwürze. Im Vergleich zum *Frascati* schnitt er gegenüber dem Salbei schlechter ab.

SALZ (NATRIUMCHLORID)

Das einzige Gewürz aus dem Mineralreich ist für den menschlichen Körper nahezu unentbehrlich, der täglich etwa drei Gramm davon braucht. Das Salz kommt in der Natur als Steinsalz vor oder wird aus dem Meerwasser gewonnen. Wer Salz hat, sagt das Sprichwort, dem sind Glück und Gesundheit beschieden; wer es verschüttet, wird Ärger, Streit oder Unglück haben; wer das Essen versalzt, ist verliebt.
Im Verein mit Weinen gilt es zu wissen, daß sich Salz und Säure addieren und beide zusammen ätzend scharf werden können. Salz und Süße gleichen sich zumeist nicht aus; doch kann die Impression von Salzigkeit durch Süße gemäßigt werden. Salz und Tannine neutralisieren sich nicht, sondern der Salzgeschmack explodiert gewissermaßen. Kommt der salzige Geschmack – cum grano salis – einer Speise nicht vom Würzen, sondern durch den Eigengeschmack zustande, wie bei → Muscheln, → Austern und manchen Meeresfischen (Salz-Jod-Geschmack), so sind *(Weiß-)Weine* mit ähnlicher mineralischer Note *(Chablis/Burgund, Muscadet/Loire/F, Arvine/Wallis/CH, Verdello/Sizilien/I, Sherry Manzanilla/E)* durchaus angemessene Begleiter, die den Eigengeschmack noch erhöhen und verfeinern können. Auch manche *Rotweine* – kühl serviert – *(Sankt Laurent, Blauburger, Gamay, Cabernet Franc, Syrah* bzw. *Shiraz ...)* können, bei entsprechendem Fingerspitzengefühl, eingesetzt werden.

SALZBURGER NOCKERL

Berühmte österreichische Mehlspeise: 40 g Butter mit 80 g Staubzucker, 1 Packung Vanillezucker und 2 TL Stärkemehl schaumig gerührt, 4 Eidotter beigegeben, 4 steif-

geschlagene Eiweiß (Schnee) unter die Masse gezogen, in 3 Portionen geteilt, in Butter beidseitig goldbraun gebacken, gezuckert und schnell serviert.
(Von den Salzburger Nockerln gibt es einige Rezeptvariationen, doch wie auch immer zubereitet, Erzbischof Wolfdietrich von Raitenau (1559 – 1617) bezeichnete sie als „feinste aller Mehlspeisen"!)
Milde bis lieblich-süße *Schaumweine (Riesling, Riesling-Sylvaner, Muskateller, Welschriesling ...)* sind die sichersten Garanten für einen gelungenen Menü-Ausklang. Als Verkostungshöhepunkt stellte sich der zart-süße *Hochriegl halb-süß* (WR, GV; 1 – 3 Jahre; 7 – 8° C) von JOHANN KATTUS, Wien/A, heraus, der mit mildcremiger Konsistenz aufwarten konnte und eigentlich keine Wünsche übrig ließ. Diese Mixtur sollte man sich merken! Wenn die Nockerln mit Himbeerschaum oder -sauce zubereitet werden, rücken zart-süße *Riesling-Sekte* sowie *Prädikatsweine* von *Riesling* und *Traminer* in den Mittelpunkt der Gourmet-Interessen. Zu Nockerln mit Vanillesauce gönnen Sie sich eine faszinierende *Welschriesling TBA* des WEINGUTS GARTNER, Illmitz/Neusiedlersee/BGLD/A.

SAMBALS

Indonesische tafelfertige Würzsaucen (mit → Chilipulver) von enormer Schärfe, die ein wichtiger Bestandteil der → Indonesischen Reistafel sind. Das brennend-scharfe → Chilipulver bedingt von vornherein einen Durstlöscher *(Bier; Rosé* oder exotische *Weißweine* wie *Traminer, Chardonnay, Sauvignon Blanc, Pinot Gris* usw.) als Begleiter; auch trockener *Sherry Amontillado/E* ist neben → *Sake* gefragt.

SAMBUR

Polnisches Dessert: aus pürierten, mit Gelatine gebundenen Früchten, in Formen gefüllt, im Kühlschrank erstarrt, gestürzt und mit Schlagrahm garniert.
Wegen der jahrhundertealten Beziehungen zwischen Ungarn und Polen in Sachen *Tokaji Aszú* ist dieser zur geliebten Tradition geworden, doch sind zart-süße *Muskat-Schaumweine* – vor allem im Sommer – zu bevorzugen.

SANCERRE

Ein dem → Crottin de Chavignol ähnlicher Ziegenkäse aus dem Department Cher in Burgund/F, mit graubläulichem Schimmel bewachsen und mit ausgeprägt strengem Ziegenaroma.
Fruchtige *Weißweine* mit balancierten Säurewerten, wie der gleichnamige *Sancerre Blanc/Loire/F, Sauvignon Blanc Spätlesen* oder *Sémillon-Sauvignon/Bordeaux/F*, sind die unverfänglichste Empfehlung. Für rezent-reife Exemplare bevorzugen ausgeprägte *Rotwein*-Individualisten kraftvolle Kreszenzen wie *Hermitage Rouge* und *Châteauneuf-du-Pape/Rhône/F*.

SANDAAL

Kleiner, länglicher Meeresfisch, der in Schwärmen die Küsten der Nordsee bewohnt und sich bei Ebbe in den Sand eingräbt. Die kleinen Fische werden hauptsächlich paniert angeboten.
Zu den panierten Meeresbewohnern sind *Pinot Blanc, Pinot Gris,* mittelreifer *Chardonnay, Chenin Blanc* und Italiens *Weißwein*-Riege die ideale geschmackliche Ergänzung.

SANDWICH

Dünne Weiß- oder Schwarzbrottranchen, mit Butter bestrichen, verschiedenartig belegt, je zwei Scheiben zusammengeklappt und ringsum beschnitten. Klassische Ingredienzen sind: → Roastbeef mit Senf und geriebenem Meerrettich, → Pökelzunge, → Schinken, → Hühnerbrust, Gänselebercrème, → Lachs, → Sardellen, → Thunfisch, → Kaviar, → Käse usw.
(Erfinder der belegten Brote war John Montagu, der vierte Earl of Sandwich.)
Da hiezu die Auswahl von Getränken sehr stark von der Tages- und Jahreszeit abhängt, ersuchen wir Sie, sich unter den einzelnen Stichworten Inspiration, Lust und Appetit zu holen.

SANKT SEVERIN-KÄSE

Pikanter, rotgeschmierter Weichkäse aus dem oberösterreichischen Kloster Schlierbach, der cremigen Teig und vollmundig-reifen Geschmack aufweist. *Gewürztraminer, Pinot Blanc, Sylvaner* und *Riesling* im oberen *Kabinett-* bis *Spätlese*-Bereich sowie samtig-reifer *Blaufränkisch* (z. B. von PAUL KERSCHBAUM, Horitschon/Mittelburgenland/A, und JOSEF LEBERL, Großhöflein/Neusiedlersee-Hügelland/BGLD/A) und *Sankt Laurent* stellten sich erfolgreich der Herausforderung des als diffizil geltenden Weichkäses.

SARDELLE (ECHTE ANCHOVIS)

Ein silberglänzender, bis zu 15 cm langer, fetter Heringsfisch, der an den Küsten des Schwarzen Meeres, des Mittelmeeres, des Atlantischen Ozeans und der Nordsee in großen Mengen gefangen wird. Durch Gewürze konserviert, gewinnt die Sardelle durch längere Lagerung an Aroma und Geschmack. Die Sardelle gilt in jeder Form als Appetitwecker und wird im ganzen, entgrätet als Sardellenfilet, als Sardellenringe, in Öl eingelegt oder als Sardellenpaste (pikant gewürztes Püree aus Sardellenfleisch) angeboten. Die berühmte Fischsülze der Römer, Garum, wurde auch aus der Sardelle hergestellt. (→ Sauce aux Anchois)
Sardellen-Auberginen-Torte und *weißer Malvasia del Vulture* (2 – 3 Jahre; 9 – 11° C) von ARMANDO MARTINO, Rionero/Basilikata, ist einen kleinen Ausflug wert. Sardellenkuchen „Provençale": → Pissaladière, Salat mit Sardellen, → Salade Niçoise. Für alle Sardellen-Vorspeisen ist gekühlter *Fino Sherry/E* nie falsch am Platze!

SARDINEN

Die Jungfische des Pilchards, eines bis 25 cm langen, heringsähnlichen Fisches, die an den Küsten Spaniens, Portugals, Italiens, Frankreichs und Marokkos von März bis September zu Millionen gefangen werden. Etwa 10 bis 15 cm lange, geköpfte, ausgenommene, gekochte, in Olivenöl eingelegte Sardinen erhält man als → Ölsardinen in Konserven.
Sardinen gefüllt vermählten wir mit erfrischendem *Ciró Bianco,* z. B. von VINCENZO IPPOLITO, Cirò Marina aus Kalabrien/I. Sardinen mit Fenchel (Alici al Finocchio) und *Corvo Bianco/Sizilien* waren von beeindruckender Harmonie. Sardinen „Provenzalisch" sind *weißem Bellet/Provence/F* vorbehalten. Sardinen mariniert werden zur Götterspeise, begleitet von den besten *Chenins Blancs (Vouvray, Bonnezeaux, Quarts de Chaume)* der Loire/F, und Sardinen gegrillt sind bei *Entre-deux-Mers/Bordeaux, Bourgogne Aligoté/Burgund, Jurançon sec/Béarn/F* sowie *Tocai Bianco* und *Garganega/Venetien/I* in bester Obhut.

SATEH (SATAY, SATÉ)

Kleiner indonesischer Fleischspieß: Hammel-, Schweine- und Rindfleischwürfel auf Bambusstäbchen gespießt, mit Salz, Pfeffer und Curry gewürzt und gegrillt. Beilage ist scharfe Erdnußsauce.
Gewürztraminer, Pinot Gris, Muscat d'Alsace/Elsaß/F, Hermitage Blanc/nördliche Rhône/F und *exotische Biere* zählen zu den verläßlichsten Mitspielern des würzigen Spießes.

SAUCEN (SOSSEN, TUNKEN, BEIGÜSSE)

Würzende, mehr oder weniger flüssige Ergänzung vieler Gerichte.
Im Laufe der kulinarischen Geschichte wurden mehr als 3000 Saucen kreiert, die sich aber laut Carème und Escoffier von den fünf Grundsaucen (Sauce Espagnole = braune Grundsauce, Sauce Demiglace = Kraftsauce, Sauce Tomate = Tomatensauce, Sauce Velouté = weiße Grundsauce, Sauce Allemande = deutsche Sauce) ableiten.
Schon bei den Römern gab es Meister in der Bereitung feiner Saucen. Kaiser Heliogabal (204 – 222 n. Chr.) war der größte Saucenliebhaber, er belohnte jeden Koch, der eine neue schmackhafte Sauce kreierte. Entsprach sie nicht, so mußte sie der Bedauernswerte so lange schlürfen, bis ihm eine bessere gelang. Im 17. und 18. Jahrhundert waren es die französischen Sauciers, die immer wieder neue raffinierte Kreationen hervorbrachten. Grimod und Brillat-Savarin waren große Bewunderer feiner Saucen, und letzterer sagte: „Eine gute Sauce in höchster Vollendung zu bereiten, ist das Schwierigste, was es auf dem Gebiet der Kochkunst gibt." Schärfster Kritiker der damaligen Saucenmanie war Honoré de Balzac, der einmal meinte, „die Köche würden nur deshalb so würzige, phantasievolle Saucen erfinden, um ihre Fehler besser kaschieren zu können".
→ Süßspeisensaucen (Fruchtsaucen)

Sauce Aïoli → Aïoli, Ailloli

Sauce Allemande (Deutsche Sauce)

Verfeinerte weiße Grundsauce, in Frankreich erfunden: Champignonfond, Kalbsfond und Eigelb schaumig geschlagen, in weiße Grundsauce gegossen, mit weißem Pfeffer, Muskatnuß, Zitronensaft aromatisiert und mit Rahm vollendet: zu gedünstetem → Geflügel, → Kalb oder → Lamm gereicht.
Mild-samtige *Weißweine* wie *Muscat d'Alsace, Pinot Blanc, Riesling-Sylvaner, Neuburger*, reifer *Chardonnay* sowie *Tocai/Isonzo/Friaul/I* und *Chasselas/CH* sind wahre Koryphäen im Umgang mit der deutsch-französischen Sauce, während rassige, säurebetonte *Weißweine* wie *Riesling, Sauvignon Blanc ...*) oft die Harmonie durchtrennen.

Sauce aux Anchois (Sardellensauce)

Weiße Grundsauce mit Sardellenbutter montiert, kleingeschnittene Sardellenfilets beigegeben. Ideal zu gedünstetem → Fisch, Fischnockerln, → Kalbsschnitzel, → Kalbszunge.
Hermitage Blanc/nördliche Rhône, Beaujolais Blanc/Burgund/F, Sylvaner, Pinot Gris, Malvasier sowie *südländische Roséweine* (vor allem *Côtes du Roussillon)* und gekühlter *Fino Sherry* bzw. *Montilla Moriles seco/E* fanden am schnellsten den Zugang zum eigenwilligen Sardellengeschmack.

Sauce au Genièvre (Wacholdersauce)

Gewürfelter Magerschinken mit gehackten Schalotten und zerdrückten Wacholderbeeren in Butter angeröstet, mit Rotwein (SAN, SYR, PN ...) abgelöscht, reduziert, mit brauner Grundsauce (→ Sauce Espagnole) aufgefüllt, durchgekocht und passiert; meist zu → Hammelbraten, → Hammelnieren und → Wildgerichten serviert. In den seltenen Fällen, wo helles Fleisch im Spiel ist, sind rassiger *Riesling*, reicher *Traminer* sowie *Pinot Gris* und *Roséweine/Provence/F* angebracht; im übrigen sind *Carmignano, Brunello di Montalcino* und *Vino Nobile di Montepulciano DOCG/Toskana/I, Blaufränkisch, Syrah/Rhône* und *Shiraz/Australien* vorprogrammiert.

Sauce au Xérès (Sherrysauce)

Bratenfond mit Kalbsjus gelöscht, mit Mehl gebunden und mit trockenem Sherry, Salz und Pfeffer aromatisiert.
(→ Langustenschwänze kalt in Sherrysauce)
Außer → Sherry bestanden *Montilla Moriles seco*, ein Bruderwein aus *Andalusien/E, Tokaji trocken* bis *halbsüß/H, Pinot Blanc* und *Pinot Gris Spätlese trocken, Neuburger halbtrocken, Traminer* und *Gewürztraminer Spätlese trocken, Château-Chalon/Jura/F* und *Sémillon/Australien* die Reifeprüfung mit guten Noten.

Sauce aux Ecrevisses (Krebsensauce)

→ Sauce Béchamel mit Fischfond durchgekocht, Rahm beigefügt, zuletzt ein Stück Krebsenbutter hineingegeben, mit Cayennepfeffer gewürzt und Krebsenschwänze als Einlage verwendet; zu → Forelle gebacken und diversen Fischgerichten kredenzt.
Edle *Schaumweine (Champagne/F, Cava/E, Rieslingsekt/A* bzw. *D), Riesling trocken* bis *halbtrocken, Chardonnay* mit Extraktsüße oder Eichenwürze, *Sauvignon Blanc Spätlese, Pinot Blanc Spätlese trocken; Condrieu* und *Hermitage Blanc/nördliche Rhône, Graves Blanc/Bordeaux* und *Chenin Blanc/Loire/F* sind die sichersten Garanten für aromatische Harmonien und Gemeinsamkeiten.

Sauce aux Fines Herbes (Kräutersauce)

Feingehackte Kräuter (Estragon, Kerbel, Schnittlauch) in rassigen Weißwein gelegt; braune Mehlschwitze mit Bouillon verkocht, den durchgeseihten Kräuterauszug zur Sauce gegeben, mit Salz, Pfeffer und Zitronensaft gewürzt und mit gehackten frischen Kräutern vermischt; ideal zu → Kalbshirn, → Hammelrippchen und → Steaks; mit Fischfond zubereitet zu → Aal, → Seezunge.
Zu hellem Fleisch sind *Sauvignon Blanc, Sylvaner, Grüner Veltliner, Muskateller trocken, Welschriesling, Riesling, Pigato d'Albenga* und *Buzetto di Quiliano/Ligurien/I, Chenin Blanc trocken* und *Gros Plant/Loire, Cassis* und *Bellet Blanc/Provence* sowie *südfranzösische Roséweine* anzuraten; zu dunklem Fleisch wiederum sind *Zinfandel/KAL, Pinot Noir, Merlot, Barbera/I* und *Gamay/F* erprobte und erfahrene Adjutanten.

Sauce Béarnaise (Béarner Sauce)

Feine Buttersauce, auch als Fertigprodukt erhältlich; ein Glas Weißwein (z. B. *Chardonnay* ...) und 1 TL Weinessig mit 2 feingehackten Schalotten, feingehackten Estragonblättern und 2 zerdrückten Pfefferkörnern zur Hälfte reduziert, nach leichtem Abkühlen 3 Eidotter hineingerührt, unter ständigem Rühren 250 g lauwarme Butter dazugegeben, passiert, mit Salz und Cayennepfeffer aromatisiert, zuletzt feinge-

hackte Estragon- und Kerbelblätter darübergestreut; zu gebratenem → dunklem Fleisch und zu → Fisch.
(Nach König Henri (Heinrich) IV. benannt, der aus der Landschaft Béarn im äußersten Südwesten Frankreichs stammte.)
Zu Fischspeisen stehen *Puligny-Montrachet, Bourgogne Aligoté/Burgund/F, Champagne Blanc de Blancs, Riesling Spätlese trocken, Welschriesling Kabinett, Pinot Blanc, Zierfandler Spätlese, Jurançon sec/Béarn* sowie gekühlter *roter Chinon/ Loire/F* in erfreulichem Einklang – und zu (dunklem) Fleisch haben sich die *roten* Stars des *Béarn (Irouléguy* und *Madiran)* einen Stammplatz erworben, doch auch *Médoc (Moulis, Listrac)/Bordeaux, Burgund (Saint-Aubin, Santenay)* sowie sortenreine *Gamays* und *Cabernets Sauvignons* passen immer. Unter den *Roséweinen* wird besonders der *Lirac Rosé/südliche Rhône* geschätzt.

Sauce Béchamel (Béchamelsauce)

Milchgrundsauce, Rezept 1: 1 EL Mehl in 1 EL Butter hellgelb angeschwitzt, 1/4 l kochendheiße Milch eingerührt mit wenig Salz und weißem Pfeffer aromatisiert und mit 3 EL Rahm vollendet; Rezept 2: 1 Zwiebel in Scheiben und 100 g Speck in kleine Würfel geschnitten und in 1 EL Butter glasig angeschwitzt, 1 EL Mehl daruntergerührt, 1/4 l kochendheiße Milch eingerührt, mit etwas Salz und weißem Pfeffer abgeschmeckt.
(Nach Louis de Béchamel, Marquis de Nointel, neureicher Bankier und Haushofmeister am Hofe von Louis XIV.)
Halbtrockene bis liebliche *Weißweine (Riesling-Sylvaner, Chasselas = Gutedel, Zierfandler, Rotgipfler, Neuburger, Sémillon, Chenin Blanc, Pinot Gris, Verduzzo/ Friaul/I* usw.) bringen den Geschmack der Sauce erst so richtig auf den Punkt, während säurebetonte, jugendliche Weißweine nicht eine Sekunde lang Harmonien anstreben!

Sauce Bercy (Bercyer Sauce, Bercysauce)

Feingehackte Schalotten in Butter angeschwitzt, mit Weißwein (SIL, RH ...) verkochte, weiße Fischgrundsauce (→ Sauce Velouté) beigegeben, passiert, durchgekocht, mit Butter aufgeschlagen und mit gehackter Petersilie bestreut.
(Bercy ist ein Vorort von Paris.) (→ Kalbsleber gegrillt „Bercy")
Sylvaner, Riesling, Chardonnay, Pinot Blanc, Sauvignon Blanc, Vouvray sec/Loire, Pacherence-du-Vic-Bilh/SW-F, Tocai Friulano/I sowie jugendlich-frischer *(roter) Gamay, Pinot Noir* und *Bardolino/Venetien/I* sind die erklärten Favoriten der Sauce.

Sauce Bordelaise (Bordelaiser Sauce)

Feingehackte Schalotten in Butter angedünstet, mit Rotwein – tanninreiche Bordeauxweine sind interessanterweise nicht ideal – gelöscht, stark eingekocht, mit brauner Grundsauce (→ Sauce Espagnole) aufgefüllt, durchgekocht, passiert und mit Fleischextrakt, Zitronensaft, Salz und Cayennepfeffer gewürzt; Rindermarkwürfelchen dazugegeben; zu gebratenem → Fleisch, → Geflügel und → Fisch.
(→ Entrecôte „Bordelaise")
Naturgegebene Begleiter der würzigen Sauce sind *Aquitaniens Rotweine* – vor allem – aus dem *Médoc (Moulis, Listrac, Saint-Julien, Pauillac ...)* mit etwas erdig-würzig-rustikaler Note. Geschliffene Barrique-Weine sind hier fehl am Platze. Interessante Außenseiter sind die Gewächse aus dem *Cahors/SW-F.*

Sauce Choron (Choronsauce)

→ Sauce Béarnaise mit Tomatenmark anstelle von Estragon- und Kerbelblättern vollendet; zu → Grillspezialitäten, → Fisch, → Eiergerichten offeriert.
(Nach Choron, einem bekannten Küchenchef des 19. Jahrhunderts.)

Die *Roten (Côteaux du Languedoc Rouge/SW-F, Saint-Amour/Beaujolais/Burgund, Hermitage* und *Gigondas/Rhône/F; Chianti Classico/Toskana* und *Valpolicella Classico/Venetien/I, Pinot Noir* und *Blauburger)* sowie *südländische Roséweine* auf der einen und die *Weißen (Bellet* und *Bandol/Provence, Gaillac/SW-F, Châteauneuf-du-Pape/(südliche Rhône, Chardonnay, Muscat d'Alsace, Sauvignon Blanc, Malvasier, Riesling, Traminer, Chasselas/CH ...)* auf der anderen Seite haben ein ausgeprägtes Faible für die rosarote Sauce.

Sauce Civette (Schnittlauchsauce)

Weiße Mehlschwitze mit Bouillon durchgekocht, mit Salz und Pfeffer aromatisiert und mit viel Schnittlauch vollendet. (→ Kalbszunge in Schnittlauchsauce) Zur kalten Schnittlauchsauce sind *Riesling* und *Chardonnay Kabinett* (mit viel Fruchtcharme) von subtil-ergänzender Wirkung; zur warmen Sauce dürfen wir – natürlich – *Sauvignon Blanc, Sylvaner, Muskateller trocken* nicht unerwähnt lassen. *Vinho verde/Portugal* und *Chenin Blanc/Südafrika* bereichern die Palette der Sommerweine.

Sauce Cumberland (Cumberlandsauce)

Pikante Tafelsauce, auch im Handel erhältlich; Johannisbeergelee mit etwas heißem Wasser, Orangensaft, Zitronensaft und Senf dick gerührt, Orangenschale → Julienne und fein gehackte Schalotten in Rotwein (z. B. *Merlot ...)* gekocht, mit Cayennepfeffer und jungem → Portwein aromatisiert; zu kaltem → Wild, → Wildgeflügel, kalter → Ente und → Pasteten → gegeben.
(Nach einem Sohn des britischen Königs Georg V., dem Duke of Cumberland, benannt.) Neben *Portwein* sind besonders *rote Bordeaux-* und *Burgunderweine/F,* reinsortige *Merlots, Sankt Laurent* und *Zweigelt, Bourgueuil/Loire, Collioure/Pyrenäen* und *Mas de Daumas Gassac/Coteau du Languedoc, Rioja Reserva/E, Teroldego Rotaliano/ Trient, Solaia/Toskana/I* sowie der exotische *Château Musar/Libanon* von besonderem Interesse für den Gourmet. Zu hellerem Geflügel sind auch kraftvoll-trockener *Pinot Blanc, Morillon, Pinot Gris* und *Gewürztraminer Spätlese* sowie der mächtige *Greco di Bianco/Kalabrien/I* von Bedeutung.

Sauce Demiglace (Kraftsauce)

Verfeinerte braune Grundsauce (→ Sauce Espagnole): zwei Teile braune Grundsauce und ein Teil Kalbsfond verrührt, um ein Drittel reduziert und mit etwas Fleischextrakt vollendet.
→ Sauce Espagnole

Sauce Diable (Teufelssauce)

Gehackte Zwiebeln in Butter glasig angedünstet, mit Weißwein aufgegossen und stark reduziert, mit → Sauce Demiglace aufgefüllt, durchgekocht, passiert und mit Pfeffer abgeschmeckt; passend zu gegrilltem → Geflügel und Grillspezialitäten aller Art. *Südländische Roséweine (Tavel Rhône/F, Etna Rosato/Sizilen/I, Rosado di Navarra/E)* oder fruchtcharmante *Blancs de Noirs* (hellgepreßte *Rote)* sind besonders für sommerliche Grillfreuden geeignet. *Weizen-* oder *Lagerbier (Dos Equis Lager/E)* sind nie falsch, und im Winter fordert man den Gaumen manchmal auch mit kraftvollen, pfeffrig-würzigen *Rotweinen (Cabernet Franc, Syrah/Rhône, Shiraz/Australien, Nebbiolo/Piemont/I, Zinfandel/Kalifornien* usw.) heraus. Unter den *Weißweinen* haben *Grüner Veltliner/NÖ/A, Chardonnay* und *Welschriesling* eine besondere Vorliebe für teuflische Saucen, die sie aber manchmal – bei hoher Säure – noch anheizen. Da sind die *Friaul*-Stars *Tocai, Pinot Grigio* und *Sauvignon* sowie der *rote Terrano del Carso* schon milder gestimmt.

Sauce Espagnole (Braune Grundsauce, Spanische Sauce)

Kleingehackte Kalbsknochen, Zwiebelscheiben und gewürfeltes Wurzelwerk in Fett angeröstet, Tomatenmark und Mehl zugegeben, mit kalter Bouillon gelöscht und mit heißer wieder aufgefüllt, zwei Stunden gekocht, abgeseiht und mit Salz und Pfeffer gewürzt.

Chasselas/CH, Chardonnay, Sauvignon Blanc, Riesling, Traminer, weißer Rioja und spanische *Rosados, Arbois Blanc/Jura, Gaillac Blanc/Südwesten* und *Bellet Blanc/Provence/F* sowie die roten *Chinon/Loire, Minervois/Languedoc/F, Valpolicella Classico/Venetien, Chianti Classico/Toskana, Pinot Noir* und *Blauburger* sind gut gerüstet für einen aromatischen Schlagabtausch mit der rassigen Spanierin. Da die Espagnole einen relativ hohen Anteil an Fett und Gallert – über die Reduktion – aufweist, dürfen die Partnerweine auch über Extrakt und Körper verfügen, um nicht sofort unterzugehen.

Sauce Grand Veneur (Grand Veneursauce)

Frz.: veneur = Hetzjäger; Rotweinpfeffersauce aus Wildfond, Johannisbeergelee und Rahm (bzw. → Crème fraîche).

Reife, samtig-weiche *Rotweine (Pinot Noir, Merlot, Sangiovese)* mit Extraktsüße und runden Tanninen sind stets verträgliche und dankbare Begleiter von nicht allzu kräftigen Wildsaucen. Wenn zusätzlich mit Wildblut und Senf zubereitet wird, dürfen die Weine kraftvoll-würziger *(Syrah/Rhône, Madiran/SW-F, Nebbiolo/Piemont, Shiraz/Australien, Zinfandel/Kalifornien ...)* sein, um den Wildgeschmack in den Griff zu bekommen.

Sauce Gribiche (Gribichesauce)

Hartgekochtes Eigelb mit Genf und Essig verrührt, gesalzen, Olivenöl tropfenweise eingerührt, Kapern, Cornichons, gehackte Kräuter und Eiweißstreifen daruntergemischt; zu kaltem → Fisch, → Pökelzunge usw. kredenzt.

Zu kaltem Fisch sind *Riesling, Chrdonnay, Malvasier, Sauvignon Blanc, Pinot Blanc, Muskateller trocken, Orvieto secco/Umbrien/I, Bourgogne Aligoté/F* Stimmungsmacher, und zu Pökelzunge und kaltem Fleisch sind neben oben genannten *Weißweinen* auch leicht gekühlte *rote Jungweine (Gamay, Sangiovese, Pinot Noir, Blaufränkisch, Blauer Portugieser, Sankt Laurent...)* Brückenpfeiler für angenehm-aromatische Erlebnisse.

Sauce Hollandaise (Holländische Sauce)

Als Grundsauce aller Buttersaucen vielfältig variiert, auch als Fertigprodukt erhältlich: je eine Messerspitze Salz und weißer Pfeffer aus der Mühle, 1 EL Weißwein (z. B. *Chardonnay, Riesling ...*) und 3 Eidotter in eine Schüssel gegeben und im Wasserbad cremig (nicht schaumig) geschlagen, unter ständigem Schlagen langsam 250 g lauwarme Butter hineingeträufelt und mit Zitronensaft aromatisiert; ideal zu gekochtem → Fisch, zu →Schalen- und → Krustentieren oder zu feinem Gemüse (→ Spargel, → Artischocken usw.). *Champagne Blanc de Blancs, Chardonnay, Pinot Blanc, Riesling, Riesling-Sylvaner, Muskateller trocken, Sauvignon Blanc Kabinett* bis *Spätlese, Chenin Blanc/Loire/F* bzw. *Kalifornien, Graves Blanc/Bordeaux, Hermitage Blanc/nördliche Rhône/F* usw. zeigen sich von ihrer schönstenSeite im Umgang mit der Holländerin. Zu mit Hollandaise gratinierten Fleischspeisen sind auch elegante *(Barrique-)Rotweine (Pinot Noir, Zweigelt, Cabernet ...)* möglich. Früher galten Eiersaucen als praktisch unkombinierbar, da man meinte, daß Eier und Fett die Zunge belegen und erstere auch noch Geschmacksstoffe binden. Das hat sich inzwischen als sehr übertrieben herausgestellt, da man früher die falschen Weine (ölig-süßlich) wählte.

Sauce Hongroise → Ungarische Sauce

Sauce Italienne (Italienische Sauce)

→ Sauce Duxelles mit gehacktem, gekochtem Schinken vollendet; zu gebackenen →Gurken, → Auberginen und → Zucchini angerichtet.
Gegenüber den Empfehlungen zur Sauce Duxelles ändert sich nicht viel, das *italienische* Angebot wird lediglich etwas erweitert durch *Verduzzo/Friaul, Malvasia, Trebbiano* sowie *Cirò Rosato/Kalabrien* und *roten Cerasuolo di Vittoria/Sizilien.*

Sauce Madère (Madeirasauce)

Beliebte Bratensauce: Bratenfond entfettet, mit Kalbsjus gelöscht, mit Pfeilwurzelmehl gebunden und mit Salz, Pfeffer (Mühle) und trocken-halbtrockenem → Madeira aromatisiert; zu vielen Fleisch und Geflügelspeisen. (→ Kalbszüngerl in Madeira, → Rinderfilet mit Madeirasauce, → Rinderzunge in Madeira). Auch unter dem Stichwort → Madeira finden Sie eine Menge Anregungen.

Sauce Mayonnaise → Mayonnaise

Sauce Mornay (Mornaysauce)

Käsesauce zum Gratinieren von Speisen: 1 EL Mehl in 1 EL Butter hellgelb angeschwitzt, 1/4 l kochendheiße Milch eingerührt und mit etwas Salz und weißem Pfeffer (Mühle) gewürzt, mit 2 Eidottern liiert und mit 3 EL geriebenem Parmesan vermischt, 2 steifgeschlagene Eiweiß daruntergezogen.
(→ Kalbsnuß mit Sauce Mornay)
Chasselas (Gutedel) Pinot Blanc und *Pinot Gris, Neuburger, Chardonnay, Morillon Spätlese, Sémillon, Sémillon-Chardonnay/Australien* bzw. *Kalifornien, Apremont* und *Seyssel/Savoyen* sowie *Côtes du Jura/F* sind eher problemlose Empfehlungen. Bei den *Rotweinen* wird es schon schwieriger, da kommt es auf die Farbe des Fleisches (Lamm, Hammel, Rind, Wild ...) an: *Chianti Classico* und *Brunello di Montalcino DOCG/Toskana, Lambrusco/Emilia-Romagna* und *Nebbiolo/Piemont/I* sind die erprobtesten Recken im Umgang mit der Käsesauce.

Sauce Mousseline (Mousselinesauce)

Eine → Sauce Hollandaise mit Schlagrahm vermischt; zu hellem → Geflügel, → Hummer, → Spargel, → Artischocken.
Die milde, zart-cremige Mousseline ist sehr extravagant und lebt nach dem Vorsatz: Das Beste ist gerade gut genug für mich! Nur die edelsten *Weißweine* mit Extraktsüße und einer gehörigen Portion Charme finden bei ihr Gehör: *Muscat d'Alsace Grand Cru, Graves Blanc/Bordeaux/F, Puligny-Montrachet 1er Cru/Burgund* (bzw. *Montrachet Grand Cru*), edelste *Sauternes/Bordeaux* und *Chenin Blanc/Loire/F.* Außerdem sind *Deutschlands* und *Österreichs* beste *Riesling-Sylvaner, internationale Chardonnays* sowie *Zierfandler* und *Rotgipfler Kabinett* oder *Spätlese/Thermenregion/A* willkommen.

Sauce Moutarde (Senfsauce)

Gehackte Zwiebeln in Butter glasig angedünstet, gemehlt und hellbraun angeröstet, mit Bouillon aufgefüllt, durchgekocht, mit Salz, Pfeffer, Zucker, Essig und viel (pikantem) → Senf aromatisiert; zu gekochten → Eiern, → Fisch, → Rindfleisch, → Kalbsnieren. (→ Kalbsnieren in Senfsauce)

Zu → Eiern, → hellem Fleisch und vor allem → Fisch sind *Chardonnay* (insbesondere *Chablis AC* und *1er Cru/Burgund*), *Pinot Blanc* und *Pinot Gris, Morillon* sowie *Côtes de Provence Blanc/F* zu favorisieren. Zu → dunklem Fleisch und → Innereien vereinen sich *Pinot Noir, Gamay* und *Merlot* am idealsten mit dem Senfgeschmack und dem über allem schwebenden Essighauch.

Sauce Newburg (Newburgsauce)

Kleine Tranchen von gekochtem → Hummer in Butter angebraten, mit trockenem → Sherry abgelöscht, mit Rahm verkocht, Hummer herausgenommen, Sauce mit Eigelb liiert, mit Cayennepfeffer gewürzt, mit Butter aufgeschlagen und Hummer hineingegeben; ideal zu gedünsteter → Seezunge, → Hummer, → Austern, → Muscheln. Der *Kochwein* bzw. excellenter *Sherry Amontillado dry/E, Tokaji trocken* bis *süß/H, Cru Classé de Graves Blanc/Bordeaux* und modern vinifizierter *Sauternes-Barsac/Bordeaux*, halbtrockener *Chenin Blanc (Côteaux du Layon, Bonnezeaux, Quarts de Chaume/Loire), Pouilly-Fuissé Vendange Tardive/Burgund, Riesling* und *Zierfandler Spätlese halbtrocken, Hermitage Blanc/nördliche Rhône* und *Château-Chalon/Jura/F*, allesamt mit hohen Extraktwerten und mehr oder weniger Restsüße ausgestattet, bildeten ein interessantes Gegengewicht zur Sherry-Rahmsauce und betonten den zart-süßlichen Hummergeschmack auf angenehmste Weise; nur der *Pouilly-Fuissé* und der *Hermitage Blanc* lagen nicht auf der weichen Welle, sondern akzentuierten ihrerseits die pfeffrige Note und sorgten gleichzeitig für willkommene Frische und Abwechslung am Gaumen.

Sauce Normande (Normannische Sauce)

Weiße Fischgrundsauce (→ Sauce Velouté de Poisson) und Champignonfond verrührt, mit Eidotter und Schlagsahne liiert, mit Sahne und frischer Butter vollendet; zu → Seezunge, → Steinbutt, → Aal, → Lachs, → Hecht, → Karpfen usw. gereicht. Dieses üppige Überbleibsel aus der Zeit der klassischen Küche braucht einen ähnlich gearteten Gegenpart, um geschmacklich, aber auch verdauungsmäßig aufgefangen zu werden, wie z. B. *Chablis Grand Cru, Puligny-Montrachet, Meursault Premier Cru/Burgund* und *Vouvray sec/Loire/F*; *Verduzzo secco/Friaul/I*; Neuburger, *Pinot Blanc* und *Pinot Gris Spätlese trocken*.

Sauce Perigueux (Trüffelsauce)

„Königin der Saucen". → Sauce Madère mit Trüffelfond und gehackten schwarzen Trüffeln veredelt; zu → Kalbsnierenbraten, → Lendenschnitten, → Masthuhn und → Wildgeflügel serviert.
Im Prinzip neige ich hier eher zu superben *Rotweinen*, obwohl letztlich der persönliche Geschmack, Tages- und Jahreszeit sowie das Gericht selbst entscheiden: großer *Pomerol* (CHÂTEAU PÉTRUS, CHÂTEAU LE PIN, L'EVANGILE, CHÂTEAU TROTANOY, CHÂTEAU LA CONSEILLANTE), reifer *Graves* (CHÂTEAU HAUT BRION, CHÂTEAU LA MISSION HAUT BRION ...) sowie mittelreifer *Saint-Émilion* (CHÂTEAU CHEVAL BLANC, CHÂTEAU CANON ...), alle *Bordeaux/F*, und der unvergleichliche *Chambertin Grand Cru* (ANTONIN RODET, ARMAND ROUSSEAU, JACQUES PRIEUR ...), *Burgund/F*, wurden für Bonvivants nach dem Motto ausgewählt: Grande Cuisine und Grands Crus gehören schlicht und einfach zusammen. Eine interessante *weiße* Alternative ist der sauternesähnliche *Monbazillac/Dordogne/F*.

Sauce Poivrade (Pfeffersauce)

Kleingeschnittene Zwiebeln und einige zerdrückte Pfefferkörner mit etwas Thymian in Butter glasig angedünstet, mit kraftvoll-würzigem Weißwein gelöscht, braune

Grundsauce (→ Sauce Espagnole) beigefügt, durchgekocht und mit Zitronensaft und Johannisbeergelee aromatisiert; exzellent zu → Hammelrippchen, → Lendenbraten, → Rinderzunge und → Wild.
Auf den ersten Blick sind die Wein-Empfehlungen für die → Sauce diable auch hier gültig, doch durch die Beigabe von Johannisbeergelee verlagert sich der Schwerpunkt eindeutig zu den Rebsorten *Cabernet Sauvignon* und (an zweiter Stelle) *Pinot Noir*. Unter den *Weißweinen* sind *Chardonnay* und *Pinot Blanc* – mit gebändigter Säure – zuerst zu nennen.

Sauce Portugaise (Portugiesische Sauce)

Feingehackte Zwiebeln in Öl angedünstet, kleingeschnittene Tomaten (enthäutet und entkernt) beigefügt, gesalzen, gepfeffert (Mühle) und mit Knoblauch gewürzt, 10 Minuten gedünstet, mit → Tomatensauce aufgefüllt, Fleischextrakt dazugegeben und gehackte Petersilie darübergestreut; harmonisch zu → Fisch, → Nierenbraten, → Rouladen, → Zunge.
Vinho Verde von SOLAR DAS BOUÇAS oder QUINTA DE CAMARATE (RH, MOS, GEW; 1 – 3 Jahre; 8 – 9° C) aus Pinhal Novo, oder von FONSECA, Azeitão, und *trockener Moscatel Joao Pires White*, allesamt aus *Portugal*, bereiteten uns die größten Gourmetfreuden in Zusammenhang mit Fisch und hellem Fleisch. Für dunkles Fleisch entdeckten wir auch einige aufregende, relativ modern bereitete *Rotweine: Barca Velha*, der neue Star von FERREIRA, Douro, der reinsortige *Cabernet Sauvignon „Quinta da Bacalhoa"* von JOAO PIRES und QUINTA DE CAMARATE (PERIQUITA, CS; 2 – 5 Jahre; 16 – 17° C) von JOSÉ MARIA DA FONSECA, Azeitão, nahe Lissabon.

Sauce Raifort (Meerrettichsauce)

Weiße Mehlschwitze bereitet, mit würziger Bouillon aufgefüllt, mit Rahm durchgekocht, geriebener Meerrettich (Kren) dazugegeben, kurz aufgekocht, mit wenig Salz und Essig gewürzt; zu → Hammelrippchen, → Kalbsbrust, → Rindfleisch gekocht, → Suppenfleisch usw.
Chardonnay (Stahltank), *Grüner Veltliner, Welschriesling, Pinot Gris* und *Pinot Blanc, Neuburger, Riesling, Muskateller Kabinett* bis *Spätlese trocken/halbtrocken, Chenin Blanc/Loire/F, Champagne Blanc de Blancs/F, Cava/E, Muskateller-Schaumweine* (mit dezenter Dosage) sowie fruchtcharmante, samtige *Rot-* und *Roséweine (Pinot Noir, Gamay, Sangiovese, Merlot ...)* sind sowohl Meerrettich als auch Essig gleichermaßen zugetan und können auch dem Rahm Paroli bieten.

Sauce Ravigote (Ravigesauce)

Französisch: ravigoter = erquicken; Kräuter (Estragon, Kerbel, Petersilie, Schnittlauch), Zwiebeln und Kapern fein gehackt, vermischt, mit Salz, Pfeffer und Essig gewürzt und mit Öl aufgeschlagen; zu kaltem → Fleisch, → Salaten usw. offeriert.
Die erquickende „Tunke" bevorzugt *Weißweine* mit tiefer Frucht und belebender – aber nicht aggressiver – Säure: *Sauvignon Blanc, Sylvaner, Riesling, Pinot Blanc, Welschriesling, Chardonnay* sowie *Chenin Blanc* und *Gros Plant/Loire, Bourgogne Aligoté/F, Buzzetto di Quiliano* und *Lumassina/Ligurien/I; Monistrol's Vin Nature Blanc de Blancs/Katalonien/E; Roséweine (Provence, Süditalien, Spanien ...)* sowie jugendlich-fruchtige *Rotweine* – ohne bittere Tannine – eventuell kellerkühl kredenzt: *Gamay, Cabernet Franc/Loire, Pinot Noir, Blauer Portugieser, Bardolino/Venetien/I* usw. Im Winter gilt der eleganteste aller *Rhôneweine*, der *Côte Rôtie*, als Idealbesetzung.

Sauce Remoulade (Remouladensauce)

Kräutermayonnaise, die auch im Handel erhältlich ist; fein gehackte Sardellenfilets, Cornichons, mit Kapern unter die → Mayonnaise gemengt, mit Salz, Pfeffer, Senf und diversen Kräutern (Petersilie, Schnittlauch, Estragon, Kerbel usw.) gewürzt; zu kaltem → Roastbeef, kaltem Braten, → Fisch und → Schalentieren empfohlen. (→ Karpfen gebacken mit Sauce Remoulade)
Sauvignon Blanc, Chardonnay, Pinot Blanc, Sylvaner, Riesling, Welschriesling, Neuburger, Pinot Gris Kabinett bis *Spätlese trocken; Bourgogne Aligoté, Bellet Blanc/ Provence, Muscat d'Alsace/F* bzw. *Muskateller trocken*, kräuterwürzige *südländische Roséweine* zu Fisch und Schalentieren. Zu kaltem Roastbeef und dunklen kalten Braten sind *rote Rhôneweine (Lirac Rouge, Côtes du Rhône-Villages...), Madiran/Béarn* und *Cahors/SW-F* sowie kraftvoller *Blaufränkisch, Pinot Noir* und *Gamay* (auch als *Jungwein*) sichere Kombinationen ohne Tücken.

Sauce Robert (Robertsauce)

Braune Zwiebelsauce: gehackte Zwiebeln in Butter glasig angedünstet, gemehlt, mit Weißwein gelöscht, mit Kraftbrühe aufgefüllt, gut durchgekocht, passiert, mit Salz, Pfeffer (Mühle) und ein wenig Senf aromatisiert; vor allem zu gegrilltem → Schweinefleisch und → Geflügel kredenzt.
(Namensgeber war wahrscheinlich der berühmte französische Saucier Robert Vinot.) Als Mittags- und Sommerweine sind *weiße* Gewächse mit einer Affinität für → Zwiebeln, → Pfeffer und → Senf gesucht: *Chardonnay, Pinot Blanc, Sauvignon Blanc, Sylvaner, Côtes de Provence Blanc* und *Vouvray sec/Loire* erfüllten diese Wünsche ebenso wie *südfranzösische Roséweine (Tavel/südliche Rhône, Bandol, Cassis* und *Bellet/Provence).* Im Herbst und Winter greift man auch gerne zu einem Glas erwärmendem *Rotwein (Pinot Noir, Gamay, Merlot, Cabernet Sauvignon...).*

Sauce Romesco (Salsa Romesco)

Scharfe Spanische (Katalonien) Sauce aus Mandelstiften, Tomaten, Knoblauch, Cayennepfeffer, Salz, Weinessig, Olivenöl, zu der einige fruchtig-frische *Weißweine* aus demselben Gebiet die ideale – entschärfende – Ergänzung darstellen und die vor allem zu Fischgerichten gereicht wird. Der zart perlende *Vin Natur Blanc de Blancs* (PAR 60 %, XAR 40 %; 1 Jahr; 7 – 8° C) von MARQUÈS DE MONISTROL, Sant Sadurni d'Anoia/Penedès/E, stellte allerdings den Modellfall einer perfekten Harmonie dar.

Sauce Rouille (→ Rouille)

Sauce Soubise (Soubisesauce)

Eine Zwiebelsauce: saftige Zwiebeln in dünne Scheiben geschnitten, in Butter weichgedünstet, passiert, Zwiebelpüree unter → Sauce Béchamel gezogen, aufgekocht, mit Zucker, Salz und weißem Pfeffer abgeschmeckt, mit etwas frischer Butter vollendet; hervorragend zu gedünstetem → Geflügel, → Kalbsbrust, → Kalbsmedaillons usw.
Weißweine mit intensiver Sämigkeit, reifer Säure, Extraktsüße, aber nur dezentem Restzucker sind hiezu auf unserer Wunschliste: im großen und ganzen können Sie auch die Weine für → Sauce Béchamel heranziehen, doch die spektakulärsten Ergebnisse hatten wir mit einem bezaubernden *Vouvray demi-sec* (CHB; 3 – 8 Jahre; 8 – 10° C) von JEAN-CLAUDE AUBERT, Loire/F, einem samtigen *Tocai* von STELIO GALLO, Mariano del Friuli/Isonzo/I, sowie einer fulminanten *Riesling Spätlese* von SCHLOSS VOLLRADS, Oestrich-Winkel/Rheingau/D.

Sauce Tatare (Tatarensauce)

Hartgekochtes Eigelb mit Salz, Pfeffer (Mühle) und Essig zu einer Paste vermengt, mit Olivenöl zu einer → Mayonnaise aufgeschlagen und gehackter Schnittlauch daruntergezogen; passend zu → Fischen aller Art. *Weißweine* mit perfekt integrierter Säure wie *Pinot Gris, Pinot Blanc, Riesling, Neuburger, Sauvignon Blanc, Muskateller trocken, Zierfandler, Roter Veltliner* und *Malvasier* und *Südfrankreichs weiße Elite (Châteauneuf-du-Pape Blanc/südliche Rhône, Cassis* und *Bellet Blanc/Provence ...)*, nicht zu vergessen diverse *Chardonnays, weißer Rioja* sowie *Fino Sherry/E* zogen hier das große Los. Bei den *Rotweinen* hatten wir keine so glückliche Hand: leicht gekühlte *Jungweine* wie *Gamay/Beaujolais* und *Loire* sowie *Pomerol/Bordeaux* und einfache *Côtes du Rhône Rouge* entsprachen am ehesten, doch mit kraftvoll-kräuterwürzigen Roséweinen lagen wir nie falsch.

Sauce Tomates (Tomatensauce)

Eine Grundsauce, die mannigfaltig abwandelbar ist: 50 g Brustspeck und etwas Wurzelwerk würfelig geschnitten, 1 Zwiebel gehackt, mit etwas Thymian, Basilikum und Lorbeerblatt in Butter angeröstet, 1 EL Mehl darübergestreut, kurz mitgeröstet, mit 1/2 l Bouillon aufgefüllt, 2 EL Tomatenmark beigefügt, Sauce 30 Minuten leise gekocht, mit Salz, Pfeffer und Zucker gewürzt, passiert.

Zu Tomatensauce mit Reis genossen wir auf Sardinien den superben *weißen Torbato di Alghero „Vigna Terre Bianche"* (2 – 4 Jahre; 9 – 10° C) von SELLA & MOSCA, Alghero, *Vermentino*, ebenfalls aus *Sardinien*, und *Verduzzo/Friaul* standen in keiner Weise nach. *Gaillac Blanc/SW-F, Chenin Blanc/Loire, Bellet Blanc/Provence/F, Bandol* und *Côteaux d'Aix Rosé/Provence* vertraten Galliens Farben mit Anstand, und *Chardonnay, Sémillon-Sauvignon, Grüner Veltliner, Sauvignon Blanc, Riesling, Traminer, Bouvier, Chasselas/CH* und *Malvasier* stellten einmal mehr ihre Vorliebe für die rote Sauce unter Beweis. Unter den *Rotweinen* kristallisierten sich *Valpolicella Classico/Venetien, Corvo Rosso/Sizilien, Chianti Classico/Toskana/I, Minervois/Languedoc* und *Cornas/nördliche Rhône* sowie *Pinot Noir* und *Blauburger* als Freunde des diffizilen Tomatenaromas heraus.

Sauce Velouté (Weiße Grundsauce, Samtsauce)

35 g Butter geschmolzen, 2 EL Mehl glattgerührt; langsam unter ständigem Rühren 1/2 l Kalbsfond dazugegossen, 30 Minuten leise geköchelt, gesalzen, gepfeffert (weißer Pfeffer), durch ein Tuch abgeseiht; auch als Fertigsauce erhältlich.

Die Samtsauce wünscht sich artverwandte, samtig-milde *weiße* Mitspieler, die zuweilen – je nach Art des Fleisches – von großer Aromatik sein dürfen.

Sauce Velouté de Poisson (Weiße Fischgrundsauce)

Weiße Mehlschwitze bereitet und unter ständigem Rühren Fischfond dazugegeben, 15 bis 20 Minuten geköchelt und mit Salz und weißem Pfeffer abgeschmeckt.

Je nach Zubereitungsweise und Art der → Fische (Süß- bzw. Salzwasser, fett oder mager) werden die klassischen „Fischweine" – siehe Stichworte – eingesetzt. Vermeiden Sie säurereiche, unreife Weißweine!

Sauce Villeroi (Villeroisauce)

Weiße Grundsauce (→ Sauce Velouté) mit Eidotter und etwas Kalbsfußextrakt gebunden, mit Zitronensaft und weißem Pfeffer gewürzt und mit frischer Butter montiert; ideal zum Überziehen diverser Speisen. Große *Weißweine* mit mildem Extrakt und gebändigter Säure *(Graves Blanc* und *trockener Sauternes/Bordeaux, Chenin Blanc/Loire, Corton-Charlemagne* und reifer, öliger *Chablis Grand Cru/Burgund/F, Pinot Gris, Pinot Blanc* und *Neuburger Spätlese trocken, Zierfandler, Rotgipfler, Roter Veltliner* und *Malvasier* im oberen *Kabinett*-Bereich, *Tocai* und *Verduzzo/Friaul* sowie edler *Chasselas/CH* ...) sind standesgemäße Geschmacksträger der weißen Sauce. *Weißweine* mit pikanter Säure – bei entsprechendem Extrakt – wie *Sauvignon Blanc, Riesling, Riesling-Sylvaner, Sylvaner, Grüner Veltliner, Welschriesling* sowie *Bourgogne Aligoté, Muscadet/Loire* und *Hermitage Blanc/nördliche Rhône/F* usw. können angenehme Frischenoten vermitteln. Doch Vorsicht vor allzu rassigen Weißweinen, deren Säure sich mit Zitronensaft, Pfeffer und Salz verbindet und letztlich oft als unharmonisch und ätzend empfunden wird.

Sauce Vin Blanc (Weißweinsauce)

Fischfond eingekocht, einfacher Burgunder-Weißwein dazugegossen, mit weißer Fischgrundsauce (→ Sauce Velouté de Poisson) aufgefüllt, durchgekocht, mit Eigelb und Rahm gebunden und mit Cayennepfeffer und Zitronensaft aromatisiert; hauptsächlich zu gedünstetem → Fisch beigegeben.
Der *Kochwein* oder kraftvolle *Weißweine* aus der *Burgunder*-Familie *(Pinot Blanc, Pinot Gris, Neuburger* sowie *Chardonnay (Morillon), Hermitage Blanc/nördliche Rhône, Chenin Blanc/Loire, Graves Blanc/Bordeaux/F* usw.), die die Sauce geschmacklich ergänzen, aber nicht erschlagen, sind begehrte Begleiter. Im Sommer sind auch leichtere Kaliber *(Prosecco/Venetien/I, Riesling* und *Riesling-Sylvaner Kabinett,* jugendlicher *Chasselas* und *Grüner Veltliner* – bei entsprechendem Extrakt – einsetzbar. Vorsicht ist auch hier vor säurereichen, nicht abgepufferten *Weißweinen* geboten. Die Säure addiert sich mit Zitronensaft und Salz und wird als grün, unharmonisch und aggressiv empfunden.

Sauce Vinaigrette (Vinaigrette)

Kalte, würzige Essigkräutersauce: Kräuter (Estragon, Kerbel, Petersilie, Schnittlauch), Zwiebeln, Kapern, Sardellenfilets und Cornichons fein gehackt, alles mit hartgekochtem Ei vermengt, mit Salz, Pfeffer und Essig aromatisiert und mit Öl aufgeschlagen; zu gekochtem → Rindfleisch, → Hammelfüßen, → Kalbskopf, → Fisch, → Spargel usw.
(→ Spargel mit Sauce Vinaigrette)
Ohne Rücksichtnahme auf die einzelnen Produkte ist zu sagen, daß grundsätzlich leichtes *Pils-Bier* am unverfänglichsten ist. Zu einer steirischen (Kürbis-)Kernöl-Vinaigrette war samtiger *Malvasier* von ausgleichender Wirkung; zu Vinaigrette mit Orangensaft und Kräutern waren sowohl eine *Riesling Spätlese* als auch ein *Traminer Kabinett* erfolgreich; zu weißem und grünem Spargel mit Vinaigrette und Hollandaise begeisterte trockener *Muskateller* von F. X. PICHLER, Loiben/Wachau/NÖ/A; Artischocken „Vinaigrette" kombinierten wir mit edlem *Graves Blanc/Bordeaux;* Vinaigrette mit Sherry-Essig wurde von *Vouvray sec/Loire* genial ausbalanciert; Vinaigrette mit Honig war bei *Château-Chalon/Jura* gut aufgehoben, und Vinaigrette mit Himbeeressig wurde sogar von den roten *„Fleurie"/Beaujolais/Burgund* und *Bourgueuil/Loire/F* gekonnt interpretiert. Weitere Möglichkeiten stellen *Vinho Verde/Portugal, Sémillon-Chardonnay/Kalifornien* bzw. Australien, *Clairette de Bellegarde und Tavel Rosé/südl. Rhône/F, Pinot Grigio, Tocai* und *Verduzzo/ Friaul* dar. Die oft empfohlenen *Muscadet/Loire* und *Sauvignon Blanc/Loire/F* (bzw. *Südsteiermark/A)* und *Chardonnay* werden von den meisten Gästen als zu säurebetont abgelehnt.

SAUERAMPFER

Grasart, die auf feuchten Wiesen, an Wegrändern und Wäldern Mitteleuropas zu Hause ist und schon von Plinius gelobt wurde. Die Stengel und Blätter schmecken ausgesprochen sauer. Sauerampfer hat einen hohen Vitamin C-Gehalt, sein saurer Geschmack stammt hauptsächlich von der Oxalsäure, die auch im Rhabarber enthalten ist. Sowohl in der Naturküche als auch in der Nouvelle Cuisine ist Sauerampfer ein fester Bestandteil.

Neben *Sauvignon Blanc* haben auch *Chardonnay (Morillon)* und *Pinot Blanc* ohne Holzausbau, jugendlicher *Riesling* und *Grüner Veltliner* gute Aussichten auf einen Stammplatz an der Tafel.

Sauerampfersalat

Sauerampfer und Spinat in feine Streifen geschnitten, wenig Schnittlauch dazugegeben und mit Rahm vermischt.

Die ideale ausgleichende Gerechtigkeit war ein *Johannisberg du Valais* von JEAN-BERNARD ROUVINEZ, Sierre/CH, dicht gefolgt von einem trockenen *Chenin Blanc „La Roche-aux-Moines"* von der DOMAINE AUX MOINES, Savennières/Loire, während der rassige *Sauvignon Blanc* aus der *Südsteiermark/A* nur bei Säure-Fanatikern ankam. Blutjunger *roter Gamay/Loire* oder *Beaujolais* – leicht gekühlt – erfrischten den Gaumen und schlugen sich tapfer im Kampf gegen Rahm und Schnittlauch.

SAUERBRATEN

Ein Klassiker der deutschen Küche: Rindfleisch aus der Schulter oder vom Schwanzstück ca. drei Tage mit Wurzelwerk, Zwiebeln, Pfefferkörnern, Wacholderbeeren, Gewürznelken und Lorbeerblatt in verdünntem Essig gebeizt, abgetrocknet, kräftig angebraten, gemehlt, mit Bouillon und Tomatenmark aufgefüllt, zugedeckt weichgeschmort und mit Kartoffelklößen aufgetragen.

Weiß: Scheurebe und Riesling Kabinett/D
Rot: Blaufränkisch und Pinot Noir Kabinett/D
Bier: Weißbier

Der männlich-wacholderbeerenwürzige *Riesling „Winninger Hamm"* (2 – 5 Jahre; 9 – 10° C) vom WEINGUT HEYMANN-LÖWENSTEIN, Winningen/Mosel/D, betonte die Würze des Klassikers auf attraktive Weise, schenkte dem Tomatenaroma neues Leben und war auch dem Rindfleisch gegenüber nicht auf verlorenem Posten.

Weiß: Pinot Gris, Scheurebe und Traminer Spätlese trocken/D
Rot: Blaufränkisch und Pinot Noir Spätlese trocken/D
Bier: Altbier

Da die verkosteten *Blaufränkisch* und *Pinot Noir Spätlese* das Tomatenaroma ein wenig verfremdeten, schlug die Stunde der hervorragenden *Spätburgunder Spätlese „Weiler Schlipf"* (2 – 5 Jahre; 16 – 17° C) von der BEZIRKSKELLEREI MARKGRÄFLERLAND, Efringenkirchen/Baden/D, die mit Charme, Finesse, Rasse, Herz und Schwung zu einer weiteren Renaissance des Sauerbratens antrat.

Weiß: Pinot Gris und Traminer Auslese trocken/D
Rot: Vino Nobile di Montepulciano DOCG/Toskana/I

🍾 Die üppige Traminer Auslese „*Neipperger Schloßberg*" (3 – 6 Jahre; 10 – 12° C), GRAF VON NEIPPERG, Schwaigern/Württemberg/D, brachte exotische Elemente ins Spiel und veränderte die gewohnte Aromatik des typisch deutschen Bratens auf raffinierte Weise; die Auslese wurde zwar nicht von allen Teilnehmern goutiert, bekam aber doch genügend Beifall. Versuchen Sie selbst!

SAUERKRAUT (SAUERKOHL)

Gehobeltes Weißkraut gesalzen, der Gärung überlassen, wobei ein fein säuerlicher Geschmack entsteht, wenn sich das Kochsalz in Milchsäure umwandelt und es dadurch auch leicht verdaulich macht. Es ist mit einem hohen Anteil an Vitaminen (B_1 und C) und Mineralsalzen ausgestattet. Sauerkraut sollte nie gewaschen werden, da es sonst stark an Aromen einbüßt. Man kann noch verschiedene Kräuter, Gewürze und auch Zucker beisetzen; Weinkraut enthält auf 25 kg etwas 1/2 l Wein.
Zu derb-deftigem Kraut sind rustikal-würzige *Weißweine* mit frischer Säure *(Riesling, Sylvaner, Grüner Veltliner, Traminer, Pinot Blanc, Morillon)* anzuraten, während zu den Spitzenerzeugnissen subtiler Küchenmeisterhände die finessenreichen „Brüder" oben genannter Tropfen zu forcieren sind. Wenn es das Fleich erfordert, sind auch leicht gekühlte, frische *Rotweine (Pinot Noir:* z. B. heller *Frühburgunder „Bachemer Karlskopf"* vom WEINGUT J. J. ADENAUER, Ahrweiler/Ahr/D, *Blaufränkisch, Gamay ...)* anpassungsfähig.

SAURE NIEREN

Schweinsnieren in kleine Tranchen geschnitten und in Butter angebraten, aus dem Jus genommen, leicht gesalzen; im Jus etwas Mehl angeröstet, peu à peu mit Kraftbrühe aufgefüllt, durchgekocht, mit Salz, Pfeffer (Mühle) und Zitronensaft aromatisiert, gebratene Räucherspeckwürfel, Kümmelkörner und die Nieren dazugegeben und mit Semmelknödeln angerichtet.
Das etwas deftig-säuerliche Gericht verlangt nach kraftvoll-würzigen Weinen *(weiß, rosé, rot)* mit hohen Extrakt- und niedrigen Säurewerten. *Pinot Gris, Pinot Blanc* und *Neuburger Kabinett Spätlese trocken* sowie *Zweigelt Rosé* im oberen *Kabinett*-Bereich (z. B. von JOHANN TOPF, Straß/Kamptal-Donauland/NÖ/A, oder der mächtige *Zweigelt-Merlot Rosé* vom MANTLERHOF, Brunn im Felde/Kamptal-Donauland/NÖ/A) und *Blauer Portugieser Kabinett* bis *Spätlese trocken* sollten jene Opulenz und Kraft – bei gleichzeitiger Milde – mitbringen, die die säuerliche Wildheit des Gerichts zähmen kann. In allerbester Manier gelang dies JULIUS STEINERS kraftvollem *Weißburgunder Kabinett,* Podersdorf/Neusiedlersee/BGLD/A.

SAVARIN (RINGKUCHEN)

Ringförmiger, in Spirituosen (Rum, Kirsch usw.) getränkter Hefekuchen: kleine Ringform halbvoll mit Savarinteig ausgelegt, gebacken, aus der Form gestürzt, mit Rumläuterzucker getränkt, Kuchenring mit Schlagrahm oder → Frangipane gefüllt und mit Maraschinokirschen dekoriert (benannt nach Brillat-Savarin).
Neben *Rum* und *Kirschwasser* ist der *französische Kräuterlikör Chartreuse* ein wahrlich berauschendes, hochgeistiges Getränk zum Nachgenießen. In Frankreich trinkt man gerne *Muscat d'Alsace Spätlesen* und den gespriteten *Banyuls Rouge Grand Cru* (GR; 5 – 12 Jahre; 10 – 12° C), z. B. DOMAINE DU MAS BLANC, Banyuls-sur-

Mer/Roussillon/S-F. Unter den zahlreichen *Dessertweinen* sind vor allem *Beerenauslesen, Ausbruch, Trockenbeerenauslesen* und *Strohweine* der Sorten *Muskat-Ottonel, Bouvier, Riesling-Sylvaner, Riesling, Welschriesling, Sämling, Pinot Gris, Sémillon ...*) sowie liebliche *Muskat-Schaumweine* von verführerischer Süße und ästhetischem Verständnis.

SAVOURIES

Englisch: savoury = gewürzt; kleine Würzbissen der anglo-amerikanischen Küche, die am Ende eines Mahles anstelle der Käseplatte angeboten werden und den Durst anregen.
Sehr oft bewirken die kleinen Bissen, daß man wieder einen fruchtig-frischen *Weißwein* bestellt, um die erhitzten und ermüdeten Papillen – ebenso wie den Geist – wieder zu sensibilisieren.

SBRINZ

Ein ursprünglich aus der Innerschweiz stammender Extrahartkäse, der aus Rohmilch gewonnen wird und von kräftig-gehaltvollem Aroma ist. Das Innere ist von gelber Farbe und hat keine Löcher. Er ist ein idealer Reibkäse und zieht keine Fäden, wenn er erhitzt wird.
Rotweine mir würzig-aromatischem Flair, wie *Pinot Noir* (z. B. die fulminanten *Blauburgunder* von THOMAS DONATSCH, Malans/Graubünden/CH) und *Merlot del Ticino/CH, Chianti Classico* und *Brunello di Montalcino/Toskana/I, Blaufränkisch* sowie die *weißen Chasselas/CH* und *Pinot Gris* ergänzen den Hartkäse auf bewährte Art und Weise.

SCAMPI

Einzahl: Scampo; dem → Kaisergranat ähnelnde fingerlange Meereskrebse, die vor allem im Mittelmeer vorkommen. Scampi werden beim Kochen rosarot und haben ein feines, zart süßliches Aroma.
Zu Scampi-Kuchen reichte man uns milden *Fendant/CH;* Scampi auf gefülltem Paprika lassen sich gerne von edlem *Riesling* begleiten; Scampi mit Knoblauch sind für *weißen Penedès/E* die richtige Herausforderung; Scampi gegrillt und edler *Grüner Veltliner/Wachau/NÖ/A* liebten sich auf den zweiten Blick; Scampi „Provençale" (mit Weißwein, → Cognac, Olivenöl, Knoblauch, Tomaten) sind für *Cassis* und *Bellet Blanc/Provence/F* kein Problem, und Scampi mit Limettennudeln begegnen Sie mit modernem *Hermitage Blanc/nördliche Rhône* (z. B. dem *Crozes-Hermitage „Château Curson"* von ETIENNE POCHON, Chanos Curson).

Scampi all' „Americana"

Scampi in Olivenöl gebraten und mit einer Sauce aus in Öl geschmolzenen Tomaten, gewürzt mit Salz, Cayennepfeffer, Knoblauch, Brandy (→ Cognac) und Petersilie begossen und von körnig gekochtem Reis begleitet.
In *Europa* bewiesen schäumender *Cava/Penedès* und kühler *Fino Sherry/E*, mineralischer *Chablis AC/Burgund/F* sowie der fulminante *Chardonnay „Cà del Bosco"* von MAURIZIO ZANELLA, Franciacorta/Lombardei/I, Standfestigkeit. In den *USA* selbst waren rassiger *Sauvignon Blanc*, SILVERADO VINEYARDS, Napa Valley/KAL, sowie der außergewöhnliche *Chardonnay Grgich Hills* (3 – 5 Jahre; 9 – 10° C) von MILJENKO „MIKE" GRGICH, Napa Valley/KAL, den anderen (20) verkosteten

Weinen turmhoch überlegen, wobei die buttrige Würze, unterlegt von delikaten Aromen (Muskatnuß, Vanille-Zimt, Birnen) – bei kraftvollem Körper – die reichen Ingredienzien der Speise vorzüglich kontrastierte.

Scampi gebacken

Scampi mit Salz und Paprika gewürzt, in Mehl, Ei und geriebenem Weißbrot gewendet, in heißem Fett paniert und mit gebackener Petersilie, Zitronenvierteln und → Sauce Tatar servier.
Bianco del Ticino/CH, Rotgipfler Kabinett/Gumpoldskirchen/Thermenregion/A, Riesling halbtrocken/D sowie *Frascati/Latium/I* sind vier Beispiele, mit denen man zum Selbstverwöhner werden kann.

Scampisalat auf „Moderne Art"

Kleingeschnittene Scampi, Gurkenwürfel, Tomaten und gedünstete Champignons mit Sauce aus Rahm, geriebenem → Kren, Ketchup, Salz, Paprika und englischem Senf kombiniert, mit längshalbierten Scampi, Spargelspitzen und Trüffelscheiben dekoriert. Milder *Sauvignon Blanc, Riesling, Gavi/Piemont, Frascati/Latium („Villa Simone"), Chiaretto/Venetien/I* und *weißer Rioja/E* beherrschen das Zusammenspiel mit den diffizilen Aromen.

SCHAF (HAUSSCHAF)

Das älteste unserer Haustiere ist weltweit verbreitet und wegen seiner Wolle und seine Fleisches überaus beliebt. Das männliche Tier (Widder bzw. Bock) wird in der Küche kaum verwendet, da es einen strengen, unangenehmen Geschmack aufweist. Das kastrierte männliche Tier (→ Hammel oder → Schöps) und das weibliche Mutterschaf (Zibbe) sind umso besser, je jünger man sie schlachtet. Das → Lamm zählt zu den höchsten Genüssen der internationalen Gourmets.
Schaffleisch gekocht in Wurzelsud wurde von einem kraftvoll-würzigen *Grünen Sylvaner* von LEOPOLD KLAGER, Wien-Stammersdorf, köstlich untermalt.

SCHAFKÄSE

Muß einen Anteil von mindestens 25 % Schafmilch aufweisen und ist wegen seines charakteristisch-würzigen Aromas sehr beliebt. Berühmte Schafkäse sind → Corsica, → Roquefort und → Pyrénées pur Brebis in Frankreich, → Beenleigh blue in England, → Kefalotiri in Griechenland, → Idiazabal und → Manchego in Spanien, → Pecorino in Italien, → Weißer Prinz und → Trautenfelser in Österreich.
Ennstaler Schafkäse mit Kürbiskernen genossen wir mit *südsteirischem Cabernet* (wobei auch Knoblauchtöne aktiviert wurden). Ein samtiger *Pinot Noir* von ING. JOSEF SCHÜLLER, Eisenstadt/Neusiedlersee-Hügelland/BGLD/A, rückte wiederum die Kürbiskerne in den Vordergrund.

SCHALENTIERE (SCHALTIERE)

Sammelbezeichnung für mit Kalkschalen geschützte Wasserbewohner wie → Muscheln und → Austern. (Irrtümlich zählt man oft → Garnelen, → Hummer, → Krabben, → Krebse, → Langusten, → Scampi, → Seeigel usw. dazu, obwohl sie zur Gruppe der → Krustentiere gehören.) → Schnecken zählen zu den Weichtieren (ebenso wie Frösche bzw. → Froschschenkel).
(→ Coquilles Saint-Jacques, → Miesmuscheln)

SCHALOTTEN
(ESCHLAUSCH, ASCHLAUCH, ASKALONZWIEBELN)

Kleine, eiförmige Lauchknollen, einst von den christlichen Kreuzrittern aus Palästina nach Europa gebracht. Die Schalotte, auch „Königin der Lauchgewächse" genannt, besitzt ein violettes, mild-aromatisches Fruchtfleisch und einen angenehm-würzigen Duft nach Frühlingszwiebeln, grünen Äpfeln und Muskat. In der Küche wird sie vielfältig eingesetzt, aber vor allem in roher Form in exquisiten Salaten usw.
Zu Schalotten in Apfelwein genießen Sie am besten *Cidre* oder *Grünen Veltliner/Wachau/A*. Schalotten in Rotweinsauce werden durch den *Kochwein* oder fruchtigen *Pinot Noir* geschmacklich unterstützt. Schalotten gegrillt kombinierten wir ideal mit edlem *Vouvray demi-sec/Loire/F*, und Schalotten süß-sauer blieben mildem *Malvasier* und *Bianco di Custoza* von der AZ. AGR. ARVEDI D'EMILEI, Cavalcaselle/Venetien/I, vorbehalten.

Schalottenbutter

Buttermischung aus 125 g fein gehackten Schalotten mit 125 g Butter vermengt und durch ein Drahtsieb gestrichen.
Tocai Friulano und *Pinot Grigio/Friaul/I*, *Sauvignon Blanc Spätlese* und *Muskateller trocken* zählen zum engsten Kreis der Anwärter für den kapriziösen Lauch.

SCHASCHLIKS

Kleine Spieße, die über dem Rost oder in heißem Fett gebraten werden. Ursprünglich aus dem Orient stammend, haben sie auch in den Balkanländern eine gewisse Popularität erreicht. Wurden sie früher nur aus Hammelfleisch komponiert, so ist die Zubereitung auf kleine Scheiben von Niere, Räucherspeck, Rindfleisch, Zwiebeln und Paprika erweitert worden. Sie werden stets großzügig mit Paprika und Currypulver bestäubt und von diversen → Würzsaucen begleitet.
Erfrischende *Biere, Roséweine* sowie *exotische Weißweine* sind das Tüpfelchen auf dem i und keine (!) Sturmangriffe auf die Geschmacksnerven im kulinarischen Umgang mit den scharfen Spießchen. Eine besondere *rote* Spezialität lernten wir in *Rumänien* mit dem hervorragenden *süßen (!) Pinot Noir Fruvimed* von FRUVIMED, Dobrudja, kennen und – nach einiger Zeit – schätzen.

Schaschlik auf „Türkische Art"

Zartes Hammelfleisch würfelig geschnitten, in Olivenöl, Salz, Pfefferkörnern, gehackter Petersilie und frischer Minze mariniert, auf Spieße gesteckt, gegrillt und auf → Pilawreis plaziert.
Der trocken *Sémillon* von VILLA DOLUCA, der führenden Weinkellerei der Türkei, sowie trocken-würziger, etwas oxydativer *Urgup/Anatolien/Türkei*, waren dem ölig-würzig-scharfen Schaschlik durchaus gewachsen und fanden sogar Zeit, dem frischen Minzegeschmack Respekt zu zollen.
Der *rote Cabernet Sauvignon/Gamay* der VILLA DOLUCA zählt zu den wenigen kontrolliert vergorenen Gewächsen und zeigte auch Fruchtcharme und Finesse zu gleichen Teilen, was der Harmonie mit dem Spieß sehr entgegenkam. Alle übrigen verkosteten Rotweine erwiesen sich als zu schwer, üppig, oxydativ, plump und süßlich!

SCHEITERHAUFEN
Österreichisch-süddeutsche Spezialität: Milch mit Ei und Zucker geschlagen, über Semmelscheiben gegossen, in eine gebutterte Auflaufform schichtenweise mit den Semmelscheiben, geraspelten Äpfeln und Rosinen gegeben, mit der restlichen Milch-Ei-Zucker-Mischung begossen, im Rohr überbacken und mit → Süßspeisensauce serviert. Mild-süße, apfelig-fruchtige *Auslesen (Grüner Veltliner,* z. B. die fulminante *Auslese „Ried Spiegel"* vom MANTLERHOF, Brunn im Felde/Kamptal-Donauland/NÖ/A, *Welschriesling, Pinot Blanc ...),* prickelnd-fruchtige *Schaumweine (Riesling, Welschriesling, Grüner Veltliner ...)* und für „Naschkatzen" rosinensüße *Beerenauslesen* bzw. *Ausbrüche* und *Strohweine,* die zwar dominieren, aber auf durchaus „erträgliche" Art, sind als Begleiter immer angebracht.

SCHELLFISCH
Zur Familie der Dorsche gehörener Fisch der nördlichen Meere, der sich nur vom Feinsten ernährt (Muscheln, Heringsrogen, Würmer) und sich durch ein mageres, weißes, aromatisches Fleisch auszeichnet, das den Kabeljau an Wohlgeschmack übertrifft. Bei einer Mittelgröße von 40 cm in den Monaten Oktober bis Mai ist er am zartesten. In England hat er geräuchert als → Smoked Haddock Berühmtheit erlangt. Trocken-vollmundige *Weißweine* mit gut integriertem Säurekleid *(Pinot Blanc, Pinot Gris, Chardonnay; Puligny-Montrachet, Meursault/Burgund, Graves Blanc (Cru Classé)/Bordeaux/F, Riesling Kabinett* bis *Spätlese trocken)* sind „Schellfischer" von hohem Ansehen. Zu Schellfisch mit Senfsauce erfreute uns fragil-weicher, trockener *Müller-Thurgau Kabinett „Burgstädter Centgravenberg",* WEINGUT RUDOLF FÜRST, Bürgstadt/Franken/D; Schellfisch gedünstet verwöhnten wir durch elegantmilden *Grauburgunder Kabinett trocken „Weisenheimer Rosenbühl",* WINZERGENOSSENSCHAFT WEISENHEIM, Sand/Rheinpfalz/D; Schellfisch gebraten lockten wir mit vitalem *Riesling* von ERICH BERGER, Gedersdorf/Kamptal-Donauland/NÖ/A, aus der Reserve, und Schellfisch „Florentiner Art" (mit Spinat, Käsesauce und pochiertem Ei) genießen sie mit *Sauvignon* (z. B. von der AZ. AGR. CA'RONESCA, Dolegna del Collio/Friaul/I).

Schellfisch auf „Pariser Art"
Filets mit Salz und Pfeffer (Mühle) gewürzt, in Mehl gewendet, Ei mit → Crème fraîche verrührt, Filets durch die Eiermischung gezogen und in heißer Butter drei Minuten von jeder Seite angebräunt.
Hier imponierten besonders ein blaßrötlicher *Gris de Toul/Lothringen* als Sommerwein, ein samtig-weicher *weißer Cru Classé de Graves/Bordeaux,* CHÂTEAU HAUT-BAILLY, Léognan, als Gaumenschmeichler in Bestform und ein grandioser *Puligny-Montrachet Premier Cru „Les Combettes"* von JACQUES PRIEUR, Meursault/Burgund, der Noblesse und Subtilität einbrachte.

SCHICHTKÄSE
Quarkähnlicher deutscher Frischkäse, der aus drei Schichten besteht und von formfester, geschmeidiger, milchsäuerlicher, leicht speckiger Art ist. Die mittlere Schicht ist die fettreichste.
Von allen Frischkäsen ist dies noch einer der leichtesten in seiner Anpassungsfähigkeit an *Weißweine: Riesling, Riesling-Sylvaner, Gutedel* und auch *Pinot Blanc/D* kommen mit ihm relativ problemlos aus. Durch den speckigen Mittelteil kommen auch *Sauvignons Blancs* und milde *Pinots Noirs* zur Geltung.

SCHILDKRÖTEN

Zu den Kriechtieren (Reptilien) gehörende Art, die mit einem Knochenplattenpanzer versehen ist. Echtes Schildkrötenfleisch bzw. Schildkrötensuppe bekommt man nur noch selten zu Gesicht, da die Tiere vom Aussterben bedroht sind und unter Naturschutz stehen. Der Ruhm der Schildkrötensuppen dürfte auch nicht auf dem Wohlgeschmack des Fleisches, sondern auf den raffinierten Zutaten beruhen.
(→ Mockturtle-Suppe, → Lady Curzon)

Schildkrötensuppe „Lady Curzon" → Lady Curzon

SCHINKEN

Die Keule des Schweines, gepökelt, geräuchert oder gekocht, hat dem Allesfresser den Platz im gastronomischen Himmel erobert. Monselet und Grimod waren die ersten, die den Schinken zur feinen Küche zählten, Loblieder auf die diversen Spezies sangen und vor allem den Räucherschinken neben der Gänsebrust als das schmackhafteste Rauchfleisch schlechthin bezeichneten. Der würzig-schwere Schinken aus Westfalen begeisterte schon die römischen Schlemmer, der englische aus → York gilt für viele als bester kalter und der → Prager als bester warmer Schinken, der dünn geschnittene aus → Parma ist ideal zu Melone oder Spargel, der unter Zusatz von Wacholderbeeren geräucherte belgische aus den Ardennen ist ein würziges Hors d'oeuvre, der baskisch-französische aus Bayonne ist herrlich mild geräuchert, und die Spanier lieben ihren Asturier-Schinken mit Zuckerüberzug und Sirupgarnitur.
(→ Kochschinken, → Lachsschinken, Rentierschinken, → Rollschinken)
Zum berühmten Burgunder Jambon Persillé (gekochter Schinken in Petersilienaspik) ist *Bourgogne Aligoté de Bouzeron* Anlaß zu kulinarischer Lebensfreude (auch *Beaujolais Rouge* – gekühlt – ist fein). Zum milden spanischen Guijuela-Schinken vertrauen Sie auf haselnußwürzigen *Sherry Amontillado/E*. Salzigem Rohschinken begegnen Sie mit milden, durstlöschenden *südeuropäischen Roséweinen* oder *Fino Sherry/E*. Schinken mit Kartoffelgratin vereinen Sie mit *Pinot Gris Kabinett* oder *Montagny Blanc/Burgund*. Dem von Gourmets verschmähten Schinken-Käse-Toast begegnet man am ehesten mit (dunklem) *englischem Bier (Ale, Guinness ...)*. Schinkenfleckerl genießt man in Österreich mit pfeffrigem *Grünem Veltliner/NÖ*. Schinkensandwich (Ham Sandwich) mit englischem Senf versuchen Sie doch einmal mit *rotem Bordeaux Supérieur/F*, Räucherschinken kombiniere man mit *Riesling (Elsaß/F, Nahe/D ...)* oder *Sauvignon Blanc/Loire/F* bzw. *Südsteiermark/A*. Schinkenauflauf unterstützen Sie aromatisch durch finessenreichen *Chardonnay/ NZ*. Den feinen italienischen Rohschinken aus San Daniele können Sie mit *Tocai Friulano, Verduzzo* oder *Pinot Grigio/Friaul/I* genießen, und zu Schinkenmedaillons „Rothschild" (mit Gänseleberpüree, Trüffelscheiben, Portweingelee) paßt standesgemäß *Champagne Henriot Reserve Baron Philippe de Rothschild* (CH 50 %, PN 50 %; 7 – 10 Jahre; 7 – 9° C), Reims/F.

Schinken in Brotteig

Ein Prager Schinken von etwa 2,5 kg 50 Minuten in Wasser gekocht, leicht abgekühlt, Schwarte und überschüssiges Fett entfernt, in Brotteig gehüllt, im Ofen gebacken und mit → Sauce Madère kredenzt.
Brotteig und Sauce stellten die Weichen für *ungarischen Tokaji Szamorodni szaraz (trocken)*, der mit seiner brotigen Würze und Dichte schlechthin ideal besetzt war,

doch auch die *Grauburgunder Auslese trocken "Birkweiler Mandelberg"*, ING. JOHANNES KLEINMANN, Birkweiler/Rheinpfalz/D, traf den Ton der Speise haargenau. Der erdig-würzige, an einen *Pomerol* erinnernde *Blaufränkisch-Cabernet* von MARTHA & HERMANN KRUTZLER, Deutsch-Schützen/Südburgenland/A, war Sauce und Schinken ein ebenbürtiger Partner, der nur mit dem Brotteig kleine Unstimmigkeiten hatte.

Schinken in Burgunder

Ein → Prager Schinken (2,5 kg) etwa 50 Minuten in Wasser gekocht, abgekühlt, Schwarte und überschüssiges Fett entfernt, mit angeschwitztem Wurzelwerk in eine Kasserolle gegeben, eine Flasche weißen Burgunder darübergegossen, zugedeckt gargeschmort, mit Staubzucker bestreut und aufgedeckt bei starker Oberhitze braun glasiert; Fond entfettet, mit Kraftsauce verkocht, ein Dash → Madeira dazugegeben und mit Steinpilzen und gebutterten Nudeln aufgetragen.

Als einfacher Mittags- und Sommerwein ist simpler *Bourgogne Aligotè*, der auch der Kochwein war, goldrichtig. *Pinot Blanc Spätlese trocken* oder *Meursault Premier Cru/Burgund* (wegen der Steinpilze) sind die Grundlage für ein festliches Mahl. Auch *Pinot Noir*, z. B. *Chambertin Grand Cru* von LOUIS LATOUR, Côte de Nuits, oder *Volnay Premier Cru "Les Pitures"* von RÉGIS ROSSIGNOL, Volnay/Côte de Beaune/F, waren – über Steinpilze und Madeira – eine Hommage an Burgund.

Schinkensteak „Maryland"

Tranche von mildgepökeltem Schinken gegrillt, mit Honig bestrichen und mit längshalbierten gebratenen Bananen, Maiskroketten und Meerrettichsahne (Oberskren) angerichtet.

Honig, Bananen, Maiskroketten und Meerrettichsahne mögen für manchen Wein ein Problem darstellen, doch *kalifornischer Sauvignon Blanc* von MIRASSOU, San José/Central Coast, extraktsüßer, würziger *Chardonnay* von ACACIA, Napa, sowie der spätleseartig-honigwürzige *Riesling* von GRGICH HILLS CELLAR, Rutherford/Napa, konnten der kulinarischen Herausforderung standhalten.

SCHLAGSAHNE (SCHLAGRAHM, SCHLAGOBERS)

Frische, stark abgekühlte, fest geschlagene Sahne, die nach Gutdünken gesüßt und parfümiert (z. B. mit Vanillezucker) werden kann.

Milde, säurearme *Weißweine* eignen sich aufgrund des Fettgehalts und vor allem des Milchzuckers hervorragend. Der Milchzucker gleicht sogar die Restsüße eines halbtrockenen Weines aus; trockene, säurereiche Weißweine werden jedoch urplötzlich als sauer empfunden. *Weißweine* aus der *Schweiz* und *Italien* gelten als besonders geeignet: *Chasselas, Riesling-Sylvaner, Pinot Gris* (im *Wallis* als *Malvoisie* bezeichnet), *Sylvaner* (im *Wallis Johannisberger* genannt), *Marsanne Blanche* (im *Wallis* als *Hermitage* berühmt), *Amigne, Humagne Blanche/CH; Pinot Bianco, Pinot Grigio, Tocai, Verduzzo/Friaul, Frascati/Latium, Orvieto/Umbrien, Soave Classico/Venetien/I* usw. Wenn zum Schlagrahm Früchte gereicht werden, dann sind auch *Riesling, Malvasier, Roter Veltliner, Zierfandler, Rotgipfler Kabinett* oder *Spätlese trocken* geeignet, und selbst fruchtintensive, extraktsüße *rote (Jung-)Weine* ohne (störende) Holznoten können sich als passend erweisen. Last not least soll auch auf die vielen Kombinationsmöglichkeiten mit fruchtcharmanten *Schaumweinen* hingewiesen werden. Wurde der Rahm mit Vanillezucker gesüßt, so bieten sich mild-süße *Muskat-Schaumweine* und zart-süße *weiße Prädikatsweine* an.

SCHLEIE (SCHLEI, SCHLEIERKARPFEN)

Eine Karpfengattung, die in schlammigen Flüssen und Seen Europas beheimatet ist und bis zu 50 cm lang und etwa 4 kg schwer wird (heute auch gezüchtet). Schleiensaison ist von April bis Juni. Das Fleisch ist weiß, fett und doch zart-wohlschmeckend. Fische aus schlammigen Gewässern müssen allerdings vor dem Schlachten einige Tage in fließendem Wasser gehalten werden, um den sogenannten „Moderton" zu verlieren. Ähnlich wie beim → Karpfen sind auch hier kraftvoll-würzige, extraktreiche *(Weiß-)Weine* mit gut eingebundenen Säurewerten erwünscht. Schleie in Wurzelsud versuchten wir erfolgreich mit *Silvaner Kabinett (Franken, Baden, Rheinhessen/D)*. Schleie in Aspik kombinierten wir mit *Grünem Veltliner Smaragd* von EMMERICH KNOLL, Loiben/Wachau/A. Schleie gefüllt und *Pinot Gris Spätlese trocken* kann überzeugen, und Schleie gebacken harmonierte sowohl mit einer kraftvoll-milden *Neuburger Spätlese trocken* von ERNST TRIEBAUMER, Rust/Neusiedlersee-Hügelland/BGLD/A als auch mit der samtig-fülligen *Weißburgunder Auslese trocken „Siebeldinger im Sonnenschein"* von ÖKONOMIERAT REBHOLZ, Siebeldingen/ Rheinpfalz/D. Große *Chardonnays (Chablis Grand Cru, Meursault Premier Cru, Corton-Charlemagne Grand Cru ...)* sind vielleicht nicht ganz so harmonisch wie obige Kreszenzen, doch verleihen sie dem Fisch meist mehr Würze, Charakter und Aussagekraft.

Schleie mit → Salbei

Feuerfestes Geschirr gut eingefettet, mit frischen Salbeiblättern ausgelegt, vorbereitete, gesalzene und gepfefferte Schleie in das Geschirr gelegt, mit Salbeiblättern bedeckt, mit → Crème fraîche aufgefüllt und gegart. Salbei und Crème fraîche bedingen samtig-weiche, mild-fruchtige Kreszenzen ohne störende Säure- und Tanninspitzen: *Chasselas* und *Riesling-Sylvaner/CH, Pinot Gris Spätlese trocken* bis *halbtrocken (Pinot Grigio, Tocai* und *Verduzzo/Friaul/I), exotische Chardonnays (Neuseeland, Australien, Kalifornien ...)* führen zu erdverbundenen, köstlichen Gemeinsamkeiten. Die von französischen Sommeliers des öfteren angebotenen *roten* Exponate *(Chinon, Bourgueuil/Loire, Bellet Rouge/Provence ...)* konnten uns in diesem Zusammenhang nicht allzusehr begeistern.

Schleie mit Specksauce

Braune Grundsauce (→ Sauce Espagnole) mit Essig und Zucker aromatisiert, mit kleinen, gerösteten Speckwürfeln und feingehackter Petersilie vermischt und zu blaugekochter Schleie gereicht. Dies war die Speise und anscheinend auch der Tag für *Südtiroler (Trentiner) Weißweine: San Siro Bianco/Trentino* und würzig-frischer *Terlaner Welschriesling* als Mittagsweine; kraftvoller *Pinot Bianco „Villa Barthenau"* von HOFSTÄTTER, Tramin/Südtirol, oder der als „Fischwein" angepriesene *Weißburgunder* von KÖSSLER, St. Pauls/Südtirol/I, als Partner mit viel Anpassungsgefühl und doch mit akzentuierter Kraft.

SCHLESISCHES HIMMELREICH

Schlesische Spezialität: mageres Rauchfleisch (Räucherspeck) vom → Schwein mit eingeweichtem Dörrobst (Apfel, Birnen und Pflaumen) weichgekocht, mit Mehlschwitze gebunden, mit Salz, Zucker, Zimt und Zitronensaft aromatisiert und mit schlesischen Kartoffelklößen serviert. Als das ehemals zu Deutschland gehörende Schlesien noch seine erstklassigen Brauereien besaß, trank man dunkle, würzig-süße *Malzbiere* zu dem „Nationalgericht". Das *polnische Slodowe* (würzig-süß mit wenig Alkohol) ist immerhin eine Alternative zu Wein.

Das salzig-würzig-süßliche Gericht ist gar nicht so leicht mit Wein auszuloten, was allerdings einen echten Schlesier zu einem milden Lächeln veranlaßt, denn für ihn sind *Pinot Blanc, Pinot Gris* und *Traminer Spätlesen trocken* bis *halbtrocken* die richtigen Gefährten auf dem Weg zum Himmelreich.

SCHLOSSERBUBEN

Österreichische Mehlspeise: Auflaufkrapfen, abgetropft, sofort mit heißem → Powidl gefüllt, in Schokoladeraspeln gerollt, mit Staubzucker bestreut und heiß angerichtet.
Pinot Gris, Traminer (z. B. der *Ausbruch „Nouvelle Vague"* von ALOIS KRACHER, Illmitz/Neusiedlersee/BGLD/A), *Riesling, Muskat-Ottonel* und *Bouvier* im *Ausbruch*-Bereich mit zarter Restsüße sowie Honigwürze- und Botrytis-Anklängen und der exzellente, im Barrique ausgebaute *„Il Roncat Bianco"* aus *Verduzzo* und *Picolit* von GIOVANNI DRI, Nimis/Friaul/I, sorgten für Gaumenfreuden harmonischer, aber nicht übertrieben süßer Dimension. Süße Zungen werden sich an höheren *Prädikats-* und *Strohweinen* laben, und *Rotwein*-Fans sollten einmal exquisite (Barrique)-Weine mit Extraktsüße sowie Schoko- und Pflaumen-Noten *(Zweigelt, Pinot Noir, Cabernet Sauvignon, Syrah, Sangiovese* usw.) versuchen: Sie bringen zwar einen dezenten Bitterschokoton hervor, saugen aber gleichzeitig die Fettnote des Gerichts besser auf.

SCHMELZKÄSE

Unter Zusatz von Schmelzsalzen in Vakuum geschmolzener Käse, der meist mit pikanten Gewürzen und feingehackten Zutaten (Schinken, Gurke, Champignons, Paprika usw.) vermischt wird. Schmelzkäse wurde erstmals 1911 in der Schweizer Stadt Thun kreiert und ist eine Weiterentwicklung der → Fondues.
Mild-fruchtige *Roséweine* oder hellgepreßter *Blanc de Noirs (Klarett),* sowie einfachere kraftvoll-würzige *Weißweine (Pinot Blanc, Grüner Veltliner, Sylvaner* oder *Sauvignon Blanc,* z. B. von CHARLES UND JEAN-MICHEL NOVELLE, Satigny/Genfersee/CH, können sich am besten auf den pikanten Käse einstellen.

SCHMORBRATEN → RINDERSCHWANZSTÜCK

SCHNECKEN (WEINBERGSCHNECKEN)

Weichtiere, die im Gegensatz zu den → Muscheln einen Kopf besitzen und sich – gut genährt – im Oktober auf den langen Winterschlaf vorbereiten und in ihr Haus zurückziehen. In dieser Zeit werden sie in Frankreich, Schweiz, Osteuropa und Süddeutschland eingesammelt und zu delikaten Gerichten verarbeitet (heute auch gezüchtet). Schon die Römer delektierten sich an den Tieren und mästeten sie in den Weingärten Burgunds, und die Mönche des Mittelalters verehrten sie als Fastengericht. Wie → Austern und → Muscheln sind Schnecken sehr leimartig und sollen der besseren Verdaulichkeit halber eher von einem säurereichen Wein (*weiß* oder *rot)* unterstützt werden. Schnecken in Blätterteig auf Steinpilzen werden sowohl von trockener *weißer Pinot Blanc Spätlese* als auch von *rotem Santenay Premier Cru/ Côte de Beaune/Burgund/F* einfühlsam untermalt. Schnecken im Sud genossen wir einmal mit trockenem *weißen Lessini Durello DOC/Venetien/I* und ein andermal mit mildem *Riesling-Sylvaner* aus *Südtirol/I.* Schnecken mit Brennesselsauce sind ohne *Chenin Blanc/Loire* oder *Sauvignon Blanc* bzw. *Sylvaner* fast gar nicht denkbar. Schnecken- → Cassolette paßt zu *Languedoc-Roussillon Blanc* und – noch besser – zu *Chassagne-Montrachet Rouge/Burgund/F*. Schneckenragout mit Petersilienbutter kann sehr wohl mit *Cirò Bianco/Kalabrien/I*, aber auch mit *Silvaner di Terlano/Südtirol/I* und *Châteauneuf-du-Pape Blanc/südliche Rhône/F* begeistern. Schnecken auf „Küchenmeister Art" (in Zitronensaft und Öl mariniert, mit Speck umwickelt, am Spieß gebraten und mit → Schneckenbutter bestrichen) versuchten wir mit rassigem *Sauvignon Blanc/Südsteiermark*, doch mineralisch-würziger *Chardonnay* (Stahltank), z. B. der *Chardonnay Classic* von J. JURTSCHITSCH, Langenlois/Kamptal-Donauland/NÖ/A, schien uns noch besser geeignet. Schneckenpastete (feingehackt, mit Schneckenfond und Maronipüree und etwas Cognac vermengt und in Blätterteig gefüllt) war mit einer *Grauburgunder Auslese trocken „Ungsteiner Weilberg"* vom BÄRENHOF, St. Martin/Rheinpfalz/D, ideal besetzt, und Schneckensalat in Zitronen-Öl-Dressing (mit gehackten Schalotten, Sardellenfilet, harten Eiern, grünen Oliven, Tomaten, Champignons, gehackten Kräutern, Knoblauch und Kopfsalat) wird von *südländischen Roséweinen* am unverfänglichsten begleitet, doch *Sauvignon Blanc, Chardonnay, Riesling* und *Chenin Blanc (Vouvray sec)/Loire* setzten Glanzlichter und Akzente, die man so schnell nicht vergißt. Vorsicht ist vor jungen, grasig-säurigen Weißweinen geboten.

Schnecken auf „Burgunder Art"

Weinbergschnecken (aus der Dose) mit etwas → Cognac parfümiert und in die ausgekochten, gut gewaschenen und getrockneten Gehäuse gefüllt, mit Schneckenbutter zugestrichen, auf ein Schneckengeschirr gegeben und im Backrohr so lange erhitzt, bis es zu schäumen anfängt.
Die *Burgunder-Weißweine Bourgogne Aligoté, Mâcon Blanc* – und für festliche Stunden elitärer *Puligny-Montrachet Premier Cru* – erfüllen ihre Aufgabe besser als die roten *Saint-Amour/Beaujolais* oder *Mercurey Rouge/Côte Chalonnaise/Burgund/F*.

Schnecken auf „Spanische Art"

Weinbergschnecken (aus der Dose) in kleine Keramikgefäße gefüllt; grüne Paprikaschote entkernt, in kleine Würfel geschnitten, in Olivenöl weichgedünstet; ein Stück Butter (pro Person ca. 30 g) mit geschälten, entkernten Tomaten und mit der gedünsteten Paprikaschote vermengt, mit Salz, Petersilie, Thymian, Salbei und ein wenig Cayennepfeffer gewürzt, die Buttermischung in die Keramikgefäße gegeben und die Schnecken im heißen Rohr erhitzt.
Der empfohlene *Sherry Manzanilla* – gekühlt serviert – kam mit allen Beteiligten sehr gut zurecht, kollidierte aber ein wenig mit der Salbeinote; noch etwas besser gefiel uns der *Gran Viña Sol* von M. TORRES (→ Arroz „Valenciana"), der auch erfrischend wirkte. Einziger ernstzunehmender Widerpart war der schotenwürzige, dezente *Sauvignon Blanc „Marqués de Riscal"/Rueda/E*.

Schneckenbutter (Beurre pour les Escargots)

Für Weinbergschnecken: 125 g Butter schaumig gerührt, mit Salz und Pfeffer (Mühle) gewürzt, 1 EL feingehackte Petersilie, 1 feingehackte Schalotte und 1 geriebene Knoblauchzehe vermischt.
Der *„Vin Nature Blanc de Blancs"* von MONISTROL, Katalonien, der schäumende *Cava Brut Naturel* von ANTONIO MESTRES SAGUÉS, San Sadorni de Noya/Penedès/Katalonien/E, wie auch *Chardonnay* (Stahltank) und *Sauvignon Blanc* sind jederzeit für eine Konfrontation mit der knoblauchwürzigen Butter bereit.

SCHNEPFE (WALDSCHNEPFE, BRACHVOGEL)

Die Königin der Sümpfe ist ein Zugvogel, der im Frühjahr und Herbst mittels einer Schnepfenpfeife vor die Flinten der Jäger gelockt wird. Neben den verwandten → Bekassinen das erlesenste Federwild, zeigt es sich im Herbst von besonderem Wohlgeschmack und übertrifft sogar → Wachtel und → Fasan. Früher war es üblich, die Schnepfen einige Tage abzuhängen und mit einem zarten → Hautgoût zu servieren, heute wird dies nur noch in den seltensten Fällen getan.
Interessanterweise werden zu den Schnepfen – im Gegensatz zu Wachtel und Fasan – fast nur klassische *Rotweine* empfohlen, obwohl sich großer *Pinot Gris, Pinot Blanc* und *Chardonnay* durchaus einen Ehrenplatz an der Tafel verdienen.

Schnepfe auf „Burgunder Art"

Schnepfen in Butter gebraten, gewürzt, Bratfond mit Rotwein (aus Burgund) und etwas → Cognac gelöscht, über die geteilten Vögel gegossen; dazu braun glasierte kleine Zwiebeln, gebratene Champignonköpfe, geröstete Speckwürfel und → Schnepfendreck auf Toastbrot serviert.
Es versteht sich von selbst, daß große *rote Burgunder* wie *Musigny, Volnay* und *Clos de Vougeot Grand Cru* (z. B. von GEORGES ROUMIER, Gevrey-Chambertin, RENÉ ENGEL, Vosne-Romanée, MÉO-CAMUZET, Vosne-Romanée ...) hier nicht zu überbieten sind. Ein denkwürdiges Erlebnis unter der Ägide des grandiosen (Ex-) Sommeliers Jean-Luc Pouteau war die Paarung mit einem Bilderbuch-*Musigny Grand Cru* (PN; 5 – 7 Jahre; 16 – 18° C) von COMTE GEORGES DE VOGÜÉ, der mit Finesse, Zartheit, Eleganz und hochfeinen Aromen die Bedeutung des Gerichts erst richtig bemerkbar machte, um schließlich selbst zu einem wunderschönen Finale anzusetzen.

Schnepfe mit Champagne

Schnepfen in sechs Stücke zerteilt, in Butter gebraten, gewürzt; Bratfond mit Champagne oder einem anderen feinen Schaumwein gelöscht, mit gehackten Eingeweiden (ohne Magen) zur Sauce gegeben, mit Cayennepfeffer gewürzt, aufgekocht, passiert, über die Schnepfenstücke geleert und mit → Cognac flambiert.
Reifer *Luxus-Champagne* mit hohem *Pinot Noir*-Anteil und dementsprechend weiniger Fülle, wie *Bollinger's R.D.* oder *Pol Roger's Cuvée Sir Winston Churchill*, kann hier durchaus mithalten und demaskiert sich keineswegs als High-Snobiety-Getränk. Unter den *Rotweinen* stellten *Saint-Émilions 1ᵉʳ Grand Cru Classé*-Stars, wie CHÂTEAU MAGDELAINE, CHÂTEAU BELAIR oder CHÂTEAU AUSONE, die hohe Schule der Begleitmusik (fehlerfrei und einzigartig) dar.

Schnepfenbrüstchen „Horcher"

Schnepfen saignant (blutig) gebraten, Fleisch und Eingeweide vom Gerippe (Karkasse) gelöst, Karkasse ausgepreßt; roten Burgunder (Beaujolais) stark reduziert, Gänseleberparfait mit etwas Butter zerdrückt, in den Wein gegeben, Saft der Karkasse beigegeben, mit Salz und Mühlenpfeffer gewürzt, mit flambiertem → Cognac parfümiert, Brüste in der Sauce warmgehalten; aus dem Restfleisch und den Eingeweide (ohne Magen) ein gut geröstetes Püree bereitet, neben den Brüstchen angerichtet und mit Kartoffelpüree aufgetragen.
Der Kochwein *(Burgunder, Beaujolais)* ist auch als Speisenbegleiter erwünscht und sollte jene animalische Note mitbringen, die von den Eingeweiden und dem rosa Fleisch ausgehen: *Chénas, Morgon* und *Côtes-de-Brouilly/Beaujolais* sowie *Pommard*

Premier Cru „Les Epenot", ANTONIN RODET, Côte de Beaune, reifer *Echézeaux Grand Cru* von der DOMAINE DU CLOS FRANTIN und wildbret-moschus-artiger *Chambertin-Clos de Bèze Grand Cru* von der DOMAINE MARION, beide Côte de Nuits, erfüllten unsere Erwartung auf leidenschaftlich-feurig-virtuose Weise, wobei sich als „primus inter pares" der auch den Cognac- und Gänseleber-Geschmack perfekt interpretierende *Echézeaux* herausstellte.

Schnepfendreck

In der Sprache der Gourmets die Eingeweide des Vogels: „Der Schnepf ist nämlich eines von dem köstlichen Wildprett, das man mitsamt dem Ingeweid zu essen pflegt", sagt schon ein Chronist des Mittelalters. Leber, Herz und Gedärm (ohne Magen) mit Räucherspeck, Schalotten, etwas Knoblauch und Petersilie fein gehackt, in Butter angebraten, mit etwas Paniermehl gebunden, gesalzen, gepfeffert, auf geröstetes Toastbrot gestrichen, mit Parmesan bestreut und im heißen Rohr gratiniert. Die Empfehlungen zu → Schnepfenbrüstchen „Horcher" haben auch hier Gültigkeit, zusätzlich erweitert durch *Syrah/nördliche Rhône (Hermitage, Saint-Joseph ...), Shiraz/Australien (Grange Hermitage, Hermitage* von WYNN'S oder BAILEY ...), *Cabernet-Shiraz/Australien* (PENFOLDS, BERRI ...). Auch *Barolo* und *Barbaresco Riserva/Piemont, Brunello di Montalcino* und *Vino Nobile di Montepulciano/ Toskana/I* sowie *österreichischer Zweigelt* (JOSEF UMATHUM, Frauenkirchen/BGLD, GERNOT HEINRICH, Gols/BGLD ...) und *Cabernet Sauvignon Barrique* (GERALD MALAT, Palt/NÖ, HANS IGLER und ENGELBERT GESELLMANN, Deutschkreutz/ BGLD ...) konnten überzeugen.

SCHNITTLAUCH (GRASLAUCH, SCHNITTLING)

Ein Küchenkraut, das zur Familie der Lauchgewächse zählt und dessen röhrenförmige Blätter viel Vitamin C und eine einzigartige Würzkraft besitzen, die allerdings nur in rohem Zustand zur Wirkung kommt. Kaiser Nero aß in Olivenöl eingelegten Schnittlauch, um seine „rare" Tenorstimme zu kräftigen. *Sauvignon Blanc, trockener Muskateller, Chardonnay* und *Morillon/Südsteiermark* erhöhten die Intensität des Küchenkrauts auf pikante Weise, während *Riesling/Wachau, Welschriesling* und *Pinot Blanc/BGLD/A* sich eher neutral verhielten, aber dabei selbst an Frische und Frucht gewannen. *Pouilly-Fuissé/Mâconnais* und *Puligny-Montrachet/Côte de Beaune/Burgund/F* legten sogar an Ausdruckskraft, Finesse und Subtilität zu! Schnittlauchknödel vereinten wir mit kräuterwürzigem *Grünem Veltliner* von JOSEF STRELL, Radlbrunn/Weinviertel/NÖ, ein ebenfalls getesteter *roter Zweigelt Kabinett* von KARL FRITSCH, Kirchberg am Wagram/Donauland-Carnuntum/NÖ, fiel zwar nicht aus der Rolle, bewies aber einmal mehr, daß *Rotweine* und Schnittlauch nicht unbedingt zusammengehören, sieht man einmal vom *Gigondas Rouge* ab (z. B. von der DOMAINE LES PALLIÈRES, Gigondas/südliche Rhône/F.

Schnittlauchsauce → Sauce Civette

SCHNITZEL

Dünne, gebratene Fleischtranche, entweder vom Kalb (→ Kalbsschnitzel) oder seltener vom Schwein (→ Schweinsschnitzel) genommen. Die berühmtesten internationalen Exemplare sind:

→ **Berliner Schnitzel,** → **Mailänder Schnitzel,** → **Naturschnitzel,** → **Paprikaschnitzel,** → **Rahmschnitzel,** → **Sächsisches Schnitzel,** → **Schwäbisches Schnitzel,** → **Sherryschnitzel,** → **Wiener Schnitzel,** → **Zigeunerschnitzel**

SCHOKOLADE

Altmexikanisch: Xocolatl: bereits um 1500 mischten Spanier in Mexiko die Kakaomasse der Azteken mit Zucker und hatten damit das Schokoladegetränk erfunden, das zu Beginn des 17. Jahrhunderts über Spanien auch nach Mitteleuropa kam. Schokolade wird heute aus Kakaomasse, Zucker, Kakaobutter, Milch, Sahne, Gewürzen, Nüssen, Früchten, Mandeln usw. produziert, sie schmilzt bei 35° C, hat einen hohen Nährwert und ist durch ihren Gehalt an Theobromin von leicht anregender Wirkung. Vor allem die Patisserie ist durch die Erfindung der Schokolade wesentlich bereichert worden.

Die süß-bittere Komponente der Schokolade galt jahrhundertelang als Erzfeind des Weins, und es ist eigentlich schade, daß sich viele berühmte Gastrosophen um ein herrliches Vergnügen bringen ließen. *Weiße Prädikatsweine* mit ausgeprägter Honig-Botrytis-Note, gespritete *Südweine* – allerdings oft ein Treffen der Giganten –, reifer Luxus-*Champagne* und klassische *Rotweine,* die in neuen Barriques ausgebaut wurden – diese bringen allerdings Bitterschokotöne ins Spiel – sind der „dunklen Schönen" mit Haut und Haar verfallen. Schokoladencreme erlebte durch portweinähnlichen *roten Vin Doux Naturel Banyuls/Pyrenäen/S-F* von MAS BLANC eine Aromaentfaltung sondergleichen. Schokoladenmousse (Mousse au Chocolat) verbündete sich in Sekundenschnelle mit goldgelbem *Malage Dulce* von SCHOLTZ HERMANOS, Malaga/E. Schokoladenmakronen (Mandeln und geschmolzene Schokolade) lösten durch dunkelgoldenen, reifen, orangenwürzigen *Moscatel de Setúbal* von J. M. DA FONSECA, Azeitão/Portugal, wahre Begeisterung aus. Schokoladenpudding mit Vanillesauce und *Sauternes/Bordeaux* (oder eine *Riesling Beerenauslese* von JOSEF PRÜM, Wehlen/Mosel/D) stiegen in himmlische Sphären auf. Schokoladetrüffel und Amaretto (Bitterlikör) ist an Winterabenden eine verführerische Mischung. Zu Schokocrème mit Nüssen steigerte *Vin Jaune de Jura (Château-Chalon)* die Nußwürzigkeit bis zum Exzeß. Schokoladentorte und *Liqueur Muscat* von MORRIS WINERIES, Victoria/AUS, überzeugte uns mehr als der in Frankreich sehr oft empfohlene *Pineau des Charentes Rosé* von CAMUS, Cognac. Schokoladeneis badeten wir in *Asti Spumante/Piemont/I* (auch schäumender *Clairette de Die* von BUFFARDEL, Die/Rhône, war ein köstlicher Begleiter); weiße Schokoladenmousse mit Mandelcrème kredenzte man uns in *Italien* mit rosinensüßem *Recioto di Gambellara/Venetien/I,* und Bitterschokolade gepaart mit *Madeira „Malmsey"/Portugal* (z. B. von BLANDY oder LEACOKS) gehört zu den Weltwundern der Harmonielehre.

Schokoladensauce (→ Süßspeisensauce)

Schokolade mit Wasser aufgekocht, mit Vanillezucker vermengt und mit Süßrahm und etwas Butter vollendet; heiß zu → Vanilleeis, → Birne Helene und überbackenen → Bananen und kalt zu → Vanillepudding gereicht. Zur Sauce selbst – ohne Eis,

Früchte und dgl. – waren die verstärkten Weine auf verlorenem Posten, wirkten plump-aufdringlich und mußten sich diesmal eindeutig feinschliffigen *weißen Prädikatsweinen (Riesling Beerenauslese*, WEINGUT KARLSMÜHLE, Ruwer/D; *Traminer Ausbruch*, WEINGUT HOLLER, Rust/Neusiedlersee-Hügelland/BGLD/A, und *Welschriesling Trockenbeerenauslese* von ALOIS LANG, Illmitz/Neusiedlersee/BGLD/A, beugen.

SCHOLLE (GOLDBUTT, MAISCHOLLE)

Der wahrscheinlich bekannteste Plattfisch – neben der → Flunder – wird im Atlantik, in der Nord- und Ostsee und im Eismeer gejagt. Im Monat Mai (bis November) bei einer Größe von etwa 50 cm ist sie von zarter, wohlschmeckender Art und erinnert dann ein wenig an die „Königin der Meere", die → Seezunge.
Zu Scholle mit Zitronenbutter ordern Sie *Entre-deux-Mers/Bordeaux/F* oder *Muscadet sur lie/Loire/F*. Scholle gebraten wünscht sich *weißen Rueda/Altkastilien/E* als Begleiter. Scholle gebacken ist eine Empfehlung für *Chenin Blanc/Loire* oder *Pinot Gris Kabinett* bis *Spätlese trocken*. Scholle gegrillt versuchen Sie mit *Sylvaner/Elsaß/F* oder *Franken/D* bzw. *Chardonnay/NZ* ...; Scholle pochiert liebt weich-samtige *Weißweine (Riesling-Sylvaner, Chasselas/CH* oder *Graves Blanc/Bordeaux/F)*; Scholle gefüllt mit Shrimps läßt sich gern von edlem *Riesling Kabinett (trocken* bis *halbtrocken)* verführen; Schollenfilets „Eiffelturm" („Tour d'Eiffel", mit feingehackten Schalotten, Champignonpüree sowie → Sauce Hollandaise und → Sauce Mornay gratiniert) übergaben wir der Obhut des brandneuen *weißen Bordeaux Blanc de Lynch Bages* (SB 40 %, SÉM 40 %, ML 20 %; 2 – 3 Jahre; 9 – 10° C) von JEAN-MICHEL CAZES, Pauillac/Haut-Médoc/Bordeaux/F. Schollenfilets mit Sauerampfersauce sollten von nicht anderem als rassigem *Sauvignon Blanc* oder trockenem *Chenin Blanc/Loire* begleitet werden.

Scholle nach „Großmutters Art"

Scholle in Butter gebraten und mit kleinen glasierten Zwiebeln und winzigen Kartoffeln umkränzt, mit gehackter Petersilie bestreut, mit Zitronensaft beträufelt und mit brauner Butter übergossen.

Weiß: Grüner Veltliner, Sylvaner Kabinett; Muscadet/Loire/F; Rueda/E

Die mit kühler Frische und zitronenartiger Säure ausgestattete *Grüne Veltliner „Steinfeder", Ried Hochrain* (1 Jahr; 8 – 9° C), von KARL LAGLER, Spitz/Wachau/NÖ/A, hob das Zitrusaroma der Sauce hervor, verhielt sich den Zwiebeln gegenüber neutral und war vor allem darauf bedacht, Frische zu erzeugen.

Weiß: Sauvignon Blanc, Riesling, Chardonnay Kabinett;
Hermitage Blanc/nördliche Rhône, Chenin Blanc und Gros Plant/Loire/F
Schaumwein: Riesling-Sekt; Cava/E

Der *Serriger „Schloßberg" Kabinett* (3 – 5 Jahre; 9 – 10° C) von SCHLOSS SAARSTEIN, Serrig/Saar/D (hellgelb mit silbernem Glitzern, attraktiver Zitrus-Rhabarber-Duft, rassig mit fein integrierter Säure, Finesse und elitärer Geschmacksfülle), akzentuierte alle Ingredienzien.

Weiß: Traminer, Riesling und Sylvaner Spätlese trocken; Pacherenc-du-Vic-Bilh/Béarn/SW-F; Vouvray sec/Loire/F

Ein *Gewürztraminer Vendange Tardive* (3 – 6 Jahre; 10 – 11° C) von LEON BEYER, Eguisheim/Elsaß/F, trumpfte mit herrlichem Rosenduft, grandioser Frucht und kraftvollem Schmelz im ziemlich trockenen Abgang auf, war aber zu fast keinem Konsens bereit. Wohl integrierte der Wein die Zitrusaromen der Sauce, doch gegenüber Zwiebeln und Fisch blieb er auf kämpferischer Distanz. Für Weinphilosophen und Geschmacksabenteurer!

SCHOPFBRATEN → SCHWEINSKAMM

SCHWÄBISCHES SCHNITZEL

Ein Kalbsschnitzel natur in Butter gebraten, gewürzt, mit Zitronensaft beträufelt; dazu Sahnesauce und Spätzle (Teigwaren), die in Butter und geröstetem Paniermehl gewälzt wurden.

Riesling-Sylvaner, Pinot Blanc und Pinot Gris Kabinett/Spätlese/Auslese trocken, vornehmlich aus dem Schwabenland (Baden-Württemberg)/D, sind verläßliche Begleiter. Herausragendster Partner war die cremig-kraftvolle, mit dem Feuer spielende *Weißburgunder Auslese trocken „Oberbergener Baßgeige"* von Altmeister FRANZ KELLER, Vogtsburg-Oberbergen/Kaiserstuhl/Baden/D.

SCHWARZE JOHANNISBEERE

Die in Europa und Amerika vorkommende schwarze Johannisbeere gehört zur Gattung der Steinbrechgewächse, enthält viel Vitamin C, Gerbsäure und Mineralstoffe. Die Beeren haben ein rauchig-würziges Aroma (Cassis), das wir auch in der Rebsorte Cabernet Sauvignon vorfinden. Sie werden in der Naturheilkunde gegen Gicht und Rheuma eingesetzt.

Schwarzer Johannisbeerkuchen und *roter Saint-Joseph* (SYR; 4 – 6 Jahre; 16 – 18° C) von JEAN-LOUIS GRIPPAT, Tournon-sur-Rhône/nördliche Rhône/F, ergaben eine überraschend gut gelungene Mixtur; auch *Cabernet Sauvignon* und *Pinot Noir* stellen für *Rotwein*-Freunde eine Abwechslung dar. Doch vor allem als Beilage zu → Hirsch, → Reh oder → Ente gereicht, wird Cassis als Partner für Rotweine interessant.

SCHWARZER HEILBUTT

Ein dem → Heilbutt ähnelnder Plattfisch, der in den Tiefen des Nordatlantiks sein Revier hat. Seine Oberseite ist fast schwarz und sein Fleisch, das geräuchert angeboten wird, von fettem, würzigem Aroma.

Kraftvoll-würzige *Weißweine* mit kompetenter, aber nichtsdestoweniger gut abgepufferter Säure sind hier an der richtigen Adresse: *Riesling, Riesling-Sylvaner, Pinot Blanc, Chardonnay, Sauvignon Blanc* und *Grüner Veltliner Kabinett* oder *Spätlese trocken* sowie einige *Rotweine*, die sich allein schon der Farbe wegen anboten, konnten hier bestehen: *Zweigelt, Merlot, Pinot Noir* wie auch *Refosco/Friaul* und *Rioja/E* erhöhten und akzentuierten das Rauch- und Fischaroma auf spektakuläre Weise. Vorsicht ist allerdings vor allzu tanninreichen Rotweinen geboten, die einen unangenehmen Bittergeschmack einbringen können.

SCHWARZWÄLDER KIRSCHTORTE

4 Eigelb mit 50 g Zucker schaumig gerührt, 60 g geriebenes → Marzipan und 1 TL abgeriebene Zitronenschale dazugegeben, 4 geschlagene Eiweiß, 50 g Zucker, 60 g Mehl, 40 g zerlassene Butter und 20 g Kakaopulver daruntergemischt, Teig in eine Springform gefüllt, gebacken und nach dem Erkalten in 3 gleich dicke Böden geschnitten; 500 g Sauerkirschen mit 400 g Zucker ohne Wasser gedünstet und mit Stärkemehl gebunden, der unterste Teil mit → Vanillecrème bestrichen, Kirschen darüber gegeben und mit Sahnecrème bedeckt; den zweiten Teil mit einem Gläschen Kirschwasser getränkt und mit Sahnecrème bestrichen, den dritten Boden aufgesetzt, mit Kirschwasser getränkt und die Sahnecrème auf die Oberfläche und den Rand verteilt, mit Schokoladeraspeln und Sahnecrèmetupfen garniert.

Neben *Kirschwasser* und *Kirschlikör*, die man problemlos dazu anbieten kann, sind auch *Ala (Antico Liquore Amarascato)/Palermo/Sizilien/I*, sehr reifer, gespriteter *Moscatel de Setúbal/Portugal* wie auch traubig-schokoladig-honigsüßer *Malmsey* von BLANDY BROTHERS, Funchal/Madeira/P, von großer Durchschlagskraft. Nicht zu vergessen hohe edelsüße *Prädikatsweine (Riesling, Traminer, Muskat-Ottonel, Pinot Blanc ...)*, die mit strahlend goldener Farbe und geschliffenem Süße-Säure-Spiel schon von vornherein die Speicheldrüsen anregten und nie ein Gefühl von plumper Süße aufkommen ließen. Aus der Fülle der Möglichkeiten seien zwei Beispiele herausgegriffen, die wir so schnell nicht vergessen werden: die nach Schokolade, Karamel und Blütenhonig duftende *Riesling Beerenauslese* vom WEINGUT ROBERT WEIL, Kiedrich/Rheingau/D, und die zart-süße, nach Bitterschokolade, Karamel und Weichseln (!) schmeckende *„Dürkheimer Rittergarten" Spätburgunder Beerenauslese Weißherbst* von E. KARST, Bad Dürkheim/Rheinpfalz, die einen besonderen Glücksfall in Sachen Harmoniesuche darstellte. *Rotwein*-Fanatiker sollten einen mittelreifen *Côte Rôtie* von BRIGITTE ROCH & GILBERT CLUSEL (DOMAINE CLUSEL-ROCH), Ampuis/nördliche Rhône/F, versuchen.

SCHWARZWILD → WILDSCHWEIN

SCHWARZWURZELN

Kamen 1651 aus Spanien nach Frankreich und erwiesen sich dort als ein delikates Wurzelgemüse, das von November bis März auf den Markt kommt und einen spargelähnlichen Geschmack besitzt. Die 2 bis 3 cm dicken, etwa 25 cm langen Wurzeln sind außen dunkelbraun bis schwarz und innen weiß, enthalten viel Eiweiß und Insulin, was sie auch für Zuckerkranke interessant macht.

Im großen und ganzen gelten auch hier die Empfehlungen für → Spargel, doch durch andere Zubereitungsarten ergeben sich auch andere Partner. Schwarzwurzeln in Backteig verlangen einen mildwürzigen *Weißwein*, wie *Riesling-Sylvaner, Neuburger, Malvasier;* Schwarzwurzeln in Butter mögen eleganten *Riesling Kabinett*, trockenen *Muskateller* oder *Klarett (Blanc de Noirs)*. Zu Schwarzwurzelpastete mit Lammbries gilt es, elegant-subtile bis halbsüße *Weißweine (Riesling Spätlese, Graves Blanc/Bordeaux/F, Sauvignon Blanc Spätlese trocken ...)* zu wählen. Schwarzwurzeln geröstet spannten wir mit *weißem Rueda/Altkastilien* und *Sherry Manzanilla/Andalusien/E* zusammen. Schwarzwurzeln in Olivenöl gebraten und mit Parmesan bestreut wurden von *Breganze Bianco*, FAUSTO MACULAN, *Breganze/Venetien*, und *Pinot Grigio*, ABBAZIA DI ROSAZZO, Manzano/Friaul/I, harmonisch begleitet. Schwarzwurzelsalat mit Kräuterdressing vertrauten wir kräuterwürzigem *Welschriesling Kabinett* von JOSEF PÖCKL, Mönchhof/Neusiedlersee/BGLD/A, an sowie mildem, nach Schoten und Schwarzwurzeln duftendem *Sauvignon* von ATTIMIS-MANIAGO, Buttrio/Friaul/I; und Schwarzwurzeln gebacken mit Sauce Remoulade konnten sich dem verführerischen Charme eines *Riesling Smaragd „Ried Steinborz"* von KARL LAGLER, Spitz/Wachau/NÖ/A, nicht entziehen; auch *Silvaner Spätlesen trocken* aus *Franken* (z. B. JULIUSSPITAL, Würzburg/D) gefiel er durch herzhaften Säurebiß und Essenslust weckende Würze.

SCHWEIN (HAUSSCHWEIN)

Bereits um 5000 v Chr. von den Chinesen gezähmt, entwickelte es sich unaufhaltsam zu einem der beliebtesten Schlachttiere in den Haushalten. Die höheren Weihen der Gastronomie erlebten allerdings nur der → Schinken und das → Schweinsfilet. Für die Qualität des Fleisches ist das Alter und die Art der Mästung von größter Wichtigkeit. Hormonspritzen, Medizinalfutterbeigaben und Massenhaltung in Ställen brachten in den letzten Jahren allerdings oft farb-, saft- und kraftloses Fleisch auf die Tafel und ließen das gewonnene Vertrauen der Feinschmecker wieder schwinden. Vielerorts gibt es bereits Gegenbewegungen durch natürliche Haltung und Vollwert-Futtermittel, die feinfaseriges, saftig-zartes, wohlschmeckendes Fleisch hervorbringen.

Je nach Zubereitungsart, Tages- und Jahreszeit sowie Anlaß wählen Sie zwischen *Weiß-, Rosé-* und *Rotweinen,* die aber eine gehörige Portion an Charakter und Würze mitbringen sollen, um entweder fehlende Würzigkeit auszugleichen oder um – im positiven Fall – das nötige aromatische Gegengewicht zu erzeugen. Mariniertes Schweinefleisch genossen wir mit dem außergewöhnlichen *roten Montepulciano d'Abruzzo* (8 – 12 Jahre; 16 – 18° C) von VALENTINI, Loreto Aprutino/I. Einer der verläßlichsten *Rotweine* in Sachen Schwein ist der *Aglianico del Vulture* von der CASA VINICOLA D'ANGELO, Rio Nero in Vulture/Basilikata/I. Schweinefleisch gegrillt genossen wir mit rustikal-würzigem *Squinzano/Apulien/I.*

Schweinebauch gebraten

Tranchen vom Bauchfleisch flach geklopft, gesalzen, in Ei und Semmelbröseln gewendet, knusprig braun gebraten und mit Senf und Schwarzbrot serviert. Fast die ganze Phalanx der *Biere (Weiß-, Spezial-, Bock-* und *Märzenbier)* bietet sich nachdrücklich an.

Schweinsbraten

Gebratene oder geschmorte größere Stücke vom Schwein wie Rücken, Keule (Schlegel), Kamm, Schulter.
Zu mariniertem Schweinebraten in Milch gegart (Maiale Vino e Latte) ergötzten wir uns an einem samtigen *Pinot Nero „Pinero"* von CA'DEL BOSCO, Erbusco/Lombardei/I, und zu Schweinebraten mit Mirabellen servierte man in Frankreich köstlich-fruchtigen *roten Bourgueuil/Touraine/Loire/F* (z. B. von LAMÉ-DELILLE-BOUCARD, Bourgueil). Zu Schweinsbraten mit Semmelknödeln und Krautsalat halten Sie sich im Sommer am besten an *Märzen-* oder *Weißbier* und im Herbst und Winter an kraftvolles *Bock-* oder *Spezialbier;* rassig-würziger *Grüner Veltliner, Sylvaner* oder *Riesling* wird auch die Wein-Puristen befriedigen. Zu fettem Schweinsbraten versuchten wir einmal würzigen *Rotgipfler Kabinett* von KARL ALPHART, Traiskirchen/Thermenregion/NÖ/A, dessen zarte Restsüße den Fettgeschmack überaus

geschickt neutralisierte. Zu einem scharfen Schweinsbraten nach „Balkanart" (mit Knoblauch eingerieben und mit Pfefferonistiften gespickt) rettete uns erfrischend kühles *Pils* – auch *Zupsko Ruzica (Zupa-Rosé)* aus *Zentralserbien* konnte den Flächenbrand am Gaumen nach einer Weile löschen.

Schweinsbraten mit Zwetschkenkompott serviert man im *Elsaß* traditionellerweise mit feinem *Pinot Noir Rosé;* im Herbst und Winter sind auch pflaumige *rote Syrah-Weine/Rhône* von Interesse, z. B. der *Saint-Joseph* von PIERRE COURSODON, Mauves/nördl. Rhône. Schweinsbraten mit Tomatensauce, Oliven und Provencekräutern verlangt nach *Bellet Blanc* oder *Rosé/Provence/F.*

Schweinsbrust gefüllt

Schweinsbrust mit pikant gewürzter Farce aus Kalbfleisch und Semmeln gefüllt, zugenäht, im Ofen gebraten und mit Kartoffelknödeln angerichtet. Füllung (Farce) und Kartoffelknödel votierten neben *Weißbier* eindeutig für *Grünen Veltliner Federspiel/ Wachau/NÖ/A, Riesling Kabinett/Kamptal-Donauland/NÖ/A* und *Sylvaner/Elsaß/F.* Schweinsbrust nach „Alter Art" (im eigenen Saft) sollten Sie durch relativ einfachen *Pinot Noir* bzw. einige fruchtcharmante *rote* und *weiße Jungweine* zur Entfaltung bringen.

Schweinsfilet (Schweinslende, Schweinslungenbraten)

Die beiden langen, zarten Muskeln auf der jeweils inneren Seite des Schweinslendenstücks, direkt unterhalb des Rückenknochens. Man bereitet das Schweinsfilet im ganzen zu oder in dicke Tranchen geschnitten. (→ Jungfernbraten)
Zu Schweinsfilet „Soubise" (mit Zwiebelpüree) tranken wir mit Hochgenuß einen würzigen *Rully Blanc* (CH; 2 – 3 Jahre; 8 – 9° C) von JEAN DAUX, Rully/Côte Chalonnaise/Burgund/F. Schweinsfilet mit Kapern genossen wir in *Umbrien* mit spektakulärem *Rosso di Arquata* von den FRATELLI ADANTI, Bevagna; Schweinsfilet mit Eierschwammerlfülle vermählten wir glücklich mit einem *Frühroten Veltliner* (MAL; 1 – 2 Jahre; 8 – 9° C) vom WEINGUT LETH, Fels am Wagram/NÖ/A; Schweinsfilet mit Gorgonzolasauce genießen Sie in *Italien* mit edlem *Frascati DOC „Vigna Santa Teresa"* von FONTANA CANDIDA, Latium; zu Hause ist auch eine trockene bis halbtrockene *Riesling-Sylvaner Auslese* von zeitloser Gültigkeit. Schweinsfilet in Milch verlangt nach dem samtigsten *(roten) Merlot* oder *(weißen) Pinot Gris;* zu Schweinsfilet mit Frühlingsgemüse wählen Sie *Sauvignon Blanc, Neuburger* oder *Sylvaner Spätlese trocken.* Zu Schweinsfilet mit Morcheln war reifer *(roter) Vino Nobile di Montepulciano/Toskana/I* gerade richtig, und zu Schweinsfilet mit Pflaumenfüllung weiß ich (fast) keine bessere Lösung als tiefdunklen, pflaumigen *Saint-Joseph* (z. B. von JEAN-LOUIS GRIPPAT, Tournon-sur-Rhône, oder J.-L. CHAVE, Mauves/nördliche Rhône/F.

Schweinsfilet in Biersauce

Filet mit Salz und Pfeffer (Mühle) gewürzt und in heißem Butterschmalz 10 bis 12 Minuten beidseitig gebraten, warmgestellt; Zucker in den Fond gestreut, gebräunt, mit 2 EL Essig gelöscht, mit Bouillon und 100 ml Bier aufgegossen, einige Minuten geköchelt, etwas reduziert und mit gedünsteten Gemüsestreifen (Karotten, Sellerie, Lauch) und Filet angerichtet.
Die Biersauce verlangte energisch nach feinem Gerstensaft. *Original Pilsener Bier* aus *Böhmen* befriedigte schließlich die Geschmackspapillen am nachhaltigsten;

unter den verkosteten *Weißweinen* konnten sich nur ein samtiger *Grauburgunder Kabinett* von der WINZERGENOSSENSCHAFT WEISENHEIM, Rheinpfalz/D, und ein nach Bier duftender, mild-entsäuerter *(Chasselas) Dorin Côteau de Vincy* von JEAN-JACQUES STEINER, Waadtland/CH, einigermaßen behaupten.

Schweinsfilet „Westmorland"

Filet gewürzt und gebraten; Fond mit Rotwein gelöscht, mit Kraftsauce (→ Sauce Demiglace) verkocht, Sauce mit gehackten Mixed Pickles, gehackten Champignons und Kapern aromatisiert. (Westmorland ist eine einstige Grafschaft in Nordwestengland.)

Rotweinsauce, Mixed Pickles und Kapern sind nicht leicht unter einen Aromahut zu bringen, doch mit jungen, leicht gekühlten *Rotweinen* wie *Gamay/Touraine/Loire* oder *Gamay/Beaujolais/Burgund/F* ließ sich auch hier eine einigermaßen zufriedenstellende Lösung finden. Um noch einen Deut besser paßten sich ganz junge *Primeurweine (Gamay, Sangiovese, Blauer Portugieser ...)* an, und auch zwei *weiße Jungweine (Malvasier* und *Pinot Blanc)* hielten sich respektabel.

Schweinsfüße (Spitzbeine)

Meist mit Wurzelwerk in etwas gesalzenem Wasser gekocht und nach jeweiliger Rezeptur bearbeitet. Pro Person rechnet man einen Schweinefuß. (→ Zampone) Schweinsfüße mit Knoblauch wurden von den „Knoblauchfreunden" *Lirac Blanc/südliche Rhône/F, Penedès Blanco/Katalonien/E* und *Chardonnay* (Stahltank) aufmerksamst betreut. Schweinsfüße gegrillt brachten wir durch *Sauvignon Blanc Kabinett* und *rosé*artigen *Schilcher Kabinett/Weststeiermark/A* in Form, und jugendlicher *Cabernet Franc/Venetien/I* kontrastierte die Grill-, Fett- und Gallertnote des Gerichts auf rustikal-würzige Art. Schweinsfuß gefüllt mit Perigordtrüffelsauce wurde durch eine *rote Traminer Spätlese trocken* (3 – 6 Jahre; 10 – 11° C) von MANFRED TEMENT, Ehrenhausen/Südsteiermark/A, sehr gut interpretiert, wobei der Wein etwas säuriger wurde, aber gleichzeitig exotische Früchtenoten aus dem Gericht hervorzauberte.

Schweinsfüße paniert

Schweinsfüße gekocht, längsseitig halbiert, Knochen herausgelöst, Füße in Ei und Paniermehl gewendet, mit zerlassener Butter beträufelt, auf dem Rost gebraten und mit Kartoffelpüree kredenzt.

Die Panier und das Kartoffelpüree wurden durch klassische *Weißweine* mit gut integrierter Säure und eventuell einem Hauch von Restsüße am besten in Szene gesetzt. *Riesling Kabinett* oder *Spätlese trocken* bis *halbtrocken, Riesling-Sylvaner, Neuburger, Rotgipfler, Zierfandler/Thermenregion, Pinot Gris* und *Gewürztraminer Spätlese trocken* harmonierten besonders; und des *Rieslings* Umgang mit Kartoffeln (Püree) ist ja bereits legendär.

Schweinshachse (Schweinshaxe)

Die fettarme Hinterkeule eines Jungschweins ca. 30 Minuten in kochendem Wasser steifgemacht, Schwarte eingeritzt, gesalzen und unter ständigem Begießen durch-

gebraten; zur Aromatisierung grobgeschnittenes Wurzelwerk und einen Apfel mitgebraten und mit Kümmel gewürzt; mit etwas hellem Bier begossen, knusprig gebraten und mit Salzkartoffeln serviert.
Jede andere Empfehlung als *(Märzen-)Bier* kommt fast einem Sakrileg gleich, doch für *Weißwein*-Freunde gibt es Hoffnung in Form von rassigem *Pinot Blanc, Morillon* oder *Chardonnay*. Schweinshaxe mit grünem Pfeffer gespickt wurde von einem trockenen *Riesling-Sylvaner Kabinett/Franken/D* perfekt begleitet und entschärft.
Zur Schweinshaxe trinkt man in *Burgund/F* gerne fruchtig-würzigen *roten Jungwein*.
Siehe auch → Eisbein.

SCHWEINSKAMM (SCHOPFBRATEN)

Nackenstück des Schweines, meistens geschmort zubereitet.
Zu getrüffeltem Schweinskamm versuchen Sie eine *(weiße) Spätlese* von *Rotem Veltliner/NÖ/A* oder einen mittelreifen, trüffelfreundlichen *(roten) Pomerol AC/ Bordeaux/F*.

Schweinskamm in Weißwein

Nacken gerollt, gebunden, über Nacht in Wurzelwerk und Weißwein mariniert, angebraten, in der Marinade und braunem Fond geschmort; Fond entfettet, reduziert, passiert, aromatisiert und mit Maronenpüree und dem Schweinskamm präsentiert.
Neben dem Kochwein sind *Weißweine* mit beachtlichen Extraktwerten – aber keine Alkoholmonster –, die auch eine Affinität für das Maronenpüree mitbringen *(Chasselas* bzw. *Dorin/Bex/Waadtland/CH, Pinot Blanc* und *Pinot Gris Spätlese trocken* sowie *trockene Schilcher Spätlese/Weststeiermark/A)*, als Geschmacksverstärker und -entwickler geeignet. Als einzige *Rotwein*-Empfehlung möchte ich würzigen *Pinot Noir* aus *Santenay* (z. B. von MAURICE MASSON, Nolay/Côte de Beaune/Burgund/F) abgeben, da dieser am idealsten mit den einzelnen Ingredienzien (besonders mit dem Maronenpüree) auskam.

Schweinskarree (Rippenstück, Rippenspeer, Kotelettstück)

Aus dem vorderen Teil des gespaltenen Schweinsrückens, mit Rippen, aber ohne Rückenknochen geschnitten. Das Schweinskarree wird entweder frisch oder gepökelt gebraten bzw. geschmort. Aus dem Karree schneidet man → Koteletts, Nüßchen und → Schnitzel.
Zum legendären Schweinskarree mit Sauerkraut sind rustikal-kraftvolle *Sylvaner, Rieslinge, Pinots Blancs* und natürlich *Pilsener Bier* – nahezu – unschlagbar.

Schweinskopf

Der Schweinskopf wird mit Wurzelwerk, gespickter Zwiebel und etwas Essig in Wasser weichgekocht, entbeint, in Portionen aufgeteilt und mit geriebenem → Kren oder mit → Sauce Vinaigrette angerichtet bzw. zu Sülze verarbeitet.
Das gallert- und fettreiche Fleisch wird in allen Zubereitungsarten am problemlosesten von *(belgischem) Bier* bzw. *Märzenbier* begleitet. Wenn mit Vinaigrette serviert, sind *(weißer) Malvasier* oder *Pinot Gris* von geschmacksausgleichender Wirkung. Schweinskopf mit Kren (Meerrettich) erheben Sie mit edlem *Riesling*

Smaragd/Wachau/NÖ/A in den kulinarischen Adelsstand, und Schweinskopfzsülze verschmilzt zusammen mit einer *Sauvignon Blanc Spätlese trocken* zu einer scheinbar neuen, sensibleren Kreation.

SCHWEINSKOTELETT (SCHWEINSRIPPCHEN)

Tranche aus dem → Schweinskarree.
Zu geschmorten Schweinerippen tranken wir in *Kalabrien/I* köstlichen *Pollino Rosso Superiore* von VINI DEL POLLINO; in *Frankreich* empfahl man uns dazu erdigwürzigen *Graves Rouge/Bordeaux/F*; zu Schweinskotelett gebacken trinke ich gerne würzigen *Neuburger/Thermenregion/NÖ/A* oder *Welschriesling Kabinett/BGLD/A*; wenn in heißem Fett oder Schweineschmalz herausgebacken, sind auch rassigere *Weißweine (Grüner Veltliner//Weinviertel, Pinot Blanc/Südsteiermark/A* usw.) erwünscht. Schweinskotelett mit Fenchel und *(Grüner) Sylvaner* oder *Pouilly-Fuissé/ Mâconnais/Burgund/F* sind ein Schmankerl für feine Zungen. Schweinskotelett vom Grill war bei mittelreifem, würzigem *Zweigelt* von ROSI SCHUSTER, Zagersdorf/ Neusiedlersee-Hügelland/BGLD/A, bestens aufgehoben, während das Fruchtpotential junger Rotweine als störend empfunden wurde. Pfeffrig-würziger *Grüner Veltliner* konnte als Mittags- und Sommertropfen gefallen.
Schweinskotelett auf „Normannische Art" (in Butterschmalz durchgebraten, Bratfond mit Rahm und Zitronensaft reduziert, mit ungesüßtem Apfelmus angerichtet) und *Chenin Blanc* (z. B. der *Vouvray sec*, DOMAINE DU CLOS NAUDIN, Vouvray/ Loire/F) sind empfehlenswert. Schweinsripperl (-rippchen, Spare Ribs) verlangen nach würzigen *Rotweinen* wie *Syrah/Rhône, Shiraz/AUS, Cabernet Franc, Zinfandel/KAL* oder mittelreifem *Zweigelt/BGLD/A*.

Schweinskotelett mit Senfcrème

Kotelett mit Salz und Pfeffer (Mühle) gewürzt, gemehlt, beidseitig 8 Minuten in Butter angebraten, 5 Minuten bei schwacher Hitze weitergebraten, warmgehalten; Zwiebelwürfel in Butter glasig gedünstet, mit Bouillon und → Crème fraîche vermengt, 1 EL Senf zugefügt, Crème vom Herd genommen, kalte Butter untergeschlagen, gesalzen, über Kotelett gegossen und mit Kapern dekoriert.

**Weiß: Chasselas, Chenin Blanc, Sylvaner,
Riesling-Sylvaner im unteren Kabinett-Bereich
Rot: Blauer Portugieser, Pinot Noir Kabinett
(allerdings nur zu Mittag bzw. im Sommer)**

Der bekannte *Malvasia* (1 – 2 Jahre; 8 – 9° C) der FATTORIA MICHI DI WANDA E VINZENZO MICHI, Montecarlo/Toskana/I, wurde wegen seiner Verläßlichkeit gegenüber Crème fraîche, Kapern und Zwiebeln ausgesucht. Die Rechnung ging auch zu Beginn auf, doch mit Fortdauer des Mahles nahm der Wein eine säurige Note an.

**Weiß: Chasselas, Chenin Blanc, Sylvaner im oberen Kabinett-Bereich
(etwas Restsüße ist gestattet)
Rot: samtig-weiche Kreszenzen (Gamay, Merlot, Pinot Noir) mit hohem Extrakt**

Der Ausnahme-*Pinot Noir „Rochioli"* (4 – 7 Jahre; 16 – 18° C) von WILLIAMS & SELYEM, Healdsburg/Russian River Vailey/Sonoma/KAL, begeisterte durch beerig-rauchigen Duft, mächtigen Extrakt und endloses Finish. War es zu Beginn ein Kampf der Aromen, so wurde es schließlich eine Idealpaarung, bei der der Wein zwar gedämpftes Feuer, aber auch gewaltigen Sinnesreiz entfaltete.

Weiß: Chasselas, Pinot Gris, Chenin Blanc im halbtrockenen Spätlese-Bereich
Rot: Cabernet Sauvignon, Cabernet-Merlot mit hohem Extrakt

Durch den durchschlagendsten Erfolg des *Pinot Noir* mutig geworden, wagten wir uns an den mächtigen *Cabernet Sauvignon „Stellenryck Collection"* (5 – 8 Jahre; 16 – 18° C) von THE BERGKELDER, Stellenbosch/ZA, heran, der mit herrlicher Cassis-Maulbeer-Note und einem beeindruckenden Abgang aufwartete, aber sich nicht an das Gericht anpassen wollte. Seine imposante Tanninstruktur verhinderte dies vehement und erzeugte einerseits Schärfe und andererseits Bittertöne.

Schweinsleber (Schweineleber)

Erreicht nie die Klasse der → Kalbsleber, hat einen etwas derben Geschmack und wird auch meist zu → Pasteten oder → Wurst verarbeitet. (→ Leverpostej) Schweineleberterrine servierte man uns an der *Loire/F* mit vorzüglichem *Cabernet Franc*. Schweineleber mit Lorbeerblättern sollten Sie von erdig-würzigem *Zinfandel/KAL* (z. B. von RIDGE/Cupertino/Santa Cruz Mountain) oder strengem *toskanischem VDT „Morellino di Scansano"* (ALI 15 %, SAN GROSSO 85 %; 4 – 6 Jahre; 16 – 17° C) von der FATTORIA LE PUPILLE, Scansano, konterkarieren lassen. Schweinsleber geröstet verträgt noch bissigere Tannine und läßt selbst gallig-bittere „Medizinal"-Weine vorübergehend zu samtigen Engelstropfen werden. Schweineleberknödel trachten nach bäuerlich-rustikalen *Rotweinen*. Schweineleberpastete läßt sich auch von würzigen *Weißweinen (Grüner Veltliner Kabinett* bis *Spätlese trocken, Pinot Blanc, Neuburger ...)* einladen. Auch Schweinsleberwürste zeigen deutlich ihre Neigung für robuste, tanninhältige *Rotweine (Colli Altotiberini DOC/ Umbrien/I* – eine Cuvée aus *Sangiovese* und *Merlot, Montepulciano Rosso/Abruzzen/I* oder *Cabernet Franc).*

Schweinsleber auf „Spanische Art"

Leber gewürfelt, mit gehackten Zwiebeln in Olivenöl angebraten, mit Pfefferkörnern, Paprika, Gewürznelken, Zimt, Safran und Minze gewürzt, in etwas Bouillon gedünstet und mit gehackter Petersilie bestreut.
Wegen des Stakkato an Gewürzen erkoren wir erfrischende *spanische Rosé-(Navarra, Rioja ...)* sowie aromatische *Weißweine (Rioja* alten Stils mit exotischer Eichenwürze oder den perfekt harmonierenden *„Esmeralda"* von M. TORRES, Vilafranca del Penedès/Katalonien/I, aus *Gewürztraminer* und *Muscat d'Alsace)* zu unseren Liebkindern. Erfrischende *Biere* und natürlich schäumender *Cava* sollten auch nicht unerwähnt bleiben.

Schweinslendchen → Schweinsfilet

Schweinslungenbraten (Schweinsjungfernbraten)

Österreichische Spezialität: → Schweinsfilet gespickt, gesalzen, angebraten, im Bratensatz gehackte Zwiebeln angeschwitzt, gemehlt, mit Bouillon aufgegossen, mit Knoblauch und Kümmel gewürzt und das Fleisch weichgeschmort.
Zwiebeln, Knoblauch und Kümmel forderten vehement nach *Grünem Veltliner Spätlese* (z. B. vom WEINGUT HELMUT TAUBENSCHUSS, Poysdorf/Weinviertel/NÖ/A), *Chardonnay* und *Sauvignon Blanc Spätlese trocken,* die allesamt eine innige Beziehung zu den Gewürzen entwickelten und dabei jeden Exzeß vermieden; trotzdem entschieden sich einige Koster für mittelreife *Rotweine (Zweigelt, Pinot Noir ...).*

Schweinsnetz
Falte des Bauchfells, die als Wursthülle und zum Einwickeln von Faschiertem (Gehacktem) gebraucht wird.

Schweinsnieren
Nur von ganz jungen Tieren ein einigermaßen interessantes Mahl. (→ Saure Nieren)

Schweinsnüßchen (Schweinsmedaillons)
Kleine, runde fettlose Tranchen aus dem → Filet- oder Karreestück (→ Schweinskarree). Zu den zarten, fettlosen Medaillons sind auch elegante, finessenreiche – je nach Sauce – *Weißweine (Riesling, Sylvaner, Chardonnay, Pinot Blanc, Zierfandler, Rotgipfler, Neuburger* usw.) willkommen.

Schweinsnüßchen mit Champignonsauce
Nüßchen gesalzen, gepfeffert, gemehlt, in Butter beidseitig angebraten, zwei Minuten zugedeckt weitergebraten, warmgestellt; gewürfelte Schalotten, Champignonscheiben angedünstet, mit trockenem Weißwein aufgegossen, mit Bouillon und → Crème fraîche verrührt, aufgekocht, mit Zitronensaft aromatisiert und mit Petersilie bestreut.
Die von der französischen Sommelière charmant-eloquent empfohlenen *Rotweine (Chénas Cru-Beaujolais* und *Mâconnais „La Roche Vineuse"/Burgund/F)* waren zwar der Champignonsauce sehr gewogen, doch kollidierten sie abwechselnd mit Schalotten, Crème fraîche und Zitronensaft – was natürlich auch amüsant sein kann und Leben auf den Gaumen bringt. Perfekten Ausgleich strebte hingegen der *(weiße) Meursault AC* (CH; 6–9 Jahre; 9–10° C) der DOMAINE M. DUSSORT, Meursault/Côte de Beaune/Burgund/F, an: Seine grüngoldene Farbe, sein eichenwürzig-nussiger Duft und sein geschmeidig-kraftvoller Geschmack mit zarter Altersfirne und pilzig-nussigem Flair gefielen in Harmonie mit dem Gericht. Der Wein selbst – schon ein wenig fruchtverlierend – richtete sich an der Sauce wieder auf und erblühte in neuem jugendlichem Glanz.

Schweinsohren
In einem Wurzelsud weichgekocht, auf Kartoffelpüree, das mit → Kren gewürzt wurde, angerichtet und mit gedünsteten, grünen Erbsen gefüllt. *Weißbier, Riesling Kabinett (Rheinpfalz/D, Kamptal-Donauland/NÖ/A), Silvaner (Franken/D, Elsaß/F)* und *Sauvignon Blanc/Südsteiermark/A* konnten uns am meisten überzeugen. Unter den verkosteten *Rotweinen* imponierte nur ein *Jungwein* vom *Blauen Portugieser/Thermenregion/A*.

Schweinsrücken
Setzt sich aus dem → Schweinskarree und dem → Schweinslendenstück zusammen, wird aber auch als ganzes Stück angeboten.

Schweinsrücken mit Biersauce
Schweinsrücken mit zerdrücktem Knoblauch und schwarzem Pfeffer eingerieben, mit Öl bepinselt, gesalzen und bei 200° C im Rohr gebraten, mit Wasser begossen, mit Salbeizweig belegt; dunkles Bier mit 3 EL Senf verrührt, Fleisch nach 10 Minuten

Bratzeit damit begossen, nach 50 Minuten – wenn die Oberfläche knusprig ist – in Tranchen geschnitten, mit Jus begossen und mit Salbeiblättern dekoriert.
Die (Bier)Sauce war wieder einmal der Indikator für die folgenden Getränke: (dunkles) *Bier, Pinot Gris, Pinot Blanc* sowie *Grüner Veltliner Spätlese trocken*. Unter den *ausländischen* Knoblauch- und Salbeifreunden imponierten uns mineralisch-würziger *Chardonnay* von der *Côte Chalonnaise/Burgund*, kräuterwürziger *Lirac Rosé/südliche Rhône* und der als Geheimfavorit gehandelte *rote Chinon* (CF; 2 – 4 Jahre; 14 – 15° C) von LE LOGIS DE LA BOUCHARDERIE, Touraine/Loire/F.

Schweinsschnitzel

Dünne Tranche aus dem → Filet oder aus dem → Karree geschnitten. Grundsätzlich sind alle Kombinationen möglich, doch wie immer entscheiden Zubereitungsart, Tages- und Jahreszeit sowie Budget in allerletzter Konsequenz.
Zu Schweinsschnitzel gebacken (paniert) gelten dieselben Regeln wie für → Schweinskotelett gebacken. Schweinsschnitzel mit → Calvados flambiert begegneten wir mit einer fulminanten *Weißburgunder Spätlese trocken „Siebeldinger Königsgarten"*, ALFONS ZIEGLER, Siebeldingen/Rheinpfalz/D; ähnlich energisch setzte sich die *Pinot Gris Spätlese trocken* von HEINRICH LUNZER, Gols/Neusiedlersee/BGLD/A, gegenüber Calvados und Créme fraîche durch, und schließlich stellte ein kraftvoller *Hermitage Blanc* von JEAN-LOUIS CHAVE, Mauves/nördliche Rhône/F, erneut seine Begabung gegenüber Calvados-Reduktionen unter Beweis. Schweinsschnitzel in Sauerrahmsauce mit → Portwein hofieren Sie an einem heißen Sommertag mit perlendem *Prosecco Frizzante/Venetien/I*, der eine besondere Neigung für Sauerrahmsaucen hat. Im Herbst und Winter versuchen Sie Ihr Glück mit reifem *Chenin Blanc/Loire/F* oder einer kraftvoll-würzigen *Riesling Spätlese trocken (Nahe, Rheinpfalz/D, Elsaß/F* oder *Kamptal-Donauland/NÖ/A)*.

Schweinssteak

Tranche aus dem → Filet (Filetsteak), dem → Lendenstück (Sattelsteak) oder dem → Schinken (Schinkensteak).
Wenn es sein muß, dann trinken Sie zu Schweinssteak mit Ananasscheiben artverwandten *Hermitage Blanc/nördliche Rhône/F* oder exotischen *Riesling/S-AUS*. Schweinssteak mit Zwiebelpüree ist für *Sylvaner* oder *Riesling Kabinett* reserviert, den hochgelobten *roten* Widerparts *(Beaujolais Primeur/Burgund* und spritziger *Lambrusco DOC/Emilia-Romagna/I)* konnten wir weniger abgewinnen. Schweinssteak auf Schalottensauce ließ sich von einigen herrlichen *Rotweinen* willig begleiten und wurde zur kulinarischen Nebensache. Den besten Eindruck hinterließ dabei der elitäre *Chianti Classico „Vigna del Sorbo"* vom WEINGUT FONTODI (→ Bistecca alla „Fiorentina"). Schweinssteak mit Äpfeln (Fleisch paniert, süßsaurer Apfel in Weißwein und Zitronensaft mitgedünstet) wurde von der feingliedrig-apfelfruchtig-pikanten Edel-*Riesling Scharzhofberger Spätlese* (5 – 7 Jahre; 9 – 10° C) von EGON MÜLLER, Scharzhof/Saar/D, genial-einfühlsam interpretiert und letztlich zum Symbol der Harmoniesuche über verwandte Aromen.

SCHWEIZER NOCKEN

Aus einem Brandteig kleine Nocken ausgestochen, auf ein Backblech gegeben, mit geriebenem Emmentaler bestreut, mit zerlassener Butter beträufelt und gratiniert.
Die beim Emmentaler in der dritten Gärung entstandene Propionsäure verleiht dem Käse eine nussig-milde, zart-süße Note, die durch den Brandteig noch verstärkt und von einigen milden *Schweizer Weißweinen (Sylvaner* bzw. *Johannisberg, Riesling-*

Sylvaner, Chasselas, Pinot Gris bzw. Malvoisie sowie Gewürztraminer) kongenial umgesetzt wird. Zu unserem Lieblingswein erkoren wir den mit lockenden Aromen und bestechender Milde auftrumpfenden Dezaley 1er Cru „L'Arbalète" (CHA) von J. & P. TESTUZ, Cully/Waadtland/CH.

SCHWERTFISCH

Bis 5 m langer und ca. 450 kg schwerer, haiähnlicher Makrelenfisch mit einem Schwertfortsatz am Oberkiefer. Der wahrscheinlich schnellste Fisch (100 km/h) ist in den Tiefen der Meere zu finden, ernährt sich von Schwarmfischen, die er mit seinem Schwert aufspießt, und besitzt ein festes, feinfaseriges, aromatisch-wohlschmeckendes Fleisch, das bis auf die Rückengräte grätenfrei ist. Bei einem Gewicht von 60 bis 100 kg ist er im Frühling (Sommer) besonders schmackhaft. Der immer seltener werdende Schnellschwimmer, der auch den Hai nicht fürchtet, wird in Süditalien noch relativ oft angeboten.
Schwertfischspießchen vom Rost vermählten wir auf angenehme Weise mit *weißem Bianco di Nocastro/Kalabrien/*. Schwertfisch mit saurer Sauce, gepaart mit dem sherryartigen *Vernaccia di Oristano Riserva* (10 – 15 Jahre; 10 – 12° C) von JOSTO PUDDU, San Vero/Sardinien/I, wurde zu einem warmherzig-kraftvollen Treffen der Giganten. Schwertfisch mit Gewürzen (Kapern, Knoblauch, Paprika ...) verlor seine furchterregende Aura im Beisein von *Cirò Bianco (Greco-Bianco*; 1 – 2 Jahre; 8 – 9° C) der FRATELLI CARUSO, Kalabrien. Aber auch der unvergleichliche, „gebirgsfrische" *Regaleali Bianco „Nozze d'Oro"* (CAT, INZ, SB; 1 – 3 – Jahre) von CONTE TASCA D'ALMERITA, Vallelunga di Pratemeno/Sizilien/I, nahm Gewürzen und Fisch jede Gefährlichkeit.

SCOTCH HOTCHPOTCH

Schottisches Fleischragout: Hammelfleisch, Karotten, weiße Rüben, Porree, Zwiebeln, Stangensellerie, Schnittbohnen, Karfiol und grüne Erbsen.
Ein kühles Glas *Guinness/Bier)* ist hiezu ebenso traditionell wie passend. *Wein*-Empfehlungen finden Sie unter → Hammelragout.

SEEBARBE → MEERBARBE

SEEBARSCH → ROTBARSCH

SEEHAHN → KNURRHAHN

SEEHASE (LUMPFISCH)

Stachelflossiger Meeresfisch, der sowohl in der Nord- und Ostsee als auch im Atlantik vorkommt. Besonders in geräucherter Form begeistert er die Gaumen der Fischliebhaber. Sein Rogen kommt als deutscher Kaviar (Kaviarersatz) in den Handel.
Das wäßrige, etwas fad schmeckende Fleisch profitiert enorm durch die Vereinigung mit würzig-aromatischen *Weinen (weiß* und *rosé)*. Geräuchert ist es ohnehin von größerer Ausdruckskraft und gewinnt dann noch zusätzlich vom rauchigen Flair eines *Sauvignon Blanc/Loire/F* oder *Patrimonio Blanc Rosé* oder *Rouge/Korsika/F.* Interessant auch der *rote „Clos Capitoro" (Sciaccarello-.* und *Grenache*-Trauben) von CLOS CAPITORO, Porticcio/Korsika/F.. Zum Rogen ist trockener *Schaumwein* nach wie vor unerreicht.

SEEHECHT (MEERHECHT, HECHTDORSCH)

Bsi 1 m langer Meeresrundfisch mit spitzem Kopf und scharfen Zähnen, der aus der Dorschfamilie stammt und sich von Sardinen und der eigenen Brut (!) ernährt. Der Raubfisch ist sowohl im Atlantik als auch im Mittelmeer auf Jagd und besitzt ein weißes, leicht verderbliches, aber gut verdauliches Fleisch von fester, magerer Konsistenz, das von Mai bis September seinen geschmacklichen Höhepunkt erreicht.

Seehecht auf Paprikasauce goutierten wir mit rauchigem *Côteaux Champenois Blanc de Blancs de Chardonnay* von LAURENT-PERRIER, Tours sur Marne, *(weißer Stillwein aus der Champagne)*, rassigem *Riesling Grand Cru „Rangen"/Clos Saint-Theobald/Colmar/Elsaß/F* und einem feinen *Sauvignon Blanc* in *Spätlese*-Stil von LACKNER-TINNACHER, Gamlitz/Südsteiermark/A.

Seehecht gegrillt

Seehecht mit Olivenöl eingepinselt, gesalzen, gepfeffert (Mühle), mit 2 EL englischem Senf bestrichen, beidseitig je fünf Minuten gegrillt; Rahm in einer Pfanne erwärmt, mit etwas englischem Senf, Zitronensaft, Salz und Pfeffer vermengt und über den Fisch gegossen.
Olivenöl, Senf, Rahm, Zitronensaft und Gewürze kann man mit einem samtig-weichen *Weißwein (Pinot Gris, Chasselas/CH, Tocai Friulano/I)* geschickt bändigen, aber leider auch verniedlichen. Große *Chardonnay* (z. B. der *Collio Chardonnay* von GRAVNER, Oslavia/Friaul/I) und *Pinots Blancs* bringen hingegen alle Nuancen zur Geltung und lassen die Papillen nicht so schnell zur Ruhe kommen.

SEEIGEL (MEEREIER)

Zur Familie der Stachelhäuter zählendes, rundes Meerestier, das sich bevorzugt in Küstennähe aufhält und von Meeralgen ernährt. In den Mittelmeerländern werden sie als „Kastanien des Meeres" gerühmt und meist roh verspeist. Die reifen Seeigelrogen (Eierstöcke) sind eine besondere kulinarische Rarität. Wegen der Verschmutzung der Küsten werden auch gezüchtete Igel angeboten.
Seeigel „Mariniére" (mit Zwiebeln, Knoblauch, Petersilie und Weißwein gekocht) können wir mit zitrussäurigem *Muscadet/Loire*, knoblauchfreundlichem *Lirac Blanc* (GRB 40 %, CL 40 %, BLC 20 %; 1 – 2 Jahre; 8 – 9° C) vom CHÂTEAU DE BOUCHASSY, Roquemaure/südliche Rhône/F, und – für festliche Anlässe – mit feinperligem *spanischem Cava „Mont Marçal brut"/Castelvi de la Marca/Penedès* empfehlen. Zu rohen Seeigeln ist mineralisch-würziger *Chablis AC/Burgund/F* noch immer unerreicht.

Seeigelcrème

Südfranzösische Delikatesse: geöffnete Seeigel mit Gewürzen und Provencekräutern in Salzwasser gekocht, das Fleisch püriert und mit → Mayonnaise vermischt. Die Crème wird als warme Vorspeise oder Beilage zu Fischgerichten gereicht.
Weiß- und *Roséweine* der *Provence* wären vernachlässigt, würde man sie zu dieser geradezu maßgeschneiderten Speise nicht berücksichtigen. (In Klammer sei erwähnt, daß auch rassiger *Sauvignon Blanc* und *Chardonnay* eine angeborene Affinität für die Vorspeise besitzen.) Das beeindruckendste kulinarische Intermezzo hatten wir allerdings doch mit einem *weißen Provence-Wein*, dem nach Provencekräutern duftenden, würzig-trockenen *Bellet Blanc/Château de Cremat* (→ Aïoli).

SEELACHS (BLAUFISCH, KÖHLER)

Eine → Schellfischart, die an den Küsten Skandinaviens vorkommt und dort wegen ihres etwas trockenen, aber wohlschmeckenden Fleisches sehr beliebt ist. Meist wird er als Lachsersatz, Filet oder Fischfrikadelle angeboten. Beste Genußzeit ist von Oktober bis April.

Seelachs-Schnitzel

Fisch gesalzen, gepfeffert, gemehlt und in Olivenöl 7 bis 8 Minuten gebraten; Sauce aus Zitronensaft, Salz, Pfeffer, → Crème fraîche eingekocht, Butter eingerührt, mit gehacktem Basilikum bestreut und über den Seelachs gegossen.

Dieses Gericht ist geradezu prädestiniert für trockenen *weißen Penedès/E*, wird aber zu einer vergnüglichen Entdeckungsreise – vice versa – in die Welt der Düfte und Aromen, wenn von einem schäumenden *Cava* (CH 100 %; 2 – 3 Jahre; 6 – 8° C) von RAIMAT, Lleida/Penedès/E, begleitet. Der modernste und frischeste *sardische Weißwein*, der *Torbato di Alghero „Vigna Terre Bianche"* von SELLA & MOSCA, Alghero, ließ uns die Aromaergüsse etwas kürzer empfinden, war aber trotzdem ein heftig akklamierter Sommerwein, den man sich merken sollte. Das Tandem mit erfrischend-würzigem *Sauvignon Blanc* wäre auch einen Versuch wert.

SEETEUFEL (ANGLER)

Ein Knorpelfisch mit riesigem Kopf und gewaltigen Zähnen, der sogar kleine Haie und Rochen verschlingt. Seine Jagdgründe sind das Mittelmeer, der Atlantik und die Ostsee. Sein Fleisch ist von April bis Juni besonders fest und – das Schwanzstück – sogar von hummerähnlichem Aroma, besitzt keine Gräten und wurde durch die Nouvelle Cuisine auch bei uns bekannt. Auch geräuchert eine Delikatesse, die sich mit *Graves Blanc/Bordeaux/F* und edlem *Fendant/CH* sogar noch verfeinern läßt. Zu Seeteufelterrine verlangen Sie *Pinot Blanc Spätlese trocken;* Seeteufelsalat mit Reis und → Mayonnaise paktiert gerne mit *spanischem Viña Sol* (CH 50 %) von TORRES, Penedès/E, und Seeteufelmedaillons mit Erdäpfel-Steinpilz-Salat können Sie beruhigt mit reifem edlem *Riesling Kabinett/A* oder *D* genießen. Seeteufel mit Senfsauce goutierten wir mit mittelreifem *Chablis Premier Cru „Vaillons"*, DOMAINE DANIEL DEFAIX, Chablis/Burgund/F; auch *Cassis Blanc/Provence/F* ist zu empfehlen; *elsässischer Riesling* blieb hingegen etwas blaß und fast ein Fremdkörper. Seeteufel mit Sojasauce wurde von einem *Pinot Gris Kabinett/Baden* gut untermalt, während ein *Chardonnay Barrique/BGLD/A* – gemeinsam mit der Sojasauce – das Fischaroma total übertönte. Zu Seeteufelspießchen genießen Sie *Hermitage Blanc/nördliche Rhône*. Seeteufel mit Pfifferlingen (Eierschwammerl) ist auf sehr reife *Weißweine (Pinot Blanc, Pinot Gris, Chardonnay)* fixiert; Seeteufel und Schnittlauchsauce können Sie mit klassischem *Riesling* oder *Pinot Gris trocken* bis *halbtrocken* eine Freude bereiten. Seeteufelfrikassée mit Oliven und Kapern ist auf *südfranzösische Weißweine (Bandol Blanc/Provence, Châteauneuf-du-Pape Blanc/südliche Rhône)* eingestellt. Seeteufelsteak mit Oliven und → Ratatouille und *roter Pomerol (Château Gazin)* ist ebenso gewagt wie faszinierend-feurig; *weißer Condrieu* (DELAS FRERES, Tournon sur Rhône/nördlicheRhône) ist allerdings mit einer etwas feineren Klinge am Werk. Seeteufelmedaillons und Langustenschwänze mit Safran werden nur von wenigen Weinen „beherrscht": *Gewürztraminer Spätlese trocken, Château-Chalon/Jura* und reifer *Jahrgangs-Champagne/F*. Seeteufelstreifen mit Knoblauch wurden von *Riesling/Saar* und *rotem Bourgueil/Loire/F* nicht ideal interpretiert, der Fisch legte sich quer, doch schäumender *Cava/E* war knoblauchrichtig. Seeteufel mit Pfeffer-Koriander-Zitronen-Sirup war mit *Graves Blanc/Bordeaux/F* gut besetzt (nur die

Sauce wurde etwas bitter); jugendlich-eleganter *Barsac Château Doisy-Dubroca* (→ Austern „Americaine") war allerdings ein Meilenstein auf unserer Suche nach harmonischen Ergänzungen.

Seeteufel „Americaine"

Seeteufel ausgelöst, in Streifen geschnitten, gemehlt, in Olivenöl angebraten, mit → Cognac flambiert, warmgestellt; Schalotten gewürfelt, mit zerdrückter Knoblauchzehe angedünstet, mit Tomatenmark und trockenem Weißwein 20 Minuten geköchelt, mit Salz und grünem Pfeffer aufgekocht; Fisch in die Sauce gegeben, nochmals aufgekocht und serviert.

Weiß: Pinot Grigio und Pinot Bianco/Friaul/I, Chasselas/CH, Riesling Kabinett halbtrocken

Der *Pinot Grigio Eno-Friulia* (→ Hecht auf „badische Art") schlug sich recht wacker im Kampf gegen den (See-)Teufel und hielt auch lange die Balance gegenüber den diversen Aromen. Eklatant war seine deutliche Vorliebe für die Cognacnote, während seine Holz(Barrique)töne bei der Tomatensauce aneckten.

Weiß: Riesling, Pinot Blanc und Pinot Gris Spätlese trocken; Hermitage Blanc/nördliche Rhône, Châteauneuf-du-Pape Blanc/südliche Rhône, Pouilly-Fuissé/Burgund/F

Der reife *Hermitage Blanc* (MAR, ROU; 8 – 10 Jahre; 9 – 11° C) „*Cuvée Marquise de la Tourette*", DELAS FRÈRES, Tournon sur Rhône/nördliche Rhône/F (goldgelb leuchtend, reicher Duft nach Kräutern, Gewürzen, Akazie und Vanille, delikat, kraftvoll, schwer – von der Sonne der Rhône geprägt – mit kraftvoll-würziger Resonanz), bäumte sich energisch gegen die üppige Sauce auf – wer einen müden Wein erwartete, sah sich getäuscht! Er hielt zuerst eine Weile das Gleichgewicht, um dann wie ein Symphonieorchester loszulegen und trotzdem einzelne Instrumente (Solisten) herauszustreichen. Grandios!

Weiß: Arvine und Johannisberg du Valais/CH; Pinot Blanc und Pinot Gris Auslese halbtrocken

Die exotisch-duftende *Riesling Auslese „Saarburger Rausch"* (6 – 10 Jahre; 10 – 11° C), WEINGUT ZILIKEN-FORSTMEISTER GELTZ ERBEN, Saarburg/Saar/D (goldgelb strahlend, reiche Ananas-Honig-Stachelbeertöne, samtigweich mit finessenreichem Abgang), war hier und heute falsch besetzt. Wohl gab es Annäherungsversuche, die aber letztlich von der spitzen Säure wieder zunichte gemacht wurden. Schade!

SEEWOLF → STEINBEISSER

SEEZUNGE

Die „Königin der Meere" ist ein Plattfisch mit besonders zartem, magerem, saftigweißem, leicht verdaulichem Fleisch, wird bis zu 50 cm lang und erreicht im Ärmelkanal (Ostender und Dover Sole) von April bis Juni ihren vollkommensten Geschmack. Einzig der → Steinbutt, der „Fasan der Meere", ist ihr an Wohlgeschmack ebenbürtig. Die marokkanische Seezunge besitzt einen etwas faden Geschmack. Da es allein in Frankreich über 400 Zubereitungsarten der Seezunge gibt, ist Vollständigkeit natürlich nicht zu erwarten, doch seien einige wichtige klassische Garnituren angeführt. Das zarte Fleisch der Seezunge sollte man nur von den edelsten

Weißweinen berühren lassen, und es käme einer Majestätsbeleidigung gleich, sie mit unausgewogenen, rustikal-derben Gesellen auf eine Stufe zu stellen. Der *Riesling*, oft als reiner „Süßwasserwein" abgestempelt, reüssierte in einigen Formationen auf brillante Weise. Seezungenfilets mit Artischockengemüse paarten wir höchst erfolgreich mit *Chenin Blanc/Loire* und *Rheingauer Riesling/D*. Seezunge mit → Sauce Bercy wurde von *fränkischem Silvaner* zu einem Stelldichein gebeten. Seezunge „Müllerin" (in Milch und Mehl gewendet, in frischer Butter gebraten, mit Zitronenscheiben belegt) lockten wir mit *Meursault/Burgund* und *elsässischem Riesling/F* aus der Reserve. Seezunge in Sauce Verte (Mayonnaise mit Estragon, Kerbel, Kresse, Petersilie, Spinat und Cayennepfeffer versetzt) wurde von feinem *Entre-deux-Mers/Bordeaux* und *Muscadet/Loire/F* (im Sommer) hofiert. Seezungenröllchen mit Sauerampfersauce harmonierten mit feinem *Chablis Premier Cru „Vaudesir"* (z. B. DOMAINE DE LA MALADIÈRE, Chablis/Burgund). Seezunge gegrillt wartete auf rassigen *Pouilly-Fuissé/Burgund*, aber auch edler *Sauvignon Blanc* ist akzeptabel. Seezunge „Hermitage" (gefüllt mit Bröseln, Butter, Ei, Schalotten und Kräutern) und *Hermitage Blanc/nördliche Rhône* ist nicht neu, aber gut. Seezunge mit Rotweinbutter liebäugelt mit blutjungem, gekühltem *rotem Gamay (Beaujolais* oder *Loire)*. Seezunge „Kardinal" (→ Sauce Béchamel mit Rahm und Hummerbutter) kombinierten wir mit edler *Chardonnay*- oder *Pinot Gris Spätlese*. Zu Seezungenstreifen-Salat genossen wir schäumenden *Crémant de Champagne*. Seezunge „Bonne Femme" (Weißweinsauce mit Schalotten, Champignons und Zitronensaft) ist für *Chablis Grand Cru/Burgund*, aber auch für große *internationale Chardonnays* eine Reise wert. Seezunge „Portugiesisch" (in Fischfond und Weißwein gedünstet, mit Tomaten, Zwiebeln, Champignons und Petersilie garniert) testeten wir in *Portugal* mit frischem *Vinho Verde* und verwöhnten wir in *Italien* mit trocken-fruchtig-perlendem *Prosecco di Conegliano-Valdobbiadene Frizzante* von PINO ZARDETTO, Conegliano/Venetien/I; in der kühleren Jahreszeit entschieden wir uns für vollmundig-buttrigen *Chardonnay* von RAPOSEIRA, Portugal. Seezungensalat „Andalusisch" (mit Reis, Paprikaschoten, Tomaten, Knoblauch, Olivenöl, Zitronensaft, grünen Oliven und Safranmayonnaise) war sowohl mit *Sherry Manzanilla* und *Montilla Moriles seco/Andalusien/E* als auch mit schäumendem *Cava/Penedès/E* einverstanden. Seezungenfilet „Normannisch" (mit Austernwasser, Champignonfond, Eigelb, Rahm und Butter) überzeugte uns zweimal auf höchst unterschiedliche, aber nichtsdestoweniger faszinierende Weise: erstens mit superbem *Chablis „Les Clos" Grand Cru* von WILLIAM FÈVRE, Chablis/Burgund, der besonders die Austern- und Champignon-Note unterstrich, und zweitens mit delikat-samtigem, mild-fruchtigem *Vouvray demi-sec „Château de Valmer"* (CHB; 8 – 12 Jahre; 8 – 10° C), der das süßliche Flair der Sauce in den Vordergrund stellte und auch dem eigentlichen Hauptakteur, der Seezunge, Reverenz erwies. Seezunge „Argenteuil" (in Fischfond und Weißwein gedünstet, mit Spargelspitzen garniert) ist für hochedlen *Sauvignon Blanc, Graves Blanc* (z. B. CHÂTEAU LAVILLE HAUT-BRION, Talence) oder großen *Riesling* immer wieder eine Herausforderung.

Seezunge „Colbert"

Seezunge enthäutet, beiderseits des Rückens aufgeschnitten und die Gräte sowohl am Kopf als auch am Schwanz abgebrochen, gesalzen, in Mehl, Ei, geriebenem Weißbrot gewendet, in Fett schwimmend herausgebacken, entgrätet und direkt vor dem Auftragen mit schaumig geschlagener Kräuterbutter gefüllt. (Nach Jean Baptiste Colbert, 1619 – 1683, französischer Staatsmann und Finanzminister unter Louis XIV.)
Die Seezunge kann man mit samtig-weichen, gehaltvollen *Weißweinen (Pinot Gris, Riesling-Sylvaner, Sémillon-Sauvignon, Chenin Blanc, Zierfandler, Chasselas, Muskateller...)* eine besondere Freude machen, vorausgesetzt, die Weine gehören zu den

besten und nobelsten Vertretern der einzelnen Sorten. Für besonders erwähnenswert halten wir die Zusammenführung mit dem grandiosen *Château Laville Haut-Brion Blanc* (SÉM 60 %, SB 40 %; 9 – 10 Jahre) aus Talence/Graves/Bordeaux, der Seezunge, Panier und Kräuterbutter in den kulinarischen Himmel hob.

Seezungenfilets auf „Burgunder Art"

Backblech mit Butter bestrichen, in Butter angeschwitzte Zwiebelscheibchen daraufgesetzt, mit weißem Pfeffer bestreut, Filets daraufgelegt, mit gedünsteten Champignons garniert, etwas Rotwein aus Burgund darübergegossen und im heißen Rohr gegart; Fond eingekocht, mit Mehlbutter gebunden und über die Filets gegeben.

Da wir nun einmal die Gelegenheit haben, einen *Rotwein (Burgund)* einzusetzen, müßten es die elegantesten und subtilsten Vertreter sein, die – etwas kühler serviert (14 – 15° C) der „Königin der Meere" zu Höchstform verhelfen sollen. Es gäbe sicherlich einige *Pinots* aus aller Welt zu empfehlen, doch seit ich das Gericht mit göttlichem *Musigny Grand Cru* (PN; 5 – 8 Jahre; 15° C) von J. FAIVELEY, Chambolle-Musigny/Côte d'Or/Burgund/F, versuchen durfte, kann ich mir schwer einen anderen Partner vorstellen, denn das zarte Parfum (Himbeeren und exotische Süßedüfte) und der elegant-samtige, mit Grandezza, Zartheit und Finesse – bei wacher Säure – auftrumpfende Körper stimulierten Fischaroma und Gewürze auf so nachhaltige Weise, daß man es einfach nicht vergessen kann. Ähnlich großartige Erlebnisse bieten die Klasseweine von COMTES GEORGES DE VOGÜÈ, Chambolle-Musigny.

Seezungenröllchen „Rossini"

Seezungenfilets leicht geklopft, mit einer Melange aus Fischfarce und Gänseleberpüree bestrichen, gerollt, in Fischfond und Weißwein gedünstet, angerichtet, mit Sauce bedeckt und mit gehackten Trüffeln bestreut.

Dieses üppige, heute oft mit Ersatzprodukten (Hühnerleberpüree und Champignons bzw. Morcheln) zubereitete Luxusgericht des vorigen Jahrhunderts sollte im Ernstfall von den größten und besten *Weißweinen* wie *Corton-Charlemagne* und *Montrachet Grand Cru/Burgund, Quarts de Chaume/Loire,* trockenem bis *halbtrockenem Sauternes/Bordeaux/F* oder exquisiten *Gewürztraminer-* bzw. *Pinot Gris Spätlesen* hofiert werden.

SELCHFLEISCH

Österreichisch-süddeutsche Bezeichnung für gepökeltes und geräuchertes → Schweinefleisch.

Das salzig-rauchig-deftige Fleisch wird vor allem von Mai bis Oktober gerne von erfrischendem *Bier (Pils, Weizen-* und *Bockbier)* entschärft. Ansonsten sind es würzigrustikale *Weißweine (Riesling, Sylvaner, Pinot Blanc, Grüner Veltliner, Sauvignon Blanc ...),* bestimmte *Rotweine (Blaufränkisch, Vernatsch/Südtirol, Marzemino/ Trentino/I ...)* sowie einige *trockene Roséweine (Pinot Noir, Zweigelt, Schilcher ...)* und sogar herbe *Schaumweine,* die das charakteristische Rauch-Salz-Aroma treffen bzw. manchmal *(Schilcher, Sauvignon Blanc/Steiermark/A)* auch übertreffen können. Ausgleichend und harmonisierend wirken hingegen mild-samtige *Weißweine: Roter Veltliner, Neuburger, Pinot Gris, Welschriesling, Chardonnay* usw.

Selchrippen

Gepökeltes und geräuchertes Stück vom Schweinskarree in Wasser gekocht und mit Sauerkraut und Semmelknödeln serviert.

Durch das Sauerkraut sind erdig-würziger *Riesling (Rheinhessen, Rheinpfalz/D, Elsaß/F* und *Kamptal-Donauland/A), Silvaner (Franken, Rheinhessen/D, Elsaß/F* und *Südtirol/I)* und kraftvoller *Pinot Blanc (Baden/D, Elsaß/F* sowie *NÖ, Burgenland, Steiermark/A)* in die Pole-Position gekommen; aber auch *rote Jungweine (Pinot Noir, Blaufränkisch, Gamay)* passen sich geschickt an das Kraut an und erhöhen auf subtile Weise die Wahrnehmung des Rauch-Salz-Geschmacks.

Selchspeck

Österreichische Bezeichnung für → Räucherspeck.

SELLERIE

Gemüse- und Gewürzpflanze mit spezifischem Geruch und Geschmack, der von ätherischen Ölen stammt. Die verdickte, fleischige Wurzel heißt Knollensellerie.
→ Stangen- oder Bleichsellerie ist eine Zuchtform, eine Würzpflanze, deren Blätter wie Petersilie verwendet werden. Seit Urzeiten gilt Sellerie als Glücksbringer und Aphrodisiakum. Das charakteristische Aroma harmoniert mit einer ganzen Reihe von *Weiß- (Sylvaner, Chardonnay, Riesling, Sauvignon Blanc, Neuburger* sowie *Bandol Blanc/Provence/F ...), Rot- (Pinot Noir, Gamay, Tocai Rosso/ Venetien, Aglianico/Basilikata/I)* und *Roséweinen (Bardolino Chiaretto/Venetien/I, Côtes de Provence/S-F ...)* auf vorzügliche Weise. (→ Waldorf-Salat)
Zu Sellerietörtchen versuchen Sie *weißen Silvaner/Franken* oder gekühlten *roten Beaujolais/Burgund*. Fagioli e Sedano all Vino Rosso (Bohnen und Sellerie in Rotweinsauce) paarten wir erfolgreich mit *rotem Aglianico del Vulture DOC* (6 – 8 Jahre; 16 – 17° C) von der CASA VINICOLA D'ANGELO, Rionero in Vulture, Basilikata/I. Sellerie gebacken (paniert) ließ sich von einem *Neuburger Kabinett/BGLD/A* verwöhnen. Selleriesülze begegneten wir mit *Sauvignon Blanc/Südsteiermark*. Sellerie gebraten reichte man uns in *Italien* mit hellem *Bardolino Chiaretto/Venetien*. Sellerie gedämpft haben wir in Einklang mit gemüseartig-würzigem *Chardonnay* von PETER DOLLE, Straß/Kamptal-Donauland/NÖ/A, in allerbester Erinnerung, und den heiklen Selleriesalat (mit Essig und Öl) bekommen Sie durch *Tocai Rosso/Venetien/I* oder milden *Neuburger Kabinett/Thermenregion/NÖ/A* in den Griff.

Sellerieherzen

Das weiße Innere der Stangensellerie mit kochendem Wasser überbrüht, in Butter gedünstet, warmgestellt; Fond mit → Portwein gelöscht, reduziert, mit → Crème fraîche und Fleischextrakt verkocht, gemahlene Haselnüsse beigefügt, Sauce mit Eigelb und Crème fraîche gebunden, gewürzt und mit Butter vollendet.
Der reiche Fond (Portwein, Crème fraîche, Eigelb) benötigt kraftvoll-extraktreiche *Weißweine* mit milder Säure – und einer gewissen Affinität für das Nußaroma – als Gegenspieler: *Meursault 1er Cru* und *Chablis Grand Cru („Les Preuses")/Burgund/F, Pinot Blanc Spätlese, Roter Veltliner Spätlese trocken/A*, aber auch *(roter) Late Bottled Vintage Portwein* und *Sherry Amontillado seco/E* sowie *Fiano d'Avellino/ Kampanien, Pomino Bianco* (MARCHESI DE FRESCOBALDI, Firenze/Toskana/I) und *Cremant d'Alsace (Schaumwein* aus dem *Elsaß/F)* können diese schwierige Rolle erfüllen. Sellerieherzen mit Tomatensauce waren bei *Bellet Blanc/Provence, Minervois Rouge/Languedoc/S-F, Traminer, Riesling, Chardonnay* sowie dem einst berühmten *Est!Est!Est! di Montefiascone* (→ Saltimbocca) von ITALO MAZZIOTTI, Bolsena/Latium, in allerbester Obhut.

SEMMEL
Österreichische Bezeichnung für Brötchen, Schrippe, Rundstück.

Semmelbrösel (Paniermehl)
Getrocknete, altbackene Semmeln zerrieben und zum Einbröseln von Fleischscheiben (→ Kotelett, → Kalbsschnitzel) und Panieren von → Fleisch, → Fisch, Kroketten usw. verwendet. (→ Panieren)

Semmelknödel
Semmeln in kleine Würfel geschnitten, goldgelb gebraten, gehackte Zwiebeln daruntergemischt, alles mit einer Melange aus lauwarmer Milch und geschlagenem Ei übergossen, gemehlt, mit Salz und Muskatnuß aromatisiert, Knödel geformt und in siedendem Salzwasser ca. 15 Minuten geköchelt.
Zu den flaumigen Knödeln sind zart-würzig-vollmundige *Weißweine (Muskateller trocken, Riesling-Sylvaner, Riesling, Grüner Veltliner „Smaragd"/Wachau/NÖ/A ...)* anzuraten, doch spielt auch die Hauptspeise eine „kleine" Rolle bei der Auswahl des *Weins*.

Semmelkren
Österreichische Spezialität: kleingeschnittene Semmeln mit Salz und Zucker gewürzt, mit Rindsuppe durchgekocht, passiert und mit geriebenem → Kren vermengt; zu gekochtem Rindlfeisch gegeben.
Da man in *Österreich* zum gekochten Rindfleisch meist *Weißweine* trinkt, wollen wir diese auch zuerst anführen: *Chardonnay* (Stahltank), *Riesling-Sylvaner, Riesling, Malvasier, Grüner Veltliner, Welschriesling, Pinot Gris* – allesamt mit gut abgepufferter Säure – heißen die Favoriten der würzigen Beilage. Unter den *Rotweinen* sind besonders elegant-fruchtiger *Pinot Noir* und *Sankt Laurent* an erster Stelle zu nennen, während der in der *Steiermark* empfohlene *Schilcher* die Schärfe (allzusehr) betont.

SENF (MOSTRICH)
Schon die Römer kannten die Würzkraft der Senfpflanze, die sie auch nach Frankreich, England, Österreich und Deutschland brachten. Jene vier Länder entwickelten sich auch zu den bekanntesten Produzenten der gelbbraunen Würzpaste, die es von süß bis scharf gibt. Gemahlene schwarze und weiße Senfkörner sind die Grundlage des Mostrichs, und jedes Land setzt spezielle Gewürze (z. B. Essig, Weinmost, Salz, Pfeffer, Zimt, Zucker, Estragon, Kren usw). zu. Österreichisch-deutscher Senf ist mild-würzig bis süß, französischer Senf wird mit Wein oder Weinessig zubereitet (der berühmteste aus Dijon schmeckt aromatisch scharf), der englische ist besonders scharf und enthält Cayennepfeffer.
Will man von einem „Senfwein" sprechen, so muß man für die scharfen Sorten unbedingt den *Chablis AC* aus *Burgund/F* nennen und generell *Chardonnay (Morillon)* sowie *Pinot Blanc* zitieren. Für dunkle Senf-Saucen usw. bieten sich in erster Linie *Pinot Noir, Gamay* und *Merlot* an.

Senfsauce → Sauce Moutarde

SEPIA → TINTENFISCH

SERBISCHES REISFLEISCH

Gehackte Zwiebeln in Butter angedünstet, großzügig Paprika, Bouillon und kleingewürfeltes Kalbfleisch beigefügt, alles etwa 30 Minuten gedünstet, in Butter glasig angedünsteten Reis dazugegeben, mit Rindsuppe aufgefüllt, zugedeckt langsam weichgedünstet und mit geriebenem → Parmesan vollendet.

Kühles *Bier*, erfrischend-fruchtiger *Riesling/Slowenien*, der seltene, fein-duftige *weiße Vugava/Dalmatien* sowie die hellere und leichtere Version des – ansonsten sherryartigen – *Grk* von der *Insel Korcula* (ehemaliges *Südjugoslawien*) sorgen für ungetrübte kulinarische Sommerfreuden. Im Winter können Sie sich auch an Deutschlands Liebling, dem *roten Amselfelder*, einem hauptsächlich aus *Pinot Noir* gekelterten, angenehmen Tischwein aus der Region *Kosova*, oder dem fruchtcharmanten, leichten *roten Plavina/Dalmatien* laben.

SEWRUGA-MALOSSOL → KAVIAR

SHERRY

Berühmter gespriteter südspanischer Südwein, dessen Name nicht geschützt ist und daher auch in anderen Ländern verwendet wird. Echter Sherry aus Jerez de la Frontera wird hauptsächlich aus den Traubensorten Palomina Blanco und Pedro Ximenes hergestellt. Je nach Süßegrad wird er als Aperitif oder Dessertwein angeboten. Trocken, hell und mit dem typischen Florgeschmack sind Fino und Manzanilla. Der bernsteinfarbige Amontillado steht mit seinem Haselnußaroma zwischen Fino und Oloroso. Palo Cortado ist die trockenere, kräftigere Form des Amontillado, auch seco oder dry genannt. Der Oloroso (der „Wohlriechende") wird ohne Flor ausgebaut, auf 18 % aufgespritet und gilt als würzig-süßer Dessertwein mit Karamelaroma. Der Cream ist eine noch gesüßte Version des Oloroso und wurde mit einem zuckerreichen Most aus getrockneten Pedro Ximenez- und Palomino-Trauben angereichert (Thymian-, Rosmarin- und Harzduft, gepaart mit Melasse-, Orangen- und Haselnußaroma) (→ Morcheln in Sherry).
Der Vehemenz und Kraft von mit zumeist trockenem oder halbtrockenem Sherry angereicherten Saucen und Speisen tritt man entweder mit dem *Kochwein* selbst bzw. einem ähnlichen, aber höherwertigen Vertreter entgegen oder verläßt sich auf einige der beständigsten Sherry-Begleiter wie *ungarischen Tokaji trocken* bis *süß* (je nach Art der Speise), *Vin Jaune/Jura/F*, *Vernaccia di Oristano* und *Malvasia di Bosa/Sardinien/I*. Wenn der Spanier mit Bedacht verkocht wurde, sind auch *Pinot Gris*- und *Pinot Blanc Spätlesen trocken* bzw. *Auslesen halbsüß* bis *süß* (Desserts) für ein herzliches Bündnis mit der Speise zu gewinnen.

Sherry-Crème

3 Eigelb, 100 g Zucker und 15 g Stärkemehl schaumig geschlagen, 1/4 l heiße Milch eingerührt, unter ständigem Rühren aufgekocht, mit Gelatine gebunden, mit einem Glas Cream Sherry, 1/8 l → Crème fraîche und 2 steifgeschlagenen Eiweiß vollendet.
Ein *Cream Sherry (Sanlúcar Cream* von BARBADILLO, Jerez, oder HARVEY'S *Bristol Cream*, Jerez) ist hier nicht zu überbieten.

SHRIMPS

Englische Bezeichnung für → Hummerkrabben kleiner und mittlerer Größe, die etwas größeren kommen aus der Tiefsee und werden von den Amerikanern Shrimps genannt.

Weißweine von großer Aromatik, exotischem Flair und/oder zarter Restsüße (exotischer *Chardonnay, Sauvignon Blanc, Sémillon, Jurançon sec/SW-F, Anjou Blanc* oder *-Rosé* und *Chenin Blanc/Loire/F* ...) harmonieren besonders gut mit den Tiefseekrabben und entlocken ihrem mild-süßlichen Fleisch die schönsten Töne, aber auch feinperlige *Schaumweine*, die einer gewissen Exotik nicht entbehren, sind Garanten für ein erlebnisreiches, mehrdimensionales Mahl. Zu *Shrimps auf Friseesalat* (mit Olivenöl, Zitronensaft, Schalotten und Basilikum) löste bei manchen eine *Sauvignon Blanc Spätlese/Südsteiermark/A* helles Entzücken aus; zufrieden sind Sie sicher auch mit einem prägnanten *Rosé (Tavel, Lirac ...)* von der *südlichen Rhône/F*. Shrimps mit Dill, Kräutern und Schnittlauch wurden von einem *Grünen Veltliner* hofiert, von einem *Riesling* verwöhnt, von einem *Chardonnay* betört und von einem exotischen *Sémillon* von MOSS WOOD, Willyabrup/Margret River/W-AUS, aus der Fassung gebracht!

Shrimpscocktail

Sektschale mit grünem Salat drapiert, mit Shrimps und kleinen Champignons belegt, mit Tomatenketchup aromatisiert, Schlagrahm darübergespritzt, mit Eierscheibe, Kaviar und Zitronenspalte garniert und mit Butter und Toast serviert.

→ Tomatenketchup und Schlagrahm machten es den begleitenden *Weißweinen* (perlender *Prosecco Frizzante/Venetien/I, Riesling/AUS, Sauvignon Blanc/Südsteiermark/A, Jurançon sec/SW-F* und schäumender *Cava/E*) nicht leicht. Die beiden perlenden *Weine (Prosecco* und *Cava)* konnten sich nicht ganz durchsetzen, brachten aber immer wieder elektrisierende Nuancen ein. Der herrliche *Sauvignon* wollte sich nicht richtig mischen und begann säurig zu munden. Der exotische *australische Rhine Riesling* von BRIAN CROSER, Coonawarra, kam ganz nahe an die Aura des Gerichts heran und löste einige Begeisterung aus, doch der wahre „Ketchup-Wein" war und ist der *Jurançon sec „Clos Lapeyre" AOC* (PMA, CMA, COURBU; 4 – 8 Jahre; 10 – 11° C) von JEAN-BERNARD LARRIEU, Béarn/SW-F, der mit mächtigem Körper und vielschichtigen Aromen die rote „Tunke" zu einer Edelsauce hochstilisierte.

SIRLOIN OF BEEF

Englisch-amerikanische Bezeichnung für → Entrecôte bzw. → Aloyau (Rindslende), kann mit und ohne Knochen zubereitet werden. (Der englische König Charles II. (1630 – 1685) berührte ein besonders saftiges Steak einmal mit dem Degen, um es auf diese Weise zum „Sir Loin", zum „Edlen Herrn Lende" zu adeln.)

Sirloin Steak

Tranche aus dem flachen → Roastbeef, mit Knochen aber ohne → Filet. Der Nachbar des → Porterhouse Steaks zur → Rinderhüfte hin ist größer als das → Porterhouse, aber magerer. Es wiegt 1 bis 2 kg, soll 4 bis 6 cm dick sein und wird meistens im Ofen gebraten. Steak mit schwarzem Pfeffer, Knoblauchsalz und Rosmarin eingerieben, auf den Bratrost eines vorgeheizten Ofens gelegt, mit heißem Fett begossen, um die Poren zu schließen, langsam gegart und mit gebackenen Kartoffeln und Salat kredenzt.

Dolcetto und *Nebbiolo/Piemont/I, Syrah* und *Châteauneuf-du-Pape/Rhône/F, Shiraz* und *Cabernet-Shiraz/AUS, Zinfandel/Kal* und *Pinotage/ZA*, allesamt kraftvolle *Rotweine* mit pfeffriger Würze, waren dem „Edlen Herrn Lende" von Aromatik und Struktur her – wenngleich sich die Schärfe um einiges erhöhte – am besten gewachsen.

Hervorzuheben wäre noch, daß *Lirac Rouge, Châteauneuf-du-Pape* und *Gigondas Rouge*, alle von der *südlichen Rhône* und aus ähnlichen Trauben (GR, SYR, MV, CIN ...) gekeltert, ein bemerkenswertes Feingefühl für Knoblauch, Pfeffer und Rosmarin usw. aufwiesen und dadurch für die spektakulärste Abstimmung am Gaumen sorgten. Besonders hervorgehoben sei der nachtschwarze, fleischig-saftige, würzreiche *Gigondas „Cuvée de Beauchamp"* vom CHÂTEAU DE MONTMIRAIL aus Vacqueyras.

SMOKED HADDOCK

Englisch: geräucherter → Schellfisch; englische Spezialität aus leicht gesalzenem, geräuchertem Schellfisch, in schräge Tranchen geschnitten, in Milch erhitzt, abgetropft, auf dem Rost gebraten und mit frischer Butter und Toast serviert.
Die *Weißweine der Loire/F (Pouilly-Fumé = Sauvignon Blanc* sowie *Chenin Blanc)* sind neben *Silvaner/Franken* und *Riesling/Nahe/D* sowie *weißem Patrimonio/Korsika/F* (ANTOINE ARENA) als Partner des geräucherten Haddocks bis ins Paradies der Gourmets vorgedrungen. Experimente mit australischem und südafrikanischem Chardonnay können wir nicht als gelungen bezeichnen, da der klassische Rauchton dabei verlorenging und sich süßliche Holznoten breitmachten. *Chardonnay* (ohne Barriqueausbau und Eichenorgien) kann aber durchaus versucht werden, und auch *rote Barrique-Weine* können der Rauchnote manchmal etwas abgewinnen.

SMÖRGAS-BORD

Berühmtes schwedisches kaltes Buffet, bestehend aus → Bücklingen, → Eiern, → Gänsebrust, → Hummerkrabben, → Käse, → Mayonnaisen, → Neunaugen, → Pökelzunge, → Räucheraal, → Räucherlachs, → Rentierkeule, → Roastbeef, → Salaten, → Sardellen, → Sardinen, → Schinken, → Spanferkel in Aspik, → Sprotten, → Wildpasteten usw.
Da einzelne Weine unmöglich für alle Gerichte gleichzeitig passen können, sei auf die einzelnen Stichworte verwiesen, doch sei trotzdem erwähnt, daß *Weißweine* wie *Vinho Verde/Portugal, Entre-deux-Mers/Bordeaux* oder *Sancerre/Loire/F* usw. hiezu ungeheure Popularität genießen.

SMORREBROD

Die dänische Abart des bekannten schwedischen → Smörgas-Bord: kleine Brote (Knäcke-, Weiß-, Grau- und Schwarzbrot) mit → Beefsteak Tatar, Dorschrogen, → Gänsebrust, → Gänseleber, → Hummer, → Kaviar, → Krabben, → Lachs, → Räucheraal, → Räucherhering, → Rinderbrust, → Sardellen, → Sardinen, → Sauce Remoulade, → Schinken usw. belegt.
Hier gilt das gleiche wie bei → Smörgas-Bord, zusätzlich ergänzt durch *dänisches Bier* und *Aquavit (Korn-Kümmelschnaps)*.

SOBREASADA

Luftgetrocknete spanische Rohwurst aus →Rindfleisch, gepökeltem → Schweinefleisch, → Speck, Gewürzen, Rotwein und Knoblauch. *Roter spanischer Rioja* hat Tradition, doch sind an heißen Tagen fruchtig-frische (moderne) *Weißweine (Sauvignon Blanc, Chardonnay, Rioja Blanca)* mehr denn je gefragt.

SOFT SHELL CRABS

Zur Zeit des Panzerabwerfens gefangene → Krebse, die in den USA paniert bzw. gebacken angeboten werden.

Nordamerikas kraftvoll-buttrige *(Barrique-)Weißwein*-Elite *(Chardonnay* (z. B. der *Chardonnay Estate* von CRICHTON HALL, Rutherford/Napa/KAL), *Fumé Blanc = Sauvignon Blanc* und *Johannisberg Riesling = Rheinriesling)* war hier gefordert und konnte auch zumeist bestehen.

SOJABOHNEN

Etwa erbsengroße Hülsenfrüchte mit hohem Öl- (18 bis 20 %) und Eiweißgehalt (35 bis 50 %). Da das Sojaeiweiß dem Fleischeiweiß beinahe ebenbürtig ist, wird es sehr oft als Fleischersatz eingesetzt. Die Sojabohnen besitzen viele Vitamine, Lezithine und Mineralstoffe. Ursprünglich aus Ostasien stammend, kommt heute der Löwenanteil der Welternte aus den USA (63 %). Man bereitet aus den Bohnen Sojaöl, Sojamehl, Sojakäse und natürlich → Sojasauce.
Zu Salat von Sojabohnen begeisterten uns *Tokay (Pinot Gris) d'Alsace, Muscadet sur lie/Loire* und *Clairette du Languedoc/F*. Im allgemeinen sind → *Sake* und *Fino* → *Sherry* unbestechliche Begleiter.

Sojasauce (Shoju, Shoya, Soysauce)

Aus → Sojabohnen bereitet man in Japan, China und Ostasien eine → Würzsauce für praktisch alle fernöstlichen Gerichte, aber auch für europäische Ragout- und Crèmesaucen, Geflügel und Wildgerichte usw. Die Bohnen werden gemahlen, gekocht, passiert, mit von Schimmelpilzen durchsetztem Reisschrot vermischt und durch langwierige chemische Umwandlung und ein Gärverfahren hergestellt. Sojasauce gibt es gesalzen, gesüßt, dick- und dünnflüssig. Es soll schon vor der legendären Würzsauce der Römer, Garum, entstanden sein.
Neben → *Sake* sind besonders – ohne Kenntnis des Fleischgerichts – kraftvollexotischer *Chardonnay (Barrique), Gewürztraminer, Riesling halbtrocken, Pinot Gris Spätlese trocken, Vin Jaune/Jura/F, Tokaji trocken* bis *süß/H* und *Sherry Amontillado seco/E* geeignet, die Würzsauce aromatisch zu unterstützen (→ Asiatische Küche).

SORBET (SCHERBET, SHERBET, SCHNEE-EIS)

Ein ursprünglich aus der persischen Küche stammendes Erfrischungsgetränk („Scharbat" = arabisch: Trank), das aus Fruchtsirup, Wasser, Moschus, mit Schnee gekühlt, bestand. In der europäischen Küche ist das Sorbet ein leichtses Eis, das kaum gefroren wird und mit stark gesüßtem Fruchtsaft, geschlagenem Eiweiß, Likör, Südwein, Schaumwein oder Branntwein versehen ist. Ursprünglich nach den Entrées serviert, um den Magen zu erfrischen und die Verdauung anzuregen, wird es heute meist am Ende eines Mahles gereicht.
Vor allem mild-süße *Schaumweine (Champagne sec* und *Champagne Rosé,* lieblicher *Saumur/Loire, Asti Spumante/Piemont* sowie sein *südfranzösisches* Gegenstück: *Clairette de Die/Rhône),* die gespriteten *Süßweine Muscat de Beaume-de-Venise/südliche Rhône, Moscatel de Setúbal/Portugal,* kühler *Sherry Amontillado Dulce/E* sowie edelsüße *Sauternes/Bordeaux* und, nicht zu vergessen, die raren *Eisweine* (z. B. der grandiose *„Saarburger Rausch" Riesling Eiswein* von FORSTMEISTER

GELTZ ERBEN, Saarburg/Saar/D) – nomen est omen – aus *Deutschland* und *Österreich* – sind in der glücklichen Lage, dem (zumeist) an sich schon exquisiten Getränk noch zusätzliche Reize verleihen zu können.

SOUFFLÉ → AUFLAUF

SOUVLAKIA (SUVLAKI)

Griechischer Grillspieß (→ Kebab) aus mit Zitronensaft, Olivenöl, Origano und Lorbeerblättern mariniertem Fleisch sowie Speck, Käse, Tomaten und grünem Paprika. Geharzter *Retsina/Attika* paßt sich (in *Griechenland*) sehr gut an den Rauch-Grill-Geschmack des Gerichts an, ebenso wie der *weiße* Standardwein „*Demestica*" von ACHAIA-CLAUSS, Kifissia/Athen, und der kraftvolle, leicht dominierende *rote Nemea* (AG; 2 – 5 Jahre; 15 – 17° C) von KOURTAKIS, Attika.

SPAGHETTI

Spago heißt auf italienisch Bindfaden; italienische Fadennudeln von ca. 2 mm Durchmesser und 50 cm Länge. Schon die Etrusker verstanden es, die köstlichen Teigwaren zuzubereiten; bis ins 17. Jahrhundert ein Privileg Italiens, werden sie heute weltweit erzeugt und in kochendem Salzwasser meist „al dente" (bißfest) gekocht.
Zu Spaghetti con Aglio e Olio (mit Knoblauch und Olivenöl, ohne Käse) versuchen Sie am besten *Tocai Friulano*; zu Spaghetti alla „Bolognese" (mit Sauce aus gehacktem Rind- und Schweinefleisch, Pilzen, Tomaten, Kräutern ...) nehmen Sie *weißen Albana di Romagna DOCG* (z. B. von der FATTORIA PARADISO, Bertinoro/Emiglia-Romagna) oder *roten Barbera* aus der *Emilia-Romagna;* Spaghetti alle Cozze (→ Miesmuscheln, al dente gekocht und mit Muschel-Kräuter-Sauce begossen) erleben Sie doppelt so schön, begleitet von frischem *Cortese/Piemont* oder *Pinot Blanc/Südtirol*, das gleiche gilt für Spaghetti alle Vongole (mit ganz kleinen Muscheln). Spaghetti alla „Marinara" (auf Matrosen-Art mit → Sauce Béchamel, Knoblauch, Olivenöl, Muscheln ohne Schale, Sardellenfilets, Tomaten, Origano und Parmesan gratiniert) kombinieren Sie mit reichem *Pinot Grigio* (z. B. von FRANCESCO PECORARI, S. Lorenzo/Isonzo/Friaul) oder mit dem auf Fisch und Muscheln spezialisierten *Martina Franca/Apulien (*GIUSEPPE STRIPPOLI). Zu Spaghetti con Frutti di Mare (mit Meeresfrüchten) sind *Soave/Venetien DOC* oder *Frascati DOC/ Latium* anzuraten. Spaghetti alla „Napoletana" (auf napoletanische Art mit Tomatensauce, Knoblauch, Zwiebeln und Olivenöl) werden stilgemäß von *Vesuvio Bianco secco* (MICHELE MASTROBERARDINO, Kampanien) begleitet. Spaghetti alla „Norcina" (mit Salsa aus Zwiebeln, Rahm und Wurst, bestreut mit weißen Trüffeln) lassen Sie mit *Gavi/Piemont* oder – lokalpatriotisch – mit *Orvieto Classico secco/ Umbrien* (z. B. „*Vigneto Torricella"* von BIGI, Orvieto) hochleben. Spaghetti al Pesto sind ohne *Vermentino di Ligura (*VINCENZO MARIANO) oder erfrischenden *Lumassina* von GIUSEPPE MAFFEI, Ligurien, nur ein Torso. Spaghetti alla „Puttanesca" (nach „Hurenart" mit Salsa aus Tomaten, Pfeffer, Kapern, schwarzen Oliven, Sardellen und Origano) genießen Sie mit *weißem Biancolella „La Vinicola Ocone"*, der FATTORIA D'AMBRA, Schia, zu Spaghetti „Reale" (mit Lammbries, Champignons, Schalotten) bestellen Sie *Orvieto secco/Umbrien;* Spaghetti alla „Norma" (mit Basilikum, Tomaten, Knoblauch, Käse) sollten von *sizilianischem Etna Rosato* eskortiert werden (z. B. von BARONE DI VILLAGRANDE, Milo). Saghetti alla „Zappatora" (auf „Bauernart" mit gehacktem Knoblauch, viel Pfeffer und Olivenöl) nehmen Sie mit neutralem *Trebbiano d'Abruzzo* oder mildem *Maccarese Rosato/Latium* viel von ihrer gefährlichen Würze.

Spaghetti alla Carbonara (Köhlerart)

Spaghetti in kochendem Salzwasser al dente gegart, mageren gekochten Schinken in dünne Streifen geschnitten, in zerlassene Butter gegeben, → Crème fraîche hinzugefügt, aufgekocht, etwas gesalzen, mit Eigelb gebunden, über die Spaghetti gegeben, geriebenen → Parmesan darübergestreut und serviert.

Den üppigen „Köhler-Spaghetti" wirken Sie an heißen Sommertagen mit erfrischendem *Galestro/Toskana* oder – im Frühjahr/Herbst – mit exquisitem *Chardonnay/ Toskana* entgegen und im Winter mit samtig-weichem *Pinot Grigio/Friaul* (z. B. von SCHIOPETTO, Capriva del Friuli/Collio).

SPANFERKEL

Etwa sechs Wochen junge säugende (spänende) Schweine, die liebend gerne mit Krautsalat verspeist werden und deren Haut und Ohren eine besondere Delikatesse darstellen. Am Spieß gebratenes Spanferkel gilt als gewöhnlichste und gleichzeitig beste Zubereitungsart.

Zu Spanferkel mit Knoblauch und Rosmarin am Spieß hat sich der kraftvolle und beste *portugiesische Rotwein „Barca Velha"* der Firma FERREIRA, Douro, dessen Tannine das Fett neutralisierten und die Haut noch knuspriger erscheinen ließen, einen internationalen Namen gemacht, doch auch der jüngere Bruder des legendären *Vega Sicilia* von VEGA SICILIA, Valladolid/Valbuena de Duero/E, der *Valbuena 5° Ano* (CS, M, MC, TIF, ALB; 8 – 10 Jahre; 16 – 18° C) machte Rechte als idealer Spanferkelwein (am Spieß) geltend. Spanferkelsülze läßt sich sowohl von *roten Jungweinen* wie auch von kraftvollem *Sauvignon Blanc* – mit gut abgepufferter Säure – feinstens charakterisieren. Spanferkel im Holzofen mit wildem Fenchel, Rosmarin und Knoblauch genossen wir in der etwas wärmeren Jahreszeit mit fruchtcharmantem, leicht gekühltem *Pinot Noir/Elsaß/F* und finessenreichem *Rubino* (SAN, M ...; 4 – 6 Jahre; 15 – 16° C) *„Colle di Sole"/Polidori/Umbrien/I*, während ab Herbst der machtvolle *rote Cannonau die Sardegna DOC Riserva* (→ Fiore Sardo) das Zepter übernimmt. Spanferkel gebacken (paniert) sollten Sie mit *Graves Blanc/Bordeaux/F, Pinot Gris, Neuburger* oder *Zierfandler Spätlese trocken* versuchen.

Spanferkel gebraten mit warmem Krautsalat

Spanferkel gereinigt, gesalzen, gepfeffert (Mühle), mit Butter oder Öl bestrichen. Ein Holzspan in der Bauchhöhle bewirkt, daß der Braten nicht zusammenfällt. Ca. 1 1/4 Stunden gebraten und mit warmem → Krautsalat angerichtet.

Trotz *Pinot Noir, Gamay* und zahlreichen *roten Jungweinen* halte ich angesichts des Krautsalats den dafür wie geschaffenen *Weißweinen (Riesling, Sylvaner, Pinot Blanc* und *Grüner Veltliner/Wachau/NÖ/A)* die Treue. Als „primus inter pares" möchte ich den famosen *Riesling Smaragd „Ried Loibner Berg"* vom WEINGUT LEO ALZINGER, Unterloiben/Wachau/NÖ, herausstreichen, der über den Krautsalat subtile Würze und Finesse auf den Teller brachte und dabei selbst noch an Ausdruckskraft zulegte. Ein an sich fruchtintensiver und begeisternder *Blauburger* von SEPP MOSER, Apetlon/Neusiedlersee/BGLD/A, erlebte einen Zusammenbruch und produzierte (über den Krautsalat) alkoholische Schärfe und Disharmonie.

SPANISCHER WIND → BAISER

SPARGEL

Schon vor 4000 Jahren ergötzten sich die Ägypter an den zarten, wohlschmeckenden Sprossen. Die jungen Triebe der bis zu 1,5 m hohen Spargelpflanze werden hierzulande von Mai bis Juni geerntet. Ihre bekanntesten Anbaugebiete sind in Deutschland Schwetzingen, Braunschweig, Ulm, Lübeck, in Frankreich Besançon und Argenteuil, in Österreich das niederösterreichische Marchfeld und das Tullner Becken, und schließlich Taiwan (Formosa). Der köstlichste Teil des Spargels ist sein butterweicher Kopf, den der alte Cato als „Schmeichelei" für den Gaumen bezeichnete. Französische Spargelspitzen sind bläulich-grün verfärbt, da sie dort erst geerntet werden, wenn sie aus dem Boden ragen und Vitamin C angereichert haben. Grüner Spargel wächst über der Erde und ist von etwas ausgeprägterem Aroma. Beide sind sie jedoch leicht verdaulich und bekömmlich.

Geeiste Spargelsuppe können Sie mit einem Glas *Pinot Grigio/Friaul* „erwärmen"; Spargel- und Vogerlsalat gemischt verbanden wir mit samtigem *(Moselle-)Riesling/ Luxemburg;* Spargelsalat mit Trüffeln genießen Sie in *Frankreich* mit *Saint-Véran AC* (feuersteinwürziger *Chardonnay)* von GEORGES DUBOEUF, Mâconnais/ Burgund, oder mit dem grandiosen *Corton-Charlemagne Grand Cru* von LOUIS JADOT, Beaune/Burgund; in *Italien* ist *Gavi(dei)Gavi* von LA SCOLCA, Gavi/ Piemont, ohnehin fast „Pflicht"; Spargel mit frischen Morcheln in Blätterteig vereinten wir auf delikate Weise mit reifem *Riesling/Mosel/D*, ebensolchem *Meursault AC/Burgund/F* und (firnigem) *Weißburgunder „Oberrotweiler Henkenberg" Kabinett*, WEINGUT SALWEY, Vogtsburg-Oberrotweil/Baden/D, einem Wein, der sonst keine allzu große Affinität für Spargel aufweist.

Spargel auf „Mailänder Art"

Gekochter Spargel schichtenweise in eine flache Auflaufform gelegt, mit geriebenem Parmesan bestreut, mit brauner Butter begossen und leicht gratiniert.

Der Parmesan brachte eine neue Aromanote und vor allem Vorteile für Italiens Spargel-Weine: *Pinot Grigio* und *Sauvignon/Friaul* sowie den Lokalmatador *Riesling Renano (Rheinriesling) Oltrepò Pavese DOC/Lombardei*. Zu Mittag kommt auch munter perlender *Prosecco Frizzante/Venetien* (z. B. von PINO ZARDETTO oder NINO FRANCO) dem Feinspitz nicht ungelegen. Spargel weiß und grün mit Kräutersauce gab auch einem edlen *Grünen Veltliner Federspiel/Wachau/NÖ/A* (WEINGUT LEHENSTEINER, Weißenkirchen) Gelegenheit zum Brillieren. Spargel weiß und grün mit Garnelen wurden von einem etwas „lauten" *trockenen Muskateller/Südsteiermark/A* an die Wand gespielt, aber von dem prickelnden, mit Spargelflair ausgestatteten *Frizzante Furioso* (CH, WR; 6 – 12 Monate; 6 – 8° C) vom WINZERHAUS NIEDERÖSTERREICH wieder ins Zentrum der Bühne geholt.

Spargel auf „Polnische Art"

Gekochter Spargel auf einer heißen Platte angerichtet, mit gehacktem Ei und Petersilie bestreut, geriebenes Weißbrot in Butter goldgelb geröstet und über den Spargel gegeben.

Pinot Gris (z. B. *„Döttinger/Tokayer"* von MEINRAD KELLER, Döttingen/Ostschweiz), *Neuburger* und *trockener Muskateller (Muscat d'Alsace Grand Cru* inkludiert) *Kabinett* sowie *Graves Blanc (Sémillon-Sauvignon)/Bordeaux/F* können der „Polnischen Art" am meisten abgewinnen.

Spargel grün mit Crème fraîche

Grüner Spargel gewaschen, untere Hälfte großzügig geschält, ca. 2 cm vom Stangenende abgeschnitten, in Sud aus Wasser, Zucker, Salz, Zitronensaft und Butter 10 Minuten gegart, angerichtet, mit → Créme fraîche bedeckt und mit gehackten Kerbelblättern bestreut.

Die üppige Crème fraîche bedingt extraktreiche, um nicht zu sagen extraktsüße *Weißweine*, die aber gleichzeitig eine rassige-zitrusfruchtige Säure aufweisen sollen, um die Kerbelnote und das zarte Zitrusaroma – vom Sud – voll zum Tragen zu bringen. Die besten *Chenins Blancs/Loire (Vouvray sec* bis *demi-sec, Bonnezeaux, Quarts de Chaume)*, elitärer *Chablis Grand Cru/Burgund (Les Blanchots* und *Les Clos* – z. B. *„Les Clos"* von RENÉ UND VINCENT DAUVISSAT, Chablis), rassige *Riesling Spätlesen trocken* bis *halbtrocken* und *Sauvignons Blancs* im *trockenen Spätlese*-Bereich lösten diese Aufgabe mit Hingabe und Bravour, wobei Fruchtsäure und Extrakt in jeweils erfreulichem Einklang mit dem Gericht standen. An heißen Tagen im Freien „dürfen" die Weine auch ein bißchen leichter und weniger prestigeträchtig sein.

Spargel mit Sauce Hollandaise

Spargel gekocht, angerichtet und von → Sauce Hollandaise begleitet.
Die mollige „Holländerin" begehrt *Weißweine* von bestechender Fülle und perfekt integrierter, prickelnder Säure *(Muscat d'Alsace Grand Cru* bzw. *trockene Muskateller* im oberen *Kabinett*-Bereich, *Graves Blanc/Bordeaux, Hermitage Blanc/nördliche Rhône, Montlouis = Chenin Blanc sec* bis *demi sec/Loire)* sowie klassische *Rieslinge Kabinett* oder *Spätlese trocken)*. Im Zweifelsfalle sind gekühlter *spanischer Fino Sherry* und *Sherry Manzanilla* zu den meisten Spargelgerichten – im speziellen Fall hier – von geradezu verblüffender Anpassungsfähigkeit. Besonders die *Finos „La Ina"* von PEDRO DOMECQ, *„Tio Pepe"* von GONZALES BYASS, *„Tio Mateo"* von HARVEY und *„San Patricio"* von GARVEY sowie die *Manzanillas* von ANTONIO BARBADILLO, VINICOLA HIDALGO *(„La Gitana")* und DELGADO ZULETA *(„La Goya Manzanilla Pasada")* überzeugten durch blaßgelbe Farbe, exquisiten Florgeschmack und salzig-würzige Prägnanz. Vor allem die unvergleichliche Flor-Oxydations-Würze, die schon beim Riechen Appetit machte, brachte im Zusammenspiel mit den diversen Spargelgerichten immer wieder neue Nuancen hervor und hatte auch die kraftvollsten Saucen (Hollandaise, Mousseline...) nicht zu fürchten.

Spargel mit Sauce Vinaigrette

Spargel in Wasser, Salz, Zucker und Butter gekocht, 10 Minuten gegart, abgetropft und (kalt) mit → Sauce Vinaigrette serviert.
Die einst gefürchtete Vinaigrette hat ja inzwischen viel von ihrem Schrecken verloren und wird durch einige anmutige *Weißweine (Vinho Verde* von SOLAR DES BOUÇAS, Amares/Portugal, *Breganze Bianco* von MACULAN, Venetien/I, *Pinot Grigio* sowie *Tocai/Friaul/I, trockenen Muskateller* bzw. *Muscat d'Alsace/F,* eleganten *Malvasier* und diverse weißgepreßte *Blancs de Noirs)* auch in Verbindung mit Spargel zu keiner Gefahr. Im Gegenteil, die Beteiligten verschmolzen ineinander und bescherten uns neue übergeordnete Geschmackserlebnisse.

Spargelspitzen

Die 5 bis 10 cm langen Kopfenden sind der zarteste und köstlichste Teil des Spargels und werden hauptsächlich als Beilage oder Füllung verwendet.
Zu Spargelspitzen mit → Sauce Mousseline kann mn auf die Empfehlungen für → Spargel mit Sauce Hollandaise zurückgreifen, ergänzt durch feinsten *Puligny-Montrachet Premier Cru „Clos de la Pucelle"* (CH; 4 – 7 Jahre; 10 – 11° C) von JEAN CHARTRON, Puligny-Montrachet/Côte de Beaune/Burgund, oder sich auf einen *trockenen Sauternes („Y"* von CHÂTEAU D'YQUEM, *„R"* von CH. RIEUSSEC oder *„G"* von CH. GUIRAUD) freuen.

Spargelspitzen mit Räucherlachs

Die gekochten Spargelspitzen mit → Crème fraîche bedeckt und mit dünnen Tranchen Räucherlachs garniert.

Sauvignon Blanc, Riesling und *Grüner Veltliner "Smaragd"* bzw. *Spätlese trocken* bis *halbtrocken* sind die heißesten Tips aus heimischer Sicht, aber auch großer *Chardonnay* (mit Barriqueausbau) (z. B. der grandiose *Napa-Valley Chardonnay* von TREFETHEN VINEYARDS, KAL), *Pinot Gris, Chasselas/CH, Sekt, Jahrgangs-Champagne* (leichter Metallgeschmack!) und *Fino Sherry* bzw. *Amontillado dry (seco)* von GARVEY *(Tio Guillermo)*, GONZALES BYASS *(Amontillado del Duque)* und EMILIO LUSTAU *(Almacenista Amontillado)* sind Gaumenschmeichler, die uns mit mehr oder weniger Erfolg – der Weg in den Himmel kann ja auch über das Fegefeuer führen – in höchste kulinarische Höhen katapultierten.

SPECK

Die auf dem Rücken und den Rippen des Schweins abgelagerte Fettschicht wird vorzugsweise gleich dem Schinken geräuchert, luftgetrocknet und gepökelt verarbeitet. Feiner Speck ist fest, von beinahe gelblicher Farbe und dient in der Küche als Speckhemd für Geflügel, zum Spicken von Fleisch, zur Bereitung von → Speckkuchen, → Speckknödeln und als Füllung.

Geräucherter, weißer Speck weist einen edlen Nußgeschmack auf und enthält 75 % reines Fett. Berühmt sind noch der ungarische → Paprikaspeck, der westfälische Speck, die englischen Wiltshire und Cumberland, der Bacon (aus dem Kotelettstück), der Schinkenspeck (vom Hinterlauf) und der Bauchspeck (mit Fleisch durchzogen).

Das oben erwähnte Speckhemd verleiht zwar dem Fleisch (Geflügel, Wildgeflügel ...) mehr Aroma, doch insgesamt wird die Harmonie des Gerichts meist verändert oder gar gestört und so mancher Wein aus dem Gleichgewicht gebracht. Einer der größten Speck-Fans ist dfer *weststeirische Schilcher,* der aber – ähnlich dem *steirischen Sauvignon Blanc* – infolge seines hohen Säuregehalts das salzig-rauchige Speckaroma oft ins zu Salzige kehrt. Eine *Weißburgunder Spätlese* vom WEINGUT DER STADT KREMS, Kamptal-Donauland/NÖ/A, verlor scheinbar ihre Restsüße (3,8 g) und ließ im Gegenzug den Speck noch salziger erscheinen; ähnlich geartet schien mir die Paarung mit jungem *Grünem Veltliner/Wachau/NÖ/A. Roter Südtiroler Kalterer See* (VE; 1 Jahr; 13 – 15° C) von SCHLOSS SCHWANBURG, Nals, würziger *Côtes du Rhône Rouge Villages AC* (SYR, MV, CIN; 5 – 7 Jahre; 15 – 17° C) aus *Sablet* oder *Vacqeyras/südliche Rhône/F* und eine *Rioja Alavesa Gran Reserva/E* (MARTINEZ-BUJANDA) hielten die Balance wesentlich besser, wobei der Spanier sogar den Speck übertönte und selbst an Ausdruckskraft, Eleganz und milder Schokowürze gewann. Zu Speckkuchen mit Kraut sind rassig-erdig-würziger *Riesling,* ebensolcher *Grüner Veltliner* sowie *Sylvaner* oder – mit Abstrichen – *Pinot Blanc Kabinett* anzuraten.

Speckkuchen „Sächsisch"

100g Weizenmehl, 100 g Roggenmehl, 65 g Fett, 15 g Zucker, Eidotter, 1/2 Tasse Milch, 25 g Hefe und 1 Messerspitze Salz zu einem Hefeteig verarbeitet, dick ausgerollt und auf ein gefettetes Backblech gegeben, Teig mit einer Melange aus 75 g gewürfeltem, fettem Speck, 2 Eiern, 3 g Kümmel und etwas Salz belegt und gebacken.

Silvaner, Riesling, Pinot Blanc und *Pinot Gris Kabinett/D* waren allesamt – im Verein mit dem Speckkuchen – von hohem Genußwert und realisierten die Vorstellungen der Tester am effizientesten.

Speckklöße auf „Fränkische Art"

Kleine Würfel von Räucherspeck mit gehackten Zwiebeln und Semmelbröseln zart angeröstet, mit Mehl, Eiern, Sauerrahm, Salz und Muskatnuß zu einem festen Teig verknetet, Klöße geformt, in Salzwasser gegart und mit brauner Butter begossen.
Fränkisches Bier und erdig-vegetabiler *Silvaner* mit rauchig-weinig-saftiger Struktur (BÜRGERSPITAL und JULIUSSPITAL, Würzburg, FÜRSTLICH CASTELL'SCHES DOMÄNENAMT, Steigerwald, WINZERGENOSSENSCHAFT RANDERSACKER und HANS WIRSCHING, Iphofen) sind ebenso simple wie verläßliche Gefährten, wobei sich der Geschmacksfaden vom Anfang bis zum Ende gleichmäßig durchzieht. Auch *fränkischer Riesling* und *Riesling-Sylvaner* sind Anlaß für angenehme kulinarische Erfahrungen.

Speckknödel → Tiroler Speckknödel

SPEKULATIUS

Ein sehr würziges Weihnachtsgebäck, das in spezielle Backformen kommt und aus Mürbteig besteht. Spekulatiusgewürz ist eine Mischung aus gestoßenen Gewürznelken, Kardamon, Zimt und Muskatblüte.
(Der Name geht auf Bischof von Myra zurück, zu dessen Ehren das Gebäck kreiert wurde. Das Amt des Bischofs wurde früher als „Spekulator" bezeichnet.)
Neben den unten angeführten *Süßweinen* ist *schwarzer Kaffee* mit *Orangenlikör (Grand Marnier, Cointreau, Triple sec)* eine wundersame, lebensgeisterweckende Mischung. Unter den gespriteten *Dessertweinen* war *australischer Liqueur Muscat (Baileys/Glenrowan/Victoria* und *Morris/Rutherglen/Victoria)*, gefolgt von *Sherry Oloroso Dulce/E* und *Tokaji Aszu/H*, der absolute Star. Doch auch edelsüße Kreszenzen wie reifer *Amigne „Raisins d'Or"* von PROVINS, Sion/CH, oder *Vin Santo/Toskana/I* und *internationale Strohweine* lösten unverhülltes Entzücken aus. *Rotwein*-Puristen hingegen schwören auf exotisch-würzige, extraktsüße Tropfen wie *Gigondas* und *Châteneuf-du-Pape/südliche Rhône* oder die *VDT*-Stars der *Toskana/I (I sodi di San Niccolò, Tignanello, Solaia ...).*

SPIEGELEIER (SETZEIER)

Eier nebeneinander in etwas gebutterte, heiße Pfanne geschlagen, ohne das Eigelb zu beschädigen, erhitzt, bis das Eiweiß geronnen ist, Eiweiß mit Salz und Pfeffer (Mühle) bestreut und zerlassene Butter über das Eigelb geträufelt.
Leichte Rotweine, Mineralwasser ohne Kohlensäure sowie *(südländisch)* aromatischsamtige *Weißweine* begegnen den diffizilen → Eiern am geschicktesten.

Spiegeleier „Meyerbeer"

Spiegeleier mit halbierten, gebratenen Lammnieren umrahmt und mit → *Sauce Perigeux* (Trüffelsauce) garniert.
(Giacomo Mayerbeer, 1791 – 1864, war deutscher Opernkomponist in Paris.)
Ein Gläschen edler *Pinot (Chambertin, Romanée-Conti Grand Cru/Burgund ...)* oder Luxus-*Pomerol* (CHÂTEAU TROTANOY, CHÂTEAU LE PIN, CHÂTEAU PÉTRUS...) in Ehren kann hier niemals falsch sein, doch reifer, weiniger Top-*Champagne* (KRUG, BOLLINGER) trinkt sich auch ganz angenehm dazu.

Spiegeleier mit Schinken (Ham and Eggs)

Schinkenscheiben zart angebraten, je zwei Eier daraufgeschlagen und nach dem Grundrezept (siehe oben) verfahren.
Fruchtige *rote Jungweine* oder *Pinot Gris, Tocai/Friaul* und *Bourgogne Aligoté/ Burgund/F* sind hiezu die unverfänglichsten Begleiter, es sei denn, Sie machen es amerikanisch und trinken *Coffee* dazu.

SPINAT

Ein einjähriges, überaus gesundes Blattgemüse (Eisen, Vitamin A, B_2 und C), das sich von Asien über die Araber nach Europa verbreitete. Er wird ganzjährig frisch angeboten, ist leicht verdaulich und besonders als Wintergemüse ein Hit. Durch Beigabe von Brunnenkresse, Sauerampfer oder Schnittlauch kann man sein Aroma noch verstärken. Zu Spinattopfennockerln (Spinatquarkspätzle) ist milder *Neuburger* oder *Pinot Gris* gerade richtig. In *Spanien* hat sich die *rote Valdepeñas Reserva „La Mancha"* *(Cencibel*-Rebe) in Sachen Spinatbegleitung einen Namen gemacht. Spinatnockerl im Teigmantel mit Steinpilzen gewinnen – und auch vice versa – durch reifen *Chardonnay, Pinot Blanc* oder *Neuburger* im oberen *Kabinett*-Bereich; wuchtiger *Grüner Veltliner „Smaragd"/Wachau/NÖ/A* unterdrückte das Spinataroma etwas, war aber ansonsten ein angenehmer Gefährte. Cremespinat mit → Rosinen und → Pignoli war mit sherryartigem *Rueda/Altkastilien/E* ein Erlebnis! Cremespinat wird durch edle *Rieslinge* feiner, subtiler und durch die besten *Chardonnays* raffiniert würzig. Auch ein sublimer *Welschriesling* von JOSEF PÖCKL, Mönchhof/Neusiedlersee/BGLD/A, holte alle Aromen heraus, waährend rassiger *steirischer Morillon* nicht ganz so an das Innenleben herankam. Zu Blattspinat ist auch *Bourgogne Aligoté Bouzeron/ Burgund/F* von zeitloser Wirkung.

SPROSSENKOHL → ROSENKOHL

SPROTTE (BREITLING)

Ein 10 bis 15 cm kurzes Fischlein vom Stamm der → Heringe, das sich in Nord- und Ostsee aufhält und hauptsächlich geräuchert als Kieler Sprotte oder in Gewürz eingelegt als Anchovis (→ Sardelle) auf den Markt kommt. Im Mai und Juni kommen die Fische an der englischen Küste auch frisch in den Handel.
Fritierte Sprotten genossen wir in *Spanien* mit erlauchtem *Fino Sherry „Tres Palmas"* von LA RIVA, Jerez. Sprotten geräuchert und gekühlter sherryähnlicher *Fino Montilla-Moriles/E* von BODEGAS MONTE CRISTO, Montilla, ergaben ein gut eingespieltes Tandem. Sprotten mit Rührei und alter *Malvasier* führten wieder einmal zu der Erkenntnis, daß reife milde Weißweine erstens mit der diffizilen Textur von Rühreiern gut zurechtkommen und zweitens sich an ihrem Gegenspieler – hier waren es die salzig-würzigen Sprotten – aufrichten und verjüngen können.

STACHELBEEREN

Als Verwandte der Johannisbeeren kommen die Stachelbeeren ursprünglich aus Eurasien, sind aber heute weit verbreitet. Die Beeren sind beborstet und wurden bereits im 12. Jahrhundert als „Groseilliers" in Frankreich schriftlich erwähnt. Die roten Beeren sind säurebetont, die weißen säuerlich-süß.

Aromaverwandte Trauben (Weine) der weißen Beeren sind jugendlicher *Grüner Veltliner, Riesling, Zierfandler, Sauvignon Blanc, Graves Blanc/Bordeaux (Sémillon-Sauvignon)* und *Chenin Blanc/Loire/F.* Das säuerliche Aroma der roten Beeren findet sich am häufigsten in der *roten Gamay/Beaujolais* bzw. *Loire/F* (auf exemplarische Weise im *Cru-Beaujolais „Morgon")* und in *Pinots* aus eher *nördlichen* Breiten. Stachelbeerkuchen und edle *Riesling-Auslesen (Mosel/Saar/Ruwer/D, Wachau, Kamptal-Donauland/A ...)* sind eine Paarung der Superlative. Stachelbeerkompott versüßten wir durch eine hochedle *Zierfandler Auslese* von JOHANN STADLMANN, Traiskirchen/Thermenregion/NÖ/A. Im Zweifelsfalle sind lieblich-süßer *Vouvray Moelleux/Loire* und milde *Rosé-Schaumweine* anzuraten.

STANGENSELLERIE (BLEICHSELLERIE, STAUDENSELLERIE)

Ein Staudengemüse, das seiner fleischigen Stengel wegen gezüchtet wird. Es ist reich an Mineralstoffen und anregenden ätherischen Ölen, aber gleichzeitig kalorienarm und kann sowohl roh als auch gedünstet verspeist werden.
(→ Sellerieherzen, → Sellerie)
Riesling, Sylvaner, Neuburger Kabinett und diverse *Schaumweine (Welschrieslingsekt* bzw. *Welschriesling-Grüner Veltliner, Crémant d'Alsace* oder *Crémant de Loire/F ...)* sind mit ihrer munteren Fruchtigkeit, Würze und Säure in der Lage, dem mineralreichen Gemüse seine feinsten und verstecktesten Aromageheimnisse zu entlocken.

STEAK

Englisch: Stück; Tranche, die meistens gebraten oder gegrillt wird und in den verschiedensten Formen vorkommt: → Beefsteak, → Filetsteak, → Hacksteak, → Hammelsteak, → Helgoländer Steak, → Hirschsteak, → Holländisches Beefsteak, → Kalbssteak, → Lammsteak, → Pfeffersteak, → Porterhousesteak, → Rehsteak, → Rumpsteak, → Schweinssteak, → Sirloin Steak, → T-Bone Steak.

STEINBEISSER (SEEWOLF, KATFISCH)

Meeresfisch aus dem Nordatlantik, der ähnlich dem → Seeteufel ein gefürchteter Raubfisch mit riesigem Kopf und gewaltigen Zähnen ist (zum Zerbeißen von Muscheln). Er wird bis zu 2 m lang und hat ein feines, fest-aromatisches Fleisch, das sich auch zum Räuchern eignet.
Zu Steinbeißer-Schnitzel mit Austern ist *Chablis Grand Cru* vorzuziehen; Steinbeißerfilet mit Krebsenragout verlangte vehement nach elitärem *Champagne Blanc de Blancs/F, Cava/E* oder edler *Sauvignon Blanc Spätlese*. Steinbeißer mit Ingwerbutter vermählen Sie mit *Condrieu* oder *Château Grillet/nördliche Rhône*, auch *trockene Muskateller Spätlesen* können helles Entzücken auslösen. Steinbeißermedaillons auf Bandnudeln lassen sich von großen – im Barrique vergorenen – *Chardonnays* äußerst gerne verführen, und zu geräuchertem Steinbeißer sind *Sylvaner-* und *Sauvignon Blanc Spätlesen trocken* ein echtes „Schmankerl" für den Gourmet; doch auch fruchtcharmante – leicht gekühlte – *Rotweine* stehen der Speise nicht beziehungslos gegenüber.

STEINBUTT (TURBOT)

Der „Fasan der Meere" ist ein linksäugiger Plattfisch, der sich in der Nordsee, im Atlantik und im Mittelmeer aufhält. Er kann bis zu 1 m lang und 20 kg schwer werden; die ideale Fanggröße beträgt 40 bis 50 cm in den Monaten März bis Juli. Neben der Seezunge zählt er zu den edelsten Meeresfischen und besitzt ein vorzügliches, festes, weißes Fleisch mit einem saftig-charakteristischen Geschmack. Die Gastrosophen Grimod und Brillat-Savarin meinten, man sollte ihn nur im ganzen Stück genießen, sonst würde man ihn seiner Würde und seiner Schönheit berauben.

Dem edlen Steinbutt gegenüber geziemt es sich, die Aristokratie der Weine aufzubieten, und nur an heißen Julitagen sind etwas leichtere, aber dennoch feine Kreszenzen „erlaubt". Mit Rotweinen hatten wir diesmal weniger Glück, am aufrichtigsten können wir *südfranzösische Rotweine (Gigondas* und *Lirac/Rhône)* in Gemeinschaft mit intensiv-aromatischen Steinbuttragouts (Knoblauch, Rosmarin, Thymian, Oliven) empfehlen. Zu Steinbuttfilets mit Rotweinbutter überzeugte auch ein sortenreiner, samtig-weicher *Pinot Noir* von PLANTAGENET, Mount Barker/W-AUS. Zu Steinbutt mit → Sauce Mousseline hat sich der König der *edelsüßen Weine, Château d'Yquem,* einst einen Namen gemacht – heute empfiehlt man aber sehr oft schon *trockene Sauternes* oder edle *Graves Blancs/Bordeaux/F.* Steinbutt „Dugleré" (Weißweinsauce mit Tomatenwürfeln und Schalotten) durfte ich sowohl mit *australischem, neuseeländischem* und *kalifornischem Chardonnay* versuchen, wobei die Wahl eindeutig auf den fulminanten *Hawkes'Bay* von COLLARDS, Auckland/NZ, fiel. Steinbuttfeuilleté (in Blätterteig) harmoniert seit Generationen mit *Chevalier-Montrachet Grand Cru/Burgund* und *Hermitage Blanc/nördliche Rhône,* doch konnten zwei elitäre *Weißburgunder Spätlesen trocken* (ANTON KOLLWENTZ, Großhöflein/Neusiedlersee-Hügelland/BGLD/A, und *Siebeldinger Königsgarten/Rheinpfalz/D)* einige Unruhe in die „Doppelehe" bringen. Steinbutt mit →Sauce Hollandaise verbanden wir – etwa gleich erfolgreich – mit *Graves Blanc/Bordeaux* und *Hermitage Blanc/nördliche Rhône;* unverhülltes Entzücken löste allerdings die großartige Kür des mittelreifen *Riesling Smaragd „Kellerberg"* von F. X. PICHLER, Oberloiben/Wachau/NÖ/A, aus, die zwar nicht zur großen Harmonie führte, aber unglaublich schöne und neue Eindrücke hinterließ. Steinbutt mit → Sauce Béarnaise vertrauten wir einer rassigen *Riesling Spätlese/Elsaß,* gekühltem *rotem Chinon/Loire* und dem großartig, fleischig-füllligen *Champagne Salon-Cuvée* (CH; 10 – 15 Jahre; 6 – 8° C), Avize, an, wobei letzterer am nachhaltigsten beeindruckte. Steinbutt mit Currysauce eskortierten wir durch raren *Château-Grillet/nördliche Rhône* und mit einem mittelreifen Klasse-*Riesling* von SCHLOSS VOLLRADS, Rheingau (→ Brillat-Savarin), wobei es bei ersterem zu einem nicht uninteressanten Kampf der Aromen kam, während der Riesling den Butt respektierte, in den Mittelpunkt des Essens stellte und den Curry auf angenehme Art aktivierte. Ein unvergeßliches Duett, das wieder einmal bewies, wie hervorragend sich hochedle *Rieslinge* mit Meeresfischen – trotz gegenteiliger Lehrmeinung – ergänzen. Steinbutt mit Sauerampfersauce wurde von einer edlen *Sauvignon Blanc Spätlese/Loire* perfekt interpretiert, von einer mild-samtigen *Grauburgunder Spätlese/Baden/D* behutsam gedämpft und verfeinert und von subtilem *(rotem) Chambave Rouge* (PETIT ROUGE; 4 – 6 Jahre; 14 – 16° C) von EZIO VOYAT, Aostatal/I, zuerst etwas erschreckt, aber schließlich ganz gut verwirklicht. (Keine zwingende Empfehlung, aber doch einen Versuch wert.) Junge Steinbuttfilets mit Austernpilzen lassen sich von reifen *Weißweinen (Pinot Blanc, Chardonnay, Tocai/Friaul/I ...)* gerne verführen, liebäugeln aber auch unverhohlen mit mittelreifem *Graves Blanc* (z. B. CHÂTEAU CARBONNIEUX, Léognan/Bordeaux/F).

Steinbutt auf Fenchel-Tomaten-Gemüse

Steinbuttfilets in Fischfond, Zitronensaft, Salz, Pfeffer und Thymian ca. 10 Minuten pochiert und auf gedünsteten Fenchelstreifen, Tomatenvierteln, gepreßter Knoblauchzehe und gewürfelten → Schalotten angerichtet.
Edler *Meursault Premier Cru/Burgund/F* ist hiezu der kultivierteste Vertreter seiner Art, an heißen Tagen sind aber auch *Silvaner Kabinett/Franken* oder *Bellet Blanc/Provence/F* willkommene Durstlöscher. Steinbutt auf „Normannische Art" (→ Sauce Velouté mit Austernwasser, Champignonfond, Eigelb, Rahm und Butter) ist stets eine neue Herausforderung für *Chablis Grand Cru, Meursault Premier Cru* und – vor allem – 4- bis 6jährigen *Puligny-Montrachet Premier Cru „Clos de la Pucelle"* von JEAN CHARTRON, Puligny-Montrachet/Côte de Beaune/Burgund/F, der die – manchmal in Frage gestellte – Reputation des berühmten Weißweins eindrücklich unter Beweis stellte.

Steinbuttmedaillons überbacken

Steinbutt gehäutet, mit Salz und Pfeffer gewürzt und auf beiden Seiten kurz gegrillt; Schalottenwürfel hell angeschwitzt, mit frischen Brotkrumen, feinen Krebsfleischstücken, fein gehacktem Dill und etwas Fischfond vermischt; Mischung auf die Filets gestrichen, goldbraun gegrillt und mit Sauce aus Paprikaschotenstreifen, Schalottenwürfeln, Knoblauch, Thymian, etwas Zucker, Salz, Pfeffer und Gemüsefond kredenzt.
Große, mittelreife *Rieslinge, Chardonnays, Sauvignons Blancs (Spätlesen)* und *Graves Blancs (Sémillon-Sauvignon)* haben hier eine absolute Vormachtstellung als dosiert-feurige Interpreten. Auf diplomatisch-harmonischer Ebene schwimmen *trockene Pinot Gris-* und *Pinot Blanc Spätlesen*. Junger Steinbutt à l'Admiral (auf Admiralsart, pochiert in Fischfond und Sauternes, mit gehackten Schalotten, Trüffelscheiben, Austern und → Sauce Normande) bildet mit großem *Sauternes/ Bordeaux* ein Erfolgsduo von üppig-verführerischer Wirkung (ein Treffen der Giganten). Steinbuttpastete war für hochnoblen *Chevalier-Montrachet Grand Cru* (z. B. DOMAINE JEAN CHARTRON oder CHÂTEAU DE BEAUNE) vorgesehen, doch konnte in unser aller Überraschung auch ein grüngold funkelnder *trockener Verduzzo secco* von LIVIO FELLUGA, Brazzano di Cormons/Friaul/I, beeindrucken. Seien Sie mutig und testen Sie selbst einige sogenannte Außenseiter!

STEINPILZE (HERRENPILZE)

Kommen in ganz Europa von Mai bis Juli und September/Oktober in dichten Laub- und Nadelwäldern vor und sind eine begehrte Pilzart (Röhrlinge) mit charakteristischem, braunem Hut und unvergleichem nußartig-zartem Geschmack (→ Kalbsnierenbraten mit Steinpilzen).
Wie fast alle Pilze gehen auch edle Herrenpilze wundersam verjüngende Wechselbäder mit reifen Weinen aller Art ein. Steinpilzgelee untermalten wir stimmig mit kraftvollem *Grünem Veltliner/NÖ/A*. Zu Steinpilzsalat wählten wir reifen *(roten) Pinot Noir;* zu Steinpilzen mit Rindfleisch (Porcini alla Moda) ist *roter Sangiovese di Romagna Superiore* von CARLA FOSCHI kaum zu überbieten. Steinpilze sautiert ließen sich von *Barbera DOC* und *Barbaresco DOCG/Piemont/I* sowie *Blaufränkisch* und *Zweigelt/A* freiwillig dominieren und kehrten die bitteren (Kehr-)Seiten der vier *Rotweine* hervor, während reifer *(weißer) Meursault* der DOMAINES DES COMTES LAFON, Côte de Beaune/Burgund/F, mit subtiler Klinge vorging und die zarte Würzenote der Pilze geschickt aufzeigte; daß er dabei selbst an Frische und Finesse gewann, braucht wohl nicht extra erwähnt zu werden. Auch dem reifen *Weißburgunder*

Kabinett von GERALD MALAT, Furth-Palt/Kamptal-Donauland/NÖ/A, gelang ein ähnliches (Kabinett-)Stück. Steinpilze überbacken kombinieren Sie mit mild-samtigen *Weißweinen (Pinot Grigio, Tocai/Friaul; Riesling, Neuburger und Pinot Gris Spätlese trocken).*

Steinpilze auf „Griechische Art"

2 Teile Weißwein, 2 Teile Wasser, 1 Teil Olivenöl mit Zitronensaft, Pfefferkörnern, Lorbeerblatt und Salz aufgekocht, kleingeschnittene Pilze darin gegart, im Fond erkaltet, herausgenommen und mit Fond übergossen. Der vom Restaurantchef mit levantinischer Eloquenz empfohlene *rote Naoussa* (XYNOMAVRO; 8 – 10 Jahre; 15 – 17° C) von J. BOUTARI, Thessaloniki, (tiefdunkel, von würziger Milde und noch gerbstoffbetontem Abgang), war – wie erwartet – viel zu erdig-tanninig und wurde zusehends noch bitterer. Viel besser harmonierte hingegen der *weiße Côtes du Meliton* (SB, UB ...; 1 – 2 Jahre; 8° C) von CHÂTEAU CARRAS, Chalkidiki, der über den Zitronensaft Frische auftankte und an das Gericht wieder zurückführte. Die große Überraschung war aber der im Eichenfaß gereifte *Tsaoussi-Robola*-Verschnitt „*Gentilini*" (6 – 8 Jahre; 8 – 9° C) von NICHOLAS COSMETATOS, Kephallinia (dunkelgelb-gold, zart-duftig mit Zitrusanklängen, frisch-fruchtig-würzig mit aromatisch-mildem Finish und ersten Alterserscheinungen), der das Gericht ideal in den Mittelpunkt stellte und gleichzeitig Gewürze und Pilze fein akzentuierte.

Steinpilze gegrillt

Große Steinpilzköpfe mit gehackten Schalotten, Knoblauch und Olivenöl mariniert, abgetrocknet, in Butter getaucht, auf dem Rost gebraten und mit Kräuterbutter angerichtet.
Roter, ätherisch-milder *Valtellina Superiore „Sassella" DOC Riserva* (NEB; 8 – 12 Jahre; 16 – 17° C) der CASA VINICOLA NINO NEGRI, Chiuro/Lombardei/I, unterstrich den Röst-Rauch-Pilz-Geschmack geradezu ideal, während *reifer Saint-Estèphe/ Bordeaux* vom CHÂTEAU COS D'ESTOURNEL (→ Hammelkoteletts Englisch) eher neutral blieb, aber seine zarte Altersnote einbüßte. Die beiden jungen *Weißweine Gran Viña Sol* (→ Arroz „Valenciana") und *Locorotondo DOC* (2 – 4 Jahre; 8 – 9° C) von LEONE DE CASTRIS, Salice Salentino/Apulien/I, sowie der mittelreife *Chardonnay Classic* vom WEINGUT JURTSCHITSCH, Langenlois/Kamptal-Donauland/ NÖ/A, arbeiteten hingegen die Gewürznote heraus und sorgten für sommerliche Erfrischung. Steinpilze in Blätterteig wurden gleichermaßen von samtig-duftigem *(rotem) Volnay Premier Cru* von JOSEPH VOILLOT (PN; 7 – 10 Jahre; 16 – 17° C) aus Volnay/Côte de Beaune/Burgund, sowie vollmundig-zartem *Château Magdelaine 1er Grand Cru Classé B* (M 80 %, CF 20 %; 8 – 10 Jahre; 16 – 17° C) aus Saint-Émilion/ Bordeaux/F verwöhnt.

STEIRISCHER GRAUKÄSE (STEIRERKAS)

Sauermilchkäse, der durch spontane Säuerung aus entrahmter Milch gewonnen und einige Tage getrocknet wird. Nach einem Monat als kräftig-rustikal-würziger Reibkäse ideal.
Kraftvoll-würzige *(steirische) Weißweine (Pinot Blanc, Pinot Gris, Chardonnay* bzw. *Morillon ...)* im *trockenen Kabinett-* bis *Spätlese*-Bereich sowie reife *Rotweine (Zweigelt, Blaufränkisch, Pinot Noir, Merlot, Cabernet-Merlot ...)* mit hohen Extraktwerten – eventuell auch mit Barriqueausbau – bringen das nötige Verständnis für die Bedürfnisse von Käse und Konsumenten mit.

STEIRISCHER KNAPPENKÄSE

Österreichischer Weichkäse mit Rotschmiere und kräftig-pikantem Schafmilch-Aroma.
Die prägnante Rotschmiere und das würzige Schafmilch-Aroma verlangen nach geschmacksintensiven, aromatischen *(steirischen) Weißweinen (Traminer* bzw. *Gewürztraminer, Muskateller trocken* (z. B. der traubig-fruchtige *Muskateller Kabinett Prämium*, WEINGUT SATTLERHOF, Gamlitz/Südstmk/A), *Sylvaner, Riesling, Pinot Blanc ...).* Mit *(steirischen) Rotweinen* hatten wir bei unserer Suche nach harmonischer Übereinstimmung weniger Erfolg; am ehesten können wir Ihnen noch blutjunge, frisch gefüllte *Primeur-Weine* anraten.

STERLET

Steht zwar seinem großen Bruder, dem → Stör an Größe bedeutend nach (Maximalgröße 1 m), übertrifft ihn aber dafür ein wenig an Wohlgeschmack und Zartheit. Sein fettes, weiches Fleisch gilt im Sommer als Gourmandise ersten Ranges, und schon Friedrich der Große versuchte – vergeblich – den köstlichen Fisch und feinsten Kaviar-Lieferanten in Pommern zu züchten. Im Prinzip gelten die Empfehlungen zu → Stör auch hier, mit dem Zusatz, daß alles noch ein bißchen feiner, delikater und teurer sein darf.

STILTON

Roquefortähnlicher Schimmelkäse aus Vollmilch mit Rahmzusatz aus dem mittelenglischen Ort Stilton mit jahrhundertealter Tradition, der in England als „König der Käse" bezeichnet wird. Kurz gereifte – ohne Schimmelbewuchs – sind von kräftiger Milde (White Stilton), lange gereifte Käse mit Schimmel und Oberflächenflora munden pikant-salzig (Blue Stilton). Blue Stilton wird gerne mit → Portwein, selten mit → Sherry oder → Madeira getränkt und erhält auf diese Weise einen unnachahmlich feinen Geschmack.
Wurde er mit einem der oben angeführten *Südweine* versetzt, so ist dieser – natürlich – auch der richtige Tischgeselle. Im übrigen konnten wir bei mehreren Gelegenheiten feststellen, daß sehr reife, alte, feingliedrige *Beerenauslesen (Pinot Gris, Riesling ...)* und *Sauternes/Bordeaux/F* wesentlich mehr an Nuancen herausholten und über ihren edlen Firnton den Geschmack des rezenten *Blue Stilton* – ohne Südwein – wesentlich milder und angenehmer gestalteten. White Stilton benötigt weder alkoholverstärkte Dessertweine noch botrytisgeprägte Prädikatsweine zu seinem Glück und „begnügt" sich mit der fruchtigen Süße eines *Picolit* (ABBAZIA DI ROSAZZO, ATTIMIS-MANIAGO, LUIGI VALLE *...)/Friaul/I* oder der extraktsüßen, würzigen Milde einer *trockenen* bis *halbtrockenen Auslese (Riesling, Riesling-Sylvaner, Welschriesling, Pinot Blanc ...).* Unter den verkosteten *Rotweinen* entsprachen eigentlich nur zwei sehr reife *Châteauneuf-du-Pape/südliche Rhône (Château de Beaucastel* und *Le Bosquet des Papes),* während der Kultwein der *nördlichen Rhône, Côte Rôtie „La Mouline"* (SYR; 12 Jahre; 17 – 18° C) des „Shooting-Stars" MARCEL GUIGAL, Ampuis, doch einige Bittertöne und Dissonanzen verursachte.

STINT (SPIERLING)

Kleiner Fisch aus der Lachsfamilie, der in den nordeuropäischen Küstengewässern und Flußmündungen vorkommt. Sein zartes, rosarotes Fleisch ist von feinster Art, und sein Aroma erinnert ein wenig an Veilchen und Gurken. Häufigste Zubereitung ist die gebackene Form, aber auch geräuchert und mariniert wird er geschätzt. Mariniert genossen wir den rosaroten Fisch angesichts eines *Vouvray sec „Clos Baudoin"* (→ Coquilles Saint-Jaques gebacken mit Sauce Béarnaise) von der *Loire*, der die ölige Konsistenz genausogut auflöste wie der *Vinho Verde* von MESSIAS, Portugal (→ Auberginen auf „Bostoner Art").

STOCKFISCH

Ein → Kabeljau oder → Seelachs, der gesalzen und auf Stangengerüsten gedörrt wurde, dabei etwas an Geschmack eingebüßt hat und etwas schwer verdaulich wird. In den Mittelmeerländern wird er nach wie vor angeboten und anscheinend mit Genuß verzehrt.

Dem salzig-eintönigen Aroma des Stockfisches mit subtilen, finessenreichen Weinen begegnen zu wollen, wäre verlorene Liebesmühe. Die größten Erfolge hatten wir mit altmodisch-deftig-rustikalen Weinen *(weiß, rot, rosé)*, die sich erstens gegen das strenge Salzaroma durchsetzen konnten und zweitens oft an Ausdruckskraft gewannen. Zu Stockfisch (Baccalà) all'Emiliana nehmen Sie einheimischen *Lambrusco Rosato*. Zu Stockfisch „Livornese" versuchen Sie *toskanischen weißen Galestro*, und zu Stockfisch „Cappuccina" (in würziger Sauce) ist *Bianco dei Colli Piceni/Marken/I* erprobt. Geschmorten Stockfisch vermählen Sie mit *südländischen Roséweinen* oder leicht gekühltem *rotem Beaujolais Villages/Burgund/F* bzw. *Tocai Rosso/Venetien/I*.

Stockfisch auf „Bürgerliche Art"

Gut gewässerte Stockfischstücke gekocht, rasch in Butter gedünstet, geröstete Semmelbrösel darübergegeben und mit Sauerkraut und Bratkartoffeln angeboten. Würzige *Silvaner (Franken, Rheinhessen/D, Elsaß/F)* und, mit Abstrichen, *Südtirol/I)* sind in dieser Konstellation kaum zu überbieten. Erdig-würzige *Rieslinge* und *Pinots Blancs*, eventuell auch *Grüne Veltliner* im *Kabinett*-Bereich mögen als Ersatzlösung gelten. Stockfischmousse mit Knoblauch paarten wir mit neutralem *weißem Clairette de Languedoc/S-F*, fruchtig-weichem *Gambellara Bianco/Venetien/I* und erfrischendem *spanischem Navajas Blanco Crianza/Rioja*. Stockfisch gegrillt versuchten wir mit *Rosé de Loire* und *Rosé d'Aix en Provence*, wobei sich ersterer als zu mild erwies. Zu Stockfisch mit Tomatensauce enttäuschte der edle *weiße Graves „Château de Chantegrive"/Podensac* und wurde urplötzlich unharmonisch, scharf-alkohollastig-plump, während ein einfacher *Côtes de Provence Rosé* regelrecht aufblühte.

STOPFLEBER → GÄNSELEBER

STÖR

Ein Vetter des → Hausens und → Sterlets, der eine Maximallänge von 3 m aufweist und im Kaspischen und Schwarzen Meer sowohl sein festes, schmackhaftes Fleisch als auch seinen Rogen (→ Kaviar) feilbietet. Das Fleisch kommt im Sommer mild geräuchert in den Handel und wird in dünnen Scheiben kredenzt. Sein Rückenmark wird ebenso wie jenes des Hausens getrocknet und als Vesiga angeboten. Der römische Dichter und Feinschmecker Ausonius sang schon im 4. Jahrhundert n. Chr. in seiner „Mosella" ein Loblied auf den „friedlichen Wal der Mosel".

Zu geräuchertem Stör sollte man nicht „chablisieren", aber dafür reifen *Pouilly-Fumé/Loire/F*, mittelreife *Riesling Spätlesen* oder reifen *Graves Blanc/Bordeaux/F* ins Auge fassen. Das Rückenmark (Vesiga) ist eine echte Rarität auf den Tafeln der besten Restaurants geworden und sollte von feinstem *Champagne Blanc de Blancs/F* Reverenz erwiesen bekommen. Stör mit Flußkrebsen und Waldsteinpilzen erlag schließlich dem Werben des *(roten)* edlen, samtig-weichen *Château Ducru-Beaucaillou 2e Cru Classé* (CS 65 %, M 25 %, CF 5 %, PV 5 %; 6 – 10 Jahre; 16 – 17° C) aus Saint-Julien/Haut-Médoc/Bordeaux/F, auch wenn die Flußkrebse dabei etwas zu kurz kamen.

STRACCHINO

Ein dem → Gorgonzola (aber ohne Blauschimmel) verwandter, mild-würziger, italienischer Weichkäse.
Traubig-süßer *Picolit/Friaul*, lieblicher *Orvieto Amabile/Umbrien* und nussig-süßer *Caluso Passito DOC* aus halbgetrockneten *Erbaluce*-Trauben von RENATO BIANCO, Caluso/Piemont/I, befriedigten unser elementares Harmoniebedürfnis am eindrucksvollsten.

STRAUSS

Bis zu 2,6 m hoher, schnell-laufender Flachbrustvogel, der in den Steppen und Wüsten (Süd-)Afrikas, Syriens und Arabiens vorkommt und dessen Eier bis zu 1,5 kg wiegen. (Der australische Emu ist eine verwandte Art.) Besonders begehrt ist das Filet(Steak), das wie eine Mischung aus blutigem Englischbraten (Filetsteak) sowie zart-rosa Kalbsleber anmutet und einen leicht süßlichen Geschmack aufweist.
Ideale Bündnispartner sind *Rotweine* mit viel Frucht, Samtigkeit und rundem Tannin *(Merlot, Pinot Noir* und *Pinotage* = Kreuzung aus *Pinot Noir* und *Cinsaut/ZA*). Besonders empfehlen können wir die *Pinotages* von KANONKOP, Stellenbosch, und FAIRVIEW, Suider-Paarl/Südafrika.

STREUSELKUCHEN

Schlesischer Hefekuchen: Hefeteig 1/2 cm dick ausgerollt, auf ein gefettetes Backblech gelegt, mit Streuseln aus Mehl, Butter, Zucker, Zimt bestreut und im Rohr gebacken.
Milde bis halbsüße *Riesling-Sekte, Gewürztraminer-, Muskat-Ottonel-* und *Pinot Gris Auslesen* bis *Beerenauslesen/D* sind die gesuchten Gaumenschmeichler für den Dessert-Klassiker.

STRUDEL

Österreichische Mehlspeise: gefüllte Teigrolle, die gebacken oder gekocht wird; als Teig bietet sich je nach Füllung Hefe-, Blätter- oder Strudelteig an. Berühmte süße Strudel sind → Apfel-, → Topfen- und → Kirschstrudel, als Beilagen gibt es u. a. Grießstrudel, Lungenstrudel in kalter oder warmer Form

STUBENKÜKEN AUF GEMÜSEBETT

→ Küken gewürzt (Salz und Pfeffer) und in Butter goldbraun angebraten, bei 200° C ca. 10 Minuten gegart, warmgestellt; in der gleichen Bratpfanne Öl erhitzt und

Gemüseviertel (Sellerie, Karotten, Zwiebeln) gedünstet, Tomatenmark und Geflügelfond beigefügt und gegart, mit → Crème fraîche vermengt, mit Noilly Prat (→ Vermouth), Salz und Pfeffer verfeinert; Küken auf Gemüse angerichtet. Aromatische Hauptdarsteller waren hier der diffizile Vermouth, das süß-säuerliche Tomatenmark und die sämige Crème fraîche. *Riesling-, Sylvaner-, Gutedel (Chasselas)-* und *Pinot Gris Spätlesen* bis *Auslesen trocken* waren ob ihres Reichtums an Extrakt, Glyzerinsüße und Alkohol von der ersten Sekunde an im Spiel und erschlossen uns neue Höhepunkte des Gaumenkitzels. Besonders herausstreichen möchten wir hier und heute die *Dürkheimer Spielberg Riesling Spätlese trocken* von KARL SCHAEFER-DR. FLEISCHMANN, Bad Dürkheim/Rheinpfalz/D, die sogar den auf Vermouthsaucen spezialisierten *Pouilly-Fuissé „Château Fuissé Vieilles Vignes"* (CH; 5 – 7 Jahre; 10 – 11° C), Fuissé/Mâconnais/Burgund/F, in die Schranken wies. Stubenküken „Strasbourgeoise" (nach Straßburger Art; in Weißwein mit Gänsefett, Karotten, Wacholderbeeren, Zwiebeln und Sauerkraut) ist natürlich den einheimischen Stars *Riesling, Sylvaner* und *Tokay/Pinot Gris* (entweder *Vendanges Tardives* oder *Grands Crus*) versprochen, doch auch fruchtcharmanter, leicht gekühlter (14 – 16° C) *elsässischer Pinot Noir* hatte keinerlei Anpassungsprobleme.

SÜDSTEIRISCHER HAUERKÄSE

Milder österreichischer Weichkäse mit cremig-weichem Teig, dessen Oberfläche während der Reifung mit Rotwein behandelt wurde.

Der *Rotwein,* der während der Reifung eingesetzt wurde, bzw. ein ähnlicher und besserer sollte auch auf der Tafel erscheinen. Im Prinzip hatten wir mit fruchtcharmanten, jugendlichen *südsteirischen Rotweinen (Zweigelt, Pinot Noir, Blaufränkisch)* den größten Erfolg.

SUKIYAKI

Japanisches Fleisch- und Gemüsefondue: In einer heißen Sukiyaki-Pfanne auf einem kleinen Holzkohlenofen gezupftes Kalbsfett ausgebraten, mit einer Mischung aus Zucker, Sukiyakisauce, Karotten, Tong-Ku-Pilzen und Seetang passiert, mit Katzuo (= getrockneter Thunfisch, Sojasauce und Sake) verrührt, darin dünne Scheiben von Rinderfilet, Schinken, Karotten, Zwiebeln, Lauch und Spinatblättern sowie ungeschnittene Bambussprossen, Tofu, Shiratakinudeln (dicke japanische Glasnudeln) gedünstet und mit Toganashi (japanische Gewürzmischung) aromatisiert. Die Fleischscheiben werden in ein aufgeschlagenes Ei getaucht und direkt zum Mund geführt.

In Japan trinkt man *grünen Tee* oder erwärmten → *Sake* dazu.

In unseren Breiten sind *spanischer Sherry Amontillado dry* (DOMECQ: *„Botaina Amontillado Viejo",* SANDEMAN: *„Bone dry Old Amontillado"* ...), *trockener ungarischer Tokajer und französischer Château-Chalon/Jura* von zwingender Effizienz und Durchschlagskraft.

SULZ (SÜLZE, ASPIK)

Speisen, bei denen kleine Gemüse-, Fisch- und/oder Fleischstücke mit einem pikanten, auf Bouillon- oder Weinbasis beruhenden Gelee vermischt wurden und sowohl den Massenesser als auch den Feinschmecker – je nach Zubereitung – ansprechen können.

Obwohl *Bier* hiezu sehr populär ist, so sind doch *Sauvignon Blanc* und auch *Welschriesling* – wenn der Säurehaushalt stimmt – als „Aspik-Weine" unübertroffen. In der *Schweiz* bevorzugt man *Aigle* und *Fendant (Chasselas)* als ausgleichende Vermittler.

SUPPEN

Bis in die sechziger Jahre unseres Jahrhunderts waren Suppen ein beinahe unerläßlicher Bestandteil eines Mahls. Brillat-Savarin meinte: „Sie erfreuten den Magen und machten ihn zur Nahrungsaufnahme und Verdauung bereit." Erst die Crèmesuppen der Nouvelle Cuisine lenkten in den Endsiebzigrn wieder unsere Aufmerksamkeit auf den einst beliebten Magenöffner. Während man zu den verschiedensten Suppen (Kaltschalen, Crèmesuppen, Püreesuppen, Samtsuppen) kaum Wein trinkt, verträgt sich eine Bouillon, Kraftbrühe bzw. klare Suppe sehr gut mit einem Gläschen trockenen *Weiß-* oder *Südwein,* aber vor allem Spezialsuppen (→ Andalusische Rahmsuppe, → Bouillabaisse, → Hummersuppe, → Kapusniak, → Pot au feu, → Vichyssoise usw.) verlangen einen adäquaten Wein als Begleiter. Zu Eisacktaler Weinsuppe versuchen Sie einheimischen *Pinot Bianco/Südtirol/I,* der meist der Kochwein ist und sich auch gegenüber Rindsuppen recht geschickt anstellt. Zu → Minestrone versuchten wir es auf Empfehlung sowohl mit *süditalienischem Rosé* als auch kraftvoll-anmutigem *rotem Aglianico del Vulture* von der berühmten CASA VINICOLA DI ANGELO, Rionero in Vulture/Basilikata, wobei letzterer vor allem Herbst- und Winterfreuden bereitet. In *Frankreich* überredete man uns – und wir bereuten es nicht – zu fruchtcharmantem *Rully Rouge* (PN; 1 – 2 Jahre; 15 – 16° C) von der DOMAINE DE LA FOLIE (= „DOMÄNE DES WAHNSINNS"), Côte Chalonnaise/Burgund/F, und Miesmuschelsuppe deckten wir hervorragend mit *Rheingauer Riesling/D* ab.

Suppengrün (Wurzelwerk, Suppengemüse)

Bestehend aus Karotte, Porreestange, Petersilwurzel und Knollensellerie.

Suppentopf

Kräftige, pikant gewürzte Bouillon (Kraftbrühe, Fleischbrühe, Rindsuppe) mit großzügiger Einlage von Fleisch und Gemüse (z. B. → Pot au Feu, → Tellerfleisch, → Petite Marmite usw.).

SUPRÊME

Französisch: höchst; der jeweils beste Teil eines Tieres und die raffinierteste Zubereitung ergeben das Feinste vom Feinen – das Suprême: Brüstchen von → Ente, → Fasan, → Masthuhn, → Rebhuhn, → Schnepfe, → Taube, → Wachtel ...), rosagebratene Filets von →Hasen-, → Reh- oder → Hirschrücken, Filets der feinsten Fische (→ Seezunge, → Steinbutt ...) und das Beste von den edelsten Früchten. Es ist klar, daß der feinste Teil einer Speise nur von subtilsten und elegantesten Weinen begleitet werden soll.

SURFLEISCH: ÖSTERREICHISCH-SÜDDEUTSCHE BEZEICHNUNG FÜR → PÖKELFLEISCH

SÜSS-SAUER-EINGELEGTES

Süße und saure → Birnen, → Champignons, → Eierschwammerl (→ Pfifferlinge), große und kleine → Gurken, → Kirschen, → Kürbis, → Paprikaschoten, → Rote Rüben, → Tomaten, → Zwetschken, → Zwiebeln usw. in Scheiben oder Streifen geschnitten, Obst roh und Gemüse vorgekocht (Tomaten bleiben roh), und in einem Sud aus Weinessig, Wasser, Salz, Zucker und Gewürzen eingelegt.

Aus dem Angebot für → Asiatische Küche können wir folgende Weine empfehlen, die den Hindernislauf gegen eines der schwierigsten Gerichte mehr oder weniger erfolgreich bestanden haben: → *Sake, Ruby* (→ *Port*), die beiden *südfranzösischen Vins Doux Naturels Banyuls/Pyrenäen* und sehr reifen *roten Maury/Roussillon/F*. Unter den nicht verstärkten Weinen bieten sich besonders halbsüßer *portugiesischer Rosé (Mateus)*, trockener *Sauternes („Y" d'Yquem)* und sherryartiger *Vin Jaune/ Jura/F* an.

SÜSSSPEISEN-SAUCEN

Ananas-, Aprikosen-, Erdbeer-, → Hagebutten-, Himbeer-, Johannisbeer-, Kirsch-, → Schokolade-, → Vanille-, Weinschaum- (→ Chaudeau, → Zabaione) und → Zitronensauce.

Zu den noch nicht behandelten Saucen einige exemplarische Empfehlungen: Ananassauce *(Riesling Beerenauslese, Jurançon/SW-F, Crémant de Bourgogne, Burgunder Schaumwein ...)*, Aprikosensauce *(Sauternes/F,Tokaji Aszu/H, Humagne Blanche/ CH ...)*, Erdbeersauce *(Riesling Auslese, Traminer Eiswein, Moscato d'Asti/I ...)*, Himbeersauce *(Barsac/F, Ambonnay Rouge Côteaux Champenois* = roter *Stillwein/Champagne* und roter *Bourgueuil/Loire/F* als Kontrast ...), Johannisbeersauce (lieblicher *Riesling-Sekt, Muskat-Sylvaner Auslese*, milder *Cabernet Rosé ...)* und Kirschsauce *(Gewürztraminer Auslese, Vin Santo/I, Mailly Champagne Rosé/F ...)*.

SUVLAKIA, SUVLAKI → SOUVLAKIA

SZEGEDINER GULYAS

Gehackte Zwiebeln in Fett angeschwitzt, großzügig papriziert, Kümmel und Rindsuppe dazugegeben, grobwürfelig geschnittenes Rind- und Schweinefleisch beigegeben, später auch → Sauerkraut, alles weichgedünstet.
(Szeged bzw. Szegedin ist eine alte ungarische Universitätsstadt an der Theiß.)
(Weizen-)Bier sowie rustikal-würzige *Weißweine* mit nicht zu kräftigem Alkohol- und Säurespiegel *(Sylvaner, Olaszrizling* = *Welschriesling* und *Szürkebarát* = *Pinot Gris)* vermochten uns am meisten zu überzeugen. Unsere Gastgeber hielten sich hingegen an die (allzu) feurigen *Rotweine* des Landes: Lediglich der jugendliche *Soproni Kekfrankos (Blaufränker)* von JANOS GANGL, ein erfrischender Beaujolais-Typ, vermochte auch uns zu begeistern.

TACOS

Spanisch „Happen". In Mexiko versteht man darunter jede Art von gefüllter → Tortilla. In den USA meint man damit eine mit Fleisch und pikanten Gewürzen gefüllte Tortilla. In den *USA* ist meist kühles *Bier* der Retter in der Not, während man sich in *Mexiko* nach dem Inhalt der Maisfladen richtet. Im Zweifelsfalle ist der frische, halbtrockene *Chardonnay „Château Domecq"* von CASA PEDRO DOMECQ, Coyoaca/Mexiko, ein willkommener Durstlöscher und Begleiter.

TAFELSPITZ

Österreichische Spezialität: gekochtes, mageres Rindfleisch aus der Rindshüfte (Tafelstück), das meist mit Röstkartoffeln, Schnittlauchsauce (→ Sauce Civette) sowie → Apfelkren angeboten wird. Die einstige Lieblingsspeise von Kaiser Franz Joseph I. ist nach wie vor eines der beliebtesten Mittagsgerichte Wiens und wird traditionellerweise gerne mit vollmundigen, fruchtig-würzigen *Weißweinen (!)* wie *Grüner Veltliner „Smaragd"* (z. B. vom WEINGUT PRAGER, Weißenkirchen/Wachau/ NÖ/A), *Riesling und Pinot Blanc Kabinett* bis *Spätlese trocken* (obwohl große Rieslinge sehr oft dominieren), weiters mit *Chardonnay (Morillon)* und *Sylvaner Kabinett, Welschrieslingsekt* usw. kombiniert. Im *Elsaß* lernte ich die Kombination mit fruchtig-frischem, leicht gekühltem (14 – 16° C) *Pinot Noir* kennen und schätzen und versuchte daraufhin einige jugendlich-charmante *rote Österreicher (Zweigelt, Blaufränkisch, Blauer Portugieser)*, die allesamt recht gut abschnitten und selbst am meisten profitierten, indem sie milder und ausdrucksstärker wurden, und selbst die in dieser Konstellation verpönten *roten Barriqueweine* fielen kaum aus der Rolle und waren nur leicht feldüberlegen.

TAGLIATELLE

Italienische Nudelspezialität: etwa 2 cm breite, hauchdünne, streifenförmige Nudeln, die, wie alle italienischen Teigwaren, in Salzwasser „al dente" gekocht werden. Zu Tagliatelle al Prosciutto (mit Schinken) ist *Colli Bolognesi Bianco* aus der *Emilia* ebenso einfach wie köstlich; Tagliatelle „Carbonara" (Rezeptur wie → Spaghetti „Carbonara") wurden zu einer beglückenden kulinarischen Erfahrung im Verein mit dem *apulischen Rosé*-Star *Five Roses* von LEONE DE CASTRIS, Salice Salentino, aber auch traubig-milder *roter Dolcetto d'Alba/Piemont/I* (MARCHESI DI GRESY, GIUSEPPE MASCARELLO) vermochte uns zu begeistern.

Tagliatelle alla „Piemontese"
Eingehackte Zwiebeln in Butter angedünstet, kleingeschnittene Tomaten darin geschmolzen, mit → Tomatensauce und gehacktem Knoblauch durchgekocht; kleingewürfeltes → Rinderfilet (Filetspitzen) rosa gebraten, mit der Sauce gebunden, auf gebutterten Tagliatelle angerichtet und mit geriebenem Parmesan bestreut.
Hier haben die *roten Piemont*-Fixpunkte *Barbera, Dolcetto* und *Nebbiolo* kaum Konkurrenz zu fürchten. Aus der Vielzahl meiner Notizen möchte ich die besonders gelungene Paarung mit dem wundervoll-milden *roten Bricco del Drage* (DOL, NEB; 4 – 6 Jahre; 15 – 17° C) von der CASCINA DRAGO, Alba/Piemont/I, hervorheben. Zu Tagliatelle con Salsa di Noci (mit Walnußsauce) ist *Südtiroler Pinot Bianco* ebenso angebracht wie *weißer sizilianischer Rapitalá;* als köstlich dominierenden Winter-Wein möchte ich den trockenen (!), mit Walnuß- und Bittermandelaroma ausgestatteten *sardischen* Kraftprotz *Malvasia di Bosa secco* von den FRATELLI PORCU ans Gourmetherz legen. Tagliatelle Verdi alla Genovese (grüne Nudeln mit Bries und Tomaten-Pilzsauce) – eine berühmte Genueser Spezialität – erprobten wir mit *weißem Vermentino di Perti* von DOMENICO UND NICOLO BOIGA, Finale Ligure/ Ligurien/I. Tagliatelle „San Bernardo" (mit Tomaten-, Thunfischsauce ohne Käse)

ergänzten wir auf diskrete Art durch *Pinot Bianco/Friaul* und jugendlichen *Chardonnay/Südtirol.*

TAMARILLOS (BAUMTOMATEN)

Spindelförmige, braunrote Früchte eines Nachtschattengewächses, das in Kolumbien, auf Neuseeland, Madeira und auf den Kanarischen Inseln kultiviert wird. Sie werden zu Marmelade verarbeitet oder dienen als Garnitur für diverse Gerichte. Die süßliche Marmelade läßt sich sehr gut mit halbtrockenen bis lieblich-süßen *Weißweinen (Riesling, Malvasia* bzw. *Malvasier, Bouvier* usw.*)* vereinen, während sich die Früchte selbst – mehr oder weniger – den Richtlinien für → Tomaten unterwerfen.

TAPAS

Spanisch: Snacks; pikant-würzige kleine → Hors d'Oeuvres, die man in Spanien und z. T. auch in Südamerika zu jeder passenden und unpassenden Gelegenheit angeboten bekommt.
Automatisch – so wie nach dem Stier auch der Torero erscheint – werden *Fino* und *Manzanilla Sherry, Montilla Moriles seco (dry)/Andalusien, Rueda/Altkastilien, Penedès Blanco/Katalonien* und *Rioja Blanco/E* mitgeliefert oder zumindest angeboten.

TAPULON

Piemontesische Spezialität aus gehacktem (faschiertem) Eselfleisch, das mit Kohl und diversen Gewürzen in einheimischem Rotwein *(nebbiolo)* gegart wurde.
Die ländlich-robusten Verwandten des weltmännischen *Barolo (Ghemme* von LORENZO BERTOLO; *Lessona* von SELLA LESSONA, Lessona, und *Spanna* von LUIGI FERRANDO, Ivrea ...) halten spielend das Gleichgewicht gegenüber der deftigwürzigen Speise und arbeiten die Pikanz klar, aber nicht überdimensioniert heraus.

TARTE TATIN

Französische Spezialität: gestürzte Apfeltorte. Blätterteig gemehlt, ausgerollt, kaltgestellt; Äpfel geschält, entkernt, geviertelt; Auflaufform erwärmt, ausgebuttert, gezuckert, Äpfel mit der runden Seite nach unten in die Form gegeben, im Herd ca. 20 Minuten gebacken, gestürzt und lauwarm aufgetragen.

Weiß: Riesling oder Gewürztraminer Spätlese/Elsaß/F etc.

Die edle *Gewürztraminer Spätlese* von LEON BEYER (→ Scholle nach „Großmutters Art") unterstrich geschickt den Eigengeschmack der Äpfel, schmeichelte dem Blätterteig und brachte elitäre Würzetöne in die Ehe ein. Tarte und Wein ergaben einen reinen, puren Genuß von seltener Intensität.

Weiß: jugendlicher Sauternes/Bordeaux oder Riesling Beerenauslese; Monbazillac/Bergerac/F

Der modern gekelterte *Monbazillac „Château les Hebras"* (SÉM, SB, ML; 3 – 6 Jahre; 7 – 8° C) aus Bergerac/Dordogne zählt zu den erfreulichen edelsüßen Weinen seines Gebietes und überraschte durch ungewohnte Frische, schlanken Körper, feine Süße und pikantes Fruchtspiel (Apfel, Zimt, Zitronenschale).

Spirituose: Apfelbrand (Calvados ...) oder Pineau des Charentes/Cognac/F

Der famose *Pineau des Charentes „Antoine"* (→ Birnen Helene) mit seinem unnachahmlichen Duft nach reifen Trauben dominierte wohl in der Anfangsphase, stellte sich aber mit wachsendem Erfolg auf das Dessert ein. Noch lange nach dem Essen kamen immer wieder faszinierende Apfel-Trauben-Töne hoch.

TASCHENKREBS

Eine → Krabben-Art, die etwa 25 cm breit und bis zu 1 kg schwer wird und sich im Mittelmeer, Atlantik und in der Nordsee aufhält. Die Krebse werden lebendig, so wie → Hummer, → Langusten usw., in siedendes Salzwasser geworfen und gekocht. Die angriffslustigen Tiere werden nach dem Kochen tiefrot und weisen ein zartes, köstliches Fleisch auf, das man nur in frischem Zustand genießen sollte. Wie bei allen Krustentieren gilt auch hier die Regel: „Die Monate ohne R sind gut zum Reisen, zum Hochzeitmachen und zum Krebsespeisen."
Die Empfehlungen zu Hummer und Langusten – bei gleicher Zubereitungsart – sind jederzeit übertragbar, können aber reinen Gewissens etwas weniger luxuriös ausfallen.

Taschenkrebs auf „Englische Art"

Taschenkrebs gekocht, zerpflückt, mit Senfmayonnaise gebunden, in die gesäuberten Rückenpanzer gefüllt, mit gehacktem Eigelb, Eiweiß und Petersilie garniert. (→ Mayonnaise)
Chablis AC/Burgund/F sowie diverse *Chardonnays (Morillons), Zierfandler* und *Pinot Blanc Kabinett* bis *Spätlese trocken* mit diskretem – oder gar keinem – Barriqueausbau haben sich eine beachtliche Reputation gegenüber dem Rückwärtsläufer erworben; wobei der *Pinot Blanc* der Sauce wohl spielend standhielt, aber als einziger keine Akzente in puncto Aromaerhöhung setzte. Bei Taschenkrebs „Mornay" (mit → Sauce Mornay) können Sie Ihr Gourmetschicksal relativ beruhigt in die Hände von edlem *Graves Blanc/Bordeaux (Pinot Gris)* und *Neuburger Kabinett* bis *Spätlese trocken* legen. Eine Mischung von leicht verständlicher, unkomplizierter, aber nichtsdestoweniger beeindruckender Art wurde durch den sehr reifen *Sémillon Classic Release* von LINDEMANS, Hunter Valley/New South Wales/AUS, erzielt. Taschenkrebs all „Parmigiana" (mit Butter und Parmesan geschmort) flirtete mit charmantperlendem *Prosecco Frizzante* von AUGUSTO AGISTINI, Venetien, verlobte sich mit dem vielversprechenden *trockenen Albana di Romagna DOCG* von der FATTORIA PARADISO Bertinoro/E, Emilia-Romagna/I, und ehelichte schließlich den stupenden *Chardonnay Cà del Bosco* von Italiens „Wunderkind" MAURIZIO ZANELLA, Erbusco/Franciacorta/Lombardei.

TATAR (TATAREN-BEEFSTEAK)
→ BEEFSTEAK „TATARE"

TATARENSAUCE → SAUCE TATARE

TAUBE (HAUSTAUBE)

In der Antike Wappenvogel der Liebesgöttin Venus, im Christentum Sinnbild des Friedens und zu allen Zeiten ein Leckerbissen für Feinschmecker. Besonders im Frühjahr weisen die unter einem Jahr alten Vögel ein zartes, weißes, schmackhaftes Fleisch auf, das allerdings nicht den feinen Wildgeschmack der → Wildtaube besitzt. Wegen des geringen Fettgehaltes ist es leicht verdaulich und für die Krankenkost geeignet, andererseits sind dadurch Speckhemd und Bratenfett beinahe unentbehrliche Begleiter des Vogels geworden.

Eigenartigerweise ist das köstliche, helle Fleisch der Taube mit elegant-samtig-würzigen bis kraftvollen *Rotweinen* fast genausogut zu interpretieren wie mit charaktervoll-vollmundigen *weißen* Gewächsen. Taube en Cocotte (im kleinen Timbale = Näpfchen, mit Rahm gekocht) wurde durch feinduftigen, mittelschweren Edel-*Saint Julien „Château Leoville-Barton" 2e Cru Classé/Haut-Médoc/Bordeaux/F* grandios inszeniert. Taube in Backteig ist für samtigen *roten Merlot* oder eine mildwürzige *Rote Veltliner Spätlese* vorgesehen. Täubchen in Enzian war einerseits von *rotem Faugères/Languedoc/S-F* sehr angetan, flirtete aber andererseits hemmungslos mit dem nach Alpenkräutern duftenden *Blanc de la Salle* von der ASSOCIATION DES VITICULTEURS DE LA SALLE, Aostatal/I. Taubensoufflé (Auflauf) ließ sich sowohl von würzigem *Pinot Noir/A* als auch von reichem *Pinot Grigio/Friaul/I* verwöhnen. Täubchen mit Linsen wurden durch reifen *Lagrein dunkel/Südtirol* und rustikalen *Sangiovese di Romagna/I* zu einem deftigen Mahl, während *Chambertin Grand Cru/Burgund/F* ein Galadiner daraus machte und *weißer Châteauneuf-du-Pape/südliche Rhône/F* die säuerliche Seite allzusehr betonte. Bressetaube und *Volnay 1er Cru „Clos de la Bousse d'Or"/Côte de Beaune/ Burgund/F* sind ein faszinierendes Paar. Taube mit Weinbergpfirsichen und eleganter *Pinot Noir* sind von schmeichelnder Samtigkeit (auch *Riesling Spätlese trocken* ist großartig). Junge Tauben gefüllt mit → Couscous und *Riesling Spätlesen trocken* sind oft erprobte Paarungen. Taube mit Kastanienfüllung (Piccione Ripieno) lernten wir in den *Marken* mit aufregendem *roten Vernaccia di Serrapetrona DOC (Schaumwein)* von ATTILO FABRINI, Serrapetrona, kennen und schätzen; unter den angebotenen *Weißweinen* konnte uns nur der berühmte *ligurische Cinqueterre* (BOS, ALA, VM; 2 – 4 Jahre; 8 – 10° C) von SILVANO COZZANI überzeugen. Täubchen mit Oliven und karameliger *Sherry Oloroso seco „Victoria Regina"* von DÍEZ MERITO, Jerez/ Andalusien, war nicht ganz ideal, doch der etwas trockenere, haselnussige *Palo Cortado (Sherry)* von *Sandeman*, Jerez de la Frontera, holte das salzige Aroma der Oliven wesentlich besser heraus.

Tauben auf „Chinesische Art" (Chinesische Honigtaube)

Junge Täubchen gerupft und ausgenommen, innen und außen mit Salz eingerieben, außen mit Honig überzogen, in heißem Öl angebraten, zerteilt, in → Sojasauce getaucht und angerichtet.

Über die Sojasauce ließen wir uns dazu verleiten, *Reiswein (→ Sake)* und *Sherry Amontillado dry/E* zu ordern, doch geriet dabei die zartknusprige, salzig-honigsüße Haut etwas ins kulinarische Abseits. Eine *badische Grauburgunder Auslese halbtrocken/D* und eine fulminante *elsässische Gewürztraminer Spätlese (Vendange Tardive)* von ZIND-HUMBRECHT, Wintzenheim, lösten die Aufgabe wesentlich besser, doch den Vogel schoß ein *ungarischer Tokaji 3 Puttonyos* ab, der mit dunkelgoldener Farbe, apfeligem Bouquet und faszinierender Honigwürze sowohl die Haut als auch die Sauce betörte. Taube mit Lauch und Kohl ließ sich von verspielten *roten Jungweinen (Gamay, Pinot Noir, Blaufränkisch)* recht gut „einwickeln", ein paar kleine Bittertöne nahmen wir in Kauf, doch schien uns diesmal die Zusammenstellung mit einem schotenwürzigen *weißen Sauvignon Blanc Kabinett* von FEILER-ARTINGER, Rust/Neusiedlersee-Hügelland/BGLD/A, und einem lauchfreundlichen *weißen Meursault* (→ Schweinsnüßchen mit Champignonsauce) wesentlich besser gelungen zu sein.

Tauben mit Wacholderbeeren

Tauben mit einer pikanten Farce aus eingeweichtem Weißbrot, Leber, Herz, Magen und fettem Speck gefüllt, in Butter gebraten, zerdrückte → Wacholderbeeren beigefügt und mit → Cognac flambiert.
Leber, Herz, Magen, Speck, Wacholderbeeren und Cognac engten den Kreis der möglichen Begleiter bereits beträchtlich ein. Unter den *weißen* Anwärtern qualifizierten sich ein kraftvoller *Riesling Smaragd „Ried Steinborz"* von KARL LAGLER, Spitz/Wachau/NÖ/A, der brillant Regie führte, und eine geschmacks-ausgleichende *Weißburgunder Spätlese „Ried Hausberg"* vom WEINBERGHOF FRITSCH, Oberstockstall/Kamptal-Donauland/NÖ/A. Von der *roten* Opposition meldeten sich der famose *Blaufränkisch „Ried Oberer Wald"* von E.T. (ERNST TRIEBAUMER, Rust/Neusiedlersee-Hügelland/BGLD/A) und – erwartungsgemäß – ein *italienischer Vino Nobile di Montepulciano DOCG* von RUDOLF BINDELLA (→ Roastbeef in Salzteig) zu Wort. Die eigentliche Sensation war aber der großartige, mit konzentrierter Waldbeerenfrucht und einem faszinierenden Spiel zwischen distinguierter Säure und aristokratischer Extraktsüße – bei nicht endenwollenden Reflexionen – aufwartende große *1er Cru Classé Château Margaux/Haut-Médoc/Bordeaux/F* (CS 75 %, M 20 %, PV 5 %), dem das Husarenstück gelang, nicht nur Beeren und Sauce parieren zu können, sondern der auch Taube und Farce glorifizierte. Auch der *Côte-Rotie* von BERNARD BURGAUD, Ampuis/nördliche Rhône, schaffte ein ähnliches Kunststück!

Tauben mit weißen Rübchen

Tauben innen reichlich gesalzen und gepfeffert (Mühle), Haut mit Salz und Pfeffer eingerieben und mit Butter bestrichen, dann angebraten und ca. 15 bis 20 Minuten im heißen Rohr gegart und warmgestellt; Bratfond mit → Portwein und etwas Wildfond 5 Minuten geköchelt, Rübchen geschält, in Streifen geschnitten, mit etwas Butter und Zucker glasiert, Essig und Geflügelfond dazugegossen und 5 Minuten gekocht, Tauben zerteilt und auf die Rübchen gelegt, Sauce extra angerichtet.
Die für Rübchen und Täubchen selektionierte *fränkische Silvaner Spätlese trocken* enttäuschte zuerst in keiner Phase, war beiden ein hingebungsvoller Partner, der die Haut des Vogels bis zum Exzeß nuancierte, und hielt sich auch der Wildsauce gegenüber recht tapfer. Diese wiederum schenkte dem hochberühmten, fleischig-saftig-animalischen *Côte Rôtie „La Turque"* (SYR; 5 – 7 Jahre; 16 – 18° C) von MARCEL GUIGAL, Ampuis/nördliche Rhône, ihr Vertrauen, was durch großartige Resonanz belohnt wurde. Weiters wurden Fond – inklusive Portwein – und Täubchen von einem feinfühligen reifen *Vintage Port* von TAYLOR'S, Vila Nova de Gaia/P, der auch die Salznote nicht verkümmern ließ, zu weiteren Höhenflügen angeregt.

Taubenbrüstchen „Pompadour"

Brüstchen junger Tauben ausgelöst, in Butter steif gemacht, gewürzt, mit Ei und Semmelbröseln paniert, in Butter gebraten; als Beilage feines Linsenpüree, gefüllte Artischockenböden, Trüffelsauce (→ Sauce Perigueux) und Kartoffelkroketten.
Edler *Pinot Noir* vom MALTESER RITTERORDEN, Mailberg/Weinviertel/NÖ/A, und samtig-eleganter *Barbaresco „Bricco Asili"* der GEBRÜDER CERETTO, Piemont, waren von zeitloser Faszination, wobei die Quelle der Inspiration beim *Pinot* Taube, Panier und Linsen, beim *Barbaresco* die Sauce war. Allerhöchste Maßstäbe – für alle folgenden Weine – legte allerdings der unvergleichliche, reife *weiße Grand Cru Corton-Charlemagne* (CH; 8 – 12 Jahre; 10 – 11° C) von ANTONIN GUYON, Côte de Beaune/Burgund/F, an, der die Mineralität eines *Chablis Grand Cru*, die Samtigkeit eines *Meursault 1er Cru* und die Kraft eines *Montrachet Grand Cru* in sich vereinte und solcherart ein saftig-exotisch-warmblütiges Gaumenfest bewirkte.

Taubenpastete „Fürst Schwarzenberg"

Sechs gerupfte Tauben entbeint, Brüste enthäutet, in Butter angebraten, Schenkel gedünstet und in kleine Würfel gehackt, das restliche Fleisch mit 125 g → Gänseleber, 200 g frischem → Speck und 3 in Hühnerbouillon eingeweichten Scheiben Weißbrot faschiert, mit 2 Eigelb, Salz, Pastetengewürz und den Fleischwürfeln vermengt, 1/4 l Schlagrahm daruntergemischt, diese Farce, die Taubenbrüste und 125 g Gänseleber in Schichten in eine mit dünnen Räucherspeckscheiben ausgelegte Kastenpastete gefüllt und gebacken.

Traminer, Rotgipfler, Pinot Gris und *Pinot Blanc* im *trockenen* bis *halbtrockenen Spätlese*-Bereich schlugen sich hier am verdienstvollsten, da allzu süße *Prädikatsweine (Beerenauslese, Trockenbeerenauslese...)* einerseits wohl die Gänseleber etwas besser illuminierten, aber andererseits mit der Räucherspecknote kollidierten und – wie immer – den nachfolgenden Wein schlecht aussehen ließen. Glanzpunkt war die Begegnung mit dem superben *Weißburgunder „Riede Zieregg"* (3 – 6 Jahre; 9 – 11° C) von MANFRED TEMENT, Berghausen/Südsteiermark/A, der sogar gegenüber der *Loire*-Pretiose *Bonnezeaux „Mallabé"* (CHB; 5 – 8 Jahre; 8 – 10° C) von GODINEAU PERE ET FILS, Faye-d'Anjou, die Nase in puncto Glockenreinheit und Persistenz vorne hatte.

T-BONE STEAK (→ PORTERHOUSESTEAK)

In den USA, dem klassischen Steakland, geschieht die Fleischaufteilung anders als bei uns, dort haben die Steaks noch die Dimensionen von „anno dazumal". Es handelt sich um eine Tranche aus dem Rippenstück des Rindes, die nach dem großen T-förmigen Knochen benannt ist, der das → Filet (Lendenbraten) vom → Roastbeef trennt. Es wird meist in Öl, Essig, zerdrücktem Knoblauch, Tomatensaft, Salz, Pfeffer, Kräutern und →Worcestershiresauce mariniert und dann über Holzkohle gegrillt. Hiezu haben sich die Aroma-, Extrakt- und Alkoholbomben der Neuen Welt *(Cabernet Sauvignon, Cabernet-Shiraz...)* einen Stammplatz erkämpft, doch sollten neben allen anderen Vor- und Nachteilen die Barriquetöne nicht dominieren.

TELLERFLEISCH

Österreichisch-bayerische Spezialität: gekochtes unterspicktes Rindfleisch (Hoch- oder Querrippe) in 1 cm dicke Scheiben geschnitten und in klarer Suppe mit Wurzelwerk und geriebenem → Kren angerichtet.

Der Österreicher zeigt sich den Getränkempfehlungen der Weinkellner gegenüber meist reserviert und begnügt sich mehrheitlich mit der bereits mitgelieferten Suppe als Durstlöscher, obwohl ein Gläschen trockenen bis halbtrockenen *Weißweins (Grüner Veltliner, Welschriesling, Neuburger, Zierfandler...)* und selbst fruchtcharmante *Rotweine (Pinot Noir, Blauburger)* eine Breicherung des Küchenklassikers darstellen.

TENDERLOIN STEAK: ENGLISCH: ZARTE LENDE; ENGLISCH-AMERIKANISCHE BEZEICHNUNG FÜR → FILETSTEAK

TELTOWER RÜBCHEN

Berühmte Zuchtform der → Weißen Rüben, die in den Sandböden der Mark Brandenburg → Berlin angebaut werden. Die kleinen, meist bräunlich-würzig-süßen

Wurzeln gelten unter Feinschmeckern seit dem 16. Jahrhundert als Edelgemüse und fanden im Dichterfürsten Johann Wolfgang von Goethe ihren berühmtesten Verehrer. Jugendlich-frische *Weißweine (Riesling, Riesling-Sylvaner, Sylvaner ...)* sowie *rote Jungweine (Pinot Noir, Blaufränkisch, Blauer Portugieser ...)* ergänzen den Eigengeschmack der Rübchen am besten.

TERRINEN (SCHÜSSELPASTETEN)

Im eigentlichen Sinn → Pasteten ohne Teighülle, die in feuerfesten Schüsseln (Schüsselpasteten) zubereitet und meist auch serviert werden. Das Besondere daran ist die Saftigkeit, da die Feuchtigkeit der Farce von keiner Teigkruste aufgesogen wird. Ursprungsland ist Frankreich, wo bereits im 13. Jahrhundert simple Terrinen bereitet wurden, den Höhepunkt erreichten sie im 18. Jahrhundert (Taverne) und im 19. Jahrhundert (Carême), deren einzigartige Kreationen von den Potentaten Europas bewundert wurden. Grundrezept: feuerfeste Schüssel mit Räucherspeck ausgelegt und mit Farcen und Einlagen gefüllt, Füllung mit Räucherspeckscheiben zugedeckt, Lorbeerblatt und Thymian obenauf gegeben, Terrine zugedeckt im Wasserbad ziehen gelassen, Fett abgegossen, Füllung mit Gewicht gepreßt, einen Tag in den Kühlschrank gegeben, Oberfläche mit → Mixed Pickles und Salatblättern dekoriert oder mit fester → Chaudfroid-Sauce überzogen. (→ Kaninchenterrine)
Überbot man sich früher gegenseitig in der Auswahl der *Dessert-* und *Prädikatsweine,* so sind heute etraktreiche *Weiß-* und *Rotweine* (je nach Fleischart und Aroma) im *Kabinett-* bis *Spätlese*-Bereich als Prelude für ein kulinarisches Fest – mit der nötigen Steigerung – gedacht. Rustikale Fleisch- und Wildterrinen kann man mit kraftvollen *Rotweinen (Barolo/Piemont ...)* oder halbtrocken-würzigen *Dessertweinen (Sherry Oloroso seco/E ...)* begegnen.

Terrine de Nerac → Rebhuhnpastete

Terrine d'Oie (Französische Gänseleberterrine)

500 g Gänsefleisch und 125 g roher Speck grob gewürfelt und leicht gebraten, Salz, Pfeffer, Lorbeerblatt und etwas heißes Wasser beigefügt, gedünstet, bis das Fleisch zerfällt; Lorbeerblatt entfernt, Masse in kleine Steinguttöpfe gefüllt, ausgekühlt, mit flüssigem Schweineschmalz zugegossen.
Im Gegensatz zu den meisten kalten Gänseleber-Kreationen (→ Gänseleberparfait, → Gänseleberpastete) sind hier allzu süße und edelsüße Gewächse – nicht nur wegen des nachfolgenden Weins – fehl am Platz, da sie die Speck- und Würzenote unterdrücken und auch selbst eine nicht immer positive Veränderung durchmachen: *Pinot Gris, Pinot Blanc, Traminer, Chardonnay, Zierfandler, Neuburger, Grüner Veltliner, Riesling, Welschriesling, Sauvignon Blanc, Chenin Blanc, Sémillon* und *Tocai Friulano/I* im *trockenen* bis *halbtrockenen Spätlese*-Bereich ergänzen den Luxus-Aufstrich am uneigennützigsten und sorgen zumeist schon zu Beginn eines Mahls für gute Laune und festliche Stimmung, was natürlich zusätzlich noch durch edle *Schaumweine* unterstützt wird. Pars pro toto sei der rauchig-würzig-elegante *Spätburgunder-Sekt extra brut „Heilbronner Stiftsberg",* G. A. HEINRICH, Heilbronn/Württemberg/D, lobend erwähnt.

TÉTE DE MOINE

Französisch: Mönchskopf; sehr schmackhafter, heute zylindrischer, vollfetter Schweizer Kuhmilch-Schnittkäse aus dem Jura, dessen Rinde mit einer rötlichen Flora über-

zogen ist. Sein weißer bis hellgelber Teig ist in der Jugend mild-würzig und im Alter mit einem charakteristischen, kräftigen Aroma ausgestattet. Ideale Genußzeit ist von September bis März.
Reicher *Chasselas*, (z. B. der mächtige *Aigle Prieuré* (CHA; 2 – 4 Jahre; 9 – 10° C) von PIERRE-ANDRÉ BAUD, Aigle/Genfersee), *Pinot Gris, Pinot Blanc* sind hier erste Wahl.

TEUFELSSAUCE → SAUCE DIABLE

THOUSAND-ISLANDS-DRESSING

Amerikanische Salatsauce, die auch in Flaschen erhältlich ist: leichte → Mayonnaise mit gehackten roten (und grünen) Paprikaschoten vermischt und mit Paprika und etwas Chilisauce aromatisiert.
Leichte und mittelkräftige *kalifornische Weißweine (Sauvignon Blanc* bzw. *Fumé Blanc* von MONDAVI, Napa, oder HACIENDA, Sonoma, sowie *Chardonnays* von LAMBERT BRIDGE, DOMAINE MICHEL, Sonoma, und MOUNT EDEN, Santa Cruz Mountains) erleichtern den Umgang mit der üppig-würzigen Sauce.

THUNFISCH (THUN)

Zur Familie der → Makrelen gehörender, sehr großer (3 bis 4 m lang und 500 bis 600 kg schwer), spindelförmiger Meeresfisch, der vorwiegend in der Laichzeit (Mai bis Juli) an den Küsten des Mittelmeeres in die Netze geht. Sein rötlich-weißes Fleisch erinnert in zubereiteter Form an Kalbfleisch, doch ist es etwas derber. Am zartesten schmeckt das Bauchfleisch, das in den Küchen des Mittelmeeres – nach wie vor – eine große Rolle spielt. Da das Fleisch nicht sehr lange lagerfähig ist, wird es vor allem in Öl konserviert angeboten.
Die ölige Konsistenz des Konservengerichts löst man vorzüglich mit *Chenin Blanc/ Loire* und *Vinho Verde/Portugal* auf. Thunfisch „Sizilianisch" (Tonno alla Siciliana; in Weißwein mit Kräutern, Gewürzen und Sardellen gekocht) wartete geduldig auf den köstlichen *Etna Bianco* von NICOLOSI. Zu Thunfisch mit Sardellensauce schätzten wir sowohl *Pinot Bianco/Friaul/I* als auch einfachen *Languedoc-Roussillon Blanc/F*. Ein Thunfischsteak erfreute sich am mächtigen *Chardonnay* von JOE HEITZ, St. Helena/Napa/KAL. Thunfisch gegrillt vereinten wir mit einer rassigen *Sauvignon Blanc Spätlese trocken*, und Thunfischfilet mit Ingwersauce vertrauten wir *trockenem Muskateller* im *Spätlese*-Stil an. Thunfisch mit Zwiebelsauce erhöhten wir geschmacklich durch *Côteaux du Languedoc Blanc/F* und – vor allem – durch rassigen *Sylvaner „Zotzenberg"* von ARMAND GILG, Mittelbergheim/Elsaß/F. Thunfisch gedünstet mit Tomaten und grünem Paprika wurde von gekühltem *rotem Irouléguy AOC* (CS, CF, TAN; 1 – 2 Jahre; 12 – 15° C) der DOMAINE DE MIGNABERRI, Pyrénées-Atlantique (Baskenland/F), hervorragend in Szene gesetzt, der Fischgeschmack dabei betont, aber auch die Würze! Thunfisch süß-sauer genossen wir in *Italien* mit flexiblem, kirschrotem *Cerasuolo di Scilla/Kalabrien* und in *Frankreich* mit elitärem *Montlouis demi-sec* (CHB; 12 – 15 Jahre; 8 – 10° C) von BERGER FRÈRES ET FILS, Touraine/Loire. Tonno alla Livornese (Thunfischtranchen in Tomaten-Knoblauch-Sauce geschmort) ist den *ligurischen* Spezialitäten *Rossese di Dolceacqua DOC (rot)* von GIOBATTA CANE, Dolceacqua (2 – 4 Jahre; 15 – 17° C), oder dem *weißen Vermentino* (1 – 2 Jahre; 8 – 9° C) von OTTAVANO LAMBRUSCHI, Castelnuovo Magra, vorbehalten. Beides Weine, die weit über das übliche Niveau hinausragen! Die berühmte Spezialität der Lombardei, „Vitello Tonnato" (Kalbsfilet mit

Thunfisch-Rahmsauce), paarten wir erfolgreich mit *weißem Orvieto secco/Umbrien* (im Sommer) und im Winter mit blutjungem *Chianti Putto/Toskana.* Ideal-Begleiter für alle Jahreszeiten ist allerdings ein *lombardischer Spumante* – nach Champagne-Art – von den FRATELLI BERLUCCHI, Borgognato di Cortefranca, BELLAVISTA, Erbusco oder CA' DEL BOSCO, Erbusco.

THYMIAN (RÖMISCHER QUENDEL)

Der kleine Strauch kommt aus dem Mittelmeerraum und wurde im 11. Jahrhundert von den Benediktinermönchen nach Mitteleuropa gebracht. Im Altertum zählte Thymian zu den Einbalsamierungsgewürzen. Er ist ein Verwandter des Majorans, sollte mit diesem aber nicht unbedingt kombiniert werden, weist einen kräftig-beißenden Geschmack und ein durchdringendes Aroma auf, das vom hohen Gehalt an ätherischem Öl (Thymol), Harz und Gerbstoff stammt. In der Küche verwendet man ihn (sparsam) meist zum Würzen von Würsten, Pasteten, Saucen und Tomaten. Erwartungsgemäß sind die würzigen Weine südlicher Länder *(Frankreich, Italien, Griechenland, Türkei, Tunesien ...)* gegenüber dem durchdringenden Aroma des Quendels im Vorteil. Je nach Fleischart, Farbe und Beilagen setzt man *Weiß-, Rot-* oder *Roséweine* ein. *Weiße* Freunde des Gewürzes sind *Lirac* und *Châteauneuf-du-Pape Blanc/südliche Rhône; Cassis, Bandol* und *Bellet Blanc/Provence/F; Frascati/ Latium* und *Vesuvio Bianco/Kampanien. Malvasia-* und *Trebbiano-Weine* verhalten sich ausgleichend neutral, und auch der *Grüne Veltliner/Wachau/NÖ/A* besitzt eine gewisse Affinität für das Gewürz. Fast alle *Roséweine* der *südlichen* Hemisphäre – allen voran die Kreszenzen der *Provence* – passen sich geschickt an. Zu kräftigen (Schmor-)Braten sind die *roten (Gigondas, Lirac* und *Châteauneuf-du-Pape Rouge/ südliche Rhône/F, Rossese di Dolceacqua/Ligurien, Lambrusco Grasparossa di Castelvetro, Brusco di Barbi/Toskana, Rosso Conero/Marken* und *Torre Ercolana/ Latium ...)* ins Gourmetauge zu fassen. Aus heimischer Sicht sind insbesondere *Pinot Noir* und *Blaufränkisch* interessant.

TILSITER

Ursprünglich aus Ostpreußen (Tilsit) stammender, würzig-pikanter, leicht säuerlicher Schnittkäse von herb-pikanter, leicht säuerlicher Art, mittlerer bis fester Konsistenz und mehr oder weniger intensiver Bruchlochung. Er wird mit Rotschmiere (Käseflora) oder in Folie verpackt heute in diversen Ländern hergestellt.
Zu den Exemplaren mit Rotschmiere sind *Sherry Oloroso dry/Andalusien/E*, kräftiger *Traminer, Pinot Blanc, Rieslinge* und *Chardonnays* anzuraten, eventuell auch mild-würzige *Rotweine (Blaufränkisch, Sankt Laurent, Gamay/CH, Bardolino/Venetien/I...).* Wenn in Folie verpackt, wählen Sie am besten samtig-runde *Weißweine (Kerner, Riesling-Sylvaner, Sylvaner ...).*

TINTENFISCH
(KUTTELFISCH: CALAMARETTO, SEPIA OFFICINALIS)

Der schlanke, torpedoförmige 8 bis 15 cm lange Kopffüßler ist eine Unterart der Kalmare und fühlt sich an den Küsten Westeuropas und vor allem des Mittelmeeres besonders wohl. Das Weichtier ernährt sich von kleinen Fischen und Krebsen und schützt sich gegen Angreifer, indem er ihnen „Tinte" entgegenspritzt, die auch zum Färben und Aromatisieren von Nudeln und Fischsaucen verwendet wird. Das Fleisch der jungen Fangarme ist zartfleischig-knorpelig und von großem Wohlgeschmack. In

ihrem Paradies, dem Mittelmeer, werden sie von Mai bis September nachts bei Scheinwerferlicht gefangen und wie → Kalmare ausgenommen.
Geschmorte Tintenfische (Sepie in Cassuola) vermählten wir mit dem kraftvollen *Lacryma Christi del Vesuvio Bianco DOC* (CODA DI VOLPE; 3 – 4 Jahre; 10° C) von MICHELE MASTROBERADINO, Atripalda/Kampanien/I. Gebackene Tintenfische ergänzten wir ideal durch *südaustralischen Riesling* von BRIAN CROSER, Adelaide Hills, und auch durch einen *südafrikanischen Chardonnay* von HAMILTON RUSSEL, Walker Bay, wobei der Wein an Frische und Lebendigkeit gewann und seinen etwas störenden Holzton einbüßte. Tintenfische im eigenen Saft wurden durch *Riesling Italico* von LA VERSA, S. Maria della Versa/Lombardei, resch und knusprig, dabei saftig und zart. Tintenfische „Niçoise" (mit Estragon, Knoblauch, schwarzen Oliven, Anchovis und Tomaten) waren beim Lokalfavoriten *Bellet Blanc AC „Château de Crémat"* in sorgsamen Händen. Tintenfischrisotto genossen wir sowohl mit dem zitrusfrischen *Vespaiolo Superiore* von FAUSTO MACULAN, Breganze, als auch mit dem unvergleichlichen *Soave Classico „Capitel Foscarino"* von ROBERTO ANSELMI, Venetien. Tintenfische gefüllt probierten wir zuerst mit etwas neutralem *Gaillac Rosé/SW-F* und anschließend mit dem exquisiten und revolutionären *Verdicchio Classico del Castelli di Jesi* der FRATELLI BUCCI, Pongelli/Marken/I. Tintenfische mit → Aïoli testeten wir zu kraftvollem – gekühltem – *rotem Gamay/Loire* und maßgeschneidertem *Picpoul de Pinet V.D.Q.S./ Languedoc/F*. Tintenfische fritiert und *trockener Prosecco/Venetien/I* gehören zusammen wie Romeo und Julia. (Im konkreten Fall handelte es sich um den Ausnahmewein von PINO ZARDETTO, Conegliano/Venetien/I). Tintenfische schwarz mit weißer → Polenta wurden durch feinen *Vespaiolo Superiore* von FAUSTO MACULAN, Breganze, und seidigen *Pinot dei Colli Euganei/Venetien* erfrischend präsentiert.

Tintenfisch alla „Romana"

Tintenfisch gewaschen, Fangarme abgetrennt, Innereien entfernt, Körper in dicke Scheiben geschnitten, mit gewürfelten Tomaten, einer Knoblauchzehe, gehackter Petersilie, Olivenöl und Zitronensaft in einen großen Topf gegeben, gesalzen, gepfeffert, zum Kochen gebracht, mit etwas Frascati aufgegossen, 45 Minuten bei geringer Hitze geschmort, eingekocht und angerichtet.
Diese römische Spezialität – und der Kochwein – bedingten natürlich einen süffigen *Frascati*. Zu besonderen Anlässen versuchen Sie einmal den zu 100 % aus *Malvasia* gekelterten *„Colli di Catone"* oder den bereits legendären *„Santa Teresa"* von FONTANA CANDIDA, Frascati, sowie den vielleicht noch besseren *Frascati Superiore „Villa Simone"* von VILLA SIMONE DI CONSTANTINI, Monteporzio Catone/ Latium/I.

Tintenfisch mit Zitrone

Tintenfisch unter fließendem Wasser gereinigt, in Stücke geschnitten, eine Stunde in Zitronensaft mariniert, Tomaten und Schalottenwürfel in Olivenöl angedünstet, gezuckert, zerdrückter Knoblauch und Basilikum (feingehackt) beigegeben, mit Weißwein und Zitronenmarinade gelöscht, Tintenfisch dazugegeben, bei milder Hitze 30 Minuten geschmort und mit Salz und Pfeffer abgeschmeckt.
Neben dem leuchtturmartig hervorragenden *Tavel Rosé „Château d'Aqueria"/ Tavel/südliche Rhône/F* vermochten uns in *Griechenland* auch ein mild gehartzter *Retsina* von ATTIKI sowie den gekühlt vergorene *Gentilini* (ROBOLA, TSAOUSSI; 1 – 2 Jahre; 7 – 9° C) von NICHOLAS COSMETAS, Insel Kephallinia, zu überzeugen.

TIRAMISÙ

Italienisch: zieh mich hinauf; Mandellikör mit Espressokaffee verrührt, Eigelb und Staubzucker mit Vanilleschotenmark schaumig geschlagen, → Mascarpone untergerührt, eingeweichte Gelatine in erwärmtem → Rum aufgelöst, Mascarponemasse untergemischt, Eiweiß steif geschlagen, Vanillezucker beigemengt, Schnee und Schlagrahm unter die Masse gegeben, Löffelbiskuits in Form gelegt, mit Espressomischung getränkt, Hälfte der Mascarponecreme darauf glattgestrichen, restliche Biskuits aufgelegt und getränkt, kaltgestellt, mit Kakao bestäubt.
Die berühmtesten Kavaliere der üppigen Südländerin sind gespriteter *Marsala Superiore „Garibaldi Dolce"* (CAT, GRI, INZ ...; 7 – 12° C) aus Marsala/Sizilien, und süßer *roter Recioto della Valpolicella Liquoroso* (16 %) bzw. *Recioto Classico* (mit nur 14 %; aus teilgetrockneten COV, VERONESE, MOL und RON-Trauben; 4 – 10 Jahre; 12 – 15° C), z. B. von ALLEGRINI, Fumane di Valpolicella/Venetien/I. Aus heimischer Sicht begeisterten vor allem traubig-frische *Eisweine*, die allesamt subtile Nuancen herausholten und das Kaffee-Aroma in den kulinarischen Himmel hoben; doch auch die grandiose *Weißburgunder Trockenbeerenauslese* von JOSEF GANGL, Illmitz/Neusiedlersee/BGLD/A, ließ anhaltende Gaumenfreude aufkommen. Wir versuchten auch einige milde *italienische Weißweine* mit kaum spürbarer Restsüße *(Pinot Grigio, Tocai/Friaul, Sovae/Venetien, Frascati/Latium),* die sich insgesamt als annehmbare Dienerweine erwiesen, sich unterordneten und dem Dessert etwas an Aromatik und Süße wegnahmen.

TIROLER LEBER

Kalbsleber in dünne Tranchen geschnitten, gemehlt, in Butter goldbraun gebraten, warmgestellt; im Bratenfond Zwiebelringe hell angedünstet, enthäutete und entkernte Tomaten beigegeben, gedünstet, über die → Kalbsleber gegeben und mit Kartoffelkroketten angerichtet. Über Tomaten und Zwiebeln haben sich *Sylvaner, Sauvignon Blanc, Riesling* und *Morillon (Chardonnay)* einen Stammplatz als Begleiter erworben. Unter den *Rotweinen* konnten sich *Zweigelt Rosé, Blauburger* und *Pinot Noir* (ohne Barriqueausbau) profilieren.

TIROLER ROSTBRATEN

Gekochte Kartoffeln und Eier in kleine Würfel geschnitten, mit → Sauce Béchamel liiert und mit Salz, Paprika und Petersilie aromatisiert; fingerdicke Tranche aus dem Zwischenrippenstück eines jungen Rindes (→ Ochsen) dünn geklopft, gesalzen, papriziert, mit der Kartoffel-Eiermasse bestrichen, gerollt, gebunden und weichgeschmort. *Merlot, Pinot Nero, Lagrein dunkel/Südtirol* sowie die benachbarten *Marzemino DOC* von DE TARCZAL, Marano d'Isera/Trentino, oder von SIMONCELLI, Rovereto, bzw. reifer *Teroldego Riserva* (8 – 10 Jahre; 16 – 17° C) von CONTI MARTINI, Mezzocorona/Trentino/I – letzterer als formidabler, robust-geradlinig-herzhafter Winterwein mit erstaunlichem Tiefgang –, sind die sichersten Garanten für Tafelfreuden auf (Süd-)Tiroler Art.

TIROLER SPECKKNÖDEL MIT SAUERKRAUT

Feingewürfelte alte Semmeln und eine gehackte Zwiebel in 40 g Butter angeröstet; ca. 125 g Mehl mit 1/4 l Milch, einem Ei, Salz und Petersilie zu einem leichten Teig verarbeitet, die gerösteten Semmeln, die Zwiebel und 125 g gekochte Räucherspeckwürfel damit vermengt, Knödel geformt, in siedendem Salzwasser gekocht und mit

Sauerkraut serviert. Auch wenn manche Alt-Tiroler von *rotem Sankt Magdalener, Lagrein Kretzer* oder *Pinot Noir/Südtirol* schwärmen, gegen unsere rassige *Weißwein*-Phalanx *(Riesling, Sylvaner, Grüner Veltliner, Pinot Blanc),* die vor allem mit dem Sauerkraut harmonierten, standen sie diesmal auf verlorenem Posten. Nach dem → Tiroler Rostbraten (wo Südtirol/Trentin siegte) also ein Unentschieden im Vergleichskampf Österreich – Italien.

TOKÁNY

Ungarische Spezialität: Zwiebelstreifen in Schweineschmalz angedünstet, Rindfleischscheiben beigegeben, angebraten, mit Salz, Paprika und Majoran aromatisiert, mit Weißwein gelöscht, angeröstete Speckscheiben, etwas Knoblauch und Rahm beigefügt und fertiggeschmort.

Die Empfehlungen zu → Gulasch gelten auch hier, doch sei auf den von unseren ungarischen Freunden hochgepriesenen modernen *Egri Bikavér* = Erlauer Stierblut *(Kadarka, Kékfrankos* = Blaufränkisch, *Merlot)* von EGERVIN in Eger hingewiesen, der allerdings echauffierend wirkte.

TOMATEN
(PARADEISER, PARADIESÄPFEL, LIEBESÄPFEL)

Die strahlend roten Früchte der Tomatenpflanze kann man das ganze Jahr über bekommen, doch am besten munden sie in den Sommermonaten. Sie sind reich an Vitaminen (A, B_1, B_2), und ihr erfrischender Geschmack geht auf die Fruchtsäuren zurück. Ursprünglich in Mexiko und Peru beheimatet, gelangte das Nachtschattengewächs im 16. Jahrhundert durch die Spanier nach Europa und wurde um 1790 erstmals roh und gekocht verwendet. Die gezüchteten Früchte werden immer geschmackloser, während die südlichen Früchte ein intensiveres, zart-zitronensäuriges Aroma aufweisen. Schon Grimod sagte: „Durch Tomatensauce wird auch mittelmäßiges Fleisch zu einem wahren Leckerbissen." Vorsicht vor Tomaten: Ihr salzigwürzig-süßliches Aroma kann Weine unangenehm verändern.

Zu Tomatenparfait gönnen Sie sich eine *burgenländische Bouvier Spätlese;* Tomatensauce mit Wurst vermählten wir erfolgreich mit *Rotwein* aus *Kampanien,* dem bekannten *Solopaca Rosso DOC* von der AZ. AGR. VOLLA, Solopaca. Tomates Concassées (geschmolzene Tomaten) gingen mit der *roten spanischen Valdepeñas Reserva „La Mancha"* ein Bündnis ein; gegrillte Tomaten mischten wir genial mit *Schweizer Merlot del Ticino;* Tomaten „Provenzalisch" (mit Olivenöl, Semmelbröseln und Knoblauch gratiniert) sind auf den *weißen Bellet/Provence* eingeschworen. Tomatencoulis (flüssiges Püree) und eleganter *Sauvignon Blanc „Smaragd"* von F. X. PICHLER, Oberloiben/Wachau/NÖ/A, griffen ineinander wie die Zahnräder einer Präzisionsuhr, und Tomatencremesuppe testeten wir mit den verschiedensten Gewächsen: *Frühroter Veltliner* (LUDWIG HIEDLER, Langenlois/Kamptal-Donauland/NÖ/A) blühte auf, aber seine dominierende Frucht deckte das Tomatenaroma etwas zu; eleganter *Blauer Zweigelt* (ING. JOSEF LUST, Haugsdorf/Weinviertel/NÖ) verfälschte das Tomatenaroma etwas. Feiner *Cabernet Sauvignon „Los Vascos"/Santiago/Chile* förderte gar animalische Noten zutage. Der fruchtcharmante *Blauburger* von SEPP MOSER, Apetlon/Neusiedlersee/BGLD/A, dominierte auf subtile Weise. Beim *Pinot Grigio Eno-Friulia/Friaul* störten die Barriquetöne doch ein wenig. *Weißer Château Reynon Bordeaux sec* verstärkte den Eigengeschmack der Suppe und wurde selbst nussiger. Königswein war *Chardonnay,* der mit reintöniger Frische ausgestattete Wein der Familie WIENINGER, Wien-Stammersdorf, der das Tomatenaroma am schönsten und hellsten erleuchtete.

Tomatenketchup

Feingewürztes Tomatenmark, im Handel erhältlich; als Zutat zu Saucen, Fisch und Fleischgerichten, Teigwaren usw. beliebt; besonders in Anglo-Amerika, aber auch bei der europäischen Jugend ist der Griff zur Ketchup-Flasche beinahe selbstverständlich geworden, ohne überhaupt gekostet zu haben; Ingredienzien neben dem Tomatenmark sind: Salz, Pfeffer, Paprika, Muskatnuß, Zucker, Zwiebeln, Weinessig, Knoblauch, Zimt, Ingwer, Gewürznelken.

Das Gelächter der Gourmets höre ich jetzt schon, doch, der Vollständigkeit halber, sei auch hier auf geschmacksergänzende und ausgleichende Gewächse hingewiesen: *Jurançon sec* (→ Shrimpscocktail), *Prošek/Dalmatien, australische Rieslinge* wie auch *internationale Traminer* gehören zu den seltenen Exponaten der Weinwelt, die auch dem dubiosen Ketchup etwas an kulinarischem Glanz verleihen können.

Tomatensauce → Sauce Tomates

TOMME (TOME)

Mild-sanfter Halbhartkäse in vielen Variationen; so gibt es den Tomme de Savoie (Savoyen) sowohl aus Schaf-, Ziegen- und Kuhmilch. (Kuhmilchkäse und schäumender *Seyssel Varichon et Clerc/Savoyen,* Schafmilchkäse und *Sauvignon Blanc,* Ziegenmilchkäse und *Chenin Blanc.)*
Der aus der Schweiz (Waadtland) stammende Tomme Vaudoise, ein kleiner Kuhmilch-Weichkäse mit Schimmelbelag und cremigem Geschmack, war den besten einheimischen *Chasselas*-Weinen (hier der *Dézaley „Les Grandins"* von ETIENNE FONJALLAZ, Epesses) vorbehalten, doch paßt er auch ganz gut zu perlenden Edelweinen *(Champagne?).*

TONGKU (TUNG KU, SHITAKE)

Japanische Pilzart mit feiner Würze, die bei uns in Dosen erhältlich ist und in vielen ostasiatischen Gerichten (→ Sukiyaki) vorkommt.
Neben → Sake sind vor allem reifer *Neuburger, Pinot Blanc* und *Pinot Gris* wie auch *Rote Veltliner* (GERALD MALAT, Furth-Palt, und MANTLERHOF, Brunn im Felde/Kamptal-Donauland) zu erwähnen.

TOPFEN (ÖSTERREICH: → QUARK)

Zu Topfen mit Kräutern überzeugten einige Pracht-*Rieslinge (Wachau, Kamptal-Donauland/A),* indem sie der Kräuternote geschmacklich die Krone aufsetzten. Zu Topfen mit Kräutern und Paprika glänzten neben der *Riesling*-Elite auch einige *Chardonnays* ohne Barriqueausbau. Topfenpalatschinken: → Palatschinken. Zu Topfenpastete konnten auch *Traminer Prädikatsweine* gefallen. (Im besonderen der *Traminer Ausbruch* von JOSEF DREISIEBNER, Ehrenhausen/Südsteiermark, und – vor allem – der *Ausbruch „Nouvelle Vague"* von ALOIS KRACHER, Illmitz/Neusiedlersee/BGLD/A, die beide herrlich dominierten.) Zu Topfenflan reichte man uns in Südfrankreich einen *roten Côteaux du Languedoc,* der sich nach bitterem Beginn relativ gut anpaßte. Topfennockerl mit Bröseln wurden von einer traumhaften *Riesling-Sylvaner Spätlese* (FRANZ HIRTZBERGER, Spitz/Wachau) gekonnt untermalt.

Topfenknödel

Bekannte österreichische Mehlspeise: passierter Topfen mit Sauerrahm verrührt; Eier mit Zucker, Salz, Zitronenschale, Zitronensaft und Butter schaumig gerührt und mit dem Topfen, Grieß und Mehl vermengt; nach einer halben Stunde zu kleinen Knödeln geformt und in kochendem Salzwasser sanft gekocht, in gerösteten Semmelbröseln gewälzt und mit Zucker bestreut.

Milde *Rosé-Schaumweine* wie auch *halbtrockene* bis *halbsüße weiße Prädikatsweine (Riesling-Sylvaner, Riesling, Pinot Blanc, Muskat-Ottonel* usw.) bringen für altgediente „Süßspeisentiger" nichts Neues, doch wenn mit → Zwetschgenröster (Pflaumenröster) serviert, stellen hochelegante, extraktsüße *Rotweine (Tignanello* von ANTINORI, Firenze, und *Merlot* vom CASTELLO DI AMA, Gaiole in Chianti/Toskana usw.) eine überraschende Abwechslung dar. (Vor allem für *Rotwein*-Enthusiasten.)

Topfenstrudel

150 g Butter mit 75 g Zucker, Salz, geriebener Zitronenschale und 5 Eidottern schaumig gerührt, mit 500 g passiertem Topfen und 5 in Milch eingeweichten Semmeln, 1/4 l Sauerrahm und 100 g Rosinen vermischt, 5 Eiklar Schnee mit 75 g Zucker aufgeschlagen, daruntergezogen und fingerdick auf den ausgezogenen Strudelteig (ohne Brösel) gestrichen, Strudel gerollt, im Rohr gebacken und mit → Vanillesauce angerichtet. Auch hier waren einige niedrige *weiße Prädikatsweine (Spät-* und *Auslesen)* vorgesehen *(Riesling-Sylvaner, Riesling, Pinot Blanc, Grüner Veltliner, Muskat-Ottonel ...)*, doch über die Vanillesauce konnten auch höhere Prädikate imponieren, z. B. die fast perfekt ausbalancierte *Welschriesling Trockenbeerenauslese* des WEINGUTS GARTNER aus Illmitz/Neusiedlersee/BGLD/A.

TOPINAMBUR (ERDARTISCHOCKE, ERDBIRNE, ROSSKARTOFFEL)

Eine Sonnenblumenart mit eßbaren Knollen von der Größe mittlerer Kartoffeln. Ursprünglich aus Nordamerika stammend, kamen sie durch französische Seeleute um 1600 nach Europa. Bis ins 19. Jahrhundert als Viehfutter und „Kartoffel des kleinen Mannes" verwendet, haben sie sich in diesem Jahrhundert durch ihren nußartigen, zart süßlichen Geschmack einen Fixplatz in der klassischen Küche erobert. Topinambur enthält keine Stärke, sondern Insulin und ist für Diabetiker eine willkommene Abwechslung.

Das nussig-süßliche Aroma liegt geradezu ideal auf der Linie von *Neuburger-, Pinot Blanc-, Sylvaner-* und *Roten Veltliner Spätlesen* bis *Auslesen*. Zu Topinambursalat serviert man in *Frankreich* auch gerne junge *rote Gamay-Weine*, aber in erster Linie die gleichgepreßten *„Vins Gris" Châteaumeillant VDQS/Zentralfrankreich*.

Topinambur in Backteig wurde durch eine *Rote Veltliner Auslese* (8 – 10 Jahre; 10 – 12° C) von GERALD MALAT, Furth-Palt/Kamptal-Donauland/NÖ/A, zu einem Gaumenschmaus ersten Grades.

TORTELLINI

Italienische Teigwaren: ähnlich den → Ravioli, kleine mit Fleischfarce, Spinat, → Ricotta usw. gefüllte Teigringe, die vor allem in der Toskana, Emilia und Umbrien beliebt sind.

Tortellini alla Panna (mit Fleischfarce und sahniger Sauce) teilen Sie sicher gerne mit *Soave/Venetien* und *Frascati (Amabile)/Latium;* Tortellini all'Erbetta (mit

Gemüse-Kräuter-Füllung) sind für *Lumassina/Ligurien* reserviert, und Tortellini Emiliani (mit Hühner- und Schweinefleisch, Mortadella, Parmaschinken in Fleischsauce) sind mit dem besten *Weißwein* der *Emilia-Romagna, Albana di Romagna secco DOCG,* von der FATTORIA PARADISO DI MARIA PEZZI in Bertinoro, zu vereinen.

TORTILLA

Spanisches Omelett: ursprünglich flache, dünne, ungesäuerte mexikanische Maisfladen; in Spanien und Südamerika aber pikant-würzig oder süß gefüllte Omelettes. In Südamerika gönnt man sich gerne halbtrockene *Roséweine,* und in Mexiko greift man meist zu kühlem *Bier* (trocken-frisches *Tecate* mit einer Prise Salz und einer Limonenscheibe gereicht). In *Spanien* hält man sich bei scharfen Tortillas auch an *Bier (Cerveza)* oder leichte *Weißweine.* Tortilla à la Barcelonesa (Omelett mit Hühnerleber und Schinken sowie Käse- und Spinatsauce) genießt man jedoch mit fruchtigleichten *Rotweinen,* z. B. von FERRET, Mateu/Penedès. Tortilla Madrileña (Omelett mit Schinken, Zwiebeln und Kalbsbries) und blumig-frischer *Weißwein* mit feiner Säure und zarter Restsüße, wie der „*San Valentin*" von M. TORRES, Vilafranca del Penedès, sind gerade richtig. Tortilla al Ron (Omelett mit Rum flambiert) vermählten wir stilgerecht mit einem sehr alten (muy viejo) *Moscatel* von DE MULLER, Tarragona/Katalonien/E.

TOURNEDOS (MEDAILLONS, TENDERLOIN STEAKS)

Runde, zarte, fettfreie, gaumenbreite Tranchen vom → Rinderfilet (Lendenschnitten), aus dem Stück zur Spitze hin. Das Fleisch wird nicht geklopft, sondern mit dem Handballen in runde Form gedrückt. Pro Person rechnet man entweder zwei Stück à ca. 80 g oder ein Stück zu etwa 120 g. Tournedos werden fast immer in der Pfanne gebraten oder gegrillt und auf einem Sockel – meistens aus geröstetem Weißbrot – angerichtet. Tournedos „Brillat-Savarin" (mit Morcheln und Trüffeljus) und reifer *Chambolle-Musigny 1er Cru/Burgund* (JACQUES-FRÉDÉRIC MUGNIER, GHISLAINE BARTHOD, GEORGES ROUMIER ..., alle aus Chambolle-Musigny/Côte-de-Nuits) können der Gipfelpunkt des Genusses sein. Tournedos „Caruso" (auf geröstetem Weißbrot und getrüffelten Makkaroni) sangen gemeinsam mit edlem *Barbaresco „Bricco Asili"* der Brüder CERETTO, Alba/Piemont, das hohe C. Tournedos „Alsaçienne" (Elsässer Art, mit Gänseleber, Trüffelscheiben, Madeirasauce) genossen wir zu Mittag mit feinem *Pinot Noir d'Alsace,* und am Abend mit grandiosem, trüffelverliebtem *Pomerol Château Trotanoy/Bordeaux/F.* Tournedos mit rosa Pfeffer und *Château Montrose 2ᵉ CC Saint-Estèphe/Bordeaux* führten ein aufregendes Zwiegespräch. Tournedos mit → Sauce Béarnaise waren früher den *Rotweinen* aus *Listrac/Haut-Médoc* sehr verbunden, entdeckten jedoch neuerdings ein großes Faible für einen Landsmann, den gewaltigen „*Madiran"* von ALAIN BRUMONT, Maumusson/Béarn/SW-F. Tournedos „Curnonsky" (mit gegrillten Tomaten, Rindermark, Trüffeln sowie Cognac-Portwein-Sauce) genoß der gewichtige Gastrosoph selbst am liebsten mit ein bis zwei Flaschen gut gereiftem *Château Haut-Brion/ Graves/Bordeaux,* und zu Tournedos „Verdi" (auf Gnocchiring mit Rösttomate) servierte unser Gastgeber in Italien hervorragenden „*Sammarco" VDT* (CS 75 %, SAN 25 %; 4 – 7 Jahre; 16 – 18° C) vom CASTELLO DI RAMPOLLA, Greve Toskana.

Tournedos „Rossini"

Am berühmtesten, aber auch am meisten verfälscht ist jenes Gericht, dem der Komponist und Hobbykoch Gioacchino Rossini seinen Namen gab: Tournedos mit dem

Handballen geformt und mit einem Faden umwickelt. Öl in einer Pfanne stark erhitzt, Fleisch auf jeder Seite knusprig angebraten, mit Salz und Pfeffer gewürzt, mit gebratener Gänseleberscheibe belegt, mit Trüffelscheibe obenauf garniert, mit → Sauce Madère (Madeirasauce) überzogen und auf Croûtons angerichtet; als Beilage Pommes frites. Ähnlich wie bei Tournedos „Alsaçienne" sind auch hier große *Pinots Noirs/Burgund* und *Pomerols/Bordeaux* von überzeugender Wirkungskraft, doch hält man sich hier traditionellerweise gleich an ganz große *Burgunder (Chambertin* und *La Tache* bzw. *Romanée-Conti Grand Cru).* Unter den *Pomerols* sind CHÂTEAUX PÉTRUS, LE PIN, TROTANOY und L'ÉVANGILE am bewährtesten. Neuerdings genießt man auch die grandiosen Aufsteiger von der *nördlichen Rhône (Côte Rôtie „La Turque"* von MARCEL GUIGAL) und aus *Piemont (Barolo „Cerequio"* von MICHELE CHIARLO) dazu.

TRAPPEN (TRAPPGÄNSE)

Die größten europäischen Laufvögel (Federwild) erreichen eine Länge von 110 cm und ein Gewicht von 12 bis 15 kg, kommen noch in den Mooren und Feldern Nordeuropas und der Sowjetunion vor und werden im Herbst gejagt. Der schlaue Vogel ergibt nur in jungen Jahren einen wohlschmeckenden Braten, im Alter wird er zäh und strohig. Die in Südfrankreich, Spanien, Rumänien und Bulgarien anzutreffende Zwergtrappe ist zarter und saftiger als die obige.
Die Empfehlungen zu → Wildgänsen sind auch hier anwendbar.

TRAPPISTENKÄSE

Ein dem → Tilsiter ähnelnder, halbfester Schnittkäse mit buttergelbem Teig und mild-säuerlichem Aroma, der erstmals im 19. Jahrhundert in einem bosnischen Trappistenkloster hergestellt wurde, heute aber weit verbreitet ist. Zum Trappistenkäse harmoniert ein hochinteressantes *Trappistenbier „Chimay Blanche"* aus der berühmten *belgischen* Klosterbrauerei. Das kraftvoll-männliche Bier trumpfte mit hopfiger Note und zart-säuerlichem Abgang auf und war dem Käse ein klösterlich-himmlischer Begleiter von seltener Ausdruckskraft. (Es waren vor allem die außergewöhnlichen Meisterwerke des Trappistenklosters, insbesondere das „portweinartige" *Chimay Bleue,* die mich auch zum Biertrinker gemacht haben.)

TRAUTENFELSER EDELSCHIMMELKÄSE

Österreichisch-steirischer Edelschimmelkäse aus Schafmilch von pikant-würzigem Aroma und vollmundig-ausdrucksvollem Geschmack, der seine großen Stärken vor allem in frischem, jugendlichem Zustand ausspielt. Neben (dunklen) *Doppelmalzbieren,* die in jedem Reifezustand Freude bereiteten, waren für den jugendlichen Käse vor allem *weiße Prädikatsweine* mit pikantem Säurekleid *(Ausbruch, Eiswein ...)* die richtigen Stimmungskanonen. Eine glückliche Hand hatten wir auch mit dem blutjungen, in Barriques ausgebauten *Pinot Cuvée Ausbruch* (PB, PG; 2 – 10 Jahre; 8 – 12° C) von FEILER-ARTINGER, Rust/Neusiedlersee-Hügelland/BGLD/A. Sehr süße Weine *(Beerenauslese, Trockenbeerenauslese)* übertönen zumeist das edle Käsearoma, und niedrige *Prädikatsweine (Spätlese, Auslese)* verfeinern zwar des öfteren den Schimmelgeschmack, forcieren aber gleichzeitig dessen salzige Seite. Rezente-reife Exemplare lassen sich auch von großen reifen *Rotweinen* aromatisch führen. Die schönste aller Stunden war jene, als sich reifer „Steirer" (Käse) und graumelierter *toskanischer Brunello di Montalcini DOCG „Poggio Antico"/Montalcino* die Hand reichten.

TREPANGSUPPE

Chinesische Spezialsuppe: Trepang sind gekochte und geräucherte Meeresgurkenarten – Verwandte der Seeigel –, die in 5 bis 20 m Tiefe auf sandigem Grund von Tauchern eingefangen werden und denen man eine hohe erotisierende Wirkung nachsagt. Die milchig aussehenden, etwas geschmacklosen Gallertgurken sind leicht verdaulich, 10 bis 30 cm lang, müssen vom Sand gereinigt und mit Kalb- und Hühnerfleisch, Räucherschinken und exotischen Gewürzen zu einer Bouillon verkocht werden, die man zusätzlich noch mit altem Reiswein (→ Sake) aromatisiert. → *Sake*, → *Sherry Amontillado dry* und → *Madeira Sercial* verleihen dem Aphrodisiakum ein noch höheres Maß an Wirkungskraft!?

TRIFLE

Englisch: Kleinigkeit; alt-englische Süßspeise aus 1/2 l Milch, 3 bis 4 EL Zucker, einem Päckchen Vanillezucker und 2 bis 3 Eidottern im Wasserbad zu einer Crème gerührt; Löffelbiskuits mit Marmelade bestrichen, zerbröckelte → Makronen darüber gegeben und alles mit → (Cream-)Sherry gut durchtränkt, mit Erdbeeren garniert, mit der Crème überzogen und mit Schlagrahm bespritzt. *Cream-Sherry (Sanlucar Cream* von BARBADILLO, Jerez, oder HARVEY'S *Bristol Cream* bzw. *Bristol Milk*, Jerez) ist jene „Milch der frommen Denkungsart", die schon Lord Byron und Oscar Wilde zu geradezu überirdischen Elogen und Gedichten animierte.

TRIPES, FRZ. → KALDAUNEN (KUTTELN)

Tripes à la Mode de Caën

Klassisches französisches Kuttelgericht, das dem Küchenmeister Benoit, einem Schüler Carêmes, zugeschrieben wird: Zwiebeln, Karotten und Porree Julienne geschnitten, einen zerschlagenen Ochsenfuß, kleingeschnittene frische Kutteln sowie ein Bouquet garni in einer großen Pfanne mit Salz, Pfeffer und zerdrückter Knoblauchzehe gewürzt, mit Rindernierenfett vermischt, mit Apfelwein (Cidre) aufgefüllt und zugedeckt etwa zehn Stunden gedünstet. Fett abgegossen, Knochen und Bouquet entfernt und mit Weißbrotscheiben serviert. (→ Kaldaunen)
Neben *Cidre* konnten dem salzig-säurigen, mit Zwiebel(Lauch)- und Röstnoten versehenem Gericht einige *elsässische* „Gewürzweine" *(Gewürztraminer, Riesling, Sylvaner, Muscat)*, aber auch *Sauvignon Blanc* und *Chardonnay* erfolgreich begegnen, und selbst die noch strengeren *roten Fitou* und *Corbières (Languedoc-Roussillon)* – kellerkühl bei 12 – 14° C serviert – waren nicht fehl am Platz.

TROMPETENPILZ (TROMPETENPFIFFERLING)

Der Name sagt schon einiges über die Form des Pilzes aus. Der zartfleischige Hut bildet einen tiefen Trichter in den etwa 8 cm hohen Stiel hinein. Das gelblich-braune Fleisch ist von zurückhaltendem Duft sowie mildem Aroma und wird von September bis November in Nadelwäldern gefunden.
Reife *Weißweine* – ohne Barriqueausbau *(Pinot Blanc, Pinot Gris, Chardonnay)* sind die idealen Gefährten des mittelmäßig beliebten Pilzes. Auch mittelreife bis reife *Rotweine (Pinot Noir, Zweigelt, Sangiovese)* können ihm etwas Leben und Würze vermitteln.

TRÜFFELN

Sind die kostbarste Edelpilzart (1 kg kostet ca. öS 20.000,– bzw. DM 2.900,–). Die feinsten schwarzen Trüffeln, die meist gekocht verspeist werden, kommen aus Perigord südlich von Bordeaux und Quercy/südliche Rhône, und haben ein unvergleichliches würzhaftes Aroma und einen pikant-morbiden Duft, der dem Sexualhormon des Ebers ähnelt und deshalb von weiblichen Schweinen besonders leicht aufgespürt wird. Die besten weißen Trüffeln aus dem norditalienischen Piemont weisen hingegen einen leicht knoblauchartigen Duft auf. Sie wachsen unterirdisch im Waldhumus und werden von abgerichteten Hündinnen begierig gesucht, da dieser Duft der sexuellen Aura eines männlichen Hundes nahekommt. Obwohl sich bereits die Römer an dem göttlichen Pilz „zu Tode aßen", kannte man Trüffeln um 1680 in Österreich nicht einmal dem Namen nach. Brillat-Savarin nannte sie die „Diamanten der Küche", und Napoleon I. schwor auf Trüffeln und Austern als beste natürliche Aphrodisiaka.

Trüffelbrioche ist von köstlichen *Muskat-Schaumweinen (Moscato/Piemont)* und *Frankreichs* Gegenstück *Clairette de Die/südliche Rhône* hellauf begeistert. Trüffeln mit hellem Geflügel wird in *Frankreich* mit reifem *Corton-Charlemagne Grand Cru/Burgund* höchste Ehre erwiesen, während man im *Piemont* den besten *Gavi* (LA SCOLCA bzw. MICHELE CHIARLO) oder *Chardonnay* (ANGELO GAJA) aufbietet. Trüffelrisotto mit Wildhenderlherzen reagierte ähnlich wie der Vorgänger, war aber auch *Chardonnay/Neuseeland* (MARTINBOROUGH VINEYARDS) und *Sauvignon Blanc (Fumé Blanc)/Kalifornien* (ROBERT MONDAVI, Napa) nicht abgeneigt. Truffes à la Crème (mit Rahmsauce) sind edlen, mild-süßen Kreszenzen vom Range einer *Pinot Gris Auslese* oder eines edelsüßen *Quarts de Chaume Grand Cru* (CHB; 10 – 20 Jahre; 7 – 9° C; CHÂTEAU DE BELLERIVE oder CHÂTEAU LA SURONDE, Anjou-Saumur/Loire) wie auch eines modern vinifizierten *Barsac/Sauternes*, z. B. CHÂTEAU DOISY-DAËNE oder CHÂTEAU DOISY-DUBROCA (Austern → „Americaine") – bei perfekt abgeschmeckter Sauce – Partner von zeitloser Delikatesse und Faszination. Truffes en Pâte à la Périgourdine (Trüffeln mit Gänseleber in Butterteig) sind die richtige Herausforderung für die *weißen Grand Cru*-Stars aus *Burgund: Montrachet* (DOMAINE RAMONET, DOMAINE DE LA ROMANÉE-CONTI, DOMAINES DES COMTES LAFON, DOMAINE THÉNARD) und *Corton-Charlemagne* (BONNEAU DU MARTRAY, ANTONIN GUYON, LOUIS LATOUR, LOUIS JADOT).

Trüffeln „Cussy"

Frische schwarze Trüffeln in Madeira weichgekocht, ausgehöhlt, das ausgehobene Fruchtfleisch gehackt, mit Wachtelpüree vermengt, pikant gewürzt, in die Trüffeln gefüllt und mit in Madeira gebundenem Wildjus übergossen.

Obwohl sehr viele Sommeliers bitterwürzig-rauchig-süßen *Madeira Bual* (BLANDY, COSSART GORDON, HENRIQUES & HENRIQUES, LEACOCKS PEREIRA D'OLIVEIRA oder RUTHERFORD & MILES) anbieten, so scheint uns doch der Pakt mit edlem reifem *(rotem) Pomerol* (CHÂTEAU PÉTRUS, CHÂTEAU L'EVANGILE, CHÂTEAU L'EGLISE-CLINET, CHÂTEAU LA FLEUR-PÉTRUS, CHÂTEAU LAFLEUR, CHÂTEAU LATOUR À POMEROL, CHÂTEAU LE PIN, CHÂTEAU PETIT-VILLAGE, CHÂTEAU TROTANOY ...) der wesentlich beständigere zu sein. Auch kraftvoll-feuriger *Cabernet Sauvignon* aus *Kalifornien* (z. B. *„Martha's" Vineyard* von JOE HEITZ oder GRACE FAMILY VINEYARDS, Napa – beides wahre Riesen an Konzentration und Fruchtwürze) vermochten die richtige Blutgruppe aufzuweisen.

Trüffeln in der Asche (Truffes sous la Cendre)

Trüffeln mit → Cognac, Salz und frisch gemahlenem Pfeffer kurz mariniert, mit dünnen Speckscheiben umwickelt, zweifach in gebuttertes Pergamentpapier gehüllt und

ca. 45 Minuten in heiße Asche gelegt; ausgewickelt, mit frischer Butter, grobkörnigem Salz und frischem Baguette (Stangenweißbrot) serviert.
Feinster *weißer Pouilly-Fuissè (Château Fuissè „Vieilles Vignes"/Fuissé/Mâconnais/Burgund)* und klassisch hocharomatischer *Hermitage Blanc „Chante Alouette"* von MAX CHAPOUTIER, Tain l'Hermitage/nördl. Rhône, mochten sich noch so sehr anstrengen, gegen den sensationellen Luxus-*Champagne Bollinger R.D.* (→ Galantine vom Geflügel) hatten sie keine Chance. Opulenz, Kraft, Eleganz und ungebändigte Wildheit (Trüffeln) fanden sich zu einer geist-, gaumen- und magenbetörenden Symbiose von seltener Dimension. Eine Sternstunde!

Trüffeln in Portwein

Frische schwarze Trüffeln in Scheiben geschnitten, in Butter leicht angebraten, pikant gewürzt, in → Portwein gedünstet, mit Rahm und Kalbsglace gebunden und zugedeckt fertiggedünstet.
Feiner *Vintage Port* von TAYLOR'S, dem König des Portweins (mindestens 20 Jahre; 12 – 14° C), paßte sich mit traumwandlerischer Sicherheit an. Sehr reifer *Grand Cru Romanée-Conti/Vosne-Romanée/Burgund* und ebensolcher *Château Haut-Brion 1er CC Graves/Bordeaux* bildeten jeweils ein Paar von schier unglaublicher Finesse, Eleganz, Kraft, Feurigkeit und Noblesse. Wer nach dem ersten Schluck einen müden Galan erwartete, sah sich getäuscht, denn Portwein und Trüffeln verliehen noch einmal Flügel.

Trüffelkartoffeln

Rohe Kartoffeln in kleine, dünne Scheibchen geschnitten, zart gesalzen und mit Trüffelscheibchen in Butter gebraten.
Hier konnten auch große reife *Riesling Spätlesen (Rheingau, Mosel/D, Wachau/A, Elsaß/F)* reüssieren, die Kartoffeln machten es möglich. Weiters sind edle *Chardonnays* und *Pinots Blancs* mit Kraft, Saft und zarter Extraktsüße sowie *ungarischer Tokaji szaraz (trocken)* unter die Lupe bzw. Zunge zu nehmen.

Trüffelsauce → Sauce Périgueux

TRUTHAHN
(WELSCHHAHN, INDIAN, PUTER, TURKEY)

Ein ursprünglich mittelamerikanisches Federwild, das schon in vorspanischer Zeit von den Azteken als Haustier gehalten wurde und um 1505 nach Europa kam. Noch heute ist es in England ein traditioneller Weihnachtsbraten und in den USA ein Erntedankfest-Schmaus (Thanksgiving day am letzten Donnerstag im November). Indians werden bis zu 20 kg schwer, doch das Fleisch der jungen Hähne mit ca. 4 bis 6 kg ist am feinsten, schmackhaftesten und am leichtesten verdaulich. Immer wieder betont man, daß Truthähne sieben Arten von Fleisch besitzen, die sich in Farbe, Geschmack und Konsistenz unterscheiden. Brillat-Savarin bezeichnete Truthahn gefüllt mit gebratenen Ortolanen und in Wein gedünsteten Trüffeln als wahre Götterspeise.
Zu gefülltem Truthahn wählen Sie eine *Riesling-* oder *Traminer Spätlese trocken*. Rollbraten von der Truthenne bildet mit rustikalem *Rosso Conero* von ALBERTO SERENELLI, Ancona/Marken, ein gutes Team. Truthahn am Spieß paart man in *Frankreich* gerne mit *Graves Blanc/Bordeaux* oder *weißem Monthelie/Burgund*.

Truthahn „Chipolata" (mit glacierten Zwiebelchen, Karotten und Maronen) kann man sowohl mit *weißen (Chardonnay aus der Neuen Welt, Sémillon-Sauvignon/AUS)* und *roten* Gewächsen *(Santenay/Burgund, Saint-Joseph/nördliche Rhône oder Merlot)* gut bedienen. Truthahn-Ballotine (kleine Roulade aus entbeintem Truthahn) und *spanischer Penedès Blanco* von RENÉ BARBIER oder CONDE DE CARALT, Sant Sadurni d'Anoia, erwiesen sich als delikate Gemeinschaft. Truthahn geräuchert und rustikal-würziger *Riesling* oder kraftvoller *Rosé (Blauburgunder,* EMMERICH KNOLL, Wachau) erhöhten – je nach Geschmackspräferenz – das Eßvergnügen. Truthahn „Dalmatinisch" (mit Zwiebeln, Tomaten und Wein gekocht und mit Reis serviert), gepaart mit *Traminec Drava (Traminer)* von JURINA, Marburg/Slowenien, ist ein Geheimtip unter Freunden. Truthenne gefüllt mit Steinpilzen servierte man uns *in Frankreich* mit erdig-würzigem *rotem Fronsac/Bordeaux* und in *Österreich* mit einer superben *Weißburgunder Spätlese* von JOHANN STADLMANN, Traiskirchen/Thermenregion/NÖ. Truthennenflügel „Vigneron" (nach Winzerart; serviert auf gerösstetem Toastbrot, bestrichen mit einer Mischung aus Cognac, Truthahnleber, Gänseleber und Butter: dazu weiße und blaue Weinbeeren) bot man uns in *Frankreich* alternativ mit *Saumur Blanc* (SB) und gekühltem *Saumur Rouge* (CF; 2 – 5 Jahre; 12 – 14° C) von DENIS LUCAZEAU, Montreuil-Bellay/Anjou/Loiretal, an, wobei der *Saumur Blanc* als Mittags- und Sommerwein erfolgreich war. Truthahnleberparfait versuchten wir mit einigen weltberühmten Weinen zu vereinen: der grandiose, buttrig-rauchig-nussig-trocken-eichenwürzige und doch üppig-samtig-cremige Erstling erschien uns wie eine rätselhafte Sphinx: es war *Montrachet Grand Cru* (CH; 8 – 10 Jahre; 10 – 12° C) von der DOMAINE RAMONET, Burgund, der durch die strenge Leber scharf und unharmonisch wurde; da schlug sich die reife *Rotgipfler Auslese „Ried Student"* (10 – 15 Jahre; 9 – 11° C), FREIGUT THALLERN, STIFT HEILIGENKREUZ, Guntramsdorf/Thermenregion/NÖ/A, ungleich besser. Quelle der Inspiration war die perfekt eingebundene Restsüße! Auch mild-süßer *Riesling-Sekt „Fürst von Metternich"/Rheingau* und *Riesling extra dry,* RUDOLF MÜLLER, Reil/Mosel/D, entlockten – über Dosage und Kohlensäure – dem Gericht einige strahlende Spitzentöne. Truthahn in Trüffelsauce war diesmal vom Kult-Wein der neunziger Jahre; *Côte Rôtie „La Mouline"* (SYR; 8 – 12 Jahre; 17 – 18° C) des MARCEL GUIGAL, Ampuis/nördliche Rhône, einem fleischig-rauchig-würzig-trüffeligem Wein in höchste Sphären geführt worden. Doch auch die viel weniger teuren „Brüder" (Côte Rôtie) von BERNARD BURGAUD und JOSEPH JAMET, Ampuis, ließen Gourmetfreuden aufkommen. Nicht zu vergessen die hochinteressante *weiße* Alternative mit trockenem *Sauternes/Bordeaux* („Y" vom CHÂTEAU D'YQUEM, „G" vom CHÂTEAU GUIRAUD und „R" vom CHÂTEAU RIEUSSEC!).

Truthahn auf „Amerikanische Art"

Je 250 g eingeweichtes Weißbrot und gehacktes Kalbsnierenfett, 3 feingehackte, gedünstete Zwiebeln, 3 Eier, gehackte Petersilie und → Salbei gut vermengt, in einen jungen Indian gefüllt, gewürzt, gebraten; Fond mit Hühnerbouillon verkocht und mit Preiselbeersauce aufgetragen. Aus *(nord-)amerikanischer* Sicht waren üppiger *Chardonnay, Sémillon-Sauvignon* und *Sauvignon Blanc (Fumé Blanc)* – allesamt mit reicher Eichenwürze ausgestattet – besonders erfolgreich. Salbei und Preiselbeeren plädierten eindringlich für *Sauvignon Blanc:* die exotisch-duftenden, halbtrockenen, kräuterwürzigen Weine von SPOTTSWOODE WINERY, St. Helena/Napa/KAL, und AUSTIN CELLARS, Santa Barbara/KAL, den eleganten und perfekt balancierten *Fumé Blanc* von BENZIGER OF GLEN ELLEN, Sonoma/KAL, das beinahe europäisch anmutende Sortenjuwel von THE BRANDER VINEYARD, Santa Barbara/KAL, sowie den in Barrique vergorenen und nach Eisenkraut und Salbei duftenden *Fumé Blanc* von BARNARD GRIFFIN, Washington.

Truthahn in Weichselsauce

Truthahn innenund außen mit Salz eingerieben, mit Butter eingepinselt, in eine Alufolie gegeben und 2 1/2 Stunden gegart; Weichseln entsteint, halbiert, in Butter und karamelisiertem Zucker gedünstet, Rotwein beigegeben, mit Geflügelfond aufgegossen, Zimt, Salz und Pfeffer zugefügt, Früchte püriert und Sauce dadurch gebunden, etwa 1/2 Stunde vor Ende der Garzeit des Truthahns die Weichseln beigegeben und mitgeköchelt; Truthahn in Portionen mit Weichseln und Bratkartoffeln angerichtet und mit der Sauce bedeckt.

Rot: Blauer Portugieser, Zweigelt, Sankt Laurent/A/D oder Humagne Rouge/CH

Der mit dunklem Rubin, herrlichem Weichsel-Zwetschgen-Flair und großem Fruchtcharme ausgestattete *Sankt Laurent* (3 – 4 Jahre; 15 – 17° C) von MICHAEL MARTIN, Neusiedl a. d. Zaya/Weinviertel/NÖ/A, bildete mit seiner klaren, einfachen Geschmacksnote einen unaufdringlichen Gegenpol zum Truthahn und vereinte sich über die Weichseln mit dem Gesamtbild.

Rot: Zweigelt, Sankt Laurent (Barrique)/A;
Crozes-Hermitage/nördliche Rhône/F
Schaumwein: Mailly Champagne Rosé/F

Wie ein Blitz schlug die nach Zimt, Weichseln und Rotbeeren duftende *(Barrique-)Cuvée „Veratina"* (CS, BLF, ZW; 2 – 5 Jahre; 16 – 17° C) von FRANZ WENINGER, Horitschon, Mittelburgenland/A, ein und ließ uns für einen Moment die großen Konkurrenten vergessen. Prunk, Eleganz und faszinierende Harmonie war das Ergebnis.

Weiß: jugendlicher Sauternes/Bordeaux/F; Vin Santo/Toskana/I;
Gewürztraminer Auslese
Rot: Côte Rôtie („La Landonne")/nördliche Rhône/F; Amarone
(z. B. von ALLEGRINI)/Venetien; Bricco della Bigotta (Barbera)/Piemont/I

Die goldgelbe, nach Rosen und Kirschen duftende *Traminer Auslese* (3 – 8 Jahre; 8 – 12° C) von PAUL TRIEBAUMER, Rust/Neusiedlersee-Hügelland/A, betörte uns mit prachtvoller Fruchttiefe sowie perfekt eingebundener Restsüße und vermochte auch dem Gericht ihre Persönlichkeitsstruktur – zumindest vorübergehend – aufzuzwingen.

TURNIP TOPS

Englische Spezialität: kleine zarte Blätter von den Stielen → Weißer Rüben gezupft, in Salzwasser gegart, ausgedrückt, Blätter in Streifen geschnitten und mit zerlassener Butter beträufelt.
(→ Teltower Rübchen und → Weiße Rüben)

Sauvignon Blanc, Sylvaner und fruchtiger *neuseeländischer Chardonnay* – ohne Barriqueausbau – sind die Favoriten für die zarten Tops. Der Riesling-artige *Kerner* von ASTLEY, Worcestershire/England, ließ tatsächlich Gaumenfreuden aufkommen.

ÜBERRASCHUNGSOMELETT AUF „NORWEGISCHE ART" (OMELETT EN SURPRISE „NORVÉGIENNE")

Zugeschnittener Biskuitboden, in der Mitte gemischtes Speiseeis (Vanille, Zitrone, Kaffee) aufgetürmt und mit → Meringue-Masse bedeckt, damit es nicht schmilzt; alles mit Auflaufomelettmasse umhüllt, Verzierungen aufgespritzt, mit Zucker bestreut, schnell im Ofen gebacken, mit Mandeln, Pistazien und kleinen Kompottfrüchten garniert und sofort serviert. *Muskat-Schaumwein* und milder *Champagne* haben hier kaum Konkurrenz zu fürchten, zu lange schon sind die Gaumen der Feinspitze darauf trainiert. Edelsüße *weiße Prädikatsweine* mit würzigem, von feiner Säure getragenem Fruchtspiel sitzen gewissermaßen auf der Ersatzbank und warten auf ihren Einsatz. (Die elitäre *Rheingauer „Hattenheimer Wisselbrunnen" Riesling TBA* (15 – 20 Jahre; 8 – 11° C) vom Schloß Reinhartshausen saß an erster Stelle und wurde alsbald erfolgreich eingewechselt.)

UNGARISCHE SAUCE (SAUCE HONGROISE)

Große gehackte Zwiebel in Butter hell angeschwitzt, mit einer Messerspitze Salz und 1 g Paprika gewürzt, mit 2 dl Weißwein aufgefüllt, Bouquet garni beigefügt, zu zwei Drittel eingekocht – Bouquet entfernt – mit brauner Grundsauce (→ Sauce Espagnole) und Sauerrahm aufgefüllt und kurz durchgekocht. Zu gebratenem → Rindfleisch, → Lammnüßchen, → Kalb, → Geflügel, → Fischen, → Gurken und Auberginen.

Die Weinempfehlungen zu → Sauce Espagnole haben auch hier Gültigkeit, ergänzt durch einige *ungarische Weißweine* aus *Badacsony (Plattensee)*, wie *Chardonnay, Szürkebarát (Pinot Gris)* und *Kéknyelü*. Ungarns Feinschmecker und Schlemmer trinken auch feurige *Rotweine (Merlot, Kekfrankos = Blaufränkisch* und *Cabernet)* dazu.

VACHERIN

Französischer und Schweizer Weichkäse. Der französische Vacherin Mont d'Or hat eine rötlichbraune Rinde und ist in gut gereiftem Zustand sehr aromatisch-kräftig. Wegen der Reifung in einer Form aus Tannenrinde besitzt er auch einen leichten Tannenholztouch. Der Schweizer Vacherin Fribourgeois wird aus roher und pasteurisierter Milch hergestellt, wobei man zwei Arten unterscheidet: den festen Vacherin (pour la main) zum direkten Genuß und den weichen Vacherin pour Fondue, der nur als Schmelzkäse produziert wird.

Zum französischen Käse versuchen Sie jugendlich-frischen, mildsüßen *weißen Sauternes-Barsac/Bordeaux* oder *Gewürztraminer Vendange Tardive (Spätlese)/Elsaß*, und für den eidgenössischen wählen Sie aromatisch-milde *Weißweine (Chasselas)* wie reifen *Dezaley „Clos de Moines"* (→ Anisgueteli) bzw. zartsüßen *Malvoisie du Valais* von CHARLES BONVIN, Sion, oder *Scheurebe (Sämling), Muskat-Ottonel* usw. Die vollmundig-milde Art der Vacherins wird auch von eleganten, samtig-reifen *Rotweinen (Pinot Noir, Gamay, Merlot)* subtil unterstrichen.

VACHERIN (HIMALAYA, SCHNEETORTE)

Kalte Süßspeise aus → Baiser-Masse, in großen Ringen (10 – 12 cm Durchmesser) auf ein Backblech gespritzt, im Rohr getrocknet, auf Tellern angerichtet, mit Schlagrahm und Walderdbeeren gefüllt.

Hiezu hat sich der exquisite (schäumende) *Seyssel Mousseux* (Rebsorten *Roussette, Molette, Bon Blanc = Chasselas*) aus dem *savoyischen Rhônetal* – zwischen Genf und Lyon – neben *Champagne Rosé* als bisher unschlagbar erwiesen. Interessant auch der *Malanser Crémant* von THOMAS DONATSCH, Malans/Graubünden/CH.

VALENCAY

Ein fester französischer → Ziegenkäse aus dem Departement Indre/Loire, der mit Holzkohlenasche bestäubt wird und einen nussigen Schimmelgeschmack mit deutlichem Ziegenton aufweist. Beste Zeit von Mai bis November.
Für reife Käse sind die trockenen bis halbtrockenen *Chenin Blanc*-Spezialitäten der *Touraine/Loire (Montlouis* und *Vouvray)* sowie der (perlende) *Saumur Pétillant/ Anjou/Loire* Partner der Superlative mit kräftigem Säurerückgrat (sec) und auch feiner Süße (demi-sec, moelleux). Man darf davon ausgehen, daß sich der frische Käse besser von trockenen *Weißweinen* und fruchtigen *Roséweinen (Haut Poitou Rosé,* südlich von Anjou) akzentuieren läßt.

VANILLE

Die „Trüffel der Tropen" kam 1519 nach Europa und gilt als das edelste aller tropischen Gewürze. Ihre Würzkraft wird vom Gehalt an Vanillin bestimmt, das eine erregende Wirkung hat und nur in geringen Mengen konsumiert werden soll. Feingeriebene Vanille wird, mit Zucker vermischt, als Vanillezucker angeboten und dient zum Würzen von Süßspeisen, Eis und Früchten.
Die verschiedensten *weißen Dessert-* und *Prädikatsweine* verstehen sich darauf, mit dem edlen Gewürz zu kooperieren. Besondere Neigung sagt man den alkoholverstärkten *Muskat-Weinen,* erfrischenden *Eisweinen* und in neuen Barriques ausgebauten *Hochprädikatsweinen* – hier gibt es eine aromatische Verwandtschaft über die Vanillenote der Eiche – nach.

Vanilleauflauf

Ein Stück Vanille in 1/4 l heiße Milch gegeben; 4 Eigelb und 125 g Zucker schaumig geschlagen, mit 65 g Mehl verrührt, heiße Milch unter ständigem Rühren zugegossen, am Herd zu einer Crème gerührt, 6 steifgeschlagene Eiweiß daruntergezogen und in einer ausgebutterten Auflaufform gebacken. Hiezu vermochten eine perfekt balancierte *Riesling Trockenbeerenauslese „Winkeler Hasensprung"* (15 – 20 Jahre; 8 – 11° C) vom WEINGUT PRINZ VON HESSEN, Geisenheim/Rheingau/D, und eine glockenreine, traubig-frische *Muskat-Ottonel Beerenauslese* (5 – 10 Jahre; 8 – 10° C) von ALOIS KRACHER, Illmitz/Neusiedlersee/BGLD/A, am meisten zu begeistern. Eine lustige Abwechslung stellte der (schäumende) *Blanc Mousseux Jura „Vin Fou"* („Verrückter Wein") vom CHÂTEAU MONTFORT, Arbois, dar.

Vanillecreme

Kalte Süßspeise, die wie eine → Bayerische Crème bereitet wird, wobei man die Milch aber mit einer Vanilleschote parfümiert.
Exquisiter, vanillewürziger *Sauternes-Barsac 2e Cru Classé „Château Nairac"* (SÉM 90 %, SB 6 %, ML 4 %; 10 – 15 Jahre; 8 – 10° C), zart-süßer, aber extraktreicher und feinsäuriger *Côteaux de l'Aubance „Cuvée Prestige"* (CHB; 8 – 13 Jahre; 7 – 10° C) von der DOMAINE DE MONTGILET, Anjou-Saumur/Loire, und gespriteter *Muscat de Rivesaltes* (2 – 4 Jahre; 7 – 8° C) vom CASTELL REAL, Corneilla-de-la-Rivière/ Roussillon – hier wurde die Crème allerdings fast zum Trabanten abgewertet –, bewiesen ihre Vorliebe für das Dessert auf eindrucksvolle Weise. Zu Vanille-Nuß-Creme sei jedoch emphatisch auf zwei Sortenkleinode aus Österreich hingewiesen: *Welschriesling* und *Roter Veltliner Prädikatsweine.* Im besonderen seien zu diesem Exempel die hochkarätige *Welschriesling Trockenbeerenauslese* (10 – 15 Jahre; 8 – 10° C) von MARTIN UND ELFRIEDE HAIDER, Illmitz/Neusiedlersee/BGLD/A, und eine rare

Rote Veltliner Auslese vom WEINGUT MANTLERHOF, Brunn im Felde/Kamptal-Donauland, angeführt.

Vanilleeis

Nach dem Grundrezept für (Crème-) → Eis bereitet, die heiße Milch aber mit einer Vanilleschote aromatisiert.
Wunschpartner des begehrtesten Gefrorenen sind edelfaule *Hochprädikatsweine* wie *Sauternes-Barsac/F* (mit Barriqueausbau = Vanillenote) oder große *Beeren-* bis *Trockenbeerenauslesen*. Eis von der Bourbonvanille mit Brombeeren köderten wir mit einer etwas breiten, honig-lanolin-süßen *Welschriesling Trockenbeerenauslese* (10 – 15 Jahre; 8 – 10° C) von ING. HANS NITTNAUS, Gols/Neusiedlersee/BGLD/A, wobei der üppige Nektar an Frische und Fruchtigkeit gewann und sogar einen Hauch von Vanillearoma inhalierte. Vanilleeis mit Himbeersauce ist besonders auf *Riesling-* und *Traminer Beerenauslesen* fixiert, wagt aber auch ab und zu einen Flirt mit jungem *Loupiac* (Nachbar von *Sauternes)* und hatte schon immer eine – heimliche – Schwäche für die besten *Chenins Blancs-Süßweine (Côteaux du Layon, Bonnezeaux, Montlouis, Vouvray)* der *Loire/F*.

Vanillesauce

Eine → Süßspeisensauce: Vanillestange in heiße Milch gegeben, wieder entfernt, Vanillemilch mit Zucker und etwas Stärkemehl kurz aufgekocht, ein Eigelb daruntergezogen, während des Erkaltens ständig gerührt (wegen Hautbildung), am Ende noch Schlagrahm beigemengt und kalt oder (lau)warm serviert. Kalt zu → Schokoladenpudding oder → Roter Grütze; warm zu → Aprikosenauflauf, → Salzburger Nockerln, → Topfenstrudel.
Wenn sich auch hier der begleitende *Süßwein* nach dem Zentrum der Speise (siehe oben) richten muß, so möchten wir nicht verhehlen, daß besonders *Weißburgunder Auslesen, Beerenauslesen* und *Ausbruch* wie auch rassig-süße *Eisweine (Pinot Blanc, Pinot Gris, Riesling, Traminer, Welschriesling* und *Muskat-Ottonel)* zum harmonischen Begleiter für die Sauce selbst wurden.

VATAPA

Brasilianische Spezialität: Zwiebeln und Knoblauch feingehackt in Schweineschmalz angeröstet, würfelige, gekochte Hühnerbrust und Fischfilet, Shrimps, gehackte Tomaten und Pfefferschoten, mit Salz, Pfeffer, Majoran, Thymian und Lorbeerblatt aromatisiert, mit Hühnerbouillon aufgefüllt und zugedeckt gedünstet.
Das sehr scharfe Gericht sollte durch leichte, fruchtig-frische *Weiß-* oder *Roséweine* in seiner Entfaltung gedämpft werden. Das auch in Südamerika erhältliche, leichte *mexikanische Indio Oscura-Bier* bewährt sich immer wieder als Durst- und Feuerlöscher, doch die schlechthin ideale Ergänzung stellten zwei erstaunlich fruchtige *Weißweine (Sauvignon Blanc* und *Sylvaner)* von FORESTIER, Brasilien, dar.

VEGETARISCHE GERICHTE

Gesundheits- und ernährungsbewußte Menschen greifen immer mehr zu pflanzlicher Koste und trinken dazu *Gemüsesäfte, Mineralwasser* und *alkoholfreie Biere*. Wollte man hiezu *Weine* empfehlen, so sollten es ganz leichte (ca. 10 % Alkohol) Kreszenzen mit großem Fruchtcharme und reintönigem Geschmack sein. Auf der anderen Seite der Erdkugel gehört leichter, glockenreiner *neuseeländischer Chardonnay*

(NOBILO'S DIXON VINEYARD, BABICH'S IRONGATE, VILLA MARIA ...) zum Liebling der Gesundheitsapostel.

VEILCHENBLÜTEN (KANDIERT)

Die ursprünglich am Mittelmeer heimischen Pflanzen haben einen herrlichen Geruch, während der Geschmack der Wurzel Brechreiz auslöst. Die Griechen weihten die Frühlingsblume der Göttin Persephone, dem Sinnbild der unsterblichen Seele. Pfarrer Kneipp pries Veilchentee und -sirup als Hustenmittel, und die kandierten Blüten waren bis zum Zweiten Weltkrieg ein beliebtes Konfekt. Heute werden sie noch manchmal zum Garnieren von Süßspeisen verwendet und sind dann nicht allzu wählerisch bei ihren süßen bzw. perlenden Begleitern. Wollte man einen Lieblingspartner nennen, so handelt es sich um den artverwandten, oft mit feinem Veilchenaroma auftrumpfenden, süßen *Walliser Petite Arvine* (z. B. von PROVINS, Sion, CHARLES BONVIN FILS, Sion, oder DOMAINE DU MONT D'OR, Pont de la Morge/CH).

VELOUTÉ → SAUCE VELOUTÉ

VENUSMUSCHELN

Bei uns als „Clams" in Dosen gehandelt, sind sie an der Atlantik- und Mittelmeerküste in den Monaten Mai bis August frisch am feinsten. Man serviert sie als Muschelcocktail, gehackt, in Butter gedünstet oder als Füllung von Omeletts. Venusmuscheln gefüllt haben wir mit trockenen *Chenin Blanc-Weinen (Anjou Blanc, Vouvray sec ...)* in sehr guter Erinnerung. Venusmuscheln gedämpft ergänzten sich köstlich mit *Pinot Grigio/Friaul* und *Vespaiolo di Breganze/Venetien*. Venusmuscheln mit scharfer → Sauce Romesco sowie *Rioja Blanco* oder zart-perlender *Vin Natur Blanc de Blancs/Marqués de Monistrol/Sant Sadurni d'Anoia/Penedès/Katalonien* gehören zu den reizvollsten kulinarischen Erlebnissen in Spanien.

VERLORENE → EIER (POCHIERTE EIER)

Frische Eier einzeln in eine Schöpfkelle geschlagen, vorsichtig in siedendem Essig-Salz-Wasser 3 bis 4 Minuten ziehen gelassen und in kaltem Wasser abgespült.
Pochierte Eier reizen besonders zu wagemutigen kulinarischen Experimenten und lassen die angebliche Feindschaft zwischen Eiern und Wein aus – lange geglaubtes – Märchen erscheinen. Pochierte Eier auf „Elsässische Art" (mit → Chaudfroid-Sauce auf Mousse von Gänseleber, mit Trüffel- und Hühnerfleischstreifen) sind ideal mit *Pinot Gris Spätlesen (Vendanges Tardives)* zu kombinieren. Pochierte Eier auf „Andalusische Art" (mit Tomatensauce, Peperonistreifen und gebratenen Auberginenscheiben) sind ein „Fressen" für die *Andalusien*-Stars *Montilla-Moriles seco* und *Fino Sherry*. Verlorene Eier „Borgia" (auf gebackenen Tomaten, überzogen mit → Sauce Béarnaise) sind ein Fall für *Valpolicella Classico* (CONTE DI SEREGO ALIGHIERI, Gargagnaco/Venetien/I. Verlorene Eier „en Meurette" (mit Rotweinsauce, Schinkenstreifen, auf Knoblauch-Butter-Croûtons) und würziger *Pinot Noir* sind ein sicherer Tip. Pochierte Eier „Bénédictine" (auf → Stockfisch-Püree mit Rahmsauce und Trüffeln) sollten mit den *weißen Lessini Durello DOC* und *Gambellara/Venetien* bzw. *Gavi/Piemont/I* versucht werden. Verlorene Eier „Joinville" (auf Croûtons angerichtet, mit Garnelensauce und -schwänzen garniert) fühlen sich in Gesellschaft von *Graves Blanc/Bordeaux*, halbtrockenem (demi-sec) *Chenin Blanc (Vouvray, Montlouis/Loire/F)* sowie *Riesling* mit zarter Restsüße am wohlsten.

VERMOUTH (WERMUT)

Im Jahre 1786 wurde das international bekannteste weinhaltige Getränk aus Kräuterauszügen und neutralem Branntwein von Antonio Bernardino Carpano in Turin/Italien kreiert, doch setzten bereits die antiken Römer ihren Weinen Wermutkräuter, Honig und Gewürze bei. Lange Zeit waren die italienischen Firmen Carpano, Cinzano und Martini & Rossi internationale Marktleader, doch eroberte sich der im Jahre 1813 hergestellte südfranzösische Noilly Prat bald den Ruf als trockenster (weißer) Vermouth der Welt, der besonders für Cocktails (Martini) und diverse Saucen eingesetzt wird.

Das hochprozentige Getränk (15,5 – 18 %) ist sehr aromaintensiv, und nur große alte *Rotweine* wie *Hermitage, Châteauneuf-du-Pape/Rhône, Amarone/Venetien, Brunello di Montalcino/Toskana, Grange Hermitage/Australien* usw. sind in der Lage, geschmacklich dagegenzuhalten. Unter den *Weißweinen* haben sich vor allem *Riesling-, Riesling-Sylvaner-, Pinot Blanc-* und *Gewürztraminer Spätlesen* sowie *Pouilly-Fuissé Vendanges Tardives/Mâconnais/Burgund/F* durchsetzen können.
(→ Rinderhüftsteaks mit Noilly Prat)

VICHYSSOISE (KALTE FRANZÖSISCHE LAUCHSUPPE)

Würfelkartoffeln und Lauchstreifen in Butter angedünstet, mit Zitronensaft und einer Prise Muskatnuß gewürzt, mit Hühnerbouillon aufgefüllt und 30 Minuten geköchelt, püriert, passiert, mit → Crème fraîche vermengt und mit Salz und Pfeffer gewürzt, mit gehacktem Estragon und Schnittlauch nach dem Erkalten vollendet. Im Winter warm serviert!
Für den heißen Sommer empfehlen wir jugendlich-frischen *Sauvignon Blanc,* ansonsten sind die klassischen Suppenbegleiter *Sherry Amontillado dry/E* (DOMECQ, GARVEY, HARVEY, LUSTAU, SANDEMAN ...) und *Sercial Madeira/Portugal* (HENRIQUES & HENRIQUES, BARBEITO, COSSART GORDON: *Sercial duo Centenario)* geeignet, Frühling-, Herbst- und Winterfreuden entstehen zu lassen.

VILLEROISAUCE → SAUCE VILLEROI

VINAIGRETTE → SAUCE VINAIGRETTE

VITELLO TONNATO → THUNFISCH

VOL-AU-VENTS

Hohe, runde, mit pikanten Ragouts gefüllte Blätterteigpastetchen, deren Erfindung man Carême zuschreibt. Der berühmte Koch und Pastetenbäcker bereitete einmal eine Pastete, nahm aber statt des Pastetenteigs einen Blätterteig. Als sein Commis in den Ofen sehen wollte, rief er entsetzt aus: „Maître, il vole au vent!" (Meister, sie fliegt in die Luft!), da aus dem flachen Teig ein hohes Gebilde geworden war. Die damit geborenen Vol-au-vents werden immer heiß kredenzt.
Zu Vol-au-vents mit Krabben sind *Muscadet/Loire* oder *Edelzwicker/Elsaß* die richtigen Prolog-Weine. Vol-au-Vents „Financière" (Kalbsbries braisiert, mit Champignons, Hahnenkämmen, Nieren, Trüffelscheiben und Oliven gemischt und mit → Sauce Madère und Trüffelessenz serviert) legt Wert auf VIP-Betreuung und gibt sich nur mit

reifem *Jahrgangs-Champagne* oder großen *roten Burgundern (Musigny* oder *Volnay Grand Cru)* zufrieden. Zu Vol-au-vents mit Huhn empfahl man in *Venetien* perlenden *Prosecco Frizzante,* in *Spanien* schäumenden *Cava* und in *Australien* exotischen *Riesling.*

WACHOLDERBEEREN

Die blauschwarzen, verdauungsfördernden Beeren des Wacholderstrauches, eines europäischen Nadelgehölzes aus der Familie der Zypressen, haben einen würzig-süßlich-bitteren Geschmack und einen intensiv-aromatischen Duft, der bei längerem Lagern ins leicht Säuerliche übergeht. Dieses Würzgeschmacks wegen verwendet man die Beeren zur Aromatisierung des Sauerkrauts und vor allem als Wildbretwürze. Grimod soll einmal angesichts einer grandiosen Sauce aus Fleischsaft, Kraftbrühe, Orangensaft, Weißwein und Wacholderbeeren ausgerufen haben: „In dieser Sauce könnte man seinen eigenen Vater verzehren!" Neben einigen raren *Weiß-* (*Riesling, Pinot Gris*) und wacholderwürzigen *Roséweinen,* sind es vor allem große *Rotweine* (→ Sauce au Genièvre), die mit den dunklen Beeren harmonieren. *Bier-*Freunde aufgepaßt, das *dunkle schwedische Spetsat* weist in Aroma und Textur viele Parallelen zur Wacholderbeere auf und ist für kräftige Wildgerichte ideal einzusetzen.

Wacholdersauce → Sauce au Genièvre

WACHTEL

Kleinste Gattung der Feldhühner (→ Federwild) mit braunem Federkleid und einem gelben Strich auf dem Kopf und über jedem Auge. Schon in der Antike wurde sie – in gebratener Form – als eine der größten Köstlichkeiten der Tafel gelobt. Sie mästet sich von Mai bis Oktober in den Getreidefeldern und Weingärten Europas, um dann weiter südlich zu ziehen, wo sie zu Abertausenden mit Schlingen, Netzen und Flinten erlegt und verspeist werden. Das Fleisch ist von engelsgleicher Zartheit, feinstem Wohlgeschmack, bei gleichzeitig hohem Fettgehalt, der von einem kräftigen Wein konterkariert werden muß. Bei uns ist die Jagd verboten, und es kommen fast nur noch winzige Zuchtwachteln und Wachteleier in den Handel.

Generell ist zu sagen, daß die milderen Zuchtwachteln etwas leichtere, fruchtbetonte Kreszenzen *(weiß* und *rot)* lieben, während die wilde Spezies nach körperreich-kraftvollen Tropfen verlangt. Wachteln mit Nudeln, Speck und Salbei ergänzten sich köstlich mit *weißem Tafelwein „Villa Santelia"* (GRECO; 1 – 3 Jahre; 9 – 10° C) von den FRATELLI CARUSO, Cantanzaro Lido/Kalabrien; zu → (Wachtel-)Maultaschen in Pilzsauce können wir Ihnen exquisiten *Merlot (Barrique)* von CHARLES UND JEAN-MICHEL NOVELLE, Satigny/Genf/CH oder eine reife *Pinot Blanc Spätlese trocken* empfehlen. Wilde Wachteln mit feinen Gemüsen wurden vom ebenso kraftvollen wie charmanten *Rosso Piceno Superiore DOC* (SAN 60 %, MON 40 %; 3 – 7 Jahre; 16 – 17° C), WEINGUT VILLAMAGNA, Macerata/Marken – ein sehr langer Wein mit präsenter Struktur –, geschmacklich geschickt unterstützt. Wachteln mit Gänseleber gefüllt verlangen nach einem großen *Pinot Noir (Romanée-Conti* oder *Chambertin Grand Cru/Côte de Nuits ...)* bzw. edelsüßen Kreszenzen wie *Bonnezeaux* (CHB; 10 – 15 Jahre; 7 – 9° C) vom CHÂTEAU DE FESLES, Anjou-Saumur/Loire/F. Wachteln mit Weinbeeren sind auf *Pinot Noir (Volnay* und *Clos de Vougeot Grand Cru/Burgund* eingeschworen. Wachteln mit Muskateller-Trauben lieben im

Gegensatz dazu *weiße Prädikatsweine* – etwa im *Auslese*-Bereich *(Muskat-Ottonel* bzw. reifer *Sauternes/ Bordeaux* oder *Chambave Moscato* von EZIO VOYAT, Aostatal/I – mit feinem Frucht-Säure-Spiel. Wachteln gefüllt mit Zwiebelconfit und Geflügelleber übergaben wir der Sorgfaltspflicht einer goldgelb-üppig-opulenten *Sylvaner Cuvée Reservée* (5 – 7 Jahre; 9 – 10° C) CAVE VINICOLE DE WESTHALTEN, Elsaß, und eines schon bewährten *Vouvray demi-sec* (→ Austern gebacken) von GILES CHAMPION, Loire. Wachtelbrüstchen gebraten mit Wacholderbeeren wurden von einer würzigen *Riesling Spätlese trocken* mit genausoviel Witz und Esprit unterhalten, wie es die famose *Grauburgunder Spätlese „Oberrotweiler Eichberg"* vom badischen Großmeister Franz Keller, Vogtsburg-Oberbergen/Kaiserstuhl tat. Wilde Wachtelbrüstchen mit Wacholderbeeren waren allerdings im besonderen auf *Rotweine (Marzemino/Trentino* und *Vino Nobile di Montepulciano/Toskana/I, Rioja Reserva/E* und reifer *Pinot Noir ...)* erpicht. Wilde Wachteln mit Portwein bedingen kraftvoll-reife Kreszenzen *(Barolo Riserva/Piemont, Brunello di Montalcino DOCG/Toskana, Amarone/Venetien/I; Château Haut-Brion/ Graves/Bordeaux/F* usw.), die einen Hauch von Wildaroma mitbringen und auch dem Portwein standhalten; auch der in alten Holzfässern ausgebaute Edel-*Vino da Tavola „Cetinaia"* (SAN 100 %; 6 – 10 Jahre; 16 – 17° C) vom CASTELLO DI SAN POLO IN ROSSO, Gaiole/Toskana/I, verstand sich auf die hohe Kunst der Diplomatie und traf sich mit der Sauce auf halbem Wege. Aus *österreichischer* Sicht konnte der elitäre *„Comondor"* (CS 60 %, BLF 40 %; 3 – 5 Jahre) von HANS NITTNAUS, Gols/Neusiedlersee/BGLD/A, einem jungen Star-Winzer, der noch viele Wein-Trümpfe im Talon hat, gefallen. Wachteleier mit Kaviar sind edlen *Schaumweinen (Rieslingsekt, Cava/E, Champagne/F)* nicht mehr fremd. Wachteleier mit grünem Salat wurden allerdings durch einen halbtrockenen *Pinot Blanc „Schneckenkogler"* (2 – 5 Jahre; 9 – 10° C) von ING. KLAUS PRÜNTE, Spielfeld/Südsteiermark/A, geradezu aromaveredelt.

Wachtel mit Weichseln

Entsteinte Weichseln mit etwas Zucker und Zimt langsam in Weißwein gedünstet, Jus dick eingekocht, die Weichseln wieder beigegeben; Wachtel in Speckscheiben gehüllt und gebraten; Fond entfettet, mit → Portwein gelöscht, mit etwas Kalbsjus verkocht, über die Wachtel gegossen und mit den Weichseln dekoriert.

Rot: Sankt Laurent, Zweigelt, Merlot und Pinot Noir Kabinett; Sangiovese/Toskana/I

Zwei exquisite mild-mittelschwere und weichsel-fruchtige *Schweizer Merlots del Ticino/Tessin (Merlot di Ligornetto* von DANIEL BRENNER, Pedrinate, und der *Cresperino Merlot* von HANS IMHOF, Breganzona) entzückten und gleichermaßen, sodaß wir keine getrennte Wertung vornahmen.

Rot: Cetinaia/Toskana; Chambertin/Burgund, Morgon Cru Beaujolais/Burgund/F; Il Soldaccio/Toskana/I; Margaux/Bordeaux/F, Crozes-Hermitage/nördliche Rhône/F; Merlot Barrique

Es schien ein Schweizer Abend zu werden, denn wieder begeisterten uns zwei *Merlots del Ticino (Barrique)* – diesmal kraftvoller, extraktreicher und zusätzlich mit feinen Eichennoten ausgestattet – so sehr, daß wir wieder keine Rangliste erstellen wollten: *Merlot Carato Riserva* von den FRATELLI A + L DELEA, Losone, und der fulminante, weichsel-fruchtige *Merlot Riserva del Portico* von WERNER STUCKY, Rivera-Capidogno.

Weiß: Prädikatsweine/Dessertweine im Auslese-Bereich
(Sémillon, Pinot Gris, Gewürztraminer, Riesling-Sylvaner)
Rot: Pinot Noir/KAL; Amarone/Venetien, Mejlogu/Sardinien/I

Als Begleiter von großer Reichweite und Kandidat für die Weltauswahl der besten *Traminer* präsentierte sich die faszinierende *Auslese* von PAUL TRIEBAUMER, Rust/Neusiedlersee-Hügelland/A (→ Truthahn in Weichselsauce), die nicht nur Weichseln und Jus gewachsen war, sondern auch dem Speckhemd seine Gefährlichkeit nahm.

WALDMEISTER (MAIKRAUT)

Ein saftgrünes Würzkraut, das frisch nur von April bis Mai zu finden und von herzerquickender Wirkung ist. Es wächst wild in Buchenwäldern und enthält den köstlichen Aromastoff Kumarin, der auch in Lavendel vorhanden ist. Neben der berühmten Waldmeisterbowle (Maibowle) dient es auch als Würzstoff für den in der österreichisch-ungarischen Monarchie beliebten → Waldmeisterbraten.
Eine besonders nahe Beziehung zum Maikraut unterhalten jugendlich-fruchtige *Weißweine* aus der *Steiermark (Pinot Blanc; Welschriesling, Morillon...)/A* und aus dem *Friaul (Tocai, Sauvignon, Pinot Grigio...)/I*, die mit dem exemplarischen Duft des Heues ausgestattet sind, das auch das Kumarin als Grundstoff hat. Nicht zu vergessen die vielen *Schaumweine*, die das herzerquickende Aroma in sich aufsaugen und auf faszinierende Weise zurückgeben.

WALDORFSALAT

Zu Ehren von John Jacob Astor, dem Besitzer des berühmten New Yorker Hotels „Waldorf Astoria", in den zwanziger Jahren vom damaligen Küchenchef kreiert: gewürfelte Äpfel mit Zitronensaft beträufelt, feingeschnittene Knollensellerie beigemengt, mit → Mayonnaise und geschlagenem Rahm gebunden und mit gehobelten Walnüssen bestreut.
Neben perlendem *Mineralwasser*, das die Amerikaner bevorzugen, sei auf die aufregenden *Jahrgangs-Schaumweine* von SCHRAMSBERG, Napa/KAL, hingewiesen, die den Küchenklassiker mit neuem Ruhm versehen. Besonderer Dank gilt dem lieblich-verführerisch-komplexen und handgerüttelten *Cremant* (FLORA; 3 – 6 Jahre; 7 – 8° C), der eine Klasse für sich darstellt und nur noch an den eindrucksvollen *Jahrgangs-Schaumweinen* von IRON HORSE, Sebastopol/Sonoma/KAL, gemessen werden kann.

WALDSCHNEPFE → SCHNEPFE

WALFISCHFLEISCH

Das größte Säugetier unserer Zeit ist nicht nur Lebertranspender, sondern sein Filet wird in Scheiben geschnitten, gewürzt und in Konservendosen angeboten. Es erinnert in Farbe und Konsistenz an gepökelte Rinderbrust. Extrakt- und säurereiche *Weißweine (Chenin Blanc/Loire/F, Chardonnay* und *Riesling Kabinett* bis *Spätlese)* lösen die ölig-fette Substanz des Wales am effizientesten auf.

WALLER → WELS

WALNÜSSE (WELSCHE NÜSSE)

Der sehr frostempfindliche Walnußbaum stammt aus Persien, wächst bis zu 20 m hoch und kann ein Alter von 400 Jahren erreichen. Die besten Nüsse kommen aus Frankreich und Kalifornien, ihr hoher Anteil an Mineralsalz stärkt zusammen mit dem Lezithingehalt das Nervensystem. Das frische, kaltgepreßte Öl der Walnuß wird gerne zum Braten verwendet. Den alten Griechen galt die Nuß als Fruchtbarkeitssymbol.
Walnüsse haben die angenehme Eigenschaft – so wie Röststoffe, die vom Braten stammen – jungen, tanninreichen Weinen ihre Gefährlichkeit, sprich Bitterstoffe, zu nehmen und sie vorübergehend angenehm trinkbar zu machen. Ein ganz besonderes Naheverhältnis zu Walnüssen im allgemeinen weisen *Beaujolais Primeur*-Weine auf, wobei der Eigengeschmack der Nüsse mild idealisiert wird und die Weine an Fruchtcharme gewinnen; auch *weißer Frascati Colli di Catone* (MAL 100 %) von ANTONIO PULCINI, Latium, „vergoldet" das Walnußaroma auf unvergleichliche Art. Walnußkuchen und *Château-Chalon/Jura, Sauternes/Bordeaux/F* sowie *Roter Veltliner Spätlese/NÖ/A*, muß man auf der Zunge gehabt haben, um meine Begeisterung zu verstehen. Walnuß-Honig-Torte sollten Sie sich allerdings mit einer *Neuburger Trockenbeerenauslese* (10 – 15 Jahre; 8 – 10° C) von PAUL TRIEBAUMER, Rust/Neusiedlersee-Hügelland/BGLD/A, gönnen, dann wissen Sie, was eine Gaumensensation ist!

WAMMERL

Bayerisch-österreichische Spezialität aus geräuchertem Schweinebauch mit Sauerkraut oder gekochtem Schweinebauch mit Linsen.
Der deftig-fette Schweinebauch mit Linsen läßt sich von *Bock-* oder *Spezialbier* und kraftvoll-rassigem *Pinot Blanc* in den Griff bekommen, und der geräucherte Schweinebauch dürstet nach *(Münchner) Weißbier*, aber auch nach erdig-würzigem *Silvaner* oder *Riesling/Franken/D*. Mit dem *Silvaner Würzburger Stein-Harfe* vom BÜRGERSPITAL, Würzburg, und dem Schweinebauch paarten wir gewissermaßen Verläßlichkeit (Bauch) mit Vortrefflichkeit (Wein).

WATERZOOI

Holländisch-belgische Delikatesse: 1. Fischrezept: verschiedene Fische (→ Aal, kleiner → Hecht, → Karpfen, → Schleie usw.) in Scheiben geschnitten, mit Salz, Pfeffer, Petersilwurzel, Knollensellerie, → Bouquet garni, → Salbei und Butter in Wasser gegart, mit Paniermehl gebunden und mit gebutterten Weißbrotscheiben serviert.
2. Fleischrezept: Kalbshaxe und junges Huhn würfelig geschnitten, gesalzen, gepfeffert, in Weißwein, Gewürznelken und Lorbeerblättern mariniert, Fleischwürfel mit Butter und Zitronensaft in der Beize geschmort, mit Kraftbrühe aufgegossen, in Paniermehl gebunden und mit gerösteten Weißbrotscheiben serviert.
Für das Fischgericht sind zu Mittag rassiger *Muscadet/Loire* und ansonsten kraftvollreifer *Sauvignon Blanc* im *Spätlese*-Stil sowie *Champagne Blanc de Blancs* vorgesehen. Das Fleischgericht tendiert mehr zu samtig-mild-würzigen *Weißweinen (Graves Blanc/Bordeaux, Pinot Gris* und *Gewürztraminer/Elsaß)*.

WEICHSELN → KIRSCHEN

WEIHNACHTSGEBÄCK
→ DRESDNER CHRISTSTOLLEN, → SPEKULATIUS

WEISSE BOHNEN (GETROCKNETE BOHNEN)

Das „Brot der Armen" – eine wichtige Ingredienz vieler Westernfilme – wird zumeist aus wärmeren Ländern importiert und enthält enorm viel Eiweiß sowie Lezithin und Mineralstoffe. Die schwere Verdaulichkeit der Bohnen ist legendär, kann aber durch Mitkochen von Bohnenkraut, Liebstöckel, Majoran oder Thymian gemildert werden. Die Bohnen werden in kaltem Wasser angesetzt und leise weichgekocht. Der trockene *weiße Arbois Blanc/Jura* gilt in Frankreich als Idealpartner. Weiße Bohnen mit Tomatensauce sind mit *Chardonnay* und *Sauvignon Blanc* vertraut. Auch leicht gekühlte *Rotweine (Cabernet Franc, Gamay, Blaufränkisch)* und würzige *Roséweine* sind klingende Namen. In *Spanien* gilt der *weiße Albariño* (von MORGADIO oder MARTIN CÓDAX, Galicien) als „Bohnenwein" schlechthin.

WEISSE GRUNDSAUCE → SAUCE VELOUTÉ

WEISSE RÜBCHEN (NAVETS)

Gehören heute in Frankreich zu den begehrtesten Gemüsesorten. Sie sind fleischig, erdig-süßlich-wohlschmeckend, gesund und kamen durch die Nouvelle Cuisine zu neuen Ehren. Bereits von den Römern (Plinius) vergöttert, waren sie auch bei uns – bis zur Einführung der Kartoffel – ein Volksnahrungsmittel. Sie dürfen nicht größer als eine Kinderfaust sein, werden wie Kohlrabi geschält und in Streifen oder Scheiben geschnitten. Ideale Zeit ist der Frühling (→ Teltower Rübchen, → Turnip Tops). In Gallien zählen *Sylvaner/Elsaß*, *Rhône Blanc* (ROU + MAR) und gekühlter *(roter) Pinot Noir* sowie *Touraine Anjou Rouge* (COT und GROSLOTS) zu den Favoriten der Navets.

WEISSER PRINZ

Österreichische Briesorte aus reiner Schafmilch, bei der der Geschmack des weißen Schimmels sehr gut mit dem Schafmilcharoma harmoniert. Besonders interessant schmeckt der Käse bei Vollreife.
Der jugendliche Prinz spielt gerne mit fruchtig-milden *Weißweinen (Riesling-Sylvaner, Muskateller, Pinot Gris)* im trockenen *Kabinett-* bis *Spätlese-*Bereich, der reife Thronfolger hingegen umgibt sich gerne mit hochkarätigen *weißen Prädikatsweinen* (*Traminer*, z. B. die *Nußberger Traminer Auslese „Kaiser Probus"* von FRANZ MAYER, Wien, sowie *Riesling-Sylvaner* und *Pinot Gris*) von *Auslese*-Niveau, wobei das würzige Schafmilcharoma von der zarten Honigsüße der Weine fein umsponnen wird.

WEISSES FLEISCH

Nach klassischer Menülehre unterscheidet man zwischen weißem und dunklem Fleisch. Träger des echten weißen Fleisches sind: Drossel, → Fasan, junger → Hase, → Haselhuhn, → Huhn, → Kalb, → Kaninchen, → Lamm, → Perlhuhn, → Schwein, → Wachtel. War es früher unabdingbar, zu weißem Fleisch *weißen Wein* zu servieren, so wählt man heute subtiler nach Art der Gewürze, des verkochten Weins oder der Farbe der Sauce aus.

WEISSES RAGOUT (BLANQUETTE)

Ragout aus → weißem Fleisch in heller (weißer) Sauce. Zum Unterschied vom Frikassee wird das Fleisch getrennt von der Sauce gegart. A priori gelten die Empfehlungen zu → Frikassee in allen Spielarten auch hier. Zu Kalbsragout „Marengo" (mit Weißwein, Champignons, Trüffeln, Tomatenpüree und → Sauce Demiglace gegart, mit Krebsen-Croûtons, gebackenen Eiern und Petersilie garniert) sind edler *Pinot Blanc, Pinot Gris* und *Chardonnay* mit den spezifisch-ergänzenden Eigenschaften ausgestattet. Blanquette de Veau (Kalbfleischwürfel mit Champignonsauce, Perlzwiebeln und Gemüsen) wurde in *Frankreich* von samtig-reifen *Tokay/Pinot Gris d'Alsace*, in *Deutschland* von firnig-weichem *Elbling/Mosel* und in *Österreich* von nussig-reifem *Neuburger/Thermenregion* mit einer vielschichtigen Palette unterschiedlich-reifer Nuancen perfekt in Szene gesetzt. In der *Schweiz* – man kann es nicht oft genug sagen – nehmen reifer *Riesling-Sylvaner* (z. B. der *„Sunnehalder"* von der RUTISHAUSER AG, Thurgau) oder *Chasselas* (z. B der *Yvorne „Petit Vignoble"* von HENRI BADOUX, Aigle/Chablais) durch ihren samtig-weichen, alkoholarmen Geschmack eine Sonderstellung ein.

Weisses Ragout vom Kaninchen mit Pfifferlingen (→ Eierschwammerln)
→ Kaninchen-Ragout mit Eierschwammerln

WEISSKRAUT (WEISSKOHL)

Gehört zur Familie der Kopfgemüse und wird roh, gekocht und gesäuert (→ Sauerkraut) angeboten. Es ist das ganze Jahr erhältlich, gilt zu Unrecht als Wintergemüse, enthält viele Vitamine (A, B_1, B_2, C) sowie Eisen und wirkt blutreinigend.
Zu gefülltem Weißkraut nehmen Sie jungen *(roten) Beaujolais/Burgund, Genfer Gamay/CH* oder würzigen *weißen Riesling*. Weißkrautstudel (→ Krautstrudel), Weißkrautwickler (→ Krautwickler) und Krautrouladen sind auch *Pils-* und *Weizenbier* gegenüber sehr anpassungsfähig, und auch *Gemüsesäfte* (Tomaten usw.) entwickeln sich als Renner. Weißkraut auf „Bürgerliche Art" (mit Räucherspeckwürfeln, Zwiebeln, Salz, Pfeffer, Kümmel) wird durch jungen *Grünen Veltliner, Pinot Blanc, Sylvaner* oder *Riesling* zu einer nicht zu unterschätzenden Köstlichkeit.

WEISSWEINSAUCE → SAUCE AU VIN BLANC

WELS (WALLER)

Einer der größten und gefährlichsten europäischen Süßwasserfische. Er kann bis zu 3 m lang und 250 kg schwer werden, hat einen riesigen Kopf mit langen Bartfäden und ernährt sich von Fischen, Fröschen und Krebsen. Das Fleisch der jungen Tiere ist von Juli bis September von fester Konsistenz, fast grätenlos und sehr wohlschmeckend. Die älteren Tiere sind fett, tranig und zäh! Schon Ausonius erwähnte ihn im 4. Jahrhundert unter den Bewohnern der Mosel.
Ganz junge Waller, die aber auch schon einen Hauch von jener erdig-würzigen Strenge in sich tragen, die alte Exemplare so schwer vermittelbar macht, sind noch mit mittelkräftigen würzigen *Weißweinen (Sylvaner, Riesling, Pinot Blanc, Neuburger, Roter Veltliner ...)* kombinierbar; bei den älteren muß man sich schon an schwere Geschütze halten, um dem eigenwilligen Geschmack des Riesenfisches begegnen zu können! Wallerterrine (vom jungen Waller) vermählten wir glücklich mit einem *Riesling „Tiefenthal" Kabinett* (2 – 5 Jahre; 9 – 10° C) von JOSEF MANTLER/Brunn im

Felde/Kamptal-Donauland/NÖ/A, wobei das strenge Fischaroma in den Hintergrund trat und der Wein an Frucht und Subtilität gewann. Waller in Wurzelsud paarten wir höchst erfolgreich mit kraftvollen trockenen *Spätlesen (Silvaner/Franken, Riesling/ Rheinhessen/D* oder *Kamptal-Donauland/NÖ/A* und *Pinot Blanc/Baden/D)*. Wels und Jakobsmuscheln in grüner Sauce sind *Bianco del Ticino/CH* und *Riesling Spätlese trocken/Rheinpfalz/D* nicht abgeneigt. Wels in Karpfensenfsauce hat Lust auf *Grünen Veltliner Spätlese/Wachau* (z. B. von FRANZ MITTELBACH, Unterloiben). Bei Wels gebacken (paniert) genügen für jüngere „Fischlein" trockene bis halbtrockene *Spätlesen*, während betagtere Artgenossen schon die Aromaunterstützung einer extraktreichen *weißen Auslese*, speziell *Pinot Blanc* und *Pinot Gris*, benötigen. Beste Erfahrungen machten wir mit den Stars der *Südbahn (Thermenregion)/NÖ/A (Neuburger, Pinot Blanc, Zierfandler, Rotgipfler* und auch *Pinot Gris)*. Meist bejubeltes und applaudiertes Gegenüber war die mit der Extravaganz des Vollkommenen aufwartende *Neuburger Auslese* von JOHANN STADLMANN, Traiskirchen/Thermenregion/NÖ/A. Außerhalb der Thermenregion beeindruckten noch folgende *Neuburger:* FEILER-ARTINGER, Rust, FRANZ SCHINDLER, Mörbisch, JOSEF PÖCKL, Mönchhof/BGLD/A, FRANZ HIRTZBERGER sowie FREIE WEINGÄRTNER DER WACHAU, Spitz, und JOHANN SCHMELZ, Joching/Wachau/NÖ/A. Unter den in Barriques ausgebauten *Neuburgern* sind der *Ried Bruck* von JOSEF HÖGL, Spitz/Wachau, der *„Fuchsenriegl"* von ERWIN TINHOF, Eisenstadt/BGLD/A, und der eichenwürzige *Kabinett* von der FAMILIE REINISCH, JOHANNESHOF, Tattendorf/Thermenregion/NÖ/A, hervorzuheben. Waller „Kreolisch" (Ragout mit Tomatensauce, schwarzen Bohnen, Bananen und Reis) ist bei *südländischen Roséweinen* mit milder Säure und eventuell zarter Restsüße gut aufgehoben. In Frankreich gefiel der liebliche *Rosé d'Anjou/Loire* und in *Portugal* der allgegenwärtige *Mateus Rosé*. In *A/D/CH* imponierte halbtrockener *(weißer) Riesling-Sylvaner*.

Wels blau mit Oberskren und Salzkartoffeln

Je nach Größe des Fisches rechnet man pro Person etwa 2 bis 3 cm dicke Tranchen, die im Fischsud mit Weißwein gekocht und mit dem heißen Sud serviert werden. Beilage: Salzkartoffeln und → Oberkren.
Trockene bis *halbtrockene Spätlesen (Grüner Veltliner, Riesling, Riesling-Sylvaner, Sylvaner, Welschriesling)* waren leidenschaftliche Kämpfer für nicht alltägliche Harmonien im Umgang mit dem als schwierig geltenden Süßwasserbewohner, wobei zartsüße Kreszenzen mit dem Oberskren (Meerrettichsahne) noch einen Deut besser auskamen. Die besondere Note des Wallers wurde von einer vor üppiger Frucht, Kraft und Extraktwürze geradezu strotzenden *Riesling Spätlese „Forster Ungeheuer"* (4 – 7 Jahre; 10 – 11° C) REICHSRAT VON BUHL, Deidesheim/Rheinpfalz/D, zart betont, aber nie als unangenehm empfunden. Ein seltener Fall von Perfektion!

WELSH RAREBIT

Geschmolzene Käsespezialität (→ Chester) aus Wales mit Senf, Cayennepfeffer und → Worcestershiresauce auf geröstetem Toastbrot, die als hervorragender Würzbissen am Ende eines klassischen Dinners gilt. Es ist nicht ganz geklärt, ob es Welsh Rarebit (Waliser Leckerbissen) oder Welsh Rabbit (Waliser Kaninchen) heißt. Rabbit dürfte aber eine Verballhornung von Rarebit sein.
In *Britannien* sind dunkles *Ale (Bier)*, *Dry Oloroso Sherry/E* und – neuerdings – fruchtexplodierender *Sauvignon Blanc/NZ* wichtige Elemente kulinarischer Tradition, Freude und Erfrischung.

WERMUT → VERMOUTH

WIENER BACKHENDL

Österreichische Spezialität: ein etwa 800 g schweres Huhn in 4 Stücke zerteilt (2 Keulen, 2 Brusthälften), gemehlt, durch geschlagenes, gesalzenes und gepfeffertes Ei gezogen, in Semmelbröseln gewendet, in heißem Fett goldgelb gebacken, zuletzt auch die panierte Hühnerleber gebacken und mit gebackener Petersilie und Kartoffelsalat serviert.

Die samtig-milden, zart-würzigen *Weißweine* der *niederösterreichischen Thermenregion/A (Neuburger, Zierfandler, Rotgipfler, Malvasier ...)* umschmeicheln Panier, Hühnerleber und Kartoffelsalat wie ein Kätzchen auf Samtpfoten; doch gibt es nicht wenige *Steirer*, die – nicht ganz zu Unrecht – meinen, daß man den Fettgeschmack der Panier durch rassige Gewächse *(Welschriesling, Morillon, Pinot Blanc, Chardonnay* und im besonderen *Schilcher)* noch viel besser transparent machen könne. (→ Panieren)

WIENER ROSTBRATEN

Fingerdicke Tranche aus dem Zwischenrippenstück eines jungen Rindes (Ochsen), gesalzen und papriziert, gemehlt, beidseitig braun angebraten, mit dünnen Zwiebelscheiben und einer Knoblauchzehe fertiggebraten, Jus mit etwas Butter und Essig vollendet.

Eigentlich würden die *Weißweine* der Region *(Riesling, Sylvaner, Sauvignon Blanc)* mit den Ingredienzien besser fertig werden, doch hier wollen Herr und Frau *Österreicher* meist einen mittelkräftigen *Rotwein (Pinot Noir, Zweigelt, Blauer Portugieser ...)* mit zarter Würze haben. Vorsicht ist allerdings vor jungen, überaus fruchtbetonten Weinen geboten, die im Zusammenspiel mit den Gewürzen oft unangenehm scharf werden. In diesem Fall darf die Devise lauten: „Je reifer, desto besser."

WIENER SCHNITZEL

Eine große, dünne Tranche von der → Kalbsnuß, leicht geklopft, gesalzen, gemehlt, mit Ei und Semmelbröseln paniert, in Schmalz goldbraun und knusprig gebraten, mit Zitronenachtel und etwas Petersilie garniert.

Die milden *Weißwein*-Spezialitäten aus *Wien* und der nahe gelegenen *Thermenregion (Neuburger, Zierfandler, Rotgipfler, Riesling-Sylvaner, Malvasier)* machen das Schnitzel immer wieder zu einem köstlichen Erlebnis. Nicht allzu rassiger *Grüner Veltliner* und *Welschriesling* betonen ihrerseits die brotige Note der Panier auf exemplarische Weise, was auch den *Schaumweinen (Grüner Veltliner, Welschriesling, Riesling)* aus *Wien* und *NÖ* vortrefflich gelingt: Der handgerüttelte *Welschrieslingsekt* der KAMPTALER SEKTKELLEREI, Langenlois/A, der auch der Champagne-Methode verpflichtete *Mounier Brut (PB)* aus Wien, die gleichfalls der traditionellen Flaschengärung huldigende *Cuvée Brut* vom WINZERHOF HUGL, Stützenhofen/Weinviertel/NÖ, der klassische *Riesling-Sekt* von HANS KIRCHMAYR, Weistrach/NÖ, die *halbtrockene Riesling-Veltliner Cuvée „Haus Österreich"*, WINZER KREMS, NÖ, der rassige, feinperlige *Welschrieslingsekt Charpentier Brut* von RUDOLF ZIMMERMANN, Klosterneuburg bei Wien, und der verführerische *Prestige Grand Blanc* (CH, PB, R) von GERALD MALAT, Furth-Palt/Kamptal-Donauland/NÖ, erhöhten nicht nur den Geschmack des Schnitzels, sondern sorgten auch im nachhinein für gute Laune und festliche Stimmung.

WILD (WILDBRET)

Früher war das Angebot an inländischem Wild auf die Jagdsaison beschränkt, heute gibt es jede Menge an tiefgefrorenem und importiertem Wild. Der Feinschmecker wird aber versuchen, Alter und Schußzeit des Wildes zu erfahren, denn nur junge Tiere liefern ausgezeichnete Qualitäten. Das Fleisch ist dunkler als jenes der Schlachttiere, es ist weniger ausgeblutet, hat ein dickes Fasergefüge, bei großem Eiweißreichtum, und wenig Fett und Bindegewebe. Die jagdbaren Säugetiere trennt man in → Federwild und → Haarwild. Beide Arten sind aufgrund ihres Gewebes etwas schwieriger zu kauen, aber geschmacklich intensiver, ausgeprägter und gesünder als die Schlachttiere, die oft mit Chemikalien gefüttert und mit diversen Injektionen hochgepäppelt werden.

WILDENTE

Ein zum → Federwild zählender Wasservogel, der im Herbst noch am besten mundet, wenn es sich um ein jüngeres Tier handelt, da reifere Exemplare oft einen unangenehmen Trangeschmack entwickeln. Die Brust wird blutig bzw. rosa gebraten, während die Keulen gut durchgebraten sein sollen.
(→ Löffelente, → Knäkente)
Dem eigenwilligen Geschmack der jungen Wildente begegnet man mit kraftvoll-erdig-würzigen *Rotweinen (Pinot Noir, Zweigelt, Blauburger, Merlot, Cabernet-Shiraz* usw.); älteren, tranigen Tieren stellt man schwere, reife *Rotweine* mit animalischen Tönen *(Brunello di Montalcino/Toskana/I, Côte Rôtie, Cornas* und *Hermitage/nördliche Rhône, Châteauneuf-du-Pape/südliche Rhône, Madiran/Béarn/SW-F, Shiraz-AUS* und *Zinfandel/KAL)* gegenüber, um darauf zu hoffen, daß der Wein siegt. Wildentenpastete genossen wir mehrmals mit heimischem *Pinot Noir* und *Blauburger* (J. LUST, Haugsdorf/NÖ, SEPP MOSER, Apetlon/BGLD). Wildentenpfeffer wurde durch reifen *Côte Rôtie* (SYR, VIO; 10 – 15 Jahre; 16 – 18° C; JABOULET, VIDAL-FLEURIE oder CHAMPET) entschärft. Junge Wildente à la Crème kann auch mit einer extraktreich-würzigen *Pinot Gris Auslese* versucht werden, aber edler *Pinot Noir* (z. B. *Chambolle-Musigny 1er Cru*) ist zumeist effizienter. Junge Wildente mit Apfelfüllung ließ sich nicht nur von einer mächtigen *Gewürztraminer Spätlese (Vendange Tardive)* von DOPFF AU MOULIN, Elsaß, sondern auch von einem mittelreifen *Cabernet Sauvignon* von ENGELBERT GESELLMANN, Deutschkreutz/Mittelburgenland/A, verführen. (Weitere *Cabernet Sauvignon*-Empfehlungen sind die „Burgenländer" ERNST TRIEBAUMER: *Cabernet-Merlot*, Rust; JOSEF GAGER und HANS IGLER, Deutschkreutz; FRANZ WENINGER, Horitschon; ANTON KOLLWENTZ und JOSEF LEBERL, Großhöflein, und HANS NITTNAUS, Gols.) Wildente im eigenen Blut wurde von dem gewaltigen (roten) *Châteauneuf-du-Pape „De la Gardine"*, südliche Rhône, genauso gut konterkariert wie vom animalisch-würzigen *australischen Hermitage* von BAILEYS, Glenrowan/Nordost-Victoria.

Wildente auf „Tiroler Art"

Ente mit Äpfeln gefüllt und blutig gebraten, während des Bratvorgangs einige Male mit Essig, der mit Butter, Zucker und Pfeffer aufgekocht wurde, begossen, Fond mit brauner Grundsauce (→ Sauce Espagnole) verkocht und mit → Johannisbeergelee verfeinert. Das Johannisbeergelee ist vor allem dem *Cabernet (Sauvignon)* zugetan.

Rot: Südtiroler Pinot Noir (GIORGIO GRAI; GENOSSENSCHAFT SCHRECK-BICHL: „Maso Cornell"; HOFSTÄTTER)

Der *Pinot Nero Alto Adige* (5 – 8 Jahre; 16 – 17° C) von G. GRAI, Bozen, ein Ausnahmewein, der manchem Winzer aus Burgund den Schlaf verleidet, brillierte mit grandioser, engmaschiger Frucht, finessenreichem Ausklang und paßte sich herrlich an das Federwild an.

Rot: Cabernet (GIORGIO GRAI; ALOIS LAGEDER: „Löwengang"; SCHLOSS SCHWANBURG)/Südtirol/I

Der immens kraftvolle *Südtiroler Cabernet „Castel Schwanburg"* (5 – 8 Jahre; 16 – 17° C) aus der Meisterhand von DIETER RUDOLPH, Nals (ein Erz-Tiroler mit dem Charme eines Parade-Latin-Lovers), brachte rauchige Cassis-Mocca-Noten ein, sorgte beinahe ununterbrochen für kulinarische Glanzlichter und ließ total vergessen, daß die Ente anfangs durch eigenwillig-animalischstrengen Geschmack eher unangenehm aufgefallen war.

Rot: siehe unten! oder Blauburgunder „Villa Barthenau" Barrique (HOFSTÄTTER) Südtirol/I
Weiß: Traminer Aromatico „Cornell" (SCHRECKBICHL) Südtirol/I

Der aus einer Melange von Bordeaux-Trauben gekelterte *San Leonardo Campi Sarni* (6 – 8 Jahre; 16 – 17° C) von GUERRIERI GONZAGA, Avio/Südtirol/I, gilt in unseren Breiten noch als Geheimtip, hat in Italien aber bereits Furore gemacht, da niemand geringerer als Altmeister Giacomo Tachis dafür Ratgeber und Geburtshelfer war. Mit seiner Eleganz und Grandezza gelang es dem Wein allerdings nicht ganz, den strengen Ton des Vogels unter Kontrolle zu bringen.

Wildente mit Orangen

Ente mit Salz eingerieben und mit einer Farce aus Zwiebeln und gewürfelten Äpfeln, → Rum und Rosinen gefüllt, mit Öl bestrichen, bei 200° C 70 Minuten gebraten, tranchiert; Bratenfond mit → Sherry, Orangensaft und Wasser eingekocht, abgeseiht und mit Speisestärke gebunden, aufgekocht und mit Salz, Pfeffer und Orangengelee aromatisiert; Ente mit Kresseblättchen und geschälten Orangenscheiben garniert.

Rot: Cerasuolo di Vittoria/Sizilien; Zweigelt Barrique

Der in neuen Barriques (Allier, Troncais und Nevers) ausgebaute *Zweigelt* (ZW, CF; 3 – 4 Jahre; 16 – 17° C) der DOMÄNE MÜLLER, Gut am Ottenberg, Ehrenhausen/Südsteiermark/A, bestach durch rauchig-beerig-schokoladigen Barriqueton, unterlegt von feiner Fruchtsüße (Kirschen, Orangen) und zimtig-pfeffrigem, stilvollem Finish, welches uns Feuer am Gaumen, Samt in der Kehle und wohlige Wärme im Magen bescherte.

Rot: Collioure Rouge und Mas de Daumas Gassac/Languedoc-Roussillon/F

Der unvergleichliche *Collioure Rouge „Les Piloums"* (GR, CAR; 4 – 6 Jahre; 16 – 17° C) der DOMAINE DU MAS BLANC, Banyuls-sur-Mer/Roussillon/F, hatte durch seine kraftvolle Bitterorangennote leichtes Spiel mit Gericht und Sauce und bereicherte die Speise zusätzlich mit seiner feurigen Würze, was schließlich ein beeindruckendes Aromafestival auslöste.

Weiß: Gewürztraminer Spätlese bis Auslese
Rot: Grange Hermitage/AUS
Dessertwein: Sherry Amontillado seco/E, Greco di Bianco/Kalabrien/I

The great *Grange Hermitage* (→ Hirschpfeffer) – ein Riesenwein, der sich in permanenter Hochform befindet – war wieder einmal „Chef im Ring" und verpaßte dem wilden Vogel eine klare Punkteniederlage. Mag die Melange dieser beiden Giganten auch für manchen zu intensiv-würzig-aromatisch ausfallen, ich muß gestehen, daß mir zum ersten Mal eine Wildente uneingeschränkt mundete.

WILDGANS

Die Stammutter unserer Hausgans wird von Juli bis März erlegt, doch nur das Fleisch junger Tiere ist eine kulinarische Abwechslung wert. Sie haben in unseren Breiten bisher keinen hohen Stellenwert erreichen können und sind der braven Hausgans in jeder Hinsicht unterlegen.
Der jungen Gans wünschen wir einen samtig-fülligen, mittelreifen *Pinot Noir* als Begleiter. Etwas größere Tiere benötigen schon einen reifen, kraftvoll-herb-würzigen *Rotwein (Barolo/Piemont, Brunello di Montalcino/Toskana, Hermitage/nördliche Rhône, Châteauneuf-du-Pape/südliche Rhône/F, Vega Sicilia/Ribera del Duero/Altkastilien/E)*, um wirklich genießbar zu werden. Zu einer Wildgans mit Traubensauce konnten auch einige reife *weiße Prädikatsweine (Sauternes/Bordeaux/F; Pinot Gris* und *Traminer Auslese)* auf sich aufmerksam machen.

Wildgans mit Apfelfüllung

Äpfel geschält, geviertelt, in 2 EL Wasser und Zitronensaft gegart und püriert, junge Wildgans gesalzen, gepfeffert (Mühle), mit dem Apfelpüree gefüllt, zugenäht und mit Knoblauch eingerieben, mit Butter bestrichen und 10 Minuten bei 150° C gegart, mit in Essig aufgelöstem Gelierzucker begossen und noch 25 Minuten gegart, aus dem Ofen genommen, zerteilt, angerichtet und mit Sauce aus Bratfond, Wildfond und → Johannisbeergelee angerichtet. Das Johannisbeergelee bringt einen kleinen Startvorteil für den *Cabernet Sauvignon.*

Rot: Blaufränkisch, Blauer Portugieser Kabinett

Der jugendlich-fruchtige *Blaufränkisch* (2 – 3 Jahre; 15 – 17° C) von KARL ROHRER, Lutzmannsburg/Mittelburgenland/A (tiefes Rubin, würzig-fruchtige Beerennase, eleganter Fruchtschliff mit feiner Extraktsüße und Reserveanzeige im bestechenden Ausklang), hatte zwar nicht ganz die Fülle des *Württembergers* aufzuweisen, konnte aber doch den Geschmacksknospen Überdurchschnittliches bieten.

Rot: Cabernet Sauvignon, Pinot Noir, Blaufränkisch Spätlese oder Auslese
Weiß: Hermitage Blanc/nördliche Rhône; Riesling Spätlese trocken

Die hochklassige *Lemberger Auslese „Fellbacher Goldberg"* (3 – 5 Jahre; 16 – 17° C) von der WEINGÄRTNERGENOSSENSCHAFT FELLBACH, Württemberg/D, begeisterte durch tiefe Farbe, feinwürzigen Duft und herrliches Fruchtspiel (Brombeeren, Johannisbeeren) im imposanten Abgang, ging eine schier perfekte Allianz mit Sauce, Gelee, Gans und Füllung ein und vermochte dem doch etwas spröden Tier Saftigkeit und gediegene Aromatik zu verleihen bzw. zu entlocken.

Weiß: Riesling Auslese halbtrocken
Rot: Barbaresco/Piemont/I; Cabernet-Shiraz/AUS
Rosé: Schilcher Spätlese trocken/Weststeiermark/A

Der mächtige *Barbaresco „Montestefano" DOCG* (NEB; 6 – 10 Jahre; 17 – 18° C) von ALFREDO PRUNOTTO, Alba/I, überraschte mit einem beinahe femininen Bouquet nach wilden Rosen und Veilchen, bestimmte aber ansonsten sehr selbstsicher den Gang der Dinge und ließ der wilden Gans kaum eine Chance, ihre etwas trocken-spröde Art zu entfalten, was für unseren schon etwas ermatteten Gaumen durchaus kein Nachteil war.

WILDGEFLÜGEL → FEDERWILD

WILDKANINCHEN

Das Fleisch des Wildkaninchens ist hell, fest, weiß, zart, saftig und etwas ausdrucksvoller und würziger als jenes des zahmen Kaninchens und des Stallhasen. Trotzdem ist es meist nur in Begleitung von kräftigen Saucen, Fruchtsäuren und asiatischen Gewürzen von interessantem Aroma. Am besten ist es von Oktober bis März im Alter von 6 bis 10 Monaten.
Weißweine mit potenter Säure *(Riesling, Morillon, Chardonnay, Pinot Blanc)* artikulieren die Gewürze des Gerichts hervorragend und verleihen solcherart – ebenso wie intensiv-würzige *Rotweine (Pinot Noir, Cabernet, Merlot, Syrah)* – der Speise Leben und Ausdruckskraft. Zum Ragout vom Wildkaninchen versuchen Sie klassischen *Saint-Émilion 1er Cru Classé* (z. B. CHÂTEAU BELAIR). Wildkaninchen mit Trüffeln ist für großen *Merlot* (z. B. *Pomerol, Saint-Émilion ...*) reserviert! Wildkaninchenfilet mit Tomatensauce und *roter Minervois/Languedoc/F* bringen gemeinsam Leben und Würze in die Kehle.

Wildkaninchen mit Backpflaumen (Dörrpflaumen)

Kaninchen zerteilt, in Beize aus Weißwein, Essig, → Bouquet garni, Karottenscheiben und Schalottenwürfeln eingelegt, abgetropft, gesalzen, gepfeffert, in Butter angebraten, mit Marinade gelöscht, eingeweichte Dörrpflaumen dazugegeben und 30 Minuten zugedeckt geschmort; Kaninchen und Pflaumen angerichtet und mit Fond, der mit Heidelbeermarmelade aufgekocht wurde, begossen.

Rot: jugendlicher Pinot Noir, Blauburger, Merlot, Zweigelt

Die nach Dörrpflaumen und Heidelbeeren duftende *Soqßer Cuvée* (STL, ZW; 2 – 4 Jahre; 16 – 17° C) von JOHANN HECHER JUN., Thermenregion/NÖ/A, war von der Aromatik her so stimmig und faszinierend, daß wir eigentlich schon die Suche nach weiteren Partnern einstellen wollten, wären da nicht noch extraktreichere Tropfen aufgetaucht.

Rot: Marzemino/Trentino/I; Syrah/nördliche Rhône/F; Pinot Noir; Rioja Gran Reserva/E

Die aristokratische, fleischig-füllig *Rioja Gran Reserva „Faustino I"* (TEM 70 %, GRA 15 %, MAZ 15 %; 8 – 15 Jahre; 16 – 18° C), BODEGAS FAUSTINO MARTINEZ, Oyón/Rioja Alavesa/E, hatte den Duft eines orientalischen Gewürzbasars und die Aromatik des Vorgängers anzubieten, was sie – bei etwas größerer Reichweite – unangefochten an die Spitze katapultierte. Daß der ohnehin etwas matte Eigengeschmack des Tieres dabei in den Hintergrund gedrängt wurde, ist nicht allzusehr zu bedauern.

Rot: Shiraz und Cabernet-Shiraz/AUS; Châteauneuf-du-Pape/südliche Rhône/F; Amarone/Venetien/I; reifer Romanée-Conti/Burgund/F, Zinfandel/KAL/USA

Der mächtige und berühmte *Recioto Amarone „Mazzano"* (COV, MOL, RON; 8 – 15 Jahre; 17 – 19° C) von MASI, Ambrogio di Valpolicella/Venetien/I, war mit Extrakt, Säure, Tannin und Alkohol (15 %) in Hülle und Fülle ausgestattet – auch die Dörrpflaumennote stimmte, doch von diesem Koloß so etwas wie Annäherungsversuche zu erwarten, ist verlorene Liebesmühe. Trotzdem, versuchen Sie diesen Wein an einem kalten Winterabend!

Wildkaninchenkeule mit Senfsauce (→ Sauce Moutarde)

Keulen in Stücke geschnitten und kräftig mit Senf bestrichen, mit geschmolzener Butter, Salz und Pfeffer begossen und 35 Minuten im Backrohr gegart, Deckel abgenommen, mit Bratfond begossen und fertig gegart, Fond eingekocht, mit → Crème fraîche gebunden und sofort serviert.

Hier konnten sich überraschenderweise wieder einmal die bewährten *weißen* Favoriten des Kaninchens und vor allem der Sauce *(Pinot Blanc, Pinot Gris, Chardonnay* und *Morillon* im *Spätlese*-Stil) knapp vor *Pinot Noir* und *Merlot* durchsetzen. Ex aequo mit dem hervorragenden *Meursault* von der DOMAINE M. DUSSORT (→ Schweinsnüßchen mit Champignonsauce) ging hier der Stern der exquisiten *Grauburgunder Spätlese trocken „Ihringer Winklerberg",* WEINGUT DR. HEGER, Ihringen/Baden/D, auf, die die üppig-würzige Senfsauce perfekt in den Griff bekam und zu einer Quelle schier unendlicher Faszination werden ließ.

WILDPASTETCHEN → HUBERTUSPASTETCHEN

WILDSCHWEIN (SCHWARZWILD)

Die männlichen Tiere (Keiler) können bis zu 200 kg schwer werden, doch kommen sie meist nur mehr gebeizt auf den Tisch, da ihr Fleisch etwas zäh und von strengem Aroma ist. Am begehrtesten ist das Fleisch der 25 bis 30 kg schweren → Frischlinge, die von Juli bis September ein zartes, wohlschmeckendes Mahl ergeben. Die zweijährigen Tiere (Überläufer) mit einem Gewicht von 50 bis 60 kg sind von Ende Oktober bis Dezember herzhaft-wohlschmeckend.

Den relativ zarten Frischlingen ist noch mit mittelkräftigen, eleganten *Rotweinen* beizukommen; geräucherter Wildschweinschinken läßt sich sogar von *(weißem) Sauvignon Blanc* geschmacklich unterstützen, doch gegenüber reiferen Keilern sollte man auf die kraftvollsten und würzigsten roten Stars zurückgreifen. Wildschweinschlögl (Keule) „Sankt Hubertus" (mit Wildpüreesauce und → Madeira) vermählen Sie mit reifem *Bordeaux Saint-Émilion 1er Cru Classé* (CHÂTEAU BELAIR ...) bzw. reinsortigem *Merlot* oder großem *Pinot Noir* (z. B. *Chambertin Grand Cru/Burgund).* Wildschweinschlögl geschmort verlangt nach den kräftigsten aller *Rotweine (Châteauneuf-du-Pape/südliche Rhône, Barolo Riserva/Piemont/I, Vega Sicilia/ Altkastilien/E, Shiraz/AUS, Zinfandel/KAL).* Wildschweinpfeffer wird von rustikalwürzigen *Rotweinen (Corbières/Roussillon, Madiran/Béarn/F, Aglianico del Vulture/ Basilikata/I)* feurig untermalt. Wildschwein mit pikanten Saucen ordnet man am besten der südlichen Rhône *(Châteauneuf-du-Pape Rouge, Gigondas ...)* zu. Wildschweinkoteletts mit Salbei könnte man zu Mittag mit einem würzigen *Rosé* aus dem *Languedoc (Minervois)* Spannung und Abwechslung verleihen und abends mit einem königlichen *Brunello di Montalcino (Poggio all'Oro,* CASTELLO BANFI, Toskana) krönen. Wildschweinrücken in Brotkruste wird durch samtigen *Margaux* (CHÂTEAU PALMER, CHÂTEAU GISCOURS, Haut-Médoc/Bordeaux) ungewohnt zärtlich begleitet und von reifem *Echézeaux Grand Cru/Burgund* zuerst beinahe in den Würgegriff genommen, doch letztlich mit einem feurigen Dialog beendet. Wildschweinschinken gedämpft und großer *Moulin à Vent Cru Beaujolais* (CHÂTEAU DE JACQUES oder NAIGEON-CHAUVEAU) gehören zu den – nicht alltäglichen – Köstlichkeiten des Lebens, und ein kaltes Wildschweinzüngerl erfuhr durch die Verbindung mit dem jugendlich-erfrischenden *Pinot Blanc Kabinett* von ELISABETH TINHOF, Eisenstadt/Neusiedlersee-Hügelland/BGLD/A, aromatische Erhöhung, trotzdem konnte sich der Wein über Extraktreichtum und feine Säure behaupten.

Wildschweinschulter geschmort mit Maronen

Schulter in Beize aus Rotwein, Karotten, Wacholderbeeren, Provence-Kräutern, Gewürznelken und Weinessig 12 Stunden eingelegt, in heißem Öl angebraten, mit Marinade (Beize) aufgegossen, 1 1/2 Stunden geköchelt, warmgestellt; (Dosen-)Maronen im Bratfond erwärmt, warmgestellt; Wildfond und → Crème fraîche eingekocht, Schulter und Maronen dazugegeben, aufgekocht und serviert.

Weiß: Riesling Smaragd (Spätlese), Fendant de Leytron/CH
Rot: Humagne Rouge/CH, Zweigelt, Pinot Noir, Blaufränkisch Kabinett

Der eigenwillig-würzige *Zweigelt Kabinett* (2 – 5 Jahre; 15 – 17° C) von ERICH NEUBAUER – ein zu beachtender Newcomer –, Unterpetersdorf/Mittelburgenland/A, war an diesem sonnigen November-Sonntag goldrichtig für den üppig-würzigen Schmorbraten. Er hielt nicht nur der Sauce einigermaßen stand, sondern verhalf den einzelnen Ingredienzien (von den Kräutern bis zu den Maronen) zur Entfaltung ihres Eigengeschmacks.

Rot: Trollinger Spätlese trocken/Württemberg/D; Fitou/Languedoc/F;
Vega Valbuena/E; Vino Nobile di Montepulciano/Toskana/I

Der *Valbuena 5° Ano* (CS, M, MC, TIF, ALB; 8 – 10 Jahre; 16 – 18° C) aus Ribera del Duero/Altkastilien war in seinem Element und ging mit herz-, gaumen- und magenerwärmender Intensität an die Arbeit. „Heu prodigium ventris" (welch Wunder für den Magen) kann man hier nur sagen, so innig verschmolzen Gericht und Wein ineinander. (Subtile Details gingen allerdings dabei unter!)

Rot: Châteauneuf-du-Pape/südliche Rhône/F; Vega Sicilia/E;
Brunello di Montalcino Riserva/Toskana/I

Der kometenhaft aufgestiegene *Brunello di Montalcino* von CASE BASSE (→ Bistecca alla Fiorentina) ist ein Wein wie ein Statussymbol: attraktiv, teuer, erotisch und begehrenswert. An diesem Tag war er aber nicht geneigt, seine Gunst zu verschenken und agierte (mit Bravour) als Primadonna.

WILDSTEAK

Meist aus der Keule oder dem Rückenfilet geschnitten, gespickt oder in Speckmantel gehüllt, damit es saftig bleibt; stets rosa gebraten und nach dem Braten gesalzen. Fleischteile älterer Tiere sollten vor der Zubereitung einige Stunden mariniert (gebeizt) werden. Beliebte Beilagen sind exotische Früchte (Mandarinen, Bananen, Ananas usw.), Beeren und diverse Pilze, die den Wildgeschmack auf angenehmste Weise konterkarieren.
Je älter das Fleisch, desto kraftvoller und aromatisch-würziger sollte der korrespondierende Wein sein. Sehr alte, gebrechliche *Rotweine* können über die exotischen Früchte, Beeren und Pilze an Jugendlichkeit, Frucht und Feuer gewinnen und solcherart sowohl den Gaumen als auch das Wildsteak begeistern. Kalte Wildsteaks mit süßlichen Saucen haben auch ein Faible für dickflüssige, halbtrockene *weiße Auslesen (Riesling, Pinot Gris, Traminer)*.

WILDTAUBEN

Größer als die Haustauben, zählt man sie zum → Federwild und erlegt sie von August bis April. Sie werden wie → Tauben, → Rebhuhn oder → Perlhuhn zubereitet, und ihr Fleisch ist würziger als das der Taube. Berühmte Wildtaubenarten sind Holz-

taube, Ringeltaube und vor allem Turteltaube. Ihr Fleisch ist leicht verdaulich und sehr zart, aber für einen kräftigen Essen doch ein etwas magerer Bissen.
Waren bei dem zahmen Haustäubchen die Weißweine noch leicht feldüberlegen, so mußten sie hier den Kollegen von der roten Zunft eindeutig das Kommando übergeben. Zu Wildtauben mit Champignons nehmen reife alte *Weißweine (Pinot Blanc, Pinot Gris, Neuburger)* den Part eines Mezzosoprans ein, der vom Koloratursopran (reifer *Zweigelt, Pinot Noir*) eindeutig an Höhe übertroffen wird. Junge Wildtauben gefüllt mit → Couscous werden von frischem *marokkanischem Rotwein „Guerrouane"* (CAR, CIN, GR; 3 – 4 Jahre; 15 – 16° C) von MEKNES VINS, Meknes, sehr gut untermalt, aber die wahre Gewürzorgie erfährt man erst mit den rustikal-würzigen *Rotweinen* des *Languedoc-Roussillon (Fitou, Corbières)*. Wildtaubensalmi (Ragout) wird durch diverse *Cabernets Sauvignons* zum Wunschkonzert, und ein *Château Chasse-Spleen Cru Bourgeois/Haut-Médoc/Bordeaux* vertreibt nicht nur wörtlich alle Sorgen. Wildtaube mit Lebersauce und Anchovis durften wir in Venetien mit tanninreichem *Raboso* (TENUTA SANT'ANNA) und exemplarischem *Recioto Amarone „Le Ragose"* der engagierten MARTA GALLI, Arbizzano di Negrar, genießen. Wildtauben gefüllt mit Trüffeln und Gänseleber verdrehten zwar einem aristokratisch-hellblütigen *Montrachet Grand Cru/Burgund* vorübergehend den Kopf, wurden aber schließlich selbst ein Opfer reicher *Burgund'scher Pinots Noirs (Romanée-Conti, La Tache)*. Wildtauben → Suprême erlebte ich zweimal in Hochform, einmal grandios unterstützt von reifem *Rubesco Riserva „Vigna Monticchio"* von DR. G. LUNGAROTTI, Torgiano/Umbrien/I, und ein ander Mal leidenschaftlich zerpflückt vom illustren *Château Figeac* des Grandseigneurs THIERRY MANONCOURT aus Saint-Émilion/ Bordeaux/F. Wildtauben mit Estragon – Estragon ist ja nicht gerade ein Freund von (tanninreichen) Rotweinen – sollten Sie doch lieber einer fülligen *weißen Spätlese (Pinot Blanc, Pinot Gris, Chardonnay, Morillon)* anvertrauen. Sehr gut auch die *Langenmooser Riesling-Silvaner Spätlese* von WALDEMAR ZAHNER, Truttikon/Kanton Zürich/CH.

Wildtauben auf „Kröten Art"

Tauben oberhalb des Flügelgelenks waagrecht durchgeschnitten, sodaß sie nur noch vom Brustfleisch zusammengehalten werden, Brust- und Rückenstück auseinandergeklappt, die wie Kröten aussehenden Vögel flachgeklopft, gesalzen, gepfeffert (Mühle), in Butter angebraten, mit geriebenem Weißbrot bestreut, mit zerlassener Butter eingepinselt und fertiggestellt. Als Beilage: gegrillte Tomaten, gebratene Speckscheiben, Röstkartoffeln und Kräuterbutter.
Standesgemäße Pendants der „Kröten" sind einerseits unter den etwas femininen Gewächsen des südlichen Médoc *(Saint-Julien, Margaux/Bordeaux)* z. B. CHÂTEAU LEOVILLE-BARTON oder CHÂTEAU PALMER und andererseits unter großen, saftigfülligen *Pinots Noirs* der weiten Welt zu finden.

Wildtauben geschmort in heller Specksauce mit Erbsen

Wildtauben in Butter angebraten, Speckwürfel beigegeben, gesalzen, gepfeffert (Mühle), warmgestellt, Schalottenwürfel im Fond angedünstet, gemehlt, angeschwitzt, mit weißer Grundsauce (→ Sauce Velouté) aufgegossen, Lorbeerblatt, Tauben und Speck dazugegeben, zugedeckt geschmort; Erben in Salzwasser fünf Minuten gegart, auf einer Platte angerichtet, Täubchen obendrauf, Specksauce darüber und mit Petersilie bestreut.
Sauce Velouté, Erbsen und Schalotten plädieren für reiche, sämige *weiße* Gewächse mit weicher Fülle und eventueller Restsüße *(Riesling, Sauvignon Blanc* und *Pinot Blanc Spätlese)*, doch die dominierende Specksauce forcierte letztlich doch wieder

mittelreife *rote* Säfte wie charaktervoll-rustikalen *Cru Grand Bourgeois Exceptionnel,* CHÂTEAU PHÉLAN-SÉGUR, Saint-Estèphe/Haut-Médoc/Bordeaux/F, animalisch-würzige *Syrah-Weine* der *nördlichen Rhône (Crozes-Hermitage, Hermitage, Saint-Joseph* usw.) und reife *Gran Reservas* aus dem *spanischen Rioja*-Gebiet. Für altgediente *Bier*-Veteranen ist *Weißbier* – nach wie vor – die größte vorstellbare Sinnesfreude.

WINDBEUTEL

Ein lockeres Brandteiggebäck mit Schlagrahm gefüllt, mit Staubzucker bestreut und kalt serviert.
(→ Eclair)

WIRSINGKOHL (WELSCHKRAUT, SAVOYER KOHL)

Europäische Kohlart, mit gekrausten, gelbgrünen, lockeren Blättern, die aus Italien stammt, aber mittlerweile weltweit angebaut wird und sich besonders für Füllungen eignet.
In Italien sind es die *venetianischen Weißweine Gambellara DOC* und *Soave DOC,* in Frankreich würzige *Roséweine (Corbières Rosé/Roussillon/S-F)* und in unseren Breiten die klassischen *weißen* „Gemüseweine" *(Sylvaner, Neuburger* sowie halbtrockener *Riesling, Gutedel und Pinot Noir,* die dem krausen Kohl in seinen vielfältigen Verkleidungen und Verwandlungen Hilfestellung anbieten können. Wirsingkohl gefüllt mit Hackfleisch wurde von gekühlten *roten Jungweinen* wie *Beaujolais/Burgund, Cabernet/Loire/F, Pinot Noir* (z. B. *Pinot Noir de Peissy* von BERNARD UND BRIGITTE ROCHAIX, Peissy/Genf) und *Gamay/Genf/CH* hervorragend interpretiert.

WOLFSBARSCH (SEEWOLF, LOUP)

Ein etwa 3 bis 5 kg schwerer, gefräßiger Meeresfisch, der vor allem im Mittelmeer und vor den britischen Inseln gefangen wird und bereits bei den Römern von Apicius hochgelobt wurde. Er hat ein außerordentlich festes, weißes Fleisch mit einem exquisiten, würzigen Geschmack, der in den Monaten April bis Juni am besten zur Geltung kommt. Erst durch die Nouvelle Cuisine wurde er in unseren Breiten ein Star, der umso besser mundet, je einfacher er zubereitet wird.
Dem besten Fisch des Mittelmeeres sollte man nur hochrangige bzw. gleichrangige Edelweine aus *Chardonnay, Pinot Blanc, Pinot Gris, Riesling, Chasselas, Sémillon, Sémillon-Sauvignon* (im *Spätlese*-Stil) gegenüberstellen. In *Frankreich* und vor allem in Paris schwärmt man hingegen von den vielfältigen Kombinationen mit den elegantesten *Rotweinen* aus *Bordeaux (Saint-Julien, Margaux),* die – leicht gekühlt serviert – den Eigengeschmack des elitären Meeresbewohners noch besser zur Geltung bringen. Zu einem Schnitzel (Escalope) vom Loup mit Austern konnten sich einige Parade-*Rieslinge* aus den klassischen Gebieten in *D/A/F (Elsaß)* auszeichnen, doch die wahre Offenbarung waren große Jahrgangs-*Champagnes (Grands Crus)* wie BOLLINGER, ROEDERER, KRUG, LEGRAS, CANARD DUCHÊNE und BILLECART SALMON. Wolfsbarsch mit (gefürchteter) Brandy-Sauce wurde erwartungsgemäß von reifem *Hermitage Blanc/nördl. Rhône* (von J.-L. CHAVES, Mauves) und faszinierendem *weißem Cru Classé de Graves* (DOMAINE DE CHEVALIER BLANC, Bordeaux/F) gebändigt, doch der reiche *(Barrique-)Chardonnay* von SIMON MAYE & FILS, Saint-Pierre de Clages/Wallis, hielt ebenfalls erstaunlich gut mit.

Wolfsbarsch auf Tomatencoulis

Filets nicht enthäutet, aber entgrätet, mit Salz und frisch gemahlenem Pfeffer gewürzt und in Mehl gewendet; Lauchzwiebeln in kleine Stücke geschnitten, in Butter und Wasser gedünstet, mit Salz, Pfeffer und etwas Zucker aromatisiert, Filets in der Butter beidseitig angebraten und auf Tomatencoulis (Sauce aus blanchierten Tomaten, Butter, Schalotten, Knoblauch, Thymian, Rosmarin, Salz, Pfeffer, Zucker) mit den Lauchzwiebeln angerichtet.

Weiß: Arvine und Johannisberg du Valais/CH, Chardonnay Kabinett

Der *Petite Arvine de Fully* (2 – 5 Jahre; 9 – 10° C) von MARIE-THÉRÈSE CHAPPAZ, Fully/Wallis, imponierte einmal mehr durch seine samtige Milde und näherte sich dem Barsch über die Tomatensauce, der er beziehungsvoll gegenüberstand und die er uneigennützig in den Mittelpunkt stellte.

Weiß: Chassagne-Montrachet/Burgund, Graves Blanc Cru Classé/Bordeaux/F; Riesling Spätlese trocken

Überraschung und Entdeckung schlechthin war die fulminante *Riesling Spätlese „Bacharacher Hahn"* (3 – 6 Jahre; 10 – 11° C) von TONI JOST, Bacharach/Mittelrhein/D, die mit bezaubernder Frucht und reichem Schmelz nicht nur im gleichen Range stand, sondern auch alle Ingredienzien auf selten erlebte Weise zutage förderte.

Weiß: Sémillon-Sauvignon/KAL; Riesling Spätlese halbtrocken; Pinot Blanc Auslese trocken; Sauvignon Blanc Spätlese

Die *Weißburgunder Auslese „Oberbergener Baßgeige"* von FRANZ KELLER (→ Schwäbisches Schnitzel) schien an diesem Tag mehr für einen (imposanten) Monolog als Dialog aufgelegt zu sein.

Wolfsbarsch gedämpft auf „Chinesische Art"

Ausgenommener und geschuppter Wolfsbarsch mit Zitronensaft und → Sojasauce innen und außen eingerieben, mit frisch gemahlenem Pfeffer gewürzt, mit Lauchstreifen gefüllt und über Dampf gegart; mit Sauce aus Karottenstreifen, gepreßtem Knoblauch, zerquetschter Ingwerwurzel, Zitronensaft und Sojasauce, die mit Maisstärke und Fischfond eingedickt wurde, serviert.

Dem intensiven Aroma von Sojasauce, Lauch, Knoblauch und Ingwer waren *Corton-Charlemagne Grand Cru/Burgund* (ANTONIN GUYON, Savigny-Les-Beaune) *Château-Grillet* (VIO; 4 – 6 Jahre; 8 – 9° C) aus Verin/nördliche Rhône, und *Muscat Grand Cru „Prälatenberg"* (5 – 7 Jahre; 8 – 10° C) von RAYMOND ENGEL, Orschwiller/Elsaß, vorzüglich gewachsen. Aus heimischer Sicht bieten sich vor allem große *Gewürztraminer* und *Pinot Gris* an.

WORCESTERSHIRESAUCE (WORCESTERSAUCE)

Klassische britische → Würzsauce, die in Flaschen erhältlich ist und aus Senf, Weinessig, Salz, Pfeffer, Cayennepfeffer, Zucker, Ingwer, Gewürznelken, Curry, Paprika, Zwiebeln, → Sojasauce und → Sherry besteht. Sie soll tropfenweise den Geschmack von Suppen, Saucen, Gemüsen, Fisch- und Fleischspeisen erhöhen, doch sollte man sie nicht automatisch benützen, sondern das Gericht zuerst kosten.

Wenn die Sauce nur tropfenweise angewandt wird, ist der begleitende Wein auf das

Gericht selbst abzustimmen. Bei übermäßigem Gebrauch sollte der Wein kräftiger sein, um nicht unterzugehen. Generell finden sich die Weine für → Asiatische Küche glänzend zurecht.

WURST

Schon Griechen, Römer, Gallier und Germanen waren Meister der phantasievollen Wurstbereitung. Heute sind es in Därme, Kunstdärme, Mägen, Blasen oder Dosen gefülltes, gehacktes Muskelfleisch, Schlachtfett, Blut, → Innereien, → Zunge usw. der verschiedenen Schlachttiere, die mit Gewürzen und Zutaten aller Art verfeinert werden. Jede Wurst ist nur so gut wie die in ihr enthaltenen Produkte. Es dürfen neben den oben angeführten Zutaten auch Sehnen, Knorpel, Magen, Maul- und Nasenschleimhäute, Nitrat, Nitrit, Umröte-Hilfsstoffe, Antioxydantien und Phosphate enthalten sein, was wahrlich nicht sehr appetitanregend klingt. Wurstkauf ist daher eine Sache des Preises (je teurer die Wurst, desto feiner die Inhaltsstoffe) und des Vertrauens zu Ihrem Fleischer.
(→ Bratwurst, → Knoblauchwurst, → Mortadella, → Münchner Weißwürste, → Salami, → Sobreasada)
In Frankreich und Italien wird der Wurstkult noch gepflegt. Zu fetten Würsten genießt man in Gallien trockenen *Chenin Blanc/Loire (Vouvray sec)* oder gekühlten *roten Gamay (Beaujolais)* sowie *elsässischen Pinot Noir.* Jenseits der Alpen sind *Lagrein Kretzer/Südtirol, Monica di Sardegna/Sardinien* und *Lambrusco/Lombardei* populär. In Spanien steht trockener *Fino Sherry* – nach wie vor – als Wurstveredler hoch im Kurs.

WÜRZSAUCEN (TAFELSAUCEN)

Fertige Saucen zur Geschmacksintensivierung von Suppen, Saucen, Salaten, Cocktails, Fleisch-, Geflügel-, Fisch- und Wildgerichten, deren genaue Zusammensetzung meist nicht bekanntgegeben wird; z. B.: Anchovy-Sauce, Harvey-Sauce, Kabul-Sauce, Nabo-Sauce, O.K.-Sauce, Pekingsauce, Prince of Wales-Sauce, → Sojasauce, → Worcestershiresauce und verschiedene → Tomatenketchups, Chutneys (→ Mango Chutney), Relishes und last but not least diverse Barbecue-, Steak- und Salatsaucen.

YALANCI DOLMASI (YALANCI DOLMA)

Türkisch: gefüllter Lügner; berühmte türkische Delikatesse aus gehackten, in Olivenöl angedünsteten Zwiebeln, mit Reis und gehacktem → Hammelfleisch vermischt, intensiv gewürzt und in kurz überbrühte Weinblätter gerollt; nach dem Erkalten als Vorspeise serviert.
Weißweine aus *Thrakien* hielten die Würze besser im Gleichgewicht als ihre dunklen Artgenossen. Der *weiße Trakya* und vor allem *Sémillon* und *Johannisberg Riesling* von VILLA DOLUCA, Mürefte/Marmara-Meer, sind erwähnenswert. Interessant auch der trockene *Dortnal (Narince*-Traube) von DIREN WINES, Tokat/Zentralanatolien/Türkei.

YAMBALAYA → JAMBALAYA

YORKSCHINKEN (YORK-HAM) → SCHINKEN

YORKSHIRE PUDDING

Berühmtes englisches Gericht aus Mehl, Milch, Eiern, Fett (Rindernierenfett), gehackter Petersilie, Salz und Muskatnuß, im Rohr bei 220° C gebacken und als Beilage zu Fleisch (→ Roastbeef, → Steak usw.) serviert.
In Old England sind kraftvoller *Cabernet Sauvignon (AUS, KAL)*, *Rioja Reserva/E* und dunkelwürziges *Yorkshire Bitter (Bier)* wie eh und je ein guter Tip und anerkannt.

ZABAIONE (ZABAGLIONE) → CHAUDEAU

Italienische Variation des Weinschaums.
Üppige Zabaione mit Anis baut auf die bewährten Kräfte eines rustikal-süßen *Moscatel di Montalcino/Il Poggione/Montalcino/Toskana*, auch ein *Moscato dell Oltrepò Pavese/Lombardei* könnte auf seine Eignung hin überprüft werden. Zabaione mit Rum ließ sich von (schäumendem) *Asti spumante (Vignaiolo di S. Stefano Belbo/Piemont)* in Sektlaune versetzen und von (teilgetrocknetem) *Caluso Passito* (ERB; 10 – 15 Jahre; 8 – 10° C) von RENATO BIANCO, Caluso/Piemont/I, gekonnt ausbalancieren. Im übrigen ist es die einfachste und sicherste Wahl, den im Dessert enthaltenen Dessertwein bzw. Alkohol, z. B. *(Cream-)Sherry*, → *Madeira, Brandy, Kirsch ...*, dazu zu trinken.

Zabaione mit Portwein

→ Portwein, Eigelb und Puderzucker in einer Schüssel schaumig geschlagen, auf einem Wasserbad solange weitergerührt, bis ein zarter Schaum entsteht, in Gläser gefüllt und sogleich mit Löffelbiskuits (Biskotten) serviert.
Außer *Late Bottled Vintage* und *Vintage Port* vermochten noch der Ausnahme-*Marsala Superiore* von DE BARTOLI, Sizilien, und der unglaublich dichte, aprikosenmarmeladige *Vin Santo* von LA CHIESA DI S. RESTITUTA, Montalcino/Toskana, Begeisterungsstürme hervorzurufen.

ZAMPONE

Italienische Spezialität: gefüllter Schweinsfuß, sorgfältig entbeint, mit Farce aus Gänseleber-, Pökelzungen- und Räucherspeckwürfeln sowie gehackten Pistazien und weißen Trüffeln gefüllt und in gut gewürzter Bouillon gargezogen; in Tranchen geschnitten, eiskalt serviert und (meist) mit → Sauce Cumberland kredenzt.
Piemonts beste *Gavi's* von „*Gavi Gavi*", LA SCOLCA, Rovereto di Gavi, bis zum in Barrique ausgebauten „*Fornaci di Tassarolo*", Prachtwein von MICHELE CHIARLO, Calamandrana, sowie die *Chardonnays* von ANGELO GAJA, Barbaresco, FRANCO FIORINA, Alba, und PIO CESARE, Alba, erweisen der erlesenen Farce ihre Reverenz. Wenn Zampone warm serviert und mit gewürztem Schweinehackfleisch gefüllt wird, kommen je nach Region *roter Sangiovese di Romagna* und *Lambrusco di Sorbara (Emilia-Romagna)* oder *Merlot del Ticino* (z. B. der „*San Zero*" von EREDI CARLO TAMBORINI SA, Lamone/Tessin/CH) zu Ehren.

ZANDER
(SANDER, SCHILL, FOGOSCH, HECHTBARSCH)

Edler Süßwasserfisch aus der Familie der Barsche. Er liebt kühle, klare Flüsse und Seen und ernährt sich meist von kleinen Weißfischen. Bei einer Größe von ca. 50 cm und einem Gewicht von 1 bis 1 1/2 kg schmeckt er besonders im Herbst und Winter vorzüglich, und sein Fleisch ist dann, wenn frisch zubereitet, weiß, weich, saftig, zart und außerdem fast grätenlos. Unter den Flußfischen weisen die → Barsche eine besondere Vorliebe für fruchtcharmante, leicht gekühlte *Rotweine (Merlot, Pinot Noir, Gamay, Cabernet Franc ...)* auf. Zander Blau verlangt nach zartem *Riesling (Mosel* oder *Wachau), Riesling-Sylvaner* oder *Rieslaner (Franken/D)*. Zander gebraten verbanden wir nahezu perfekt mit herzhaftem *Pinot Noir Rosé* und ebensolchem *Riesling/Nahe/D*. Zander mit → Sauce Hollandaise reflektiert auf kräftigen *Chardonnay* oder *Pinot Blanc*, auch etwas deftiger *Riesling* (z. B. *Elsaß*) ist möglich bzw. auch leicht gekühlter *Pinot Noir*. Zander mit Roten-Rüben-Streifen und Krenobers verbanden wir genial mit *Riesling Smaragd/Wachau/NÖ*; auch eleganter *Chardonnay* empfahl sich für weitere Aufgaben. Zander in heller Butter stellt für *Grünen Veltliner „Smaragd"/Wachau/NÖ/A, Sauvignon Blanc/Loire* oder *Hermitage Blanc/nördliche Rhône/F* kein Problem dar. Zander gegrillt und *weißer Châteauneuf-du-Pape/südliche Rhône* sowie leicht gekühlter *roter Cabernet Franc/Loire* oder junger *Blaufränkisch* (z. B. von NORBERT BAUER, Jetzelsdorf/Weinviertel/NÖ/A) sind ebenso grundverschiedene wie attraktive Gespanne. Zander gefüllt in Blätterteig wurde von edlem *Welschrieslingsekt/A*, zartschäumendem *Crémant de Bourgogne/F* und perlendem *Prosecco Frizzante/Venetien/I* – nacheinander – umschmeichelt. Zander in Senfsauce wurde durch subtil-fruchtigen *Malvasier* von GRAF STUBENBERG, Schloß Walkersdorf bei Krems/Kamptal-Donauland/NÖ/A, Finesse verliehen und vom jugendlichen *Zweigelt* von CHRISTIAN FISCHER, Sooß/Thermenregion/NÖ/A, dessen weiche Tannine sich zuerst querlegten, in puncto Ausdruckskraft und Fischaroma verstärkt. Zanderfilets mit Wacholdersauce wurden sowohl vom charaktervollwürzigen *Riesling Kabinett „Ried Tiefenthal"*, MANTLERHOF, Brunn im Felde/Kamptal-Donauland/NÖ/A, wie auch vom beeindruckenden Parade-*Traminer* von FRITZ LAMPRECHT, Halbenrain/Südoststeiermark/A, in den siebten Himmel der kulinarischen Genüsse geführt. Zu Zander Zéphir (Schaumpudding) fanden wir schließlich im pikanten *Bourgogne Aligoté* von H. GOISOT (→ Burgunderschinken) und vor allem im schäumenden *Cava Segura Viuda* (→ Rotzunge mit Meerrettichcrème) zwei Partner von ätherischer Leichtigkeit und Überzeugungskraft.

Zander auf Paprikacrème

Schalotten- und Knoblauchringe, in Butter angedünstet, rote Paprikawürfel beigegeben, mit Essig begossen, eingekocht, Weißwein aufgegossen, auf die Hälfte reduziert, mit Fischfond versetzt, 15 Minuten geköchelt, abgeschmeckt, püriert, passiert, aufgekocht, Butter eingerührt; Zanderfilets gesalzen, gepfeffert (aus der Mühle) und über Dampf 5 Minuten gegart, Sauce auf Teller gegeben, die Filets darauf dekorativ angerichtet; Mandelkroketten als Beilage.

Hier waren die besten Empfehlungen ein würziger *Pinot Blanc Kabinett*, FEILER-ARTINGER, Rust/Neusiedlersee-Hügelland/BGLD/A, ein rassiger *Wachauer Riesling Kabinett*, HANS KIRCHMAYR, Weistrach/NÖ, und – natürlich – ein frischer *Sauvignon Blanc* (so fruchtig, daß man meinte, man beiße in eine Paprikaschote) von GYÖNGYÖS ESTATE, Gyöngyös/H. (Der australische Önologe HUGH RYMAN ist seit 1991 zusammen mit ADRIAN WING in Ungarn tätig und machte sozusagen über Nacht Furore.)

Zander auf „Ungarische Art"

Filets in Mehl und Paprika gewendet, am Rost braun gebraten und mit Salzkartoffeln und Zitronenvierteln garniert.

Zuzüglich zu den Empfehlungen von → Zander auf Paprikacrème sind *Chardonnay* – auch vom *ungarischen Plattensee* – und *Kéknyelű/Badacsony* in Erwägung zu ziehen. Der in *Ungarn* meist empfohlene *Olaszrizling (Welschriesling)* konnte uns nicht so überzeugen. Traumhaft allerdings die Zusammenstellung mit dem salzigwürzigen *Chardonnay* von EGERVIN, Eger/H.

Zander in Folie

Zander, zart gesalzen, mit Zitronensaft und Butter beträufelt, Karotten- und Zwiebelscheiben darübergegeben, in Alufolie gewickelt, im heißen Rohr gebacken, mit der Folie serviert und von grünem Salat begleitet. (Beim Kochen in Folie bleiben Aroma und Wertstoffe in hohem Umfang erhalten, und deshalb sollte man zuerst den Duft der geöffneten Folie mit geschlossenen Augen genießen.)

Dem zarten Fisch – mit Zitronensaft und Zwiebelaroma – konnten wir mit jugendlich-rassigen *Weißweinen* wie *Pinot Blanc* und *Sauvignon Blanc Kabinett* (ohne Barriqueausbau) sowie *Entre-deux-Mers/Bordeaux/F* Freude bereiten. Die Eidgenossen setzen traditionellerweise auf ihre *Bielersee-Chasselas-Weine* sowie traubige *Riesling-Sylvaner* aus dem Kanton *Bern*. Höhepunkt war aber eindeutig die Vereinigung mit dem geschmeidig-füllig-trockenen *Aigle „Les Cigales"* (CHA; 1 – 3 Jahre; 9 – 10° C) von J & P TESTUZ, Cully/Chablais/Waadtland/CH, dessen Zitrus-Feuerstein-Note nicht besser hätte passen können. Die *Schweizer Weine* trafen auch bei einem Zander in Rahmsauce mitten ins Gourmetherz. In besonders freudvoller Erinnerung haben wir den samtigen *Saint-Saphorin „Domaine du Burignon"* (CHA; 2 – 4 Jahre; 9 – 10° C) von der VILLE DE LAUSANNE, Lavaux, und den Spitzen-*Chasselas Dézaley „Les Grandins"* von ETIENNE FONJALLAZ, Epesses/Lavaux/Waadtland/CH.

ZARZUELA

Spanisch: Musical bzw. Operette; spanische Fischsuppe aus kleinen Mittelmeerfischen, → Langustinen, → Tintenfisch und → Muscheln pikant gewürzt, mit Tomatensauce und Weinbrand aromatisiert und in runder Tonform angerichtet.

Generell sind *weiße Penedès* populär und auch anzuraten. Der mit feinem Eichenflair ausgestattete *Gran Viña Sol* (→ Arroz „Valenciana") besteht zu 50 % aus *Chardonnay* und ist der Prototyp des erfolgreichen Titelhelden in dieser kulinarischen Operette. Manchmal werden auch *Fino Sherry/Andalusien* und gekühlter, fruchtiger *(roter) Caralt Tinto* von RENÉ BARBIER, Penedès, in wichtigen Nebenrollen besetzt.

ZIEGENFLEISCH

Das Fleisch des Ziegenlammes (→ Kitz) ist von bekannt schmackhafter Art. Dem gegenüber stehen reifere Tiere wegen ihres streng-ausgeprägten Geschmacks sowie des zähen Fleisches bei den Gourmets nicht sehr hoch im Kurswert.

In *Italien (Sizzano* bzw. *Nebbiolo/Piemont, Aglianico del Taburno/Kampanien ...), Portugal (Garrafeira/Bairrada ...)* und *Spanien (Vega de Toro/Altkastilien)* versucht man mit tanninreichen, kraftvoll-robusten *Rotweinen* Strenge und Zähigkeit einigermaßen in den Griff zu bekommen. Relativ junges, zartes Ziegenfleisch süß-sauer (Capretto in Agrodolce) wurde in *Kampanien* von einer samtig-reifen *Taurasi Riserva* von MICHELE MASTROBERADINO, Atripalda, vorzüglichst in den Mittelpunkt gestellt. Zu jungem Ziegenfleisch mit Kräutern entsprachen in *Italien* würziger *apulischer San Severo Rosso* von der CANTINE D'ALFONSO DEL SORDO, San Severo, und der Kraftbolzen aus *Sardinien, Cannonau di Sardegna DOC* von der GENOSSENSCHAFT IERZU.

Ziegenlamm → Kitz

ZIEGENKÄSE

Käsesorten aus Ziegenmilch oder einer Mischung aus Ziegen-, Schaf- und Kuhmilch. Die berühmtesten Ziegenkäse kommen aus Frankreich und heißen dort „chèvre"; Käse, die nur zur Hälfte aus Ziegenmilch hergestellt sind, heißen „mi-chèvre". Es kann sich sowohl um rohe als auch um pasteurisierte Milch handeln, und der Belag kann blank, weißlich, bräunlich, goldgelb, mit Milchschimmel, Schimmel, Hefen, Rotflora und cendré (gepulverte Holzkohle) sein. Das Aroma kann nach Milchart, Herstellung und Reifeart von cremig-mild bis zu kräftig-aromatisch-würzig reichen.

Zu den berühmtesten Ziegenkäsen zählen: → Broccio, → Cabécou, → Cabri Doux, → Chabichou, → Crottin de Chavignol, → Géant du Poitou, → Graçay, → Picodon, → Pelardon, → Pyramide, → Sancerre, Tomme de Chèvre, → Valencay/Frankreich; Bündner Geißkäse und → Monte Caprino/Schweiz; → Hardanger/Norwegen; → Queso del Casar, → El Risquillo/Spanien; Ziegen-Gouda/Holland; Altenburger Ziegenkäse, → Einetaler Ziegenkäse/Deutschland; → Geißkäse, → Ziegett/Österreich usw. Generell darf man sagen, daß jugendlich-frische *Rosé-*, fruchtige *Weißweine* mit dezenter Säure und rassige *Schaumweine* (spritziger, trockener *Champagne*) vor allem mit *jungen* Sorten harmonieren. Reife, rezente Exemplare sind von aromatisch-würzigen *Weiß-* und samtig-reifen *Rotweinen (Bordeaux, Rhône/F, Piemont/I ...)* zu begleiten. Zu Ziegenkäse warm mit Frisée-Salat versuchen Sie mittelreifen *Sauvignon Blanc* oder frischen *Rosé*. Zu frischem Ziegenkäse aus Vorarlberg/A gefielen außerdem jugendlicher *Chardonnay, steirischer Rosé-Schilcher/A* und ebensolcher *Schilchersekt*. Mittelreifer → (Ziegen-)Camembert reflektierte zum einen auf eine *weiße Grüne Veltliner Auslese/NÖ/A*, zum anderen auf einen reifen, samtigen *Pinot Noir/BGLD/A* und weiters natürlich auch auf reife, große *internationale Rotweine (Toskana/I, Bordeaux/F* usw.). Ziegenkäse in Tannin eingelegt harmonierte nur mit jungen, relativ harten, tanninreichen *Rotweinen*. Österreichischer → (Ziegen-)Brie hatte hingegen an *Rotweinen* wesentlich weniger Freude (ein junger Edel-*Blaufränkisch* wurde scharf und ein samtig-milder *Brunello die Montalcino/Toskana* verlor sein Gleichgewicht und wurde säurig-spitz), war aber dafür aromatisch-fruchtigen *Weißweinen* mit gebändigter Säure (*Sauvignon Blanc, Muskateller trocken, Chardonnay* bzw. *Morillon*) ein leidenschaftliches Gegenüber. An frischem Ziegen-Gervais scheiterte ein *Weißburgunder „Smaragd"/Wachau/NÖ/A*, der den Käsegeschmack zu sehr forcierte und dann selbst unter die Räder kam; hier war ein *burgenländischer Welschriesling Kabinett* von JOSEF GAGER, Deutschkreutz/Mittelburgenland/A, wesentlich erfolgreicher.

ZIEGETT

Österreichischer Käse von kräftig-aromatischer Würze und feiner eßbarer Rotschmierrinde, der aus 55 % Ziegen- und 45 % Kuhmilch hergestellt wird. Dem prägnanten Aroma des Ziegett sind kraftvoll-eichig-würzige (Barrique-)*Weißweine (Neuburger, Pinot Blanc, Traminer)* bestens gewachsen. Der prächtige Nuß-Eichen-Geschmack eines *Neuburgers („Ried Bruck",* JOSEF HÖGL, Spitz/Wachau/NÖ/A) verleiht dem Käse eine zusätzliche Dimension. *Hochprädikatsweine (Beerenauslese, Trockenbeerenauslese)* sind allenfalls mit sehr reifen, rezenten Exemplaren kombinierbar.

ZIGEUNERSCHNITZEL

Kalbsschnitzel großzügig gesalzen und gepfeffert, gemehlt, in Butter gebraten und angerichtet; Butter abgegossen, Fond mit Weißwein gelöscht, Pökelzunge, gekochter

Schinken, Champignons und Trüffeln – alles → Julienne geschnitten – beigegeben, mit → Sauce Tomates aufgefüllt, mit Cayennepfeffer gewürzt, Sauce über das Schnitzel gegeben und serviert.
Die *Weißweine Chardonnay, Riesling, Riesling-Sylvaner, Pinot Blanc, Sauvignon Blanc* und *Malvasier* im *Kabinett-* bis *Spätlese*-Bereich erwiesen sowohl Sauce als auch Beilagen die nötige Reverenz. Auch einige *rote Primeur-Weine (Blauburger, Zweigelt, Blauer Portugieser, Pinot Noir)* schnitten nicht schlecht ab und dominierten ob ihrer potenten Frucht auf durchaus angenehm-erträgliche Weise. Lieblingswein war der vanillige, mit zarter Bodenwürze ausgestattete *Chardonnay „Les Glarières"* (2 – 4 Jahre; 9 – 11° C) von MAURICE ZUFFEREY, Muraz sur Sierre/Wallis/CH.

ZILLERTALER ALMKÄSE

Handgepflegter, lange gereifter Bergkäse aus der würzigen Sommerkuhmilch des Tiroler Zillertales, von aromatisch-pikanter Art und geschmeidigem Teig.
Der intensiv-würzige Bergkäse erlebte seine schönsten Momente im Zusammenspiel mit aromatisch-milden, extraktreichen, vollreifen *Weißweinen* im trockenen bis halbtrockenen *Spätlese*-Stil *(Traminer, Grüner Veltliner, Pinot Gris)*. Auch die jugendliche, zart-bittere Fruchtigkeit eines *Blauen Portugiesers* (WEINGUT FRANZ FROTZLER, Schrattenthal/Weinviertel/NÖ/A) brachte den Eigengeschmack des Käses sehr gut zur Geltung.

ZIMT

Die getrocknete Innenrinde des Zimtbaumes ist seit Jahrtausenden ein gesuchtes Gewürz, das erst im 15. Jahrhundert nach Europa kam. Es war lange Zeit Standessymbol und sollte vom Wohlstand des Besitzers zeugen. Cylonzimt (Kaneel) ist am feinsten, wird fast immer in Stangen angeboten, hat einen angenehm würzig-aromatischen Geruch und schmeckt feurig-süßlich-brennend. Zimt wird zur Aromatisierung von Likören und Parfüms verwendet und ist auch in der Patisserie und der → Asiatischen Küche unentbehrlich geworden.
Unter den vielen *weißen (Dessert-)Weinen*, die eine Affinität für das exotische Gewürz mitbringen, ragen besonders jene heraus, die in (neuen) Barriques (vor allem Allier und Nevers) ausgebaut wurden. Zu Zimtparfait sind neben den oben genannten *Dessertweinen* in erster Linie milde, aromatische *Schaumweine (Muskateller)* zu empfehlen. Zu Zimt-Plätzchen erfüllte eine würzig-süße *Traminer Auslese* (4 – 6 Jahre; 10 – 11° C) von PETER SCHANDL, Rust/Neusiedlersee-Hügelland/BGLD/A, unsre Vorstellungen auf vorbildliche Weise.

Zimtcrème mit Feigen

Feigen geschält, weißer → Portwein, Zitronensaft und Speisestärke aufgekocht, über die Feigen gegossen, kaltgestellt; aufgeschlitzte Vanilleschote und Zimtstange bei milder Hitze 10 Minuten in Schlagrahm ziehen gelassen; Eidotter mit Zucker schaumig gerührt, mit → Cognac und Zimt parfümiert; Vanilleschoten und Zimtstange aus dem Rahm genommen, Rahm durch ein Haarsieb gegossen, Gelatine darin aufgelöst, alles unter die Crèmemasse gerührt, Crème auf Eiswasser kaltgerührt, steif geschlagenes Eiweiß untergezogen; Zimtcrème und Feigen angerichtet und mit Schokoladeraspeln garniert.
Neben den berühmten edelsüßen *Sauternes/Bordeaux/F, Strohweinen (Vin Santo) Toskana/I*, alten *Portweinen/P, Trockenbeerenauslesen,* gespriteten *Muskatweinen (Moscatel de Setúbal/P, Muscat de Rivesaltes/Roussillon/F, Liqueur Muscat* aus

Rutherglen/Victoria/AUS) und altem *Malaga/E* vermochte der in Barriques ausgebaute *Welschriesling Eiswein* von MELITTA UND MATTHIAS LEITNER, Gols/Neusiedlersee/BGLD/A, die Herzen höher schlagen zu lassen.

Zimtsterne

Schwäbisches Weihnachtsgebäck: 3 Eiweiß steif geschlagen, mit 300 g Puderzucker und dem Saft einer halben Zitrone schaumig gerührt; diese Masse mit 250 g geriebenen Mandeln vermengt, ausgerollt, kleine Sterne ausgestochen, Sterne glasiert und sogleich bei schwacher Hitze gebacken. *Pinot Gris, Riesling-Sylvaner* und *Traminer Auslesen* bis *Beerenauslesen* aus *Baden* und *Württemberg/D* mit noch jugendlicher Fruchtigkeit und zarter Süße sind die beliebtesten Kompagnons der begehrten Sterne; doch selbst dekadente, welke Weine mit „Todessüße" und mattem Glanz gewinnen über Zitrusaroma und Mandeln ein wenig an Frische. Die opulente *Traminer Auslese „Neipperger Schloßberg"* (3 – 6 Jahre; 10 – 12° C) von GRAF NEIPPERG, Schwaigern/Württemberg/D, entpuppte sich nicht nur als sortentypisches Juwel, sondern bekam auch hohe Noten für die subtile (künstlerische) Interpretation der Inhaltsstoffe (Aromen) des Gebäcks.

ZITRONEN (LIMONEN)

Der immerblühende Zitronenbaum stammt aus Vorderasien und wird seit dem Mittelalter in Südeuropa kultiviert; die edelsten Früchte wachsen an der Küste von Neapel. Sie haben alle ein säuerlich schmeckendes Fruchtfleisch (6 bis 7 % Zitronensäure) und viel Vitamin C. In der Schale sitzt ätherisches Zitronenöl, das in Küche, Bar und Parfums als unentbehrlich gilt. „Zitrusfrüchte verderben infolge des hohen Säuregehalts den Geschmack jedes Weins", heißt es in vielen Fachbüchern. Richtig ist jedoch, daß *Hochprädikatsweine (Eiswein, Ausbruch, Sauternes/F)*, deren Säure und Süße gut ausgewogen sind, durch die Zitrustöne fruchtig-frischer werden und an Faszination gewinnen können. Zu Kalbsfilet mit Zitronensaft standen drei *trockene Spätlesen (Sauvignon Blanc, Traminer* und *Riesling)* gleichmäßig im Blickpunkt. Der pikanten Säure eines Zitrusfrüchtecocktails war die samtige Milde eines *Frascati/Latium/I* nicht gewachsen, doch die noch jugendlich wirkende *Weißburgunder Auslese* (9 Jahre; 9 – 11° C) von PAUL ACHS, Gols/Neusiedlersee/BGLD/A, hielt scheinbar mühelos die Balance. Zitronensuppe mit Ei und *Gewürztraminer Spätlese trocken* (z. B. SCHLOSS WESTERHAUS, Ingelheim/Rheinhessen/D) ist die offensichtlich einzig wahre Kombination.

Zitronencrème

Eidotter mit Zucker und Honig zu einer Crème verrührt; Gelatine in heißem Wasser aufgelöst, Zitronensaft untergerührt, diese Mischung in die Eicrème gerührt, kaltgestellt; Eiweiß und Obers separat steifgeschlagen, in die Crème gegeben, diese in Glasschalen angerichtet, mit hauchdünnen Limettenscheiben garniert und kaltgestellt.
Die in *Frankreich* beliebten *Vins Doux Naturels* – vor allem die auch finessenreichen *Muscat de Beaume-de-Venise*, DOMAINE DE COYEUX, südliche Rhône, und *Muscat de Frontignan*, CHÂTEAU DE LA PEYRADE, Languedoc, edle *Sauternes/Bordeaux* und manchmal auch ihre Nachbarn aus *Cérons* (z. B. CHÂTEAU DE CÉRONS oder CHÂTEAU HAURA) sind die exotischen Bindeglieder für kulinarische Feste. Mit nationaler Brille betrachtet, erspähten wir in der Fülle der *Hochprädikatsweine* den jugendlich-traubigen *Weißburgunder Ausbruch* (mindestens 3 Jahre; 7 – 9° C) von ALFRED GABRIEL, Rust/Neusiedlersee-Hügelland/BGLD/A, der die Honig-Zitrus-Note sogleich vereinnahmte, aber dem Dessert – geschmacklich erhöht – wiedergab.

Zitroneneis

Spiralförmige Zitronenschale in 1/4 l Läuterzucker (Zuckersirup) ausgezogen, Saft von 3 Zitronen beigefügt und wie → Himbeereis zubereitet. Neben den wiederholt zitierten *Moscato-Schaumweinen (Asti Spumante* usw.) empfahlen sich ein zitrusfruchtiger *Champagne Deutz Blanc de Blancs/Aÿ/F)* und der mit feinstem Eiswein dosierte *Schaumwein Elbling brut* von MATTHIAS DOSTERT, Nittel/Obermosel/D. Zu Zitroneneis mit marinierten Heidelbeeren zeichneten sich eine nur zartsüße *Gewürztraminer Spätlese* von LEOPOLD SOMMER, Donnerskirchen/Neusiedlersee-Hügelland/BGLD, und die elitäre, mit dem Anspruch auf das Besondere ausgestattete *Bouvier Beerenauslese* von STEFAN SCHNEIDER, Illmitz/Neusiedlersee/BGLD/A, aus.

Zitronen-Öl-Dressing (Salatdressing)

3 Teile Öl, 1 Teil Zitronensaft, Salz und Pfeffer aus der Mühle.
Der diffizilen Salatsauce gilt es behutsam entgegenzuwirken, denn die aromatisch passenden, jugendlichen *Rieslinge* und *Grünen Veltliner* aus dem *Weinviertel/NÖ/A* weisen hiefür meistens einen zu hohen Säuregehalt auf. Auf der Suche nach geschmacklicher Vollendung stießen wir wieder einmal auf die samtig-weichen, aber aromatisch-stimmigen *Weißweine Italiens (Pinot Grigio, Tocai/Friaul, Soave Classico/Venetien, Vernaccia di San Gimignano/Toskana)*.

Zitronensauce (→ Süßspeisen-Sauce)

Weiße Mehlschwitze mit Zucker, Zitronenschale und Milch durchgekocht, Schale wieder entfernt, mit Eigelb und → Crème fraîche gebunden, mit einem Schuß Weißwein aromatisiert und mit Zitronensaft vollendet.
Die Süße des begleitenden *Dessertweins* richtet sich nach der Süße der Nachspeise: je süßer das Dessert, desto süßer der Wein! Zur Sauce an sich sind die schon erwähnten *Hochprädikatsweine (Traminer, Muskat-Ottonel, Riesling, Riesling-Sylvaner, Bouvier ...)* delikate Begleiter von schwelgender Eleganz, Frucht und Süße. Ein Erlebnis besonderer Art auch der (edelsüße) *Johannisberg Doux* (SIL; 2 – 6 Jahre; 8 – 10° C), DOMAINE DU MONT D'OR, Pont de la Morge/Wallis/CH.

ZITRONENMELISSE (ZITRONENKRAUT)

Ein stark nach Zitronen duftendes Küchenkraut mit würzigem Aroma, dessen Blätter vor der Blüte geerntet werden und frisch oder getrocknet zum Aromatisieren von Salaten, Rohkost, Gemüsen und Fleischspeisen eingesetzt werden.
Zu den meisten mit Zitronenmelisse gewürzten Gemüsen sind perfekt ausgewogene, *trockene Kabinettweine* bis *Spätlesen (Riesling, Traminer, Sauvignon Blanc)* die richtige geschmackliche Ergänzung und Erhöhung.

ZUCCHINI (ZUCCHETTI, COURGETTEN)

Die aus Westindien und Mexiko stammenden Gurkenkürbisse sind hellgrün und nur in gekochtem Zustand von süßlichem Wohlgeschmack. Sie kommen vor allem aus den Mittelmeerländern, enthalten viele Vitamine (A, B_1, B_2, C), Kalzium und Eisen und werden als Vorspeisen und Beilagen eingesetzt.
Neben den klassischen „Gemüseweinen" *(Sauvignon Blanc, Neuburger, Sylvaner, Malvasier ...)* haben sich hier eine Menge neuer und attraktiver Partner herauskri-

stallisiert: Zu Zucchini auf „Orientalische Art" (mit Reis, Majoran, Hammelfleisch und Tomatensauce) waren *südländische* und *nordafrikanische Roséweine* kaum zu überbieten. Zucchiniblüten gebacken werden durch fruchtig-weichen *Bianco di Custoza DOC* (TRE, GAG, TOCAI)/*Venetien/I* (z. B. von LE VIGNE DI SAN PIETRO, Sommacampagna, oder FRATELLI TEDESCHI, Pedemonte) ideal interpretiert; auch *Chenin Blanc/KAL* vermochte zu beeindrucken; und zu gefüllten Zucchiniblüten mit Reis und Basilikum erlebte ein noch verschlossener *Blaufränkisch/BGLD/A* eine wundersame Metamorphose und wurde angenehm rund mit einem Schuß Italianità ausgestattet! Zucchini in Olivenöl gedünstet favorisierten *Fino Sherry/E* und vor allem *Orvieto DOC/Umbrien/I* (z. B. "*Vignetto Torricella*" von BIGI, Orvieto). Zucchini in Sauerampfersauce sind ohne exotisch-üppigen *Sauvignon Blanc* kaum vorstellbar. Zu Zucchini-Kartoffelauflauf haben sich in *Österreich* diverse *Malvasiers* einen Namen als verläßliche Begleiter gemacht. Aus Zucchinikroketten holten sowohl *Pinot Blanc d'Alsace/F* als auch *Grüner Veltliner „Steinfeder"/Wachau/NÖ/A* interessante Nuancen heraus.

Zucchini gefüllt

Zucchini der Länge nach halbiert, ausgehöhlt und mit Salz bestreut; → Pignoli (Pinienkerne) und Zwiebeln in Butter angeröstet, mit Hackfleisch, Salz, Pfeffer und Basilikum gemischt und in die Zucchini gefüllt, mit Bouillon übergossen und zugedeckt gedünstet; Fond mit Mehl und Sauerrahm gebunden und über die Zucchini gegossen.

Rosé aus der *Provence/F*, *Chardonnay* (Stahltank) sowie mild geharzter *Retsina/ Griechenland* brachten das Gericht zu geschmacklicher Vollendung. *Rote* Barrique-Weine aus der *Toskana* nahmen zwar eindeutig das Heft in die Hand, gewannen aber gleichzeitig an Finesse! Ein Paradebeispiel stellt der nach Peperoni duftende *Cabernet Sauvignon „Collezione de Marchi"* von der FATTORIA ISOLE E OLENA, Barberino Val d'Elsa/Toskana/I, dar.

ZUCKER (SACCHARUM OFFICINARUM)

Ein wasserlösliches, süß schmeckendes Kohlehydrat in Form von Trauben-, Milch-, Malz- und Fruchtzucker sowie Saccharose (Rüben- oder Rohrzucker).
Um etwa 1000 v. Chr. gelang es den Chinesen, aus Zuckerrohrsaft Zucker zu kristallisieren, um 327 v. Chr. brachte Alexander der Große das Zuckerrohr aus Indien mit. Die Araber erkannten als erste den Handelswert des Zuckers, und die Kreuzritter brachten ihn schließlich auch nach Nord- und Mitteleuropa. Christoph Columbus erschloß dem „süßen Schilf" die besten klimatischen Bedingungen auf den Westindischen Inseln. 1597 begann man in Dresden mit der Fabrikation von Zucker, aber erst als es dem deutschen Chemiker Andreas Sigismund Markgraf 1747 gelang, aus der Zuckerrübe (Runkelrübe) Zucker herzustellen, wurde der Süßstoff zum Volksnahrungsmittel. Ein zu hoher Zuckerkonsum schädigt allerdings den Zahnschmelz (Karies), verändert die Darmflora und nimmt dem Körper wichtiges Vitamin B weg (Vitamin-B-Räuber).
Da sich (Zucker-)Süße und Restsüße im Wein nicht addieren, sondern gegenseitig ausgleichen, braucht man hier beim Einsatz von süßen bis edelsüßen *(Prädikats-)Weinen* keine Vorsicht walten zu lassen; im Gegenteil: Ein Wein mit der respektablen Restsüße von 20 bis 35 g erscheint des öfteren gegenüber einer üppig-süßen Speise urplötzlich als unharmonisch bis kratzig-säurig. Trotzdem versuchen ernährungs- und kalorienbewußte Weinfreunde immer wieder – und zum Teil auch erfolgreich – mit wenig süßen, aber extraktreichen *Prädikatsweinen* ihr Glück.

ZU MAN PO

Vielgerühmte chinesische Delikatesse: Porree, Champignons und Schweinsfilet → Julienne geschnitten, Zwiebeln gehackt, alles in Schweineschmalz knackig angebraten; Knoblauch, Pfeffer und Sojakeime beigefügt, mit → Sojasauce aromatisiert, kurz durchgekocht und mit körnig gekochtem Reis aufgetragen.

Aus der Fülle der Möglichkeiten haben sich *trockener Muskateller, Sauvignon Blanc* und *Chenin Blanc/Loire* für die Endrunde qualifiziert. Im Zweifelsfalle sind → *Sake* und → *(Fino)Sherry/E* keine Lückenbüßer, sondern ideal auf die Hauptgeschmacksträger abgestimmte, gleichwertige Partner.

ZUNGEN

Sie werden vom Rind, Kalb, Hammel und Schwein frisch, gepökelt und geräuchert angeboten. Sie haben wenig Kalorien, aber umso mehr Vitamine (B_1, B_2) und Mineralstoffe (Eisen, Natrium, Phosphor und Kalzium). Vor allem der Mittelteil der fleischigen, jungen Mastochsenzunge gilt als besondere Gaumenfreude (→ Hammelzunge, → Kalbszunge, → Lammzunge, → Pökelzunge, → Rinderzunge). Im hohen Norden ist die → Rentierzunge eine besondere Delikatesse, und in Südamerika erhält man manchmal auch geräucherte Pferdezungen.

Zu Zungenragout sollte man kraftvolle, erdig-würzige *Rotweine (Zweigelt/A, Brouilly Cru Beaujolais/F; Sassella Valtellina Superiore DOC „Botte d'Oro"/Lombardei/I)* einsetzen. Zunge geräuchert ist für große *halbtrockene Rieslinge* sowie füllig-samtigen *Jurançon Blanc SEC/Béarn/SW-F* ein „gefundenes Fressen". Zunge getrüffelt und kraftvoll-üppig-trockener *Sherry Amontillado Seco/E*, zählen zu den preiswerten Annehmlichkeiten des Lebens. Zunge gekocht mit → Sauce Madère und junger *Cabernet Sauvignon* (z. B. von NORBERT BAUER, Jetzelsdorf/Weinviertel/NÖ/A), sind eine kultivierte Melange. Kalte Zunge mit Cornichons werden von *roten Jungweinen (Blaufränkisch, Blauer Portugieser)* oder – noch besser – *Touraine Gamay/Loire* mit viel Gefühl begleitet. Gekochte Zunge mit Mandeln und Ingwer gilt als diffiziles Gericht, doch *Graves Blanc/Bordeaux, Muscat d'Alsace Grand Cru* und *Pinot Gris Spätlesen trocken* bis *halbtrocken* scheinen davon noch nie gehört zu haben. Zungensalat und fruchtig-milder *Malvasier* sind eine Paarung von anmutigem Liebreiz ohne störende Säure-Dissonanzen.

ZUPPA DI PESCE

Italienische Fischsuppe: kleine Seefische, Meereskrebse, Muscheln und Tintenfische in pikant gewürzter Suppe (bzw. Sauce) angerichtet. (→ Burrida)

Weiß: Alcamo und Rapitalà Bianco/Sizilien/I
Rosé: süditalienischer Rosato

Der blaß-gelbe, trockene, fruchtig-frische *Rapitalá Bianco* (CAT; 1 – 2 Jahre; 8 – 9° C) der TENUTA RAPITALÁ, Camporeale/Sizilien/I, zählt zu den besten seiner Art (Rapitalà kommt aus dem arabischen und heißt „Land Allahs") und beeindruckte mit seiner pikanten Nußwürze nicht nur italophile Zungen. Ein feiner Sommerwein!

Weiß: siehe unten! bzw. Chardonnay/Toskana oder Piemont/I

Der hochgelobte „Weiße Stern" aus *Kampanien*, der *Fiano d'Avellino „Vignadora"* (3 – 5 Jahre; 9 – 11° C) von MICHELE MASTROBERARDINO, Atripalda/I (hellgelb, nach Birnen und Nüssen duftend, von samtiger Würze und vielschichtigem Ausklang), erfüllte die in ihn gesetzten Erwartungen mit Leichtigkeit, schuf ein ideales Gegengewicht zur imposanten Suppe und erzeugte eine schier unersättliche Gaumenlust!

Weiß: Nuragus di Cagliari secco und
Vernaccia di Oristano Superiore/Sardinien/I

Der berühmte sherryartige *Vernaccia di Oristano DOC Riserva* (8 – 15 Jahre; 8 – 11° C) von ATTILIO CONTINI, Cabras, reifte jahrelang in Kastanienfässern und brillierte daher mit glitzernder Bernsteinfarbe, feinem Mandelblütenduft und extrem trockenem, herb-säuerlichem Geschmack von nicht endenwollenden Reflexionen bei 15 % Alkohol! Von Harmonie war nicht viel zu spüren, doch beeindruckte diese Melange von verwirrender Vielfalt und aromatischer Komplexität letztlich nicht nur die einheimischen Schlemmer, sondern auch einige lukullische Genießer.

ZUPPA PAVESE

Italienische Kraftbrühe mit rohem Ei: geröstete Weißbrotscheibe in eine Suppenschale gelegt, rohes Ei daraufgegeben, mit geriebenem Parmesan und gehacktem Estragon bestreut und mit gepfefferter Kraftbrühe aufgekühlt.

Hier wirkt der Wein meist störend oder überflüssig, doch *Südtiroler (Terlaner) Pinot Blanc* und *Sauvignon* waren keine Fremdkörper und sind durchaus zu empfehlen. Im speziellen denken wir dabei an den *Terlaner „Hof zu Pramol" DOC* von JOSEF NIEDERMAYR, Girlan, und den würzigen *Terlaner Sauvignon* der KELLEREI ANDRIAN, Andrian/I.

ZÜRCHER ZUNFTSPIESSLI

Kalbfleisch in zweifingerbreite, flache Streifen geschnitten und hauchdünn geklopft, mit Salz und Pfeffer aus der Mühle gewürzt, ähnlich präparierte Kalbsleberstreifen daraufgelegt, zusammengerollt, je drei Röllchen auf einen kleinen Spieß aufgefädelt, gegrillt, auf gedünsteten grünen Butterbohnen angerichtet und von kleinen Bratkartoffeln eskortiert.

Für die traditionsreichen Spießli bot unser *Zürcher* Gastgeber die besten Weine der Region auf: den weit verbreiteten, fruchtigen *Pinot Noir* und die samtigen *weißen Riesling-Sylvaner, Räuschling* und *Pinot Gris*. In positiver Erinnerung behielten wir die exemplarisch fruchtigen *Blauburgunder* der OBST- und WEINBAUFACHSCHULE WÄDENSWIL sowie einen perfekt ausgewogenen *Riesling-Sylvaner/Sélection Caves Mövenpick/Ostschweiz*.

ZWETSCHGEN (ZWETSCHKEN, ZWETSCHEN)

Kleine eiförmige, blaue, bereifte → Pflaumen, die durch ihr süßlich-würziges Aroma in der Küche sehr beliebt sind. Sie fördern den Speichelfluß und sind daher appetitanregend.

Die vielfältigen Empfehlungen zu → Pflaumen gelten auch hier. Ein Zwetschgenkompott ließ sich von einer pikant-süßen *Welschriesling Auslese* von STEFAN SCHNEIDER, Illmitz/Neusiedlersee/BGLD/A, mit Wonne verwöhnen und verlieh im Gegenzug dem Wein ein Plus an Fruchtigkeit und Finesse. Zwetschgenmus (→ Zwetschgenröster) paaren *Rotwein*-Fans gerne „trendy" mit pflaumen(zwetschgen)-fruchtigen, extraktsüßen, schweren *roten* Tropfen wie *Amarone/Venetien/I* oder *Châteauneuf-du-Pape/südliche Rhône/F*.

Zwetschgenknödel

Österreichische Mehlspeise: Zubereitung wie →Marillenknödel. Den beliebten Knödeln zu Ehren sollten Sie *Österreichs Prädikatswein*-Elite *(Spätlese, Auslese, Ausbruch)* der Rebsorten *Zierfandler, Pinot Gris, Riesling-Sylvaner* und *Sämling* aufbieten oder sich einen *roten Eiswein* (→ Zwetschgenröster) zu Gemüte führen.

Zwetschgenkuchen

Hefeteig auf gemehltem Backblech dünn ausgerollt, mit zerlassener Butter bestrichen, eng mit geviertelten Zwetschgen belegt, mit Zimtzucker bestreut und im heißen Rohr gebacken.

Die besten *Zierfandler Auslesen* von der *niederösterreichischen Thermenregion/A* sowie elitärer, halbsüßer *Vouvray /Loire/F* erscheinen uns als Nonplusultra aller Paarungsmöglichkeiten. Eine Offenbarung war auch die jugendliche, pikant-fruchtige mit dezentem Vanilletouch (Barriqueausbau) versehene, halbsüße *Rotgipfler Spätlese* von RICHARD THIEL, Gumpoldskirchen/Thermenregion/NÖ/A, die wieder einmal die Unersetzlichkeit der Thermenregion als Lieferant vielseitiger Speisenbegleiter eindrucksvoll untermauerte.

Zwetschgenröster (Pflaumenröster)

Österreichische Spezialität: vollreife Zwetschgen mit Zucker und abgeriebener Zitronenschale gedünstet und als Beilage zu diversen Mehlspeisen serviert.

Unter den diversen *Rotweinen* haben sich junger, fruchtcharmanter *Blaufränkisch* und *Zweigelt* (z. B. von ENGELBERT PRIELER, Schützen am Gebirge/Neusiedlersee-Hügelland/BGLD/A) ganz gut geschlagen, doch in Verbindung mit Desserts (→ Kaiserschmarren) zeigten sich die sonst eher als überflüssig geltenden *roten Hochprädikatsweine* von ihrer besten Seite. Die jugendliche, süß-säuerliche *Blauburgunder Beerenauslese* von PAUL ACHS, Gols/Neusiedlersee/BGLD/A, blühte auf und zeigte plötzlich Finesse und Eleganz, doch Trumpf-As im Zusammenspiel mit dem Röster war der frische, pikant-säuerlich-süße *Sankt Laurent Eiswein* des hochmotivierten FRITZ RIEDER, Kleinhadersdorf/Weinviertel/NÖ/A. Unter den *weißen Prädikatsweinen* bestachen vor allem die würzig-süßen Kreszenzen aus *Tokaji/Ungarn* sowie einige *Pinot Gris Auslesen* mit mäßiger Süße, wobei letztere eine wohlige Frischenote einbrachten.

ZWIEBELN

Die unterirdischen, fleischig verdickten Sprossen des → Lauchgewächses werden seit ca. 5000 Jahren als Küchengewürz und als Gemüse verwendet. Die dicken, schalenförmig aufgebauten Knollen sind stechend-aromatisch, enthalten viel Vitamin C und ein charakteristisches ätherisches Öl, das gleichermaßen Augen und Nase befällt. Schon die alten Römer warfen den Galliern vor, „sie riechen nach Knoblauch und Zwiebeln". Früher als „Vanille des armen Mannes" bezeichnet, ist die Zwiebel heute – trotz einer gewissen Schwerverdaulichkeit – auch aus der feinen Küche nicht mehr wegzudenken.

Sylvaner und *Riesling* zählen zu den sichersten Garanten im Umgang mit dem aromatischen Lauchgewächs. *Sauvignon Blanc* betont die Würze, während *Pinot Gris, Tocai Friulano* und vor allem *Vouvray (CHB)/Loire* die süßliche Seite der Zwiebel hervorheben. *Rotweine* (mit Tannin) erzeugen oft eine würzig-bittere Gesamtnote, doch können fruchtcharmante *Jungweine (Gamay, Pinot Noir, Blauer Portugieser ...)* und würzige *Roséweine* sehr wohl eine geschmackliche Ergänzung bringen. Zu Zwiebelfleisch „Florentiner Art" (Rindfleisch geschmort mit Tomaten, Zwiebeln, Karotten, Knoblauch und Rotwein) ist einfacher *Chianti dei Colli Fiorentini* gerade richtig. Jungzwiebelsuppe und *friulanischer Chardonnay* stellt immer wieder eine kulinarische Abwechslung von delikater Frische dar, doch auch *roter Cabernet Franc*, wenn jung und kellerkühl serviert, ist nicht übel. Zwiebelcremesuppe wurde hingegen von samtigem, gut abgepuffertem *Sauvignon Blanc „Ried Altenberg"* von HANS NITTNAUS, Gols/Neusiedlersee-Hügelland/BGLD/A, hervorragend unterstützt. Zwiebeln gefüllt paarten wir mit *Valpolicella Chiaretto (Rosé) Venetien/I* und mild-lieblichem *Pacherenc-du-vic-Bilh/Béarn/SW-F*, wobei letzterer den tieferen Blick wagte und sich auch für geschmolzene Zwiebeln empfahl. Zwiebel-Rindfleisch wurde von reifem *Pinot Noir* virtuos interpretiert. Zwiebeln gegrillt mit scharfer → Romesco Sauce wurden vom *Monistrol „Vin Natur Blanc de Blancs"/Katalonien/E* auf unnachahmliche Weise zum Erblühen gebracht, ohne daß die Würze eskalierte. Kleine Zwiebelchen süß-sauer ließen wir durch *Chenin Blanc/Loire/F* und *Bianco di Custoza/Venetien/I* hochleben. Zwiebelmus mit Balsamico-Essig-Sauce wird von einer halbtrockenen *Muskateller Auslese* stets würdevoll begleitet, doch der exemplarisch-samtig-weiche *Schweizer Chasselas Dezaley „Plan Perdu"* von JEAN-MICHEL CONNE, Chexbres/Waadtland/CH, ließ uns die Faszination des — beinahe – Unverwechselbaren erleben.

Zwiebelkuchen auf „Provenzalische Art"

Einfacher Mürbteig rund ausgerollt und in eine gefettete Tortenbodenform gegeben; dünne Zwiebelscheiben mit Salz, Pfeffer, Nelken- und Knoblauchpulver in Olivenöl hellgelb angeschwitzt, in den Tortenboden gefüllt, mit Sardellenfilets dekoriert, entsteinte schwarze Oliven genau dazwischengesetzt, mit Olivenöl beträufelt und ca. 30 Minuten gebacken.

Die würzigen Kreszenzen der *Provence (weiß* und *rosé)* hatten hier natürlich einen unübersehbaren Heimvorteil, doch interessanterweise war es der von der *südlichen Rhône* stammende *Tavel Rosé* (hier vom CHÂTEAU DE TRINQUEVEDEL, Tavel), der eindeutig den Zuschlag bekam

Zwiebelkuchen auf „Schwäbische Art"

Eine gebutterte Springform etwa 2 bis 3 cm hoch mit ungezuckertem Hefeteig ausgekleidet; 2 bis 3 Zwiebeln in Tranchen geschnitten, mit kleinen Räucherspeckstücken braun geröstet, 2 Eier, 1/8 l Sauerrahm und etwas Salz beigegeben, verrührt, die Masse auf den Hefeteig gegossen und goldgelb gebacken.

Im Schwabenland *Württemberg* ist der Pro-Kopfverbrauch in Sachen Wein nach wie vor der höchste in Deutschland. Die einheimischen „Vierteleschlotzer" bevorzugen zum Zwiebelkuchen ihren *Riesling, Silvaner, Pinot Blanc* und *Pinot Gris*. Am populärsten sind jedoch der aus *weißen* und *blauen* Trauben verschnittene *Schillerwein* und der etwa 25 % der Gesamtproduktion ausmachende *rote Trollinger*, der ganz jung getrunken wird. Besonders empfehlen können wir Ihnen die elitäre *Riesling*-Einzellage „Stettener Brotwasser" der HOFKAMMER-KELLEREI STUTTGART.

Zwiebelrostbraten → Wiener Rostbraten

Zwiebelsuppe auf „Pariser Art" (Soupe à l'Oignon)

Berühmte Pariser Spezialität: Zwiebeln → Julienne geschnitten, in Butter glasig angedünstet, gemehlt und hellbraun geröstet, mit Bouillon aufgefüllt, gesalzen, gepfeffert (Mühle), langam gekocht, über gerösteter Weißbrotscheibe angerichtet. (→ Cherbah = arabische Zwiebelsuppe)

Der salzig-säurigen, mit Röstnoten versehenen Spezialität des einstigen „Bauchs von Paris" begegnet man erfahrungsgemäß am besten mit einem *weißen* „Gewürzwein" aus dem *Elsaß (Sylvaner, Riesling, Gewürztraminer)* oder einem noch strengeren *roten Fitou* oder *Corbières* aus dem *südfranzösischen Languedoc-Roussillon*. Neuerdings begeistert man sich auch für die rassigen *Sauvignons Blancs* der *Loire!*

Zwiebelsuppe auf „Rheinische Art"

Zwiebelscheiben in Butter hell angedünstet, gewürfelte Karotten, Lorbeerblatt, Kraftbrühe und Bratwürste dazugegeben, langsam geköchelt; Bratwürste in mittelgroße Portionen zerteilt, Suppe abgeseiht, Wurststücke wieder hineingegeben, mit Salz, Pfeffer und ein wenig Essig aromatisiert und mit gehackter Petersilie bestreut.

Die vollmundig-kräftigen bis erdig-würzigen *weißen* Spezialitäten aus *Rheinhessen (Riesling, Silvaner)* und der *Rheinpfalz (Riesling, Silvaner, Pinot Gris)/D* führen die herzhaft-deftige Suppe mit traumwandlerischer Sicherheit immer wieder zu geschmacklicher Vollendung. Besonders ans Herz legen können wir Ihnen die würzigen, trocken ausgebauten *Silvaner* des aufstrebenden Newcomers EUGEN WEHRHEIM, Nierstein/Rheinhessen/D.

Zwiebelwähe
(Bölleflade, Schweizer Zwiebelkuchen)

Gebuttertes Backblech mit Hefeteig ausgelegt, Räucherspeckwürfel angebraten, Zwiebelscheiben darin hell angeschwitzt, Zwiebeln und Speck auf den Teig gegeben, pikant gewürzte Eier-Milch-Sahne-Mischung (4 Eier, 1/4 l Milch, 1/4 l Sahne, Salz, Pfeffer) darübergegossen und im Rohr hellbraun gebacken.

Die samtigen *Weißweine* der *Schweiz (Chasselas, Sylvaner, Riesling-Sylvaner, Pinot Gris, Riesling)* sind für den Zwiebelkuchen wundermilde, duftig-frische Führer zu kulinarischen Höhenflügen. Highlights waren der samtige *Mont sur Rolle „Le Geai"* *(Chasselas) la Côte/Selection Caves Mövenpick;* der rare *Teufener Riesling-Silvaner* von GERI LIENHARD, Teufen/Kanton Zürich, und der Parade-*Pinot Gris „Domaine le Grand Clos"* von CHARLES NOVELLE, Satigny/Genfersee/CH.

INDEX DER WEINGÜTER UND PRODUKTIONSBETRIEBE

Abbazia di Rosazzo, Manzano S. 81, 152, 249, 294, 363, 395
Acacia, Napa S. 354
Achaia-Clauss, Kifissia S. 103, 320, 384
Achs, Paul, Gols S. 450, 455
Adami, Adriano, Colbertaldo di Vidor S. 111
Adenauer, J. J., Ahrweiler S. 348
Aigner, Wolfgang, Krems S. 182
Ainé, Paul Jaboulet, Tain l'Hermitage S. 95
Albrecht, Lucien, Orschwihr S. 231
Aligne, Gabriel, Burgund S. 191
Allegrini, Franco, Fumane di Valpolicella S. 29, 44, 411
Allesverloren, Swartland S. 156
Allias, Daniel, Vouvray S. 307
Alphart, Dipl.-Ing. Karl, Traiskirchen S. 172, 186, 265, 364
Alvear, Montilla S. 21
Alzinger, Leo, Unterloiben S. 385
Ampeau, Robert, Mersault S. 311
Anselmi, Roberto, Monteforte S. 243
Antinori, Lodovico, Bolgheri S. 45
Antinori, Marchesi L. & P., Firenze S. 110, 123,152, 414
Antoine, Gérard, Saint-Sulpice de Cognac S. 25,47
Arbor Crest, Spokane S. 30
Aréna, Antoine, Patrimonio S. 56, 135, 382
Arione, Angelo, Asti S. 63
Artner, Hans, Höflein S. 291
Arvedi D'Emilei, Cavalcaselle S. 351
Association des Viticulteurs de la Salle, Aostatal S. 404
Astley, Worcestershire S. 421
Attimis-Maniago, Buttrio S. 81, 364, 395
Aubert, Jean-Claude, Vouvray S. 344
Audebert, Marcel, Bourgueuil S. 66
Austin Cellars, Santa Barbara S. 420
Avignonesi, Montepulcioano S. 285
Babich Wines, Henderson S. 152, 425
Bach, Masia, Sant Esteve Sesrovires S. 76, 231, 273
Bachelet, Bernard, Chagny S. 144
Backsberg, Paarl S. 280
Badische Winzerkeller, Breisach S. 109
Badoux, Henri, Aigle S. 432
Baileys, Glenrowan S. 359, 435
Balada, Celler Ramón, Sant Marti Sarroca S. 58, 250
Barattieri, Conte Otto, Vigolzone S. 312
Barbacarlo, Broni S. 158
Barbadillo, Antonio, Sanlucar de Barrameda S. 20, 171, 380, 387, 417
Barbeito, Funchal S. 426
Barberani, Baschi S. 123
Barbier, René, Sant Sadurni d'Anoia S. 420, 447
Barc, André, Rivière S. 198, 327
Bärenhof, St. Martin S. 357
Barnaut, Edmondo, Champagne S. 199
Barone De Cles, Mezzolombardo S. 120
Barone di Villagrande, Milo S. 384
Barthod, Ghislaine, Chambolle-Musigny S. 415
Baud, Pierre-André, Aigle S. 96, 408
Bauer, Norbert, Jetzelsdorf S. 446, 453
Bea, Paolo, Montefalco S. 157
Beck, Hans, Gols S. 188
Becker, Friedrich, Schweigen S. 143, 182, 303
Becker, J. B., Walluf S. 205
Belland, Roger, Santenay S. 310
Bellavista, Erbusco S. 249, 409
Benziger of Glen Ellen, Sonoma S. 420
Bérard, Victor, Varennes-lès-Mâcon S. 95
Bergaglio, Nicola, Rovereto di Gavi S. 105, 132
Bergdolt, F. und C., Neustadt-Duttweiler S. 95
Berger Frères et Fils, Mont Louis-sur-Loire S. 408
Berger, Erich, Gedersdorf S. 352
Beringer, St. Helena S. 301
Bernard, Michel, Oranges S. 210
Bernreiter, Peter, Wien/Großjedlersdorf S. 330
Berri Estate, Berri S. 359
Bertolo, Lorenzo, Lessona S. 402
Besserat de Bellefon, Reims S. 126
Beyer, Leon, Eguisheim S. 362, 402
Bezirkskellerei Markgräflich, Efringenkirchen S. 347
Bezner & Fischer, Vaihingen-Gündelbach S. 252
Bianco, Renato, Caluso S. 397, 445
Biegler, Manfred, Gumpoldskirchen S. 16, 26, 265, 266, 309
Bigi, Orvieto S. 123, 384, 452

Bilbao, Ramon, Haro S. 227
Billecart-Salmon, Mareuil-sur Aÿ S. 442
Bindella, Rudolf, Montepulciano S. 316, 405
Bisang, Adolf, Dagmerseilen S. 324
Blandy Brothers, Funchal S. 360, 363, 418
Blankenhorn, Fritz, Schliengen S. 89
Blass, Wolf, Nuriootpa S. 34, 196
Bodega Cooperativa San Valero, Cariñena S. 26
Bodegas A. De Terry, Puerto de Santa Maria S. 21
Bodegas Beronia, Ollauri S. 250
Bodegas Domecq, Elciego S. 309
Bodegas Faustino Martinez, Oyón S. 70,438
Bodegas la Rioja Alta, Haro S. 89
Bodegas Luigi Bosca, Mendoza S. 88
Bodegas Monte Cristo, Montilla S. 390
Bodegas y Vinedos Norton, Mendoza S. 88
Boeckel, Emile, Mittelbergheim S. 186
Boiga, Domenico und Nicolo, Finale Ligure S. 401
Boizel, Epernay S. 62
Bolla, Fratelli, Soave S. 126, 243
Bollinger, Aÿ S. 85, 170, 208, 266, 300, 389, 442
Bologna, Giacomo, Rocchetta Tanaro S. 132
Boner, Adolf, Malans S. 58
Bonneau du Martray, Pernand-Vergelesses S. 165, 418
Bonville, Franck, Avize S. 83
Bonvin, Charles Fils, Sion S. 422, 425
Boquet, Leonce, Côte de Nuits S. 38
Boratto, Vittorio, Piverone S. 64
Borkombinat, Tolcva S. 172
Boscaini, Paolo & Figli, Valgatara di Marano S. 207
Boschendal, Paarl S. 280
Botta, Felice, Trani S. 265
Bouchard Père et Fils, Beaune S. 223
Bouhey, Jean-Claude, Nuits-Saint-Georges S. 166
Bouliou, M., Vernaison S. 268
Bourdy, Jean, Jura S. 105, 232
Boutari, J. & Son, Naoussa S. 98, 196, 261, 394
Braun, Heinrich, Nierstein S. 203
Braunstein, Paul, Purbach S. 131
Brédif, Marc, Touraine S. 284
Brenner, Christian, Bechtheim S. 243
Brenner, Daniel, Pedrinate S. 428
Breuer, Georg, Rüdesheim S. 302
Breyer, Leopold, Wien/Jedlersdorf S. 137, 203
Briguet, Paul, Saillon S. 270, 296
Brokenwood, Hunter Valley S. 168
Brotte, Laurent-Charles, Châteauneuf du Pape S. 198
Brown Brothers, Milawa S. 70, 77, 165
Bruch, Richard, Sankt Michael S. 248
Bruck, Lionel, Nuits-Saint-Georges S. 109, 161
Bruisvary, St. Peter, S. 57
Brumont, Alain, Maumusson S. 212, 262, 312, 415
Bründlmayer, Willy, Langenlois S. 41, 170, 183
Brunori, Maria und Giorgio, Jesi S. 253
Buecher, Paul et Fils, Colmar S. 302
Buffardel, Die S. 360
Burgaud, Bernard, Ampuis S. 405, 420
Bürgermeister Anton Balbach Erben, Nierstein S. 243
Bürgerspital zum Heiligen Geist, Würzburg S. 48, 94, 149, 204, 389, 430
Bürklin-Wolf, Wachenheim S. 44
Calligas, J. & G., Athen S. 65
Camarate, Quinta de, Pinhal Novo S. 343
Cambas, Kantza S. 98
Camus Père et Fils, Gevrey-Chambertin S. 360
Canard-Duchêne, Rilly-la-Montagne S. 442
Candido, Francesco, San Donaci S. 265
Cane, Giobatta, Dolceacqua S. 229
Canepa, José, Santiago S. 168
Cantina Sociale Val D'Isarco, Chiusa S. 131
Cantina Sociale di Gradoli, Latium S. 60, 254
Cantina Sociale di Sorso-Sennori S. 157
Cantina Sociale, Lavis-Sorni-Salorno S. 81
Cantine Cooperative Riunite, Reggio Emilia S. 277
Cantine D'Alfonso del Sordo, San Severo S. 447
Capitain-Gagnerot, Ladoix-Serrigny S. 165
Cappelini, Alberto e Germana, Manarola S. 86
Carillon, Louis et Fils, Puligny-Montrachet S. 122, 317
Carnevale, Giorgio, Asti S. 77
Casa Vinicola D'Angelo, Rionero in Vulture S. 364, 378, 399

Casa Vinicola Francesco Sasso, Rionero in Vulture S. 312
Casa Vinicola Nino Negri, Chiuro S. 394
Cascina Drago, Alba S. 401
Case Basse, Montalcino S. 47, 300, 440
Castell Real, Corneilla-de-la-Rivière S. 423
Castellare, Castellina in Chianti S. 37, 63,127, 285
Castello Banfi, Montalcino S. 110, 300, 327, 439
Castello dei Rampolla, Panzano S. 175, 415
Castello di Ama, Gaiole in Chianti S. 319, 414
Castello di Fonterutoli, Castellina S. 272
Castello di Neive, Neive S. 96
Castello di San Polo in Rosso, Gaiole S. 428
Castello di Tassarolo, Tassarolo S. 51, 112
Castello di Uzzano, Greve S. 47
Castris, Leone de, Salice Salentino S. 32, 39
Cattin, Joseph, Herrlisheim S. 68
Cavalchina, Sommacampagna S. 121, 255
Cave Coop. du Haut-Poitou S. 189
Cave Cooperative Donnaz, Donnaz S. 106
Cave de Producteur, Jurançon S. 20
Cave des Vignerons de Liergues S. 181
Cave Vinicole de Westhalten, Elsaß S. 428
Caves Aliança, Anadia S. 112
Caves Mövenpick, Chablais S. 48, 106
Cavicchioli, Umberto, San Prospero S. 233
Cazes, Jean-Michel, Pauillac S. 361
Ca'del Bosco, Erbusco S. 364, 409
Celler Ramón Balada, Sant Marti Sarroca S. 58, 250
Cellier de Templiers, Banyuls-sur-Mer S. 47
Ceratti, Umberto, Caraffa del Bianco S. 279, 281
Ceretto, Alba S. 95, 405, 415
Cesanese, M. S. 333
Cesare, Pio, Alba S. 315, 445
Chalandard, Daniel, Le Vernois S. 203
Champagne India, Narayangaon S. 167
Champet, Côte Rôtie S. 435
Champion, Giles, Touraine S. 34, 285, 428
Chanson Père et Fils, Beaune S. 56, 187
Chanton, Josef-Marie, Visp S. 326
Chapoutier, Max, Tain l'Hermitage S. 285, 419
Chappaz, Marie Thérèse, Fully S. 22, 443
Chappellet Vineyard, St. Helena S. 75, 160, 216
Chartron, Jean, Puligny-Montrachet S. 225, 203, 393
Château Ausone, Saint-Émilion S. 242, 311, 358
Château Barker, Western Australia S. 28
Château Belair, Saint-Émilion S. 248, 358, 438, 439
Château Bélingard, Sigoulès S. 108
Château Canon, Saint-Émilion S. 342
Château Cantenac-Brown, Margaux S. 137
Château Carbonnieux, Léognan S. 19, 32, 392
Château Carras, Chalkidike S. 394
Château Chalon, Jura S. 201
Château Chantegrive, Podensac S. 149
Château Cheval Blanc, Saint-Emilion S. 100, 311, 326, 342
Château Chèvre, Yountville S. 160
Château Climens, Barsac S. 42, 82, 163
Château Cos d'Estournel, Saint-Estèphe S. 71, 137, 394
Château Coutet, Barsac S. 49
Château de Beaucastel, Courthézon S. 55, 151, 197, 243, 269, 311
Château de Beaune, Beaune S. 393
Château de Beaupré, Saint- Cannat S. 322
Château de Bellerive, Valeyrac S. 418
Château de Bellet, Saint-Romain-de-Bellet S. 53
Château de Bouchassy, Roquemaure S. 316, 373
Château de Cérons, Cérons S. 450
Château de Chaintré, Chaintré S. 183, 322
Château de Chambert, Floressas S. 77, 135
Château de Crémat, Nizza S. 30, 130, 196
Château de Fargues, Sauternes S. 31
Château de Fesles, Anjou-Saumur S. 427
Château de Fieuzal, Leognan S. 115, 198
Château de Jacques, Romanèche-Thorins S. 72, 194, 322, 439
Château de la Dauphine, Fronsac S. 311
Château de la Peyrade, Frontignan S. 77, 450
Château de Monthelie, Côte de Beaune S. 50
Château de Montmirail, Vacqueyras S. 382
Château de Pibarbon, La Cadière d' Azur S. 30
Château de Rayne-Vigneau, Bommes S. 42, 76
Château de Ricaud, Loupiac S. 67
Château de Trinquevedel, Tavel S. 228, 456
Château de Valmer, Touraine S. 104, 285
Château Doisy-Daëne, Barsac S. 418
Château Doisy-Dubroca, Barsac S. 375, 418
Château du Grand Vernay, Charentay S. 183
Château du Nozet, Pouilly-sur-Loire S. 75

Château du Treuil de Nailhac, Bergerac S. 88
Château Ducru-Beaucaillou, Saint-Julien S. 397
Château d'Aqueria, Tavel S. 184, 190, 228, 290
Château d'Aydie, Aydie S. 63
Château d'Yquem, Sauternes S. 387, 420
Château Eugénie, Albas S. 315
Château Figeac, Saint-Émilion S. 248, 311
Château Flotis, Côtes du Frontonnais S. 197
Château Fourcas-Hosten, Hosten S. 45
Château Fuissé, Fuissé S. 300,398
Château Giscours, Margaux S. 439
Château Grezan, Magalas S. 55
Château Grillet, Verin S. 443
Château Guiraud , Sauternes S. 83, 249, 251, 387, 420
Château Haura, Cérons S. 450
Château Haut-Bailly, Leógnan S. 352
Château Haut-Brion, Pessac S. 118, 191, 242, 283, 300, 342, 352, 415
Château l'Angélus, Saint-Émilion S. 99, 311
Château l'Evangile, Pomerol S. 99, 342
Château La Nerthe, Châteauneuf-du-Pape S. 113
Château la Conseillante, Pomerol S. 99, 342
Château la Fleur-Pétrus, Pomerol S. 418
Château la Gaffelière, Saint-Emilion S. 154
Château la Lagune, Ludon S. 83
Château la Mission Haut-Brion, Talence S. 228, 342
Château la Rame, Sainte-Croix-du-Mont S. 117
Château la Suronde, Anjou-Saumur S. 418
Château Lafite-Rothschild, Pauillac S. 25
Château Lafleur, Pomerol S. 418
Château Lamarque, Sainte-Croix-du-Mont S. 117
Château Langoa-Barton, Saint-Julien S. 137
Château Lascombes, Margaux S. 140, 248
Château Latour à Pomerol, Pomerol S. 418
Château Laville Haut-Brion, Talence S. 198, 199, 377
Château Le Fage, Pomport S. 181
Château Le Pin, Pomerol S. 99, 342, 389, 416, 418
Château Leoville-Barton, Saint-Julien S. 404, 441
Château Léoville-las-Cases, Saint Julien S. 305
Château les Herbras, Bergerac S. 402
Château Loubens, Sainte-Croix-du-Mont S. 117
Château Lynch-Bages, Pauillac S. 140, 227, 257
Château l'Eglise-Clinet, Pomerol S. 418
Château l'Etoile, Lons-le-Saunier S. 260
Château l'Evangile, Pomerol S. 185, 186, 300, 416, 418
Château Magdelaine, Saint-Émilion S. 263, 358
Château Margaux, Margaux S. 66
Château Meillant, Haut-Poitou S. 238
Château Meyney, St. Estèphe S. 45
Château Magdelaine, Saint-Emilion S. 394
Château Montfort, Arbois S. 423
Château Mouton-Rothschild, Pauillac S. 227, 257
Château Palmer, Margaux S. 123, 189, 248, 303, 439, 441
Château Payrot-Marges, Cadillac S. 117
Château Petit-Village, Pomerol S. 418
Château Pétrus, Pomerol S. 99, 185, 186, 242, 300, 303, 342, 389, 416, 418
Château Phélan-Ségur, Saint-Estèphe S. 442
Château Pichon-Longueville-Baron, Pauillac S. 43
Château Ponet-Canet, Pauillac S. 136
Château Rayas, Châteauneuf du Pape S. 327
Château Rieussec, Sauternes S. 73, 84, 420
Château Saint Auriol, Lagrasse S. 114
Château Saint-Jean, Sonoma S. 82, 294
Château Suau, Sauternes S. 132, 251
Château Suiduiraut, Preignac S. 57
Château Talbot, Saint-Julien S. 66
Château Trotanoy, Pomerol S. 99, 342, 389, 416, 418
Château Trotte-Vieille, Saint-Émilion S. 263
Château Woltner, St. Helena S. 30
Château Xanadu, Margret River S. 323
Chave, J.-L., Mauves S. 365
Chave, Jean-Louis, Mauves S. 371
Chaves, J. -L., Mauves S. 442
Chiarlo, Michele, Calamandrana S. 85, 218, 305, 315, 416, 418, 445
Chigé, Jean, Jurançon S. 312
Clair-Daü, Marsannay Côted'Or S. 301
Clavien, Michel, Pont de la Morge S. 284
Clos Capitoro, Porticcio S. 372
Clos du Val, Napa Valley S. 127
Cocci Grifoni, San Savino di Ripatransone S. 269
Codax, Martin, Galicien S. 431
Colin, Marc, Saint-Aubin S. 55
Collards, Henderson S. 152, 165, 392
Colomer, Paul, Corbières S. 144

459

Compania Vinicola del Norte de España, Haro S. 134
Conde de Caralt, Sant Sadurni d'Anoia S. 420
Conne, Jean-Michel, Chexbres S. 22, 158, 456
Conte Attimis-Maniago, Buttrio S. 303
Conte di Serego Alighieri, Garganaco S. 425
Conti Martini, Mezzocorona S. 411
Contini, Attilio, Cabras S. 317, 454
Cook, R. & J., San Joaquin Valley S. 82
Coopérative, Ramatuelle S. 135
Cornaleto, Adro S. 59
Cosmetatos, Nicholas, Kephallinia S. 394, 410
Cossart Gordon, Funchal S. 418, 426
Coursodon, Pierre, Mauves S. 365
Crichton Hall, Rutherford S. 383
Croser, Brian, Piccadilly S. 21, 381, 410
Cruchon, Henri, Echichens S. 235
Cuilleron, Yves, Pelussin S. 117
Culombu, Calvi S. 74
D'Almerita, Conte Tasca, Vallelunga di Pratameno S. 60, 315, 372
Dagueneau, Didier, Saint-Andelain S. 107
Dal Cero, Pietro, Lugana di Sirmione S. 44
Dauvissat, René und Vincent, Chablis S. 317, 387
Daux, Jean, Rully S. 365
De Bartoli, Marco, Marsala S. 445
De Castris, Leone, Salice Salentino S. 271, 401
De Ladoucette, Pouilly-sur-Loire S. 147
De Muller, Tarragona S. 201, 295, 415
De Tarczal, Marano d'Isera S. 411
De Telmont, J., Epernay S. 157
Decugnano dei Barbi, Orvieto S. 234, 269
Deinhard & Co, Koblenz S. 153, 323
Delas Frères, Tournon-sur-Rhône S. 139, 227, 285, 374, 375
Delfino, Grosjean, Quart S. 106
Delgado Zuleta, Sanlúcar S. 387
Descotes, Etienne et Fils, Vernaison S. 113
Di Mauro, Paola, Marino S. 124, 282
Diauque, Jean-Daniel, La Neuveville S. 282
Diel, Armin, Burg Layen S. 280
Diren Wines, Tokat S. 208, 444
Dirler, Pierre, Issenheim S. 185
Dirnböck, Herfried, Mureck S. 176
Doll, Nikolaus, Stadecken-Elsheim S. 175
Doll, Nikolaus, Stadecken-Elsheim S. 181
Dolle, Peter, Straß S. 378
Domaine Amouroux, Thuir S. 329
Domaine Aux Moines, Savennières S. 347
Domaine Bancherau, Chaume S. 83
Domaine Bonneau du Martray, Pernand-Vergelesses S. 163
Domaine Calot, Villié Morgon S. 187
Domaine Carras, Sithonia S. 196
Domaine Cauhapé, Monein S. 108
Domaine Cazes, Rivesaltes S. 118, 194, 321
Domaine Chave, Mauves S. 138
Domaine Clôs de Cazaux, Vacqueyras S. 135, 143
Domaine Clusel-Roch, Ampuis S. 363
Domaine Corsin, Pouilly-Fuissé S.40
Domaine d' Aubepierre, Roujan S. 326
Domaine Daniel Defaix, Chablis S. 374
Domaine de Baumard, Rochefort-sur-Loire S. 67
Domaine de Beaurenard, Châteauneuf-du-Pape S. 17, 53, 262, 321
Domaine de Bernardins, Beaumes-de-Venise S. 49
Domaine de Bouscassé, Maumusson S. 327
Domaine de Champ-Long, Provence S. 170
Domaine de Chatenoy, Menetou-Salon S. 240
Domaine de Chevalier, Léognan S. 162, 442
Domaine de Coyeux, Beaume-de-Venise S. 450
Domaine de Fourn, Limoux S. 63, 164
Domaine de la Folie, Côte Chalonnaise S. 399
Domaine de la Maladière, Chablis S. 202, 375
Domaine de la Mordorlée, Tavel S. 30, 59
Domaine de la Pierre, Saint-Maurille S. 114
Domaine de la Pousse d'Or, Volnay S. 96
Domaine de la Pousse d'Or, Burgund S. 300
Domaine de la Romanée Conti, Vosne-Romanée S. 74, 87, 144, 161, 245, 418
Domaine de Mignaberry, Mignaberry S. 327, 408
Domaine de Mont-Redon, Châteauneuf-du-Pape S. 128
Domaine de Montgile, Anjou-Saumur S. 423
Domaine de Nerleux, Saumur S. 146
Domaine de San Michele, Sartène S. 74
Domaine des Baumards, Rochefort sur Loire S. 307
Domaine des Bernadins, Beaumes-de-Venise S. 20
Domaine des Bruyères, Pierreclos S.106
Domaine des Comtes Lafon, Meursault S. 393

Domaine des Hauts-Perrays, Anjou-Saumur S. 76
Domaine du Clos Frantin, Côte de Nuits S. 359
Domaine du Clos Naudin, Vouvray S. 108, 368
Domaine du Gouyat, Bergerac S. 125
Domaine du Mas Blanc, Banyuls-sur-Mer S. 304, 349, 360, 436
Domaine du Mont D'Or, Pont de la Morge S. 46, 330, 425, 451
Domaine du Paternel, Cassis S. 130
Domaine du Roure, Saint-Marcel S. 137
Domaine Dujac, Morey-Saint-Denis S. 27, 264
Domaine Filliatreau, Saumur-Champigny S. 258
Domaine Geantet-Pansiot, Gevrey S. 325
Domaine Jamet, Ampuis S. 68
Domaine Joseph Matrot, Meursault S. 34
Domaine Lacharme et Fils, Pierreclos S. 106
Domaine Laroche, Chablis S. 61
Domaine Leflaive, Puligny-Montrachet S. 126, 190
Domaine les Pallières, Gigondas S. 359
Domaine M. Dussort, Meursault S. 370, 439
Domaine Marion, Côte de Nuits S. 72, 359
Domaine Michel Goubard, Basseville S. 161
Domaine Michel, Sonoma S. 100, 408
Domaine Michelot, Meursault S. 188
Domaine Mouréou, Maumusson-Laguian S. 91
Domaine Ott, Les Arcs S. 52
Domaine Ramonet, Chassagne-Montrachet S. 122, 321, 418, 420
Domaine Saint-Gayan, Vacqueyras S. 264
Domaine Thénard, Montrachet S. 418
Domaine Weinbach, Kaysersberg S. 46
Domaine Zind-Humbrecht, Wintzenheim S. 117
Domaines des Comtes Lafon, Meursault S. 73, 200, 418
Domecq, Pedro, Jerez S. 69, 119, 161, 162, 166, 233, 387, 401, 426
Donatsch, Thomas, Malans S. 349, 422
Dopff au Moulin, Riquewihr S. 435
Dörflinger, Hermann, Müllheim S. 189
Dorigo, Girolamo, Buttrio S. 138, 271
Dostert, Matthias, Nittel S. 451
Dr. Dahlem, Erben, Oppenheim S. 313
Dreisiebner, Josef, Ehrenhausen S. 413
Dri, Giovanni, Nimis S. 17, 233, 278, 356
Drouhin, Joseph, Beaune S. 117, 224
Druet, Pierre-Jacques, Bourgeuil S. 311
Duboeuf, Georges, Romanèche-Thorins S. 144, 386
Dubourdieu, Pierre, Barsac S. 209
Duca di Salaparuta, Casteldaccia S. 244, 278
Duca d'Asti, Calamandrana S. 281
Duchi Badoglio Rota, Codroipo S. 194
Dumazet, Pierre, Serrières S. 108
Dussourt, André, Scherwiller S. 204
Eckle, Jean-Paul et Fils, Turckheim S. 254
Ecole D'Agriculture Aoste S. 106
Egervin, Eger S. 412, 447
Ehn, Ludwig, Langenlois S. 156, 173, 176
Eisenheld, Karl, Wien/Stammersdorf S. 169
Ellis, Neil, Stellenbosch S. 280
Elzenbaum, Bozen S. 242
Emrich-Schönleber, Monzingen S. 81
Engel, Raymond, Orschwiller S. 190
Engel, Raymond, Orschwiller S. 195
Engel, Raymond, Orschwiller S. 443
Engel, René, Vosne-Romaneé S. 358
Eno-Friulia, Capriva del Friuli S. 147, 284
Episcopio-Vuillemier, Ravello S. 201
Estrella River, San Luis Obispo S. 82
Fabrini, Attilio, Serrapetrona S. 404
Fahrler, Armand, Saint-Hippolyte S. 185
Fairview, Suider-Paarl S. 397
Faiveley, J., Chambolle-Musigny S. 377
Familie Laplace, Aydie S. 135
Fattoria dei Barbi, Montalcino S. 96
Fattoria di Manzano, Camucia di Cortona S. 111
Fattoria di Monte Vertine, Radda S. 310
Fattoria Ambra, Carmignano S. 285, 384
Fattoria Isole e Olena, Barberino Val d'Elsa S. 452
Fattoria Le Pupille, Scansano S. 369
Fattoria Michi, Montecarlo S. 368
Fattoria Monsanto, Barberino Val d'Elsa S. 61
Fattoria Paradiso di Maria Pezzi, Bertinoro S. 196, 285, 384, 403, 415
Fattoria San Francesco, Casale San Francesco S. 278
Favre, Vincent, Chamoson S. 296
Fazi-Battaglia, Castelplanio S. 98, 254, 273
Feiler-Artinger, Rust S. 103, 127, 266, 404, 416, 433, 446
Felluga, Livio, Brazzano di Cormons S. 162, 393

Ferrando, Luigi, Ivrea S. 46, 310, 402
Ferrari-Hostettler, Termine S. 271
Ferreira, Douro S. 343, 385
Fetzer, Mendocino S. 300
Fèvre, William, Chablis S. 33, 148, 376
Fiorina, Franco, Alba S. 284, 445
Fischer, E. & Ch., Sooß S. 72, 199, 265, 446
Fischer, Josef, Rührsdorf S. 182
Fischi, Carla, Cesena S. 279
Fitz-Ritter, K., Bad Dürkheim S. 184, 191
Fleischhacker, Familie, Illmitz S. 211
Flichman Bodegas, Buenos Aires S. 274
Fonjallaz, Etienne, Espesses S. 189, 413, 447
Fonseca, José Maria da Azeitão S. 343, 360
Fontana Candida, Frascati S. 56, 130, 162, 282, 333, 365, 410
Fontanafredda, Serralunga d´Alba S. 66, 315
Fontodi, Panzano in Chianti S. 44, 47, 70, 371
Foreau, Ph., Vouvray S. 69
Forestier, Maison, Brasilien S. 99, 168, 424
Foschi, Carla, Cesena S. 393
Fouquet, Bernard, Vouvray S. 74
Fratelli A. & L. Delea, Losone S. 428
Fratelli Adanti, Bevagna S. 167, 365
Fratelli Bera, Neviglie S. 86
Fratelli Biletta, Casorzo S. 111
Fratelli Bisci, Ceretto d'Esi S. 102, 255, 273
Fratelli Bucci, Ostra Vetere S. 254, 268, 315, 410
Fratelli Caruso, Cantanzaro Lido S. 372, 427
Fratelli Cavazza, Venetien S. 222
Fratelli Deiana, Sardinien S. 51, 227
Fratelli D'Angelo, Potenza S. 168
Fratelli Porcu, Sardinien S. 401
Fratelli Verlucchi, Borgognato di Cortefranca S. 409
Freemark Abbey Winery, St. Helena S. 216
Freie Weingärter der Wachau, Dürnstein S. 24, 40, 54, 173, 203, 325, 433
Freigut Thallern (Stift Heiligenkreuz), Guntramsdorf S. 27, 420
Freiherr von Gleichenstein, Vogtsburg-Oberrotweil S. 147, 218
Freiherr von Neveusche Gutsverwaltung, Durbach S. 181
Freixenet, Sant Sadurni d'Anoia S. 271
Fresneau, François, Touraine S. 124
Freudorfer, Alfred, Gumpoldskirchen S. 26, 38
Frick, Pierre, Pfaffenheim S. 302
Fritsch, Karl, Kirchberg am Wagram S. 359
Fromm, Georg, Malans S. 58
Frotzler, Franz, Schrattenthal S. 449
Fruvimed, Dobrudja S. 351
Fugazza, M. & G., Rovescala S. 242
Fuhrgassl-Huber, Wien/Neustift am Walde S. 193
Fuhrmann-Eymael, Bad Dürkheim-Pfeffingen S. 153, 241
Fürst, Rudolf, Burgstadt S. 166, 352
Fürstlich Castell'sches Domänenamt, Steigerwald S. 389
Gabriel, Fred, Rust S. 450
Gager, Josef, Deutschkreutz S. 185, 435, 448
Gagnard, Jean-Noël, Chassagne-Montrachet S. 233
Gaja, Angelo, Barbaresco S. 59, 155, 418, 445
Galli, Marta, Arbizzano di Negrar S. 441
Gallimard Père et Fils, Les Riceys S. 202
Galliot, Marcel, Montlouis-sur-Loire S. 104, 110
Gallo, E & J, Modesto S. 196
Gallo, Stelio, Mariano del Friuli S. 344
Gangl, Janos, Sopron S. 400
Gangl, Josef, Illmitz S. 411
Garin, Filippo, Aostatal S. 306
Garnard, Jean-Noël, Chassagne-Montrachet S. 186
Garofoli, Gioacchino, Loreto S. 233
Garter, Johann, Illmitz S. 334, 414
Garvey, Jerez S. 194, 233, 387, 388, 426
Gauthier, Jean-Claude, Beaujeus S. 231
Germanier, Jean-René, Vétroz S. 25
Germanier, Urban, Vétroz S. 23, 85, 248, 284
Gesellmann, Engelbert, Deutschkreutz S. 256, 285, 359, 435
Gex, Philippe, Yvorne S. 87
Giacosa, Bruno, Neive S. 52, 64, 315
Gialdi, Feliciano, Bodio S. 259
Giauque, Jean-Daniel, La Neuveville S. 87
Gilg, Armand, Mittelbergheim S. 408
Gilli di Gianni, Castelnuovo Don Bosco S. 267
Gobetti, Jean-Paul, Mâcon S. 107
Godineau Père et Fils, Faye-d'Anjou S. 281, 406
Golan Heights Winery, Quatzrin S. 112
Gold-Seal Vineyards, Hammondsport S. 272
Gonzaga, Guerrieri, Avio S. 436
González Byass, Jerez S. 233, 387, 388

Gosset, Aÿ S. 208
Gouges, Henri, Nuits-Saint-Georges S. 83
Gower, Ross, Constantia S. 148
Goyon, Jean, Mâconnais S. 218
Grace Vineyards, Napa S. 418
Gräflich Stubenbergsches Schloßweingut, Walkersdorf S. 235, 289, 446
Grai, Giorgio, Bozen S. 125, 314, 435
Gran Caruso, Ravello S. 285
Grand Cru Vineyards, Alexander Valley S. 35, 49
Gratien, Meyer & Seydoux, Saumur S. 307
Gravner, Francesco, Oslavia S. 373
Greffier, Claude und Bernard, Entre-deux-Mers S. 250
Grgich Hills Cellar, Rutherford S. 349, 354
Griffin, Barnard, Washington S. 420
Gripa, Bernard, Saint-Joseph S. 109, 161
Grippat, Jean-Louis, Tournon-sur-Rhône S. 51, 362, 365
Gros, Jean, Vosne-Romanée S. 90
Gross, Alois, Ratsch S. 107
Gsell, Joseph, Orschwihr S. 183
Guerrieri-Rizzardi, Bardolino S. 29, 234, 243
Guibert, Aimé, Aniane S. 139
Guigal, Marcel, Ampuis S. 136, 395, 405, 416, 420
Guntrum, Louis, Nierstein S. 190
Gutsverwaltung Deinhard, Bernkastel-Kues S. 221
Guyon, Antonin, Savigny-Lès-Beaune S. 165, 300, 330, 405, 418, 443
Gyöngyös Estate, Gyöngyös S. 179, 192, 204, 446
Haag, Fritz, Brauneberg S. 153
Hacienda Wine Cellars, Sonoma S. 408
Hahnenkamp, Pauline und Walter, St. Georgen S. 276
Haider, Martin und Elfriede, Illmitz S. 423
Hanzell Vineyards, Sonoma Valley S. 33
Hartmann, André, Herrlisheim S. 54
Harvey's, Jerez S. 380, 387, 417
Hauner, Carlo, Salina S. 66
Hecher, Johann jun., Sooß S. 438
Heger, Dr., Ihringen S. 439
Hegg, Louis, Epesses S. 235
Heinrich, G. A., Heilbronn S. 407
Heinrich, Gernot, Gols S. 204, 207, 210, 293, 324, 359
Heitz, Cellars, St. Helena S. 140, 408, 418
Henriques & Henriques, Madeira S. 418, 426
Henschke, Keyneton S. 24, 91
Hermann, Able S. 150
Heyl zu Herrnsheim, Nierstein S. 215
Heymann-Löwenstein, Winningen S. 347
Hiedler, Ludwig, Langenlois S. 259, 412
High Weald, Lenham S. 21
Hinterholzer, Gottfried, Loiben S. 171
Hirschmugl, St. Andrä S. 45, 120
Hirtzberger, Franz, Spitz S. 19, 92, 107, 321, 413, 433
Hochar, Serge, Ghazir S. 145
Höfinger, Egmont, Gobelsburg S. 290
Hofkammer-Kellerei Stuttgart S. 456
Hofstätter, J. Tramin S. 256, 355
Högl, Josef, Spitz S. 433, 448
Holler, J.u.E. (Elfenhof), Rust S. 210, 361
Holzapfel, Karl, Joching S. 23, 107, 180
Hôpital de Pourtal, Cressier S. 149
Hubacher, Fritz Peter, Twann S. 105
Huet, Gaston, Vouvray S. 22, 326
Hugel & Fils, Riquewihr S. 63
Hupfeld, H. Erben, Mittelheim S. 154
Igler, Hans, Deutschkreutz S. 162, 188, 313, 435
Il Poggione, Montalcino S. 171
Imhof, Hans, Breganzona S. 428
Indermühle, Pierre-Alain, Bex S. 226
Inführ, Karl, Klosterneuburg S. 325
Ippolito, Vincenzo, Cirò Marina S. 60, 265, 278, 335
Iron Horse Vineyards, Sebastopol S. 216, 429
Jaboulet Aîne, Paul, Tain L'Hermitage S. 67, 95, 155, 285, 330, 435
Jadot, Louis, Beaune S. 386, 418
Jamek, Josef, Joching S. 48, 158, 259
Jamet, Joseph, Ampuis S. 66, 420
Jechtingen, Baden S. 116, 222
Jermann, Sylvio, Villanova di Farra S. 17
Jöbstl, Erich, St. Georgen S. 50
Joguet, Charles, Sazilly L'Île-Bouchard S. 89, 323
Joly, Denise, Savennieres S. 40, 272
Jordan Vineyard, Healdsburg S. 269
Jost, Toni, Bacharach S. 197, 443
Jousset, Louis, Concourson-sur-Layon S. 116
Juge, Marcel, Cornas S. 207
Juliusspital, Würzburg S. 46, 65, 389

461

Jurina, Marburg S. 420
Jurtschitsch, Josef, Langenlois S. 32, 67, 80, 293, 357, 394
Kaiser, Kleinhöflein S. 178
Kamptaler Sektkellerei, Langenlois S. 434
Kanonkop, Stellenbosch S. 127, 397
Karlsmühle, Ruwer S. 361
Karst, E., Bad Dürkheim S. 363
Kattus, Johann, Wien S. 170, 334
Keller, Franz, Vogtsburg-Oberbergen S. 16, 184, 316, 362, 443
Keller, Meinrad, Döttingen S. 386
Kellerei Andrian, Andrian S. 454
Kellerei Schreckbichl, Girlan S. 197
Kellereigenossenschaft Girlan, S. 60
Kellereigenossenschaft Gries, Lagrein S. 120
Keo-Winery, Zypern S. 134
Kerschbaum, Paul, Horitschon S. 219, 320, 335
Kirchmayr, Hans, Weistrach S. 41, 259, 275, 434, 446
Klager, Leopold, Wien/Stammersdorf S. 350
Klein Constantia, Constantia S. 148
Klein, Josef, Illmitz S. 307, 328
Kleinmann, Hannes, Birkweiler S. 354
Knoll, Emmerich, Loiben S. 27, 74, 129, 131, 151, 355, 420
Kollwentz, Anton, Großhöflein S. 48, 245, 291, 301, 392, 435
Konzelmann Vineyards, Ontario S. 35
Kössler, St. Pauls S. 355
Kourtakis, Attika S. 384
Kracher, Alois, Illmitz S. 50, 127, 209, 247, 322, 356, 413
Kroyer, Alois, Donnerskirchen S. 37
Krug, Reims S. 208, 232, 266, 300, 389, 442
Krüger-Rumpf, Münster-Sarmsheim S. 128
Krutzler, Martha & Hermann, Deutsch-Schützen S. 145, 354
Kuczera, Friedrich, Gumpoldskirchren S. 265, 317
Kümin, Stefan und Ernst, Freienbach S. 324
Kurz, Franz und Antonia, Gumpoldskirchen S. 74, 285
La Chiara, Rovereto S. 96
La Chiesa di S. Restituta, Montalcino S. 25, 445
La Colombiera di Francesco Ferro, Castelnuovo Magra S. 123
La Ferme Blanche, Cassis S. 52
La Muiraghina, Montu Beccaria S. 272
La Riva, Jerez S. 390
La Scolca, Rovereto di Gavi S. 386, 418, 445
La Versa, S. Maria della Versa S. 242, 274, 410
Lackner-Tinnacher, Gamlitz S. 313, 373
Lageder, Alois, Bozen S. 73, 123
Lagler, Karl, Spitz S. 361, 364, 405
Laible, Andreas, Durbach S. 156
Laisement, Jean-Pierre, Vouvray S. 109
Lamarche, Henri, Vosne-Romanée S. 87, 143, 187
Lamberhurst Vineyard, Kent S. 43, 68
Lambruschi, Ottavano, Castelnuovo Magra S. 229, 408
Lamé-Delille-Boucard, Bourgueil S. 364
Lamprecht, Fritz, Halbenrain S. 446
Landgräflich Hessisches Weingut, Johannisberg S. 48
Lang, Alois, Illmitz S. 285, 361
Larrieu, Jean-Bernard, Jurançon S. 194, 381
Latour, Louis, Beaune S. 123, 141, 230, 254, 354, 418
Laurent, Dominique, Nuits-Saint-Georges S. 95
Laurent-Perrier, Tours-sur-Marne S. 62, 178, 208, 373
Lavigne, Gilbert, S. 258
Le Logis de la Boucharderie S. 313
Le Logis de la Boucharderie, Chinon S. 90
Le Logis de la Boucharderie, Touraine S. 371
Le Vigne di San Pietro, Sommacampagna S. 452
Leacoks, Funchal S. 360, 418
Leber, Josef, Großhöflein S. 36, 84, 259, 334, 435
Legras, R. & L., Chouilly S. 442
Lehensteiner, Friedrich, Weißenkirchen S. 386
Leithner, R. & H., Langenlois S. 324
Leitner, Melitta & Matthias, Gols S. 44, 219, 260, 450
Lemaire, Guy, Touraine S. 137
León, Jean, Plá del Pendès S. 88, 136, 145, 246, 273
Leroy, Maison, Auxey-Duresses S. 123
Leth, Fels am Wagram S. 190, 195, 365
Librandi, Cirò Marina S. 61
Liedholm, Carlo, Cuccaro Monferrato S. 315
Lienhard, Geri, Teufen S. 457
Lindemans, Hunter Valley S. 403
Lionet, Jean, Cornas S. 313
Loel, Limassol S. 65
Long Vineyards, Sonoma County S. 39
López de Heredia, Haro S. 135, 321
Lucazeau, Denis, Montreuil-Bellay S. 420
Lukas, Max, Hochgrail S. 20, 140
Lungarotti, Dr. Giorgio, Torgiano S. 86, 123, 239, 244, 441
Lunzer, Heinrich, Gols S. 173, 371
Lurton, Brigitte, Barsac S. 32

Lusseaud, Pierre, Le Pallet S. 245
Lust, Ing. Josef, Haugsdorf S. 154, 412, 435
Luthi, Thierry, Cressier S. 71
Machherndl, Erich, Wösendorf S. 228
Maculan, Fausto, Breganze S. 31, 42, 124, 128, 249, 363, 410
Mad, Ing. Wilhelm, Oggau S. 185, 219
Maffei, Giuseppe, Ligurien S. 184, 384
Magliocco, Daniel, Saint-Pierre-de-Clages S. 143
Maire, Henri (Château-Montfort), Arbois S. 71, 92
Maîtres Vignerons, Saint-Tropez S. 53, 298
Malat, Gerald, Furth-Palt S. 19, 324, 359, 394, 413, 414, 434
Malteser Ritterorden, Kommende Mailberg S. 87, 110, 155, 207, 311, 324, 405
Männle, Heinrich, Durbach S. 241
Manoncourt, Thierry, Saint-Émilion S. 441
Mantler, Josef, Brunn im Felde S. 255, 259, 432
Mantlerhof, Brunn im Felde S. 348, 352, 413, 424, 446
Marchesi de Frescobaldi, Firenze S. 378
Marchesi de Gresy, Barbaresco S. 287, 401
Mardon Frères, Quincy S. 109, 240
Marquis de Goulaine, Basse-Goulaine S. 55
Martin, Michael, Neusiedl a. d. Zaya S. 421
Martinborough Vineyards, Martinborough S. 418
Martinez-Bujanda, Bodegas, Oyón S. 388
Martino, Armando, Rionero S. 335
Mas Amiel. Maury S. 319
Mascarello, Giuseppe, Monchiero S. 44, 401
Masi, Ambrogio di Valpolicella S. 207, 438
Masson, Maurice, Nolay S. 367
Mastroberadino, Michele, Atripalda S. 210, 261, 285, 322, 384, 410, 447, 453
Mathier, Adrian, Salgesch S. 97
Maurer, Albert, Eichhoffer S. 311
Maye, Simon, Saint-Pierre-de-Clages S. 23, 71, 98, 319, 442
Mayer, Franz, Wien S. 131, 207, 431
Mayer, Günther, Rossatz S. 169
Mazziotti, Italo, Bolsena S. 333, 378
Meier, Anton, Würenlingen S. 64
Meknes Vins, Meknes S. 441
Menger-Krug, Deidesheim S. 67
Méo-Camuzet, Vosne-Romanée S. 358
Merito, Díez, Jerez S. 404
Messias, Vinhos, Mealha S. 30, 396
Mestres Sagues, Antonio, Sant Sadorni de Noya S. 357
Metternich'sche Weingüter, Straß S. 16, 38
Meyer-Näkel, Dernau S. 324
Miali, Martina Franca S. 314
Michelot, Chantal, Meursault S. 40
Minkowitsch, Roland, Mannersdorf S. 248
Mirassou, Vineyards, San José S. 354
Mittelbach, Franz, Unterloiben S. 433
Modelo, Mexiko S. 168
Moët et Chandon, Epernay S. 208
Mommesin, Morey-Saint-Denis S. 268
Mondavi, Robert, Oakville S. 39, 160, 408, 418
Monistrol, Marquès de, Sant Sadurni d'Anoia S. 344, 357
Monnier, Jean, Meursault S. 65
Montana Wines, Auckland S. 37, 184
Montelio, Codevilla S. 111, 242
Morandell, P.u.R., Wörgl S. 210
Morey, Marc & Fils, Meursault S. 186
Morgadio-Agromiño, Crecente S. 431
Moroder, Alessandro, Montacuto S. 310
Morris Wines, Rutherglen S. 57, 71, 77, 284, 360
Moser, Sepp, Apetlon S. 83, 94, 385, 412, 435
Moser, Sepp, Rohrendorf-Krems S. 33
Moss Wood, Willyabrup S. 161, 381
Mugneret, Jean-Pierre, Nuits-Saint-Georges
Mugnier, Jacques-Frédéric, Chambolle-Musigny S. 200, 415
Mühlgaßner, Prof., Eisenstadt S. 324
Müller, E. & M., Groß Sankt Florian S. 20, 40, 41, 159
Müller, Egon, Scharzhof S. 371
Müller, Gut am Ottenberg, Ehrenhausen S. 21, 324, 436
Müller, Rudolf, Reil S. 323, 420
Müller-Catoir, Neustadt-Haardt S. 190
Mumm, G. H. von, Geisenheim S. 293, 323
Murana, Salvatore, Pantelleria S. 310
Musso, Sebastiano, Barbaresco S. 114
Naigeon-Chauveau, Gevrey-Chambertin S. 287, 439
Nastl, Günther und Renate, Langenlois S. 65
Neippergo, Graf von, Schwaigern S. 348, 450
Neubauer, Erich, Unterpetersdorf S. 440
Neumayer, Ludwig, Inzersdorf S. 189, 197
Nicolosi, Sizilien S. 408
Niederkorn, E., Wawern S. 156
Niedermayr, Josef, Girlan S. 454

Nigl, Martin, Senftenberg S. 148, 186, 204
Nittnaus, Ing. Hans und Anita, Gols S. 424, 435, 456
Nobilo's Dixon Vineyard, Auckland S. 425
Norton, Mendoza S. 88, 274, 277
Nouveau, Claude, Nolay S. 113
Novelle, Charles und Jean-Michel, Satigny S. 149, 356, 427, 457
Nudant, André, Ladoix-Serrigny S. 112, 132, 166, 218, 232
Oberstleutnant Liebrecht, Bodenheim S. 170
Obst- und Weinfachschule Wädenswil S. 454
Ochs, Weiden S. 97
Ollara Bodegas, Logroño S. 70
Orlando, Coonawarra S. 23
Orsat, Alphonse, Martigny S. 22
Osborne, Jerez S. 162
Österreicher, Anton und Erwin, Pfaffstätten S. 173
Paillard, Bruno, Reims S. 232
Panerai, Paolo und Fioretta, Castellina S. 124
Pannonvin Winery, Villany S. 38, 80
Paternina, Federico, Haro S. 138
Pavese, Livio, Piemont S. 28
Pecorari, Francesco, S. Lorenzo S. 384
Pellegrino, Carlo, Marsala S. 244
Penfolds, Nuriootpa S. 91, 100, 154, 257, 304, 313, 359
Peret, André, Chavanay S. 247
Perrier-Jouet, Epernay S. 208
Petaluma, Piccadilly S. 21, 257
Petersons, Mount View S. 195
Pfaffl, Roman, Stetten S. 234
Pfister, Joe, Castelrotto S. 130
Piccolo Bacco dei Quaroni, Montu Beccaria S. 242
Pichler, F. X., Oberloiben S. 54, 159, 346, 392, 412
Pichot, Christophe, Vauvray S. 64
Pieropan, Leonildo, Soave S. 243
Pighin, Fratelli, Risano S. 17, 123
Pinelli Gentile, Oberto S. 262
Pires, João, Pinhal Novo S. 343
Pitnauer, Familie, Göttlesbrunn S. 69, 225
Plantagenet, Mount Barker S. 392
Platzer, Manfred, Tieschen S. 139, 330
Pochon, Etienne, Chanos Curson S. 349
Pöckl, Josef, Mönchhof S. 45, 290, 300, 323, 324, 332, 363, 390, 433
Poliziano, Montepulciano S. 137, 209
Polz, Spielfeld S. 135
Ponnelle, Pierre, Beaune S. 147
Porret et Fils, Neuenburg S. 126
Prager, Franz, Weißenkirchen S. 70, 191, 401
Prieler, Engelbert, Schützen am Gebirge S. 230, 455
Prieur, Jacques, Meursault S. 163, 342, 352
Prieuré de Cenac, Luzech S. 292
Producteurs du Mont-Tauch, Tuchan S. 63
Provins, Sion S. 103, 389, 425
Prüm, Josef, Bernkastel-Wehlen S. 42, 360
Prunotto, Alfredo, Alba S. 437
Prünte, Ing. Klaus, Spielfeld S. 283, 428
Pulcini, Antonio, Frascati S. 153, 430
Pulham, Magdalen S. 69
Puschnig, Josef, Leutschach S. 200
Quintarelli, Giuseppe, Negrar S. 100, 283
Rabezzana, Renato, Asti S. 315
Raimat, Lleida S. 246, 265, 374
Raposeira, Lamego S. 376
Ratti, Renato, La Morra S. 313
Raveneau, F. & J.-M., Chablis S. 233
Raymond Vineyard, St. Helena S. 71
Raymond, Marc, Saillon S. 305
Rebholz, Ökonomierat, Siebeldingen S. 355
Rechsteiner, Federico, Piavon di Oderzo S. 57
Régnard A. & Fils, Chablis S. 73, 125, 151
Reichsrat von Buhl, Deidesheim S. 433
Reinhart, P., Orschwihr S. 309
Reinisch, Familie, Tattendorf S. 114, 149, 184, 194, 238, 265, 304, 433
Reinprecht, Wien/Grinzing S. 193
Reverdy, Bernard, Verdigny S. 33
Ridge, Cupertino S. 369
Rieder, Fritz, Kleinhadersdorf S. 18, 228, 310, 455
Riegelnegg, Otto u. Theresia (Olwitschhof), Gamlitz S. 218
Rieu-Berlou, Berlou S. 28
Rivera, Andria S. 321
Rochaix, Bernard und Brigitte, Peissy S. 442
Rodet, Antonin, Mercurey S. 342, 359
Roederer, Louis, Reims S. 149, 208, 232, 442
Rohrer, Karl, Lutzmannsburg S. 437
Roger, Pol, Epernay S. 191

Ronchi di Cialla, Prepotto, S. 163, 266
Ronchi di Fornaz, Cividale S. 233, 307
Ronesca, Ca', Dolegna del Collio S. 352
Ropiteau Frères, Meursault S. 143
Rosemount Estates, Denman S. 67
Rosenhügel, Weingut, Langenlois S. 42, 50
Rossignol, Régis, Volnay S. 354
Roumier, Georges, Chambolle-Musigny S. 297, 358, 415
Rouvinez, Jean-Bernard, Sierre S. 23, 347
Rudolph, Dieter, Nals S. 436
Ruffino, Pontassieve, S. 59, 150
Ruinart, Reims S. 325
Russel, Hamilton, Walker Bay S. 196, 410
Rutherford & Miles, Funchal S. 418
Rutishauser AG, Thurgau S. 432
Saahs, Nikolaus, Mautern S. 18, 159
Sailer, Erich, Röschitz S. 133, 176
Salomon, Krems-Stein S. 192, 205, 222
Salomon, Heinrich, Falkenstein S. 54
Salon, Avize S. 232
Salwey, Vogtsburg-Oberrotweil S. 386
San Felice, San Gusmè S. 210
Sandeman, Jerez de la Frontera S. 161, 286, 426
Sandrone, Luciano, Barolo S. 142
Saporito, Francesco, Bianco S. 279, 304
Saracco, Giovanni, Castiglione Tinella S. 76, 79
Sattlerhof, Gamlitz S. 28, 69, 394
Sattler, Wilhelm, Gamlitz S.330
Sauzet, Etienne, Puligny-Montrachet S. 122, 160
Saviano 1760, Ottaviano S. 285
Saxer, Jürg, Neftenbach S. 40
Scavino, Paolo, Castiglione Falletto S. 52
Schaefer, Karl, Bad Dürkheim S. 25, 398
Schafler, Andreas, Traiskirchen S. 74, 265
Schales, Flörsheim-Dalsheim S. 36
Schandl, Peter, Rust S.245, 307, 449
Schätzle, Leopold, Endingen S. 142
Schellmann, Gottfried, Gumpoldskirchen S. 142, 162, 183, 265
Schilling, Dipl.-Ing. Herbert, Wien/Streberdorf S. 211, 322
Schindler, Franz, Mörbisch S. 50, 285, 433
Schiopetto, Mario, Capriva del Friuli, Collio S. 385
Schloß Grafenegg, Krems-Straß S. 16
Schloss Groenesteyn, Kiedrich S. 133
Schloss Johannisberg, Geisenheim-Johannisberg S. 82, 107
Schloss Reinhartshausen, Eltville-Erbach S. 79
Schloss Saarstein, Serrig S. 361
Schloss Schwanburg, Nals S. 77, 242, 388
Schloss Westerhaus, Ingelheim S. 450
Schloß Vollrads, Oestrich-Winkel S. 35, 344, 392
Schloßkellerei Affaltrach, Obersulm S. 301
Schlossweingut Hohenbeilstein, Hohenbeilstein S. 114
Schloßweingut Graf Hardegg, Seefeld-Kadolz S. 281
Schmelz, Johann, Joching S. 174, 433
Schmidt, Josef, Wien/Stammersdorf S. 330
Schmitt, Robert, Randersacker S. 178
Schmitts Kinder, Randersacker S. 151
Schneider, G. A., Nierstein S. 156
Schneider, Stefan, Illmitz S. 67, 177, 306, 451, 454
Schoffit, Robert, Colmar S. 254
Scholtz Hermanos, Málaga, S. 211, 360
Schramsberg, Calistoga S. 429
Schüller, Ing. Josef, Eisenstadt S. 350
Schuss, Günter, Bacharnsdorf S. 174
Schuster, Alois, Halbturn S. 281
Schuster, Rosi, Zagersdorf S. 285, 368
Schwarz, Harald, Montalcino S. 121
Secondé-Prévoteau, Ambonnay S. 149
Segura Viudas, Sant Sadurni d'Anoia S. 325
Seiler, Richard, Oggau S. 171
Sektkellerei Ritterhof, Bad Dürkheim S. 92
Sektkellerei Schloß Vaux, Eltville S. 310
Sella & Mosca, Alghero S. 101, 325, 345, 374
Sella, Lessona S. 402
Selosse, Jacques, Avize S. 62
Seltz, Emile, Mittelbergheim S. 198
Seps, Jerry, Storybook S. 88
Serenelli, Alberto, Ancona S. 419
Sick-Dreyer, Ammerschwihr S. 53, 245
Silverado Vineyards, Napa Valley S. 108, 349
Simi Winery, Healdsburg S. 100
Simoncelli, Rovereto S. 411
Sincomar, Marokko S. 208
Sipp-Mack, Hunawihr S. 172
Skoff, Walter, Gamlitz S. 147, 275
Smith Woodhouse & Co, Porto S. 142

463

Sogrape, Porto S. 257
Solar de Bouças, Amares S. 262, 269, 343, 387
Söllner, Anton, Gösing am Wagram S.330
Sommer, Leopold, Donnerskirchen S. 221, 451
Sonnleitner, Johann, Gumpoldskirchen S. 80, 171
Sorrel, H., Tain l'Hermitage S. 165, 285
Spottswoode Winery, St. Helena S. 420
St. Francis Vineyards, Kenwood S. 101
Staatliche Weinbaudomänen, Trier S. 150
Staatlicher Hofkeller, Würzburg S. 115
Staatsweingüter, Eltville S. 141
Stadlmann, Johann, Traiskirchen S. 64, 265, 391, 420, 433
Städtische Weingüter, Dezaley S. 320
Stämpfli, Silvia und Roland, Schernelz S. 284
Steiner, Charles, Schernelz S. 39
Steiner, Jean-Jacques, Waadtland S. 366
Steiner, Julius, Podersdorf S. 203, 228, 348
Stenz, Aimé & Fils, Colmar S. 115
Stiegelmar, Georg, Gols S. 223, 324
Stigler, Rudolf, Ihringen S. 180
Strasser, Theodor, Benken S. 48
Strell, Josef, Radlbrunn S. 359
Strippoli, Giuseppe, Martina Franca S. 384
Strofilia, Anavissos S. 126
Strohmeier, Hubert, Sankt Stefan ob Stainz S. 20
Stucky, Werner, Rivera-Capidogno S. 428
Szemes, Tibor, Horitschon S. 163, 324
Taittinger, Reims S. 208
Tamborini, Eredi Carlo, Lamone S. 205, 445
Taubenschuss, Familie, Poysdorf S. 34, 129, 369
Taurino, Cosimo, Guagnano S. 319
Taylor, Fladgate & Yeatman, Vila Nova de Gaia S. 24, 25, 405, 419
Tedeschi, Fratelli, Pedemonte S. 29, 452
Tement, Manfred, Ehrenhausen S. 73, 116, 175, 366, 406
Tenuta Bertulot, Asti S. 77
Tenuta Caparzo, Montalcino S. 144
Tenuta Mazzolino, Corvino S. Quirico S. 272, 314
Tenuta Rapitalá, Camporeale S. 282, 453
Tenuta Sant'Anna, Loncon di Annone Veneto S. 441
Terre di Ginestra, Sancipirello S. 59
Testuz, J. & P., Cully S. 329, 372, 447
Thames Valley Vineyard, Berkshire S. 75
The Bergkelder, Stellenbosch S. 369
The Brander Vineyard, Santa Barbara S. 420
Thibault, Comte, Sancerre S. 164
Thiel, Richard, Gumpoldskirchen S. 455
Thorin, Joseph, Pontanevaux S. 89
Tinhof, Erwin, Eisenstadt S. 433
Tinhof, Elisabeth, Eisenstadt S. 439
Tissot, A. & M., Arbois S. 72
Tollana Wines, Barossa Valley S. 189, 219
Topf, Johann, Straß S. 348
Török, Ladislaus, Rust S. 26
Torres, Miguel, Curicó S. 25, 37
Torre, Miguel, Vilafranca del Penedès S. 26, 58, 86, 246, 273, 357, 369, 374, 415
Trapet Père et Fils, Aloxe-Corton S. 165
Trapiche, Mendoza S. 274, 277
Trefethen Vineyards, Napa-Valley S. 388
Trichard, Georges, La Chapelle de Guinchay S. 251
Triebauer, Ernst, Rust S. 154, 183, 285, 300, 324, 355, 405, 435
Triebaumer, Paul, Rust S. 421, 429, 430
Trimbach, Ribeauvillé S. 28, 41, 227
Tsanalis, Chalkidike S. 98
Tsantali, E., Chalkidike S. 208
Tscheppe, Eduard, Leutschach S. 17
Tschida, Stefan, Illmitz S. 153
Tulloch, Hunter Valley S. 110
Turco, Innocenzo, Quiliano S. 229
Turmhof Tiefenbrunner, Entiklar S. 175
Udry, Jean-Louis, Pont-de-la-Morge S. 94, 165
Umani Ronchi, Osimo Scalo S. 280
Umathum, Josef, Frauenkirchen S. 130, 207, 291, 303, 359
Undhof, Krems-Stein S. 18, 35, 182
Vadiaperti, Montefredane S. 262, 314
Valdespino, Pozo del Olivar S. 211, 233
Valentini, Loreto Aprutino S. 152, 268, 364
Valle, Luigi, Butterio S. 395
Vallée, Claude, Bourgueil S. 200
Varichon et Clerc, Seyssel S. 218
Vega Sicilia, Valladolid S. 385
Venica & Venica, Dolegna S. 64
Barbacarlo, Broni S. 158
Verdi, Bruno, Canneto Pavese S. 111, 234, 314, 315

Vernay, Georges, Condrieu S. 150
Veuve Clicquot, Reims S. 208
Vevey, Alberto, Morgex S. 105
Vidal-Fleurie, Côte Rôtie S. 435
Vignerons de Bellocq, Béarn S. 295
Vignerons de Lansac, Lansac S. 148
Villa Doluca, Mürefte S. 351, 444
Villa Girardi, San Pietro S. 124
Villa Simone di Constantini, Monteporzio Catone S. 410
Villamagna, Macerata S. 427
Villamont, Henri de, Savigny lès Beaune S. 28
Viña Cousiño Macul, Santiago S. 166, 237
Viña Los Vascos, Santiago S. 25
Viña San Pedro, Santiago S. 25
Vinakoper, Koper S. 64, 299
Vincent, Marcel, Pouilly-Fuissé S. 164
Vinhos Barbeito, Funchal S. 27
Vini del Pollino, Pollino S. 368
Vini Sliven, Sliven S. 208
Vinicola Samori, Bertinoro S. 279
Vinicola Savese, Sava S. 291
Vino-Produkt S.P., Bratislava S. 203
Vocat, Joseph, Sierre S. 24
Voerzio, Roberto, La Morra S. 315
Vogüé, Comte Georges de, Chambolle-Musigny S. 163, 297, 358, 377
Voillot, Joseph, Volnay S. 394
Volla, Solopaca S. 197
Von Schubert'sche Schloßkellerei, Grünhaus S. 296
Von Tscharner, Gian-Battista, Reichenau S. 58
Voyat, Ezio, Chambave S. 105, 246, 392, 428
Wagentristl, Rudolf, Großhöflein S. 267
Weber, Bernhard, Molsheim S. 98
Weber, Rudolf, Lutzmannsburg S. 169, 187
Wegeler-Deinhard, Bernkastel-Kues S. 195
Wehrheim, Eugen, Niederstein S. 457
Weil, Robert, Kiedrich S. 363
Weinbaufachschule Silberberg, Silberberg S. 290
Weinbauschule Retz, Retz S. 84
Weinberghof Fritsch, Oberstockstall S. 405
Weingärtnergenossenschaft Fellbach, Württemberg S. 437
Weingut der Stadt Krems, Krems S. 388
Weingut der Stadt Lahr, Baden S. 118
Weingut der Stadt Lausanne, Lausanne S. 74,156
Weingut Prinz von Hessen, Geisenheim S. 423
Weingut Reichsgraf von Plettenberg, Bad Kreuznach S. 115
Weingut Trimbach, Ribeauvillé S. 28
Weinlaubenhof Familie Kracher, Illmitz S. 50
Weiszbart, Josef und Veronika, Leobersdorf S. 265
Wellanschitz, Stefan, Neckenmarkt S. 320
Weninger, Franz, Horitschon S. 421, 435
Wenzel, Robert, Rust S. 17, 57, 127, 180
Wiemer, Hermann J., Dundee S. 272
Wieninger, Familie, Wien/Stammersdorf S. 125, 412
Williams & Selyem, Healdsburg S. 368
Wimmer, Mechthilde, Oggau S. 270
Winkler-Hermaden, Schloß Kapfenstein S. 76, 202, 210
Winzer Krems, Krems S. 172, 434
Winzergenossenschaft Bötzingen, Bötzingen S. 89, 329
Winzergenossenschaft Britzingen, Britzingen S. 142
Winzergenossenschaft Bühl EG, Baden S. 44
Winzergenossenschaft Bühl, Bühl S. 89
Winzergenossenschaft Randersacker, Iphofen S. 389
Winzergenossenschaft Weisenheim, Sand S. 352, 366
Winzerhof Hugl, Stützenhofen S. 434
Winzerkeller Pöttelsdorf, Pöttelsdorf S. 156
Winzerverein, Oberrotweil S. 150
Wirra Wirra Vineyards, Mc Laren Vale S. 186, 268
Wirsching, Hans, Iphofen S. 241, 389
Wootton Vineyard, Wells S. 209
Wurst, Leopold und Maria, Schrattenthal S. 144
Wynns, Coonawarra S. 66, 257, 292, 359
Zahner, Waldemar, Truttikon S. 441
Zanella, Maurizio, Erbusco S. 33, 403
Zardetto, Pino, Conegliano S. 376, 386, 410
Zeilinger-Wagner, Hohenwarth S. 227
Zemedelské Druzstvo Jiskra, Ceikovice S. 239
Zentralkellerei Badischer Winzergenossenschaften, Breisach S. 153, 158, 202
Ziegler, Alfons, Siebeldingen S. 371
Ziliken-Forstmeiser Geltz Erben, Saarburg S. 375, 383
Zimmermann, Rudolf, Klosterneuburg S. 193, 434
Zind-Humbrecht, Wintzenheim S. 46, 117, 261, 404
Zottl, Franz, Weißenkirchen S. 263
Zufferey, Maurice, Muraz-sur-Sierre S. 449
Zwickelstorfer, Johann, Höflein S. 65, 283